제2판

형사정책

배종대 홍영기

홍 문 사

제 2 판 머리말

지금의 법조인교육시스템은 법철학과 법사회학, 법정책학 등에서 도대체 무엇을 이야기하는지 전혀 들어본 적도 없는 법률가를 양산하고 있다. 배우는 학생들과 그렇게 교육받은 법조인들에게는 잘못이 없다. 로스쿨과 변호사시험 제도를 이렇게 만들어놓은 사람들 탓이다. 짧은 기간 안에 합격률이 절반에 머무는 변호사시험에 합격해야 하기에 로스쿨 안에서는 여러 제도와 법률의 이념과 원리, 이론을 가르치고 배울 수가 없다. 학설대립을 몇 개 소개한 후 엄청난 분량의 판례를 외우는 것이 해야 하는 일의 전부이니, 뿌리와 기둥, 줄기가 없는 나무에서 열매를 수확하려 하는 모양새이다. 어느 누구라도 그 자리에서 판례를 간단히 검색할 수 있는 시대에, 이 모양의 로스쿨교육만 받고 졸업한 법률가들이 차별화된 전문성을 갖추는 것은 거의 불가능한 일일 것이다. 이러한 한계에서 비롯된 문제는 법조실무 도처에서 불거지고 있다. 늦게나마 대학원에서 학문으로서 법학을 좀 더 경험해보려는 젊은 법조인들을 종종 만난다. 입학동기를 물으면 '기존 판례가 없는 사안을 접할 때 새로운 논거를 생각해낼 수 없었기 때문'이라고 답하는 예가 많았다.

적어도 형사법영역에서라도 학설과 판례내용을 넘어, 법제도와 실정법의 토대를 이루는 여러 이념과 원칙을 쉽게 이해할 수 있도록 설명하는 데에 이 책을 기획한 목적이 있었다. 수험서가 아닌 법분야의 책에 아직도 독자들의 관심이 있다는 사실을 확인한 것만으로도 함께 책을 쓴 공저자의 보람은 충분했다. 그 모든 분들에게, 그리고 이런 내용의 책에 큰 관심을 갖고서 정성껏 만들고 관리해준 임진우 팀장을 비롯한 홍문사 임직원 모두에게 감사하는 마음을 갖고 있다. 그리고 이번 수정작업에 도움을 준 이보경 조교에게도 아울러 고맙다는 인사를 전한다.

새 판을 내야 할 몇 가지 변화가 있었다. 형법의 낙태죄규정이 무효가 되었고, 양심적 병역거부자들에게 대체복무가 주어지고 있으며, 사실적시 명예훼손죄에 대한 논의도 더 다채로워졌다. 통계수치 가운데 달라진 것도 많고, 독자들의 반응을 접하면서 더 추가하고 싶어진 부분도 있었다. 그러나 사회와 국가 그리고 법제도가 범죄를 대할 때 가져야 할 합리적인 시각과 효율적인 정책을 위한 원리를 적은 책이기 때문에 전체 맥락에서 달라진 것은 없다. 제도화된 형사사법을 통해 실현할 수 있는 정의의 분량은 극히 제한되어 있다는 사실, 그렇기에 인간의 모임이 자연스럽게 갖추어온 여러 지혜로운 방법에 더 의존하지 않을 수 없다는 사실을 공저자는 전보다 더 깊이 절감하고 있다.

2022년 1월

공 저 자

머 리 말

이 책이 처음 출간된 것은 1998년, 그러니까 20년이 훌쩍 지났습니다. 그 동안 개정 10판이 나왔으니 산전수전 다 겪었다고 해도 지나친 말은 아닐 것 같습니다. 그만큼 독자들의 사랑도 많이 받았지요. 그 사이에 형사정책학을 둘러싼 환경은 급변하였습니다. 사법시험이 폐지되고 로스쿨체제가 자리잡으면서 형사정책은 시험과목에서 자취를 감추었고, 형법의 변방과목 정도로 명맥을 유지하고 있는 실정입니다. 그러나 잃는 것이 언제나 잃는 것이 아니며 내려놓으면 비로소 보이는 것들도 있다는 것은 그렇게 긴 인생경험을 하지 않은 사람도 짐작할 수 있는 일이지요. 시험이라는 굴레를 벗었으니 '범죄와 형벌'에 관해 정말 해보고 싶었던 이야기를 할 수 있는 기회를 얻은 것입니다. 형법이나 형사소송법은 법률에 매여 있습니다. 그리고 또 시험에 매여 있기도 하지요. 법률에 벗어난 이야기를 하는 데는 한계가 있어서, 실무에 적용될 수 없는 입법론 내지 개선책 정도를 언급하는 수준입니다. 형법, 형사소송법, 형사정책 모두 '범죄와 형벌'을 위한 논의인데, 어떤 전제도 없이 터놓고 자유롭게 이야기할 수 있는 곳은 형사정책밖에 없습니다.

이제 기회가 찾아왔습니다. 형사정책 교과서 이상의 것을 마음껏 담을 수 있는 환경이 된 것입니다. 어떤 시험을 위한 것이 아니라 범죄와 형벌 그 자체에 관심을 가진 독자들을 위한 책을 쓸 수 있는 기회가 왔습니다. 시험과목 여부와 상관없이 범죄를 둘러싼 사회문제에 대한 진지한 생각을 하고 있는 학부생이나 로스쿨생은 매우 많습니다. 형사법분야 대학원생은 더 말할 나위도 없습니다. 법조인과 경찰을 비롯하여 범죄사건을 다루는 일선 실무에서도 여러 이론과 판례의 배경에 놓인 원리들을 궁금해 하는 사람들을 많이 봅니다. 범죄와 형벌 또는 범죄와 사회의 관계에 대해 더 자세히 알고 싶어 하는 일반인들도 많이 있을 것입니다. 이 모든 이들을 염두에 두고 새로운 기분으로 다시 책을 썼습니다. 범죄와 형벌, 두 대상에 대해 독자들이 자유롭게 생각할 수 있도록 돕고, 현행법과 사법체계에 대해 비판적인 생각을 나누는 것을 목표로 하였습니다. 시험에 출제되기 쉬운 암기용 정보들은 거의 생략하는 한편, 국가와 사회가 범죄를 취급하면서 유지해야 하는 규범적 원리들을 더 많이 써넣을 수 있는 분위기가 된 것은 반가운 일이 아닐 수 없습니다. 책의 분위기를 유지하는 선에서 국가와 사회, 인간과 법에 대한 두 저자의 고민들도 곳곳에 많이 추가하였습니다. 지금 우리 사회가 범죄를 어떻게 인식하고 대처해야 하는지 독자들이 조금이라도 전문적인 관심을 가질 수 있도록 도울 수 있기를 바랍니다.

이런 획기적인 일의 대부분은 이번에 공저자로 합류한 홍영기 교수가 하였습니다. 20년 전에 이 책을 처음 쓴 사람이 자기혁신을 하는 데는 한계가 있겠지요. 홍교수는 이 책을 오랫동안 객관적 입장에서 지켜보고 강의해온, 학계에서 촉망받는 중견 학자입니다. 내용을 보시면 알겠지만, 그의 자유로운 영혼은 형법에 가두어두기 아까울 정도이고, 그나마 형사정책에서 그 날갯짓을 시작했다고 생각합니다. 우리 사회의 범죄와 형벌 문제에 관심을 가진 모든 분들의 지평을 넓혀줄 것으로 기대하고 또한 확신합니다. 원저자는 홍교수가 원저자의 형법사상을 자신의 언어로 일목요연하게 정리해 준 데 대해 매우 고마운 마음을 가지고 있습니다. 이 세상에서 가장 반가운 선물을 받은 것으로 생각하고 있습니다.

여기서 특별히 다음과 같은 점을 덧붙이고자 합니다.

– 형사정책 교과서는 원래 형법총론과 형법각론 그리고 형사소송법을 배운 학생들이 접하던 책이었습니다. 그러나 이제는 그런 교육체계를 기대할 수 없을 뿐만 아니라 법학과목을 개설하지 않는 대학도 많이 늘었기 때문에, 형법학의 여러 과목에 대한 제반 지식이 없는 독자들도 이해할 수 있도록 바꾸어 서술하였습니다. 물론 공저자가 독자들에게 공통된 법학지식이 있을 것으로 기대하여 안이하게 서술하고 지나간 부분이 없으리라고 장담하기는 어렵습니다. 앞으로 과제로 생각하고 더 이해하기 쉽게 단어와 문장 모두 가다듬도록 하겠습니다.

– 생물학적, 심리학적 범죄원인론이 지난 세기 중후반 이후 급속하게 쇠퇴한 반면 범죄사회학은 상대적으로 두드러지고 있어서 그에 맞게 논의비중을 조절하였습니다. 매우 방대한 이론들인데 최근 것까지 모두 정리하였다고 보셔도 됩니다. 책에서 범죄학부분의 비중을 소홀히 할 수 없지만, 각 이론들을 학자와 그의 주장을 중심으로 간단하게 요약하는 방식을 사용할 수밖에 없었

습니다. 그러나 이러한 서술이 범죄학의 흐름을 한눈에 간파하는 데는 더 도움이 될 것으로 생각합니다.

– 각주에 표시된 문헌의 정확한 출처는 뒷부분 '주요 참고문헌'에 자세히 적어두었습니다. 해당 부분에 더 깊은 관심 있는 독자들을 위한 것이어야 하지만, 접하기 어려운 외국문헌의 비중이 높은 것은 여전히 아쉬운 점으로 남습니다. 기회가 되는 대로 국내문헌들을 더 많이 추가하도록 하겠습니다.

이 책이 나오기까지 많은 분들의 수고가 큰 힘이 되었습니다. 늘 든든한 버팀목이 되어주시는 임권규 사장님을 비롯하여 이경희 주간님, 이준기 부장님, 임진우 과장님 모두 고생하셨고, 고맙습니다. 김아름솔 석사는 색인작업을 하였습니다. 모두 새해 행복하시기 바랍니다.

2019년 1월

공 저 자

차 례

제1편 총 론

제 2 편 범죄원인론

제 3 편 범죄대책론

제 1 편

총 론

제 1 장 범죄와 사회

제 1 절 범죄에 대응하는 방식들

[1] 범죄와 형사정책

1. 범죄사건과 범죄현상

우리는 거의 매일 범죄를 접한다. 휴대폰을 켜면 인터넷포털마다 범죄로 불 1
릴 수 있는 사건들을 알려준다. SNS나 동영상사이트를 열어보아도 사람들이 주목하는 사건을 쉽게 만날 수 있다. 종이신문과 방송에서 범죄사건을 매일 다루고 있는 것은 물론이다. 범죄사건을 골라 소개하는 TV 프로그램도 있다. 여러 매체에서 사건의 전모와 더불어 그에 대한 논평을 읽을 수도 있고, 사회구성원들의 다양한 의견을 바로 접할 수도 있다. 대체로 '범죄'라고 말할 때 우리는 위와 같은 과정에서 알게 된 개별적인 사건을 떠올린다.

한편 범죄를 사회현상으로 다루는 전문가도 많이 있다. 정책을 담당하는 사 2
람이나 학자들이 '사회 안에서 범죄를 줄여야 한다'고 말하거나 '어느 지역의 범죄분포가 어떻다'는 정보를 전할 때 개별 범죄사안만 염두에 둔 것은 아니다. 범죄현상이라고 말할 수 있으려면 범죄사건의 많은 수가 축적되어야 하는 것이 보통이다. 그렇지만 둘은 서로 관계없이 이야기되기도 한다. 많은 개별 사건이 범죄현상으로 파악되지 않기도 하고, 소수의 개별 사건이 곧 심각한 범죄현상으로 논의되는 때도 있다.

이 책에서 다루는 대상은 둘 다 포함한다. 어떤 때에는 개별적인 범죄사건 3
을, 어느 경우에는 범죄현상을 이야기할 것이다. 서술 안에서 어느 것을 대상으로 하는지는 어렵지 않게 알 수가 있다.

2. 형법(학)의 대상으로서 범죄와 형벌

4 누구도 범죄를 그대로 내버려두어야 할 것으로 여기지는 않는다. 개별적인 사건으로서 범죄든, 사회현상으로서의 범죄든 일정한 조치를 통해 대응되어야 할 것으로 생각한다. 그런데 범죄를 바라보는 여러 관념이 있지만 현실에서 범죄가 처리되거나 해결되는 최종적인 대응은 오로지 국가기관이 형법 및 형사소송법에 따라 범죄를 취급하는 방법이다. 국회는 여기에서 사용할 수 있도록 법을 제정하거나 개정하고 있고[입법], 형사사법기관은 실정법에 빗대어 사안을 평가하여 법적 효과인 형벌이 필요한지 그리고 얼마나 필요한지를 판단하는 업무를 전담한다[사법]. 형집행기관은 이렇게 결론내려진 형벌을 직접 집행한다[행형].

5 이와 같은 전체 국가기관의 활동에서 범죄는 형법 및 형법학의 대상이다. 각종 매체를 통해 일반인들이 알게 된 범죄사건의 모습에 비할 때, 형사사법기관이 취급하는 범죄 및 형벌은 더 전문적이고 체계적인 기준을 통해 걸러진 것이라고 할 수 있다. 일상적인 관심에 놓이던 범죄를 이렇듯 국가기관이 취급하려고 나서는 순간부터 일반인에게는 사뭇 낯선 대상이 되어버린다. 즉 미디어에서 알려지는 범죄는 가깝지만, 사법처리를 겪는 범죄는 멀리 놓여 있다는 느낌을 받는다. 그렇지만 개별 범죄사건에 대해 형벌로 대응하기 위해서는 형사사법기관에 의한 절차 이외에 다른 방법이 없기 때문에, 사건에 대한 단순한 흥미와 관심을 뛰어넘는 전문적인 처리방식에 대한 이해가 반드시 필요하다고 말할 수 있다.

6 범죄원인을 다루는 범죄학서적은 많이 있다. 각종 범죄사건을 흥미롭게 묘사하는 책은 더 많다. 여러 형사법의 법률규정을 해석하는 법학교과서도 충분히 있다. 이와 대비되는 이 책의 고유한 과제는 범죄가 국가기관에 의해 처리되는 과정과 그것을 지탱하는 여러 원리 및 구체적인 방식을 설명하는 것이다. 지금 우리사회에서 범죄사안이 어떠한 원리를 거쳐 법적 처리의 문턱에 다다르게 되는지 이야기할 것이다. 다른 사회적 처리와 구별되는 형법적 처리의 특유한 점도 설명한다. 단순하게 현실을 묘사하는 것이 아니라 범죄에 대한 형법적 대응이 갖추어야 할 바람직한 모습에 대한 서술이 더욱 중요하다. 그렇기에 책의 영역은 규범학으로 분류된다. 범죄에 대한 적합한 대응을 논하기 위해서는 범죄가 일어난 원인에 대한 분석도 중요한 의미가 있다. 범죄학의 주요 성과들을 책의 중요한 부분에 포함한 이유이다. 범죄문제를 해결하기 위한 여러 대책과 그에 포함된 다양한 제도

를 아울러 설명할 것이다.

3. 형사정책이란?

위에서 말한 내용, 즉 국가가 범죄에 대응하는 원칙과 그 구체적인 방식을 논하는 학문분과를 전통적으로 '형사정책'(Kriminalpolitik)이라고 불러왔다.[1] 한편 형사정책은 국가정책의 일종으로서 범죄에 관한 정보분석을 토대로 국가기관이나 공공단체가 적절하게 대응하는 방식을 뜻하기도 한다. 후자를 범죄예방 또는 범죄대책으로 부르거나 형법입법의 문제로 이해하는 경우도 있다.[2] 7

형사정책개념에 대한 입장이 통일된 것은 아니다.[3] 그렇지만 형법도그마틱 및 범죄학과 대비하여 볼 때, 범죄대책으로서 형사정책은 대체로 다음과 같은 특징을 갖는 것으로 생각된다. 8

1) 형사정책은 '범죄'를 대상으로 한다. 이때의 범죄개념은 현행법에 규정된 범죄형식 뿐만 아니라, 실제로 범죄로 보아야 하는 실질적 범죄를 포함한다. 더 나아가 일탈이나 비행으로 불리기도 하는, 사회구성원들이 일반적으로 반사회적 행위로 생각하고 있는 광범위한 유형들도 형사정책의 검토대상이다. 형법전에 명시된 범죄로 논의대상을 국한하지 않는 이유는, 사회의 다양한 범죄적 현상에 대해 형법적으로 대응할 것인가 아니면 형법 이외의 다른 법 또는 사회규범으로 대응할 것인가 하는 문제 또한 형사정책이 대답해야 하는 중요한 과제이기 때문이다. 9

2) 형사정책은 범죄에 대한 대응방식을 다룬다. 여기에는 현행법에 고정되어 있는 '형벌' 이외에도 실질적으로 형벌이라고 생각될 만한 조치들이나, 형벌 이전 단계에 사회 안에서 검토되는 여러 제재수단들도 같이 고려한다. 또한 발생한 범죄를 확인하고 형벌과 그 밖의 수단을 이용하는 데에 이르게 하는 '절차'를 연구 10

---

1) Liszt, 형법의 기본개념에 미치는 사회학적, 인류학적 연구의 영향에 대해, 540면. Kriminalpolitik은 1800년 포이어바흐(Feuerbach)가 코란형법서설에서 처음 사용하기 시작하였다.

2) 예컨대 형법학(형법총론, 형법각론)에서 '형사정책(적)'이라는 말을 쓸 때에는 '범죄예방'과 같은 의미로 이해된다.

3) 형사정책 개념에 대한 몇 가지 예를 본다면 1) 범죄에 대한 입법에서 국가의 예지(Feuerbach), 2) 범죄원인 및 형벌효과에 대한 과학적 연구에 의거한 원칙의 체계적 총체(Liszt), 3) 형벌실효성을 합목적적 관점에서 고찰하는 것(Hippel), 4) 범죄예방과 감소의 합목적성을 지향하는 국가 또는 지방자치단체 활동의 총체(Peters), 5) 범죄예방과 범죄퇴치를 위한 국가처분의 총체(Mezger), 6) 합목적적 형법운용을 지향하는 모든 작업(Sax), 7) 형사법적 제재수단과 국가가 범죄와 맞서는 데 사용하는 방법 및 원리(Schröder), 8) 어떻게 하면 형법을 사회보호임무에 합당하게 할 수 있는지의 문제(Jescheck), 9) 형법개정정책과 형법에 의한 범죄퇴치에 대한 분석(Göppinger), 10) 이상적인 범죄통제를 목표로 하는 사회적 전략·전술 및 제재수단에 대한 체계적인 서술(Kaiser), 11) 형사사법분야에서 질서표상의 획득과 실현(Zipf) 등이 있다(Zipf, 형사정책, 6면 이하; Kaiser/Kerner/Sack/Schellhoss, Kleines Kriminologisches Wörterbuch, 281면 이하).

한다. 이러한 대상의 배경에 놓이는 '규범원칙'들은 형사정책의 가장 중요한 논의 주제이다.

11 3) 더 나아가 범죄와 형벌 안에서 관찰되는 '인간'에 대해 탐구한다. 범죄자, 피해자, 일반 시민, 형사정책을 담당하는 사람, 형사사법기관에 속해 있는 사람 등을 모두 연구대상으로 삼고 있다. 형사정책을 담당하는 '국가'와 그 수단인 '법'의 의미도 이와 함께 생각해보아야 할 대상이다.

12 [정책과 정치] '정책'의 독일어는 'Politik'이다. '정치'라고도 번역되기에, 정책과 정치가 한 단어로 표현되고 있다. 우리말에서는 두 단어의 뉘앙스가 같지 않다. 예를 들어 '정치만 있고 정책은 없다'는 말은 온갖 비공식적, 자의적 행위만 눈에 띄고, 특정한 목적을 향해 기능하는 구체적 대책은 실종되어 있는 상황을 표현한다. '정책'이라는 용어는 '정치'라는 우리말이 갖는 부정적인 뉘앙스를 다소간 감출 수는 있지만, 양자는 엄격하게 구별될 수 없다. 형사정책은 곧 형사법분야의 정치를 의미한다. 모든 정책은 궁극적으로 정치적 의도를 반영할 수밖에 없는 것이고, 그때의 정치는 결국 정책으로 구체화되어야 하기 때문이다.

[2] 형사정책과 범죄학의 관계

1. 범죄학 · 형법학 · 형사정책

1 범죄학은 개별범죄 또는 범죄현상의 원인을 분석하고, 그에 대한 대책과 그 실제 효과를 연구하는 학문분야이다. 이러한 의미의 범죄학은 범죄를 저지른 개인의 처벌에만 관심이 있었던 과거의 전통에서 벗어나, 범죄가 일어나는 과학적인 원인을 분석해야 한다는 생각에서 비롯되었다. 그 시초는 100여 년 전의 범죄생물학으로 거슬러 올라간다. 이후에 범죄심리학, 범죄사회학 등으로 진화되어왔으며, 지금도 인류학, 생물학, 심리학, 의학, 사회학, 환경공학, 철학, 법학 등 모든 관련 주변학문영역에 대해 개방적인 형태로 발전되어 가고 있다. **셀린**(T. Sellin)이 "범죄학은 영토를 가지지 않은 제왕의 학문이다"라고 말한 것도 범죄학의 이러한 성격을 표현한 것이다.

2 네덜란드의 범죄학자 **벰멜렌**(v. Bemmelen)은 형법학과 범죄학 사이를 의심 많은 늙은 남편과 젊은 아내의 나쁜 부부관계에 비유하기도 하였다.[1] 형법학은

---

1) Neumann/Schroth, 형사정책의 새로운 이론, 11면.

범죄를 저지른 사람을 규범적으로 평가하고 처벌하기 위한 과거의 도구이고, 범죄학은 과학적으로 범죄원인을 찾아 이를 제어하기 위한 비교적 새로운 연구분야이기 때문이다. 일반인들은 의외라고 생각할 수 있으나, 실제로 형법학자와 범죄학자는 서로 만날 일이 별로 없다. 두 학자군이 서로의 연구결과를 주의 깊게 보거나 자기 연구에 인용하는 일은 더욱 드물다. 법학과 대학원에 범죄학을 공부하러 오겠다는 학생들이 있으면 심리학과나 사회학과 등을 추천해준다. 범죄학자는 형법학자를 보면서 범죄를 줄일 생각보다는 규칙에 따라 처벌만 하려 하는 완고한 늙은이로, 형법학자는 범죄학자를 범죄처리에 쓰일 수도 없는 이야기를 호기심에서 늘어놓는 철없는 젊은이로 생각한다는 **벰멜렌**의 말은 틀린 이야기가 아니다.

그런데 그 두 연구진영이 그나마 만남을 가져 이야기를 건넬 수 있는 지점이 3
있으니, 그것이 곧 '형사정책'이다. 즉 형법학과 범죄학 사이에 형사정책의 역할이 개입된다. 형사정책은 범죄학의 경험적 연구를 토대로 독자적인 규범기준에 따라 범죄화·비범죄화 또는 형벌의 입법, 개정 내지 폐지를 결정하는 과제를 담당한다. 형법해석에 필요한 정보를 범죄학에서 형법학으로 건네주기도 한다. 요컨대 형사정책은 범죄학과 형법을 잇는 가교로서 범죄학의 성과를 형법에 반영하도록 이어주는 역할을 한다.

2. 형사법체계에서 형사정책의 지위

형사정책학은 범죄학의 연구결과를 토대로 삼는다. 그리고 실정법인 형법은 4
형사정책적인 고려가 반영된 입법활동의 결과물이다. 정책적 고려를 바탕으로 하지 않는 맹목적인 형법은 정당화될 수 없다. 나아가 형법의 올바른 해석도 형사정책적 인식이 없으면 불가능하다. 형법을 해석·적용하는 과정에서 그로부터 비롯될 결과에 대해 아무런 의식이 없으면 합리적 형사사법이 될 수 없다. 바로 이 점에서 형사정책은 좁은 의미의 형법학[형법도그마틱], 범죄학과 함께 '총체적 형법학'을 구성하는 3대지주에 포함된다.

1) 범죄학은 범죄현상의 원인과 그에 대한 대책가능성을 경험과학적으로 분 5
석한다. 개별사안에서는 주로 행위자의 소질과 환경으로 인해 범죄가 발생하였다는 점을 강조하며, 전체 범죄현상에 대한 통계 등 사회학적 조사결과를 제공한다. 예를 들어 현재 청소년들 사이에서 게임아이템을 주고받을 때 발생하는 인터넷사기가 문제된다는 사실과 그 원인을 밝혀주는 것이 범죄학이다. 2) 형사정책은 범죄학의 분석결과를 토대로 고유한 평가기준에 따라 법률의 제정·개정·폐지의 방향을 제시하는 임무를 띠고 있다. 게임아이템의 거래사기에 대해, 형법원칙을 검토하여 이를 통제하기 위해 형법을 개정할 것인지 학교교육 내용에 포함하는 방식을 이용할 것인지 등을 판단한다. 3) 좁은 의미의 형법학인 형법도그마틱은 형사정책적 평가·결정에 따라 이미 제정된 실정형법을 해석하고 적용하는 역할을 담당한다. 위의 예에서 형법상 사기죄의 구성요건을 새롭게 해석하여 게임아이템을 재산죄의 객체로 포함시키는 작업은 형법도그마틱의 몫이다.

3. 형사법체계의 규칙순환

6 총체적 형법학을 구성하는 위의 각 요소들은 서로 영향을 미치면서 순환하는 구조에 놓인다. 즉 범죄학은 형법학과 형법적용의 결과를 경험적으로 분석하고, 그 효과를 검증하여 새로운 형사정책적 결정을 일깨운다. 이에 따라 형사정책가는 정책적 결정을 내리고 이 판단에 따라 입법작용이 이루어진다. 입법된 실정법의 해석과 적용과정에 형법학이 개입한다. 그리고 그 법적용의 결과에 대한 새로운 검증의 필요에 따라 다시 범죄학의 경험적 분석이 시도된다. 이러한 순환구조는 아래의 표와 같은 연구와 실무의 규칙순환으로 표현될 수 있다.

▮연구와 실무의 규칙순환▮

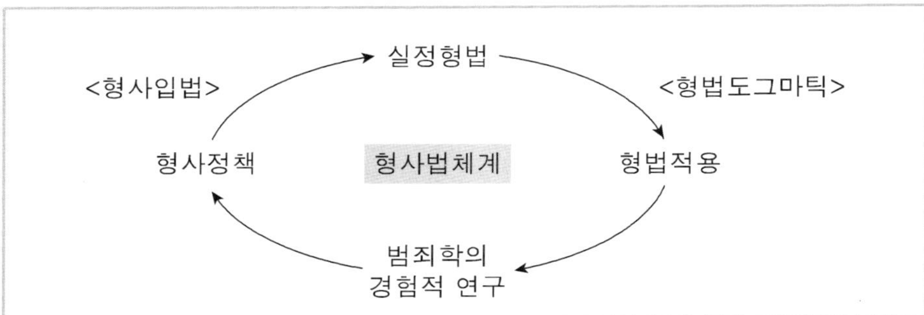

7 이러한 규칙순환은 계속되는 회전에 의해 활기를 유지한다. 형사법체계의 규칙순환을 구성하는 각각의 구성부분 사이에 정보의 흐름이 원활하게 지속되어야 하고, 끊임없는 피드백 과정이 동시에 진행되어야 한다. 이 흐름이 막히면 각각의

연구체계는 고유한 기능을 잃게 된다. 혈액흐름이 막혀 형사법체계가 사망에 이르는 것을 막기 위해서는, 각 구성부분이 주변 학문에 문을 열어 놓아 각 분야를 관통하는 정보가 원활하게 흐를 수 있도록 해야 하는 것이다. 1) 범죄학의 경험적 연구가 형사정책 결정의 배경이 되지 못한다면, 연구활동은 취미에 그치며 그 결과는 굳게 닫힌 자료창고 안에 머물 것이다. 2) 또 형사정책 실무가 범죄학의 검증을 받지 않거나 그 결과를 외면한다면 무용한 정책결정을 하게 되며, 정책이 지향했던 효과를 드러내어 증명하지도 못한다. 3) 형법학이 형사정책에서 논증된 관심을 반영하지 않는다면, 실정법 해석과 적용의 기계적인 판단에 지나지 않는다.

한편 이 규칙순환의 고리는, 바로 다음 단계를 생략하고 그 이후 단계로 뛰 8
어넘을 수 없다는 것을 드러낸다. 범죄학의 경험적 연구가 형사정책적인 고찰을 통하지 않고 곧바로 실정형법에 반영될 수는 없다. 실증적인 연구결과는 정책을 결정하는 데 중요한 정보가 되는 것일 뿐, 곧 정책적 판단을 대체할 수는 없기 때문이다. 마찬가지로 형사정책이 형법을 넘어 곧 형법적용의 실천단계로 이어질 수는 없다. 범죄예방의 필요가 크다고 해서 형법을 거치지 않고 바로 그 행위를 통제할 수는 없다.

4. 존재의 학문과 당위의 학문

형사정책은 범죄학으로부터 실증적인 정보를 얻어야 한다. 원인에 대한 정확 9
한 진단 없이 대책을 수립하는 것은 불가능하다. 질병원인을 밝혀내지 않고 병을 치료하는 것이 불가능한 것과 마찬가지이다. 그러나 여기서 주의해야 하는 점이 있다. 범죄학의 연구성과로부터 형사정책적 결단이 곧바로 도출되는 것은 아니라는 사실이다. 범죄학의 분석들은 대부분 '현상'을 설명하는 것으로 이루어져 있다. 반면에 형사정책에서 결정해야 하는 것은 '앞으로 되어야 할 것'을 염두에 둔다. 범죄학은 현실을 서술하는 **존재과학**(Seinswissenschaft)인 반면에, 형사정책은 규범적 평가로 이루어진 **가치과학**(Wertwissenschaft)이다.[1]

[방법이원주의] 범죄학은 범죄의 원인과 결과를 경험과학적으로 분석하는 분야 10
이기 때문에 그 대상은 관찰가능한 존재[Sein; '~이다', '~이 아니다']의 영역에 속한다. 반면에 형사정책은 변경 또는 유지되어야 하는 것에 대한 일정한 형상을 토대로 하고 있으므로, 그 결과물은 하나의 당위[Sollen; '~해야 한다', '~하

1) 경험과학과 법의 관계는 Kriele, 법과 실천이성, 27면.

지 말아야 한다']를 향하고 있다. 전통적인 '방법이원주의'(Methodendualismus)에 따르면 '존재'는 '존재'로부터만 근거지워지거나 비판되며, '당위'는 '당위'로부터만 근거지워지거나 비판된다. 상호 교차되는 것은 원칙적으로 불가능하다.[1] 예를 들어 하늘에서 비가 떨어지는 상태의 이유는 구름의 물방울이 응결되어 무게를 갖게 되었다는 것으로 설명된다. '지금 비가 내려야 하니까'라고 말하는 것은 합리적이지 않다. '지금 학교에 가야 하는' 근거를 묻는다면, '공부를 해야 하니까' 또는 '선생님 말씀을 들어야 하니까'라는 식으로 답해야 한다. '학교가 있으니까'라는 식으로 존재에만 관련된 말을 하는 것은 안 어울린다. '왜 산을 오르려 하느냐'는 질문에 '산이 있으니까'라고 하는 산악인의 답은 그것이 합당한 대응이 아니기에 시적詩的 표현인 것이다.[2]

11 범죄학의 결과인 존재사실이 형사정책의 바탕이 되는 정보일 수는 있으나, 그것이 형사정책을 대체할 수는 없다. 형사정책은 당위의 속성을 갖는 것이기 때문에 경험적 존재현상인 범죄를 평가할 수 있는 규범적 척도를 배경으로 한다. 예를 들어 '특정 범죄가 많이 발생하고 있다'는 사실로부터 곧 '그 범죄를 강력하게 처벌해야 한다'는 당위가 곧바로 도출되지는 않는다. '특정 범죄가 현실적으로 거의 처벌되지 않는다'는 사실이 '그 범죄유형은 형법에서 삭제되어야 한다'는 입법론으로 이어질 수는 없다[자연주의적 오류]. 개별적인 사례에서도 마찬가지이다. 가령 구속수사 중에 인격이 완전히 바뀌어서 선한 사람으로 변모하였다고 해서, 그가 과거의 범죄로 인해 받아야 할 형벌을 면하게 되는 것은 아니다. 반대로 아직 교화가 덜 되어 재범위험이 큰 사람이라고 하더라도, 주어진 형기를 마치면 교도소로부터 석방되어야 한다.

12 형사정책은 범죄학의 연구성과를 검토하는 것을 전제로 하며 범죄학의 성과를 무시해서는 안 된다. 그러나 그것에 전적으로 기댈 수는 없다. 형사정책학이 범죄학으로 대체되어서는 안 되며, 많은 규범적인 원칙들이 함께 논의되어야 하는 이유이다.

---

1) Hume, 인간 본성에 관한 논고, 233면; Putnam, 사실과 가치의 이분법을 넘어서, 8면, 37면; Kelsen, 순수법학, 301면 이하; Radbruch, 법철학, 36면 이하.

2) 현대철학에서 방법이원주의의 극복에 대해서는 Arth. Kaufmann, 법철학, 102면 이하.

[3] 형사정책과 형법도그마틱의 관계

1. 형법도그마틱이란?

(1) 형법도그마틱의 개념

학문으로서 도그마틱(Dogmatik)은 대상의 존재와 의의 자체에 대해 비판을 하 1
지 않는 교의敎義적·교조敎條적인 연구방법을 말한다. 법도그마틱(Rechtsdogmatik)은 법률 자체의 정당성을 비평하는 과정을 생략하고 실정법의 해석·적용의 방식만을 연구하는 학문이다. 법과대학이나 로스쿨에서 배우는 보편적인 법과목으로서 헌법, 민법, 형법, 상법, 행정법, 각종 소송법 등은 모두 법도그마틱이다. 이러한 과목들은 그 해당 법률의 정당성을 문제삼지 않고 오로지 체계내재적으로 법률을 해석하는 것에 몰두하고 있기 때문이다. 반면에 법철학, 법학방법론, 법사회학 등은 법도그마틱이 아니다. 형법도그마틱(Strafrechtsdogmatik)은 실정형법에 대한 학문으로서 형법을 해석하고, 절차에서 구성된 사안을 법률에 적용하기 위해 필요한 규칙을 연구하는 학문을 말한다.[1] 법학을 배우는 학생들이나 일선 실무가들이 '형법학' 자체로 생각하고 있는 형법총론, 형법각론, 형사소송법은 모두 좁은 의미의 형법학인 형법도그마틱이다.

(2) 형법도그마틱의 내용

형법도그마틱은 실정법에 저촉되는 행위가 발생했을 때 불법행위와 행위자 2
를 확정하기 위해 형법도그마틱의 결과물인 가벌성可罰性의 여러 조건들을 검토한다. 즉 어떤 행위가 형식적으로 범죄가 되며, 누가 범죄행위자가 되는지 따지기 위한 판단도구이자 평가틀이다. 그로부터 행위의 가벌성이 확인되면 이는 법적 효과로서 형벌의 대상이 되는 실정법 요건을 갖춘 것이다. 실체형법의 도그마틱에서는 여기서 말한 형식적인 검토기준으로서 소위 '범죄체계론'을 연구한다. 구성요건해당성, 위법성, 책임을 다루며[삼단계 범죄체계], 추가적으로 미수, 공범, 부작위 등을 취급한다. 이것이 형법총론, 형법각론의 모든 내용이다. 분위기파악을 위해 간단하게 요약하면 다음과 같다.

1) **구성요건해당성**은 문제되는 행위와 그 결과가 형법전에 쓰인 법률의 구성 3
요건, 즉 법률텍스트의 단어에 부합하는지 평가한다. 형법적으로 의미 있는 사안

---

1) 상세한 설명은 배종대, 법이론이란 무엇인가?, 37면 이하 참조.

을 가려내기 위한 첫 단계에 해당한다. 예컨대 의사가 환자를 치료하기 위해 수술을 하는 경우에, 그가 칼로 복부 부분을 긋는 순간 그는 형법 제257조 "사람의 신체를 상해한 자는 7년 이하의 징역, 10년 이하의 자격정지 또는 1천만 원 이하의 벌금에 처한다"는 상해죄의 구성요건에 해당하는 행위를 한 것이다. 이처럼 구성요건에 해당하는지 여부는 기술적·기계적으로 평가되는 특징이 있다. 형법 '각론'은 범죄유형별 요건을 해석하는 분야로서 모두 이 구성요건표지를 대상으로 한다.

4 2) **위법성**은 구성요건에 해당한 행위와 결과가 실질적으로 '불법'에 해당하는지, 즉 법질서를 위배한 것으로 볼 수 있는지 검토하는 단계이다. 위에서 의사가 직업활동으로서 치료행위를 한 사례라면, 이는 구성요건에는 해당하지만 '업무로 인한 행위'로서 '정당행위'에 해당하기 때문에 위법하지 않다. '피해자승낙'에 해당한다고 봐도 된다. 우리 형법은 이와 같은 '위법성조각사유'로서 정당행위(제20조), 정당방위(제21조), 긴급피난(제22조), 자구행위(제23조), 피해자승낙(제24조)의 다섯 가지를 열거하고 있다.

5 3) **책임**은 구성요건해당성과 위법성 단계에서 확인된 '불법행위'가 그 개별행위자의 탓이라고 볼 수 있는지 따지는 과정이다. 범죄체계사고는 불법행위라는 객관적 대상과 행위자라는 주관적 대상을 나누어서, 전자를 먼저 평가하고난 다음 책임단계에서 그 불법을 개별적인 행위자에게 귀속시킬 수 있는지 판단하도록 한다. 규범적 의미에서 책임은 개별행위자에 대한 '비난가능성'을 말한다. 비난을 할 수 있으려면 행위자가 자신의 행위를 스스로 선택할 수 있어야 한다. 그렇기에 판단능력이 부족한 14세 미만 형사미성년자, 책임무능력자 등은 불법행위를 저질렀더라도 면책된다[책임조각]. 달리 행위할 수 있을 것으로 기대하기 어려운 상황에서 행한 행위자에게는 책임이 감경되거나 면제된다.

6 4) **미수**는 불법행위의 실행에 착수하였으나, 결과가 발생하지 아니하였거나 또는 결과가 발생하였더라도 행위와 결과 사이에 인과관계가 부정되는 경우에 성립한다. 우리 형법은 미수의 원인을 기준으로 하여 장애미수(제25조), 중지미수(제26조), 불능미수(제27조)로 유형을 나누어 놓았다.

7 5) **공범론**은 다수 행위자의 범죄참여형태를 다루는 도그마틱 영역이다. 단독정범, 공동정범, 간접정범 세 가지는 '정범'으로서 범죄행위를 지배한 사람에 해당한다. 반면에 교사범과 방조범은 '공범'으로서 행위를 지배하지 않으면서 정범의

배후에서 범죄행위를 하도록 시키거나 돕는 역할을 한 참여자이다.

6) **부작위범**은 적극적으로 행위를 하지 않은 경우이지만 그것이 범죄가 되는 경우를 말한다. 예를 들어 산모가 젖을 주지 않아 아기를 사망하게 한 것은 그가 아기를 질식시켜 살해한 것과 다름이 없기 때문에[동가치성], 부작위에 의한 것이나 이를 작위범과 같이 처벌하고자 한다. 이러한 형식의 부작위범이 되기 위해서는 행위자가 이른바 '보증인지위'를 갖는 작위의무자여야 하며, 작위의무의 근거로는 '법령', '계약', '선행행위' 등이 있다. 8

7) 이외에도 **인적 처벌조각사유**나 **형면제 사유** 등이 추가로 감안된다. 위와 같은 내용의 범죄체계론은 마치 수학과 같은 단계별 맥락을 지니고 있어서, 기초 및 전단계의 지식이 없으면 그 다음 표지들을 이해하기 어렵게 되어 있다. 9

[형법도그마틱에서 학설] 위 예시에서 불만을 가질 사람이 있다. 의사의 치료행위가 위법성조각사유가 아니라 구성요건해당성배제사유라고 생각하는 다른 '학설'이 있기 때문이다. 그러나 구성요건해당성의 기술적·중립적 속성과 의사의 치료행위가 갖는 사회적인 의미를 볼 때에 수술행위는 (의사가 밥 먹는 행위와는 달리) 형법구성요건에 일단 해당하는 것으로 보고자 한다.[1] 그리고 '구성요건에 해당하지 않는다'는 말은 이해가 되지만, '구성요건해당성을 배제한다'는 표현도 잘못된 것이라고 생각한다. 그렇지만 이러한 이 책의 설명이 '정답'인 것은 아니다. 이것도 하나의 '학설'에 불과하다. 도그마틱의 여러 서술들은 대체로 이와 같이 학자의 '주장'을 담은 것이 대부분이다. 어떠한 학설이 논리적으로 더 우월한지, 어떤 학설을 취하는 학자의 수가 더 많은지를 따질 수는 있지만(통설, 다수설, 과반설, 소수설, 극소수설, 유일설…) 그 어느 하나 '진리'라고 이름붙일 것은 없다. 법학은 정답을 발견하려는 학문영역이 아니라, 각자 주장하고 설득함으로써 더 나은 결론을 찾아가는 방법이기 때문이다. 10

(3) 예 시

법과대학이나 로스쿨에서 배우는 형법학이라고 하면 곧바로 형법총론, 형법각론 그리고 형사소송법이 떠오른다. 학생들은 이를 헌법, 민법과 더불어 '헌민형'이라고 줄여 부르면서 변호사시험이나 공무원시험에 출제되는 핵심과목으로 여기고 있다. 어떤 문제가 출제될까? 실례를 들어본다. 11

[제44회 사법시험의 예] 윤락업에 종사하고 있던 여성 甲은 2000. 5.경 보건소에서 정기검진을 받은 결과 에이즈환자로 판명되었다. 그러자 甲은 절망한 나 12

1) 자세히는 배종대, 형법총론, 60/5.

머지 자신에게 에이즈 바이러스를 감염시킨 것은 결국 자신과 성관계를 맺은 남성이라고 생각하고, 다수의 남성들에게 에이즈 바이러스를 감염시킴으로써 복수하겠다고 결심했다. 甲은 자신이 에이즈환자라는 사실을 숨기고 A 유흥업소에 취직하였다. 그런데 A 유흥업소 업주 乙은 甲이 보건소에 자주 드나드는 것을 보고 甲이 성병의 일종인 임질에 감염된 것으로 생각했다. 乙은 甲을 이용하여 평소 유흥업소간 이권다툼으로 심한 분쟁을 겪고 있던 인근 B 유흥업소 업주 丙에게 임질을 감염시켜 혼내주겠다는 계획을 세웠다. 乙은 丙에게 이러한 계획을 숨긴 채 화해를 하자며 2001. 3.경 丙을 A 유흥업소로 불러들여 술을 마시게 한 다음 甲과 동침을 하도록 하였다. 그런데 丙은 乙이 갑작스럽게 화해하자는 것을 이상하게 생각하고는 자신의 쌍둥이동생 丁을 대신 보냈기 때문에 甲과 동침한 사람은 丙이 아닌 丁이었다. 그 후 丁은 에이즈환자 甲과 동침하였다는 사실을 알고 충격을 받은 나머지 2002. 4.경 비관 끝에 자살하고 말았다. 그런데 2002. 5.경 甲이 보건소에서 정기검진을 받은 결과 2000년의 검사결과는 잘못된 것이었으며 甲은 어떤 병에도 감염되지 않았음이 밝혀졌다. 甲, 乙의 죄책은? (단, 특별법위반의 점은 논외로 함)

13 읽기가 버거울 수 있으니 줄여서 써본다. 여성인 甲은 에이즈환자라는 진단을 받고는 개방된 성관계를 함으로써 남성들에게 복수하려고 마음먹고 유흥업소에 취업한다. 그런데 이 유흥업소 주인인 乙은 甲을 임질환자로 잘못 알고, 평소 싫어하던 丙에게 임질을 감염시키려고 甲을 보내어 丙과 동침하도록 시킨다. 그런데 甲은 丙이 아니라 그의 쌍둥이동생 丁과 성관계를 갖는다. 丁은 甲이 에이즈환자라는 것을 알아내고는 비관하여 자살한다. 그러나 알고 보니 甲은 애초에 에이즈환자가 아니었다!

14 이 쯤 되면 한 편의 영화와도 같다. 아니 이른바 '막장드라마'에 더 가깝다. 끝내 甲이 에이즈환자가 아니라는 게 밝혀지는 순간 甲의 처지를 딱하게 여기던 사람은 안도의 한숨을 쉬겠지만, 괜히 자살한 丁은 또 무슨 죈가 싶다. 그리고 왠지 甲과 乙이 어떤 범죄를 저지른 것인지, 그리고 결국 어떻게 처벌받게 될지 알고 싶어지는 마음도 생길 수 있을 것 같다. 가볍게 생각할 수 있겠지만 이 문제는 형법학에서 가장 어렵다고 하는 범죄참여형태론(공범론) 가운데에서도 특히 복잡한 테마를 끼워 넣고 있다. 실제로 이 문제의 해설을 '제대로' 하기 위해서는 책 한 권을 써도 부족할 판이다. 문제를 출제한 사람들은 그 사정을 알았을 것이므로, 정답을 기대한다기보다는 주어진 시간 안에 수험생들이 어떻게 '나름대로' 답을 쓰는지 보기 위해 이 문제를 냈을 것이다. 이 문제에 대한 여러 해설도 나와

있다. 그 중에 무엇이 맞고 무엇이 틀리는지를 확정할 수는 없다. 그저 어느 견해가 좀 더 설득력이 있는지 논증할 수 있을 뿐이다. 법 문제에 정답이란 없기 때문이다.

이 문제의 가장 어려운 관건은 乙의 죄책이다. 형법도그마틱의 언어로 바꾸 15
어 표현한다면, 이는 배후에서 범죄를 시킨 교사자와 범죄를 직접 행한 정범 사이에 고의가 일치하지 않는 상황에 대한 것이다. 이에 대해서는 1) 乙이 甲을 도구로 이용하여 피해자를 상해하려는 간접정범의 고의를 가지고 시켰지만 사실상 甲은 고의가 있는 자였으므로 교사敎唆만 성립한다고 해야 하는데, 정범인 甲이 교사받는 상황임을 몰랐기 때문에 乙의 행위는 상해죄의 방조에 해당할 뿐이라는 견해와, 2) 乙이 간접정범의 고의로 甲에게 시켰고 실행의 착수도 이루어졌지만, 甲이 하필 고의 있는 자였다는 것이 乙 행위의 경과에서 보면 인과관계를 단절하게 하여 乙은 상해죄의 미수범에 해당한다는 견해로 학설이 나뉘어 있다. 최종적인 효과는 크게 다르지 않다. 1)의 결론에 따르면 乙은 상해죄의 죄책을 지되 형을 감경'해야 하고', 2)의 결론에 따르면 상해죄에 해당한다는 점에서는 같으나 형을 감경'할 수 있다'.

(4) 형법도그마틱의 역할

법전공자가 아니라면 이 해설을 전혀 이해하지 못해도 상관없다. 단지 형법 16
도그마틱을 배운 사람들은 이런 단어를 사용하여 논증하고 있다는 것만 어렴풋이 짐작하면 된다. 그런데 하나 짚고 넘어갈 것이 있다. 위와 똑같은 논의과정을 거치지 않더라도 결론 면에서 비슷한 생각을 하는 사람도 있을 수 있을뿐더러, 아예 법학을 배우지 않은 사람 가운데에서 더 '좋은' 답을 찾는 사람도 얼마든지 있을 수 있다는 사실이다. 반드시 형법도그마틱을 이용해야만 문제가 해결되는 것은 아니며, 도그마틱을 통해서 누구라도 인정할 만한 옳은 답에 이르는 것도 아니다. 형법도그마틱은 형식적인 틀을 미리 갖추어서 사안을 집어넣음으로써 충분히 예견할 수 있는 해결방법을 도출하는 데에만 역할이 있기 때문이다.[1] 즉 형법도그마틱의 과제는 오로지 다음과 같은 것이다.

첫째, 법도그마틱은 공식을 만들어줌으로써 사안평가의 객관성을 유지하게 한 17
다. 판단자의 감정이나 자의에 내맡겨지지 않도록 하는 것이다. 즉, 어느 정도의

---

1) Neumann, Hat die Strafrechtsdogmatik eine Zukunft?, 119면.

유사성이 있는 사안들이 서로 비슷하게 처리될 것으로 예측할 수 있게 해준다.

18 둘째, 사안을 효율적으로 해결할 수 있도록 돕는다. 법률해석규칙이 마련되어 있기 때문에 사안이 발생할 경우 그 규칙에 대입해보면 되는 것이다. 평가틀이 미리 갖추어지지 않았다면 지혜를 구하는 데에, 대화를 하는 데에, 심사숙고하는 데에, 그리고 그것을 당사자들에게 납득시키기 위해 매우 긴 시간이 소요될 것이다. 미리 갖추어진 법률과 법도그마틱은 그런 과정을 과감하게 생략할 수 있도록 도와준다.

19 셋째, 강학상 필요하다. 각자가 갖고 있는 자의와 지혜는 가르치고 배울 수 없지만, 법률해석의 정해진 규칙은 어려우나마 가르치고 배울 수가 있다. 즉 법과대학과 로스쿨 등에서 이야기를 주고받는 대상으로 쓰일 수 있다. 그 결과 법률을 이해하는 방식이 하나의 문화가 되어 후대에 전수될 수도 있다.

20 다시 말하지만 법도그마틱은 '가장 옳은 해결'을 찾는 것이 아니다. 그저 평가의 규칙성만 확보하는 것을 목적으로 한다. 요리할 때 쓰이는 '레시피'를 비유로 생각하면 쉽다. 만들어본 적이 없는 요리를 하려 마음먹었을 때 레시피만 찾아내면 그대로 따라서 할 수 있다. 그렇게 하면 가장 훌륭한 맛은 아닐지라도 어느 정도의 결과는 보장된다. 도그마틱 기능은 바로 그 정도이다. 만약 신과 같은 진정한 지혜자라면 법도그마틱의 틀을 이용할 필요가 없을 것이다. 도그마틱 없이도 해당 사안을 정확히 판단하여 누구나 납득할 만한 최선의 형벌을 부과할 수 있을 것이기 때문이다. 우리는 모두 그 정도의 지혜자가 될 수 없기에 법도그마틱을 이용하는 수밖에 없다. 종갓집 할머니의 깊은 맛을 그대로 구현할 수가 없기에 그저 레시피를 따라하는 수밖에 없다.

(5) 형법도그마틱의 한계

21 위의 범죄체계는 마치 산수를 처음 배울 때 보았던, 숫자를 넣어 통과시키면 답이 나오는 어둠의 상자 같은 형식'틀'이다. 그런데 그 산수라는 게 재미있어질 수도 있다. 특히 전문가로서 수학을 연구하는 사람들이 될 정도면, 그 상자 안에 아주 복잡한 공식을 넣어두고 숫자들을 넣었다가 뺐다가 하는 작업 자체가 흥미로운 일일 것이다. 지금 널리 이용되는 범죄체계론이 고안된 것도 백년이 넘었으며, 그동안 매우 다채로운 이론들이 그 안에서 쓰여 왔다. 그러니 여러 이색적인 사안을 넣어보고 형법도그마틱을 거쳐 어떤 결론이 나올 것인가를 논의하는 것

자체로 흥미가 없지 않다. 그런데 이에 더 몰두하다보면 이제 현실에서 도저히 있을 수 없는 사안들을 실험삼아 넣어보고 새로운 이론들을 만들거나 비판하는 일도 하게 된다. 지난 세기 말까지는 아래와 같은 사례들을 넣어서 문제풀이를 하는 것으로 법과대학 수업이 진행되기도 했다.

연인끼리 키스를 하던 도중 한 사람이 번개를 맞아 다른 사람의 이가 부러졌 22
을 때 번개 맞은 사람의 죄책, 비행기사고가 날 수도 있다고 생각하고 유산상속자인 조카에게 해외여행을 가기 권했는데 조카가 탄 비행기가 실제로 사고 난 사례, 앵무새에게 욕설을 가르치면 재물손괴인지 여부, 손괴하려는 의도로 돌을 던져 창문을 깨뜨렸는데 우연히 건물 안에서 자살하려고 연탄을 피워둔 사람을 살린 경우, 살인자를 낳은 출산행위의 형법적 의미, 부둣가에서 담배꽁초를 버려 유조선이 전소된 경우(실제 사법시험 문제) 등…[1]

유머가 아니다. 우스운 사례이기는 하지만 이론적으로 보면 생각할 게 많은 23
것들이기도 하다. 단 하나의 문제는, 현실에서 발생할 리가 없다는 것뿐이다. 물론 있을 법 하기에 이런 사안을 다뤘던 것은 아니다. 여러 가상적인 사례를 통해 미리 실험해두어야 이론의 공백을 최소화할 수 있을 것으로 생각했기 때문이었다. 그러나 이제는, 과거에 몰두했던 이러한 시뮬레이션이 너무 지나쳤다는 점을 형사법학계가 깨달아가고 있다. 집을 찾아오라고 약도를 그려주고 싶었는데, 너무도 정확하게 묘사하고 싶은 나머지 지도크기가 진짜 땅만 해졌다면 그것은 문제가 아닐 수 없다.

시험준비가 아니라, 형법학을 '제대로' 공부하는 방법 또한 이와 같은 도그마 24
틱의 한계를 인식하는 것에서 출발한다. 법학은 현실에 뿌리를 둔 학문이다. 그리고 법실무는 개별사람들의 구체적인 권리를 취급한다. 현실로부터 멀어져가는 법학의 가치는 그 만큼 더 무게를 잃게 될 수밖에 없다. 어느 정도 추상성을 띤 이론은 필요한 것이지만, 현실에 관심이 전혀 없는 법학 자체를 인정해줄 사람은 아무도 없다.[2] 오로지 도그마틱에 대한 관심 안에서 실정법 해석과 그 적용 방식을 공부하는 데에만 몰두하다보면 그 배경에 놓인 원리를 모르게 되거나, 현실로부터 유리된 학문활동을 하는 데 그칠 수 있다. 지금 시민들은 실정법과 형사사법운영에 결함이 없다고 생각하지 않는다. 내용이 잘못된 법률도 많이 있고, 그것이

1) 이러한 교과서 범죄사안에 대한 비판으로는 배종대, 교과서 범죄에 대하여, 29면 이하.
2) 문제의식은 홍영기, 법학논문작성법, 210면 이하.

그릇 활용되는 때도 많다. 새로운 법률이 필요한 곳도 있다. 이 상황에서 도그마틱은 극히 일부 제한된 관심만을 다룰 뿐이다. 즉 형법총론과 각론, 형사소송법의 공부만으로는 한계가 있다. 이를 넘어선 메타적인 연구, 즉 법률의 정당성평가와 법이 운영되는 현실분석 등을 생략하지 않고 그로부터 비판적인 대화를 법도그마틱과 함께 이어가는 것이 형법학의 바른 방법이다.[1]

2. 형법도그마틱과 형사정책의 관계

25 형사정책은 범죄학의 분석을 토대로 범죄예방 및 발생한 범죄에 대한 대책을 마련한다. 이때 형사정책은 형법도그마틱의 메타언어를 다루는 것이며, 형법도그마틱은 형사정책의 목표를 현실로 옮기는 구체적 형성과정에 해당한다. 예를 들면 일정한 규범위반에 대해 형법적으로 대응할지에 대한 결정 그리고 제재수단으로서 형벌의 선택 및 그 형벌범위에 대한 결정은 형사정책의 판단이다. 형법도그마틱은 형사정책 목표설정에 따라 이루어진 법률을 토대로 체계합치적 해결방법을 모색한다. 아무리 훌륭한 형사정책적 과제라고 하더라도 구체적인 법률 및 법실무에 반영할 수 없는 내용은 가치가 없다. 마찬가지로 형법도그마틱도 형사정책적인 전체구상 안에서 법률을 해석하고 적용해야 한다. 형법도그마틱은 형사정책의 목표를 실현할 수 있을 때에 의미를 갖는다.

26 [형법과 형사정책의 통합적 사고] 양자를 하나의 포괄적인 영역으로 보는 시각도 있다. 록신(C. Roxin)은 위 구별이 도그마틱과 형사정책의 현실적 차이를 과장하고 있다고 한다. 그는 법률의 해석과 적용은 단순한 논리적 추론과정을 넘어 일정한 법발견을 포함하게 된다고 하면서, 이러한 법발견은 법적 규율의 구체적 현실화과정으로서 법률에 내재된 입법자의 목표를 창조적으로 발전시키는 작업이라고 한다. 이렇게 본다면 도그마틱 작업을 하는 사람도 입법자와 마찬가지로 형사정책적 구상을 실현하는 것이다.[2] 물론 도그마틱으로부터 입법자의 의도를 재구성하는 법발견 작업을 완전히 배제할 수 없는 것은 사실이다. 또한 이 과정에서 이론가 및 실무가의 정책적 선이해가 개입하는 것도 불가피하다. 그렇지만 양자의 다른 의미를 드러내어 도그마틱과 정책의 상대적인 개념을 확정하는 것이 불가능하지 않을 뿐만 아니라, 바로 아래에서 보듯이 여전히 형법과 형사정책의 과제를 명확하게 구별해야 하는 현실적인 필요도 있다.

1) 배종대, 법이론이란 무엇인가, 44면 이하.
2) Roxin, Strafrecht AT I, 7/75 이하; 김일수, 체계적 범죄론에 관한 방법론적 일고찰, 51면.

3. 형법은 형사정책이 뛰어넘을 수 없는 한계

형법도그마틱과 형사정책을 엄격히 구별하지 않는 사고는 형사정책에 대한 형법의 한계역할을 쉽게 간과하게 만든다. 여기서 **리스트**(F. v. Liszt)가 남긴 유명한 말을 떠올린다. 그는 '형법은 범죄자의 대헌장(Magna Charta)'이라고 하면서 '형법은 형사정책의 뛰어넘을 수 없는 한계'라는 점을 분명히 하였다.[1] 정책적인 목표만을 좇아 국가형벌권이 자의적으로 확대되지 않도록 제한하는 역할을 형법이 담당해야 한다는 것이다. 근대적 형사정책을 수립한 **리스트**도 당시 흐름이었던 경험과학적 범죄학을 형법학에 수용한 사람 중의 하나였다. 그럼에도 **리스트**는 실증주의 방식이 범죄인의 대헌장인 자유주의적 법치국가형법을 왜곡하여, 사회 안에서 위험한 사람에게 아무런 의심 없이 무해화無害化조치를 할 수 있다는 데에 대한 우려를 잊지 않았다.[2] 27

국가가 범죄대책을 마련할 때에는 무엇보다도 범죄의 예방과 억제를 위한 효율성을 최고 가치로 여기게 된다. 그러나 이와 같은 정책적 필요성이 형법 및 그 원칙을 뛰어넘어 실현될 수는 없다. 정책의 이념과 구체적인 목표가 범죄예방을 위해 아무리 효과적인 방식을 취하더라도, 그것은 형법원칙 및 형법규정의 범위 안에서만 실천될 수 있을 뿐이다. 다른 말로 하면, 형법이 형사정책에 일방적으로 봉사하는 수단이 되어서는 안 된다는 뜻이기도 하다. 28

예를 들어 형법원칙 가운데 가장 중요한 '책임원칙'을 떠올려보자. 이는 '행위자는 자신이 선택한 불법행위 유무와 정도에 상응하는 처벌을 받는다'는 원칙이다[32/32 참조]. 형사정책적 필요가 크다는 이유로 책임원칙을 간과하는 방식으로 형벌이 부과될 수는 없다. 예를 들어 현대사회에서 저작물의 불법다운로드에 대한 법의식이 아직 약하여 범죄가 성행하고 있기 때문에, 이를 통제해야 한다는 정책적 필요는 분명하다. 그렇다고 해서 본보기를 보이기 위해 한 차례의 불법다운로드를 한 피고인에게 무거운 징역형을 선고할 수는 없다. 기업이 행하는 범죄(예를 들어 오염물질 배출)의 사회적 폐해가 심각하지만, 이에 대응하기 위해서 기업 자체를 폐쇄하는 형벌조치를 감행함으로써 그 범죄행위에 가담하지도 않은 구성원에게까지 형벌효과가 돌아가게 해서는 안 된다. 29

---

1) Liszt, 형법의 기본개념에 미치는 사회학적, 인류학적 연구의 영향에 대해, 542면. 같은 취지는 Sack, Sozio-politischer Wandel, Kriminalität und eine sprachlose Kriminologie, 208면.
2) Liszt, 앞의 논문, 541면 이하.

[4] 법적 안정성

1 이렇게 다시 물을 수 있다. 왜 형법(원칙)이 정책적인 판단보다 앞서는가? 일반적으로 누구나 느껴봤을 다음과 같은 물음으로 바꿀 수도 있다. 범죄에 대해 즉각 대응해야 한다는 사회구성원들의 요청이 이처럼 확고한데, 왜 법률가들은 굳이 법적인 방식으로만 처리를 하려고 하는가? 이 질문에 답하기 위해서는 무엇보다 법이념에 대한 이해가 필요하다. 아래의 내용은 성문법주의를 따르는 우리 법체계에서 가장 중요한 법철학의 핵심내용이기도 하다.

1. 법이념이란?

2 법이념(Rechtsidee)이란 법과 그 운영이 궁극적으로 달성하고자 하는 목적을 의미한다. 이러한 법의 최종목적을 한 마디로 '정의正義'라고 말하는 사람이 많다. 대륙법계 국가에서 가장 유명한 법철학자인 **라드브루흐**(G. Radbruch)는 이때의 넓은 의미의 정의는, 좁은 의미의 정의, 법적 안정성, 합목적성의 세 가지 법이념에 의해 실현된다고 하였다.

(1) 정 의

3 우선 법이념으로서 '정의'(Gerechtigkeit)는 전통적으로 '평등' 관념을 통해 이해되고 있다. 특히 형사사법에서 의미가 있는 배분적 정의를 가리켜 **라드브루흐**는 정의의 원형이라고 말한 바 있는데,[1] 이는 '주어야 할 것을 마땅히 주어져야 할 대상에게 배분한다'는 의미이다. 그러므로 형법이 추구하는 정의는 '마땅히 형벌을 받아야 할 범죄자에게 범죄에 상응한 형벌을 부과하는 것'이다. 이 목적을 달성하기 위해서는 우선 어떤 범죄가 저질러졌는지, 누가 범죄자인지를 정확히 밝혀내야 한다. 그러므로 이른바 '실체적 진실의 발견'은 형법의 정의를 실현하는 전제조건이 된다.[2]

(2) 법적 안정성

4 법이념으로서 '법적 안정성'(Rechtssicherheit), 또는 '법적 평안'(Rechtsfrieden)

---

1) Radbruch, Rechtsphilosophie, 122면. 이에 대해서는 Arth. Kaufmann, Die Radbruchsche Formel von gesetzlichen Unrecht und vom übergesetzlichen Recht, 85면.

2) 이를 위한 국가기관의 작용이 '형사절차'이므로, '실체적 진실의 발견'은 형사절차의 목적이기도 하다. 반면에 '적법절차'는 '형사소송법'의 법목적이다(배종대/홍영기, 형사소송법, 2/6 이하).

은 곧 '법(률)의 지배' 그 자체를 뜻한다. 당위의 내용이 보편타당하게 그리고 구속력을 갖게끔 규정해 놓은 법규율에 따라 객관적으로 실현되어야 하는 것이며, 개인의 특별한 자의, 정의감정, 도덕관념, 지혜, 가치관 등에 의해 결정되지 아니할 것을 내용으로 한다.

법적 안정성이나 법적 평안은 '사회가 안정되고 평화롭다'는 것과는 아무 관 5
련이 없다. 예를 들어 1991년 지방대도시 와룡산에 개구리를 잡으러 나간 초등학생 다섯 명이 살해된 유명한 사건의 피의자가 지금 체포된다고 하더라도, '공소시효'의 실정법이 있기 때문에 그에 대해 형사절차를 진행할 수는 없다. 무고한 아이들을 무참히 살해한 살인자가 아무 처벌 없이 활개치고 돌아다니는 것은 결코 사회가 안정된 상태가 아니지만, 공소시효 법률에 따라서 처벌을 못하도록 확정되었으므로 법적 안정성은 유지되는 것이다. 형사사법에서 법적 안정성을 실현하는 가장 중요한 원칙은 죄형법정주의(nulla poena, nullum crimen sine lege)이다. 이 원리는 범죄에 대한 처벌필요, 시민의 감정, 위험성에 대한 경고로부터 형벌이 주어져서는 안 되고, 오로지 법률로 확정된 내용에 따라서만 형벌이 부과될 수 있음을 뜻한다[32/12 참조].[1)]

(3) 합목적성

합목적성(Zweckmäßigkeit)의 뜻은 '법이 추구하고자 하는 목적에 합당함'이 6
다. 법의 궁극적인 목적을 (넓은 의미의) 정의로 본다면 이 정의에 향하고 있어야 할 법이념적 측면은 결국 법의 '내용'을 가리킨다. '목적에 부합되어 있는가'의 문제이므로 결과(효과)지향적인 성격을 갖는다. 효과 없는 형사정책은 합목적성에 반한다고 할 수 있다. 예컨대 관철가능성이 없음에도 은폐된 목적을 겨냥하여 법을 만드는 '상징입법'은 이 이념에 어긋난다. 나아가 합목적성 이념은 목적과 수단의 관계라는 점에서 비례성원칙에 의해 구체화될 수 있기 때문에, 형법의 보충성·단편성·최후수단성(ultima ratio)에 대한 인식 또한 이 이념으로부터 파생된다.

2. 정의에 대한 법적 안정성의 우위

법적인 처리과정에서 위의 세 가지 최종목적을 동시에 달성하는 것은 불가능 7
하다. 각 법이념들은 대립되거나 모순되는 관계에 놓여 있기 때문이다. 그렇기에

---

1) Liszt, 형법의 기본개념에 미치는 사회학적, 인류학적 연구의 영향에 대해, 542면.

세 가지 이념의 우위관계를 정하는 문제가 생긴다. 우선 개별적인 결과를 중시하는 합목적성은 보편적인 정의이념과 대립된다. **라드브루흐**는 공동생활의 질서가 되기 위한 법은 각 개인의 다양성 내지 국민에 대한 유용성에 좌우될 수 없는 것이므로, 법의 합목적성이라는 가치를 가장 후순위에 놓고 있다.[1)]

8 법적 안정성과 정의의 대립은 특히 중요한 문제이다. (범죄)사안 그 자체는 고정된 것이 아니라 특정한 시간과 공간에서 존재하다가 사라진 다이내믹한 것이기 때문에, 각 주체에 따라 서로 일치하지 않는 대상으로 인식하게 마련이다. 그러나 이를 평가하는 기준으로서 법률은 확정되어 있는데다가 소수의 법조문으로 이루어져 있다. 따라서 개별사안을 판단하는 각 사람의 정의에 대한 여러 생각과, 법률에 따라 일관하여 처리하려는 법적 안정성의 가치는 충돌된다. 그 정도가 사소할 수도 있고 엄청나게 심각할 수도 있지만, 모든 사안의 법적 평가과정에서 정의와 법적 안정성의 이념은 '언제나' 대립되어 있다고 말할 수 있다.

9 **라드브루흐**가 정확히 설명했듯이, 정의와 법적 안정성이 대립되는 일반적인 상황에서라면 법적 안정성이 언제나 우위에 놓여야 한다. 다시 말해 개별적인 사안에 따라 다소의 정의이념이 훼손되더라도 언제나 실정법을 적용하여 법의 지배상태가 유지되도록 해야 한다. 각자 다르게 느낄 수 있는 정의에 대한 신념이 훼손된다고 해서 법률에 따르지 않는다면, 모든 사안에 대한 사회구성원들의 주장과 반론, 다툼과 혼란으로부터 벗어날 수 없을 것이다.[2)]

10 **[공중화장실 침입사례]** 피고인은 2014년 7월 음식점 부근에서 한 여성이 실외화장실로 들어가는 것을 보고 훔쳐볼 목적으로 따라 들어갔다. 검찰은 '성적 욕망을 만족시킬 목적으로 공중화장실 등의 공공장소에 침입할 경우 1년 이하의 징역 또는 300만 원 이하의 벌금형에 처할 수 있다'는 당시 성폭력처벌법 제12조 위반으로 피고인을 기소했다. 이 법은 '공중화장실'이라는 구성요건을 '공중화장실 등에 관한 법률'에 따르도록 개념정의를 위임해 놓았다. 하급심과 대법원은 모두 위의 사건이 일어난 화장실은 공중화장실 등에 관한 법률이 규정한 '공중화장실'이 아니라며 무죄를 선고했다. 일반 대중이 아닌 음식점 손님을 위해 설치된 곳이라서 공중화장실에 해당하지 않는다는 것이다.[3)] 많은 사람들의 정의감정에 따른다면 이 판례는 이해하기 어렵다. 장소가 공중화장실에 정확히

1) Radbruch, Vorschule der Rechtsphilosophie, 32면; 같은 저자, 법철학, 126면 이하.
2) 이러한 정의에 대한 생각은 '형평'의 차원이 아닌 각자가 갖는 정의에 대한 감정에 불과하다(Arth. Kaufmann, Die Rechtsidee – Gerechtigkeit als Gleichheit, 147면). 이념적 정의라고 하더라도 이와 같은 대립은 마찬가지로 보편적인 것이다.
3) 동아일보 2016년 9월 19일자 참조.

해당하는가 하는 점이 아니라 성범죄가 있었는가 하는 점이 중요하다고 생각할 것이다. 그러나 법률에 규정된 요건에 따라서 그대로 재판하는 것으로부터 법적 안정성이 유지될 수 있기에 이와 같은 판결은 당연한 것이다. 이처럼 대부분 사안에서 법적 안정성은 정의를 압도하는 지위를 갖는다. 다른 말로 하면 대부분 사안에 대한 법적 평가는 많은 사람들의 정의감정에 맞지 않는다. 이 사건 이후 논의가 진행되어 2017년 12월 성폭력처벌법 제12조의 대상이 '공중화장실'에서 '화장실'로 개정되었다. 그리하여 그 다음부터는 비로소 위와 같은 행위가 발생하는 경우를 처벌할 수 있게 되었다.

범죄로 비치는 사안이 발생하였을 때 정의로운 처리에 대한 생각은 서로 다 11
를 수 있다. 그러나 이에 대한 여론조사로 문제를 해결할 수는 없다. 다소 불만이 있더라도 고정된 기준인 형법전에 따라 그 사건을 처리하도록 약속되어 있다. 그리고 그 약속을 지키는 것만이 곧 법적 안정성을 실현하게 한다. 만약 사회구성원들이 완벽한 지혜자라면 법률 없이도 최상의 답을 얻을 수 있을 것이다. 그러나 우리들 모두 그런 지혜를 갖고 있지 못하기에, 사회구성원들 각자의 판단보다는 법률에 의한 해결을 믿고자 하는 것이다. 이렇게 법률에 따른 처리만을 고집한다면 그때그때의 '가까운 정의'가 훼손되는 것은 불가피하다. 그러나 규칙에 따라 일관된, 객관적인 처리를 함으로써 신뢰가능하고도 보편타당하게 형성되는 '먼 정의'를 확보하게 되는 것이다.

3. 예외 상황

그런데 이렇게 간단하지 않은 사안들이 있다. 예를 들어 공소시효에 대한 법 12
률을 그대로 관철하려다보니 과거에 저질러졌던 권력형 범죄, 전쟁범죄, 대량학살 등을 처벌할 수 없는 경우가 문제되었다.[1)] 이때는 법적 안정성과 정의의 대립이 극한에 이르게 된다. 잘 알려진 **라드브루흐**의 공식(Radbruchsche Formel)에 따르면 '실정법은 그 내용이 정의롭지 못하고 합목적성이 없는 경우에도 일단 우선권을 갖는다. 그러나 이처럼 실정법률과 정의의 모순이 참을 수 없는 정도에 이르렀다면 그 부정당한 법은 정의에 자리를 내어주어야 한다'고 한다.[2)] **라드브루흐** 공식

1) 독일에서는 제2차 세계대전을 전후로 나치정권이 행한 불법행위와, 독일 통일 이후에 구동독(DDR)정권의 불법행위들을 청산해야 할 과거사 문제로 다루어왔다. 프랑스나 폴란드, 일본 등에서도 유사한 논의가 있었다. 반민주 독재정부의 청산은 남아프리카공화국, 아르헨티나, 스페인 등에서도 문제되었다. 우리의 경우에는 친일파와 군사독재정권의 불법행위 그리고 그들이 민주화운동을 억압한 일련의 범죄행위들, 권력이 은폐한 각종 범죄의 예가 있다.

2) Radbruch, Gesetzliches Unrecht und übergesetzliches Recht, 107면. 라드브루흐는 이때 '참을 수 없음'의 기준으로서 '실정법을 제정하면서 정의의 핵심을 이루는 평등을 의식적으로 부정한 경우'를 뜻하는 것이라고 하였다. 이 공식의

이외에도 과거 불법적인 국가권력에 의해 저질러진 범죄를 공소시효 도과 이후에 처벌하는 데에 기여한 여러 이론적인 시도가 있었다.[1] 그러나 정의를 앞세워 법적 안정성을 후퇴시키는 이러한 처리는 극히 예외적인 상황에 있을 수 있는 것이며, 지금 우리가 일상적으로 만날 수 있는 범죄사안의 해결방식은 아니다.

13 **[법이념과 법개념]** 법이념이 '법이 궁극적으로 무엇을 지향하는가?'에 대한 답이라면, 법개념은 그보다 앞서 '법이란 무엇인가?'에 대한 대답이다. 법개념요소로 언급되는 것으로 다음과 같은 것이 있다. 1) **실정성**은 법이 법률 또는 그에 상응하는 규칙으로 있어야 한다는 것이다. 2) **유효성**은 법에는 효력이 있어야 한다는 뜻이다. 즉 관철이 가능해야 한다. 3) **정당성**은 법이 정당한 내용을 갖추고 있어야 한다는 것이다.[2] 이 세 가지를 모두 갖추어야 법규범 또는 그 운영이라 말할 수 있다. 법을 이용하고자 할 때에, 법이념 및 그 모순관계에 대한 평가에 앞서 법개념을 먼저 확인해야 한다. 바로 여기서 세 가지 법개념요소는 법 또는 법적 조치에 대한 비판적인 기능을 담당한다.[3] 예를 들어 인종차별을 강요하는 법은 정당성이 없으므로 법이 아니고, 국가가 관철할 수 있는 수단이 없는 법률은 유효성이 없으므로 법으로 볼 수 없다. '나쁜 짓을 한 사람은 처벌한다'는 규정은 글자로 쓰여 있을 뿐, 광범위한 해석에 개방되어 있어 사안을 빗대어 적용될 가능성이 없기 때문에, 실정성이 결여된 것으로서 법이 아니다. 위에서 예로 든 역사적인 중대한 범죄에 대해 소급입법(개별입법)을 통해 시효를 연장하거나 폐지하여 해결한 방식 또한, 외양은 '법적 처리'처럼 보이지만 실제로는 실정성을 갖추지 못하였으므로 법개념을 갖추지 못한 도구를 이용한 것으로 볼 수 있다.

제 2 절 어떻게 범죄를 연구할 것인가

[5] 학문적 연구란?

1 범죄처럼 접하기 쉬우면서도 각자 나름대로의 방식에 따라 인식하고 있는 대

의의와 비평으로는 Saliger, 라드브루흐 공식과 법치국가, 1면 이하.

1) 이에 대한 법적 처리의 문제에 대해서는 홍영기, 과거사에 대한 법적 처리의 정당성과 가능한 대안, 33면 이하.

2) Alexy, 법의 개념과 효력, 17면 이하 참조.

3) 홍영기, 법개념요소의 법비판 작용, 112면 이하.

상도 많지 않다. 사회구성원 대부분 범죄대책에 대한 자신만의 생각도 있을 것이다. 범죄가 끊임없이 발생하는 일상에서 그리고 그 일상에서 뻗어 나온 여러 생각들을 접할 때, 연구자는 다음과 같은 점을 주의해야 한다.

개별범죄 또는 범죄현상에 대한 정보 가운데 많은 것은 사실과 거리가 먼, 2
판단자와 전달자의 주관과 감정에 그치는 경우가 많다. 이러한 상황에서 '진실'에 이르는 데는 매우 많은 노력이 필요하다. 예를 들어 '지금 우리사회에서 범죄가 폭증하고 있다', '결손가정은 범죄의 원인이다', '다른 나라에 비해 우리나라의 범죄자 처벌은 솜방망이와 같다'는 식의 말을 들을 때, 가장 먼저 과연 그 말이 참인지를 알아보는 것으로부터 출발해야 한다. 그건 당연한 상식 아니냐고 말해서는 안 된다. 학문의 영역에서 상식이란 없다. 직관이라는 말도 어울리지 않는다. 학문은 '과연 그런가?', '왜 그런가?'의 질문을 반복하는 곳에서 비로소 시작된다.

[방법적 회의] 과연 그런지, 왜 그런지 묻는 것은 모든 학문의 보편적인 속성 3
이다. 별 생각 없이 믿어왔던 것에 대해서 집요하게 묻고 답했던 **소크라테스**의 철학적 전통을 근대에 회복시킨 **데카르트**(R. Descartes, 1596~1650)는, 끝까지 캐묻는 다음과 같은 '방법적 회의懷疑'를 그의 방법으로 삼고 있다. 1) 내가 명증적으로 참되다고 안 것 외에는 어떤 것도 참된 것으로서 받아들이지 않을 것, 즉 속단과 편견을 피할 것. 그리고 의심의 여지가 조금도 없을 정도로 아주 명석하게 또 아주 분명하게 내 정신에 나타나는 것 이외에는 아무 것도 내 판단 속에 넣지 않을 것, 2) 검토할 난제의 하나하나를 될 수 있는 대로 그것들을 가장 잘 해결하기에 필요한 만큼의 소부분으로 나눌 것, 3) 생각들을 순서에 따라 이끌어가되, 가장 단순하고 알기 쉬운 것에서부터 시작하여 계단을 올라가듯 조금씩 위로 올라가, 가장 복잡한 인식까지 이를 것, 4) 하나도 빠뜨리지 않았다고 확신할 수 있을 정도로 완전한 매거枚擧와 전체에 걸친 통관을 어디서나 행할 것.[1] 그는 방법적 회의를 거쳐 그 유명한 '나는 생각한다, 고로 나는 존재한다'(cogito ergo sum: 모든 것을 회의하더라도 생각하는 내가 있다는 것만은 의심될 수 없다는 것)는 근본명제를 이끌어내었으며, 이 확실성으로부터 세계에 관한 모든 인식을 연역하고자 하였다.[2]

범죄학의 설명도 마찬가지이다. 궁극적인 범죄원인을 과학적으로 발견하는 4
일은 불가능하다. 범죄에 대한 이론들은 단지 범죄발생과 관련된 것으로 보이는 요소들을 나름대로 주장하고 있을 뿐이다. 일정한 요소가 범죄발생의 원인이 되

1) Descartes, 방법서설·성찰, 20면; 같은 저자, Meditationen, 32면 참조.
2) Descartes, Meditationen, 28면.

었음을 확인하더라도, 그것은 단지 특정 조건에서 현실화될 수 있는 원인 가운데 하나를 말하고 있는 것이다. 우리는 범죄에 대한 유일한 인과법칙을 인식할 수 없으며, 단지 경험에 바탕을 둔 제한적이고 임시적인 관련조건을 짐작하고 있다. 과거부터 축적되어온 이론의 진보를 인정할 수 없다는 의미는 아니다. 다만 범죄원인과 대책으로 이야기되는 모든 내용들이 정답이 아닌, 하나의 가능한 가설을 이야기하고 있는 것에 주의해야 한다는 뜻이다.

5 [니체의 말] "우리는 곧 인식하는 자로서, 정신이 오랫동안 방자하고도 무익하게 스스로에 반해 광분했던 익숙한 관점과 가치들로부터 단호하게 돌아설 수 있음에 대해 감사하자. 그런 식으로 한 번 '다르게 바라보려 하기'는 일회적인 객관성을 위한 지성의 사소한 준비만은 아니다. 이때의 객관성은 '무관심한 관찰'이 아니라 찬성과 반대를 제어하며, 그것을 표시할 수 있는 능력을 의미한다. 우리는 '순전한, 의도 없는, 무감각한, 영원한 인식의 주체'를 전제하는 위험하고도 오래된 개념의 허튼소리로부터 우리를 보호하자. '순수이성', '절대정신', '인식 그 자체' 등과 같은 모순되는 개념의 촉수들로부터 우리를 보호하자. 그런 개념들은 절대 불가능한 한 눈을 갖고서 해석적인 능력이 거세된 채 한쪽 방향을 향하여 바라보기를 원한다. 그러나 일정한 관점을 갖고서 보는 것만이 가능하며, 관점을 포함한 '인식'만이 있을 뿐이다. 그렇기에 한 사물에 대해 더 많은 의향들을 표현하면 할수록, 더 많은 눈, 다양한 눈을 같은 사물에 동원하면 할수록 이 사물에 대한 우리의 개념, 우리의 객관성은 더 온전해진다."[1]

[6] 자료의 분석

1. 범죄통계

1 범죄현상을 분석하기 위해서 가장 많이 활용되는 것은 통계조사결과이다. 범죄가 얼마나 많이 발생하고 있는지를 비롯하여 증가, 감소하는 정도 그리고 어떤 유형의 범죄가 어떤 방식으로 일어나고 있는지 등을 통계조사를 통해서 알 수 있다. 그러나 범죄통계는 다른 그 어떤 통계결과보다 부정확하다. 범죄통계의 정확성은 범죄의 유무와 종류에 대한 규범적인 기준이 먼저 통일되어 있고, 그것이 통계조사를 담당하는 모든 기관에 공유될 것을 전제로 한다. 범죄의 인식과정과 전달과정도 발생한 실제 범죄를 그대로 반영할 수 있어야 한다. 그러나 이 과정에 언제나 개입되는 규범적, 인식론적 한계로 인해 지금 접할 수 있는 범죄통계 가운

1) Nietzsche, Zur Genealogie der Moral: Eine Streitschrift, Kunz, Kriminologie 1판, 5/5에서 인용.

데 신뢰할 수 있는 내용은 거의 없다고 봐도 과언이 아니다. 이에 대해서는 아래 '숨은 범죄' 부분[15/1]에서 더 자세히 논할 것이다.

범죄현상에 대한 통계조사는 하나의 사회조사방법의 결과물일 뿐이다. 설사 그것이 정확하게 현실을 반영하더라도 존재하는 사실을 말하고 있을 뿐이기에, 마땅히 주어져야 할 당위 내용을 곧바로 이로부터 도출할 수 없다.[1] 예를 들어 최근 유입된 외국인에 의해 발생한 범죄의 건수가 늘어나고 있다는 분석결과가 있다고 해보자. 이것이 내국인에 의해 발생한 범죄의 비율에 비해 높다고 할 수 있는지, 외국인 거주자 자체가 늘어나는 것에 비할 때 실제로 범죄행위 비율이 증가하고 있는 것인지, 외국인이 많이 거주하게 된 장소의 환경요인과 어느 정도 연관이 되는지 등이 모두 함께 정확하게 조사되지 않는다면 가치가 높은 조사결과가 아니다. 이런 상황에서 외국인이 저지르는 범죄예방에 더 많은 형사사법 에너지를 투입해야 한다는 요청이 아무 의문 없이 정당화되는 것은 더욱 아니다. 2

2. 법과 제도의 국가간 비교

범죄에 대한 대책을 세우기 위해 다른 나라의 법과 제도를 조사하는 것은 의미 있는 방법이다. 정책의 필요에 따른 입법여부나 그 영향 등에 관해 연구할 때, 이미 그 제도를 시행하고 있는 다른 나라의 상황으로부터 많은 시사를 받을 수 있다. 이러한 일련의 방법을 통칭하여 간단히 '비교법'(Rechtsvergleichung)이라고 말하기도 한다. 비교법연구 뿐만 아니라 비교범죄학도 마찬가지로 중요한 역할을 한다. 3

여기서는 특히 법제도의 비교방법을 활용하는 목적, 즉 외국법이나 정책을 조사하는 작업 목적이 결국 우리 실정에 맞는 형사정책을 수립하는 데 향해 있어야 한다는 점이 중요하다. 외국의 예를 비판의식 없이 소개하는 수준에 그쳐서는 안 된다. 범죄대책의 토대가 되는 규범이나 범죄현실은 각국마다 크게 다르다. 어느 나라에서는 범죄로 인식되는 행위가 다른 나라에서는 그렇지 않은 경우도 매우 많다. 개인의 총기소지가 광범위하게 허용되는 국가의 정책이 우리나라의 그것과 표면적으로 비교되어서는 안 된다. 이러한 점은 범죄기준이 인식단계에서부터 국가, 민족, 사회, 그리고 그 밖의 하위체계와 관련될 수밖에 없음을 말해 4

1) Kunz/Singelnstein, Kriminologie, 5/14 이하.

준다.

5 범죄와 형벌, 형법과 관련되는 이론을 연구할 때에도 마찬가지이다. 우리나라 사정에 맞는 국내 연구보다 외국학자의 이론을 근거 없이 더 선호하고 활용하고자 하는 것은 이른바 '학문적 사대주의'라고 할 수 있다. 이제 극복되어야 할 지난 세대의 방법에 속한다. 심지어 완전히 잘못된 외국정보를 국내에 그대로 소개하는 일도 흔하게 발견된다. 사람들이 외국자료까지 애써 찾아보지 않을 것이라는 생각으로 정확성을 따지지 않고 대충 가져온 것이든, 특정한 의도를 갖고서 외국사정을 왜곡하려 했든 간에 최소한의 도덕을 갖춘 연구결과라고 볼 수가 없다는 점에서는 마찬가지이다.[1]

3. 역사적 고찰

6 범죄를 취급하는 여러 제도와 이론의 역사적인 발전과정 또한 매우 중요한 정보에 해당한다. 특히 형법개정 및 여러 제도의 역사와 그에 따른 정책의 변화는 학문으로서 형사정책의 핵심연구테마이다. "형법사 없는 형법학은 존재할 수 없다"(T. Würtenberger)고 말하기도 한다.[2] 범죄와 형사정책을 포함한 역사적 사실을 살펴보면 범죄에 대한 어떤 대응이 당시에 효력을 발휘했거나 한계가 있었는지 알 수 있고, 그로부터 지금 이 시대에 필요한 법과 정책에 대한 바람직한 형상도 떠올릴 수가 있다.

7 역사적 사실에 대한 분석은 대체로 매우 방대한 자료를 필요로 한다. 이하에서는 범죄와 그 대책, 이를 둘러싼 학문의 역사를 아주 간략하게 요약한다.

---

1) 예를 들어 최근 신문 사설 등을 통해서 독일에서는 경영판단원칙 규정 때문에 기업배임죄의 처벌이 이루어지지 않고 있다는 왜곡된 소개가 다수 등장하고 있다. 그러나 독일법원이 기업배임을 처벌한 사례군은 매우 다양하며 개별적인 예는 나열이 불가능할 정도로 많다.

2) Würtenberger, Aufgaben und Wege der deutschen Strafrechtsgeschichte, 114면.

제 3 절 범죄와 형벌에 대한 논의의 역사

[7] 범죄연구의 출발

1. 고대와 중세

인간이 사회를 만들어 살기 시작할 때부터 범죄가 문제되었을 것이므로, 그 1
원인이나 형벌에 대한 논의가 이미 고대부터 진행되어온 것은 당연한 일이다. 고대 그리스의 플라톤, 아리스토텔레스는 범죄를 질병으로 보는 한편 형벌을 미래지향적으로 부과할 것을 주장하기도 하였다.1) 중국 하夏, 상商, 서주西周 시기에는 왕권신수설에 따라 범죄를 처벌하는 권리를 하늘로부터 부여받았다고 생각하였다. 범죄를 밝혀내는 기준은 이보다 합리화되어 고의와 과실을 구별하였으며, 상습범과 우발범을 다르게 취급하였다. 이후 쓰인 상서(大禹謨 편)에 보면 '期于豫治, 刑期于無刑, 民協于中'이라는 표현이 나온다. 이는 형벌 기간은 다스림을 위한 것이고, 기간을 다하면 형을 없애 주어서 백성들의 화합을 도모하게 한다는 의미이다.2)

서양 중세시대에는 범죄를 신에 대항하여 율법을 어기는 악행으로 보았기 때 2
문에 세속적인 범죄이해의 길이 제한되어 있었다. 이 시기에는 규문주의 형사절차, 즉 법관으로부터 독립된 검사가 수사·소추하는 것이 아니라, 재판관이 수사와 소추, 재판을 모두 담당하는 형식을 취하고 있었다. 이와 같은 평가의 단순함을 보완하기 위해 전문적 감정으로 생각될 수 있는 실험적 기술이 사용되기 시작하였다. 예를 들어 14세기 이후에는 시체를 부검하는 등 실체적 진실을 발견하기 위한 여러 노력이 있었고, 카롤리나 형법전(Constitutio Criminalis Carolina, 1532)에는 살인과 영아살해의 경우 범죄에 대한 과학적 해명을 위해 전문가의 감정을 받아야 한다는 요건을 규정하기도 하였다.

르네상스시대에는 중세를 뒤로 하고 개인으로서 인간을 사고의 중심에 세우 3

---

1) Platon, Protagoras, 324a 이하. 그리스 철학의 형벌이론에 대해서는 Müller-Dietz, Strafe und Staat, 7면.
2) 장국화, 중국법률사상사, 27면 이하. 이하 책의 대부분에서 우리나라를 비롯한 동양의 범죄논의 역사를 서술하지 못하는 것에 대해 독자들에게 양해를 구하고자 한다. 지금 우리나라의 법과 제도가 서양으로부터 이어지고 있다는 것이나, 동양의 자료가 충분하지 않다는 말은 변명이 되지 못한다. 장차 이에 대한 연구결과를 보완하고자 한다.

는 세속적 세계관으로 되돌아오려는 시도가 시작되었다. 이러한 변화는 형사사법에도 영향을 미쳐, 종교적 연관을 벗어나 형벌의 세속적 정당화를 추구하였다. 이 시기에 **토마스 모어**(T. More)는 그의 저서 『유토피아』에서 '도둑의 기원'에 대한 문제를 제기하고 빈곤의 감소를 통한 예방적 범죄대책을 제안하기도 하였다.[1)]

2. 계몽주의

4 범죄에 대한 체계적 학문활동은 18세기 초에 비로소 시작되었다. 특히 정돈된 형사정책이념을 마련한 것은 계몽주의의 결과였다. 계몽주의는 종래의 비합리적인 제도와 구습을 배격하고 합리적 이성을 지향하여, 한편으로는 근대적 경험과학의 초석이 되었으며, 다른 한편으로는 비판적이면서 정치적 개혁을 지향하는 사회이론을 이끌어내었다. 계몽주의는 이와 같은 두 진영의 구별되는 방향으로 사회과학의 발달이 이루어지게 한 첫 계기에 해당한다. 전자는 자연과학의 성과들을 사회과학에 끌어들여 사회기술적(sozialtechnologisch) 인식을 추구하도록 발전되었고, 후자는 전승되던 신분제사회를 뒤로 하고 개인의 권리를 보장하는 인간중심적 사회로 나아가게 하는 사회변혁을 지지하였다. 두 진영은 이후 시차를 두고 범죄학과 형사정책에도 반영된다. 18세기의 고전학파가 두 가지 인식을 함께 추구한 반면, 19세기와 20세기 초반의 실증주의 학파는 전자인 범죄에 대한 기술적 접근에 더 관심을 두고 있었다.

[8] 국가형벌제도의 근대화

1 범죄를 다루는 국가기관의 역할을 이해하기 위해서는 이 시대, 즉 계몽주의에 따라 정립된 국가의 탄생, 형법의 기원, 범죄에 대한 정책에 대한 이론적 배경을 아는 것이 중요하다.

1. 사회계약설

2 국가와 법이 없던 때에, 다른 사람이 자기 자신이나 가족에게 해를 입힌 것에 대응하는 유일한 해결방법은 '보복'이었을 것이다. 자신이 당한 침해 정도로 자

1) Kunz, Kriminologie, 4/1.

제해야 한다는 강제도 없었으므로 이를 만회하는 수준에 그치지 않고 무자비하게 복수했을 수도 있다. 그리고 그것은 다른 보복의 원인이 되어 복수는 연속적으로 이어지게 되었을 것이다. 사회계약 이전 '자연상태'(status naturali) 즉 '만인의 만인에 대한 투쟁상태'는 바로 이러한 상황을 두고 하는 말이다. 이 상태를 선호하는 사람은 없다. 반드시 그 상황 가운데에 들어와 있지 않은 사람도 '그러한 불행이 언젠가 자신에게 닥칠지 모른다'는 공포를 느끼게 마련이다. 이와 같은 복수의 연속을 끊어낼 계기가 있어야 했다.

자연상태에서 인류를 구원할 단 하나의 방법은, 구성원 모두가 복수를 포함 3
한 자력구제의 권한을 어느 한 주체에게 양도하고, 이를 양도받은 주체만이 각자의 침해행위에 대응하여 대신 응징하도록 하는 것이었다. 이것이 곧 '사회계약'의 내용이다. 권한을 양도받은 유일한 주체가 곧 국가이며, 그가 징계를 실행하는 수단으로서 형법이 고안되었다고 사회계약설은 설명한다. 이로부터 형법규범이 마련되고 그로부터 국가 공형벌公刑罰개념이 확고해지면서 과거와 같은 보복의 악순환이 차단될 수 있었다.[1)]

이러한 사회계약설의 설명은 형법이 보복을 위한 수단이 아니라, 국가가 행 4
위자의 행위만을 객관적으로 평가하여 그에 상응하는 형벌을 부과하도록 하는 도구가 된 사정을 명확하게 드러내 보인다.[2)] 특히 인간의 자연적 본성에 대한 분명한 이해를 기초로 삼음으로써, '최초의 사회과학자'로 일컬어지는 **홉스**(T. Hobbes, 1588~1679)는 그의 사회계약설을 통해 국가가 시민의 권리보장에 기여해야 하며, 법을 통해 간섭받지 않는 부분은 시민의 자유영역으로 남겨 두어야 함을 강조하였다. 그는 죄형법정주의의 사고와, 시민의 안전보장을 위한 일반예방적 형벌이론을 포이어바흐보다 약 200년 앞서 완성한 선각자로 평가받는다.[3)]

2. 국가 공형벌제도

사회계약설을 통해 국가 공형벌제도의 탄생과 더불어, 근대 형사사법의 가장 5
중요한 다음 세 가지 특징이 설명된다.

1) **국가**가 **형벌권**을 **독점**하게 되었다[Strafmonopol]. 즉 국가 이외의 주체는 6

---

1) Hobbes, 리바이어던 1, 176면 이하.
2) 사회계약설은 국가와 법이 실제로 생겨난 데 대한 발생사적 연구는 아니다. 계몽철학자들이 국가와 법의 역할을 설명하면서 고안한 가상적인 시각에 해당한다(Fukuyama, 역사의 종말, 238면). 다른 설명은 Locke, 통치론, 122면.
3) 자세히는 심재우, T. Hobbes의 죄형법정주의사상과 목적형사상, 119면 이하.

형벌권을 행사할 수 없다. 사적 복수로부터 벗어나고자 국가와 법이 고안된 것이므로 이는 당연한 결과이다. 국가가 형벌권을 독점함으로써, 사인私人의 고소가 아니라 국가기관의 공소제기가 형사소송을 시작하게 한다[국가소추주의]. 형사소송도 국가의 법원에게 일임되어 있다. 형집행도 국가기관만이 할 수 있는 것은 물론이다.

7 2) **피해자**가 **중립화**되었다[Neutralisierung des Opfers]. 여기서 '중립화'란 특별한 역할을 갖지 않게 되었다는 뜻이다. 범죄피해자는 지금 형사사법에서 고소를 하여 수사 단서를 제공하거나 증인이 되어 진술하는 등 극히 제한된 역할만 하고 있다. 모든 구성원은 보복을 할 수 있는 권한을 국가에 양도하였기 때문에, 범죄의 직접적 피해자가 되었더라도 국가의 형벌권행사를 기다리는 방법 이외에 감행할 수 있는 자력구제 수단은 없다.[1)]

8 3) **국가**는 **형벌의무**를 지게 되었다[Strafpflicht]. 어떤 권한을 한 주체만 행사할 수 있다면, 곧 그 권한은 그 주체의 의무가 되는 것이기도 하다. 국가가 아니면 다른 어떤 주체도 형벌권을 행사할 수 없는 상황에서 국가가 이를 태만히 한다면, 시민들의 권리는 다시금 위태로운 상태에 놓이게 될 것이다.

3. 형사사법의 특징

9 근대적 형사사법의 위와 같은 세 가지 특징은 현재까지 변화되지 않았고 달라질 수 없는 것이기도 하다. 그리고 이 점이 민사절차 등 다른 과정과 형사사법절차가 구별되는 결정적인 이유이다. 다음과 같은 예가 있다.

10 1) 민사소송은 사인私人인 원고의 소제기로 시작된다. 소제기를 당한 사람은 피고가 된다. 반면에 형사절차는 일부 친고죄를 제외하면 고소가 없어도 수사가 시작된다. 그리고 검사의 공소제기 이외에 공판절차를 시작하게 하는 다른 방법이 인정되지 않는다. 국가기관인 검사를 통해 기소를 당한 사람은 피고인이다.

11 2) 민사법의 법률관계는 '사적 자치의 원리'가 지배한다. 분쟁의 양 당사자(원고와 피고)는 법원이 굳이 결론을 내리지 않더라도 사적 자치에 따라 자신들끼리 타협하거나 약속에 의해 갈등을 끝낼 수 있다. 그러나 형사절차에서 범죄행위자가 피해자와 합의를 했을 때, 그것은 양형에서 고려되는 사정일 뿐 형사절차가

---

1) 피해자의 중립화에 대한 설명은 Hassemer, Einführung in die Grundlagen des Strafrechts, 70면 이하; 김성진, 피해자학과 범죄피해자 보증대책, 155면 이하 참조.

필요 없어지는 것은 아니다. 행위자의 행위를 객관적으로 판단하여 처벌하는 것이 국가기관의 권한과 의무의 핵심이기 때문이다. 피의자가 수사에 협조하였을 때 공소제기와 재판에서 그에게 이익을 주는 이른바 플리바게닝(Plea Bargaining; 유죄답변협상제도)을 특히 대륙법계 형사절차에서 인정하지 않는 근거이다.

3) 형사소송에서는 행위자 자신이 어떤 피해를 입었는지, 피해자가 피해발생에 어느 정도 기여했는지는 원칙적 관심대상이 아니다. 형사절차는 오로지 행위자의 불법 유무와 정도만을 평가 대상으로 삼는다. 행위자와 피해자 각각의 고의·과실 및 입은 손해정도를 평가하여 기여분을 정하는 것(예: 과실상계)도 형법의 원리가 아니다[21/15]. 12

4) 민사상 소멸시효는 당사자 간 오래 지속된 평온한 상태를 국가가 그대로 인정해줌으로써 안정된 법적 상태를 지속하도록 하는 제도이다. 그러나 형사사건을 국가가 처리하지 않고 시간이 많이 흘렀다고 해서 국가 스스로 처리를 포기하는 것은 국가형벌의무를 위배하는 것이다. 즉 형사법상 공소시효는 사회적으로 안정된 상태를 유지시키려는 제도가 아니다. 13

5) 민사법에서는 어떠한 내용으로 법률관계를 형성하고 누가 그에 상응하는 구체적인 권리·의무를 부담하게 할 것인지를 당사자들 스스로 자유롭게 결정할 수가 있다[계약자유의 원칙]. 그러나 형법적인 사안이 발생했을 때, 그것이 범죄인지, 무슨 범죄인지 그리고 어떻게 처벌할 것인지는 국가기관이 오로지 법률에 의존하여 판단해야 한다[죄형법정주의]. 14

4. 행위평가에 필요한 형벌의 목적

과거 로마법시대에는 민사절차와 형사절차가 지금만큼 명확하게 구별되지 않았다. 절도를 당한 피해자가 관헌에 하는 고소는 잃어버린 물건을 돌려받게 해달라는 것이기도 하고 범인에 대한 처벌을 구하는 것이기도 했다. 이후에 형법적 처리의 독자성이 도드라지게 되었는데, 그 이유를 여기서도 어렵지 않게 짐작할 수 있다. 단순히 물건을 돌려받게 하는 것은 결과면에서 원상태를 회복하게 하는 의미만 있을 뿐이다. 물건 훔친 행위를 꾸짖지 못하고 장차 그러한 행위를 억제할 수도 없다. 즉 재산의 정당한 권리확인 이외에도, 해당 행위 자체에 대한 평가가 반드시 필요한데, 전자를 민사법이 후자를 형사법이 맡도록 나뉜 것이다. 그리고 후자의 의의는 대표적으로 '응보'와 '예방'으로 여겨져왔다[17/2 이하]. 이처럼 결과 15

의 바른 조정이 아니라 오로지 행위의 불법성을 객관적으로 판단하여 그에 상응한 형벌을 부과함으로써 형벌비난과 범죄억제를 실현하려는 데에 형사사법 고유의 의미가 놓여 있는 것이다.

16 형법이 범죄를 평가하여 형벌을 부과하는 방식 또한 행위당시의 행위내용의 불법을 바탕으로 하는 '사전적 심사'[ex ante]를 원칙으로 해야 함을 이로부터 알 수 있다. 좋지 않은 결과가 존재하는지, 그것이 없어지지 않았는지 등의 결과로부터 행위자 죄책을 역추론하여 판단하는 '사후적 심사'[ex post]는 형사사법에서 부수적인 방식에 그친다. 예컨대 친한 친구 한 명에게만 몰래 다른 사람 험담을 한 것이 그 친구의 가벼운 입을 통해서 널리 퍼져나간 결과가 초래되었다고 해서 명예훼손죄에 해당한다고 볼 수는 없다. 회삿돈을 자기 쌈짓돈인 것마냥 방만하게 경영하였는데 그로부터 우연히 회사에게 이익을 불려주게 되었다고 해서 배임죄의 죄책으로부터 당연히 벗어나는 것은 아니다.[1)]

[9] 고전학파의 형사정책이론

1. 초기의 선구자들

(1) 베까리아

1 밀라노대학의 교수였던 **베까리아**(C. Beccaria, 1738~1794)는 사회계약설에 따라 합리적·인도주의적으로 형벌과 형법의 여러 원리를 설명해낸 계몽시대를 대표하는 학자이다. 그가 스물여섯 살 때 쓴 『범죄와 형벌』(Dei delitti e delle pene, 1764)의 영향을 받지 않은 후대의 형법학자는 없을 것이다.

2 **베까리아**는 당대의 응보형주의를 비판하면서 형벌이 시민의 권리보장을 위한 예방적 수단이어야 함을 강조하였다. 예방목적을 달성하기 위해서 형벌은 불법에 비례하는 조치로서 사람들에게 지속적 영향력을 행사할 수 있어야 한다고 하였다. 그는 범죄예방의 가장 좋은 방법의 하나는 잔혹한 형의 집행보다 확실하고 예외 없는 처벌이라고 한다. 인간의 감수성은 강력한 순간적 쇼크보다, 덜 강력하더라도 반복된 인상에 의해 더 큰 영향을 받기 때문이다. 형벌이 잔인해질수록 오히

---

1) 배임죄에서 'ex ante' 방법의 필요에 대해서는 홍영기, 기업 내 배임죄에서 의무위배 요건에 대한 독일판례 분석, 101면 이하.

려 사람들은 그것에 무감각해지며, 지나친 형벌은 사람들에게 수단·방법을 가리지 않고 형벌을 피하도록 만들고, 이것이 다른 범죄를 유발하는 원인이 될 수도 있다는 것이다. 처벌에는 예외가 없어야 하므로 분명한 근거 없이 형벌을 배제하는 사면제도도 정당화되기 어렵다고 보았다. 사면은 범죄자에게 요행심을 불러일으킴으로써 법에 대한 존중을 훼손하는 결과를 가져온다. 사면은 형사제도의 무질서, 불합리한 법률 그리고 강압적 형벌을 온정적 시혜施惠조치로 은폐하는 수단에 지나지 않는다는 것이다.[1)]

베까리아는 일반예방의 전제조건으로서 법률조문이 누구나 이해할 수 있는 말로 입법될 것을 강조한다. 법률을 난해한 말로 쓸 경우 해석은 소수 사람들의 몫이 되고, 일반시민들은 자신의 자유와 재산에 관해 취해야 할 태도를 스스로 판단할 수 없게 된다. 법전을 읽을 수 있는 사람의 수가 많아지고 법전을 손에 들고 다니는 사람이 늘어날수록, 범죄 빈도는 줄어들 것이라고 한다. 형벌에 대한 무지와 형벌의 불확실성이 인간의 욕망과 감정을 더욱 부채질하기 때문이다.[2)] 3

베까리아의 인도주의 형벌관은 사형의 필요성과 효과를 부정하는 사형폐지론에 이른다. 1) 사형제도는 일반예방에 필요한 한도를 넘어서기 때문에 불필요한 제도이며, 2) 한 인간의 비참한 죽음을 잠깐 목도하게 만들 뿐, 징역형의 본보기 효과를 기대할 수 없고, 3) 유·무죄는 진실성이 아닌 개연성의 대상에 불과함에도, 사형은 이 면을 인정하지 않아 오판이 있는 경우 회복이 불가능한 단점을 가지고 있다.[3)] 4

[베까리아의 비례성 사고] "법률의 불의와 오류의 주요한 원인은 입법자의 그릇된 공리관념이다. 하나의 상상적인 혹은 사소한 불편에 대한 두려움 때문에 무수한 현실적 이익을 희생시키는 자, 불을 낼 염려 때문에 인간으로부터 불을 아예 빼앗으려고 하는 자, 물에 빠질 것을 염려하여 숫제 물을 박탈해버리려고 하는 자, 해악이 있으면 그것을 파괴시키는 것 이외에 방어할 어떤 방도도 알지 못하는 자들 역시 공리에 대한 잘못된 관념을 갖고 있다. 지금 법률은 범죄예방을 위한 것으로 보기 어렵고 범죄에 대한 공포심을 갖게 하기 위한 것으로 보인다. 이것은 특수한 몇 가지 범죄사실이 초래한 불안정한 인상에 의해 만들어진 것일 뿐, 이익과 불이익을 합리적으로 성찰한 보편원리에 따라 입법된 것 5

1) Beccaria, 범죄와 형벌, 제20장(105면 이하).
2) Beccaria, 앞의 책, 제5장(42면 이하).
3) Beccaria, 앞의 책, 제16장(85면 이하).

이 아니다. 공공복리와 개인복리를 분리함으로써 전자를 위해 후자를 희생시키는 것 역시 잘못된 공리관념이라고 할 것이다."[1]

(2) 하 워 드

6 존 하워드(J. Howard, 1726~1790)는 계몽시대 이후 활발하게 전개된 감옥개량운동의 선구자이다. 대표 저술은 『감옥의 상태』(The State of the Prisons in England and Wales, 1777)로서, 그는 이 책에서 인도주의를 바탕으로 독거구금, 복지차원의 감옥개량, 노동을 통한 행형 등을 주장하였다. 그의 감옥개혁에 대한 생각을 간략히 보면, 1) 우선 구금시설이 안전하고 위생적인 장소가 되어야 한다고 강조하였다. 사형집행으로 죽는 죄수보다 감옥 내 질병으로 죽는 죄수가 많으면 곤란한 일이기 때문이다. 2) 감옥은 단순한 징벌장소가 아닌 개선장소가 되어야 하므로, 남녀노소를 구별없이 같이 수용하거나 과밀 수용을 해서는 안 되고 일정한 분류원칙에 따라 분리수용을 해야 한다. 최소한 야간에라도 수형자를 격리시켜야 할 필요가 있다. 3) 하워드는 죄수들이 위험한 행동의 가능성이 없으면 필요한 정역定役을 부과하는 것이 개선작용에 유익한 것으로 보았다.[2]

(3) 벤 담

7 벤담(J. Bentham, 1748~1832)은 공리주의의 대표적 사상가로 알려져 있지만 당대 유력한 형법학자이기도 했다. 그는 베까리아로부터 큰 영향을 받았으며, '최대다수의 최대행복'이라는 유명한 표현도 베까리아에게서 빌려 온 것이라고 한다. 벤담은 형벌을 필요악으로 보면서 오로지 예방을 목적으로 할 때에만 형벌이 정당화된다고 하였다. 범죄를 처벌해야 하는 이유는 행위자가 범죄를 저지름으로써 얻는 쾌락이 그와 비교될 수 없을 정도의 고통으로 이어져야 한다는 점 때문이라고 한다.[3] 형벌을 배제해야 하는 요건으로는, 1) 형벌의 근거가 없는 경우, 즉 방지할 해악이 없을 것, 2) 형벌이 효력이 없는 경우, 즉 해악을 방지할 만한 작용이 없을 경우, 3) 형벌이 유익하지 않거나 너무 많은 비용이 드는 경우, 4) 형벌이 불필요한 경우, 즉 그것이 없어도 다른 방식으로 해악을 막을 수 있는 경우를 꼽고 있다.[4]

---

1) Beccaria, 범죄와 형벌, 제38장(158면 이하).
2) Howard, The State of the Prisons, 24면.
3) Bentham, 도덕과 입법의 원칙에 대한 서론, 61면.
4) Bentham, 앞의 책, 333면.

또한 소급적으로 형법을 입법하는 경우에 형벌효력을 부여할 수 없다는 것[소급효금지], 충분히 성찰할 수 없는 상태의 행위에 대해 책임을 물을 수 없다는 것[책임원칙], 범죄와 형벌의 균형이 필요하며, 형벌을 정확히 계량화하여 부과해야 한다는 것[비례성원칙] 등 지금까지 이어지는 여러 형법원리들을 언급하였다.1) 8

[벤담의 채찍이론] 벤담은 범죄와 형벌의 비례성을 논증하면서 채찍의 비유를 든다. 범죄자에게 채찍질을 가한다고 하면 그 세기는 일반적으로 매질하는 자의 근력과 범죄자에 대한 적개심에 따라 달라질 수 있을 것이다. 이처럼 형벌이 관련당사자의 감정에 좌우되는 것은 불공정할 뿐만 아니라 불합리하다. 형벌의 강도는 범죄의 중대성에 의해서만 결정되어야 한다. 그리하여 벤담은 상품에 정확한 가격을 매기듯이 각 범죄에 정확하게 비례하는 형벌을 균일하게 가할 수 있는 타격기계 같은 것을 구상하기도 하였다. 형벌은 국가의 객관적 고통부과 행위여야 하므로 과학적으로 처리되어야 한다는 점을 강조한 것이다. 9

벤담은 나아가 감옥의 설치요건으로서 세 가지 원칙을 제시하고 있다. 1) **고통완화의 원칙**은 수형자의 일상적 상황이 건강 또는 생명에 해를 끼치거나 치명적 신체고통이 되어서는 안 된다는 것이다. 2) **엄격함의 원칙**은 수형자에게, 죄없고 자유로운 가난한 사회구성원보다 좋은 조건을 제공해서는 안 된다는 것이다. 3) **경제성의 원칙**은 공공 비용을 많이 지출해서는 안 되며, 어떤 목적을 위해 가혹함이나 관대함을 이용해서도 안 된다는 것을 말한다.2) 이 원칙들에 따라 그는 최소비용으로 최대의 감시효과를 거둘 수 있는 새로운 감옥형태로서 판옵티콘(Panopticon)을 제안하였다. 이는 극도로 효율적인 감시수단으로서 악당을 바꾸어 정직한 인간으로 만들고, 나태한 자를 근면한 인간으로 만들 수 있는 장치라고 생각했다. 그는 감옥뿐만 아니라 학교, 공장, 노역소, 병원 등에도 판옵티콘이 두루 활용될 수 있을 것으로 내다보았다.3) 10

1) Bentham, 앞의 책, 336면 이하.
2) Bentham, 파놉티콘, 36면.
3) 이에 대해서는 Bentham, 파놉티콘, 19면 이하.

▌벤담의 판옵티콘▐

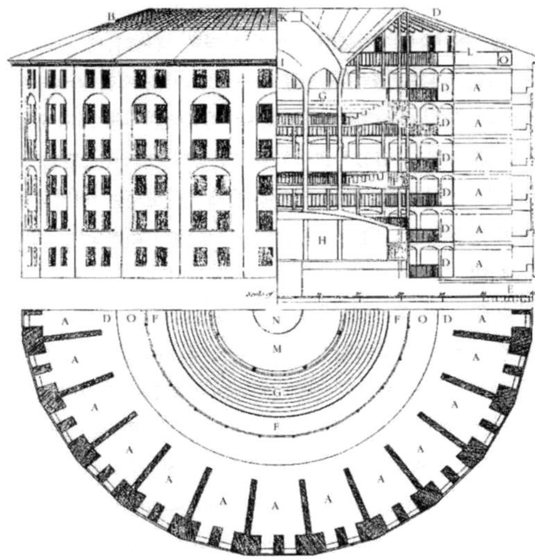

11 [판옵티콘 감옥] 판옵티콘의 어원은 '전부'를 뜻하는 'pan'과 '본다'는 'opticon'의 조어로서 원형탑 모양의 감옥형태이다. 빈 공간인 중앙에 있는 간수는 둘레에 있는 수형자의 방을 모두 볼 수 있으나, 창문의 빛을 등지고 있는 죄수는 어둠 속에 있는 중앙의 간수를 보지 못하도록 고안되었다. 간수는 굳이 자리를 옮겨 다닐 필요가 없어 노동력소모를 최소화하면서 수형자를 한눈에 두루 관찰할 수 있다. 심지어 간수가 자리를 지키지 않더라도 수형자들에게는 간수가 없다는 사실이 눈에 보이지 않고, 여전히 감시받는다는 생각을 할 것이기 때문에 효율성은 극대화된다.[1] 이 감옥형태는 **벤담** 자신의 여러 노력에도 불구하고 당대에는 실현되지 못하다가 **벤담** 사후에야 여러 시설에 응용되었다. **벤담**은 판옵티콘을 구상하면서 위생적 화장실 시설과 냉난방까지 고안하여 인간적인 수용이 가능하다는 제안을 하였으나, 후대의 프랑스 사회철학자 **푸코**(M. Foucault)는 이를 두고 권력수단이 '폭력'에서 '감시(관찰)'로 변모한 가장 대표적인 상징이라고 설명한다.[2]

(4) 포이어바흐

12 프랑크푸르트에서 변호사의 아들로 태어난 **파울 요한 안젤름 폰 포이어바흐**(P.

1) Bentham, 앞의 책, 22면.
2) Foucault, 감시와 처벌, 295면.

J. A. v. Feuerbach, 1775~1833)는 『기독교의 본질』의 저자로 유명한 철학자 루트비히 포이어바흐(L. A. Feuerbach, 1804~1872)의 아버지이자 인상파 화가인 안젤름 포이어바흐(A. Feuerbach, 1829~1880)의 할아버지이기도 하다. 그는 법학에 대한 반감을 갖고 먼저 철학을 공부하여 20세에 철학박사학위를 받은 후에 법학공부를 시작하여 24세에 법학박사가 되었다. 관심을 옮긴 이유는 '수단으로서 학문, 필요로서 학문 그리고 빵을 위한 학문으로서 법학'을 공부해야겠다는 것이었다고 한다.[1] 전기작가에 의해서도 그는 열정의 소유자인 동시에 자존감이 컸던 인물로 기억되고 있다. 위인의 이름을 들으면 질투를 느꼈으며, 10세 남짓 무렵에는 자신이 세상에 알려지지 않은 것을 탓하면서 "안젤름아, 용기를 가져라! 포이어바흐야, 배짱을 가져라!"라고 외쳤다고 한다.[2] 포이어바흐는 형법철학, 형벌이론, 형법학교과서 등을 저술하였을 뿐만 아니라, 피해자연구 및 범죄심리학 문헌[3]까지 남기어 후대의 범죄학연구에도 크게 기여하였다. 31세에 그가 초안을 작성한 바이에른 형법전은 근대 자유주의 형법사상을 완결지은 것으로 평가된다.[4]

포이어바흐 형법사상의 축은 사회계약설과 비결정주의를 바탕으로 한 심리강 13
제설心理强制說이다. 그의 궁극적 관심은 형법을 통해 국가의 자의적 형벌권행사를 봉쇄하고 시민의 자유를 확립하는 데 있었다. 칸트의 사상적 영향 아래 놓였던 포이어바흐는 관념철학과 자연법론에 기초하여 국가를 시민의 자유를 보장하는 제도로 바라보았다. 이성적인 국가는 신의 형벌이라고 할 수 있는 응보형의 성격을 멀리하고, 시민을 보호하는 목적으로 형벌을 부과해야 한다고 하였다. 이를 위해 장래에 일어날 수 있는 범죄를 막아야 하는데, 그 방법은 신체에 물리력을 가하는 것과 심리에 압박을 가하는 방법의 두 가지가 있다. 지금의 국가가 전자를 취할 수는 없는 것이므로, 국가는 오로지 심리에 미치는 강제로서 형벌을 부과해야 한다는 점을 강조하게 된다.[5] 이러한 심리강제설은 인간이 자유의지를 가지고 있어서 자기결정능력과 책임을 질 수 있는 존재라는 것을 인정할 때에만 가능하다. 그리고 포이어바흐의 '법률 없으면 형벌 없다'(nulla poena sine lege)는 죄형법정주의는 그의 심리강제설과 비결정주의로부터 도출된 필연적인 결과물이다[32/16].

---

1) 최종고, 법사상사, 176면 이하.
2) 최종고, 앞의 책, 178면.
3) Feuerbach, Aktenmäßige Darstellung merkwürdiger Verbrechen, 1827/29.
4) 이에 대한 방대한 평가로는 Koch u. a., Feuerbachs Bayerisches Strafgesetzbuch, 1면 이하.
5) Feuerbach, Revision der Grundsätze und Grundbegriffe des positiven peinlichen Rechts, I, 24면 이하.

2. 정책적 성과

(1) 재판의학과 사례연구

14 카롤리나 형법전(1532)의 시대부터 살인범죄 등에 대해 외부 전문가, 특히 의사의 의견을 듣도록 하는 감정제도를 규정하는 등 재판에 의학적 지식이 도움을 주기 시작하였다. **차키아스**(P. Zacchias)는 『법의학의 문제』(1621)라는 책을 통해 의학을 범죄의 증명에 이용할 수 있는 법의학을 정립하였으나 구체적인 범죄학연구에 이른 것은 아니었다.

15 17세기 중반에 형사재판에 관한 체계적 사례연구가 시작되었다. 이는 기존의 재판이 통일적이고 객관적인 모범이 없이 사안에 따라 다르게 이루어진 것에 대한 반성이었다. 프랑스의 **삐타발**(F. G. Pitaval)이 쓴 『유명사건기록』, **포이어바흐**의 『특별한 범죄에 대한 서술』, **히치히**(E. Hitzig)와 **해링**(W. Häring)이 범죄의 역사를 집대성한 『신삐타발』 등의 저서가 이러한 연구의 대표적인 보기에 속한다.[1)]

(2) 감옥개량운동

16 응보 및 예방을 형벌의 목적으로 생각한다면 감옥은 범죄행위에 합당한 해악을 미치는 곳이어야 한다. 그러나 이 해악으로부터 받는 고통은 자유박탈 그 자체로부터 비롯되는 것이어야지, 구금장소가 살 곳이 못 되어 생기는 고통이어서는 안 된다. 그것은 신체형을 폐기하고 자유형을 보편화한 취지에 맞지 않는 것이기 때문이다. 이러한 생각으로부터 전통적 감옥시설에 대한 반성과 인도적 감옥에 관한 연구가 진행된 것은 18세기 말의 경향이다.

17 행형시설개량연구와 노동필요성에 대한 연구로는 앞에서 살펴본 **하워드**(J. Howard)의 『감옥의 상태』가 선구적인 작업에 해당한다. 그의 노력은 각국에 영향을 미쳐서 새로운 형태의 감옥으로 발전시키는 계기가 되었다. 한편 **벤담**은 **하워드**를 비판하면서 맹목적으로 고통을 주는 노동이 아니라 수감자들의 위안과 쾌락에 부합하는 작업을 하도록 해야 한다고 주장하기도 하였다.[2)] 영국의 **마코노치**(A. Maconochie)는 고통을 주는 수형시설이 아니라 재사회화를 위한 교육시설로 바뀌어야 한다고 주장하였다. 그의 생각은 한 세기가 지난 현대에 이르러 적극적으로 실현되고 있다. 미국의 **프랭클린**(B. Franklin), 독일의 **바그니츠**(H. P. Wagnitz)

---

1) Der neue Pitaval, 1842년에서 1890년까지 60권이 발간되었다.
2) Bentham, 파놉티콘, 52면 이하.

등도 감옥을 연구한 대표적 학자에 속한다. 이러한 인도적 감옥연구에 영향을 받은 시설로는 1790년 미국의 **펜**(W. Penn)이 설립한 월넛구치소(Walnut Street Jail), **하빌랜드**(J. Habiland)가 설계한 동부감옥(the Eastern State Penitentiary), 2008년에 만들어진 호주의 알렉산더 마코노치 센터(Alexander Maconochie Centre) 등이 있다.[1]

(3) 범죄현상에 대한 통계연구

범죄연구의 새로운 국면은 1830년대 영국에서 범죄통계를 이용하면서 시작 18
되었다. 이러한 움직임은 이전까지 범죄를 개인의 반사회적 행위로 보던 시각에서 벗어나 사회적 병리현상으로 여기도록 하였다.

벨기에 천문학자이자 수학자인 **케틀레**(A. Quételet 1796~1874)는 『사회물리 19
학』이라는 책을 저술하여 범죄에 대한 통계연구의 중요성을 강조하였다. 그는 "사회는 범죄를 예비하고 범죄자는 그것을 실행하는 수단에 불과하다"고 하면서 범죄인 개인의 뒤에 있는 사회적 영향이 범죄의 진정한 원인이 된다고 생각했다. 그는 이를 증명하기 위해 나이·성별·직업·교육·경제사정·기후·계절·인종 등과 범죄율의 관계를 조사하기도 하였다.[2] **뒤르켐**(É. Durkheim)의 유명한 『자살론』은 기존에 자살을 개인의 극단적 선택으로 보고 윤리적·종교적으로 판단하였던 입장에서 벗어나, 사회와 환경의 영향에 의한 것임을 밝히고자 하였다. 이를 위해서 통계적 방법을 이용하고 이를 도표화 하는 등 사회조사방법을 사용함으로써 현대 사회학연구의 모범으로 여겨지고 있다.

[10] 실증주의학파

1. 실증주의의 출발

콩트(A. Comte, 1798~1857)가 정초定礎하여 19세기와 20세기 초반에 널리 확 1
산되었던 실증주의 방법은 범죄연구에도 큰 영향을 미쳤다. 실증주의란 증명이 가능한 언명만이 가치 있는 것이며 증명될 수 없는 감정이나 주장은 의미 없는 것으로 배척하는 사조를 말한다. 예를 들어 '달나라에 토끼가 산다'는 것은 틀린 이야기이지만 잘못된 것이라는 증명이 가능하므로 실증주의적으로 의미 있는 명

---

1) Barry, Pioneers in Criminology XII – Alexander Maconochie, 145면 이하.

2) Donnelly/Quetelet, Social Physics and the Average Men of Science, 111면 이하. 롬브로조에 미친 영향은 Lombroso, 범죄인의 탄생, 161면에서 볼 수 있다.

제인 반면에, '이 책의 저자는 현명하다'는 명제는 맞을 수도 있지만 증명이 될 수 없는 것이므로 실증주의에 따르면 아무 가치 없는 이야기이다.

2 그 이전 시대까지 사람들은 범죄를 행위자가 갖는 비윤리성이 발현된 것이며, 형벌 또한 이러한 행위자에 대해 비난하는 작용으로 여겼다. 실증주의는 이와 같은 기존의 입증불가능한 명제를 받아들이지 않는다. 범죄는 개인의 의지에 의해 선택한 규범침해[비결정주의]가 아니라, 과학적으로 분석가능한 개인적·사회적 원인에 의해 발생한 것이라는 생각이 자리잡았다[결정주의]. 그리고 이러한 경향은 범죄를 범죄자 개인의 문제로 내버려두지 않고, 특별한 정책을 통해 기술적으로 범죄를 예방할 수 있을 것이라는 기대로 이어졌다. 범죄학과 형사정책이 형법학을 넘어 하나의 독자적인 학문으로 분화되기 시작한 것도 이 시기이다.

2. 이탈리아학파

3 실증주의 범죄학은 이탈리아에서 싹트기 시작하였다. 범죄생물학파 또는 범죄인류학파로 불리는 **롬브로조**, **페리**, **가로팔로** 등의 이름을 여기서 발견할 수 있다. 이들은 자연과학적 방법으로 범죄원인을 분석하고 이를 바탕으로 과학적 대책을 수립하는 것이 가능하다고 믿었다.

(1) 롬브로조

4 **롬브로조**(C. Lombroso, 1836～1909)는 이탈리아 실증주의 범죄학파의 창시자이자 '근대범죄학의 아버지'로 불린다. 그의 관심을 분류하면 생물학적 실증주의라고 볼 수 있다. 그는 원래 정신의학자였는데, 정신병원과 형무소에서 수용자들을 대상으로 생물학적 원인을 조사하던 중 이들의 두개골에 현저한 유전적 특징이 있음을 발견하였다. 이 연구를 토대로 『범죄인론』(1876)이라는 책을 저술하여 그 유명한 생래적生來的 범죄인 개념을 알렸다.[1] 그가 말하는 생래적 범죄인은 태어나면서부터 범죄를 저지를 수밖에 없는 운명을 타고난 사람이다. 이들은 기회범·격정범과 달리 신체적·정신적으로 범죄적 소양을 벗어날 수 없는 특별한 인간이기 때문에 범죄성향의 통제가 불가능하여 필연적으로 범죄에 빠질 수밖에 없다고 한다[40/4]. **롬브로조**는 생래적 범죄인 이외에 간질범죄인, 격정범죄인, 정신병 또는 정신박약에 의한 범죄인, 기회범죄인 등을 따로 분류하면서 각 범죄군

1) Lombroso, 범죄인의 탄생, 70면 이하.

에 따라 서로 다른 조치를 취해야 한다고 주장하였다[19/8].

(2) 페 리

페리(E. Ferri, 1856~1929)는 상점주인의 아들로 태어났는데, 그의 인생에서 5
처음으로 주목할 만한 일은 **롬브로조**에게 학위논문을 보냈을 때라고 한다. **롬브로조**는 칭찬을 하면서도 논문이 그다지 실증적이지 않다는 비판을 했다고 한다. 이에 **페리**가 반박했지만 결국 **롬브로조**의 방법을 받아들여 이후 둘은 함께 작업을 이어가게 되었다.

페리는 볼로냐대학의 형법교수가 되어 **마르크스**의 유물사관, **스펜서**의 발전사 6
관, **다윈**의 진화론 등의 영향을 받아 범죄는 개인적 차원을 넘어선 원인에 의해 만들어진다는 주장을 하였다. 그는 범죄원인으로 인류학적 요소, 물리적 요소, 사회적 요소의 세 가지를 열거하였는데, 이러한 설명은 이후 미국 범죄학에서 찾아볼 수 있는 다면적 요건에 따른 연구방식의 첫 시도로 인정된다. 그는 여러 요건 가운데 특히 범죄의 사회적 원인을 중시하였으므로 그를 범죄사회학의 창시자로 일컫기도 한다.

그는 미래에 어떤 행위를 할지 예상가능한 범죄자들을 대상으로 하여 그들의 7
성향에 맞는 맞춤형 처벌을 제안하였다. 이에 기초한 이탈리아 형법초안(1921년 페리초안)에서 사회제도의 근본적 개량을 역설하면서, 특히 형벌은 일상적인 노동의 연장선으로서 부과되어야 한다고 하였다. 그리하여 1) 실업자와 빈궁한 자에게는 이민의 자유를 인정하고, 2) 사기, 위조범에게는 과세부담을 줄이며, 3) 정치범에게는 사상의 자유를 확보해주고, 4) 생래적 범죄인에게는 보안처분을 과할 것을 주장하였다. 나아가서 **페리**는 범죄포화의 법칙을 주장하여, 일정한 개인적·사회적 환경 아래에서는 그에 따르는 일정량의 범죄가 있는 것이 원칙이고 그 수가 절대적으로 늘어나거나 줄어들 수 없다고 하였다. 이와 같은 범죄관은 당시 형사정책의 목적설정과 대립되는 것이었다. 평생을 고전적 형법학파에 맞섰던 **페리**의 마지막 저작은 사회방위가 형사사법의 의미·목적이라는 점을 강조한 『형법원론』(principii di diritto criminale, 1928)이다. **페리**가 **무솔리니**의 파시즘에 동조하는 글을 많이 쓴 이유는 파시즘이 효과적 형사정책수단이 될 수 있다고 보았기 때문이다. 과도한 개인주의는 국가권위를 강하게 확립함으로써 고쳐질 수 있다고 믿었다.

(3) 가로팔로

8 가로팔로(R. Garofalo, 1852~1934)는 법학자이면서 법실무가, 사회학자로서 『범죄학』(criminologia, 1885)이라는 저술을 통해 처음으로 '범죄학'이라는 이름으로 연구를 진행하였다.[1] 그는 범죄의 시간적·공간적 종속성을 인정하지 않는 자연범(delitto naturale)개념을 내세웠다. 자연범은 인간의 근본적 품성에 속하는 연민과 성실의 정을 침해하는 본질적 특징을 가지고 있다고 본다. 사회심리학적으로 볼 때 살인·강도·절도와 같은 자연범은 생래적인 것이므로 어떤 사회제도나 정책도 이들에게는 효과가 없다는 것이다. 그는 대인적 범죄자를 자연적 도덕정서인 연민이 부족한 사람으로 여기는 반면, 재산범죄를 저지르는 사람은 정직성이 없는 사람이라 하여 구별하고 있다. 이와 같은 자연범으로부터 사회를 보호하기 위해서는, 타인에 대해 공감할 수 있는 정서의 결여정도에 따라 적절한 처우방법을 사용해야 한다고 한다. 즉 생래적 범죄인에게는 사형이나 사회로부터 격리시키는 유형流刑, 기타 고의범에 대해서는 정기형 그리고 과실범에 대해서는 불처벌이 합리적 과형이라고 하였다.[2] 가로팔로의 사회심리학은 특별히 범죄의 사회적 원인을 강조한 페리의 비판 대상이 되었다. 그러나 그의 한계는 페리와 마찬가지로 역시 이탈리아 파시스트의 활동가가 되었다는 사실에서 드러나고 있다.[3]

9 [생물학적 결정주의와 파시즘] 범죄원인을 생물학적 근거에서 찾는 이론이 범죄학의 첫 페이지를 장식하게 된 것과, 당시 파시즘이 연결되는 것은 불행한 일이지만 필연적인 것이라고 할 수 있다. 초기 실증주의 범죄학자들은 행위자의 의도와 선택 때문에 범죄가 발생하는 것이 아니라고 믿었다. 범죄자가 되기 위해서는 그에게 범죄적 성향을 갖게 하는 생물학적 원인이 있어야 한다는 것이다. 생물학적 특징으로부터 범죄적인 사람과 범죄적이지 않은 사람을 나누는 경향은 곧 우수한 민족과 열등한 민족, 살아갈 가치가 있는 사람과 그렇지 않은 사람을 나누는 당시 파시스트의 목표와 대부분 일치한다. 범죄학이 일종의 우생학으로서 특정 민족을 학살했던 역사적 사실에 간접적으로 기여한 셈이다.

3. 프랑스학파

10 이탈리아학파가 범죄인 개인에 초점을 맞추어 생래적 범죄인연구에 치중하였던 것과 달리 프랑스학파는 범죄의 사회적 원인을 주목하였다. 그 결과 사회환

1) 범죄학이라는 말 자체는 프랑스의 인류학자인 토피나르(P. Topinard)가 1879년 사용하였다.
2) Bock, Kriminologie, 19면.
3) Brown/Esbensen/Geis, 범죄학, 258면 이하.

경에 범죄원인이 있다는 결론에 이르렀으므로 프랑스학파를 **환경학파**라고 부르기도 한다. 프랑스 범죄학은 크게 두 가지 방향으로 나뉘는데, 하나는 리용대학 교수였던 **라까싸뉴**가 시작한 리용학파이고 다른 하나는 **따르드, 뒤르켐** 등을 중심으로 한 **범죄사회학파**이다.

(1) 라까싸뉴

법의학교수로서 프랑스 범죄사회학을 주도하였던 **라까싸뉴**(A. Lacassagne, 11
1843~1924)는 범죄의 환경적 요인을 분석하는 환경이론(Milieutheorie)을 시작하였다. 이로부터 출발한 리용학파는 **롬브로조** 등의 이탈리아학파와 영향을 주고받으면서도 가장 의미 있는 라이벌 관계를 지속하였다. **라까싸뉴**는 **몽테스키외, 베이컨, 로크** 그리고 무엇보다도 **루소**의 사상을 계승하고 있다. 그의 업적 가운데 프랑스 통계를 기초로 하여 곡물가격과 재산범죄의 관계를 연구한 것이 유명하다. 그는 "사회는 범죄의 배양기이고 범죄자는 그 미생물에 해당된다. 처벌해야 하는 것은 범죄자가 아니라 사회이다. 사회에는 각각의 실정에 맞는 범죄가 있게 마련이다"라고 하면서 범죄원인은 결국 사회와 환경에 있다는 점을 역설하였다. 또한 그는 『사형과 범죄』라는 저서를 통해 사형은 해당국가의 인도적 문제와 감정, 철학 등에 따라 허용될 수 있는 것으로 보았다.[1)]

(2) 따 르 드

프랑스의 범죄학자이자 사회학자인 **따르드**(G. Tarde, 1843~1904)는 마르크스 12
주의적 세계관을 갖고 있던 사람이었다. 그는 "죄는 범죄인을 제외한 모든 사람에게 있다"고 주장하여 **라까싸뉴**보다 더욱 분명하게 범죄의 사회적 원인을 강조한다. 그가 이처럼 범죄를 사회적 산물로 보는 것은 **라까싸뉴**의 통계적 방법과 달리, 사회심리학적 방법을 기초로 하여 개인의 특성과 사회의 접촉과정을 중시하였기 때문이다. 그는 『범죄인류학잡지』를 창간하고 『비교형사학』(1886)을 저술하여 직업과 범죄, 사회심리와 범죄의 관계 등을 연구함으로써 범죄사회학파의 선구자로 불리기도 한다.

특히 **따르드**의 『모방의 법칙들』(Les lois de l'imitation 1890)은 학습이론 13
(Learning Theory)을 비롯한 후대 여러 범죄사회학의 경향에 큰 영향을 미쳤다.[2)]

---

1) Nye, Crime, Madness and Politics in modern France, 112면 이하.
2) Eisenberg, Kriminologie, 5/27; Schwind, Kriminologie, 4/41.

그는 모방 개념을 통해 사회적 관계 안에서 살아가는 모든 사람들은, 의도한 것이든 그렇지 않든 간에 상대방 내지 제3자를 모방하는 것으로부터 행동의 동기를 삼는다고 하였다. 이는 분명히 기존의 생물학·인류학적 연구에서 벗어난 관심의 결과였다. 그는 자연과학이든 사회과학이든 학문이란 유사함의 반복으로부터 굳어진 규칙성을 찾아내는 작업이라고 말한다. 1) 화학, 물리학, 천문학 세계에서 관찰되는 모든 유사함은 주기운동과 진동운동에 의해 생겨나고 또 그러한 운동으로만 설명될 수 있으며, 2) 생물계에서 생명에 기원을 둔 유사성은 유전적 전달을 통한 종들의 비슷한 관계에서 계통지워질 수 있는 것이라고 한다. 이와 마찬가지로 3) 사회적 기원을 가진 모든 유사함은 관습, 유행, 공감, 훈육 등의 모방으로부터 직·간접적으로 맺어진 결과물이라는 것이다.[1] 특히 여기서의 모방은 무작위적(random)·중립적으로 이루어지는 것이 아니라 일정한 방향으로 진행되는 것이라고 한다. 만약 모방하는 대상과 주체의 논리적·목적론적인 가치가 똑같다고 한다면, 1) 내적인 본보기가 외적인 본보기보다 먼저 모방된다고 한다. 예를 들어 목마름보다는 성욕이 더 잘 모방된다. 2) 상위에 있다고 판단되는 인물이나 계급 및 지역의 예가, 하위에 있다고 여겨지는 인물, 계급, 지역의 예보다 우월하게 모방된다.[2]

(3) 뒤 르 켐

14 **뒤르켐**(É. Durkheim, 1858~1917)은 **콩트**식 실증주의의 단순한 방법을 극복하고 사회적 사실 개념을 통해 기능주의를 정립하는 동시에 사회학의 대상을 확정하였으며, 오늘날의 사회조사방법론을 이용하는 등 사회학의 실질적 창시자로 불리고 있다. 그는 범죄학, 인류학(Ethnologe), 교육학 등에도 막대한 영향을 미쳤다. 대표적인 저술인 『사회적 분업에 관하여』(1893)에서 그는 범죄와 형벌의 본질적 문제를 서술하고 있다. **뒤르켐**은 분업이 사회통합을 파괴하면서 법적·도덕적 무규범상태를 야기한다는 단순한 생각을 거부한다. 그는 기계적 연대성과 유기적 연대성을 구별하여, 전자는 개인간 유사성에 기인하는 반면, 후자는 사회적 비유사성, 즉 분업의 결과라고 보았다. 따라서 분업은 사회통합의 파괴와 무관하며 오히려 독자적 형태의 연대성을 창출한다고 주장한다.[3] 그는 『자살론』(1897)에서

---

1) Tarde, 모방의 법칙, 43면.
2) Tarde, 앞의 책, 254면 이하.
3) Neumann/Schroth, 형사정책의 새로운 이론, 124면.

자살이 단지 개인적 문제로 발생한다는 당시의 지배적인 생각을 넘어서고자 하였다. 자살은 사회의 문화구조적 모순에서 비롯된 것이지 인간의 왜곡된 이성이 낳은 결과가 아니라는 것이다.

범죄학에서 **뒤르켐**의 특징적인 주장은 무엇보다도 '범죄정상설'과 '범죄필요 15
설'이다. 그는 범죄의 본질을 집단감정의 침해로서 집단적 비승인이라고 하였는데, 이는 모든 사회에 어쩔 수 없이 나타나는 현상으로서 병리적이라기보다는 정상적 현상에 속한다고 하였다. 나아가 사회가 진보하기 위해서는 일정한 수준 이상에 있는 이상주의자의 도덕이 인정받을 수 있어야 하듯이, 수준 이하에 있는 범죄자의 도덕 또한 발붙일 수 있는 여지가 있어야 한다고 주장한다[52/1 참조]. **뒤르켐**은 또한 아노미이론을 기초하기도 하였다. 그에게 아노미는 무규범상태, 즉 사회통합의 결여를 말한다. 현대사회는 사회통합력이 약화되어 구성원의 감정억제력이 상실되고 무규범에 가까운 상태가 된다. 이런 상태가 바로 범죄를 유발하는 원인이 된다는 것이다[53/1]. 이는 미국 범죄사회학의 중요한 업적인 아노미이론의 실질적인 모티브였다.

4. 독일과 오스트리아

(1) 리 스 트

독일에서 형사정책과 범죄학에 가장 큰 영향을 미친 인물은 **프란츠 폰 리스** 16
트(F. v. Liszt, 1851~1919)이다. 그는 베를린대학 교수로서 **구스타프 라드브루흐**를 지도하였으며, 작곡가이자 피아니스트인 **프란츠 리스트**의 조카이기도 했다. 마르부르크 대학 교수취임 연설인 『형법의 목적사상』(1882)에는 그의 기본사상이 압축되어 있다.[1] 여기에서 **리스트**는 형사정책이 입법론 수준에 머무는 데에서 벗어나기 위해 범죄사회학, 범죄인류학, 범죄심리학, 범죄통계학 등과 통합되어야 한다고 주장하였다. 이 모두를 합쳐 범죄학이라 일컫고, 범죄학과 형법학이 다시금 통합되어 '총체적 형법학'으로 발전되어야 한다는 것이다.

리스트는 이탈리아학파와 프랑스학파의 대립을 극복하고자 범죄는 환경과 소 17
질의 산물이라는 종합명제를 내세운다. 즉 범죄는 인간의 모든 행위가 그렇듯이 범죄자의 타고난 특성과 범행 당시 그를 둘러싼 사회적 관계, 특히 경제적 관계에

1) Liszt, 마르부르크 강령, 2012.

서 비롯된 필연적 산물이라고 하였다.[1] 그에 따라 범죄원인과 처우를 세분하여, 1) 개선이 가능하고 개선을 필요로 하는 범죄자에 대해서는 **개선**(Besserung), 2) 개선을 필요로 하지 않는 범죄자에 대해서는 **위하**威嚇(Abschreckung), 3) 개선이 불가능한 범죄자에 대해서는 **무해화조치**(Unschädlichmachung)를 부과해야 한다는 목표지향적 형벌을 제안하였다. 리스트는 프린스(A. Prins), 하멜(G. A. v. Hamel) 등과 함께 국제형사학협회(IKV: Internationale Kriminalistische Vereinigung)를 창설한 학자이기도 하다.

18 리스트의 시대는 이탈리아, 프랑스의 실증주의학파의 활동시기와 겹쳐 있다. 이들은 서로 학문적 교류를 나누면서도 경쟁하는 관계에 있었다.[2] 리스트에 의해 실증주의 범죄학과 형사정책에 대한 관심이 증폭된 것은 사실이지만, 독일 내에서 형법원칙과 형법도그마틱이 주도적 역할을 해야 하고 범죄학도 그 범위 안에서 활용되어야 한다는 원칙에 근본적인 변화가 생긴 것은 아니었다. 그리고 이러한 전통의 계승은 리스트 자신이 의도한 것이기도 하였다.[3]

(2) 아샤펜부르크

19 독일의 정신의학자인 아샤펜부르크(G. Aschaffenburg, 1866~1944)는 독일의 범죄사회학파를 이끈 대표적인 인물이다. 그는 『범죄와 그 진압책』이라는 저술을 통해 리스트의 사상을 구체화하였다. 범죄원인을 계절·장소·인종·종교·도시화정도·직업 등 사회적 원인과, 가문·성장환경·나이·교육정도 등 개인적 원인으로 나누어 설명하면서, 그에 대한 대응 또한 범죄예방책, 재판대책, 형벌대책, 소년범과 정신질환자 등에 대한 개별적 대책으로 나누어 서술하고 있다.[4] 아샤펜부르크는 1904년 『범죄심리학과 형법개정 월간지』를 창간하였는데, 이것은 나중에 『범죄생물학과 형법개정 월간지』로 개칭되었고, 지금은 『범죄학과 형법개정 월간지』(MschrKrim: Monatsschrift für Kriminologie und Strafrechtsreform)라는 저널로 계속 발간되고 있다.

20 그는 1933년 이후에는 학문활동을 거의 하지 못했다. 그 해 나치정부의 탄압으로 공직신분이 박탈되었기 때문이다. 그가 설립한 범죄과학연구소에는 후임으로 반유대주의자로서 나치의 열성당원이었던 크리니스(M. Crinis)가 임명되었다.

---

1) Liszt, Strafrechtliche Aufsätze und Vorträge, 65면.
2) 리스트가 롬브로조에게 독일 범죄인 사진들을 보내주었다는 내용은 Lombroso, 범죄인의 탄생, 234면.
3) 이 점을 분명히 하는 예는 Liszt, 형법의 기본개념에 미치는 사회학적, 인류학적 연구의 영향에 대해, 541면 이하.
4) Göppinger, Kriminologie, 28면.

아샤펜부르크를 중심으로 했던 독일범죄학은 **엑스너**(F. Exner), **메츠거**(E. Mezger), **자우어**(W. Sauer), **슈나이더**(K. Schneider) 등으로 계승되었으며, 그 이후 미국의 사회학이론을 수용하여 형법학 및 형사정책과 분리된 독자적인 지위를 차지하게 되었다.

(3) 그 로 쓰

그로쓰(H. Gross, 1847~1915)는 실무가이자 형법학자로서 **리스트**의 영향을 21
받아 독자적인 범죄학영역을 오스트리아에 정착시킨 인물이다. 그는 유럽 최초로 그라츠(Graz)에 범죄학·범죄수사학연구소를 설립하였으며 대학에 범죄학 강의를 처음 개설하기도 하였다. 그는 단순히 범죄학연구의 필요성과 추상적인 이론을 언급하는 데 만족하지 않고, 그라츠 연구소에서 증언·신문심리학을 통해 범죄학을 실무에 반영하는 방식으로 더욱 구체화하였다. 그의 주요저작으로는 『예비판사를 위한 휴대서』(1893), 『범죄심리학』(1898) 등이 있으며, 오늘날까지 이어지고 있는 『범죄학잡지』(ArchKrim: Archiv für Kriminologie)의 창간인이기도 하다. **그로쓰**는 범죄자를 비난하는 과거의 형벌로부터 떠나 범죄인의 인권을 옹호해야 한다고 하면서, 예방적 형사정책의 중요성을 아울러 강조하였다. 그는 **리스트**의 추천으로 베를린대학 교수로 추대되었으나 대학 재정문제로 인해 결국 임용될 수 없었다고 한다.[1) 그의 학문적 영향력이 여전히 이어진다는 사실은, 현재 독일 브란덴부르크 주에서 업적이 탁월한 범죄학자나 실무가에게 매년 '한스 그로쓰 상'을 수여한다는 사실에서도 알 수 있다.

(4) 렌 츠

그로쓰의 후계자인 오스트리아의 **렌츠**(A. Lenz, 1868~1959)는 범죄학의 체계 22
화를 위해 범죄인류학과 범죄심리학을 변증법적으로 통합하려는 시도를 하였다. 종래의 범죄생물학 영역에 이해심리학, 형태심리학, 정신분석학 등의 연구성과를 도입하였으며, 이를 토대로 『범죄생물학원론』을 저술하였다. 여기서 그는 환경의 영향을 받으면서 형성된 인격에 범죄원인이 있다고 보고, 선천적·후천적·정신적·신체적 원인을 이용하여 인격의 여러 측면을 상세하게 분석하였다. 이러한 그의 견해는 독일의 **메츠거**(E. Mezger)를 통해 동태적·목적론적 이론으로 발전되었다.

---

1) Austrian Academy of Sciences, Österreichisches Biographisches Lexikon 1815-1950, 74면. 그로쓰의 뒤를 이어 연구소장을 지낸 사람으로는 렌츠(A. Lenz), 젤리히(E. Seeling), 벨라비츠(H. Bellavic), 노이더트(G. R. Neudert)가 있다.

그는 1927년 범죄생물학회를 창립하였다.[1)]

(5) 기 타

23 1) **엑스너**(F. Exner)는 독일의 범죄생물학자로서 『범죄생물학개요』(1939)를 집필하여 범죄생물학을 국민 전체와 개인생활에 나타나는 범죄와 관련된 현상을 탐구하는 범죄이론이라고 하였다. 범죄의 생물학적 요인 이외에 사회적 원인에 대해서도 일정한 가치를 부여하려 하였으며 여러 통계적 연구방법을 이용하기도 하였다.[2)]

24 2) **메츠거**(E. Mezger)는 형법학에서 인과적 행위론의 대표학자로 알려져 있다. 『형사정책과 그 범죄학적 기초』(1934)라는 저술에서 지금까지 제시된 범죄이론, 즉 인류학적·정신병리학적·생물학적·사회적 그리고 통합적 범죄이론에 대한 검토를 하고 있다. 이 저작은 책제목과 달리 범죄학연구에 주된 관심을 둔 우생학적 연구조사로서, 유대인의 높은 범죄율을 서술하는 한편 범죄를 저지를 수밖에 없는 인종은 사회에서 척결되어야 한다는 내용도 담고 있었다. 나치에 적극적으로 봉사했던 그는 전후 뉘른베르크 재판의 피고인으로 구속되기도 했지만, 유죄판결을 면하여 이후까지 뮌헨대학 교수직을 이어갈 수 있었다. 1951년에 발간된 『범죄학』 교과서에서는 비정상적 인격형성에 대한 정신의학적 지식을 범죄자 유형에 적용해 보고자 하는 시도를 하였다.

25 3) **자우어**(W. Sauer)는 범죄학뿐만 아니라 형법학과 형사소송법학에 여러 업적을 남겼다. 『범죄사회학』(1933)에서 그는 범죄원인이 환경과 소질뿐만 아니라 자유의지에 놓여 있음을 인정하였다. 그러나 범죄의 방지는 결국 사회적 차원의 치료방법에 있을 수밖에 없다고 하였다. 그는 범죄원인이 되는 일종의 범죄병원체가 있다고 믿는 등, 당대의 우생학적인 방식을 취하였으나 "모든 민족의 체질에 언제든지 나타나고 또한 언제든지 쇠퇴할 수 있는 파괴적 힘"이 있다고 주장함으로써 특정한 종족에게 열등성이 있는 것은 아니라고 하였다. 이러한 이유 때문에 그의 세 가지 책은 당시 나치로부터 판매금지처분을 당하기도 했다.[3)]

26 4) **젤리히**(E. Seelig)는 **렌츠**에 이어 범죄학·범죄수사학연구소의 소장이 되어 범죄의 원인과 대책을 포괄하는 이론서인 『범죄학교과서』를 저술하고, 자연과학적 방법과 정신의학적 방법 등 범죄학의 인접분야에 대한 광범위한 정보를 토대

---

1) Kurze Geschichte des "Kriminologischen Universitätsinstituts in Graz." 1913–1977.

2) Sebald, Der Kriminalbiologe Franz Exner, 25면 이하.

3) Müller, Furchtbare Juristen, 84면.

로 범죄와 형벌을 규명하려 했다. 그도 조국전선의 회원이자 나치 대학교원협회 회원이었으나 전후에도 오스트리아 그라츠 및 독일 자브뤼켄 대학의 교수를 지냈다.

5. 미국의 범죄사회학

범죄원인을 밝히기 위하여 유럽에서 시작된 학문적인 연구는 제2차 대전 이 27
후 미국의 범죄사회학에 주도권을 넘겨주게 된다. 미국의 범죄사회학이론은 사회학의 한 분과로 1915년경부터 발전하기 시작하여 1950년 이후에는 범죄의 일반이론으로 성장하였다. 미국의 범죄학은 실증연구를 통하여 다원화된 미국사회구조에 맞는 실용주의이론을 전개하는 데 목표를 두었다. 20세기 범죄학의 대표적 패러다임을 요약하면 다음과 같다.

▮20세기 범죄학 동향▮

범 죄 패러다임	시 대	사상적 배경	주요 내용	대표적 학자
사회병리학	1900~1910년대	도덕주의	범죄를 사회의 질병으로 간주	헨더슨, 스미스 등
사회해체론	1910~1950년대	가치자유주의	범죄를 문화적 변동의 산물로 봄	쇼우, 맥케이, 파리스, 던햄, 토마스 등
가치갈등론	1930년대		범죄를 사회집단의 갈등의 산물로 봄	프랑크, 월러, 풀러, 마이어 등
일탈행위론	1950~1960년대	낙관주의	범죄를 제도와 상치되는 일탈로 봄	머튼, 서덜랜드, 코헨, 클로워드 등
낙인이론	1960~1970년대	규범회의주의	범죄를 사법통제기관의 귀속(낙인) 결과로 봄	레머트, 베커, 고프만, 슈어 등
민속방법론	1970년대	현상학	범죄를 구성원의 상호작용의 산물로 봄(미시적)	가핑클, 맛차, 시쿠렐, 더글러스 등
비판범죄학	1970년대	마르크스주의	범죄통제를 피지배계층에 대한 억압으로 봄	볼드, 테일러, 왈튼, 영, 퀴니 등
통합이론	1980년대 중반 이후		기존의 여러 범죄학 이론을 통합하는 경향	엘리엇, 크론, 손베리, 카플란, 티틀 등

[11] 범죄 연구와 대책의 국제화

1 19세기 말부터 범죄와 관련된 여러 가지 국제학회와 협력조직이 결성되었다. 지난 세기 동안 범죄에 대한 효과적인 대책을 위해 국경을 초월한 협력이 필요하다는 사고도 확산되었다.

1. 국제학회

(1) 국제범죄인류학회

2 국제범죄인류학회(IKK)는 1885년 로마에서 시작되었다. 초기에는 **롬브로조**의 영향을 받아 생물학적·인류학적 테마를 중심으로 활동하였다. 그러다가 형사정책적인 연구성과를 통해 범죄를 효과적으로 퇴치할 수도 있다는 인식이 확산되면서, 각국의 학자들이 이 모임에 참가하게 되었다. 이후에는 **페리**의 영향에 따라 범죄원인으로서 사회적 요인을 중시하는 입장으로 연구범위가 넓어졌다. 이 모임은 범죄학분야 최초의 학회라는 의의를 갖고 있다.

(2) 국제형사학협회

3 국제형사학협회(IKV)는 1889년 독일의 **리스트**, 네덜란드의 **하멜**, 벨기에의 **프린스**에 의해 설립되었다. 이 협회는 독일 신파의 범죄이론을 근간으로 하여 실증주의적인 형사정책학의 확립을 목적으로 설립되었고 국제형법학회의 이름으로 1937년까지 이어졌다. 이 모임에서 진행한 연구로는 형법도그마틱의 여러 해석논의와 입법문제, 소년범, 누범, 상습범문제, 단기자유형의 비판과 대안, 벌금형의 개선, 석방자보호, 부랑아·행려인에 대한 처우문제, 국제적 범죄, 우생학적·사회적 단종, 사회학적 사법보조, 직업범죄인 등 매우 광범위한 것이었다.[1)]

(3) 국제형법학회

4 국제형법학회(AIDP: International Association of Penal Law)는 1924년 파리에서 결성되었다. 앞에서 설명한 국제형사학협회(IKV)를 계승한다는 목적으로 모여, 2차 대전 기간 중단된 때를 제외하면 지금까지 계속 이어지고 있다. 국제형사학협회까지 셈한다면 현존하는 세계에서 가장 오래된 국제적 형법·범죄학 연구단

---

1) 국제형사학협회의 기본강령이 잘 드러나 있는 1893년 학술대회 발제문은 Liszt, 형법의 기본개념에 미치는 사회학적, 인류학적 연구의 영향에 대해, 537면 이하.

체라고 할 수 있다. 우리나라를 비롯하여 세계 40개국에 지부를 두고 있는 이 학회는 5년마다 형법총론, 형법각론, 형사소송법과 법원조직법, 국제형법 등 4개 분과로 나누어 학술대회를 개최하고 있다. 아래[11/14]에서 소개할 국제형사재판소의 설립에도 이 학회가 큰 역할을 담당하였다.

이 학회에서 그동안 취급한 주제로는 형벌과 보안처분의 각 제도, 교도작업, 5
법인의 형사책임, 단독 및 합의재판소의 가치, 형사재판관의 문화, 배심·참심의 효용, 죄형법정주의, 범죄인 인도제도, 형사절차의 분화 등 다양하다.1)

(4) 국제범죄학회

국제범죄학회(ISC: International Society for Criminology)는 1937년 파리에서 6
결성되어 1938년 로마에서 제1차 세계범죄학대회(ICC)를 개최한 이래 5년마다 열리고 있으며, 특히 제12회 대회는 1998년 서울에서 개최되었다. 이 학회는 범죄의 과학적 연구와 이에 따른 사회방위를 연구하려는 목적으로 『국제범죄학연보』를 발간하고 있고, 범죄학분야의 우수한 논문에 대해 5년마다 한 번씩 캐롤상(Denis Carrol Award)을 수여한다.2)

그동안 연구된 것 가운데 중요한 주제는 소년범, 범죄인의 인격조사, 법의학, 7
기술적·과학적 경찰, 생물학·심리학 및 정신분석학, 행형학, 범죄통계, 범죄위험진단, 형사정책의 학문성 등이 있다.3)

2. 국제적 협력기구와 협력수단

국제조직범죄, 국제경제범죄, 국가간 테러범죄, 인터넷 공간을 통한 사이버범 8
죄 등이 매우 심각한 문제가 되어가고 있으며, 이에 범죄대책을 위한 국가 간의 협력과 공조가 중요해졌다.

(1) 국제형사경찰기구

형사재판을 위한 수사기구 가운데 가장 유력한 국제형사경찰기구(ICPO, 9
Interpol)는 1914년 국제적 범죄에 대응하고 범죄수사에 국가간 상호 협력할 것을 목적으로 기초되어 1956년에 ICPO헌장을 제정하고 인터폴을 설립하기에 이르렀다. 2018년 현재 192개국이 가입되어 있다. 인터폴은 국제수사공조를 위해 제정

---

1) 자세한 내용은 학회 홈페이지(www.penal.org) 참조.
2) 캐롤은 국제범죄학회의 초대회장으로서 범죄학연구에 기여한 자에게 시상할 목적으로 기금을 남겼다.
3) 자세한 내용은 학회 홈페이지(www.intercrim.com) 참조.

된 국제수사공조법을 근거로 피의자를 체포하고 신문하며, 증거물 및 피의자를 인도하는 등 재판상 필요한 절차를 담당한다. 그밖에 각국의 경찰들이 업무를 효과적으로 수행하는 데 필요한 도구와 서비스를 제공하고 교육과 전문조사인원의 지원, 관련 데이터 및 보안 통신 채널을 이용하게 하는 서비스를 운영 중이다.[1)]

(2) 유엔범죄방지 및 형사사법총회

10 1950년 국제형법 및 형무회의를 계승하기 위한 목적으로 설립된 유엔범죄방지 및 형사법총회(CCPCJ: United Nations Congress on Crime Prevention and Criminal Justice)는 정부단위의 국제협력체로서 유엔 산하의 마약 및 범죄사무국(UNODC)과 개최국정부의 공동협력으로 주최되고 있다. 이 회의는 사전에 승인된 의제에 따라 몇 개의 분과로 나누어 토론을 진행하고, 그 다음 본회의를 열어 결의를 마친 후 권고문을 채택하는 방식으로 진행된다. 회의의 내용과 결과는 종합보고서로 작성되어 UN 총회와 각국 정부에 발송하고 있다.

(3) 유엔 마약 및 범죄사무국

11 유엔 마약 및 범죄사무국(UNODC: United Nations Office on Drugs and Crime)은 1997년 유엔 마약 통제 프로그램과 국제범죄예방센터를 통합한 기관이다. 이는 유엔 각국 정부의 예산지원으로 운영되면서 형사정책에 관한 광범위한 분야의 연구조사를 하는 한편, 비정부기관의 활동에 유효한 협력을 하기 위한 활동을 지원하고 있다. 주요 사업은 1) 불법 약물, 범죄 및 테러에 대한 회원국의 대응역량 강화를 돕는 프로젝트, 2) 마약 및 범죄문제에 대한 지식과 이해를 높이고 정책결정에 대한 근거 자료를 확보하기 위한 각종 연구의 지원, 3) 국제협약의 비준과 이행, 마약, 범죄 및 테러리즘에 관한 국내 법령의 개발, 4) 조약 등 국제법에 대한 사무국 설치와 운영, 5) 범죄통계화와 범죄예방 서비스제공에 필요한 국제 표준화 작업(ICCS) 등이다.[2)]

(4) 외국재판의 집행

12 다른 나라에서 확정판결을 받은 범죄인에 대해 자국이 그 내용에 따라 집행할 수 있도록 하는 조치로서 수형자의 이송, 신속한 수형자의 반환 등이 중요하다. 유럽에서는 1985년 '유럽수형자이송협약'이 발효되어 각국은 외국에서 자유형

1) 자세히는 홈페이지(www.interpol.int) 참조.
2) 자세히는 홈페이지(www.unodc.org) 참조.

을 선고받고 복역 중인 자국민을 국내로 송환받아 국내에서 외국판결을 집행할 수 있게 하고 있다. 이 협약에는 유럽국가를 중심으로 미국, 일본 등 세계 64개 회원국이 가입하고 있으며, 우리나라도 2005년에 협약에 가입하여 우리나라와 교류가 있는 대부분의 국가와 수형자이송이 가능해졌다.[1] 또한 수형자들을 건네어 받은 이후, 사면, 감형, 가석방 등 권한을 우리나라 사법기관이 행사할 수 있어 이들에 대한 선처도 가능해졌다.

이송은 반드시 상대국의 동의를 필요로 한다. 국내로 이송된 이후 외국판결 13
을 그대로 유지하되 유기형의 경우 형량은 25년을 상한으로 한다.[2] 해외에서 가석방 없는 종신형을 선고받은 우리나라 국민은 이송 후 무기징역형을 선고받은 것으로 처리된다. 사형을 선고받은 사형수들은 이송대상에서 제외된다.

3. 국제형사재판소

(1) 의의와 연혁

2002년 로마규정(Rome Statute of International Criminal Court)에 의해 설립된 14
국제형사재판소(ICC: International Criminal Court)는 인도주의를 침해한 죄, 집단살해죄, 전쟁범죄, 침략범죄를 관할대상으로 하는 상설 국제형사사법기관이다. 이러한 범죄를 저지른 자에 대한 처벌필요성은 이미 1919년 파리강화회의(Paris Peace Conferece)에서 처음 제기되었지만, 당시에는 그 가능성 및 실효성에 대해 많은 국가들이 회의적인 입장을 보였다. 필요성이 확인된 결정적 계기는 제2차 대전이다. 전쟁범죄 및 학살범죄를 처리하기 위해 열린 뉘른베르크 재판과 도쿄 재판을 거치며 상설 국제형사재판소가 필요하다는 공감대가 형성되었다. 이후 냉전시기에 논의가 정체되다가, 1998년 6월 개최된 국제형사재판소 설립에 관한 유엔 전권외교회의(로마회의)에서 로마규정을 채택하였고, 2002년 7월 1일 로마규정이 정식 발효되어 국제형사재판소가 설립되었다.

이전에도 뉘른베르크 국제군사재판소를 비롯해, 옛 유고 국제전범재판소, 르 15
완다 국제형사재판소 등이 있었지만 이들은 특정 국가의 개별행위만을 대상으로 한 재판으로서 보편적 의미의 국제재판이라고 하기는 어렵다. 국제형사재판소는

1) 다만 일본을 제외한 중국, 태국, 베트남 등 다른 아시아국가들은 아직 유럽협약에 가입하지 않아, 정부는 개별조약을 추진 중이다.

2) 예를 들어 외국에서 징역 70년형을 선고받은 우리나라 국민이 해당 국가에서 이미 30년을 복역했다면 이송됨과 동시에 석방절차가 진행된다.

국제법상 개인의 형사책임을 물을 수 있는 최초의 상설제도로 생각된다. 2018년 5월 기준으로 총 123개국이 로마규정에 따라 국제형사재판소의 당사국으로 가입되어 있다. 국제형사재판소는 우리나라의 통일 이후에도 체제불법의 청산에 대한 역할을 수행할 가능성이 있다. 이미 2014년 2월 7일 UN 북한인권조사위원회는 북한의 인권침해 상황이 로마규정에 따른 인도에 반한 죄에 해당한다고 발표하였고 북한의 책임자들을 국제형사재판소에 회부할 것을 권고하기도 하였다.

16 [9·11 테러와 국제형사재판소] 지난 2001년 발생한 9·11 테러의 경우, 테러범들이 미국 국민을 살해하려는 의도를 가지고 행위한 것이 입증되면 집단살해죄가 성립할 수 있고, 불특정 민간인에 대하여 체계적으로 행해진 테러행위라는 점에서 로마규정 제7조의 반인도적 범죄에 해당한다. 그러나 로마규정 제11조에는 "국제형사재판소의 시간적 관할권으로서 이 규정이 발효된 이후 행한 범죄에 대해서만 관할권을 가진다"고 되어 있고, 로마규정은 2002년 7월 1일부터 발효됐으므로 그 이전에 발생한 9·11 테러는 재판대상이 아니다.

(2) 구 성

17 국제형사재판소는 소장단(Presidency), 재판부(Chambers), 검찰부(Office of the Prosecutor), 사무처(Registry)의 총 4개 부로 구성되어 있다. 재판부는 총 18명의 재판관으로 구성되며 재판관의 임기는 9년이다. 세부적으로는 전심부, 1심부, 상소심부로 나뉜다. 소장단은 소장 1인, 부소장 2인으로 구성되어 재판소의 행정업무를 수행하고 국제사회와 교류, 협정체결 등을 담당한다. 검찰부는 다시 수사부(The Investigation Division), 기소부(The Prosecution Division), 관할·보충성원칙 검토 및 사법공조부(The Jurisdiction Complementarity Cooperation Division)로 나뉜다. 사무처는 재판관들에 의해 사무처장을 선출하여 인사, 재정, 전산 지원 등 운영을 지원한다.

(3) 관 할

18 국제기구는 주권 없이 관할권만을 행사하기에, 그 설립헌장에 명시된 설립목적 및 기능에 따라 관할권이 제한된다. 국제형사재판소는 집단살해죄(genocide), 인도주의를 침해하는 죄[1](crimes against humanity), 전쟁범죄(war crimes), 침략범죄(crime of aggression)를 대상으로 하도록 되어 있다.[2] 사건을 재판소에 이송하

1) 인도에 반한 죄란 민간인 집단에 대한 광범위하거나 조직적인 공격을 의미한다.
2) 2018년 7월 17일부터 적용되는 '침략범죄'에 대해서는 법문의 모호성 등으로 인해 논란이 이어지고 있다.

는 사건회부는 1) 당사국에 의한 회부, 2) UN안보리에 의한 회부(비가입국에 대한 사건 회부도 가능), 3) 수석소추관에 의한 회부(가입국에 국한)로 나뉜다. 다만 보충성원칙에 따라 관할 국가가 재판권을 행사할 능력이 없거나, 행사할 의사가 없는 경우에 한하여 국제형사재판소가 개입할 수 있다. 행위자가 자연인인 때에 한하여 관할권을 행사할 수 있으며, 국내법에 따를 때 처벌이 면제되는 공직자도 처벌할 수 있게 한 것이 각 국가와 국제형사재판소 간 분쟁의 이유가 되기도 한다.

(4) 활 동

로마규정의 서문은 '국제공동체 전체의 관심사인 중대한 범죄를 범한 자들이 처벌받지 않는 상태를 종식시키고, 이를 통하여 그러한 범죄의 예방에 기여하는 것'을 국제형사재판소의 목표로 선언하고 있다. 한편 피고인 보장의 원리도 규정하고 있다. 무죄추정원칙을 준수하고 신속한 재판을 받을 권리 및 변호인의 도움을 받을 권리를 아울러 보장한다. 무기대등의 원칙을 실현하기 위해 재판부에 공공피고변호부(Office of Public Counsel for the Defense)를 두었다. 기소관에게도 객관의무가 있어, 피고인의 유죄뿐만 아니라 무죄를 증명할 증거까지 수집하여야 한다. 19

이전 국제형사재판들과는 다르게 로마규정은 피해자의 독자적인 지위를 인정하고 증인으로서 재판에 참여할 권리를 보장한다. 이를 통해 피해자들은 재판부에 대해 자신들의 경험과 생각을 적극적으로 전달할 수 있다. 재판에서 증언한 피해자들은 본인이 원할 경우 가족들과 함께 다른 지역이나 국가로 생활 터전을 옮길 수도 있다.[1] 20

(5) 한 계

국제형사재판소를 통해서 국제형법이 비로소 구체화되지만, 여기에는 아직까지 여러 제약이 남아 있다. 국제형법을 국내법에 따르는 법원이 적용하기 위해서는 1) 개별적인 가벌성에 대해서 국제형법적인 근거가 있을 것, 2) 해당하는 국제법적인 규범들이 국내에서도 유효할 것, 특히 국내의 법질서에서 한 부분으로 승인되어 있을 것, 3) 그 내용이 해당 나라의 법질서에 일치할 것, 특히 헌법질서에 부합할 것 등 요건이 갖추어져 있어야 한다.[2] 단순하게 국내법에 형식적으로 국 21

1) 자세히는 홈페이지(www.icc-cpi.int) 참조.
2) ICC 협약에 비준하지 않은 주요 국가로는 미국, 중국, 이스라엘 등이 있다.

제법적인 내용이 이식되었다는 것만으로는 부족하며, 수범자에게도 위법성의 인식이 있어야만 책임원칙에 따른 처벌이 가능해진다.

22 형법은 각 국가의 역사와 문화에 대한 종속성이 가장 강한 법이다. 어떤 행위를 범죄로 보아야 하는지에 대한 실체형법적인 평가를 국제적으로 통일된 기준에 따르도록 하기가 극히 어려운 까닭이다.[1] 국제거래법 등 사법私法 영역에서와 달리, 국가 간 실질적인 힘이나 입장의 차이가 현저하다면 형사절차상의 문제도 극복될 수가 없다. 내국인을 국제적인 절차로 처벌하게 한다는 것에 대해서 탐탁하게 생각하지 않는 국가가 아직 많다는 것도 국제형법 및 국제형사재판소의 미래를 그렇게 밝게 볼 수만은 없게 만든다.

4. 범죄통계의 국제적 이용

(1) 국가 간 범죄통계 비교의 필요성

23 다른 나라와 비교할 때 우리나라의 범죄발생 정도가 실제로 어느 수준인지 궁금할 것이다. 물론 인터넷 등에 돌아다니는 정보를 보면 우리나라와 외국의 범죄발생율을 표면적으로 비교한 통계자료는 많이 있다. 그런데 어느 것은 한국이 가장 범죄율이 낮은 나라라고 말하고 있고, 다른 것은 OECD 국가 가운데 결코 범죄위험이 낮지 않다는 사실을 소개하기도 한다.[2] 비단 국가 간 범죄수준에 대한 호기심을 충족하기 위한 것이 아니다. 나라 상호간 비교가 가능해야 국제기구도 각 국가에 맞는 형사정책적인 노력을 차별적으로 진행할 수 있다. 이를 위해서 비교적 공신력 있는 국제기관[3]의 비교조사결과도 있으며, 최근에는 국가 간 비교를 위한 기준도 마련하고 있는 중이다.[4] 그러나 각국의 범죄발생 정도가 객관적으로 정확히 비교될 것이라는 희망은 이루어질 수 없는 꿈에 가깝다. 그 이유는 무엇일까?

(2) 국제간 범죄통계 비교의 한계

24 1) 어떠한 행위를 범죄로 볼 것인가는 각 개별국가에서 사용하고 있는 실정

---

1) 비판적으로는 배종대, 세계화와 한국형법의 정체성, 376면 이하; Ebert, Völkerstrafrecht und Gesetzlichkeitsprinzip, 171면 이하.

2) 우리나라가 이스라엘, 필리핀 등과 더불어 전 세계 치안순위가 43위에 해당하여 25위인 아제르바이잔, 32위인 미국보다 불안한 나라라는 갤럽의 조사[2018 글로벌 로앤오더]는, news1, 2018.6.28.자.

3) 유엔의 범죄발생조사국[United Nations Survey of Crime Trends and Operations of Criminal Justice Systems (UN-CTS)].

4) 국제표준범죄통계분류체계(ICCS: International Classification of Crime for Statistical Purpose).

법 기준에 따르는데, 나라마다 입법된 형법규정은 서로 다르다. 형법총칙 면에서 보면 부작위를 범죄행위로 보고 있는지 여부, 예비 및 미수의 범죄성 여부, 공범의 참여형태에 따른 가벌성 여부 등의 기준이 각국의 여러 입법에서 일치되어 있지 않다.[1] 형법각칙은 더욱 다양하다. 범죄정의와 형법은 각국의 고유한 법문화를 그대로 반영한 것이기에, 범죄로 보는 행위유형은 모든 나라가 서로 다르다. 비교적 국제범죄공조가 활성화되어 있는 OECD 국가들의 경우에도 마찬가지이다. 국가 간 범죄통제에 대한 협력이 필요한 마약범죄의 경우만 보더라도 단순한 마약흡식을 허용하는 국가를 쉽게 찾아볼 수 있다. 특히 전통적인 도덕영역과 밀접한 관계가 있는 가치침해에 대한 범죄화 여부는 나라마다 더욱 큰 차이를 보인다. 서남아시아의 국가들과 우리나라의 성범죄 규정이 같을 수는 없다.

2) 범죄행위의 유형화의 정도도 각 나라마다 다르다. 예를 들어 가장 단순하 25
고 명료한 것으로 여겨지는 살인죄만 하더라도, 우리나라는 살인의 고의나 동기의 양상을 기준으로 더 이상 세분화하고 있지 않은 반면, 다른 나라의 입법례는 계획적이거나 악한 동기에서 저지른 '모살謀殺'과 그 밖의 '고살故殺'로 나누거나, 제1급·제2급 살인 등으로 나누기도 한다. 시민폭동 소요 중 발생한 살해, 무력분쟁 중 발생한 살해 등 상황을 기준으로 나누는 방식도 있다. 대신 우리나라는 존속가중처벌규정을 통해 객체의 차이에 의미를 둔다는 특징이 있다.

3) 실정법상 죄수罪數를 결정하는 방법도 나라마다 다르다. 이 점은 범죄통 26
계에서 특히 중요한 문제이다. 범죄개수에 대한 국제적인 상위기준이 없기에 통계를 만드는 작업에 서로 차이가 생긴다. 예를 들어 우리나라에는 다른 나라와 달리 강도강간죄가 규정되어 있다. 강도가 그 기회에 강간을 저지르는 범죄이다(형법 제339조). 이 범죄가 발생하면 국제기준에 비추어 어떻게 계산될 것인지 불분명하다. 강도죄 하나로 볼 것인지, 강간죄 하나로 볼 것인지 결정하기 어렵다. 행위자와 피해자가 각각 한 명이지만 두 개의 구별되는 행위가 있는 것이니, 강도죄와 강간죄 두 개가 발생한 것으로 집계해야 한다는 의견도 있다. 그에 앞서 이것이 '두 개의 행위'라는 판단부터 어떤 상위 기준에 따른 것인지 해명되지 않았다.

4) 실무·현실에서 어떠한 상황을 범죄적인 것으로 파악할 것인가에 대한 생 27
각은 국가마다 더욱 다르다. A 국가의 구성원들은 범죄발생에 대해서 매우 예민

---

1) Baumann/Kerner/Mischkowitz/Hergenhahn, Nationale Implementation der neuen internationalen statistischen Straftatenklassifikation, 103면.

하게 반응하는 반면 B 나라의 구성원들은 비교적 범죄적 행위에 대해 관대하다고 해보자. 만약 비슷한 유형의 법익침해가 발생하면 A 국가에서는 범죄로 파악되지만 B 국가에서는 범죄가 아닌 것으로 여겨지기 쉽다. 범죄인식에 대한 체가 촘촘하면 더 많은 범죄 내용물이 걸러지는 반면, 인식의 체가 성기면 대부분의 것들이 그냥 지나쳐간다. 범죄를 집계하는 기관의 민감성의 차이도 있다. 예를 들어 절도범죄가 매우 흔한 것으로 알려진 남미나 아프리카의 일부 나라에서 사소한 소매치기 정도는 절도사안으로 집계되지 않을 가능성이 높다. 단순하게 말해서 경찰이 성실하고 부지런하며 시민들의 신고정신이 투철하면 범죄가 더 많이 발생한 것으로, 경찰이 소홀하고 시민들의 법의식이 떨어진다면 범죄가 덜 발생한 것으로 집계되는 역설을 피할 수가 없다.

28 아래에서 숨은 범죄를 논할 때[15/1] 범죄통계에 큰 기대를 할 수 없다는 점을 설명할 것이다. 그런데 국제적인 통계비교는 한 나라의 단순한 범죄통계보다 더욱 무의미하다. 나라간 범죄발생 빈도에 대해 눈여겨 볼 통계표는 없다고 단언할 수 있다. 오히려 그것보다는 해외여행을 다니면서 각자 체감한 느낌이 오히려 더 정확하다고 말할 수 있을 정도이다. 여러 나라를 다녀본 사람일수록 우리나라가 범죄로부터 가장 안전한 나라라고 이야기한다. 다만 이러한 느낌을 학문의 대상으로 삼을 수 없을 뿐이다.

제 2 장 주요대상들

제 1 절 범죄란 무엇인가

[12] 범죄의 의의

1. 범죄개념의 기능과 다양성

이 책은 범죄와 형벌 그리고 그것이 존재하는 사회를 다루고 있다. 사회 안 1
에서 규범이 작동하는 방식을 보여주기 위해서 범죄를 예로 들고 있다고 보아도 된다. 그런데 여기서 우선 가장 기초적인 질문에 답해야 한다. 바로 '범죄란 무엇인가?'라는 물음이다. 이것은 '형벌이란 무엇인가?'라는 질문보다 더 대답하기 어렵다. 형벌은 인간이 만들어낸 제도이므로, 그것이 형성된 배경을 통해 의의를 짐작해볼 수 있다. 그렇지만 범죄는 인간이 행하는 것이기는 하되, 목적을 갖고 만들어낸 것이 아니기 때문에 그 개념을 둘러싸고 수많은 다른 생각들이 존재할 뿐이다.

우리가 범죄라고 인식하기 이전에 원래 범죄일 수밖에 없는 행위가 있는가? 2
형법전에 규정된 요건에 해당하지는 않지만 사회의 비난을 받는 행위들은 범죄가 아닌가? 법률에 위배되는 모든 행위는 의심의 여지없이 언제나 범죄인가? 범죄개념의 범주를 확정하는 것이 연구의 가장 중요한 전제이지만, 그것은 쉽게 달성할 수 있는 목표가 아니다.

2. 절대적 범죄개념과 상대적 범죄개념

절대적 범죄개념이란 시공을 초월하여, 언제 어디에서든 범죄가 될 수밖에 3
없는 행위가 있다는 생각에서 비롯된 개념이다. 만약 종교를 가진 사람이라면, '신의 명령을 위반하는 행위'를 절대적인 범죄로 여길 것이다. 반면에 세속에서는 절대적으로 범죄가 되는 행위를 가리킬 만한 개념정의가 없다. 범죄유형을 생각해도 마찬가지이다. 가장 심각한 범죄라고 생각되는 살인행위라고 할지라도 시공을 초월하여 범죄가 되지는 않는다. 예를 들어 전쟁을 수행하는 것은 대부분 사람을 살해하는 방식을 이용하도록 되어 있다. 만약 사형제도가 있는 나라라면 거기에서 사형을 집행하는 공무원도 수형자에 대한 살인을 하고 있지만 그것을 범죄로 생각할 수는 없다. 이처럼 절대적으로 범죄가 되는 행위를 생각할 수 없다는 점을 다른 표현으로 '선험적인 범죄개념은 없다'고 말한다.1)

4 [선험적 범죄] 여기서 말하는 '선험적'이라는 단어는 라틴어 '아프리오리'(a priori)[먼저 있는 것으로부터]를 우리말로 바꾼 것이다. 사람들의 경험 여부와 정도를 초월하여 독립적으로 인식될 수 있는 대상성을 뜻한다. 즉 우리가 감각에 의해 깨닫는 것이 아니라 그에 앞서 이미 주어진 것이라고 볼 수 있다. 그러므로 선험적 범죄는 우리가 여러 규범을 통해서 범죄로 규정한 것과 무관하게 '원래부터 범죄인 것'을 말한다. 아프리오리의 반대말은 '아포스테리오리'(a posteriori)[뒤에 이루어진 것으로부터]이다.

5 범죄를 논할 때 의미 있는 것은 상대적 범죄개념 밖에 없다. 즉 어느 사회, 어느 시대를 전제로 하여 사회구성원들이 범죄로 확인하고 있는 것인가가 중요하다.2) 범죄개념은 해당 사회의 공동체가 만들어낸 의사소통의 산물이다. 그리고 그 가운데 중요한 핵심은 각 사회에서 대체로 법률의 범죄요건으로 정해두었다. 여기서 상대적 범죄개념은 법률로 정해진 것인지 여부에 따라 다시금 형식적 범죄개념과 실질적 범죄개념으로 나뉜다.

3. 형식적 범죄개념과 실질적 범죄개념

(1) 형식적 범죄개념의 의의

6 형식적 범죄개념은 법률이라는 형식을 통해 범죄행위로 규정된 범죄를 말한다. 우리나라 형법전 및 각종 부수형법에는 범죄의 목록이 나열되어 있는데 이에 해당하는 것이 곧 형식적 범죄이다. 물론 이렇게 형식적으로 범죄가 규정되었다고 해서 어떤 행위가 그에 해당하는지를 단순하게 결정할 수 있는 것은 아니다. 형법의 각 법률을 해석하고 그것을 사안에 적용하는, 범죄체계론을 비롯한 여러 규칙과 이론이 오랜 시간 연구되어 왔다. 형법총론과 형법각론의 여러 내용들이

---

1) "자연으로부터는 선도 없고 악도 없으며, 인간의 생각이 그 구분을 만들었다"(Empiricus, Adversus mathematicos 중에서, Schopenhauer, 도덕의 기초에 관하여, 127면에서 인용).

2) 배종대, 형법총론, 2/3 이하.

그 성과이다. 즉 형법학, 특히 형법도그마틱에서 취급하는 범죄는 모두 형식적 범죄개념이다.

(2) 실질적 범죄개념의 의의

법률에 규정된 형식적 범죄들은 '많은 사람들 생각에 범죄로 보아야 하는 것'을 충분히 반영하지 못한다. 대체로 사람들이 범죄로 여기고 있는 것이지만 법률상 범죄목록에 들어오지 않은 것도 있고, 형식적으로 범죄라고 명시되어 있지만 사람들이 범죄라고 생각하지 않는 것도 있다. 형식적 범죄개념은 '범죄란 무엇인가'라는 질문에 대해 매우 제한된 답만을 하고 있음을 알 수 있다. 그것은 범죄라는 대상을 효율적으로 파악할 수 있도록 정해놓은 법률형식에 따르는 것일 뿐, 마땅히 '무엇을 범죄로 보아야 하는가'에 대한 실질적인 답을 하고 있는 것은 아니기 때문이다. 7

형식적 범죄개념에 대립되는 개념인 실질적 범죄개념은 실정형법을 초월하여 타당할 수 있는 범죄개념을 말한다. 다른 말로 범죄학적 범죄개념으로 부르기도 한다.[1] 실질적이라는 말을 형식적인 것과 대비하면, 법률로 고정된 기준이 아니라 실제로 범죄행위로 보아야 하는 그 무엇을 의미한다. 많은 사람들은 범죄를 아주 단순하게 '나쁜 짓'이라고 생각할 것이다. 쓸모가 많지 않은 이 표현도 '실정법위반'이라는 형식적 개념에 비교한다면 한결 '실질적'이다. 그러나 이 수준에 그쳐서는 안 된다. 실질적 범죄개념은 실정형법에 국한되는 것이 아니기 때문에 입법의 준거로 쓰일 수 있어야 한다. 즉 형식적 범죄개념이 형법의 해석·적용과 관련하는 법률가의 작업영역에 속하듯이, 실질적 범죄개념은 형사정책가의 도구로 이용될 수 있어야 한다.[2] 8

[실질과 형식] 실질은 형식과 대비되는 말로서 존재 또는 존재자로서 있는 그 자체를 뜻한다고 할 수 있다. 반면에 형식은 이와 같은 실질을 인식하게 해주는 도구이자 인식의 틀이다. 예를 들어 '사랑'이 실질이라면 '만남 100일 기념반지'는 형식이고, '실력'이 실질이라면 '학점 A+'는 형식이다. 이런 예만 보면 형식보다는 실질이 더 근원적인 것으로서 의미 있다고 여겨질 수도 있다. 그러나 형식이 전혀 없다면 우리에게 실질을 인식할 수 있게 하는 어떠한 길도 없다. 그렇기에 실질적 범죄개념이 형식적 범죄개념보다 우월한 것은 아니다. 그리고 9

---
1) Kaiser, Kriminologie, 169면.

2) 배종대, 형법총론, 2/6. 그러나 실질적 범죄개념에 대해 가치중립적이지 못하고 법적인 규정이 없으면 범죄라고 할 수 없다는 면에서 무용하다는 비판도 있다. Sonnen, Kriminalität und Strafgewalt, 15면 이하.

특히 법학은 결국 실질이 아니라 형식을 다루는 학문이다. 법적 요건과 법적 효과 모두 실질과는 거리가 먼, 형식에 해당할 뿐이다.

(3) 사회유해성

10 '사회에 유해한 행위'를 유용한 실질적 범죄개념으로 보는 사람도 있다. 사회 구성원들의 의사소통을 통해서 확인한 것이 의미 있는 상대적 범죄개념이라고 하였으므로, 범죄의 핵심은 결국 사회의 집단의식이나 결속력을 깨뜨리는 것이 될 것이다.[1] 그렇지만 '사회에 유해하다'는 기준의 개념 폭이 분명하지 않다는 문제가 있다. 예를 들어 홈쇼핑 판매자에게 재고가 떨어져 이미 돈을 지불한 수많은 사람들에게 물건을 배달하지 못하고 있는 경우라면, 이는 충분히 사회적으로 해로운 일을 했다고 말할 수 있다. 그러나 이런 것까지 '범죄'라고 할 것인지는 다른 물음이다. 성소수자들의 거리행진 행사가 사회적으로 유해하다고 볼 사람들이 있는 반면, 주인을 잃은 지 오래된 우산을 그냥 가져가는 것은 사회에 전혀 유해하지 않다고 생각하는 이들도 많을 것이다. 우리 형법의 '존속에 대한 범죄의 가중처벌' 규정에 대한 폐지논의에서 사회유해성의 기준을 끌어들이면, 존속을 상대로 한 범죄가 단순히 도덕가치에 대한 위반이기에 가중되는 것인지, 사회에 유해한 것인지를 가려내기 위해서 많은 에너지를 써야 한다. 이러한 예는 모두 사회유해성이라는 같은 개념을 놓고 서로 다른 이해가 충돌하는 모습이다.

11 그렇기 때문에 사회유해성을 실정법에 대한 비판 도구로서 범죄화와 비범죄화의 기준으로 삼으려고 하면, 다른 개념의 보충적 도움을 받지 않을 수 없다. 한때 언급되던 '형법은 사회윤리의 최소한'(sozialethisches Minimum)이라는 명제[2]에 대해서도 같은 비판이 가능하다. 사회윤리가 실질적 범죄의 대상이 될 수 있을 만큼 명확하고 사용 가능한 개념내용을 가지고 있다고 볼 수 없기 때문이다.

(4) 법익의 침해

12 근대 이후 형법학의 통념은 실질적 범죄개념을 '타인의 법익을 침해하는 행위'라고 생각하고 있다. 여기서 법익法益(Rechtsgut)은 '법적으로 보호할 만한 이익'이라는 뜻이다. 법적으로 보호되어야 하는 것을 침해하면 법적 의미의 범죄가 된다고 하는 것이니, 이 개념정의에 동어반복적인 속성이 있는 것은 사실이다. 그렇

---

1) 대표적으로는 Amelung, Rechtsgüterschutz und Schutz der Gesellschaft, 330면 이하.
2) Jellinek, Die soziale Bedeutung von Recht, Unrecht und Strafe, 45면.

기에 이 개념은 완성된 것이 아니라 더 나아간 논의를 남겨둔 것으로 여겨지고 있다.[1)]

일반적으로 법익을 그 기능에 따라 1) 현행 형법을 배경으로 하는 **체계내재적 법익개념**과, 2) 기존의 형법질서를 비판대상으로 삼는 **체계비판적**(또는 **체계초월적**) **법익개념**으로 나눈다.[2)] 앞의 것은 형벌구성요건을 체계화하기 위한 분류도구의 기능과 법률해석을 보조하는 역할을 한다. 예를 들어 현행법상 강제추행죄의 보호법익을 '성적 자기결정권'이라고 설명하는데, 여기서 말하는 법익은 실정법 규정을 해설하기 위한 것이므로 곧 체계내재적 법익이다. 13

이에 반해 체계비판적 법익개념은 형법규정의 정당성 한계를 결정하는 형사정책적 기준으로서 법익을 말한다. 법률 안에서 법률을 해석하는 것이 아니라, 법률 외부에서 법률을 비판적으로 평가하기 위한 개념이다. 실질적 범죄개념의 역할과 직접 관계되는 것이 바로 이러한 체계초월적 법익관점이다.[3)] 형사정책적으로 유용한 범죄개념인 실질적 범죄개념이 '타인의 법익을 침해하는 행위'라고 할 때, 이러한 의미의 법익은 형법전을 넘어서고 있다. 그렇다고 해서 모든 가치가 실질적 범죄개념에 이용되는 법익으로 생각될 수는 없다. 범죄는 특이한 세계관이나 도덕관으로 발생하는 것이 아니라, 공동생활의 실존조건을 참을 수 없을 정도로 침해하는 데 본질적 특징이 있다. 이에 대응하는 형법은 '공동생활의 영위를 위해 불가결한 권리'로서 '법익'을 보호하는 데 그 역할이 한정되어야 한다. 14

4. 일 탈

(1) 일탈의 개념

다른 사회과학, 특히 범죄학이나 사회학에서는 형법의 범죄에 해당되는 것을 일탈逸脫(deviance, abweichendes Verhalten)이라는 용어로 표현하는 경우가 많다. 일탈개념은 흔히 공동체나 사회에서 보편적으로 승인되는 규범을 따르지 않는 행위를 의미한다.[4)] 이러한 일탈개념의 범위는 형법에서 말하는 범죄개념보다 넓다. 15

---

1) Lüderssen, Kriminologie, Rn. 99 이하.

2) 상세한 것은 Hassemer, Theorie und Soziologie des Verbrechens, 19면 이하.

3) 이상돈, 법익보호원칙: 근대형법의 신화인가 이성인가?, 173면 이하 참조.

4) Giddens, 현대사회학, 140면. 그 외에도 한 특정한 시대에, 한 특정한 사회의 규범에서 벗어난 행위(Dinitz, Dynes, Clark), 본질적으로 집단의 규범을 어기는 행동(Clinard), 표준 또는 정도에서 벗어난 행동(Matza) 등으로 정의된다(Liska, 일탈의 사회학, 1면).

공동체에서 통용되는 모든 규범에 대한 침해, 예를 들면 알콜중독, 게임중독, 무단결석, 가출, 자살, 성매매, 음란물 선호, 언어규칙위반, 불손한 행위 등이 포함될 뿐만 아니라, 때로는 규범에 지나치게 순응하는 것조차 일탈유형에 포함시키는 경우도 있다. 즉 일탈은 그 개념범위의 광범위성과 가치중립성을 특징으로 한다.

(2) 사회학적 유용성

16 사회학에서 범죄라는 단어 대신에 일탈을 사용하는 이유도 위에서 실질적 범죄개념의 필요에 대해 설명한 내용과 비슷하다.[1] 즉 실정법 위반만을 범죄라고 생각하는 경우에, 1) 실정법이 합의된 가치를 반영하지 못하거나, 2) 모든 일탈행위를 망라하지 못하는 문제점이 있고, 나아가서 3) 실정법은 고의나 책임과 같은 형이상학적·비과학적·비실증적 개념에 기초를 두고 있기 때문에 사회의 모든 범죄현상을 설명하지 못하는 한계가 있다.[2]

17 사회학 또는 범죄학에서는 일탈을 범죄와 구별하고, 일탈 가운데 법규범을 위반한 유형만을 범죄라고 칭하는 경우가 많다.[3] 그러나 일탈개념의 법규범에 대한 관련성을 완전히 부정하면 이는 최종적인 범죄대책을 염두에 두지 않는 논의 대상에 그치기 쉽다. 단순하게 사회구성원들이 바람직하지 않은 것으로 생각하는 일련의 행위를 일컫는 용어는 정책적인 기준으로 이용되기 어렵다는 뜻이기도 하다. 소년범죄에서 흔히 쓰이는 비행非行(delinquency)이라는 표현도 마찬가지이다.

5. 형식적·실질적 범죄개념의 역할

18 이처럼 실질적 범죄개념의 외연과 내포가 여전히 통일되어 있지 않기에 그 현실적인 역할은 분명히 만족스럽지 못하다. 그리고 발생한 범죄가 실제로 처리되는 과정은 결국 형식적인 법을 해석하고 적용하는 것이므로, 형식적 범죄개념의 지위는 실질적 범죄개념에 비교할 수 없을 정도로 우월하다. 형법과 형사소송법에 따른 형사사법이 오로지 형식적 범죄만을 대상으로 하고 있는 것은 물론, 범죄학과 형사정책에 제공되는 정보로서 범죄통계도 형식적 범죄개념에 따라 분류하고 집계된 자료이다. 예외적인 상황이 아닌 한, 범죄에 대한 형사법적 대응을

---

1) 뤼더쎈은 일탈이 자신들의 연구대상에 대해 통일적인 명칭을 찾아내려는 데 관심을 갖는 형법학자나 범죄학자가 언젠가 의견의 일치를 볼 수 있는 명칭이라고 한다(Lüderssen/Sack, Abweichendes Verhalten I), 7면.

2) Kaiser, Kriminologie, 167면 이하.

3) Sonnen, Kriminalität und Strafgewalt, 15면; Giddens, 현대사회학, 143면; Zipf, 형사정책, 147면.

논하는 모든 경우에는 형식적 범죄개념을 모범으로 하게 된다.

그렇지만 범죄의 형식적 기준인 형법규정 또한 평가와 비판의 대상이 된다는 사실에 다른 의견은 없다. 형사정책과 범죄학에서 형식적 범죄개념을 초월하여 이용되는 실질적 범죄개념의 중요한 쓰임새는 아래에서 이야기할 범죄화와 비범죄화에서 찾을 수 있다. 즉 실질적 범죄개념이 필요한 가장 주된 이유는 현행법인 실정형법을 비판적으로 검토하여 각 규정의 정당성을 논하고 범죄화와 비범죄화의 필요성과 가능성을 평가하기 위해서이다. 19

시간의 흐름에 따라 기존 범죄구성요건에 포함되었던 행위를 더 이상 범죄로 보지 말아야 하는 경우와, 새로운 행위유형을 범죄로 보아야 하는 경우가 얼마든지 발생할 수 있다. 이것이 곧 형사정책의 핵심적인 논의대상이 된다. 이러한 범죄화와 비범죄화 모두 형식적 범죄개념과 실질적 범죄개념이 일치하지 아니하는 상황을 전제로 하고 있다. 그리고 이러한 작업을 위해 필요한 실질적 범죄개념으로는 주로 '타인의 법익을 침해한 행위'가 이용되고 있다. 20

[13] 범 죄 화

1. 범죄화의 의의

범죄화 또는 신규범죄화는 기존에 범죄로 여겨지지 않던 것을 범죄로 만드는 것, 특히 입법을 통해 형식적인 범죄로 규정하는 것을 뜻한다. 즉 지금까지 형법의 범죄목록에 없던 유형이었으나, 타인의 법익을 침해하는 행위라는 것이 의사소통을 통해 새롭게 확인되어 이를 형법전에 편입하는 과정이다. 예를 들어 십 수년 전까지만 해도 저작권을 침해하는 행위의 대부분, 타인의 인터넷과 컴퓨터 사용을 방해하는 해킹행위 등은 범죄로 여겨지지 않았다. 그러나 현대사회에서 그러한 행위의 법익침해성이 분명해지자 법을 개정하거나 특별법을 만들어 형법적으로 처벌하게 된 것이다. 특별히 현대사회에서는 환경, 경제, IT, 노동관계, 도로교통 등의 분야에서 광범위한 범죄화가 이루어지고 있다. 지금 이러한 영역에 형법이 개입하는 것은 피할 수 없는 일이라고 생각된다. 형사제재를 포기할 경우에도 동일한 억제효과를 약속할 수 있는 다른 사회체계의 수단이 갖추어지지 않고서는 새로운 분야에서 인간실존을 위협하는 위험성이 제거되지 않을 것이기 때문 1

이다.

2. 범죄화의 전제

2 범죄화 직후에는 형사사법기관이 새로 제정된 형벌구성요건을 사회에 정착시켜야 하는 임무를 맡는다.[1] 일반인들은 신설된 금지규정을 인식하지 못하거나, 안다고 하더라도 행동에 영향을 받을 정도로 익숙해 있지 않을 수 있기 때문이다. 우리 사회에서도 새로운 권리와 관련된 범죄(예: 소프트웨어나 저작물의 불법 다운로드, 동물학대), 새로운 기술을 이용한 범죄(예: 주택가에서 드론을 날리는 행위, 보이스피싱을 비롯한 각종 피싱방법[2]), 과거에 비해 엄격해진 범죄유형(예: 직장 내 성희롱) 등에서 그러한 현상을 흔히 발견할 수 있다. 그러므로 범죄화가 이루어진 직후에는 새로운 불법유형에 익숙해질 수 있도록 여러 매체를 통해서 알리고 이에 대한 공동의 가치관을 형성하도록 하는 것이 중요하다. 하지만 환경범죄나 여러 사이버범죄처럼 구체적 피해자가 불분명한 범죄나 법익이 모호한 경우에는 시민들이 불법의식을 온전히 형성하는 데 어려움을 완전히 없앨 수는 없다.

3 국가의 형벌권 및 이를 실현하는 형사사법은 대체로 위에서 언급한 분야의 빠른 변화에 발맞추기 쉽지 않다. 사회에서 큰 문제가 되고 있다는 사실이 충분히 인식되고 구성원들의 요청이 분명해진 다음에 비로소 입법을 통해 범죄화하게 된다. 그렇지만 일단 정당한 규정을 통해 금지하고자 하는 행위가 범죄화되면, 그 이후 형사사법이 우선 범죄화사실에 주목함으로써 시민들의 법의식을 선도해가는 것이 필요하다. 사법기관 스스로 새로운 범죄목록을 충분히 인식하지 않거나 아직 범죄로 인식하지 못하는 사람들이 많다고 해서 법적 처리를 소홀히 하면 목표했던 범죄화의 기능은 상실된다.

3. 과잉범죄화

4 우리나라 상황은 과잉범죄화의 수준에 있는 것으로 보인다. 형법각칙분야에서는 범죄화가 세계 평균수준을 유지하고 있지만, 특별형법의 분야로 들어오면 상황은 판이하다. 우리나라는 특별형법이 매우 많은 나라에 속한다.[3] 특별형법의

---

1) Kaiser, Kriminologie, 175면.

2) 이에 대해서는 임석순, 피싱(phishing)에 대한 형법적 이해와 새로운 구성요건창설의 필요성, 106면 이하.

3) 이에 대한 상세한 지적은 배종대, 형법각론, 4/1 이하; 윤영철, 한국형법의 최근 형법강화입법경향에 대한 비판적 고찰, 705면 이하; 같은 저자, 법치국가에서의 안전지향형법에 대한 비판적 고찰, 131면 이하 참조.

종류도 수 백 개가 넘을 뿐만 아니라 특별법위반범죄의 숫자가 형법위반범죄를 앞지르는 경우도 많이 있다. 특별형법의 외견을 갖고 있는 것 이외에도 각종 민법, 상법, 행정법, 사회법, 소송법 등에서 형벌을 규정하고 있는 것은 모두 넓은 의미의 형법이므로 형법규정이 늘어나는 정도를 전부 파악할 수 없을 정도이다.

5 타인의 중요한 권리를 침해하는 새로운 행위유형이 분명히 확인되는 때에는 범죄화가 불가피하지만, 현재는 대개 기존에 인정된 법익을 더 강하게 보호한다는 취지로 법을 개정하거나 법익침해가 분명하지 않은 행위를 광범위하게 형벌로 통제하려고 한다. 처벌가능성을 실질적으로 확대하는 모든 법개정까지 포함하면 이 문제는 더욱 심각하다. 중요한 예만 들더라도 2013년 강간, 강제추행죄 등 일련의 성범죄의 친고죄 요건을 폐지하여 모두 비친고죄가 됨으로써 피해자 등의 고소 없이도 형사절차가 진행되도록 하였으며, 2010년에는 징역형의 상한을 상향조정하고 공소시효기간을 늘리는 등의 법개정을 하였다. 이 개정작업은 법전문가들의 의견을 묻지 않고 신속하게 이루어졌다.

6 교통, 통신, 금융, 거래방식 등이 쉽게 간파하기 어려울 정도로 복잡하게 되어가고 있는 것에 비할 때, 이를 통제할 수 있는 다양한 규범이 체계화되지 못하고 있다. 과거부터 우리 전통사회의 관습에 따라서 그래왔듯이, 새롭게 불거지는 중요한 문제에 대해 곧바로 형벌에 의한 조치를 우선 떠올린다. 다른 법률에 의한 통제를 검토해보지도 않은 채 특별형법을 많이 만드는 이유이다. 이러한 범죄화가 곧 범죄를 효율적으로 통제하는 길로 이어지는 것도 아니다. 오히려 특별형법의 난립으로 인해 어떤 행위가 금지되는지 더 모호하게 된 경우도 많이 있다. 일반시민들이 범죄가 되는 행위를 일일이 파악하기 어려워 규범인식이 약화되기 때문에 전반적인 일반예방효과도 떨어지고 있다. '법에 의해 금지된 행위라는 인식', 즉 '위법성인식'이 없는 행위자가 죄책을 지게 되는 경우가 늘어나면 책임원칙도 무색해진다. 법률을 만들기는 쉽다. 그러나 무비판적으로 진행된 입법의 결과, 이제 시민들은 물론 법률가들에게조차 생소한 법률이 거의 관심도 받지 못한 채 법전에 쌓여가고 있다.

7 [과잉범죄화의 예] 2009년 입법된 '채권의 공정한 추심에 관한 법률'을 예로 들어보자(제목에서 뜻하는 '추심의 공정성' 뜻부터 이미 모호하다). 제9조를 보면 채권추심자가 해서는 안 되는 행위로서 1. 채무자 또는 관계인을 폭행·협박·체포 또는 감금하거나 그에게 위계나 위력을 사용하는 행위, 2. 정당한 사

유 없이 반복적으로 또는 야간(오후 9시 이후부터 다음 날 오전 8시까지)에 채무자나 관계인을 방문함으로써 공포심이나 불안감을 유발하여 사생활 또는 업무의 평온을 심하게 해치는 행위, 3. 정당한 사유 없이 반복적으로 또는 야간에 전화하는 등 말, 글, 음향, 영상 또는 물건을 채무자나 관계인에게 도달하게 함으로써 공포심이나 불안감을 유발하여 사생활 또는 업무의 평온을 심하게 해치는 행위 등을 명시하였다. 이를 위반하면 5년 이하 또는 3년 이하의 징역 등에 처하게 되어 있다(제15조). 언뜻 보아도 열거된 행위는 이미 형법에 범죄로 규정되어 있는 것이거나, 또는 지나치게 모호하여 처벌되는 행위범주를 분명히 확정할 수 없는 것으로 생각된다. 돈 빌려간 사람에게 돈을 갚으라고 말하기가 조심스러워질 정도로 느껴지기도 한다. 입법 이후부터 이 규정을 적용한 판례는 한 건도 없다.

[14] 비범죄화

1. 비범죄화의 의의와 역사

1 비범죄화(Entkriminalisierung)는 그동안 법률에 따라 처벌받던 행위를 더 이상 처벌하지 않도록 형법전의 규정목록에서 삭제하는 것을 뜻한다. 오랜 과거부터 비범죄화는 법정책에서 가장 중요한 역할을 차지해왔으며, 이에 따라 흔히 형법의 역사를 '형법폐지의 역사'라고 말하기도 한다. 이러한 비범죄화의 과정에는 역사적으로 타인의 법익을 침해하는 행위인지 묻는 과정이 개입되어 있었다. 법익 개념 자체가 확립된 것은 지난 세기의 일이지만, 근대 이후 비범죄화 과정에 타인의 법익침해(또는 권리침해)와 무관한 행위를 배제하고자 하는 생각이 작용했다는 뜻이다. 예를 들어 중세시절에 신을 모독하는 죄인 독신瀆神죄는 화형에 처해질 정도의 중요한 범죄였다. 그러나 그것은 더 이상 '타인'의 법익을 침해하는 것은 아니라고 생각되었기에 근대에 이르러 법전에서 제외되었다. 동성애행위[鷄姦] 또는 동물과 교접하는 행위[獸姦]도 그렇다. 이처럼 비범죄화는 형법이 문명사회에서 합리적인 도구로 쓰일 수 있도록 만들어온 중요한 방법이며 그 역할은 지금도 계속되고 있다.

2. 비범죄화의 유형

2 비범죄화는 일반적으로 다음과 같은 두 가지 유형으로 구별된다.[1)]

1) 상세한 설명은 김창군, 비범죄화의 실현방안, 6면 이하; 임웅, 정치형법의 비범죄화, 817면 이하; Kaiser, Kriminologie,

첫째, **법률상 비범죄화**(de jure decriminalisation)는 입법작용이나 헌법재판소의 위헌결정에 의해 형벌법규를 삭제하거나 무효로 만드는 것이다. 협의의 비범죄화라고도 한다. 법률상의 비범죄화의 계기로는 다음 세 가지 유형이 있다. 1) 이미 해당 행위가 법적·사회적으로도 완전히 승인되어 비범죄화하는 경우가 있다. 실정법에 규정되어 있을 뿐 사회구성원이 대부분 범죄로 생각하지 않는 유형을 비범죄화하는 것이다. 2) 형사사법의 임무에 대한 인식변화에 따라 비범죄화하는 경우가 있다. 예를 들어 특정한 도덕적 가치를 보호하는 규정일 뿐, 법적으로 보호할 만한 대상이 아닌 가치침해를 비범죄화하는 것이다. 3) 해당 행위의 가벌성이 여전히 인정되고 있음에도 다른 이유에서 형법투입을 포기하는 경우의 비범죄화가 있다. 형사사법의 사회적 비용이 너무 높거나 형법 이외의 다른 사회통제수단이 더 적합한 것으로 판단되기 때문이다. 3

둘째, **사실상 비범죄화**(de facto decriminalisation)는 형법 및 특별형법의 구성요건은 그대로 있지만 형사절차의 여러 단계에서 굳이 범죄로 취급하지 않는 방식으로서 처벌을 회피하는 것을 뜻한다. 대표적인 것이 검찰의 불기소처분에 의한 비범죄화이다. 그밖에도 피해자 등이 고소·고발을 하지 않는 것, 경찰의 무혐의처리나 훈방조치, 법원의 절차중단 등이 있다.[1] 4

3. 최근의 비범죄화

(1) 혼인빙자간음죄

헌법재판소는 2009년 11월 26일 혼인빙자간음죄규정에 대해 위헌결정을 내렸다.[2] 이는 혼인할 것처럼 하여 음행의 상습 없는 여자와 성관계를 맺었으나 실제로는 혼인할 의사가 없는 남성을 처벌하는 규정이었다. 타인의 법익을 침해한다고 볼 수 없는 행위유형이었으므로 오랫동안 비판의 대상이 되었음은 물론이다. 헌법재판소는 "남성이 위력이나 폭력 등 해악적 방법을 수반하지 않고서 여성을 애정행위의 상대방으로 선택하는 문제는 그 행위의 성질상 국가의 개입이 자제되어야 할 사적인 내밀한 영역인데다, 또 그 속성상 과장이 수반되게 마련이다. 우리 형법이 혼전 성관계를 처벌대상으로 하지 않고 있으므로 혼전 성관계의 과 5

174면 이하.

1) 김창군, 앞의 논문, 9면은 '입법단계의 비범죄화'와 '법률적용단계의 비범죄화'라는 이분법을 사용한다. 전자에 선언적 비범죄화, 외견상 비범죄화 그리고 후자에 형사소추단계의 비범죄화, 법률해석·적용단계의 비범죄화를 분류한다.

2) 헌재결 2009.11.26. 2008헌바58 등.

정에서 이루어지는 통상적 유도행위 또한 처벌해야 할 이유가 없다"는 결정이유를 밝히고 있다. "여성이 혼전 성관계를 요구하는 상대방 남자와 성관계를 가질 것인가 여부를 스스로 결정한 후 자신의 결정이 착오에 의한 것이라고 주장하면서 상대방 남성의 처벌을 요구하는 것은 여성 스스로가 자신의 성적 자기결정권을 부인하는 행위"라고도 말한다. 이 유형의 비범죄화는 비교적 근래의 일이지만, 이와 같은 죄가 있었다는 것에 대해 격세지감이 느껴질 정도로 이 시대의 법사고에 어울리지 않는 것이었다.

(2) 간 통 죄

6 이보다 더 가까운 비범죄화의 다른 예는 간통죄이다. 지난 수십 년 간 반복된 논의 끝에 헌법재판소는 2015년 2월 26일 형법의 간통죄 조항에 대해 위헌결정을 하였다. "비록 비도덕적인 행위라 할지라도 본질적으로 개인의 사생활에 속하고, 사회에 끼치는 해악이 그다지 크지 않거나 구체적 법익에 대한 명백한 침해가 없는 경우에는 국가권력이 개입해서는 안 된다"는 것을 주된 이유로 들고 있다.[1] 배우자 있는 자가 또는 상대방이 배우자 있는 자임을 알면서도 혼인 외 성관계를 하는 것은 사회에 유해할 수도 있고, 도덕적인 가치를 심각하게 침해하는 행위임은 분명하다. 그렇지만 이는 다른 사람의 성적 자기결정권을 침해하는 강간이나 강제추행과 달리, 타인의 법익을 침해하는 행위가 아니라는 생각이 법전문가들을 중심으로 오랜 시간 확산되어 왔다. 윤리의 침해는 윤리적 비난을 받도록 놔두어야지 굳이 그에 형법이 개입할 필요는 없다는 보충성원칙의 결론이기도 하다. 물론 이에 대응하여 배우자 사이의 신뢰와 정절의 침해를 '타인의 법익침해'라고 주장하는 반론도 있었다.[2] 이는 법익이라는 말이 갖는 개념의 다의성 때문이다.

7 [헌법재판소법의 개정] 간통죄폐지를 위해서는 법개정이 필요했다. 기존에 헌법재판소법 제47조 ②항은 '위헌으로 결정된 법률 또는 법률의 조항은 그 결정이 있는 날부터 효력을 상실한다'고 되어 있고, ③항은 '제2항에도 불구하고 형벌에 관한 법률 또는 법률의 조항은 소급하여 그 효력을 상실한다'고만 되어 있었다. 만약에 이 상태로 간통죄를 폐지하는 경우에는 우리 형법에 의해 60여 년 간 간통죄 유죄판결을 받아 징역형을 받았던 모든 사람이 '법적 근거 없는

1) 헌재결 2015.2.26. 2009헌바17 등.
2) 유사한 예는 신동일, 간통죄, 131면 이하.

형집행'을 받았던 셈이 되어 명백한 재심사유이며(같은 조 ④항), 그 결과 많은 청구인에게 형사보상을 해주어야 하는 문제가 이어질 수 있었다. 이 난점을 피하고자 반복된 논의를 거쳐[1] ③항의 단서로서, '다만, 해당 법률 또는 법률의 조항에 대하여 종전에 합헌으로 결정한 사건이 있는 경우에는 그 결정이 있는 날의 다음 날로 소급하여 효력을 상실한다'는 규정을 2014년 신설하였다. 이에 따르면 헌법재판소가 최근래에 간통죄를 합헌결정한 것은 2008년 10월이었으므로, 위헌결정의 효력이 그때까지만으로 소급하는 것으로 해석된다.

(3) 양심적 병역거부

근래 우리나라에서 심각하게 문제되었던 것으로 양심적 병역거부(또는 집총거부) 문제가 있다. 과거 법원에서는 병역거부를 이유로 피고인들에게 실형을 선고해왔고, 헌법재판소도 반복하여 양심적 병역거부에 대한 처벌이 위헌이 아니라는 결정을 했다. 과거 국방부에서는 여론조사를 통해 국민의 68%가 병역에 대한 대체복무제의 도입을 시기상조라고 답했다는 이유로 논의를 백지화하기도 하였다.[2] 그에 맞서 우리 사회의 다원화 수준에 비추어 대체복무제도를 도입하여 양심적·종교적 병역거부자에 대해 처벌 이외의 방식으로 대응해야 할 시기가 되었다는 의견이 유력하게 주장되어 왔다.[3] 8

근래 헌법재판소는 태도를 바꾸어 양심적 병역거부자의 병역의무가 면제되는 것은 아니라고 하면서도, 양심적 병역거부 개념을 인정하는 취지의 결정을 하였다. 국방 의무와 양심의 자유를 조화시킬 수 있는 방법으로 대체복무제가 마련되어야 한다는 취지이다.[4] 그리고 이에 이어 대법원은 전원합의체를 거쳐 양심적 병역거부자를 처벌할 수 없다는 새로운 판례를 내놓았다. 민주주의가 보장하는 양심(신념)의 자유는 개인의 소신을 지켜주는 것인데, 이때 양심적 병역거부는 개인 스스로 자신의 양심을 적극적으로 표출한 것이 아니라, 국가가 그 사람의 양심에 반하는 작위의무를 부과한 것에 대해 소극적으로 응하지 않은 경우이며, 국가가 이에 대해 형사처벌을 함으로써 의무이행을 강제하는 것은 소극적 양심실현의 자유에 대한 제한이라고 하였다. 이는 기본권에 과도한 제한이 되거나 기본권의 본질적 내용에 대한 위협이 될 수 있다고 본 것이다. 자유민주주의는 다수결원칙에 따라 운영되지만 소수자에 대한 관용과 포용을 인정해야 그 정당성을 확보할 9

---

1) 이론적 근거로는 김현철/박경철/박진영/홍영기, 형벌규정에 대한 위헌결정의 시적 효력에 관한 연구, 특히 173면 이하.
2) 한겨레신문 2008년 12월 28일자.
3) 김병수, 형법상 정당한 사유로서 양심에 근거한 병역거부와 대체복무제도의 방향, 19면 이하 참조.
4) 헌재결 2018.6.28. 2011헌바379 등.

수 있다고 하면서, 국민 다수의 동의를 받지 못했다는 이유로 양심적 병역거부자들의 존재를 국가가 외면할 수는 없다는 이유를 추가하고 있다.[1)]

10 타인의 진실하고 확고하며 깊은 신념에 대한 존중이 중요하다고 본 대법원의 입장은 달라진 우리 사회의 다원주의적 특징을 온전히 반영하고 있다. 각자의 신념이 갖는 무게를 진지하게 받아들일 수 있어야 한다는 메시지를 우리에게 던져준다. 그리고 이를 계기로 획일적 징병제도의 정당성에 대한 사회구성원들의 폭넓은 대화도 시작될 것이다. 그러나 다른 한편 양심적 병역거부의 비범죄화를 지켜보는 많은 시민들의 우려도 있다. 개인 신념의 진지함을 어떻게 국가기관이 판단할 수 있을 것인지 걱정하고 있다. 단순히 병역을 기피하려는 사람의 내심을 진정한 양심의 자유 표현으로부터 가려내기 어려울 것이라고 한다.

11 대체복무수단을 어떤 방식으로 마련하느냐가 중요한 문제가 되었음을 알 수 있다. 현재는 대체역의 편입 및 복무 등에 관한 법률 제18조 및 같은 법률 시행령에 따라 36개월의 복무기간 동안 교도소, 구치소 등 대체복무기관에서 근무하도록 하고 있다. 중요한 것은 이와 같은 대체복무가 군복무에 비할 때 더 감당하기 어려운 근무조건을 전제로 해야 한다는 것이다. 군복무와 비슷한 난이도의 일을 하도록 하는 것으로는 단순한 병역기피행위를 예방할 수 없다. 즉 신념의 무게를 주관적으로 평가하도록 하는 데 그쳐서는 안 되기 때문에, 대체복무가 이를 가리는 객관적 제도로서 기능하도록 만들어야 한다. 한편에서는, 이러한 목적으로 이용하는 것은 대체복무를 형벌해악으로 삼는 것이며, 다시금 양심의 자유를 침해하는 것이라는 반론도 있다. 하지만 그동안 양심적 병역거부 자체를 인정받기 위해 힘겨운 노력을 이어왔던 많은 사람들은 그렇게 생각하지 않을 것이다. 비록 해내기가 매우 힘들고 기간이 긴 대체복무라고 하더라도 그것이 마련되어 있는 것과 양심적 병역거부 자체를 인정하지 아니하여 대체수단이 존재하지 않는 것은 근본적으로 다르다. 지금까지 그랬던 것처럼 짧은 기간이지만 징역형을 선고받는 것은 '범죄자'로 분류되는 것인 데 반해, 대체복무를 하는 것은 '사회가 용납하고 있는 제도 안에 머물고 있다'는 사실을 인정받는 것이기 때문이다.

(4) 낙 태 죄

11-1 낙태 처벌규정의 존폐문제는 형법학은 물론 법철학, 법사회학, 형사정책학을

1) 대판 2018.11.1. 2016도10912.

넘어서 일반 철학과 사회학, 여성학, 의학에 이르는 많은 영역에서 큰 관심을 받아왔다. 최근까지 이어진 논의 수준도 '태아생명의 존엄성'과 '여성 삶의 자기결정권' 사이의 단순한 대립으로부터 훨씬 더 나아간 복잡성을 띠고 있었다.[1)]

그러나 다양한 형태의 대화가 채 결실을 거두기 전인 2019년 4월 헌법재판 11-2
소가 형법의 낙태죄규정에 대해 헌법불합치결정을 내렸다. 임신 초기의 경우까지 낙태를 전면 금지하는 내용이 임산부의 자기결정권을 침해한다는 것과, 의사에 대한 처벌조항 때문에 오히려 불법적인 낙태가 횡행하여 임산부의 생명과 건강이 보호되지 못한다는 등의 이유에서였다. 그러면서도 2020년 12월 31일까지 낙태의 허용범위를 구체화하는 입법개선을 마쳐야 하며, 그때까지는 처벌규정의 효력이 존속된다고 하였다.[2)] 그렇지만 찬반을 둘러싼 복잡한 상황을 피하려는 정치권의 안일한 생각으로 2020년을 그대로 보내 2021년 1월 1일부터 형법상 낙태죄는 효력을 상실하게 되었다. 낙태죄 비범죄화에 대한 찬반 여부를 떠나, 헌법재판소가 법률을 구체화하라는 요청을 하였고, 주어진 시간이 짧지 않았음에도 입법활동이 제대로 이루어지지 않아 가치 있는 대화의 기회를 상실하게 되었다는 점에서 볼 때에도 아쉬운 일이다.

이처럼 형법상 낙태죄규정이 엉겁결에 무효가 되었으나, 낙태행위를 둘러싼 11-3
우리 사회의 날카로운 대립이 끝난 것은 아니다. 여러 사정을 지닌 여성들이 낙태를 하지 않을 수 없게 만드는 사회구성원들의 날선 시각도 여전하다. 보수적인 가족이데올로기와 전통적인 성역할관이 낙태행위를 강하게 비난하는 선봉에 서 있지만, 실제로는 그것이 타인의 삶에 대한 지나친 관심과 간섭의 배경이 되고 있으며, 이러한 주변시선을 의식하여 오히려 낙태가 더 많이 행해지는 역설적인 상황이 자주 관찰된다. 결혼하지 않았거나 경제사정이 좋지 않은 커플 또는 편모·편부가 아이를 키우는 데에 어떠한 사회적 제약도 없고, 다른 사람의 시선을 조금도 의식할 필요가 없는 사회로 바뀌지 않는 한 낙태는 크게 줄어들지 않을 것이다. 가족과 성문화에 대한 비판적인 질문과 대답이 새로운 시대정신으로 바뀌어가지 못한다면, 낙태를 둘러싼 수많은 이들의 처절한 부르짖음은 잦아들지 못할 것으로 보인다.

---

1) 이에 대해서는 배종대 낙태에 대한 형법정책, 240면 이하; 같은 저자, 모자 보건법의 근본 문제와 인간의 존엄성, 80면 이하.
2) 헌재결 2019.4.11. 2017헌바127 전원재판부.

4. 비범죄화가 논의되는 예들

(1) 성 매 매

12 최근 헌법재판소는 위 예들과 달리 자발적인 성매매를 처벌하는 '성매매알선 등 행위의 처벌에 관한 법률'(약칭: 성매매처벌법)을 합헌이라고 결정하였다.[1] 경제적인 대가를 지불하고 성매매를 할 수 있도록 하는 업소의 운영과 그것을 이용하는 행위를 여전히 타인의 법익을 침해하는 것으로 보았다. 그와 같은 영업을 인정한다면 혼인 외의 비도덕적인 성관계가 방치될 것인데, 이는 개인의 윤리문제가 아니라 사회적 법익인 '건전한 성풍속'을 침해하는 결과를 초래한다는 것이다. 인간의 성을 상품화하는 것이 성판매자의 인격적 자율성을 침해할 수 있다고도 말한다.

13 그러나 간통죄를 폐지한 우리 사회는 지금 배우자 이외 자와의 성관계를 타인의 법익을 침해하는 형법적 범죄가 아니라, 도덕적 비난의 대상으로 여기고자 하는 방향 위에 놓여 있다. 더욱이 미혼·비혼자들의 자연적 본성에 대해 진지하게 이야기할 수 있는 때이기도 하다. 헌법재판소는 '성매매는 그 자체로 폭력적·착취적 성격을 갖고 있다'고 전제하는데, 앞으로는 바로 그와 같은 형태로서 법익침해와 관련되는 성매매만을 엄격하게 처벌하는 쪽으로 개정될 가능성이 높다.[2]

14 [세종의 비범죄화] 조선왕조실록에 의하면 조선왕조 초기에는 여자들도 남자 못지않게 자유분방한 생활을 한 기록이 보인다. 사대부 집안의 부인으로서 39명의 남자와 간통한 감동甘同 사건, 그밖에 금동今同, 연생延生이라는 이름도 보인다. 어리가, 이의산, 허파회라는 양가부인도 비슷한 사건으로 중형에 처해야 한다는 상소가 세종에게 올라왔다. 상소를 올린 자는 명재상으로 널리 알려진 황희, 맹사성 등이었는데, 그에 대해 세종이 내린 교지敎旨가 놀랍다. "역대의 일을 상고해보면 궁궐 안에서도 강상을 어지럽히는 자가 있었으니, 그것이 어찌 금방禁防하는 법이 엄중하지 않기 때문이겠는가… 악행을 징계하는 법이 엄중하지 않은 것이 아니건만(懲惡之法 非不嚴也), 감동, 금동, 연생 등이 서로 잇따라 나왔으니, 남녀 사이의 정욕을 어찌 한갓 법령으로 방지할 수 있겠는가(男女之欲 豈徒以法令防之乎)… 공사供辭에 관련된 자를 모두 다 잡아다가 국문한다면, 어찌 그 폐단이 없겠는가. 내 생각에는 불문에 붙이는 것만 같지 못

---

1) 헌재결 2016.3.31. 2013헌가2. 이에 대해 비판적으로는 조성용, '성매매알선 등 행위의 처벌에 관한 법률'에 관한 헌법재판소 결정에 대한 비판적 검토, 8면 이하.

2) 배종대, 형법, 형벌, 양형 – 성매매특별법의 경우 – , 447면 이하.

하다(予意以爲不若不論之爲愈也)."[1]

(2) 도 박

도박죄(형법 제246조 ①항)를 처벌하는 이유도 분명한 것은 아니다. 소액을 15
걸고 일시적인 오락을 위해서 하는 경우를 제외하면, 아는 사람끼리 포커나 고스톱을 치는 것도 도박행위로서 처벌대상이 된다.[2] 그렇게 하도록 집을 제공한 사람은 도박개장죄로 더 무겁게 처벌된다. 원칙적으로 '실력'에 따라 승부가 갈리는 것은 '경기', '우연'에 의해 달라지는 것은 '도박'으로 구분되지만, 실력으로 승부가 좌우되는 내기골프를 예외적으로 도박죄로 처벌하기도 한다. 판례는 경제에 관한 '건전한 도덕법칙'을 보호하는 데 도박죄의 법목적이 있다고 말한다.[3] 그러나 이것이 타인의 법익침해와 직접 연결되지 않는 것으로 생각할 사람들도 많다.

'강원랜드'는 건전한 도덕법칙을 심하게 훼손하고 있으나, 단지 국가가 운영 16
한다는 이유에서 도박개장죄가 아니라고 말하는 것도 납득하기 어렵다. 경마, 경륜, 복권 등도 마찬가지이다. 외국인들을 위한 '카지노'는 전국 도처에 운영 중인데, 헌법재판소는 이 경우는 '관광진흥의 목적'에 따라 위법성이 없는 것으로 보고 있다.[4] 외국인들이 도박장에서 노름을 하여 명확한 공공선이 확보되는 것도 아니고 관련업체들이 이익을 얻을 뿐인데, 이로부터 형법적 불법여부가 좌우되거나 더 나아가 헌법상 평등원칙을 침해할 수 있는 것인지 의문이다. 반면에 한국사람이 외국에 나가 합법적인 장소에서 도박을 하고 온 때에도 도박죄로 처벌된다.[5] 외국인들이 우리나라에서 도박을 하여 건전한 도덕을 침해할 장소까지 국가기관이 기꺼이 허용해주면서, 내국인이 외국에 관광을 가서 흥밋거리로 도박을 했을 때 그를 불러다 처벌하는 것은 아무런 거리낌이 없어도 되는지 궁금해진다. 건전한 도덕법칙은 외국사람들에게는 권할 만한 것이 못 되는가?

---

1) 배종대, 앞의 논문, 443면.
2) 회당 100원을 걸고 화투놀이를 한 경우는 도박죄가 되지 않는다는 판례는 대판 1983.3.22. 82도2151.
3) 형법 제246조에서 도박죄를 처벌하는 이유는 정당한 근로에 의하지 아니한 재물취득을 처벌함으로써 경제에 관한 건전한 도덕법칙을 보호하는 데 있다. 그리고 도박은 '재물을 걸고 우연에 의하여 재물의 득실을 결정하는 것'을 의미하는 바, 여기서 '우연'이란 주관적으로 '당사자에 있어서 확실히 예견 또는 자유로이 지배할 수 없는 사실에 관하여 승패를 결정하는 것'을 말하고, 객관적으로 불확실할 것을 요구하지 아니한다. 따라서 당사자 능력이 승패의 결과에 영향을 미친다고 하더라도 다소라도 우연성의 사정에 의하여 영향을 받게 되는 때에는 도박죄가 성립할 수 있다(대판 2008.10.23. 2006도736).
4) 헌재결 2006.7.27. 2004헌마924.
5) 대판 2004.4.23. 2002도2518. 이 문제에 대해서는 구길모, 형법의 적용범위에 관한 고찰, 130면 이하.

(3) 사실적시 명예훼손

17 사실적시 명예훼손죄(형법 제307조 ①항)도 근래에 비범죄화논의가 잦은 범죄유형이다. 이는 불특정 또는 다수의 사람들에게 진실에 해당하는 사실을 알게 하여도 그것이 피해자의 명예를 훼손하게 하는 경우에 처벌하도록 하는 규정이다. 특히 이 범죄는 정치인이나 기업가 등에 대한 건전한 비판을 봉쇄하고 국민의 알 권리를 침해하는 수단이 되고 있다는 비판을 오랫동안 받아왔다. 형법은 그 사실의 적시가 공공의 이익을 위해서 행한 경우에는 위법성을 조각하도록 하고 있어(형법 제310조) 언론의 자유가 심하게 침해될 가능성을 제한하고 있지만, 그럼에도 이 형법규정이 시민들 간 표현의 자유를 위축시키는 규정이라는 생각이 적지 않은 것으로 보인다.

18 최근 이 규정이 다시 논의대상이 되고 있는 이유는, 잊혀 있던 과거의 범죄나 부당한 행위에 대한 피해감정이 남아 있는 사람들이 용기를 내어 이를 드러내는 움직임이 활발해지고 있기 때문이다. 성범죄 등에 대한 'me too'로 부터 시작되어, 채무자가 빚을 갚지 않은 상황을 폭로하는 '빚투', 과거 학교폭력 사실을 알리는 '학투' 등이 그것이다. 많은 사람들은 사실적시 명예훼손죄의 존재가 이러한 자정운동의 건전한 동력을 약화시킬 수 있기에 비범죄화해야 한다고 말한다. 그러나 다른 한편에서는 광범위한 대중을 상대로 분명하지 아니한 사실까지 폭로함으로써 대상자에 대한 무차별적 인격훼손이 가능해질 수 있기에, 이를 막을 수 있는 법적 장치가 남아 있어야 한다고 반박한다.

18-1 [명예의 현대적 의의] 가장 먼 과거, '권력'은 곧 물리적 힘인 '폭력'을 바탕으로 하였다. 고대국가가 성립한 이후 국가체제를 유지하고 그 안에서 권력을 누리기 위해 군사력 등 물리적 수단을 활용해야 했다. 이후 중세시대의 인류는 '종교적 권능'을 가장 중요한 가치로 여겼고 이는 곧바로 국가를 비롯한 모든 사회의 권력수단으로 작용했다. 후기 근대사회부터 그 자리의 상당부분을 '자본' 즉 경제적 권능이 대신하게 되었는데, 이는 전적으로 산업화와 자본주의 성장에 따른 결과였다. 그러나 20세기 중후반 이후 푸코(M. Foucault), 하버마스(J. Habermas)를 비롯한 사상가들은 인류역사상 네 번째 권력수단이 전체사회를 주도하고 있으며 장차 더욱 그러할 것으로 보았다. 그들이 말한 바, 이 시대의 권력은 '의사소통'에 대한 참여 및 그 능력에서 비롯된다[9/11 참조].[1] 이는 아

---

1) 이러한 변화는 형벌의 변천사를 통해서도 알 수 있다. 육체에 고통을 가하는 체형에서 종교적인 파문 등의 방법을 거쳐 후기 근대부터는 벌금형이 형벌의 전면에 들어섰으나, 지금은 사실폭로와 집단적 비난 등 소통으로부터 단절시키는 반작용이 가장 무거운 사회적 제재수단이 되었다[81/8].

울러 사회구성원들 사이에서도 소위 '미시권력' 관계를 형성하게 하는 매개이다. 그에 따라 의사소통의 수단을 지니고 그것을 유효하게 이용할 수 있는 사람은 권력자인 반면에, 그럴 수 있는 가능성이 없거나 낮은 사람은 권력이 행사되어야 하는 객체에 머무는 것이다. 물론 이 시대에서도 물리적 힘이나 자본 같은 과거의 권력수단이 중요하지 않은 것은 아니다. 그러나 이러한 수단들은 지금 의사소통에서 영향력을 발휘하기 위한 하나의 조건에 그치고 있다. 이 상황에서 모든 개인들은 자유나 힘의 박탈이나 재산의 상실 못지않게, 아니 그보다 더, 넓은 의미의 대화마당이라고 할 수 있는 사회 안에서 소외되거나 아무런 소통의 영향을 발휘할 수 없게 되는 것을 두려워한다. 바로 이와 같은 시대에 형법이 보호하는 명예는 타자와의 관계를 계속 이어가게 하는 가장 기본적인 삶의 전제조건을 이룬다.

중요한 점은, 사회구성원으로서 의사소통에 참여하며 살아갈 수 있게 하는 18-2
근본배경을 보호법익으로 하는 것이 명예훼손죄규정밖에 없다는 사실이다. 현대사회에서 신체적 완전성이나 경제적인 값어치보다 더 중요한 것이 의사소통의 마당에 참여할 자격을 유지하는 것이라는 점과, 이러한 의미의 명예가 훼손된 사람이 겪는 실존적인 고통을 감안해본다면 사실적시 명예훼손죄를 폐지하는 것에 대해서는 더 많은 논의가 필요해보인다. 사람 사이에 분쟁이 생겼을 때 문명사회가 갖추어온 실정법에 의한 제도적인 해결 대신에, 여러 사람에게 상황을 알려 상대방에게 망신을 주거나 더 나아가 생활환경에서 '매장시키려는' 방법이 먼저 선호되는 것은 긍정적인 사회의 모습이라 보기 어렵다.[1] 최근 헌법재판소도 "현대사회에서 개인의 외적 명예는 의사소통에 참여할 수 있게 만들어주는 최소한의 자격으로 작용하는 측면이 있기 때문에, 사회적 대화의 장에서 소외되지 않도록 우리의 실존을 지켜주는 핵심적 권리로 이해할 수 있다"고 하면서, "오늘날 사실적시 매체가 매우 다양해짐에 따라 명예훼손적 표현의 전파속도와 파급효과는 광범위해지고 있으며, 일단 훼손되면 그 완전한 회복이 쉽지 않다는 외적 명예의 특성에 따라 명예훼손적 표현행위를 제한해야 할 필요성은 더 커지게 되었다"고 하여 이 규정의 존치에 찬성하였다.[2]

(4) 스스로를 침해하는 행위

분명히 타인의 법익을 침해하는 것이 아니지만, 널리 보아 사회적 법익에 간 19

1) 홍영기, 형법이 보호하는 명예, 171면 이하.
2) 헌재결 2021.2.25. 2017헌마1113 등.

접적으로 해를 끼치는 것으로 여겨지는 유형도 있다. 대표적인 것은 마약범죄이다. 그 제조, 유통이나 알선이 범죄가 되는 것은 당연하다. 마약에 취해 범죄를 저지른 경우나 저지를 위험이 높아진 경우를 국가가 통제해야 하는 것도 맞다. 그러나 개인의 단순한 마약소지나 흡식을 처벌하는 근거에 대해서는 논란이 많이 있다. 한편에서는 그러한 개인의 소비가 곧 생산과 유통의 원인이 되는 것이기 때문에 양자를 다르게 볼 필요가 없으며, 자신 스스로 건강을 해치는 것이라고 하더라도 가족 등 주변인의 법익을 함께 침해하게 되므로 금지시켜야 한다고 말한다.[1] 그렇다면 만약 우연히 얻은 마약을 일회적으로 사용하는 것, 가족 등 주변인과 관계가 없이 스스로의 몸을 버리는 데 그치는 경우에도 처벌해야 할 필요가 있을까?

20 이 물음은 국가의 궁극적 역할에 대한 여러 대화에 가닿는다. 전통적으로 논의되어온, '자살과 자해의 자유를 국가가 인정해야 하는지'로부터, '소극적 또는 적극적 안락사를 금지해야 하는가', 나아가 '국가가 법을 통해 오토바이 운전자의 헬멧 착용을 강제할 수 있는지'에 이르기까지 할 이야기가 많다. 쉽게 답변할 수 있는 질문이 아니다. 국가권력에 대한 부정적인 인식으로 자유주의적 가치를 높게 평가하는 사람들은 이러한 각 상황에 국가의 강제가 개입되어서는 안 된다고 할 것이다.[2] 반대로 국가가 시민의 권리를 적극적으로 보호해야 하며, 때로는 후견하는 입장에 서야 한다고 생각하면 스스로를 해할 자유까지 국가가 용인해서는 안 된다고 생각할 것이다.

(5) 특정한 가치관의 침해

21 양심적 병역거부에서 보았듯이[14/8] 특정한 세계관과 신념을 기초로 하고 있는 형벌구성요건의 경우는 앞으로 비범죄화가 충분히 가능할 것으로 보인다. 대부분 다원적 사회에 어울리지 않는 것으로서 상황이 변화되면 그 내용이 바뀌어야 하는 것들이다. 존속범죄의 가중규정,[3] 변화된 남북관계에 따라 국가보안법[4] 등이 장차 그 대상이 될 수 있을 것으로 생각한다. 이외에도 사회가 다원화

1) 배종대, 마약범죄와 인간의 존엄, 456면 이하.

2) 윤영철, 형법의 목적으로서 자유보장원칙에 관한 고찰, 167면 이하; 같은 저자, 법치국가에서의 안전지향형법에 대한 비판적 고찰, 131면 이하; 같은 저자, 형사법의 지도이념으로서의 '사회적 관용', 411면 이하 참조.

3) 예를 들어 제250조 ②항 존속살해죄규정은 '자기 또는 배우자의 직계존속을 살해한 자는 사형, 무기 또는 7년 이상의 징역에 처한다'고 하여 살인죄 유기징역 법정형 상한인 5년보다 가중하고 있다.

4) 배종대, 형법개정의 기본방향, 16면 이하; 같은 저자, 다시 한번 국가보안법을 말한다, 134면 이하.

될수록 여러 형벌규범의 필요성과 현실적인 기능을 비판적으로 검토해야 한다는 목소리를 더 자주 접할 수 있어야 한다. 그렇지만 현실에서 비범죄화의 전망은 밝다고 보기 어렵다. 정치와 사회의 전반적인 상황, 많은 시민들의 목소리가 비범죄화에 기여하기보다는 범죄화를 더욱 부추기는 방향에 시선을 고정하고 있기 때문이다.

[15] 숨은 범죄

1. 숨은 범죄의 의미

숨은 범죄(범죄 통계상 '암수')는 실제로 범죄가 발생하였음에도 범죄통계에는 1
나타나지 않는 범죄를 의미한다.[1)] 통계에 포착되지 않는다는 것은 수사기관에 의해 집계되지 않았다는 뜻이고, 그러므로 형사절차의 대상이 될 수 없으며 처벌이 이루어지지 못하는 것은 물론이다. 발각되지 않거나 수사에 성과가 없는 범죄를 일상적으로 '완전범죄'라고 일컫기도 하는데, 이것도 숨은 범죄의 유형에 포함된다. 숨은 범죄문제는 범죄통계학이 도입된 초기부터 **케틀레**(A. Quételet), **외팅엔**(A. Oettingen), **페리**(E. Ferri) 등에 의해 지적되었으나 처음에는 그 중요성을 인정받지 못하였다. 이후 20세기에 들어서야 1960년대에 미국의 **서덜랜드**(E. R. Sutherland)와 스칸디나비아 반도의 범죄학자들에 의해 의미 있는 범죄학 테마로 인식되기 시작하였다.[2)]

2. 숨은 범죄의 원인과 비율

발생한 범죄는 다음과 같은 이유에서 범죄자 또는 피해자에게조차 인식되지 않 2
거나, 수사기관에 인지되지 않으며, 더 나아가 형사사법기관에 의해 처벌되지 않는다.

(1) 규범적 숨은 범죄

실제로 마땅히 범죄로 보아야 하나, 사람들 사이에서 범죄로 여겨지지 않거 3

1) 많은 문헌들이 숨은 범죄를 암수暗數라고 표현한다. 통계학용어인 암수는 일본에서 독일어의 Dunkelziffer를 Dunkel(暗)+Ziffer(數), 영어의 'dark number'를 번역한 것이다(Oba, Unverbesserliche Verbrecher und ihre Behandlung, 28면). Dunkelfeld는 암역暗域으로 번역하였다. 그러나 암수는 일상적으로 속임수라는 의미를 가지고 있어서 단어와 대상이 맞지 않는다. 누구나 이해할 수 있는 '숨은 범죄'라는 단어를 사용하기를 권하는 이유이다.

2) Kaiser/Kerner/Sack/Schellhoss, Kleines Kriminologisches Wörterbuch, 102면 이하.

나 형식적인 규범을 위배하지 않는 행위가 있다. 즉 타인의 법익을 침해하는 행위이자, 사회유해성을 갖추어 '범죄의 실질'은 지니고 있지만 형법구성요건에 들어오지 않은 행위유형이 존재한다.[1] 이를 '규범적 숨은 범죄'라고 부를 수 있다. 예를 들어 학교의 시험시간에 옆 사람의 답을 몰래 보고 자신의 답안지에 적는 행위는 엄격하게 말하면 형법상 '업무방해죄'에 해당할 수 있지만, 사소한 경우 이 죄에 해당한다고 생각하지 않는 사람들도 있으며, 그 행위유형들이 '부정시험죄'처럼 명시되지 않고 있기에 여전히 사람들은 범죄가 아닌 도덕규범이나 학교규칙의 침해 정도로 인식하고 있다.

(2) 제한된 인식가능성

4 형식적으로 범죄가 되는 행위라고 하더라도 발생한 모든 범죄가 사람들에게 인식되는 것은 아니다. 저작물에 대한 불법적인 다운로드처럼 범죄자 자신이 범죄를 저질렀음을 인식하지 못하는 경우도 있다. 피해자가 인식하지 못하는 경우는 더 많다. 피해자가 특정되어 있지 않거나 간접적 피해자만 존재하는 경우에 두드러진다. 예를 들면 금융사기, 탈세범죄, 환경범죄, 낙태범죄, 마약범죄, 저작권 침해 등이 이 부류에 속한다.

(3) 수사기관이 인지하지 못함

5 행위자와 피해자가 모두 범죄로 인식하였더라도 수사기관에 알려지는 것은 소수에 그친다. 수사기관은 피해자 등에 의한 고소, 제3자에 의한 고발, 행위자의 자수, 그리고 수사기관이 직접 인지하여 범죄를 파악한다. 이 가운데 고소와 고발이 수사단서로서 대부분을 차지한다. 그런데 실제 발생한 범죄에 비할 때 고소·고발된 사안의 비율이 크게 못 미치는 데 숨은 범죄의 중요한 원인이 있다. 형사소송에 의한 더 큰 피해의 우려, 보복의 두려움, 번거로움 등으로 인해 매우 제한적으로 고소·고발이 이루어진다.[2] 범죄유형별로 차이가 있기는 하지만 대개 실제사건의 50~70%가 고소·고발을 통해 신고되지 않고 남아 있다고 한다.[3]

6 위 (1), (2), (3)에 의해 알려지지 않고 남아 있는 범죄를 좁은 의미, 또는 본

---

1) Popitz, Die normative Konstruktion von Gesellschaft, 17면.

2) 고소·고발을 하지 않는 이유를 묻는 설문의 답으로, 피해가 경미해서(46.8%), 해봤자 소용이 없을 것 같아서(17.4%), 행위자가 불쌍해서(5.3%), 고소·고발을 하는 방법을 몰라서(5.3%), 절차가 오래 걸릴 것 같아서(2.1%) 순이라고 한 예는 Schwind, Kriminologie, 399면.

3) 이윤호, 형사정책, 38면; Müller-Dietz, Die soziale Wahrnemung von Kriminalität, 58면.

래 의미의 숨은 범죄라고 할 수 있다. 여기까지 배제된 범죄는 형사사법기관의 통계에 범죄로 포착되지 않기 때문이다. 어느 정도 이에 해당하는지가 중요하다. 조사된 결과에 따라 주요 범죄만 볼 경우, 살인과 살인미수는 86%, 강간 91%, 강도 97.6%, 절도 98.7%, 사기 92% 등이 수사기관에 알려지지 않는다고 한다. 또한 마약흡식이나 음란물죄와 같이 피해자가 불분명한 범죄의 경우에는 약 99% 정도가 숨은 범죄로 짐작되고 있다.[1] 물론 '실제 발생한' 범죄가 어느 정도일지는 추측만 가능할 뿐이므로 정확한 수치로 옮길 수 있는 것은 아니다.

(4) 수사 및 공소제기

수사기관에 알려진 모든 범죄행위가 기소되는 것이 아니다. 경찰이 실제로 범죄를 해결하는 비율은 접수된 전체사건의 절반을 약간 상회하는 정도이다. 여기서 말하는 '해결한' 범죄 가운데는 무혐의로 처리하거나, 이른바 훈방조치를 통해 사건을 종결시키고 검찰에 송치하지 않는 경우도 포함된다. 7

경찰을 거쳐 검찰에 송치된 모든 범죄행위에 대해 공소가 제기되는 것은 아니다. 기소편의주의에 의해 공소제기 여부는 전적으로 검사의 재량으로 판단한다. 실정법적으로 분명히 범죄행위를 구성함에도 불구하고 검찰이 기소하지 않는 사건의 범위가 늘어나고 있으며, 그 결과 2005년 약 50%에 달하던 기소율이 2019년에는 29.9%로 내려갔다. 강력범죄의 기소율도 절반을 밑돈다.[2] 8

(5) 법원의 재판

기소된 모든 범죄행위가 법원의 소송절차에서 유죄판결을 받는 것은 아니다. 법원에 접수된 사건 가운데 약식명령으로 처리되는 사안이 전체의 33.2%이고, 공판절차를 겪는 사안은 실제로 23% 밖에 되지 않는다.[3] 공판절차를 거치는 경우에, 실제로 유죄인 행위가 효과적인 변론결과 또는 사건의 경미성, 증거불충분 등으로 인해 무죄판결받을 수 있는 가능성도 있다. 9

(6) 처 벌 율

범죄의 '처벌율'을 대략 계산해보자. 2019년 전체 범죄발생수는 수사기관에 의해 1,767,684건으로 집계되었다. 이 가운데 수사와 공소제기를 거쳐 제1심에 접 10

---

1) 황지태, 범죄피해율과 공식범죄발생률간의 비교분석 2008년도 주요범죄 암수추정, 23면 이하; Popitz, Über die Präventivwirkung des Nichtswissens, 12면; Kreuzer, Das Verbrechen und wir, 55면 참조.

2) 범죄백서 2020, 241면.

3) 범죄백서 2020, 301면.

수된 공판사건이 247,063건이다(위의 약 13%). 대체로 제1심에 접수된 사안 가운데 징역형을 선고받는 비율이 약 20%, 집행유예가 30% 정도이다. 2019년 기준으로 제1심을 기준으로 할 때 자유형의 집행에 이른 사람은 62,419명이었다(위의 약 3.5%).[1)]

11 이 계산은 순전히 범죄백서에 이미 '집계된' 사안의 처리과정만을 옮긴 것이다. 즉 위에서 분모에 놓인 소위 '전체 범죄발생수'는 사람들이 인지하고 수사기관에 전달하여 접수된 것이다. 앞서 수사기관의 통계에 잡히지 않은, 좁은 의미의 숨은 범죄가 훨씬 더 많다고 하였다. 대략적으로 실제 발생한 범죄사건이 수사기관에 집계된 사안의 열배 정도로 계산하더라도, 일상적 표현으로 '죄 짓고 감옥 가는 사람'은 사실상 전체 범죄자의 0.2~0.3% 정도에 불과하다고 할 수 있다.

(7) 다른 나라의 예

12 독일에서 만든 아래의 표는 절도범죄를 예로 숨은 범죄의 발생 단계와 비율을 표시한 것이다.[2)]

▮절도범이 처벌에 이르는 과정▮

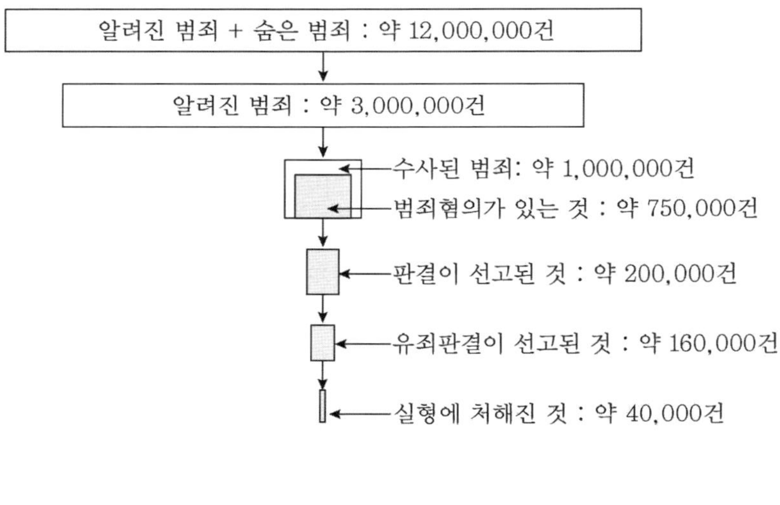

---

1) 범죄백서 2020, 304면 이하. 항소심으로 징역형이 선고된 원심이 파기된 경우가 2015년 기준으로 12.3%이다(범죄백서 2017, 341면).

2) Schwind, Kriminologie, 56면.

알려진 절도범 가운데 1.3%, 짐작된 전체 절도범 가운데 약 0.3%만이 실형 선고를 받았다. 이를 보면 위에서 짐작한 비율은 우리나라 형사사법이 부실해서가 아니라는 것이 드러난다. 사법의 선진국으로 불리는 독일도 사정이 전혀 다르지 않다. 입건되어 수사된 범죄와 실형선고를 받은 건수를 비교해 보면 4%로 우리나라에서 짐작된 3.5%에 비해 좀 차이가 있기는 하다. 그러나 공소제기 여부를 검사재량에 맡기는 기소편의주의를 취하는 우리나라와 달리, 독일은 일정한 요건에 해당하는 개별범죄행위를 모두 기소하도록 법으로 강제하는 기소법정주의를 취하고 있는 점을 감안해야 한다. 독일은 피해자가 범죄를 신고하여 보험금을 받을 수 있는 범죄피해보험이 매우 발달되어 있어, 절도범죄의 경우에 상대적으로 고소·고발률이 높다는 점도 고려할 수 있다. 이러한 점을 따진다면 독일이 우리나라에 비해 다소 높은 비율로 처벌된다고 말할 수도 있지만 어차피 현실은 모든 나라가 '거기서 거기'이다. 13

(8) 현재와 미래

숨은 범죄의 조사가 1960년대에 시작되었다고 하니, 혹시 과거에나 그랬다는 이야기이고 지금 사회에서는 암수비율이 줄어들었을 것 아니냐는 질문이 있을 수 있다. 범죄인식과 수사기법의 발전으로 그동안 포착하지 못한 범죄를 더 많이 입건할 수 있게 되었을 것으로 기대할 수도 있다. 그렇지만 문명이 급격하게 발달하고 복잡해지고 있는 지금은 숨은 범죄 자체의 비율이 과거에 비해 더욱 커지고 있을 것으로 보는 것이 더 설득력 있다. 예를 들어 인터넷 안에서 이루어지는 각종 사기, 명예훼손과 모욕, 지적재산권침해, 음란물유포 등을 떠올려보자. 수사의 발전속도는 범죄의 다양화와 그것을 드러내지 않고 숨기는 수단의 빠른 걸음을 따라가지 못하고 있다. 지금 하루에도 셀 수 없이 많은 사람들이 보이스피싱을 당하고 인터넷 거래사기의 피해자가 되고 있다. 과거 오프라인에서 얼굴 보면서 사기를 저지르던 시대와 비교가 불가능할 정도이다. 그러나 이 가운데 대부분의 사건은 고소·고발 없이 그대로 묻혀버린다. 숨은 범죄는 과거보다는 현재, 현재보다는 미래에 더욱 심각한 문제가 될 것이 분명하다. 14

3. 숨은 범죄의 정책적 의미

(1) 형법도그마틱

15 숨은 범죄의 존재는 무엇보다도 형법의 행위자이론을 흔들어 놓는다. 형법의 범죄체계는 '~를 저지른 사람은 ~에 처한다'는 실체형법을 실현하기 위한 수단이다. 그리고 형사소송은 구체적인 사안을 대상으로 하여 이와 같은 형법적 정의를 실현하는 과정이다. 법과대학과 로스쿨에서 가르치고 배우는 것은 모두 이에 대한 준비이다. 그러나 현실은 형법과 형사소송법의 목적을 거의 무색하게 한다. 짐작하던 '원칙'과 '예외'에 대한 관념은 더 이상 유지되기 어려워 보인다. 실제로 '~를 저지른 사람은 극히 예외적으로만 (또는 매우 운이 없을 때에만) ~에 처해진다'는 현실을 알게 되었기 때문이다.

(2) 범죄원인론

16 어떤 자가 무슨 영향으로 범죄자가 되는지 논하는 범죄원인론도 마찬가지로 그렇게 의미가 있어 보이지 않다. 범죄원인론에서 중요하게 취급되는 범죄의 여러 가지 요인이 언급되더라도 그에 의한 영향을 정확히 측정하기 힘들다. 부정확한 데이터를 근거로 하는 이론들 간에 그 경험적 우위를 따지는 것은 부질없는 일이다. 범죄발생의 진정한 원인을 연구하는 것은 거의 쓸모가 없고 현실적으로는 오히려 범죄자를 사회적으로 두드러지게 하고, 범죄자가 끝까지 숨은 영역에 남아 있을 수 없었던 원인이 더 중요하다. 범죄를 저지른 것으로 드러난 사람을 연구대상으로 해도 마찬가지이다. 그것은 전체 범죄자가 아닌, 통계에 잡힌 일부 범죄자만을 연구대상으로 하는 것이기 때문이다.

(3) 낙인이론과 비판범죄학

17 범죄원인에서 중요한 것은 범죄화의 선별성(또는 선별적 형사절차) 문제이다. 이것은 그렇지 않아도 인식능력에 한계가 있는 통제기관이, 특정 사람들만을 골라서 범죄인으로 만든다는 생각이다. 이러한 관점은 낙인이론을 바탕으로 하여 법집행과정에서 집행주체인 경찰·검찰·법원 등의 개인적 편견이나 가치관에 따라 범죄자를 차별적으로 취급하는 것이 위에서 언급한 탈락과정의 다른 원인이 된다고 설명한다.[1] 실제로는 범죄로 판단해야 할 행위임에도 통제기관의 낙인을

---

1) 이에 관해서는 정희철, 선별적 형사소추와 법치국가형법, 10면 이하.

면한 행위는 결국 숨은 범죄로 남을 수밖에 없고, 수사기관이 범죄자로 만들려는 의도를 가진 행위자만 집어내어 처벌에 이르게 만든다는 것이다[56/1]. 수사기관에는 그동안 처리하지 못한 수많은 사안들이 산적해 있다. 그 가운데 단순히 처벌에 이를 가능성 이외에도 피해자를 선별하는 비공식적 의도가 존재한다는 것이 비판범죄학의 지적이다[58/1].

(4) 범죄대책

숨은 범죄이론은 형벌이론에 대한 비판논거가 된다. 현실이 위와 같다면, '범죄를 저지른 자는 마땅히 처벌되어야 한다'는 절대적 형벌이론의 전제는 비현실적인 이상을 반복하는 것으로 여겨질 것이다. 예방이론의 경우에도 다르지 않다. 실제 범죄가 발생하는 정도를 정확히 측정조차 할 수 없다면, 범죄억제효과를 근거로 내세우는 형벌이론은 경험과학적 근거에 기댈 수 없다. 일정한 정책에 의해 범죄발생이 달라졌다는 통계가 있더라도 그것은 정책의 실질적인 영향으로 볼 수가 없다. 즉 범죄통계는 범죄에 대한 대책을 수립하는 데 매우 불충분한 출발점이 된다. 이 점에서 숨은 범죄에 관한 연구는 "축소적으로 실현된 정의에 대한 비판"이다.[1] 이것은 범죄자를 퇴치해야 할 대상으로 여기고 범죄와 전쟁을 벌이는 방식의 정책방향이 잘못된 것임을 의미한다. 강력한 조치에 의해 범죄가 많이 적발된 것처럼 보이는 것, 그 결과 범죄가 줄어든 것처럼 보이는 것은 실제 범죄의 발생정도와 무관한 것으로서 표면상 드러난 데이터에 그친다. 18

숨은 범죄의 존재사실은 서로 다른 정책방향을 유도하기도 한다. 예를 들면 낙태행위가 숨은 범죄로 많이 행해진다는 사실은 일반적으로 비범죄화 요구와 직결되어 이용되기도 한다. 반면에 경제범죄가 숨은 범죄형태로 많이 이루어진다는 것은 이에 대해 더욱 효과적으로 대처해야 한다는 요구로 이어질 수 있다. 19

[형벌효과의 법경제학적 분석] 숨은 범죄를 법경제학적으로 해석하면, 유죄판결을 받을 확률을 계산해서 형량을 결정해야 일반예방효과가 있다는 주장을 돕는다. 그리고 이로부터 벌금형제도의 한계도 아울러 드러난다. 예컨대 한 기업이 부정한 수단으로 10억 원의 수익을 올릴 가능성이 있다면, 기대처벌비용은(expected punishment cost) = 10억 원×고발·고소될 확률×유죄판결 받을 확률(= 10억 원×처벌확률)이 된다. 처벌확률을 높게 잡아 약 20% 정도 된다고 가정하면, 이 행위로 기업이 부담하는 기대비용은 약 2억 원이다. 이러한 불법 20

---

1) Kaiser, Strategien und Prozesse strafrechtlicher Sozialkontrolle, 58면.

적 소득이 아닌 합법적인 경제활동을 강제하기 위해서는 불법행위의 기대처벌 비용이 기대이익인 8억 원을 넘어야 하므로 최소한 40억 원이 넘는 벌금형을 집행해야 한다.[1] 책임원칙의 한계에 놓인 벌금형으로는 이러한 액수를 부과할 수 없다. 따라서 형벌로는 오히려 기업범죄를 억제할 수 없으며, 과태료나 손해배상 등 다른 법적 효과를 이용하는 것이 더 효율적인 형사정책이 될 수 있다.

4. 숨은 범죄에 대한 조사

21 위에서 서술한 비율은, 드러나지 않고 숨어 있는 범죄의 양이 어느 정도라는 대략적인 데이터가 있을 때 언급할 수 있는 것이다. 지금까지는 다음과 같은 연구방법이 이용되었다.[2]

(1) 자기보고 또는 행위자조사

22 이것은 일정한 집단을 대상으로 개개인의 범죄를 스스로 보고하게 함으로써 숨은 범죄를 측정하는 방법이다. 행위자조사는 기꺼이 이에 응해 답해줄 수 있는 집단을 대상으로 하므로 학교, 군대와 같은 조직에서 이루어진다.

23 자기가 행한 좋지 않은 행동을 다른 사람에게 비밀로 하고 싶은 것은 인간의 본성에 속한다. 형사절차로 이어지지 않더라도 이 점은 마찬가지이다. 행위자조사를 통해 숨은 범죄의 정도를 부정확하게나마 드러낼 수 있으려면 이러한 한계를 극복해야 한다. 특히 행위자조사는 중범죄나 도덕적으로 금기하는 범죄(예컨대 살인, 강간, 아동학대 등) 또는 직업적으로 행하는 범죄, 지금까지 꾸준히 행하고 있는 범죄 등을 조사하는 데서 정확성이 많이 떨어진다. 한편 이전에 유사한 행위자조사가 있었던 경우에는 비교적 진실에 가까운 진술이 이루어질 수 있다는 연구도 있다. 그것은 피조사자의 저항이나 양심적 가책을 완화시킬 수 있기 때문이다.[3] 반면에 지나치게 만성적인 범죄자는 귀찮게 여겨 설문에 응하지 않는 문제가 지적되기도 한다.[4]

(2) 피해자조사

24 이것은 피해자에게 자신이 당한 범죄를 진술하게 함으로써 숨은 범죄를 조사하는 방법을 말한다. 1960년대 미국에서 숨은 범죄에 대한 연구가 시작될 때 이

1) 박세일, 법경제학, 395, 406면 참조.
2) Sonnen, Kriminalität und Strafgewalt, 37면; Kunz, Kriminologie, 21/12 이하; Kaiser, Kriminologie, 157면 등 참조.
3) Eisenberg, Kriminologie, 133면 이하.
4) Siegel, 범죄학, 42면.

용한 가장 오래된 방법이면서 또한 가장 신뢰할 수 있는 방법으로 여겨지고 있다. 이는 범죄피해를 당한 경험에 대한 조사뿐만 아니라 범죄에 대한 태도, 믿음, 가치 등을 함께 묻는 설문으로 진행되는 것이 보통이다. 미국의 연방정부 사법통계국은 숨은 범죄의 문제가 본격적으로 제기된 이래 전국범죄피해조사(National Crime Victimization Survey: NCVS)라는 방식으로 포괄적인 설문조사를 실시하고 있다. 한 해 약 76,000가구와 135,300명의 12세 이상 사람에게 묻고 답을 듣는 방법을 이용한다.1)

그러나 피해자조사는 일부 범죄유형에 대해서는 사용될 수 없다. 대체로 일 25
정 정도 이상의 폭력범죄나 절도범죄 등이 조사될 수 있으나, 피해자를 개인으로 구체화할 수 없는 추상적 위험범, 피해자가 개인이 아니라 법인이나 단체인 범죄, 보편적 법익과 관련되는 범죄, 피해자로부터 범죄로 인식되지 않는 범죄(예컨대 대물범죄나 유아 등 의사소통이 불가능한 자에 대한 범죄), 마약관련범죄나 성범죄처럼 피해자가 숨기기를 원하는 범죄 등을 정확히 조사하는 것은 불가능하다. 범죄가 분명하지만 피해를 당한 본인이 별 것이 아닌 일로 여기는 경우에도 조사에 한계가 있을 것이다. 반대로 피해자가 범죄에 대한 증오심으로 인해 없는 사실을 말하거나 과장된 보고를 함으로써 오히려 진실을 왜곡할 수도 있다.

조사방법에 따른 한계도 있다. 전체 인구 가운데 특정한 범죄의 피해자가 된 26
사람이 드물 것인데 피해자조사를 광범위하게 진행하기 위해서 직접 면담을 하든 전화 또는 서면질의로 하든 표본의 보편성이 떨어질 수밖에 없다. 피해를 당한 시간 범위에 대한 기준도 불분명할 뿐만 아니라 응답자가 시간을 정확히 기억하여 대응하기도 쉽지 않다.2) 서로 다른 사회적·경제적·교육적 배경을 가지고 있는 사람들의 평가는 역시 다를 것이며, 법을 어느 정도 아는지 여부에 따라서도 같은 행위에 대한 판단을 달리 할 수 있다. 조사대상자의 익명성도 조사내용에 영향을 미친다.3)

(3) 제3자 조사

이것은 피해자조사에 대한 보조수단으로서 범죄를 인지하고 있는 제3자에게 27

---

1) Siegel, 앞의 책, 39면 이하.

2) 기억력을 고려하면 지난 6개월(예컨대 위의 미국 범죄피해조사의 경우가 그렇다) 또는 1년의 범죄피해로 제한하는 것이 바람직하지만 광범위한 피해조사를 위해서는 5년 또는 그 이상으로 조사범위를 확대할 수도 있다.

3) Noack, Methodische Probleme bei der Messung von Kriminalitätsfurcht und Viktimisierungserfahrungen, 207면 이하.

사안의 내용을 보고하게 하는 방법이다. 행위자조사나 피해자조사에서 발생할 수 있는 동일한 문제점이 여기에서도 나타날 수 있다. 특히 자신이 직접 경험하지 않은 사실을 보고하도록 하는 것은 해당 범죄에 대한 개인의 주관적 감정으로 답을 하게 만들 우려가 있다.[1]

(4) 현재와 미래

28 위에서 설명한 어떤 조사방법도 숨은 범죄를 있는 그대로 보여주는 데 만족을 주는 수단이 되지 못한다. 경찰 등 형사사법기관이 숨은 범죄에 대한 조사를 열심히 할 것으로 기대할 수도 없다. 조사를 성실히 할수록 숨은 범죄의 비율이 높음을 드러내는 것이어서, 기관이 좋지 않은 인상을 받을 것을 염려하기 때문이다. 민간단체가 이를 조사한다면 그 단체의 의도에 따라 왜곡된 통계가 산출될 가능성이 높다.

29 그렇지만 실제로 발생한 범죄를 부정확하게나마 파악하여야만 현실에 맞는 형사정책이 가능할 것이므로 이러한 조사분석을 섣불리 포기할 수는 없다. 장래에는 빅데이터를 대상으로 한 인공지능의 분석이 지금보다 더 효율적인 범죄집계 수단이 될 것으로 예상된다. CCTV, 블랙박스, 실시간 주고받는 메시지나 SNS 등을 이용하여 온라인으로 감시하는 시스템을 이용한다면 매우 다양한 종류의 광범위한 정보를 수집할 수 있다. 그리고 이를 종합하고, 분석하는 인공지능을 통해 인간의 행동양식에 대한 과거의 정리와 현재상황 분석 그리고 미래의 예측을 동시에 진행할 수 있게 된다면 발생하고 있는 범죄의 수도 어느 정도 실제에 가깝게 계산할 수 있을 것이다. 지금 기술발달의 수준으로 짐작한다면 빠른 시간 안에 적어도 설문조사보다는 정확한 숨은 범죄의 계측이 가능해질 것은 분명하다. 다만 국가가 형사정책적인 목적으로 시민 일상의 면면을 관찰하고 분석할 권한이 있는지에 대한 중요한 물음은 여전히 남아 있다.

5. 숨은 범죄로부터 알 수 있는 것

30 실제로 일어난 범죄사건에 대비해볼 때 불과 1%에도 못 미치는 처벌만 이루어지는 것이 현실이라면, '범죄자는 처벌받는다'는 말이 적어도 통계상으로는 원칙(Regel)이 될 수 없다. 오히려 범죄를 처벌하지 못하는 것이 원칙이고, 예외적으

---

1) 자세한 내용과 각 방법에 대한 한계로는 Prätor, Ziele und Methoden der Dunkelfeldforschung. 32면 이하.

로만 처벌할 수 있다고 말하는 것이 솔직하다.[1)]

31 생각해보면, 범죄를 인지하고 처벌하는 것이 예외에 불과하다는 점은 낯선 사실이 아니다. 오히려 우리의 상식과 일상체험을 통해 이미 알고 있는 것으로 볼 수도 있다. 과거부터 현재까지 헤아릴 수 없이 많은 형법적 처리가 있었고 지금도 계속 이루어지고 있지만, 그것이 결코 다수를 차지하지 않는다는 것을 모르는 사람은 없다. 각 국가의 오랜 역사에 있었던 불법적인 전쟁개시, 쿠데타, 대량학살, 기타 인권을 말살했던 중대한 사건들만을 예로 들어보자. 그 가운데 우리나라 군인들의 쿠데타행위, 독일과 일본의 제2차 대전 전범들, 예전 동독의 권력형 범죄의 형사사법 처리 정도가 알려져 있다. 그러나 이러한 사법활동은 인류의 전 역사를 통해 볼 때 손에 꼽을 정도로 극히 일부에 지나지 않는다. 뉘른베르크 협정과 그에 따른 재판들을 흔히 '국제형사사법의 출생신고'라고 표현하는데,[2)] 이 말은 뜻하지 않게, 역사에서 그처럼 중대한 범죄들이 그동안 전혀 처벌되지 않았음을 말해준다.

32 대부분 사안은 애초에 사법적인 시각 안에 들어오지조차 못한다. 범죄행위 정도가 경미해서가 아니다. 과거는 물론 지금 이 시간에도 지구상 곳곳에서 엄청난 인간성 말살을 초래하는 범죄행위들이 일어나고 있지만 모두 국가형벌권의 침묵 속에 놓여 있다. 이 범죄들이 인지되지 않아서가 아니다. 불법행위에 대해 확실히 알고 있고 사법처리를 해야 한다는 법감정이 확인되는 때에도 처벌하지 못하는 것이 대부분이다. 예거(H. Jäger)의 표현처럼 '공소의 선별'[3)] 또는 '재량에 의한 불처벌'에 이유가 있는 것으로 말할 수도 없고, 카우프만(Arth. Kaufmann)이 지적했던 '법으로부터 자유로운 영역'(rechtsfreier Raum)[4)]에 놓여 있는 것도 아니다. 국가의 형벌권은 '인식능력', '선별권한' 등으로 요약될 수 없는, 수많은 제약과 불합리의 한가운데 놓여 있다. 그동안 법학의 연구대상에 포함되지 못했던, 국가권력이 헤어나올 수 없는 본연의 한계가 존재한다는 사실을 현실적으로 인정하지 않을 수 없다.

33 형법을 포함한 모든 법은 결국 신이 아닌 인간이, 많은 갈등과 분쟁 가운데

1) 같은 견해는 Naucke, Gesetzlichkeit und Kriminalpolitik, 같은 제목의 그의 논문집 157면. 물론 여기서 '원칙'은 마땅히 이루어져야 할 바를 말하는 규범적인 표현이 아니다.
2) Werle, Menschenrechtsschutz durch Völkerstrafrecht, 809면.
3) Jäger, Makrokriminalität, 18면 이하.
4) Arth. Kaufmann, 법철학, 481면 이하. 다른 의미임을 알 수 있는 곳은 같은 책 228면.

극히 소소한 부분만을 다루는 것이기에, 매우 제한된 수준의 정의 밖에 실현할 수 없다는 점을 아는 것이 중요하다. 숨은 범죄이론은 우리가 도저히 뛰어 넘을 수 없는 실존적 한계 속에 사는 이상, 우리가 만든 모든 제도도 그만큼 턱없이 무력한 것임을 일깨워준다.1) 물론 우리가 법을 통해 정의를 구현하려고 최선을 다 해야 한다는 점에는 변함이 없기 때문에, 이러한 사고가 패배주의나 극도의 회의주의에 머무는 것은 아니다. 다만 실현불가능한 이상을 염두에 두고 무리하여 법에 과도한 기대를 할 필요가 없다는 것을 알 수는 있다. 법 이외의 여러 수단을 함께 이용할 수 있으므로 그에 따른 해결을 더불어 기대하는 것이 더 지혜로운 길일 수 있다는 사실도 아울러 알려주고 있다.

제 2 절 형벌이란 무엇인가

[16] 형벌의 의의

1. 형벌론의 필요성

1 형사법이 다루는 대상은 '범죄'와 '형벌'이다. 국가가 범죄를 대상으로 형벌에 이르게 만드는 수단은 '형법'이다. 즉 형법은 형벌을 부과하기 위한 법이다. 그렇기에 형벌의 의미와 근거가 확인되지 않으면 형법 자체의 정당성 그리고 그것을 부과하는 국가기관의 권한도 불분명해진다. 우리가 범죄에 대한 대응방식으로서 법적 조치와 그 밖의 수단을 논의대상으로 삼는 이상, 형벌의 의미는 범죄개념과 함께 가장 먼저 확정되어야 한다.

2 아래에서 중요한 것은 두 가지이다. 하나는 형벌이 무엇인가 하는 질문이고, 다른 하나는 형벌의 목적이 무엇인가 하는 물음이다. 앞의 것을 **형벌의 개념**, 뒤의 것을 **형벌의 이념**이라고 말할 수 있다. 개념과 이념은 서로 다른 뜻을 갖는다. 사람이 만들어낸 취지가 분명한 것은 대체로 양자가 일치한다. 예를 들어 필기구

---

1) 이러한 내용은 홍영기, 국가권력의 한계, 어디에서 비롯되는가, 210면 이하.

의 개념은 '표면 위에 글자를 쓰는 도구'이고, 그 이념도 '표면 위에 글자를 쓰기 위한 것'이다. 그러나 사람이 목적을 갖고 만들어낸 것이 아닌 때에는 양자가 다르다. 강아지의 개념은 말할 수 있지만 강아지의 이념과 목적은 알 수 없다. 형벌은 위의 두 가지 예의 중간에 놓여 있다. 형벌이 인간이 만들어 낸 제도라는 점에 대해서는 반론을 제기할 수 없지만, 그것이 어떻게 만들어졌으며 어떤 목적으로 발생하여 쓰였는지는 정확히 확인되지 않았고, 바라보는 사람에 따라 그 의미도 서로 다르기 때문이다. 이천년이 넘게 진행되어온 '형벌이론'은 이러한 바탕 위에 놓여 있다.

2. 형벌의 개념

(1) 형식적 형벌개념

형식적 형벌개념은 실정법의 근거에 따라 형사사법기관에 의해 실제로 부과 3
되는 형벌을 말한다. 형식적 범죄개념의 법적 효과에 해당한다. 이는 다시 광의, 협의의 개념으로 나뉜다. 광의의 형벌은 협의의 형벌과 보안처분을 결합한 개념이며, 협의의 형벌은 보안처분을 제외한 형벌, 즉 형법 제41조가 규정하는 9가지의 형벌(사형, 징역, 금고, 자격상실, 자격정지, 벌금, 과료, 구류, 몰수) 및 각종 법률에 근거한 부가형을 의미한다.

(2) 실질적 형벌개념

위 실질적 범죄개념의 필요성에서 말했던 것과 똑같이, 범죄대책을 논할 때 4
에 형벌도 형식적 형벌개념에 국한되어서는 안 된다. 형식적으로는 형벌로 되어 있으나 실제로 형벌이 아닌 제도도 있을 수 있다. 또는 실질적으로 형벌이지만 형식적으로 형벌로 규정되어 있지 않은 제도를 확인하고 정책적 비평의 대상으로 삼을 수도 있다.

실질적 형벌개념은 일반적으로 '과거에 저질러진 범죄행위에 대해 국가가 부 5
과하는 해악으로서의 반작용'을 말한다.[1)] 여기에는 다음 세 가지 개념요소가 포함되어 있다.

첫째, 형벌은 **과거에 있었던 범죄행위를 대상**으로 한다. 범죄가 아닌 행위에 6
대한 대응을 형벌로 부를 수 없는 것은 물론, 그 범죄는 과거의 행위여야 한다.

1) Feuerbach, Revision der Grundsätze und Grundbegriffe des positiven peinlichen Rechts, I, 5, 56면.

예를 들어 도로 위 과속방지턱 같은 장치는 국가나 지방정부가 만든 것이고 해악일 수는 있지만, 과거의 행위에 대한 것이 아니라 미래의 과속운전을 막기 위한 것이기 때문에 형벌이라 부르지 않는다.

7 둘째, 형벌은 **국가가 부과**하는 것이어야 한다. 가족이나 친구, 교육기관이나 종교기관 등 사적 단체가 구성원의 일탈행위에 대해 과하는 불이익조치는 형벌이라고 말할 수 없다.

8 셋째, 형벌은 **해악성**을 갖고 있어야 한다. 즉 형벌을 받는 자[=수형자]에게 좋지 않은 작용으로서 그의 권리를 빼앗거나 제한하는 것이어야 한다. 해악성이 없는 것은 응보나 예방 등 형벌의미 가운데 어떠한 것도 드러낼 수 없기 때문에 형벌로 이용될 수 없다.

9 [형벌의 해악성] 형벌이 반드시 갖추어야 하는 해악성이란 무엇일까? 예를 들어 모든 시간을 좁은 공간에 틀어박혀 지내면서 다른 사람을 만나지 않는 사람이라면 독방에 구금되는 것도 나쁘지 않다고 느낄 것이다. 극단적으로는 '늘 자살을 진지하게 시도해온 사람에게 사형을 집행하는 것이 형벌일 수 있는가'라는 식의 물음도 가능하다. 그렇지만 형벌해악성의 본질은 구성원의 보편적 인식과 의사소통에 달린 것이다. 범죄에 대한 반작용으로 부과하는 것에 대해 구성원 다수가 '좋지 않은 것'으로 보는 인식이 축적되어 있으면 해악성은 인정된다. 따라서 '자살기도자의 사형'과 같은 특수한 경우는 큰 문젯거리가 되지 않는다. 결국 구성원의 인식과 의사소통은 범죄성 여부의 기준이 되는 동시에 형벌성 여부의 기준이기도 하다.[1]

(3) 실질적 형벌개념의 이용

10 위와 같이 실질적 형벌개념을 명확히 했다면 이 개념을 통해 형식적 형벌개념을 평가할 수 있다. 예를 들어 형법 제62조의2는 소위 '부가형'으로서 사회봉사명령, 수강명령 등을 규정해두고 있다. 그런데 '사회에 봉사하는 것'이나 '강의를 듣는 것'을 보편적 사회구성원들이 해악으로 여기고 있는가에 대해서는 반론의 여지가 있다. 과반수 구성원이 이를 '좋지 않은 것'으로 생각하더라도, 사회봉사, 강의를 듣는 것, 강의를 하는 것[2] 등을 형벌로 일컫는 데는 동의하지 않을 수도

---

1) Neumann/Schroth, 형사정책의 새로운 이론, 21면 이하.

2) 현대자동차 정몽구회장에게 하급심에서 부과된 사회봉사명령의 내용으로서 1) 2013년까지 매년 1,200억 원 씩 모두 8,400억 원의 사회 공헌 약속 성실 이행, 2) 경제인 모임에서 2시간의 준법경영에 대한 강의, 3) 국내 일간지 및 경제전문지에 준법경영 주제로 각 1회씩 기고하도록 한 것은 시간 단위로 부과될 수 있는 일 또는 근로활동이 아닌 것을 명하는 것이어서 허용될 수 없고, 준법경영을 주제로 하는 강연과 기고를 명하는 것은 헌법상 양심의 자유 등에 대한 심각하고 중대한 침해가능성, 사회봉사명령의 의미나 내용에 대한 다툼의 여지 등의 문제가 있어 허용될 수 없다(대

있다. 아직 사회 안에서 형벌로 분명히 인식되지 않은 것을 형식적 편의에 의해 형벌로 이용하는 것은 합리적 형사사법이 아니다.

이보다 더 문제되는 것은, 실질적으로 위의 세 가지 개념요소를 모두 갖추고 11
있어서 형벌로 보아야 하는 것을 형식적으로 형벌이 아닌 것처럼 취급하는 경우이다. 예를 들어 헌법재판소는 위치추적 전자장치[=전자발찌] 부착명령은 제도의 목적, 요건, 보호관찰부가 등 관련규정 내용에 비추어 형벌과 구별된다고 하면서, 형벌과 목적이나 심사대상 등을 달리하는 보안처분에 해당하는 것으로 보았다. 과거 범죄행위에 대한 것이 아니라 장차 재사회화와 재범예방을 목적으로 하는 조치라는 것이다.[1] 대부분의 시민들은 전자발찌를 형벌이라고 생각하고 있지만 헌법재판소는 아니라고 한다. 사법기관이 이를 형벌이 아니라 보안처분으로 분류하는 것이 무슨 문제냐고 물을 수도 있다. 그러나 특정 범죄자에 대한 전자발찌 부착이나 신상공개 등의 처분을 형벌이 아닌 것으로 보는 때에는, 이러한 방식을 형법원칙 밖에 머물게 만드는 문제가 생긴다. 즉 형벌이 아니라면 소급적으로 적용될 수 있고, 심지어 책임원칙에 따른 부착기간 제한이 없어도 된다. 그러나 실질적 형벌개념에 따르면 이와 같은 처분들은 형벌의 일종으로 보지 않을 수 없다. 과거 범죄행위와 무관하게 예방조치만으로 부과하는 것이 아니며, 국가가 부과하는 것이자 해악임은 물론이다. 실질적 형벌개념의 요건을 갖춘 제도에 대해 국가기관이 형사정책적 필요에 따라 '형벌이 아니다'라고 선언하였다고 해서, 형법원칙을 넘어서는 데 어떤 부담을 갖지 않아도 되는 것인지 의문스럽다.

[17] 형벌의 정당성(형벌이론)

형벌이 해악일 수밖에 없다는 사실은 국가 처벌행위의 정당성에 대한 끊임없 1
는 의문을 낳게 하였다. 즉 국가가 한편으로는 생명, 신체, 재산 등에 대한 침해를 법을 통해 금지하면서, 다른 한편으로는 국가 스스로 법의 이름으로 또 다른 침해인 형벌을 부과하는 모순이 어떻게 정당화될 수 있는가 하는 문제이다. 사람들은 지금까지 이 모순을 설명하는 데 많은 노력을 기울여 왔다. 이 전통적인 테마를 형벌이론(Straftheorie)라고 하며, 여기에는 형벌의 정의, 의의, 과제, 정당화, 역할, 기

판 2008.4.11. 2007도8373).

1) 헌재결 2013.7.25. 2011헌마781.

능, 목적 등의 논의가 모두 포함된다. 형벌이론은 형벌과 그 부과의 조건이 되는 형법규정을 이성적으로 발전시키기 위한 필수적 전제이며, 범죄에 대한 형법적 대처를 이야기할 때 기본이 되는 언어이기도 하다. 매우 오래된 테마이지만 언제나 새롭게 새겨야 하는, 형법학을 체계적으로 공부하기 위한 출발점에 해당한다. 오래 전부터 형벌이론은 크게 절대적 형벌이론과 상대적 형벌이론으로 나뉘어 전개되어 왔다.

1. 절대적 형벌이론

(1) 의 의

2 절대적 형벌이론은 범죄가 있기에 그에 대응한 당연한 반작용으로서 형벌이 있어야 한다고 설명한다. 형벌의 더 나아간 효과, 특히 형벌을 부과함으로써 얻을 수 있는 범죄예방효과를 고려하지 않고 저질러진 범죄에 대응하는 해악 그 자체로 이미 형벌은 도덕적인 것으로 정당화된다는 것이다.[1] 이는 의무론적(deontologisch) 입장으로서, 형벌은 일정한 목적을 추구하기 위해 존재하는 것이 아니라 범죄자에게 고통을 주는 그 자체에 분명한 가치가 있는 것으로 파악하기 때문에 '절대적' 이론으로 부른다[형벌의 자기목적성]. 다음과 같은 유형이 절대적 형벌이론에 해당한다.

(2) 응보이론

3 응보(Vergeltung)이론은 범죄가 일으킨 침해에 대응하는 해악이 곧 형벌이라고 보는 입장이다. 대부분의 학자는 '형벌의 기원'이 응보작용과 맞물릴 것으로 생각하고 있다. 남아 있는 최초의 형법전인 함무라비법전을 포함하여 구약성경이나 고조선의 8조금법八條禁法 등에서도 응보관념이 탈리오(Talio: 동해보복同害報復, '눈에는 눈, 이에는 이')의 형태로 규정되어 있다. 어떤 제도의 이념은 그것이 처음 만들어진 시대의 역할에서 분명히 드러나므로, 형벌이 응보의 의미를 갖는 사실을 외면할 수는 없다.[2]

4 [형벌의 기원] 형벌이 언제부터 생겼는지는 명확하지 않다. 인간이 사회를 이루고 살기 시작한 때와 큰 차이가 없을 것으로 생각될 뿐이다. '형벌'(Strafe)이라는 말은 14세기에 등장한 것이며 그 이전에는 비난이나 질책을 의미하는 'Verweis'가 형벌의 의미로 쓰였다. 이 말은 그리스어인 '포이네'($\pi o \iota \nu \eta$)에서

1) 이 성격을 분명히 하는 예는 Binding, Das Problem der Strafe in der heutigen Wissenschaft, 420면 이하.
2) Schmelzeisen, Recht und Rechtsdenken, 105면 참조.

유래한다. 이 표현이 원래 피해자의 친족에게 지불하는 살인속죄금(Wergeld)을 의미하였다는 점을 감안하면, 형벌기원은 피해자와 그 가족·부족을 대신한 복수에서 비롯된 것으로 짐작된다.[1] 자신이나 친족 등의 생명·신체·재산과 같은 가치를 침해한 행위가 야기한 '불쾌'가 그 행위에 대해 꾸짖거나 그와 같은 행위를 다시 반복하지 못하도록 대응하는 복수의 동기가 되었을 것이다. 복수와 구별되는 공형벌公刑罰(öffentliche Strafe) 형태는 고대 이스라엘법, 로마법, 게르만법, 우리나라의 8조금법 등에 이미 그 원형이 등장하고 있다. 사회계약설은 이 과정에 사적 복수가 제한 없이 이루어지는 것을 막고, 구성원의 권리를 보호해주기 위한 계약을 통해 국가와 형벌이 제도화되었다는 설명에 해당한다. 보복의 연장에서 벗어나 정의의 요청과 결부된 근대적 형벌사상은 1532년 카롤리나형사법전(Constitutio Criminalis Carolina: CCC)에서 더 분명히 확인된다.

(3) 정의이론

정의(Gerechtigkeit)이론은 형벌을 범죄 자체에 주어지는 정의의 요청으로 정 5
당화하려 한다. 이러한 내용의 절대적 형벌론은 고전사상가들에 의해 분명하게 표현되고 있다. **칸트**(I. Kant)는 범인은 죄를 범했기 때문에 벌 받는 것이며, 형벌은 저질러진 죄와 범죄자 그 자신 때문에 정의의 요청으로부터 부과되어야 한다고 강조한다. 만약 형벌을 통해 범죄예방과 같은 다른 목적을 추구하려고 한다면, 이것은 처벌받는 범죄자를 한낱 범죄예방을 위한 수단으로 취급하는 것으로서 인간의 존엄에 반한다. 어떠한 경우에도 인간을 수단으로 취급해서는 안 되며 언제나 그를 목적으로 대해야 하기 때문이다.[2] 또 다른 절대적 형벌론자인 **헤겔**(G. W. F. Hegel)은 형벌을 법의 부정(범죄)을 부정하는 것이라고 한다. 그는 형벌이 이처럼 정의의 회복을 꾀하는 것이 아니라, 단순히 일반인의 범죄를 저지시키기 위해 범죄자에게 부과되는 것으로 본다면, 그것은 범죄자 개인의 자유와 명예를 경시하는 것일 뿐만 아니라, 개에게 겁을 주기 위해 몽둥이를 치켜들 듯 시민을 개처럼 취급하는 것이라고 비판하였다.[3] 이러한 관념적·절대적 정의이론은 위응보관념에 대한 이론적 해설에 해당하기 때문에 응보론과 같은 의미로 쓰일 때가 많다.

이와 구별되는 사회적 정의이론(또는 상대적 정의이론)은 관념적 정의이념에 6

---

1) 박상기, 독일형법사, 11면 이하 참조. 한편 자신이 아닌 자신의 가족이나 부족의 피해에 보복하려는 것은 인간의 본능에 속한다. 다윈(C. Darwin)은 이 점에 대해 후손에게 더 많은 관심을 갖는 사회가 생존해나갈 확률이 높기 때문에, 결국 살아남은 부족은 가족이나 부족에 대한 애정을 인간 본성으로 지니게 되었을 것이라고 설명한다.

2) Kant, Die Metaphysik der Sitten, 453면 이하.

3) Hegel, Grundlinien der Philosophie des Rechts, § 99의 보론.

비할 때 사회구성원들의 정의감정에 주목하고 있다. 정의를 곧 평등['같은 것은 같게 다른 것은 다르게']이라고 본다면, 법에 따라 행위한 일반시민과 범죄를 저지른 범죄자를 같이 취급하는 것이 정의원리에 반한다는 생각으로 범죄자에게는 형벌이 주어져야 한다고 설명한다.[1)]

(4) 속죄이론

7 속죄(Sühne)이론은 범죄자에게 속죄의 기회를 부여하는 데 형벌의 역할이 있는 것으로 본다. 만약 범죄를 저지른 자에게 형벌이 주어지지 않으면 그가 사회에 죄를 고하고 용서를 구하며 다시금 씻음 받은 구성원이 될 기회 그리고 자기 자신 스스로는 죗값을 치를 기회를 박탈하는 것이라고 한다.[2)]

8 [칸트의 섬의 비유] 칸트의 다음 이야기는 응보, 정의, 속죄의 의의를 모두 설명하는 유명한 비유이다. 설령 한 시민사회가 그 구성원 모두의 동의를 얻어 해체하는 경우(예를 들어 한 섬에 살고 있는 주민들이 서로 갈라서서 전 세계로 흩어지기로 결정한 경우)일지라도, 먼저 감옥에 남아 있는 마지막 살인자를 처형해야 한다. 그래야만 행위자는 자신 행위에 대응되는 가치를 되받게 될 것이며, 제대로 처형을 이행하지 아니하였다는 이유로 구성원들에게 피의 죄악이 남는 일이 없게 할 수 있다. 만일 살인자를 처형하지 않는다면 그들 모두 정의에 대한 공연한 침해의 공범으로 여겨질 수 있기 때문이다.[3)] 주민이 모두 떠난 외딴 섬에 살인자 혼자 남는다고 하더라도 그가 헤엄쳐서 육지로 오지 못하는 이상 범죄를 저지를 가능성은 없다. 형벌을 예방의 도구라고 생각하는 사람은 이러한 칸트의 형벌관념을 맹목적인 응징에 그치는 것으로 여길 것이다.

(5) 절대적 형벌이론의 장점

9 처벌받는 사람을 장차 범죄를 막기 위한 수단으로 삼아서는 안 된다는 생각은 확고한 인간존엄 사고에 기초를 두고 있다. 범죄인의 인간존엄까지도 철저하게 지키려고 하는 것은 절대적 형벌이론의 탁월한 장점에 속한다. 속죄이론에서도 이 점은 잘 드러나고 있다. 범죄자를 반드시 형벌을 통해 씻음을 받아야만 하는 존엄한 존재로 보고 있기 때문이다.

10 나아가서 범죄에 대한 조건 없는 대응을 중시하는 절대적 형벌이론은 저지른 불법만큼 처벌한다는 책임원칙의 철저한 준수를 전제로 한다. 이러한 절대적 형벌이론 고유의 중요한 장점은 그 최초 형태라고 할 수 있는 응보형의 '탈리오원

1) Aristoteles, Nikomachische Ethik, Buch V, 1133b, 135면 참조.
2) Neumann/Schroth, 형사정책의 새로운 이론, 16면.
3) Kant, Die Metaphysik der Sitten, AA VI, 333면.

칙'에서부터 이미 주의되던 것이었다. '동해同害'보복이라는 것은 잔인한 응징을 뜻하는 것이 아니라, 오히려 침해당한 만큼만 형벌을 부과하라는 지혜로서 오늘날의 표현으로 바꾸면 비례적인 형벌성을 강조한 내용이었다.[1] 이 면에서 '응보형'은 제도로서의 형벌이지 복수 그 자체가 아니다. 범죄자는 이에 따라 자기가 행위한만큼, 그리고 법과 정의가 손상된 정도로만 처벌받음으로써 그 죗값은 상쇄되고 법과 정의는 다시 회복될 수 있다. 절대적 형벌이론의 입장에서 보면 행위자의 책임 이상의 형벌부과는 그 자체가 불의한 조치이다.

(6) 절대적 형벌이론의 단점

절대적 형벌이론에 대한 가장 흔한 비판은 그것이 맹목적인 이론이라는 것이 11
다. 그렇지만 이때 '맹목성'은 절대적 형벌이론 자체의 설득력과는 관계가 없는 것으로 보아야 한다. 절대적 이론은 목적의 유용성에 처음부터 관심이 없는 이론으로서 효과를 지향하지 않는 것이 그 속성이므로 맹목성은 이미 감수되고 있기 때문이다.

절대적 형벌이론에 대한 의미 있는 비판은 다음 세 가지로 요약할 수 있 12
다.[2]

1) 절대적 형벌이론은 신정神政국가와 같은 절대적 국가개념을 전제한다. 이 13
이론은 형벌이 반드시 정의롭게 부과되는 경우에만 의미를 갖게 될 것이므로,[3] 이와 같은 맹목성을 용인할 수 있는 수준의 이상적인, 절대적으로 옳은 국가가 부과해야만 한다. 그렇지만 이는 국가의 현실과 어울리지 않는다.[4]

2) 형벌에 절대적 가치를 부여할 수 있으려면 범죄기준 또한 절대적이어야만 14
한다. 그러나 시공을 초월해서 타당한 절대적 범죄개념이란 존재하지 않는다. 특정한 시간과 공간 안에서 통용되는 범죄의 상대적인 기준을 사용할 수 있을 뿐이다. 선험적 범죄가 인정되지 않고 오로지 사회구성원의 의사소통을 통해서 확인되는 범죄기준만 의미 있는 현실에서, 그러한 범죄에 대해 절대적인 의미의 형벌이 부과된다는 것은 모순이다.

3) 절대적 형벌이론은 어떤 목적추구도 거부하기 때문에 정책적으로 이용될 15

1) 홍영기, 형벌을 통한 규범신뢰의 강화, 328면 이하.
2) 배종대, 형법총론, 4/20 이하 참조.
3) Hegel, 법철학, § 33, 93면 이하.
4) 배종대, 형법총론, 4/22.

수 있는 도구가 되지 못한다는 비판을 받는다. 국가는 맹목적으로 형벌을 부과할 수 있는 주체가 아니기 때문이다. **포이어바흐**는 이 면을 지적하면서, 국가가 시민의 권리를 보장하기 위한 합리적 목적을 추구하지 않으면서 형벌이라는 가혹한 수단인 제재를 사용할 수는 없다고 하였다.[1] 저지른 죄에 정확히 상응하는만큼 책임을 지우는 응징만으로는 형벌이 범죄억제력을 갖지 못하게 될 것이다. 범죄를 저지르고 적발되지 않을 가능성이 있는 데다가, 처벌되더라도 얻은 만큼만 되갚으면 되기에 '밑져야 본전'이라는 생각을 잠재적 범죄자가 하게 되기 때문이다.

2. 상대적 형벌이론

(1) 의의와 역사

16 상대적 형벌이론은 형벌의 도구적, 목적적(teleological) 성격을 분명히 하는 입장이다. 장래를 향한 목적이 없는 국가의 행위는 정당화될 수 없다는 전제 아래, 형벌을 통해 일정한 이익이 도모되어야 한다고 주장한다. 즉 국가의 형벌은 범죄를 처벌한다는 그 자체의 의미에서가 아니라 사회적으로 유익한 구체적 목적에 따라 정당화되어야 한다는 것이다. 여기서 구체적인 목적은 범죄가 일어나는 것을 막는 억제효과를 거두는 것이며, 따라서 상대적 형벌이론은 모두 예방이론이다.[2]

17 형벌은 응보관념에서 탄생한 것이라고 볼 수 있지만, 예방이론이 응보이론의 역사보다 늦은 것은 아니다. 그리스철학에서부터 응보와 예방에 대한 거의 모든 이야기가 등장한다.[3] 이후 계몽주의 영향으로 인도주의와 합리주의가 발달함에 따라 예방이론은 새 전기를 맞게 되었다. **홉스**(T. Hobbes)는 범죄자가 적법한 행위를 하도록 돌이키는 것이 형벌의 목적이라고 하여 형벌의 응보지향을 비판하였으며,[4] **그로티우스**(H. Grotius)와 같은 자연법학자들도 프랑스의 계몽사상가인 **몽테스키외**, **볼테르** 등의 영향을 받아 인권을 위협하는 절대국가의 형벌권남용을 비판하면서 형벌의 인도성과 균형성, 효율성을 요구하고 나섰다. **베까리아**(C. Beccaria)는 『범죄와 형벌』에서 봉건적 형벌제도를 비판하는 한편, 범죄예방을 목

---

1) Feuerbach, Revision der Grundsätze und Grundbegriffe des posotiven peinlichen Rechts I, 40면. 칸트도 이러한 사회계약설의 내용을 저버리고 절대적 형벌이론의 가치만을 강조한 것은 아니었다. 국가가 현실에서 부과하는 형벌은 예방적인 것이어야 한다는 칸트의 생각에 대해서는 윤재왕, 형벌과 도덕 - 칸트와 예방이론, 특히 536면 이하.

2) 범죄학 문헌에서 '억제'(deterrence)라는 단어는 여기의 '예방'을 뜻한다.

3) Platon, Protagoras, 324a 이하. 고대 형벌이론에 대해서는 Müller-Dietz, Strafe und Staat, 7면.

4) 심재우, T. Hobbes의 죄형법정주의사상과 목적형사상, 137면 이하 참조.

표로 형벌을 부과해야 한다는 점을 분명히 하였다. 독일은 이미 17～18세기에 예방사상을 수용하고 있었지만, 특별예방과 일반예방을 이론적으로 명확히 구별한 것은 19세기 초 **포이어바흐**(P. A. Feuerbach)에 의해서였다. 특별예방이론은 프로이센의 일반법시대에 이미 주장되었고, 이것을 새롭게 구성한 학자는 **리스트**(F. v. Liszt)였다. 그는 유명한 『마르부르크강령』에서 응보에 치우친 원시형벌은 하나의 충동행위에 지나지 않는다고 비판하면서 목적사상에 의해 비로소 하나의 의지행위가 구성된다고 주장하였다. 그는 정당성은 필요성에 의해 확보되며, 형벌은 범죄자의 범행억제와 현실적으로 결여된 의지를 강화시키는 데 의미가 있다고 한다.[1)]

(2) 일반예방이론

일반예방은 불특정 다수인 일반인이 범죄를 저지르지 않도록 하는 데 형벌의 18
목적이 있다고 보는 견해이다. 이 이론은 처벌의 정당성을 잠재적 범죄자의 범죄행위저지를 통해 설명하려고 한다. 일반인으로 하여금 범죄로 나아가지 않도록 하는 구체적인 방법에 따라 다음의 두 가지 이론이 구별된다.

1) **소극적 일반예방**(negative Generalprävention)**이론**은 형벌이 갖는 위하威嚇 19
(겁주기) 작용으로 일반인이 범행하지 못하도록 하는 데 형벌의 의의가 있다고 한다. 이는 응보만큼이나 오래된 관념으로서 예방이론이라고 하면 보통 소극적 일반예방이론을 뜻한다. 이 이론을 주장한 대표적 학자인 **포이어바흐**는, 범죄에 형벌이 따른다는 사실을 인식한 잠재적 범죄자가 범죄로 얻을 수 있는 효과와 그 반작용인 형벌해악을 비교하여 손해라는 결론에 이르게 되어 범죄를 단념하도록 만들기 위해 형벌이 있어야 하는 것으로 보았다. 시민의 권리를 보호해야 하는 국가가 이 목적을 위해 육체에 압박을 가할 수는 없는 것이기에, 정신적인 강제를 위한 수단으로서 형벌을 이용하는 것으로 설명하고 있다[심리강제설].[2)] 여기서 형사입법과 형벌집행의 위하효과는 구별된다. 형법률의 존재는 일반인을 위하하고, 형사재판과 형벌집행은 이 위하의 진지성을 확인하고 강조하는 작용을 하는 것이라고 한다.

2) **적극적 일반예방**(positive Generalprävention)**이론**은 형벌이 있음으로써 사 20
회구성원의 규범의식과 규범신뢰가 강화되어 범죄가 예방되고 규범이 안정화된다고 설명한다. 위의 소극적, 부정적 형벌효과에 비할 때 형벌에 대한 긍정적 이미

1) Liszt, 마르부르크강령, 55면 이하 참조.
2) Feuerbach, Lehrbuch des gemeinen in Deutschland gültigen peinlichen Rechts, § 16 이하.

지를 갖고 있다. 이에 따르면 일정한 범죄행위를 법률로 확정하여 일관되게 처벌함으로써 시민들에게 규범이 무엇인지를 알려주고 그 결과 준법의식도 강화될 수 있다고 한다. 이 이론은 다른 형벌이론에 비할 때 비교적 새로운 이론에 속하는데, 100여 년 전 **뒤르켐**이 주장한 형벌이론이 처음 시도이다. 그는 범죄와 그에 대응한 형벌이 있어야 규범내용이 분명해지고 이로부터 사회가 안정되고 통합될 것이라는 사고를 여러 저서를 통해 강조하였다[52/6].[1] 이와 다른 방향에서 **하쎄머**(W. Hassemer)는 시민들의 규범신뢰가 안정되고 강화되기 위해서는, 무엇보다도 형법과 형사절차가 자의적으로 이용되는 것이 아니라 예측가능한 규칙성 안에서 실현되어야 한다고 하여 법치국가적 정형화를 곧 형벌의 과제로 보았다.[2]

(3) 특별예방이론

21 특별예방(Spezialprävention)이론은 이미 범죄를 저지른 특정인에 대한 영향력 행사로 형벌을 이해한다. 이 이론에서는 형벌목적이 미치는 대상이 범죄자 자신이며 그로 하여금 다시 범행하지 않도록 하기 위해서 형벌이 필요하다고 한다. 형벌을 통해 재범을 예방하는 방법은 두 가지이다. 1) 범행한 자를 사회로부터 격리시켜 재범하지 못하게 하거나[보안, Sicherung], 2) 형벌을 통해 범죄자를 재사회화함으로써 다시 범죄로 나아가지 않도록 하는 것이다[개선, Besserung]. 전자를 소극적 특별예방, 후자를 적극적 특별예방으로 부르기도 한다. 특히 재사회화이념은 형벌 자체의 의의일 뿐만 아니라 형벌집행의 과제로 생각되는 경우가 많다. 사회에 복귀하도록 돕는 목적을 배제하면 수형시설에 단순히 가둬두는 처분의 정당성이 의심받게 되기 때문이다. 특별예방이론을 주장한 대표적인 형법학자는 **프란츠 폰 리스트**(F. v. Liszt)이다.

(4) 상대적 형벌이론의 장점

22 상대적 형벌이론의 장점과 단점은 절대적 형벌이론의 단점, 장점과 맞물려 있다.

23 **일반예방이론의 장점**으로는, 1) 복잡하게 정당성을 논증하지 않고도 쉽게 납득될 수 있다는 점, 2) 일반시민의 권리보호적 측면을 강조하여 사회계약설에 따

1) Durkheim, 사회분업론, 435면 이하. 이와 같은 생각으로는 Jakobs, AT, 2/1 이하.

2) Hassemer, Einige Bemerkungen über "positive Generalprävention", 147면 이하; 같은 저자, Einführung in die Grundlagen des Strafrechts, 324면 이하. 하쎄머 형벌이론에 대한 설명과 비평으로는 홍영기, 형벌을 통한 규범신뢰의 강화, 309면 이하.

른 국가형벌권의 본질에 머물러 있다는 점, 3) 형사정책적으로 유용한 논증수단이라는 점 등이 언급된다. 실제로 국가기관의 정책 실무는 대부분 소극적 일반예방 사고를 바탕으로 하고 있다.

특별예방이론의 장점으로는, 1) 이미 범죄를 저지른 사람의 재범을 예방하고자 한다는 점에서 목적이 분명히 확정되어 있다는 점, 2) 그 결과 범죄예방의 효과가 비교적 명확하게 증명될 수 있다는 점, 3) 특히 재사회화이념의 경우에 사회뿐만 아니라 범죄자 자신에게도 유익한 형벌로 설명된다는 점, 4) 그 결과 인도적·도덕적 국가의 형상에 적합하다는 점 등이 거론된다. 24

(5) 일반예방이론의 단점

일반예방이론의 단점으로는 다음과 같은 내용이 지적되어 왔다. 25

1) 이득과 손해의 계산을 통해 범죄로부터 멀어진다는 설명이 범죄인의 심리를 지나치게 단순화하였다는 점이 지적된다. 범죄행위를 선택하려는 자가 형벌로부터 받을 불이익을 계산하여 행위여부를 결정한다는 가정은 비현실적이라는 것이다.[1] 특히 형벌이 있는지조차 일반인에게 알려지지 않은 특별법 등의 형벌규정은 일반예방효과로 설명하기가 더 어렵다. 26

2) 일반인의 범죄성을 억압하기 위해 특정인에게 형벌을 부과하는 방식은, 그 범죄자 개인을 범죄예방을 위한 단순한 수단으로 삼는다는 문제가 있다. 이미 **칸트**와 **헤겔**이 오래 전에 지적한 내용이다. 형벌이 부과되는 장면을 관찰한 다른 시민들이 겁을 먹고 범죄로 나아가지 않는다고 하는 설명 또한 도덕적인 인간상을 염두에 두고 있는 것은 아니다[42/20 참조]. 27

3) 범죄예방효과만 고려한다면 형벌의 상한이 불분명해져 책임원칙에 반하게 된다는 것도 중요한 반론이다. 일반인들로 하여금 범죄를 저지르지 않도록 하려는 목적만을 감안한다면 형벌이 무거울수록 더 효과적일 것이다. 즉 일반예방의 관점만으로는 형벌의 한계를 정하는 것이 불가능하다. 28

4) 적극적 일반예방이론은 이러한 소극적 일반예방의 단점을 피할 수 있는 것처럼 보이지만, 실제로 형벌에 대한 공포라는 형벌위협의 소극적 측면이 개입되지 않을 수 없다는 비판이 있다. 형벌이 해악으로서 위협이 되지 않는다면 결국 29

---

1) 하쎄머는 화이트칼라범죄는 소속감, 경쟁심 등으로 인해, 블루칼라범죄는 맛차(Matza)와 싸이크스(Sykes)가 강조했던 중화기술에 의해 범죄행위가 유발되는 것으로 설명한다(Hassemer, Einführung, in die Grundlagen des Strafrechts, 313면 이하).

규범도 안정화되지 않을 것이기 때문이다.

30 5) 적극적 일반예방은 형벌을 통해 규범을 내면화시킨다고 하나, 시민들의 규범인식을 강화하기 위해 형벌이라는 해악수단을 이용할 도덕적 권한이 국가에게 있다고 볼 수 있는지 의문을 품기도 한다.[1]

(6) 특별예방이론의 단점

31 특별예방이론의 단점으로 언급되는 다음과 같은 내용은 의미가 있다.

32 1) 특별예방이론은 형벌이 범죄당시의 행위에 대한 반작용이라는 점을 설명하지 못한다. 그 결과 재사회화 필요성이 전혀 없는 일회적 기회범이나, 범죄를 저지른 지 오랜 시간이 지나 이미 '개선된' 피고인에 대해서는 형벌을 부과할 수 없는 것이냐는 의문이 생긴다.[2]

33 2) 재범위험의 방지를 추구한다면 역시 행위자가 저지른 불법의 정도에서 벗어나는 형벌부과가 가능하리라는 우려가 있다. 보안이나 재사회화가 어려운 피고인에게는 책임원칙에 반하는 과도한 형벌부과가 허용될 수 있기 때문이다.

34 3) 특별예방이론은 형벌을 곧 '자유형'으로 생각하고 있다. 근래에 더 많이 선고되는 재산형은 보안이나 개선목적과는 무관하다. 낙인을 찍거나 각종 자격을 박탈하는 명예형은 재사회화를 오히려 방해하기도 한다.

35 4) 재범률이 높다는 사실이 드러나면 형벌의미 자체가 약화될 것이라는 것이 지적된다. 실제로 교정시설은 재사회화를 목적으로 운영되지만, 재범이 효율적으로 예방되지 않고 있는 현실 상황을 보면 재사회화이념의 설득력은 약화될 수밖에 없다.[3]

36 5) 특별히 재사회화이념에 대해서는 국가·사회가 범죄인을 강제로 사회규범에 적응시킬 권리가 있는지 의문이 제기된다. 형벌의 집행을 통해 신체에 대한 억압 못지않게 정신적인 개조까지 강제한다는 점이 더 큰 문제라는 지적도 있다. 국가가 도덕적인 교육을 통해 재사회화를 한다고 하지만, 국가 스스로 그다지 도덕적인 존재가 아니기 때문에 국가의 강제교육이 정당화될 수 없다는 비판도 많다. 국가의 강제에 이끌려 개선된 사람이 건전한 인격자가 되었다고 믿기는 어렵다.[4]

---

1) 홍영기, 형벌을 통한 규범신뢰의 강화, 333면 이하.
2) 김일수, 국가형벌권의 정당화문제, 20면.
3) Singelnstein/Stolle, 안전사회, 21면.
4) 자세한 것은 배종대, 형벌과 보안처분에 있어서 재사회화목적의 문제점, 65면 이하 참조; Eser, Resozialisierung in Krise?. 512면 이하 참조.

3. 절충적·합일적 형벌이론

최근 형법학계에서는 절대적 형벌이론과 상대적 형벌이론 가운데 하나에 머물지 않고 양자의 장점을 동시에 취하려는 입장이 다수견해를 차지하고 있다. 다음과 같은 방법으로 여러 형벌이론을 동시에 고려한다. 37

(1) 형벌의 근거와 제한을 구별하는 방법

일반적으로 형벌의 '근거'와 '제한'은 다른 개념으로 여겨진다.[1] 이에 따라 절대적 이론과 상대적 이론의 대립을 극복하려 하는 시도 가운데, 형벌의 근거와 형벌의 제한을 일단 구별하고 '응보'와 '예방'을 각각에 조합시키는 방식을 쓰는 예가 있다. 이 조합은 다음 두 가지 방식으로 이루어진다. 38

1) 형벌의 근거는 범죄에 의해 이루어진 침해를 다시 부정함으로써 정의를 회복하고자 하는 것으로 보면서도, 그 정도를 한계짓는 것은 행위자측면에서 특별예방 및 사회측면에서 일반예방이 된다고 보는 입장이 있다. 이 시각에서 보면 형벌의 본질은 응보 또는 정의회복이지만, 예방적 효과를 거둘 수 없는 형벌을 부과하는 것은 정책적으로 허용되어서는 안 된다[M. Köhler].[2] 39

2) 반대로 예방적 목적 때문에 형벌이 존재하지만, 행위자 책임의 범위 안에 형벌의 정도가 머물러야 한다는 설명도 있다. 이 입장에서는 형벌이 예방의 의의를 갖는 것이나, 형벌의 정도는 책임원칙을 준수해야 하는 것으로 생각하게 된다 [C. Roxin].[3] 40

(2) 근거와 제한을 구별하는 방식의 한계

그러나 이러한 방식은 성공하기 어렵다. 형벌이론은 형벌이 '있어야 하는 이유'를 대는 작업이다. 그런데 여기서 '있다'는 상태를 서술하는 것은 그 존재의 유무뿐만 아니라 미치는 범위를 함께 논하는 것이다. 존재 정도를 정하는 것이 존재 유무를 결정하는 것과 다른 근거에 속할 수 없기 때문이다. 과거 범죄행위에 대한 책임비난으로 형벌이 존재하면 그 비난의 범위가 형벌의 상한선으로 정해져야 하는 것이고,[4] 예방의 필요로 형벌이 근거지워진다면 예방목적을 달성하기 위해 어느 정도 형벌이 주어져야 하는지 함께 설명해야 한다. 곧 책임형벌은 책임의 양에 41

1) 예로는 Neumann/Schroth, 형사정책의 새로운 이론, 43면.
2) Köhler, Strafrecht AT, 37면 이하.
3) Roxin, Strafrecht AT., 3/44 이하. 비판적인 견해는 Kunz, Prävention und gerechte Zurechnung, 829면.
4) Welzel, Das deutsche Strafrecht, 238면.

따라 제한되고, 예방형벌은 예방필요가 감소함으로써 제한될 수 있다.

42 이 방식의 합일설이 언급하는 것 가운데 '근거'를 이루는 관념만이 형벌의 의미를 말하고 있는 것이다. 즉 위에서 예로 든 이론은 결국 정의이론[M. Köhler]이거나 예방이론[C. Roxin]인 것이며 절충적인 견해가 아니다. 다음과 같이 물어보자. 형벌의 필요성이 예방목적에 있다고 할 때, 당사자에게 아무런 책임이 없다면 형벌을 부과할 것인가 말 것인가?[1] 행위자의 죄책은 분명하지만 그에게 형벌을 부과하는 데 어떠한 예방적 의미도 없으면 그를 처벌할 것인가 말 것인가?[2] 이들 질문에 대한 답을 어떻게 하는가에 따라서 결합설이라 일컬어지던 위의 견해는 곧바로 단순한 예방이론 또는 응보이론이었음이 드러난다.

(3) 형벌권행사의 단계별로 목적을 구별하는 방법

43 형벌권이 행사되는 각 상황에 따라 다른 형벌이념을 조합시키는 견해도 최근 유력하다. 예를 들어 **마이어**(M. E. Mayer)는 형사입법, 재판에 의한 형의 적용, 행형의 세 단계에 맞게 각각 응보, 법의 확인, 교육의 각 이념이 단계적으로 분배된다고 한다. **나우케**(W. Naucke)는 이 점을 더욱 분명히 하여, 형사입법단계에서는 일반예방의 위하효과지향, 재판단계에서는 정당한 응보지향 그리고 형벌집행단계에서는 특별예방이 재사회화의 목적을 지향한다고 보고 있다.[3] 이와 같은 방식은 각 단계에 잘 어울리는 형벌의 과제를 설정함으로써 각 형벌이론의 장점을 살리면서도 단점을 최소화할 수 있는 것으로 기대를 받고 있다.

(4) 단계별 방식의 한계

44 그러나 '입법－사법－행형'의 단계별로 '일반예방－응보－특별예방'의 역할을 각각 분담하게 하려는 시도는 실제로 '형벌이론'을 결합하고 있는 것이 아니다. 이 가운데 첫 단계인 '입법'은 형사정책, 즉 범죄예방정책의 최종 목적이자 결과이기 때문에 일반예방적인 사고를 전제로 하는 것은 당연하다. 마지막 단계인 '행형'은 수형자관리를 통한 형집행이라는 국가기관의 행정작용이다. 여기서는 재사회화 또는 보안을 배제하면 어떤 이념도 바탕에 놓일 수 없다.

---

1) 법에 저촉되는지 전혀 알 방법조차 없었던 행위자가 소프트웨어를 다운로드한 것이 불법으로 드러나 타인의 재산권을 심각하게 침해한 경우, 그러한 행위가 위법한 것이라는 사실을 알릴 목적으로 그를 처벌할 수 있는가?

2) 모든 주민이 그들이 거주하던 섬을 떠나려고 할 때, 미결구금 상태의 살인자에게 사형을 집행하고 떠날 것인가[칸트의 섬의 비유]?

3) Naucke, Tendenzen in der Strafrechtsentwicklung, 28면 이하; Roxin, Sinn und Grenzen staatlicher Strafe, 381면 이하; Schmidhäuser, Vom Sinn der Strafe, 특히 60면 이하.

즉 앞뒤에 놓인 이 두 과정은 '개별 행위자에게 부과되는 형벌'이라는 원래 대상과 간접적으로 관련이 있을 뿐이다. 범죄를 저지른 자에 대해 형벌을 부과하는 국가작용은 세 가지 영역 가운데 놓인 '사법' 단계에만 작용하는 것이다. 즉 재판을 담당하는 법관이 피고인을 상대로 선고하는 그 형벌이 곧 형벌이론에서 대상으로 삼고 있는 형벌이다. 그러므로 누군가 예방이론을 주장한다면 그는 입법이나 행형이 아니라 바로 재판 단계에서 예방적 고려를 근거로 해야 한다. 이렇게 본다면 위와 같은 종류의 합일설은 실제로는 응보형주의를 염두에 둔 주장에 해당한다. 45

4. 형벌이론의 현재

(1) 책임과 예방의 대립

지난 세기 말까지 형벌의 근거를 둘러싼 논쟁은 절대적-상대적 형벌이론의 큰 틀을 '책임과 예방'이라는 좀 더 구체화된 관념으로 이어받아 계속 진행되어왔다. 형벌의 의의가 응보인지 예방인지를 따지는 작업에서 떠나 다소 한숨을 돌린 후, 범죄행위자에게 형벌을 부과하기 위한 근거가 도덕적 비난으로 여겨지는 책임인지, 아니면 형이상학적인 성격에서 벗어난 예방인지를 묻고 답했다.[1] 책임을 형벌의 근거가 된다고 하기 위해서는 필연적으로 행위자의 행위자유를 인정하는 비결정주의적 토대를 벗어나면 안 되기에, 이 문제는 곧 인간 행위의 근원적 동기에 대한 물음으로 이어졌다. 이와 같은 여러 질문이 결국 답을 찾지 못했다는 것에 대해서는 긴 설명이 필요하지 않을 것이다. 그것은 한 가지 정답으로 나아갈 수 없는 것이었다. 46

(2) 책임과 예방의 지위

1) 예방이론이 강조하는 형벌의 범죄예방효과는 비현실적인 것이며, 실제로 형벌의 예방효과가 입증되지 않는다는 비판을 받아왔다. 그렇지만 이런 반복된 지적으로 예방이론이 무력해지지는 않았다. 예방이론은 '형벌이 범죄를 예방하고 있음'을 증명하는 것이 아니라, '범죄를 예방하기 위해서는 해악으로서의 형벌이 필요함'을 강조하는 것이기 때문이다.[2] 형벌이 존재하지 않는 상황과 비교해 보면 형벌의 존재가 범죄예방에 더욱 기여하게 될 것이라는 점은 분명하며, 이를 부 47

1) 이 논의경향을 잘 보여주는 책으로는 심재우 편, 책임형법론, 1995.

2) Feuerbach, Lehrbuch des gemeinen in Deutschland gültigen peinlichen Rechts, 37면.

인할 수 없는 한 예방이론의 가치는 이어질 것이다. 형벌이 범죄예방에 아무런 역할을 할 수 없다는 가정은, 형벌을 통한 범죄예방효과가 현실에서 그대로 입증될 수 있다는 주장보다 더 비현실적이다.[1)]

48 2) 책임응보는 형이상학적인 토대만을 갖고 있다는 것, 그 전제가 되는 행위자유란 허구에 지나지 않는다는 비판을 받아왔다.[2)] 그러나 책임개념을 인정하려는 것은 그 내용을 경험적으로 입증가능한 무엇으로 채울 수 있다는 말을 하려는 것이 아니며, 소질이나 환경의 고려 없이 개별 행위자의 선택만을 도덕적으로 비난하려 하는 것도 아니다. 행위자가 다르게 선택할 수 있었던 주체라는 점을 인정함으로써 그의 존엄성을 긍정하려는 것[3)]도 일차적인 목적이 아니다. 형벌이 제도로서 정당화되어 왔다면, 그리고 정당화되어야 한다면 이는 형이상학적인 도덕이나 자연법적인 명령 또는 신의 규율이 아니라, 바로 사회구성원들이 의사소통을 통해서 결정한 바, '왜 그렇게 행위하였는가'라는, 행위선택에 대한 지적이 담겨 있어야 한다는 사실을 말하는 것이다.[4)] 행위자에게 의사결정과 행위선택의 자유가 없었고 오로지 소질과 환경에 의해서 범죄가 일어났다고 하여, 비난의 의미를 배제한 채 단지 예방목적만으로 형벌을 부과하는 것은 아무런 잘못이 없는 행위자에게 불이익을 가하는 것으로 비친다. 미래지향적 형사사법임을 강조한다고 해도 납득할 사람이 많지 않다.

49 3) 이렇게 본다면 책임 없는 형벌과 예방을 고려하지 아니하는 형벌 모두 현실에 대한 심사숙고보다는 이론의 일관성만을 추구한다는 인상을 준다. 그렇다고 해서 위에서 본 것처럼 두 관념을 단순하게 결합하는 방식이 그보다 진보한 이론인 것도 아니다. 지금 논의상황에서 양자 가운데 한 가지만을 강조하며 형벌의 본질에 대한 이론의 끝을 맺어둘 필요는 없다고 생각한다. 다만, 여기서 말하는 책임비난도 예방적 관심에 근접할 가능성이 있다는 점만을 언급해두고자 한다.

50 [형벌이론과 방법이원주의] 결정주의와 비결정주의, 형벌의 과거지향성과 미래지향성, 이론의 완전성(Vollkommenheit der Theorie: 절대적 형벌이론), 현실의 불완전성(Unvollkommenheit der Wirklichkeit: 상대적 형벌이론)[5)]이라

---

1) Hoerster, 법이란 무엇인가?, 120면 이하 참조; Gigue, 법, 정의, 국가, 103면.

2) Plack, Plädoyer für die Abschaffung des Strafrechts, 207면 이하. 자유의지에 대한 'Libet 실험' 등 최근 과학적 분석으로는 Neubacher, Kriminologie, 8/5 이하.

3) 대표적으로 Kant, Grundlegung zur Metaphysik der Sitten, 100면 이하.

4) Günther, 대화이론과 법, 188면 이하; Neumann, Hat die Strafrechtsdogmatik eine Zukunft?, 123면 이하 참조.

5) 이러한 개념사용은 Hassemer, Einführung in die Grundlagen des Strafrechts, 284면.

는 관념을 합치는 것은 방법론적인 오류에 빠질 염려가 있다. 람페(E.-J. Lampe)는 형벌의 의의를 예방적 기능으로부터 도출하고자 하는 것은 '행복의 획득'을 '가치의 획득'으로 보는 것이어서 당위와 존재의 구별을 왜곡하는 자연주의적 오류라고 한다[방법이원주의].1) 그러나 '당위'가 결국 '존재'(의 속성)에서 비롯된다고 보아 엄격한 방법이원주의를 피한다면 이러한 비판은 약화된다. 더 긍정적인 상태로 나아가고자 하는 동력으로부터 당위가 출발하고 있다고 보는 시각에 따른다면, 이는 자연주의적 오류가 아니라 당위의 본질 안에 머문다. 즉 일반예방이론도 형벌이라는 해악을 받지 아니하는 더 나은 상태로 향하고자 하는 인간의 본성을 인정하는 이론이라는 점에서 당위의 근거를 대고 있다.2) 더 나은 인격에 대한 기대에 따라 형벌을 부과한다는 점에서 재사회화이론도 마찬가지이다. 과거에 저질러진 범죄에 대해 당연히 반응하는 책임비난의 필요성을 인간의 본성에서 찾는다면, 그리고 그 본성을 곧 해악을 피하고자 하는 본성과 연결시킬 수 있다면, 책임과 예방 그리고 절대적 형벌이론과 상대적 형벌이론의 차이가 그렇게 크지 않음을 알게 될 수도 있다.

5. 사회방위론

(1) 사회방위론의 의의

사회방위론(défense sociale nouvelle)은 범죄에 대응하여 사회를 보호하고 사회구성원이 범죄인이 되는 것을 방지하며, 이미 범행한 사람에 대해서는 개선조치를 취하여 사회에 복귀하도록 하는 것을 목적으로 하는 이론이다. 개념 자체가 뜻하는 것처럼 처음에는 범죄위험성으로부터 사회를 보호하는 의미였으나, 이후에 일반예방과 재사회화의 관점을 포괄하는 넓은 의미로 사용되었다. 51

사회방위이론은 사회를 보호하는 데 목적을 두고 비실증적·비인도적 형벌을 배격하기 때문에, 기존 논의되던 형벌이론에 포함될 수 없다고 볼 수도 있다. 그러나 형벌을 '범죄에 대한 반작용으로 부과하는 해악'이라고 정의하면 사회방위론이 제안한 여러 조치도 넓은 의미의 형벌로 이해할 수 있다. 형벌이론적으로 보면 특별예방 가운데 '보안' 측면, 형벌과제에서는 형벌의 '일반인보호' 측면을 극대화한 것이다. 52

1) Lampe, Strafphilosophie, 3면 이하; Hassemer, Generalprävention und Strafzumessung, 49면 이하 참조.

2) 벤담에 따르면 예방목적을 통해서도 형벌의 한계를 정할 수 있다. 같은 수준의 예방효과가 있다면 가장 가벼운 형벌을 부과하는 것이 수형자에게 미칠 해악을 최소화할 것이라고 한다(Bentham, 도덕과 입법의 원칙에 대한 서론, 354면 이하). 그러나 제한 없는 예방조치가 다수인에게 언제나 더 선호될 것이라는 점에서, 수형자의 권리가 크게 희생될 것이라는 우려에서 벗어나기 어렵다. 상호이해를 통해서만 개인의 선호가 공동체의 규범으로 나아갈 수 있었음에 주목한다면, 소수자 침해가 야기할 불호不好 상태에 대한 공동이해가 전제되어야 할 것이다.

53 사회방위사상은 이탈리아 실증학파의 기본사상과 국제형사학협회(IKV)의 기본 이념을 모태로 하고 있다. 이탈리아 제노아의 변호사였던 그라마티카(F. Gramatica)가 1945년 사회방위연구소를 설립하고 1947년 제1차 국제사회방위학회를 개최하면서부터 본격적인 논의가 시작되었다.[1] 이 당시 사회방위론은 극단적 사회방위학파로 분류되는데, 사회방위법에 의해 형법을 대체하는 것을 주요한 내용으로 했기 때문이다. 이후 1954년 앙셀(M. Ancel)의 의견이 많이 반영된 '최소강령'이 이 협회의 기본입장으로 채택되면서 온건한 사회방위론으로 불리는 이른바 '신사회방위론'이 오랜 기간 유지되어 왔다. 후자의 사회방위론은 사회방위와 형법을 공존시키면서 형법의 기본틀을 새롭게 구성하는 것을 목표로 하였다.

(2) 사회방위론의 내용

54 사회방위론의 공통적인 내용을 다음과 같이 요약할 수 있다.[2]

55 1) 형사정책의 최우선적 목표는 범죄로부터 사회를 보호하는 것이다. 이를 위해서는 형벌 이외의 조치, 즉 범죄자를 격리·치료할 수 있는 어떤 수단을 써도 무방하다. 개선이 어려운 위험한 범죄자에 대해서는 무해화조치를 이용하는 것도 가능하다. 이 경우에 기존의 형벌은 사회보호에 도움이 되지 않는다.

56 2) 사회방위는 이미 발생한 고의·과실의 범죄행위를 처벌하는 데 목적이 있는 것이 아니라 범죄위험성으로부터 사회를 사전에 보호하자는 범죄투쟁적 성격을 가지고 있다. 기존의 고의·과실이나 책임개념이 비실증적이고 규범적인 데 반해 범죄를 물리적으로 막는 것은 실증적인 범죄대응이다.

57 3) 사회방위는 개별적 범죄자의 재범예방과 처우에 중점을 두기 때문에 재사회화를 위한 체계적 조치인 교육 또는 치료로써 형벌을 대신한다. 그리고 이를 위해 범죄심리학이나 정신의학 등과 면밀히 협조한다. 범죄자에 대해 형벌로 비난하는 것 대신 그를 개선하고 치료받아야 할 인간으로 바라본다는 점에서 인도주의를 표방한다.

(3) 사회방위이론에 대한 평가

58 1) 사회방위론은 태생적으로 불분명한 개념에 기댈 수밖에 없다. '사회'와 '위험' 등 중요한 내용, 범위 그리고 그에 대한 판단주체 및 판단기준 등을 분명하게

---

1) 이것은 1949년 제2차 모임부터 국제사회방위협회(La Société Internationale de Défense Sociale)로 개편되었다.

2) 자세히는 Ancel, 신사회방위론, 1면 이하; Plack, Plädoyer für die Abschaffung des Strafrechts, 387면 이하.

확정하지 않으면 국가의 형벌권행사를 일정한 테두리 안에 묶어두기 어렵다. 2) 그 결과 처음 사회방위론의 취지와 정반대로 사회안전을 위해 범죄가능성이 있는 사람의 자유를 무단으로 억압할 수 있는 근거로 이용될 수 있다.[1] 형벌을 부과하는 것이 아니라 치료를 중심으로 하는 재사회화정책을 이용하더라도 이 문제는 극복되지 않는다. 인간에 대한 교육·치료가 자유억압을 통해 집행된다면 그것은 기존의 자유형과 다르지 않을 것이기 때문이다. 3) 나아가 형법이 필요 없게 되는 상황이 반드시 인간의 자유를 더 넓게 인정하는 것으로 여길 수도 없다. 형법은 형사정책이 뛰어넘을 수 없는 한계로서 책임원칙, 죄형법정주의 등 법치국가원칙이 갖는 순기능이 있으며, 이는 꾸준히 시민의 핵심적인 권리영역을 확인하는 방향으로 발전되어 왔음을 인정해야 한다.

제 3 절 범죄자란 어떤 사람인가

[18] 범죄와 인간

범죄를 저지르는 자나 범죄를 당하는 자, 그리고 범죄를 예방하거나 그에 대 1
한 일정한 조치를 행하는 자, 나아가 범죄상황을 관찰하는 자 모두 개별적인 인간이다. 모든 형사정책의 논의대상에 인간이 포함되기에 어떠한 인간상(Menschenbild)을 토대로 하는지는 중요한 물음이다.

1. 인 간 상

여기서 인간상은 개인과 사회(또는 타인)에 대한 관계를 바라보는 시각을 뜻 2
한다. 이에 대한 구체적 설명은 철학적 인간학(philosophische Antropologie)으로 묶어서 파악할 수 있는 다양한 개별과학들, 예컨대 철학, 사회학, 심리학, 언어학, 인류학 등의 상호연구를 통해 진행되고 있다. 개략적으로 본다면 아래와 같이 개

1) 사회방위론을 합목적성에만 봉사하는 파시스트형법이라고 본 예는 Radbruch, 법철학, 223면 이하.

인과 사회를 바라보는 시각의 양극단에 두 가지 인간상이 자리하고 있으며 그 절충적인 형태가 개념화되어 있다.[1)]

3 1) **개인주의적 인간상**은 각자 다른 개성을 가진 각각의 사람들이 각자의 근원적인 자유를 갖고 있으며, 서로 아무런 책임과 의무를 강제당하지 아니하고 살아가는 상황에 놓여 있다는 생각을 바탕으로 한다. 원자론적原子論的 인간관이라고도 말한다. 개별 인간의 행동특성과 고유한 윤리의식 등을 주된 관찰대상으로 하고, 국가의 강제로부터 자유로운 개인영역을 중시하던 근대의 전통에서는 이와 같은 인간상을 추구하였다.

4 2) **사회적 인간상**은 개별인간들이 실존하기에 앞서 이미 고정된 것으로 주어진 '사회적 사실'(soziale Tatsache), 또는 '사회의 구성요건'(soziale Tatbestände)이 있으며, 개인은 그에 맞게 적응되어 살아가고 있다는 생각을 말한다. 여기서 사회적 사실은 경제, 금융, 교육, 법 등의 여러 체계와 제도를 일컫는 말이다. 이는 개별인간에 앞서 실증적으로 관찰가능한 대상처럼 독자적으로 있는 것으로서 사람들을 결집하게 만드는 작용을 한다. 이러한 사회적 사실이 이루는 구조가 각 개인이 활동할 수 있는 한계를 이미 설정하고 있기에, 어느 정도 기대가능한 방식으로 우리 각자의 활동을 강제하는 측면이 있다[사회실재론]. 이러한 삶의 방식에 주목하게 된 것은 지난 세기 초, 특히 뒤르켐에 의해서이다.[2)] 이러한 관념이 이후 전체주의의 배경이 되었던 것은 이론의 원래 의도와 무관한 역사의 흐름에 따른 부작용이었다. 개인의 권리를 제한하면서 사회 또는 국가의 전체적 이익에 희생되도록 하는 상황을 정당화하기에 유리한 설명모델이었기 때문이다.

5 3) **인격주의적 인간상**은 위의 두 극단적인 입장의 절충적인 형태에 해당한다. 인간을 자신을 둘러싼 환경 가운데서 자신의 고유한 지위와 역할을 지니고 살아가야 하는 '관계적 존재'로 바라본다. 인격적 인간존재는 일정한 사회·문화구조를 승인하고 있으면서도 환경 가운데 각자의 자유로운 인격을 발현하는 주체를 말한다. 이 생각에서도 '사회적 사실'이 부정되는 것은 아니다. 그러나 이는 인간의 모임 및 그것을 통해 형성된 '관계' 또는 '연대'를 다르게 부르는 것에 불과하다. 여기서 모든 사람은 제도 그 자체에 맞추어 사는 것이 아니라, 인간 사이에 서로 주

---

1) 이러한 Individualismus–Personalismus–Totalitarismus의 구도에 대해서는 Zipf, 형사정책, 74면 이하; 홍영기, 기능주의적 범죄이론 비판, 78면 이하.

2) Durkheim, Regeln der soziologischen Methode, 105면 이하.

체-객체 그리고 객체-주체로서 기대하고 의지하는 모습 위에서 권리, 의무를 갖는 존재이다.[1)]

우리 법제도, 형사정책이 염두에 두고 있는 인간상도 바로 위의 인격적인 모 6
습에 해당한다. 여기서 언급하는 사회는 사회체계나 제도 그 자체가 아니라 '관계를 맺고 살아가는 개인의 모임'을 의미하는 것이다. 그러므로 법제도와 형사사법의 기능 또한 그 자체를 위한 역할에 그쳐서는 안 되며, 궁극적으로 반드시 '개별인간을 보호하는 기능'을 향해 있어야 한다.[2)]

2. 궁극적 목표가 되는 인간

형사사법과 형사정책의 대상은 사회 및 그에 속한 체계 자체가 아니라 개별 7
인간이라고 하였다. '범죄가 발생하는 사회'를 이야기할 때의 '사회', 범죄자처우를 말할 때의 '범죄자', 법익보호대상인 '일반인', 그리고 피해자학에서 말하는 '피해자' 등의 대상은 모두 개별적 인격으로서 사람이다.

이러한 모든 '사람'이 인간의 본질 자체나 추상화된 인간이 아니라, 개별적이 8
고 구체적인 특정인이라는 사실이 특히 중요하다. 형법도그마틱 사례풀이에서 행위자 A와 피해자 B, 형사소송법학에서 피의자·피고인·증인, 범죄학에서 범죄자와 피해자 등을 말할 때 언제나 이 개념들이 '인격적 인간'임을 잊어서는 안 된다. 개념화되어 고정된 활자를 다루더라도, 이 모두가 이웃의 아저씨나 동네의 여학생처럼 구체적인 사람을 대상으로 한다는 사실을 생각해야 한다. 이것을 그르친다면 개별인간의 보호가 아니라 사회나 체제 그 자체의 보호가 형사사법의 과제라고 막연히 생각하거나, 개별정책이 구체적인 한 사람 한 사람의 삶에 직접 미치는 영향에 대한 논의를 생략한 채, '사회 전체에 유용하다'는 식으로 손쉬운 주장을 할 수도 있다. 현실과 유리된 관념론에 그치는 것을 가장 경계해야 하는 분야가 바로 범죄와 형벌을 취급하는 영역이다. 그리고 바로 이 점에 규범학으로서의 형사정책과 다른 사회과학의 결정적인 차이가 놓여 있다.[3)]

---

1) 김일수, 한국형법 I, 82면 이하; Maihofer, Menschenbild und Strafrechtsreform, 8면 이하; 같은 저자, 법과 존재, 104면 이하; 같은 저자, 실존법으로서의 자연법, 17면 이하.

2) 개인과 전체에 대한 같은 결론에서 기능적 국가개념(funktionaler Staatsbegriff)을 제시하는 예로는 배종대, 정치형법의 이론, 221면 이하.

3) 라드브루흐가 한 학생에게 해주었다는 말이다. "법을 공부할 때부터 일찍이 명심해야 한다. 판결은 사람의 살갗에 쓰여진다는 사실을! 퀴즈삼아 법문제를 푸는 데에 그쳐서는 그저 폭군의 시중을 드는 사람이 될 뿐이다. 이 폭군으로부터 벗어나는 유일한 길은 오직 정의를 향한 엄격한 의지 밖에 없다."(Spendel, Jurist in einer Zeitenwende, 34면).

[19] 범죄자의 의미와 분류

1. 범죄자의 의의

(1) 개 념

1 범죄자는 범죄행위의 주체가 되는 사람이다. 형법학과 마찬가지로 형사정책에서도 범죄자가 자연인에 국한된다는 점은 변하지 않는다. 범죄의 원인과 대책을 논할 때 범죄자는 범죄를 저지른 것으로 확인된 사람만 뜻하지 않는다. 범죄행위를 하였으나 적발되지 않은 사람, 형사사법기관의 절차를 겪지 않은 사람 또는 장차 범죄를 저지를 가능성이 있는 잠재적 범죄자까지도 넓은 의미의 범죄자에 포함된다.

2 범죄자라는 개념은 형사법에서 이용하는 용어는 아니다. 무죄추정원칙이 있기에 수사단계의 피의자, 형사소송과정의 피고인은 아직 범죄자로 부를 수 없다. 범죄의 존재 및 종류 자체를 문제삼는 형법도그마틱에서는 범죄자라는 말을 쓰지 않으며 단지 '행위자'로 표현한다. 이 책에서는 이 모든 논의대상을 포함하고 있기 때문에 상황에 따라 다른 단어를 이용해야 하지만, 편의상 '범죄자'로 쓰더라도 논의상황에 맞게 이해하는 데 문제는 없을 것이다.

(2) 법인, 동물, 인공지능

3 형법학에서 자연인 이외의 법인은 범죄를 저지를 수 없는 것으로 보는 것이 통설이다.[1] 동물의 범죄에 대해서도 진지하게 취급하지 않는다. 여기서 중요한 논점은 법인이나 동물이 사람의 법익을 침해할 수 있는지 여부가 아니다. 실제로 법인조직이 저지르는 불법이 사회적으로 매우 중요한 사안이 되고 있으며, 가끔 키우던 개가 주인을 물어서 죽이기도 한다. 중요한 것은 이들이 혹시 '범죄'로 불리는 행위를 할 수 있다고 하더라도 '처벌'을 받을 수는 없다는 사실이다. 법인이 범죄를 저질렀다면, 그 조직 안에서 범죄에 가담한 '자연인'을 처벌해야 하는 것이지 '법인' 자체를 처벌할 수는 없다. 만약 법인에게 처벌을 하려 한다면 조직 안에서 범죄에 관련되지 않은 사람까지 불이익을 받게 되며, 이것은 책임원칙에 반한다. 동물에게 처벌을 한다고 해도 그것은 형벌의 고유한 의미인 응보와 예방을 실현할 수 없다는 점은 잘 알 수 있다. 형법은 형벌을 부과하기 위한 법이기 때문에, 형벌을 부과

1) 법인의 범죄행위능력에 대한 논의는 배종대, 형법총론, 50/1 이하.

할 수 없는 대상에게 형법이 적용될 수는 없는 것이다.

지금 학문적인 대화에서 진지한 논의대상이 되고 있는 것은 로봇 또는 인공 4
지능(A.I.)이다.[1] 역시 마찬가지이다. 로봇이나 이를 조종하는 인공지능이 사람의 권리를 침해하는 것은 얼마든지 가능하다.[2] 그러나 중요한 물음은 기계가 범죄를 저지를 수 있는가가 아니라, 처벌에 의미가 있는가 하는 것이다. 한정된 시간 속에서 삶을 영위하는 인간과 달리, 시간의 흐름으로서 현존하지 아니하는 기계는 형벌의 불이익을 통해 어떠한 '박탈'도 인식할 수 없다. 전원을 껐다가 20년 이후에 켠다고 해서 기계가 인간이 징역형을 사는 것과 같은 해악을 당하는 것이 아니다. 즉 인공지능에 대해 부과되는 반작용에는 응보와 예방의 의미가 있을 수 없기에 인공지능은 형법의 대상이 될 수 없다. 미래를 예측하는 것이 가장 어려운 일에 속하지만 이 점은 분명하다. 장차 기계장치가 아무리 발달한다고 해도 이는 결코 형법의 적용대상이 될 수 없다.[3]

[권리의 원천] 데카르트의 cogito ergo sum('나는 생각한다. 고로 존재한다')에 5
대해, '도대체 존재한다는 게 뭐냐'고 캐물었던 하이데거(M. Heidegger)가 만약 지금 시대를 산다면 다음과 같이 물을 것이다. "A.I.가 '생각한다'고 할 수는 있다. 그렇다고 해서 그것이 '존재한다'고 말할 수 있는가?" 인간은 주어진 시간 속에서 단 한 번의 삶을 살기 때문에 비로소 '존재한다'. 그리고 이 사실로부터 모든 가치와 권리의 목록도 연역되는 것이다. 만약 우리가 영원히 산다면 어떠한 가치와 권리도 부정될 것이다. 생명권은 말할 것도 없고 신체, 재산도 마찬가지이다. 영원히 산다면 일정기간 자유를 박탈하는 자유형에 무슨 의미가 남는가? 수억 원을 재산을 잃는다 하여 뭐가 문제인가? 하루에 1원씩만 모아도 언젠가는 회복되는 재산이다. 권리는 일회적인 삶을 살면서 이를 자각하는 인간에게만 의미가 있으며, 그의 근원은 다름 아닌 '제한된 시간성'이다.

(3) 범죄자분류의 의의

규범적 의미의 범죄자분류는 곧 범죄(행위)의 분류와 일치한다. 살인죄를 저 6
지른 사람이 살인범죄자이고 강도죄를 저지른 사람은 강도범죄자가 된다. 그러므로 규범적인 의미로 범죄자를 분류하는 것은 형법도그마틱의 관심사이다. 이와

---

1) 이에 대해서는 이원상, 4차 산업혁명에 있어 형법의 도전과제, 248면 이하; 같은 저자, 인공지능 대응에 있어 형사법 이론의 한계, 456면 이하; 임석순, 형법상 인공지능의 책임귀속, 74면 이하.

2) 이 점에 대한 도그마틱적 비평은 임석순, 앞의 논문, 77면 이하.

3) 물론 영화 '블레이드 러너'에서 보듯이 현존재의 의미를 이해하도록 인조인간을 처음부터 조작해두는 방식이 가능할 수도 있다. 그러나 그것이 사람의 법익을 침해하지 않도록 설정하는 것에 비해 쉬운 것일지 의문이다.

달리 범죄학적 의미의 범죄자분류는 범죄자를 과학적 기준에 따라 분류하는 작업이다. 이는 범죄원인을 규명하는 데 유용한 정보로 이용되고 범죄자 개인에 맞는 효과적인 재사회화 프로그램을 마련하는 데도 쓸 수 있기 때문에 의미 있는 범죄학 테마로 취급되어 왔다. 지금까지 논의된 행위자 분류기준 가운데서 일별해볼 만한 것만을 간추리면 다음과 같다.

2. 범죄원인 및 대응을 기준으로 한 분류

7 과거에는 범죄자의 종류를 아래와 같이 주로 범죄원인에 따라 분류하거나 그에 대한 대책의 방향을 기준으로 나누었다.

(1) 롬브로조의 분류

8 롬브로조는 범죄인류학적 입장에서 범죄인을 아래와 같이 분류하였다.[1)]

▌롬브로조의 범죄자분류▐

분 류		내 용
생래적 범죄인		선천적으로 범죄를 저지를 수밖에 없는 생물학적 구조를 타고난 범죄인
정신이상 범죄인		정신적 특유성이 원인이 되어 범죄하는 자. 생래적 범죄인과 함께 정책적으로 개선여지가 없는 범죄인에 속함. 롬브로조는 이 양자를 전형적 범죄인이라 하고, 실제로 이들에 의해 일어나는 범죄가 대부분이라고 함.
히스테리범죄인		범죄소질을 가진 것은 아니지만 우발적으로 범행하는 자
기회범죄인	유사범죄인	범죄에 대한 일반적 위험성은 없지만 경우에 따라서 자신의 생존을 위해 범행할 수 있는 자
	준범죄인	생래적 범죄인이라고 할 수는 없지만 다소간 선천적 원인이 있는 자
상습범죄인		나쁜 환경으로 인하여 상습적으로 범행하는 자
잠재적 범죄인		평소에는 범죄를 저지를 만한 소질이 드러나지 않다가 술을 마시는 등 여러 이유로 격한 감정이 생기는 경우에 범죄특성이 나타날 수 있는 자

(2) 리스트의 범죄자분류

9 리스트의 범죄자분류는 형사제재 및 처우방향을 기준으로 한 분류 가운데 가

1) Lombroso, 범죄인의 탄생, 308면 이하.

장 널리 알려진 방법이다. 그는 목적적 형벌사고를 바탕으로 처벌되어야 할 것은 행위가 아니라 행위자라고 하면서, 형벌의 목적과 관련하여 범죄자를 분류하였다. 아래와 같이 형벌목적을 개선, 위하, 무해화의 세 가지로 나누고, 행위자 유형에 따라 세 가지 목적을 각각 달리 적용해야 한다고 하였다.1)

▮ 리스트의 범죄자분류 ▮

행위자 유형	목적달성방법
개선불가능자	무해화조치(Unschädlichmachung): 사회는 개선이 불가능한 자로부터 스스로를 방위해야 하므로 이러한 자는 종신형에 처하는 것이 바람직함. 개선불가능한 자의 문제는 사회적 병리현상에 속하는 것이므로 이런 자에 대한 형사정책적·범죄학적 연구는 매우 중요함.
개선필요자	개선조치(Besserung): 선천적·후천적으로 범죄성향이 있으나 개선이 불가능한 상태에 이르지 않은 자에게는 개선을 위한 형벌이 부과되어야 함. 다만 단기자유형은 오히려 불합리한 결과를 초래할 수 있으므로 피해야 함.
기회범	위하(Abschreckung): 일시적인 행위로 범죄를 저지른 자에 대한 형벌은 손상된 법률의 권위를 회복시키는 것으로 충분하므로 위하목적으로 부과됨. 이는 범죄자의 이기심에 경종을 울리기 위한 것임. 여기서는 벌금형이 적합하고 단기자유형은 오히려 역효과를 일으킬 수 있으므로 피해야 함.

(3) 마이호퍼의 범죄자분류

리스트의 영향을 받은 **마이호퍼**(W. Maihofer)는 그의 재사회화이념에 따라 범 10
죄자유형을 속죄의 용의가 있는 기회범, 속죄의 용의가 없는 기회범, 개선가능한

▮ 마이호퍼의 범죄자분류 ▮

유 형	형벌목적
속죄 용의 있는 기회범	타인에게 긍정적 기여를 할 수 있는 기회를 줄 수 있도록 속죄기회를 부여함. 예를 들어 사회봉사활동을 시키거나 행위자가 자신의 노력으로 얻은 수입을 공공목적에 사용하도록 하는 것 등이 있음.
속죄 용의 없는 기회범	순수한 위하목적으로 형벌을 부과하여 다른 사람에게 범죄기회에 범행으로 나아가지 않도록 유도해야 함. 그러나 이때에도 자유형은 사회로부터 격리함으로써 범죄자의 사회화를 방해하므로 바람직하지 않음.

1) Liszt, 마르부르크 강령, 93면 이하.

개선가능 상태범	교육형을 부과함. 단순한 자유형은 어떤 도움도 주지 못하지만 사회 속에서 이루어지는 재사회화조치는 가능함. 경우에 따라 교육형과 더불어 일정한 치료조치가 필요한 수형자도 있음.
개선불가능 상태범	보안목적의 형벌을 부과함. 범죄자로부터 사회는 보호되어야 하고, 이들에 대한 사회의 책임 또한 진지하게 물을 수 있는 자세가 필요함.

상태범 그리고 개선불가능한 상태범 등 네 가지 집단으로 나누고 형벌목적을 이러한 유형에 따라 구별하였다.[1)]

(4) 범죄자분류의 한계

11 정책적으로는 어떤 범죄자에게 무슨 종류의 형사제재를 부과할 것인가가 가장 중요한 문제이다. 제재의 성격을 기준으로 한 위의 분류방법은 이 점에서 문제를 문제로 답하는 순환론에 그친다. 범죄자를 분류하는 목적은 범죄원인을 과학적으로 규명하고 그에 따라 합리적 범죄대책을 수립하는 동시에 재사회화에 필요한 정보를 얻는 데 있다. 위에서 간단히 살펴본 기준으로는 이러한 목적을 달성할 수 없다. 범죄분류와 범죄자분류는 '일반－개별'의 관계에 놓여 있다. 범죄의 규범적 유형은 단순하지만, 범죄원인에 따른 개별범죄자의 특성은 이와 비교할 수 없을 정도로 다양하다. 형벌의 종류와 정도 그리고 재사회화에 필요한 정보는 각 범죄자마다 개별적으로 규명되어야 하는 것이다. 범죄종류를 유형적으로 분류하듯이 범죄자를 분류하는 것은 불가능할 뿐만 아니라, 그 방법이 정책적으로 유용할 것으로 기대하기도 어렵다.

3. 실무상 범죄자분류

(1) 범죄통계상 의미 있는 범죄자분류

12 현재 범죄통계에서 특별하게 다루어지는 분류는 다음 유형이다.[2)]

13 1) **여성범죄자**는 2010년에서 2019년까지 10년 동안 21.2% 증가한 것으로 집계되었다. 2019년 기준으로 전체 범죄자 가운데 20.7%를 차지한다.

14 2) **공무원범죄자**는 공무원의 신분을 가진 자가 범한 모든 죄로서 직무관련성

1) Maihofer, 법치국가와 인간의 존엄, 138면 이하.
2) 아래 내용은 범죄백서 2020, 138면 이하.

을 불문한다. 매년 12만 건 이상의 범죄가 발생하는데 직무관련한 것으로서 직무유기, 직권남용, 수뢰, 문서범죄의 순서로 많이 발생한다.

3) **정신장애범죄자**는 매년 조금씩 늘어나 2019년에는 7,818건이 발생하였다. 15
절도와 폭행, 상해죄의 비중이 높다. 그러나 수사기관에서 어떤 종류와 어느 정도의 정신장애를 여기에 포함시켜 구별하는지는 명확하지 않다.

4) **소년범**도 범죄통계에서 별도로 취급한다. 전체 소년범은 2006년 63,159명 16
에서 2007년 81,800명, 2008년 126,213명으로 증가하였고, 2008년을 정점으로 꾸준히 감소세를 보이다가 2019년에는 66,247명을 기록하였다. 소년에 대한 준법교육이 성과를 거두고 있기 때문이 아니라, 전체 인구분포 면에서 연령이 낮은 사람들의 비율이 줄어든 데에 더 큰 이유가 있다[86/12].

5) **외국인 범죄자**분류의 의미가 최근에 커지고 있다. 2019년 기준 외국인등 17
록이 되어 있는 상주 외국인은 1,271,807명이며, 불법체류자로 확인된 사람은 390,281명이다. 외국인 입국자는 17,880,503명이다. 후자 가운데에는 중국과 일본에서 온 관광객이 60%를 차지한다. 외국인 범죄자 수는 위와 같은 외국인의 증가에 비례하여 증가하였다. 2011년 33,722명이었던 것이 2015년 37,928명이 되었고, 2019년에는 39,369명이었다. 그러나 범죄발생비율 면에서 보면 내국인들이 저지르는 범죄비율에 현저히 미치지 못한다[48/11].

(2) 형사사법상 의미 있는 범죄자분류

형사사법실무도 양형과 수형자처우를 위해 범죄자를 구분하고 있다. 18

1) **우발범 · 기회범**은 범죄를 사전에 계획하지 않은 상황에서 우연한 기회에 19
즉흥적인 계기로 행위한 자를 말한다. 재범위험성이 낮은 유형이기 때문에 이에 합당한 처우를 한다. 위험성이 없는 경우에는 수사과정이나 기소과정에서 훈방 또는 기소유예처분을 하는 방식이 많이 이용된다. 형사절차에 연루되었다는 심리적인 충격만으로도 장차 범죄로 나아가지 아니할 동기를 부여할 수 있기 때문이다. 재판과정에서도 집행유예제도 등을 활용하는 것이 일반적이다.

2) **상습범**은 개인의 범죄적인 습성으로 반복해서 범행하는 경향이 있는 자를 20
의미한다. 반드시 과거 범죄로 인해 처벌을 받았던 자를 의미하는 누범 · 재범과 달리 행위자의 인격적 특성을 기초로 하는 개념이므로 처음 적발된 사람도 상습범으로 분류될 수 있다. 상습범은 법효과면에서 가중처벌되는데, 이에 대해 비정형적인 기준에 따라 가중하는 것으로서 평등권에 위배된다는 비판이 있다.[1] 상습범은 특히 형집행을 위한 분류에서 특별하게 취급된다. 재사회화를 위한 진지한 노력이 필요한 대상이기 때문이다.

21 3) **소년범**은 성인범죄자에 비해 위법성인식이 불분명하여 우발범·기회범으로서 범죄를 저지르는 경우가 대부분이다. 그 처우에 따라서 소년범죄자가 상습범이 될 가능성도 있기 때문에 특별한 주의가 필요하다. 비교적 가벼운 1차적 범죄를 저질렀을 때 성인범죄자와 마찬가지로 자유형을 집행한다면, 시설 안에서 다른 수형자로부터 좋지 않은 영향을 받기 쉽다. 성인에 비해 재사회화효과 또한 높기 때문에 이 점을 양형에서도 미리 고려해야 한다.

(3) 양심범·확신범

22 양심범(Gewissenstäter)은 정치적·종교적·사상적 신념에 의하여 실정법에 반하는 행위를 한 사람을 말한다. 이와 달리 행위자에게 단지 자신의 행위가 범죄가 아니라는 확신이 있었던 경우는 확신범이라는 개념으로써 구별하는 것이 보통이다. 그 확신에 합리적인 근거가 크게 부족한 경우는 미신범이라고 부른다. 특별한 정치상황에 따라 범죄자로 구별된 사람을 정치범으로 분류하기도 한다. 양심범에서 '양심'(Gewissen)은 각자 개인이 가지고 있는 신념이라는 뜻으로서 '양심의 자유'에서와 같은 쓰임새이다. '도덕적으로 선한 뜻'이라는 일상적인 의미가 아니다.

23 사회에 적응하지 못할 정도의 비윤리적인 사상이나 확신으로 인해 실정법을 위반하게 되는 행위자에 대해서는 형벌이나 보안처분의 방법을 이용하여 격리조치한다. 만약 자신의 행동에 대한 위법성인식이 결여되어 있고 그에 정당한 사유가 있는 때라면 금지착오의 법리에 따라서 형을 감면해야 할 경우도 있다. 과거에는 사상범을 비파렴치범으로 보아, 파렴치범과 구별하여 금고형과 같은 명예구금을 해야 한다는 주장이 있었으나[G. Radbruch], 이는 노동을 천시하던 이전 세대의 방식이다.[2]

24 양심범 또는 사상범의 처벌필요성 및 한계에 대해서는 오랜 기간 견해가 나뉘어 있었다. 가치다원주의사회에서는 적어도 정치적 신념이 다르다는 이유로 긴 기간의 형벌을 집행하는 사례가 점차 사라져가고 있다. 양심범이나 확신범에 대

---

1) 배종대, 형법총론, 187/6.
2) 배종대, 형법총론, 175/6 참조.

한 사회적 인식도 이와 함께 변화하고 있는 것이 관찰된다. 얼마 전 양심적 병역 거부를 비범죄화한 것[14/8]이 대표적인 예이다.

제 4 절 범죄피해자에 대한 새로운 시각

[20] 피해자의 의의와 피해자학

우리에게 익숙한 형사사법체계는 예외 없이 모두 '범죄자'를 바라보고 있다. 1
형사사법의 목적이 행위자의 범죄행위를 객관적으로 밝혀내고 그에 상응한 처벌을 부과하는 데 있기 때문이다. 이러한 가운데 범죄피해자는 전적으로 소외되어 있다. 많은 사람들은 이 점에 대해 쉽게 납득하지 못할 것이다. 피해자의 피해가 고스란히 남아 있는데 그것을 사안의 온전한 처리라고 말할 수 있느냐고 묻고 싶어진다. 바로 이와 같은 반성의 소리가 높아지면서 우리나라 형사정책 영역에서도 피해자에 대한 관심이 과거에 비해 커져 왔고, 이제는 피해자에 대한 합리적인 조치 없이는 제대로 된 형사사법이 아니라는 의식도 굳어지고 있다.

1. 피해자개념

피해자개념은 일치되어 있지 않다. 일상언어적으로 피해자는 범죄에 의해 손 2
해나 피해를 입은 사람이지만, 형법학에서는 범죄에 의해 침해당한 법익의 주체이다. 형법적 의미의 범죄는 구성요건에 해당하고 위법·유책한 행위인 반면, 예를 들어 범죄피해자구조법에서는 구성요건해당성과 위법성만 갖추면 범죄로 인정되는 등 피해자의 범위가 형식적으로 일치하는 것도 아니다.

1) 피해자개념을 최협의로 이해하는 견해는 형식적 범죄개념에 따라 범죄행 3
위에 의해 손해를 입은 사람만을 뜻한다고 하지만, 2) 실질적 범죄개념에 따라 법률위배가 아니거나 절차상 비범죄화된 것이라고 하더라도 법익침해를 당한 사람을 피해자에 포함시키는 견해도 있으며, 3) 법익을 침해당한 자에 국한하지 않고 그와 관련을 맺고 있는 사람(예를 들면 그의 가족)까지 피해자범위를 확장하는 시각, 4) 더 나아가 피해를 범죄와 분리하여 침해원인이 범죄 이외에 민법상·행정법상 사건 등에 의한 경우, 또는 장차 발생할 수 있는 위험까지도 포함하여 모든 유해한 결과를 당했거나 장차 당할 수 있는 사람으로 이해하는 최광의의 피해자 개념도 있다.[1)]

4 피해자개념은 이 가운데 어느 하나로 고정되어 있는 것이 아니다. 정책의 대상으로서 피해자가 차지하는 영역에 따라 피해자의 개념범위는 달라진다. 1) 형사사법 절차에서 피해자개념은 위의 최협의 피해자개념을 취할 수밖에 없다. 예를 들어 간접적으로 피해를 입은 사람까지 형사소송법상 고소권자로 볼 수는 없다. 범죄피해자보상법에 따른 피해자개념도 마찬가지이다. 2) 범죄학의 분석도구로서 피해자개념은 실질적 범죄개념에 대응하는 것으로 확대시켜야 한다. 3) 나아가 국가가 널리 정책적 관심을 가져야 하는 피해자는 광의 내지 최광의의 의미로 넓어진다.

5 [가해자와 피해자의 엄격한 구별] 피해자개념과 관련하여 가해자와 피해자가 엄격하게 구별될 수 있는지 되묻는 입장이 있다. 특히 복잡성을 특징으로 하는 현대사회에서 이러한 문제는 자주 등장한다. 예를 들면 교통범죄나 인터넷상 명예훼손·모욕, 싸움 등에서 가해자와 피해자를 엄격하게 구별하는 것은 쉬운 일이 아니다. 같은 정도의 고의·과실로 비슷한 행위를 했음에도 어느 편은 가해자가 되어야 하고 어느 편은 피해자가 되는 경우를 흔히 볼 수 있다. 심지어 고소·고발을 먼저 당한 사람은 가해자 그리고 그 상대방은 피해자로 인정되는 경우도 있다. 즉 현실에서는 피의자와 피해자를 확정하는 과정부터 이미 형사사법기관의 자의가 개입될 가능성이 있다.

2. 피해자학

(1) 피해자학의 의의와 역사

6 피해자학(Viktimologie)이란 범죄피해를 입었거나 입을 위험이 있는 사람의 특징을 분석하고, 이를 기초로 범죄발생에서 피해자의 의미, 형사사법과 정책에서 피해자에 대한 대책을 연구하는 학문영역이다.[2)] 첫 의미 있는 작업은 18세기 중

1) 이러한 최광의의 피해자개념은 멘델존의 입장이다. 그는 에너지에 의한 피해자, 산업재해에 의한 피해자, 자연적 현상으로 인한 피해자까지 모두 피해자에 포함시킨다. 피해가 누구에 의하여 발생했는가는 중요하지 않으며 스스로 자초한 피해까지도 포함된다.

2) 김성진, 피해자학과 범죄피해자 보증대책, 155면 이하 참조.

엽 프랑스의 변호사였던 **삐타발**(F. G. Pitaval)이 주목할 만한 범죄사안들을 묘사하여 범죄에서 피해자의 역할을 드러내 보인 저작이었다. 19세기 말 **포이어바흐**가 쓴 『특별한 범죄에 대한 서술』이라는 책에서도 피해자에 대한 상세한 묘사가 등장하며, **가로팔로**도 범죄피해자가 범죄발생의 원인으로서 차지하는 영향을 분석한 문헌을 발표하였다.

사례소개의 수준을 넘어 현재 피해자학으로 이어지는 체계적 연구는 제2차 7
대전 이후 **멘델존**(B. Mendelsohn)과 **헨티히**(H. Hentig)에 의하여 시작된 것으로 본다. **멘델존**은 1940년 강간범죄 피해자를 연구하여 형사정책적으로 의미 있는 피해자학의 기초를 마련하였고, 1956년에는 『피해자학』이라는 논문을 저술함으로써 처음으로 피해자학이라는 말을 사용하였다. 그는 가해자에게 모든 책임이 있는 경우와 범죄에 피해자책임이 더 많다고 판단되는 경우를 나누는 방법으로 피해자 유형론을 제시하였다.[1)] **헨티히**는 1948년 『범죄자와 그 피해자』라는 책을 저술하였는데, 여기서는 범죄피해자의 특성을 중심으로 하여 피해자유형을 나누는 것에 중점을 두었다. 특히 범죄피해자가 되기 쉬운 성격을 연구함으로써 피해자학을 범죄학에 대한 실질적·체계적 보조과학으로 자리잡게 하였다. 그는 죄를 범한 자와 그로 인해 고통을 받는 자라는 도식을 만들어 "피해자의 존재가 오히려 범죄자를 만들어낸다"고 지적하였다.[2)] 1960년대 이후에는 여성의 인권이 중시되면서 폭력의 피해자로서 여성지위에 주목하는 학문적 경향이 강화되었다.[3)]

(2) 입 법 사

피해자와 관련된 입법역사를 보면, 1963년 뉴질랜드가 범죄피해자보상법을 8
처음 제정한 후 영연방국가들과 미국 그리고 다른 유럽국가의 순서로 범죄피해자에 대한 공적 구제를 위한 입법이 이어졌다. 미국에서는 1982년에 피해자 및 증인보호법이 제정되었고, 독일도 1986년 형사소송법을 개정하면서 피해자의 소송법상의 지위를 강화하였다. 우리나라에서도 1987년 범죄피해자 구조법, 1990년 특정강력범죄의 처벌에 관한 특례법, 1993년 성폭력범죄의 처벌 및 피해자보호 등에 관한 법률, 2005년 범죄피해자 보호법, 2010년 범죄피해자보호기금법 그리고 2016년 특정범죄신고자 등 보호법이 제정되면서 피해자보호에 관한 규정을 정

---

1) Mendelsohn, Une nouvelle branche de la science bio-psycho-social, la Viktimologie, 95면 이하.
2) Hentig, The Criminal and his Victim, 419면 이하.
3) Krauß, Täter und Opfer im Rechtsstaat, 272면.

비해왔다.

(3) 피해자학의 과제

9 범죄와 관련하여 피해자에 대한 논의는 크게 두 영역에서 진행된다. 하나는 범죄원인론에서 피해자가 범죄발생에 미친 영향과 관련되는 테마이고, 다른 하나는 피해자에 대한 적절한 보호대책의 문제이다. 즉 1) 범죄원인과 피해원인의 규명, 피해자가 되기 쉬운 사람들을 연구하여 그 심리상태를 조사하고 아울러 피해자를 만들어내는 사회구조를 연구하는 피해자학의 목적이 있다. 2) 형사절차에서 피해자의 권리보장으로서 주로 피해자보호와 피해자의 진술권보장, 변호인의 조력을 받을 권리를 논하며, 3) 형사절차 밖의 제도로서 피해자에 대한 공적 구조, 원상회복 등을 연구한다.

[21] 범죄원인과 피해자

1. 피해자유형

1 초기 피해자학은 피해자를 범죄원인 면에서 분류하는 것으로부터 출발하였다. 내적·외적 요인 또는 시간적·장소적 선택과정에서 존재하게 된 피해자유형을 나눔으로써 범죄원인분석에 도움을 주고자 하였다.

2 멘델존은 범죄에 기여한 피해자의 유책성 정도에 따라 다음과 같이 분류하였다.

▌멘델존의 피해자분류▐

분 류	내 용
책임이 없는 피해자	범죄발생에 책임이 없는 피해자는 미성년자약취·유인죄의 미성년자, 영아살해죄의 영아 등.
책임이 조금 있는 피해자	대개 무지나 착오 등으로 인해 피해자가 되는 경우. 예를 들어 허술한 잠금장치를 그대로 놔두어 절도를 당한 경우 등.
가해자와 동등한 책임이 있는 피해자	자발적으로 피해자가 된 경우를 포함함. 예를 들면 촉탁·승낙 살인죄의 피해자가 이에 속함.
가해자보다 책임이 많은 피해자	가해자보다 범죄발생에 더 큰 영향을 미친 피해자로는 정당방위의 상대방, 피해망상증 호소자(환상적 피해자) 등.

3 헨티히는 피해자유형을 일반적 피해자유형과 심리학적 피해자유형으로 분류

하고 있다.

▌헨티히의 피해자분류▌

유 형	내 용
일반적 피해자유형	여성·어린이·노인·심신장애자 등 피해자의 외적 특성을 기준으로 한 구별.
심리학적 피해자유형	피해자의 심리적 공통점을 기준으로 묶은 것으로는 의기소침자·무관심자·탐욕자, 방종 또는 호색가, 비탄에 빠진 사람, 학대자·정서가 파괴된 자 등이 있음.

2. 피해자 측면에서 특수한 범죄유형

(1) 피해자가 동의·기여한 범죄

일반적인 범죄유형 이외에 가해자와 피해자의 구별이 곤란하거나 피해자 4
가 범죄에 기여한 범죄유형이 특별하게 언급된다. 이러한 종류의 범죄를 '관계범죄'(Beziehungsdelikt)라고 부르기도 한다.[1] 예를 들면 장물수수, 뇌물죄, 성매매, 도박 등이다. 이와 같은 범죄는 수사기관에 알려지는 비율이 낮아 숨은 범죄에 머무는 경우가 많다. 이러한 유형의 범죄에 대해, 범죄자와 피해자가 합의를 한 경우에는 처벌을 면하게 하자는 의견도 있다. 그러나 앞서 본 것처럼 이 유형 자체를 비범죄할 것인지 입법정책적인 논의는 있을 수 있지만, 형식적 범죄로 규정되어 있는 것을 피해자의 의사에 따라 처벌하지 않도록 하는 것은 적법한 방법이 아니다. 민사절차와 달리 형사사법의 임무는 피해자와 행위자의 이해관계를 조정하는 것이 아니기 때문이다.

(2) 피해자 없는 범죄

특히 보편적 법익을 침해하는 행위는 피해자가 없는 범죄로 생각되는 경우가 5
있다. 예컨대 경제범죄, 환경범죄 등이 여기에 속한다. 그러나 엄격하게 보면 피해자 없는 범죄란 없다. 보편적 법익으로서 사회공공의 이익 및 경제나 환경체계 등은 결국 개별구성원 각자의 법익으로 환원될 수 있기 때문이다. 환경범죄의 본질은 환경 자체를 훼손하는 것이 아니라 그로부터 필연적으로 이어지는 개별인간의 생명, 신체, 재산의 침해 또는 위태화에 있다. 보험사기의 피해자는 모든 보험가입자이다. 전체 보험가입자의 수에 비추어 볼 때, 각 사람에게 미친 피해액이

---

1) Hassemer, Einführung in die Grundlagen des Strafrechts, 74면.

불과 몇 십 원에 그친다고 하더라도 이 점은 마찬가지이다. 이러한 방식으로도 개별인간의 이익으로 '미분'될 수 없는 범죄, 즉 진정으로 피해자가 없는 범죄는 없으며, 만약 그러한 행위유형이 형식적인 범죄로 남아 있다고 하면 이는 비범죄화되어야 할 대상이다. 예를 들어 동성애행위, 수간獸姦 등은 형법상 범죄가 아니다.

6 [형법에 의한 동물보호] 최근 우리나라를 비롯한 주요 선진국에서는 기존에 환경보호 테마에 머물던 동물보호를 새로운 입법대상으로 생각하고 있다. 우리나라에서도 1991년부터 '동물보호법'이 시행중이다. 이 법은 신경체계가 발달한 척추동물로서 포유류, 조류, 파충류, 양서류, 어류 중 대통령령으로 정하는 동물이 정상적으로 살 수 있도록 하고 불편을 겪지 않도록 보호하는 것을 목적으로 한다(제2, 3조). 규정을 어길 경우에는 벌금형 또는 과태료처분을 하도록 되어 있으므로(제46, 47조), 이는 특별형법이다. 그러나 동물보호법을 '동물'이라는 개체 그 자체를 보호하는 것으로 생각하면 인간의 동물학대를 법으로 처벌하는 이유를 설명하기 어렵다. 그렇게 본다면 곤충, 갑각류, 연체동물 등이나 대통령령 밖에 놓인 동물들이 보호범위에 속하지 않는 것도 비논리적이다. 즉 형법적으로 실현되어야 하는 동물의 보호 역시 '인간과 관계를 맺는 동물'의 보호를 의미하는 것이며, 궁극적으로 개별인간의 정서적인 평온을 보호하는 것으로 이해해야 한다.

3. 범죄피해원인의 주요개념

7 어떤 사람이 특별히 범죄피해를 당할 위험이 높은지에 대해 다음과 같은 개념이 언급되고 있다. 1) **범죄근접성**은 범죄위험에 물리적으로 가까운 정도를 말한다. 범죄가 자주 일어나는 지역에 살고 있거나, 상대적으로 범죄가 많은 곳에 자주 출입하는 사람은 범죄근접성이 높다. 2) **범죄노출성**은 범죄위험성이 높은 상태에 노출되는 빈도이다. 예를 들어 낮에 활동하기보다는 밤에 다닐 때가, 개방된 것보다는 외딴 곳에 머무는 시간이 늘어날수록 범죄노출성이 클 수 있다. 3) **표적의 매력성**은 행위자에게 경제적·심리적·상징적 가치가 더 큰 것을 뜻한다. 잠재적 피해자 자체의 특징보다는 행위자가 느끼는 주관적인 유용성이 중요하다. 여기에는 적극적 이용가치가 크다는 것뿐만 아니라 소극적으로 물리적 저항이 약하다는 특징도 포함된다. 4) **보호능력**은 피해자가 범죄를 방지할 수 있는 능력이다. 육체적 기량이나 방범시설 등 물리적 능력도 포함되지만 더 중요한 것은 범죄에 대응할 수 있는 사회적·대인적 능력이다. 예를 들어 가까운 사람으로부터 범죄예방 및 형사사법에 협조를 구할 수 있는 경우는 보호능력이 큰 것이다. 5) **적대감**

을 일으키는 요소는 범죄를 저지르는 자의 흥분이나 적개심, 분노를 일으킬 수 있는 피해자의 일정한 특징을 말한다. 특별한 인종이나 직업, 생활수준 등이 이에 해당할 수 있다.[1)]

4. 범죄피해원인의 설명모델

범죄원인론을 범죄행위 중심이 아니라 범죄피해 중심으로 설명하려는 다음과 같은 이론들이 있다.[2)] 1) **피해촉발이론**(victim precipitation theory)에 따르면 피해자는 권리침해로 이어질 수 있는 상황으로 스스로 빠져드는 경우가 있다. 범죄를 능동적 또는 수동적으로 촉발하는 경우가 여기에 속한다. 2) **생활양식이론**(lifestyle theory)은 개인의 직업활동, 여가활동 등 일상활동에서 생활양식이 범죄피해위험성을 좌우하는 중요한 요인이 된다는 이론이다. 사람마다 범죄위험이 높은 상황이나 범죄가 자주 일어나는 시간·장소 등에 노출되는 정도가 다른데 이에 따라 범죄피해자가 될 확률이 달라진다. 3) **일상활동이론**(routine activities theory)을 주장한 **코헨**(L. Cohen)과 **펠슨**(M, Felson)은 일상생활이나 생활양식 측면에서 범죄를 유발하기 쉬운 사람이 있다고 한다. 4) **일탈장소이론**(deviant place theory)은 위험한 장소에 노출되는 사람이 범죄피해자가 될 확률이 커진다는 설명이다. 이 경우 피해자가 범죄를 조장하는 것이 아니라 자신의 행위나 생활양식과 관련이 없으며, 잠재적 범죄자와 접촉할 위험성에 더 많이 노출될수록 범죄피해를 입기 쉽다고 한다. 8

5. 피해원인론의 한계

'범죄행위'원인론은 행위자가 지니고 있는 소질과 그를 둘러싼 환경을 분석하여, 치료나 보안, 환경개선 등을 통해 범죄를 예방하는 데 기여할 수 있다. 그러나 이와 달리 '범죄피해'원인론, 즉 위의 피해원인개념과 설명모델들을 나열하는 의미는 분명하지 않다. 다음과 같은 이유에서이다. 9

1) 피해원인이 범죄를 유발한다는 위 내용은 많은 경우 단순한 가설이거나 누구나 생각할 수 있는 당연한 내용에 머물고 있다. "보호능력이 떨어질수록, 범죄환경에 많이 노출될수록 피해 입을 가능성이 크다"는 식의 말에 유념할 정도로 10

1) Siegel, 범죄학, 85면.
2) Siegel, 앞의 책, 86면 이하.

한가한 사람은 많지 않다.

11 2) 범죄피해를 유발하는 요인은 위에 언급한 것 외에도 얼마든지 있을 수 있다. 이를 모두 찾아내어 열거한다고 해도 이론적인 의미는 부족하다. 그렇다고 해서 이를 상위원리로부터 연역된 체계로 만들 수도 없다. 즉 범죄체계론은 있지만 피해(원인)체계론은 있을 수 없다. 저질러진 불법의 구성요건과 위법성, 책임의 형태는 단순한 몇 가지 개념으로 체계화할 수 있지만, 피해자가 피해를 당한 이유는 개인에 따라 전혀 다르기 때문이다.

12 3) 이로부터 국가기관이 정책적인 지침을 얻을 수도 없다. 시민들에게 범죄피해를 당할 확률을 떨어뜨리도록 주의하라는 것이 정책적인 제안일 수는 없다. 누구든 범죄에 노출되기 싫어하고 범죄환경으로부터 멀어지고 싶어하므로 모르는 이야기가 아니다. 상대적으로 범죄에 대한 보호능력이 떨어지는 사람이 많고, 어쩔 수 없이 주거생활이나 일상활동, 직업활동을 안전하지 않은 곳에서 할 수밖에 없는 사람들도 많이 있다. 피해자측면에서 범죄원인을 분류하는 것은 자칫 시민 모두가 범죄로부터 안전한 환경에서 살도록 만들어야 할 국가기관의 책임을 회피하고, 행위자뿐만 아니라 피해자에게 범죄원인을 분담시키려는 의도로 이용될 여지를 제공한다.

6. 형법원리가 범죄'행위'만을 대상으로 하는 이유

13 과거 피해자학에서는 범죄자보다 더 큰 잘못이 있는 피해자가 적지 않다는 사실을 강조하거나 피해자에게도 역시 범죄에 대한 책임을 물어야 한다는 주장이 있었다[피해자 비난론]. 반면에 범죄에 어느 정도 영향을 미쳤다 하여 피해자를 비난하는 것은 범죄에 의한 피해와 더불어 이중의 피해를 입힌다고 하면서, 피해자의 기여부분을 중요하게 생각하지 않으려는 반대입장도 있다[피해자 옹호론].

14 그러나 지금 위와 같은 견해대립은 정책적으로 큰 의미가 없다. 형사사법은 결국 예외 없이 행위자에게 형벌을 부과해야 하는지 하는 논의로 귀결된다. 앞서 논증한 것처럼 국가 형사사법기관은 행위자의 행위만을 객관적으로 평가하여 처벌하는 것을 목적으로 하고 있기 때문이다[8/5]. 특정사안에서 피해자의 기여가 있을지라도 양형에 참조되는 것 이외에 사법적 평가 자체에 영향을 줄 여지는 없다. 만약 어떤 사안의 피해자이지만 그가 실제로 그 사안의 범죄참여자이거나 다른 사안의 행위자로 볼 수도 있다면, 그 또한 별개의 형사절차에 의해 따로 평가

받고 처벌받는 것이 형사사법의 원칙이다. 이웃이 자기 집에 놀러와 자신의 물건을 갖고 나간 것은 절도죄이지만, 그렇다 해서 그의 도둑질을 동네에 알리고 다니는 행위는 별개의 명예훼손죄에 해당하게 되는 것이다.

[민사사건과 형사사건의 구별] 일상적인 대화뿐만 아니라 미디어의 보도기사, 드물게는 법원의 재판까지도 민사사건과 형사사건의 법리가 혼동되는 경우를 만난다. 예를 들어 블랙박스의 교통사고 화면이 소개되면 사람들은 과실의 비중을 놓고 대화를 진행한다. 이것은 보험법이나 민사법 등의 관심 사항이다. 운전자 간 과실정도의 비교는 형사법의 범죄평가와 관련이 없다. 즉 A운전자와 B운전자와의 보험법상 책임의 비중이 9:1이라고 해서 B운전자에게 형법상 죄가 없다는 평가가 바로 도출되는 것은 아니다. 행위자 B에 대한 형사사법은 B에게 요구되는 업무상 주의의무를 다 했는지 따지는 독자적인 작업이다. '사유지에 묶어둔 개에게 행인이 물려 상해를 입은 경우에, 남의 땅에 잘못 들어선 피해자의 과실이 더 크기 때문에 개주인에게 과실치상죄를 묻지 못한다'는 법원의 논증[1]도 이 점을 혼동하고 있다. 피해자의 잘못이 크다는 사실은 개주인이 자기 땅에 사람이 통행하는 것을 알면서도 안전장치를 하지 않은 것에 대해 형법상 죄책을 따지지 못할 이유가 아니기 때문이다. 15

[22] 형사사법에서 피해자 고려

1. 양형인자로서 피해자

그러나 피고인에게 형벌을 부과할 때 피해자를 전혀 고려하지 않는다는 뜻은 1
아니다. 피해자의 상황은 피해정도를 가리는 요소이며, 이는 곧 책임 정도를 드러내는 표지로서 양형사유가 되기 때문이다(형법 제51조 제2호).

1) 불법행위의 반가치 결과를 의미하는 '결과불법' 측면은 '피해' 자체에 반영 2
된다. 피해가 클수록 결과불법이 커지는 것은 당연하다. 나아가 피해자와 관련된 상황(예를 들어 나이·성별·직업 등)이 양형사유로 고려될 수 있다. 범죄 당시 피해자의 반응도 영향을 미칠 수 있다. 피해자가 인식하였거나 인식할 수 있었던 법익침해에 대해 주의를 기울였는지 여부 또는 법익을 포기한 것인지 여부도 양형에서 고려될 수 있다.[2]

2) 행위자의 심리적 요소 등 행위 자체의 반가치를 의미하는 '행위불법'에도 3

1) 중앙일보 2017년 5월 28일자.

2) Maeck, Opfer und Strafzumessung, 36면 이하 참조.

피해자가 영향을 미칠 수 있다. 예를 들어 행위자가 피해자를 보호해야 할 의무를 지고 있는 경우에는 그 지위로부터 주의의무가 강화된다. 피해자의 당시 상황에 따라 행위자에게 객관적 예견가능성이나 객관적 주의의무의 이행가능성이 달라질 수도 있다.[1]

4 3) 피해자 관련사정은 '책임'측면에서도 양형에 관련된다.[2] 피해자에게 신체적·정신적 장애가 있을 때 법익침해정도에 영향을 미치는 요인이 되거나, 드물게 행위자가 자제력을 잃게 된 요인으로 작용하면 책임평가에서 고려하기도 한다. 예를 들어 피해자를 적극적으로 항거불능상태로 만든 후 저지르는 성범죄와, 이미 항거불능상태에 있는 피해자의 성적 자기결정권을 침해하는 행위는 불법과 책임의 정도 면에서 차이가 있다.

5 4) 사건 이후에 피해자가 어떠한 상황에 있는지는 특히 중요한 양형사유이다. 예를 들어 피해자에게 손해액을 배상했거나 진지한 화해를 시도하였다는 사정 등은 양형사유로 고려된다(형법 제51조 제2호와 제4호).

2. 형사절차에서 피해자의 역할

(1) 현행제도

6 현행법상 형사절차에 미치는 피해자의 역할은 다음 영역에 제한되어 있다. 1) 피해자는 고소권자로서 고소를 할 수 있다. 친고죄의 경우에 고소는 절차를 유지하고 진행시키는 소송조건이 된다. 비친고죄에서 고소는 수사 단서로만 작용한다. 2) 검사의 불기소처분에 대해 불복하여 검찰에 다시 항고할 수 있다. 3) 검찰항고가 받아들여지지 않은 경우 법원에 재정신청을 하여 기소강제절차를 실현하도록 요구할 수 있다. 4) 공판절차에서 증인으로 진술할 수 있다. 5) 공판절차에서 스스로 신청하여 증인이 될 수 있는 권한이 있다.

(2) 피해자참여의 확대방안

7 피해자의 절차참여권을 보장하게 하기 위한 다음과 같은 방법이 검토되고 있다.

8 1) 사인私人소추, 즉 피해자 자신이 법원에 소를 제기하는 방식을 도입하자는 의견이 있다. 그러나 국가소추주의의 예외를 인정하는 것은 형사절차의 통일

---

1) 이러한 관점에서는 피해자의 공동책임 또는 의무위반성이 중요한 것이 아니라 피해자의 행태 자체가 중요한 표지가 될 수 있다고 한다(이기헌/최석윤, 양형에서 피해자의 의미, 47면).

2) Maeck, Opfer und Strafzumessung, 88면 이하.

적·효율적 진행을 어렵게 할 우려가 있기 때문에 사인소추도입의 필요성이 진지하게 논의되고 있지는 않다. 그보다는 검사의 소추재량권을 제한하는 구체적인 방식을 논의하는 것이 지금 시점에서 더 중요한 문제이다.

9 2) 형사소송에서 피해자의 진술권을 강화하자는 주장이 있다. 예를 들어 증인신문과 별개의 독자적 절차로 피해자의 최후진술을 보장하자는 견해가 그것이다.[1] 그러나 증인신문을 통해 피해자의 진술권이 실질적으로 보장되도록 만드는 것이 더 바람직한 방법이라고 할 수 있다. 현행 절차와 달리 검사의 최종적 논고와 구형 이외에 피해자에게도 최후진술을 하도록 하는 것은 범죄피해에 대해 강한 인상을 남겨 비합리적인 결과에 이르게 할 우려가 있다.[2]

10 3) 피해자의 인격권이나 사생활 또는 신변의 안전을 보호해야 한다는 데 대해서는 다른 의견이 없다. 피해자가 증인으로서 증언한 경우에 그를 간접적으로 보호할 수 있도록 규정된 법률은 '특정범죄신고자 등 보호법'이다. 증인에 대해 보복범죄를 할 때 가중처벌하는 규정(특정범죄 가중처벌 등에 관한 법률 제5조의9 등)도 우회적 보호장치가 된다. 이에 추가하여 증인이 지금보다 더 강하게 보호될 수 있도록 입법적 보완을 할 필요가 있다.

11 4) 피해자의 알 권리 및 그에 이어지는 참여권도 더 확실히 보장되어야 한다. 예를 들어 피해자의 기록열람권을 최대한 보장하고 형집행 단계에서도 피해자 입장을 들어 가석방심사에 반영하도록 하는 방식 등을 논의할 수 있다.

12 위에서 살펴본 여러 제안에서 긍정적으로 검토해야 할 내용들이 적지 않다. 그러나 형사절차에 개입하는 피해자의 역할이 크게 강화되는 것이 언제나 좋은 형사사법으로 나아가는 길은 아니다. 아래와 같은 이유 때문이다.

---

1) 도중진/박광섭, 형사사법절차에의 범죄피해자 참여제도 실효화방안, 282면 이하; 장응혁, 형사절차상 피해자 진술, 136면 이하.

2) 법무부가 형사절차에 피해자가 적극적으로 참여하게끔 하는 법안과 함께 미국의 플리바게닝(Plea Bargaining)을 본딴 '사법협조자 소추면제 및 형벌감면제'를 제안하고 있다는 점은 주목할 만하다. 후자의 제도는 피해자를 더 억울하게 만들 수 있는 것이기 때문이다. 절차에 피해자를 참여하게 하는 것이 피해자의 권리를 보호하고자 하는 것이 아니라, 오로지 검사 측에 유리한 재판결과를 얻어내고자 하는 것이라는 의도 때문이라고 본다면, 양 제도를 도입하자는 주장의 일관성이 드러난다.

[23] 범죄피해자에 대한 국가의 의무

1. 법치국가원칙과 사회국가원칙

1 행위자의 행위만을 객관적으로 평가하고 형벌을 부과하는 데 형사사법의 역할이 있다는 사실을 이미 언급하였다[8/2]. 그 체계의 바탕을 이루는 자유주의적 법치국가사고는 국가형벌권을 자의적으로 사용하던 전근대 상황에 대한 반성에서 확립된 것이다. 그로부터 국가의 형벌권행사와 형벌의무이행이 형법과 형사소송법에 따라 정형적으로 진행되도록 하는 것은 근대 이후 문명국가의 필수 요소가 되었다. 그러나 지난 세기부터 시작된, 피해자를 바라보는 새로운 시각은 국가가 위와 같은 소극적 입장에 머물 수 없다는 점을 알려주었다. 단지 양형사유로 고려하거나 형사절차에 증인으로 진술하도록 하는 것만으로 피해자에 대한 국가의 의무가 완성되는 것이 아님은 분명하다.[1] 국가가 피해자 입장을 이해하고 그의 권리를 적극적으로 보호하는 것에 더 큰 의무를 담당해야 하는 시대가 된 것이다. 여기서 중요한 것은, 범죄피해자를 대할 때 이와 같은 국가의 소극적 과제와 적극적 과제의 관계가 어떻게 구별되는지 하는 문제이다.

2 피해자 중립화가 근대 형사사법의 특징이자 전제라고 하였다[8/7]. 즉 근대 이후 형사절차는 피해자 개인으로부터 일단 고개를 돌리고, 범죄행위자의 죄책을 정확히 판단하여 그 정보만을 바탕으로 상응하는 형벌을 부과한다. 이와 같은 기초는 여전히 중요하며 앞으로도 마찬가지이다. 피해자에 대한 고려가 사법절차에 개입하는 순간, 행위를 객관적으로 판단하기 위한 근대 형사법의 근간을 흔들게 되기 때문이다. 형사사법이 피해자에게 관심을 두어, 그의 개인적 특징과 처지(얼마나 불쌍한가, 유력한 사람인가 등)에 따라 다른 재판을 하게 만든다면 그것이야말로 부정의한 결과에 이르게 한다. 유명 연예인의 딸이 유괴되어 모든 국민들의 걱정과 분노가 집약된 사안과, 할아버지와 단 둘이 궁핍하게 살던 소녀가 유괴되어 형사 한 명 이외에 아무도 관심이 없는 사안의 범죄자가 전혀 다르게 처벌되는 것은 누가 보아도 정의롭지 않다. 그런데 현실에서는 법관도 인간이기에 두 사안을 다르게 평가하기가 매우 쉽다. 그러므로 더욱 조심해야 한다. 피해자의 처지에 주목하지 않을수록 행위자 죄책의 유무와 정도를 더욱 객관적으로 결정할 수 있

1) Krauß, Täter und Opfer im Rechtsstaat, 270면.

다. 그것이 곧 법치국가 형사사법의 고유한 장점인 것이다. 이러한 취지에서 하쎄머(W. Hassemer)는 "피해자 배제 없이 현대형법은 존재할 수 없으며, 현대국가 또한 존재할 수 없다"고 말한다.[1]

국가의 피해자 고려가 곧 형사사법에 복수가 개입하는 것으로 여겨져서는 안 된다. 피해자를 위한 복수가 아무런 의미가 없다는 뜻은 아니다. 그것은 어느 정도 형벌의 역할에 속한다. 복수는 피해자의 감정적 회복과 후련함에 기여할 수 있고 이를 관찰하는 시민들에게 강렬한 인상을 남길 수도 있다. 그런데 국가가 피해자를 위한 복수에 앞장 서 나서는 방식은 전근대적이다. 그것은 국가 입장에서 극히 간단한 처리방법이기도 하다. 예컨대 법정형 상한으로 재판을 하고 엄격하게 집행하는 것은 형사사법기관에게 거의 부담이 되지 않는다. 그렇지만 이처럼 형벌을 통해 복수가 이루어지더라도 피해자는 여전히 여러 가지 현실적 어려움을 이겨낼 수 없다. 복수는 피해자의 미래에 도움이 되지 않을 뿐만 아니라, 범죄억제에 실패함으로써 피해가 발생하도록 한 국가 자신의 책임을 보지 못하게 하는 불합리한 눈가림에 그칠 수 있다. 3

이보다 더 의미 있는 것은 국가가 피해자에게 범죄피해에 대한 보상을 해줌으로써 범죄피해를 극복하고 하루빨리 정상에 가까운 생활을 하도록 실질적 도움을 주는 것이다. 이는 범죄가 발생하게 된 데 국가의 책임이 있음으로 주어지는 책무이자, 피해자를 대신하여 복수를 하는 것에 비할 때 국가가 감당하기 훨씬 어려운 의무이기도 하다. 이와 같은 국가의무는 위의 '법치국가원리'와 분명히 구별되는, '사회국가원리'로부터 나온다. 즉 '장애인정책', '아동보호정책', '여성정책', '이민자정책' 등 다른 사회국가원리처럼 국가의 적극적인 실천이 필요한 영역이다. 4

2. 피해자에 대한 보상의 의의

사회국가원리를 배경으로 하는 범죄피해자보상제도는 범죄피해를 받은 사람에게 피해의 전부 또는 일부를 국가가 금전으로 보상하여 도움을 주는 제도를 말한다. 이 제도는 범죄로 생긴 손해에 대해 피해자가 보상을 받지 못하고 범죄인을 처벌하는 데에 그치는 것이 범죄사건의 완전한 해결이 될 수 없다는 생각에서 비롯된 것이다. 민사절차를 통해 가해자가 피해자에게 손해배상을 하도록 하는 것도 한계 5

1) Hassemer, 범죄와 형벌, 269면.

가 있다. 대부분의 범죄자는 충분한 재산을 갖고 있지 않아서 금전적 배상능력에 한계가 있을 뿐만 아니라, 피해자의 비용으로 법원에 배상청구를 하고 강제집행에 이르도록 하는 방식은 침해된 권리를 회복하기 어렵게 만든다. 범죄자가 적발되자마자 갖고 있는 재산부터 빼돌리는 것은 이미 잘 알려진 수법이다. 국가가 범죄피해자에 대한 적절한 보상을 해주도록 하는 것은 이와 같은 민사상 처리 한계를 보완할 뿐만 아니라, 국가에게 범죄발생에 대한 책임을 묻는 기능도 함께 담당하고 있다.

6 국가가 범죄피해자에게 경제적 보상을 해야 한다는 사고는 근래에 생겨난 것이 아니다. 고대 함무라비법전에서도 국가가 범죄인을 잡지 못하면 피해자의 손해를 배상해주도록 되어 있었다.[1] 근대에 이르러서도 18세기 말부터 **페리, 가로팔로, 델 베끼오** 등에 의해 피해자보상의 필요성이 이론적으로 주장되었다. 그러나 근대 이후 피해자에 대한 보상이 제도화된 것은 1963년 뉴질랜드의 범죄피해자 보상법이 처음이다.

3. 현행 범죄피해자보상에 대한 법률

(1) 범죄피해자보상법의 성격

7 범죄피해자에 대한 보상을 규정한 법률이 어떠한 성격을 갖는가에 대해서는 다음과 같은 시각의 차이가 있다. 1) 국가가 범죄에 대한 예방임무를 소홀히 했기 때문에 이에 대한 책임을 져야 한다는 **국가책임설**(국가의무설)이 있으며, 이는 손해배상형 입법에 어울린다. 2) 국가가 생활곤궁자를 구제하여야 한다는 사회보장적인 측면을 강조한 **사회보장설**은 생활보호형 입법을 설명하는 데 유리하다. 우리나라 범죄피해자보호법의 경우는 사회보장설에 따른 것으로 보는 것이 타당하다. 3) 국가가 범죄로부터 국민을 완벽하게 보호할 수는 없으므로, 이를 국민의 세금에 의한 위험의 분산으로 해결해야 한다는 견해를 **사회보험설**이라고 한다. 이 견해는 재해보상형 입법을 설명하는데 적합하다.

(2) 범죄피해자보호법

8 범죄피해자에 대한 보상과 구조를 규정한 현행법은 2005년 제정된 범죄피해자보호법이다. 이는 범죄피해자 보호·지원의 기본 정책에 따라 범죄행위로 생명·신체에 피해를 받은 사람을 구조함으로써 범죄피해자의 복지증진에 기여하고자

---

1) 윤일구, 함무라비 법전, 32면.

하는 법률이다. 피해자가 범죄피해 상황에서 빨리 벗어나 인간의 존엄성을 보장받을 수 있도록 하는 것과 더불어 범죄피해자의 명예와 사생활의 평온을 보호하고, 사건과 관련하여 법적 절차에 참여할 권리를 보장하는 것을 법이념으로 선언하고 있다(제2조).

국가기관은 범죄피해자의 피해정도, 보호지원의 필요성 등을 고려하여 상담, 9
의료서비스제공, 구조금지급, 법률구조, 취업관련지원, 주거지원 그 밖에 범죄피해자의 보호에 필요한 대책을 마련해야 한다. 또한 범죄피해자와 가족에게 신체적·정신적 안정을 제공하고 사회복귀를 돕기 위해 보호시설을 설치·운영하도록 하고 있다(제7조). 이외에도 범죄피해자의 명예와 사생활의 평온을 보호하기 위하여 필요한 조치, 범죄피해자가 형사소송절차에서 한 진술이나 증언과 관련하여 보복을 예방할 조치, 형사절차에 대한 참여권 등을 규정하고 있다.[1]

(3) 범죄피해자보호기금법

기존의 제도로는 범죄피해자의 현실적인 어려움을 해결할 수 없다는 비판이 10
있었고, 이에 따라 외국의 입법례를 참조하여 2010년에는 범죄피해자보호기금법을 추가하였다. 이 법률은 범죄피해자를 보호·지원하는 데 필요한 자금을 조성하기 위해 범죄피해자보호기금을 설치하고, 그 관리와 운용에 관해 필요한 사항을 규정한 것이다.

범죄피해자를 돕기 위한 기금은 형벌로써 수형자로부터 벌금을 거둔 것, 범죄 11
피해자보호법에 따라 국가가 대위권을 통해 불법행위자로부터 취득한 구상금, 정부 외의 자가 출연 또는 기부하는 현금이나 물품, 기금운용으로 인해 생기는 수익금 등으로 구성된다. 특히 집행된 벌금의 일정 부분 이상의 금액은 반드시 기금으로 납입해야 한다.

4. 회복적 사법

(1) 의의와 연혁

최근 피해자에 대한 형사정책적 관심이 가장 광범위하게 집약되고 있는 주제 12
는 이른바 '회복적 사법'(restorative justice)에 대한 것이다. 이는 미국에서 1970년대

---

1) 그러나 우리나라에서는 아직 범죄피해자 보상이 다른 나라에 비해 적극적으로 실현되고 있지 않다. 미국의 상황에 대해서는 김성진, 미국의 범죄피해자 보호대책에 관한 고찰, 343면 이하.

초반에 등장한 용어이다. 독일에서는 폐지주의(Abolitionismus)의 연장으로, 1980년대 이래 본격적으로 논의되는 '행위자-피해자-회복'(Täter-Opfer-Ausgleich)을 둘러싼 일련의 정책방향을 포괄하는 개념으로 쓰인다.[1)]

13 회복적 사법의 공통 이념은 범죄자를 처벌하여 사회로부터 격리시키는 것이 아니라, 피해자와 대화·타협, 조정을 하게 하는 것이다. 이로써 행위자는 속죄 및 재사회화될 수 있으며, 피해자는 그로부터 정서적, 경제적 보상을 받아 범죄결과를 극복하는 데에 도움을 얻을 수 있다.[2)] 주요 내용으로는, 1) 행위자와 피해자를 만나게 하여 범죄에 대해 이야기하고 물질적·정신적 회복을 위해 어떤 과정이 필요한지 의견을 나누도록 하는 것, 2) 행위자가 범죄행위로 인해 피해자가 입은 손해를 회복할 수 있도록 배상해주게 하는 것, 3) 범죄의 구조적 원인을 구명하여 사법절차를 대신할 수 있는 조치를 이용하도록 하는 것 등을 내용으로 하고 있다.[3)] 우리나라에서도 유사한 목적에 따라서 2007년 '범죄피해자지원센터'를 마련하여 수사나 처벌위주로 진행되어 온 형사사법절차를 보완하는 방법을 마련하였다. 주로 당사자 간 합의를 진행하고 피해를 현실적으로 보전해주는 역할을 담당한다.

(2) 전 망

14 그 밖에도 회복적 사법이라는 개념 아래 검토되거나 도입될 수 있는 여러 가지 제도들에 대한 연구가 진행되고 있다. 그 가운데 장차 어떤 내용이 입법될지에 대한 기대도 있다. 그러나 우선 법이론적으로 명확히 해야 할 것은, 피해자 회복을 위한 일련의 조치가 형사사법을 보완하는 제도를 만들어낼 수는 있지만 결코 법치국가적 형사사법의 대체물이 될 수 없다는 사실이다.[4)] 형벌제도를 대체할 수 있으려면 그것이 적어도 형벌고유의 핵심 과제를 담당할 수 있어야 한다. 형벌의 의미가 '응보'와 '예방'으로 대별된다고 할 때[17/47], 회복적 사법이 그 두 가지 주요관념 가운데 무엇을 온전히 감당해낼 수 있을지 아직 구체적 대답이 나오지는 않았다.

---

1) 여기서 Ausgleich는 '균등하게 맞추어 줌'이라는 뜻인데, 정책적으로는 타협, 협상, 조정, 보전, 보상 등의 의미를 모두 포함한다. 그만큼 줄임말인 'TOA' 개념 안에 포함되는 내용도 광범위하다. 폐지주의에 대해서는 정승환, 폐지주의의 형사정책적 의미, 160면 이하.

2) 김성진, 회복적 사법에서 형사조정의 의미, 213면 이하; 김일수, 전환기의 형사정책, 146면 이하; 원형식/김진모, 형사법에 있어서 원상회복, 26면 이하; Schwind, Kriminologie, 424면 이하.

3) UNODC, 회복적 사법 프로그램, 119면 이하.

4) 같은 맥락의 독일 판례는 BGH, NJW 2003, 1468면.

제 3 장　형사정책의 이념

제 1 절　헌법과 헌법원리

지금까지 논의대상으로 범죄, 형벌, 범죄자 그리고 피해자에 대한 이해가 어느 정도 공유되었다면, 이제 범죄를 취급할 때의 지도적 이념이 무엇인지 논할 때가 되었다. 입법과 사법, 구체적인 정책도 그 궁극적 목적이 분명하지 않으면 감정과 자의에 따라 범죄를 취급할 우려가 있다. 그 과정에서 서로 대화도 진행하기 어려울 것이다. 가장 먼저 우리나라 헌법이 어떤 이념을 표방하고 있는지가 중요하다. 범죄에 대한 규범적 대책을 언급할 때 최상위 규범내용을 확인하는 것으로부터 출발하는 것은 당연하다. 1

[24] 국가이론

범죄를 대상으로 한 정책은 규범적 판단기준으로서 형법목적 및 형법의 구체적 원리로부터 자유로울 수 없다고 하였다[3/27, 형법은 형사정책이 뛰어넘을 수 없는 한계]. 여기서 형법목적은 헌법이 기초로 하고 있는 헌법정신을 벗어날 수 없다. 그러므로 헌법이 국가와 인간의 관계를 어떤 방식으로 규정하는가 먼저 확인해야 한다. 국가이념에 대한 정확한 이해를 바탕으로 헌법이 확정되고, 그로부터 각 법률이 연역되며 이를 전제로 할 때 구체적 정책들은 정당성과 효력을 갖는다. 1

1. 국가의 역사

국가의 생성·발전에 대해서는 다양한 시각이 있다. 기록이 있는 역사적 사실만 보더라도 초기국가가 형성·발전해온 시기는 대부분 부족, 씨족, 신정, 왕정국가의 형태로 채워져 있다. 우리가 지금 국가로 인식하고 있는, 이른바 '근대국가' 2

개념은 비교적 새로운 발명품에 속한다.

3 **[국가의 탄생]** 국가가 어떻게 생겨나 발전되어 왔는지에 대한 생각은 다양하다. 1) 신의 명령에 의해 국가가 만들어졌다는 **신의神意설**[단군설화], 2) 또는 가족공동체의 발전이 이어져서 국가로 확대되었다는 **가족설**(J. Bodin)에 따르면 국가는 인간의 목적과 무관하게 자연스럽게 생성·발전되어온 것이다. 여기서 개별인간은 신의 명령에 따르거나 가부장적 권한에 복종하는 수동적 존재로 생각된다. 3) 앞서 언급한 **사회계약설**은 국가가 시민들의 권리보장을 위한 기능을 담당해야 하며, 그 이외의 권한행사는 정당하지 않은 것으로 보는 자유주의 이념의 근거가 되었다(T. Hobbes, J. J. Rousseau). 그러나 사회계약설은 실제로 국가가 생성된 발생사를 말하는 것이 아니라, 국가기능을 해설하기 위한 관념적 구도로 보아야 한다.[1] 4) 사유재산제도의 발달에 따라 경제적 불평등이 생기고 이를 억압·통제하기 위한 장치가 국가라고 하는 **계급설** 또는 **재산설**(K. Marx)도 일정한 이데올로기 목적을 가지고 국가 발생을 가설적으로 설명한다는 점에서 같은 한계가 있다. 5) 국가의 탄생을 가장 사실적으로 설명하는 **실력설**이 다수의 생각이다. 이는 공동체 간 갈등 및 투쟁과 정복으로부터 전쟁의 필요성이 생겼고, 이를 유지하기 위한 실력자의 합법적 강제력사용이 곧 조직화된 국가형태로 이어졌다고 설명한다(M. Weber, L. Gumplowicz).[2] 실력설이 국가를 제도화한 인간의 나쁜 측면만 강조하였다는 비판도 있다. 인간은 서로 돕고자 하는 이타성이 있기에 국가를 조직한 것이 아니냐는 것이다. 그러나 국가와 사회를 만들게 된 협력도 이타성에 따른 것이 아니라 이기심에 의한 것으로 보는 시각이 더 설득력 있다. **흄**(D. Hume)은 다음과 같이 말한다. "당신의 밀이 오늘 익고, 나의 밀은 내일 익을 것이다. 그러니 내가 오늘 당신과 함께 일하고, 당신이 내일 나를 도와주는 것이 우리 두 사람에게 다 유익하다. 나는 당신에게 호의를 가지고 있지 않으며, 당신도 나를 좋아하지 않는다는 것을 알고 있다."[3]

4 지금 일반적으로 국가요소로 언급되는 세 가지 개념은 영토, 국민, 주권이다. 이 세 가지 개념을 국가의 구성요소로 생각하게 된 경로를 일반적 견해를 바탕으로 간략하게 살펴보면 다음과 같다.

5 1) 영토중심의 국가개념이 유럽에 자리잡게 된 것은 게르만족 대이동이 시작된 이래 13세기경이며, 지금과 같은 국경개념 및 국가 간 권리·의무가 확립된 시기는 30년 전쟁이 끝난 1648년경이다[베스트팔렌조약]. 동양의 경우에는 더 늦었다. 정확한 국경을 긋고 영토 안에서 국가개념이 보편화된 것은 서구 제국주의의

---

1) Schmelzeisen, Recht und Rechtsdenken, 96면.

2) Wesche, Gegenseitigkeit und Recht, 23면; Zippelius, Geschichte der Staatsideen, 182면 이하.

3) Hume, 인간이란 무엇인가, 564면.

영향 때문이다.

2) 영토를 테두리로 하는 지역적 개념 이전에 원래 국가는 '인간의 공동체'로 여겨졌다. 즉 다른 나라 영토와 경계를 맞대고 있다는 사실을 통해 비로소 확인되는 국가[영토중심적 국가개념]가 아니라, 일정한 지역에 모여서 조직을 이루며 사는 인간의 집단으로 생각해왔던 것이다[인간중심적 국가개념].[1] 자연스러운 인간의 모임과 대비되어, 영토국가를 전제로 하는 '국민'이라는 개념도 근대 이후 서구의 발명품이며, '민족'이라는 단어 또한 마찬가지이다.[2] 6

3) 오랫동안 국가를 조직하여 살아왔지만 근대 이전까지 '주권'개념은 알지 못했다. 통치자가 국가를 지도하는 것은 굳이 의심할 필요없는 자연스러운 사실이었기 때문이다. 주권개념이 현실적으로 인식된 것은 통치자의 자리를 비우게 만든 프랑스혁명(1789년)부터라고 보아야 한다. 국민의 기본권을 선언한 최초의 헌법인 버지니아 권리장전은 1776년에 만들어졌다. 7

위에서 보듯이 우리가 일반적으로 생각하고 있는 근대국가의 형상이 지금과 같은 형태로 자리 잡은 것은 서구의 경우 불과 이 백 여년, 우리나라에서는 백 여년 전의 일이라는 것을 알 수 있다. 그 오랜 인간들의 삶에서 국가는 결코 자기목적적이고 온전한 이성 존재가 아니었으며 오로지 '사람의 모임' 그 자체를 넘어서지 못했다. 그렇기에 당연히 대부분 역사에서 국가체계는 사람 이외의 다른 목적을 갖지 않았다. 물론 통치자와 지도층, 일반백성을 불문하고 모든 인간을 두루 위한다는 보편적 인도주의가 역사를 지탱했다는 뜻은 아니다. 사람들 간 계층과 계급을 나누어 권리와 의무를 달리하고 있었지만, 그럼에도 사람을 벗어난 국가 자체의 상징성을 의식하고 있지는 않았다는 의미이다. 그러나 지난 한 세기 짧은 기간, 거의 대부분 국가들은 국가의 자기목적성을 강조하는 제국주의·전체주의 그리고 독재의 시절을 겪어야만 했다. 그 부작용은 모두 잘 알고 있다. 지금은 그에 대한 반성으로 국가가 국민에게 봉사하는 기능만 갖는다는 생각이 다시금 회복되고 있지만, 한 세기 동안 모든 사람들에게 각인된 국가에 대한 이미지를 다시 되짚어보는 데에는 더 많은 시간과 노력이 필요하다. 8

---

1) 이 두 개념이 정면으로 부딪치는 모습은 마오쩌둥의 홍군과 장제스의 국군이 전쟁을 할 때 상징적으로 드러난다. 전자는 동양 전통의 인간중심의 국가관을 가지고 있어 따르는 백성을 늘리는 데 목적을 둔 반면, 후자는 서구식 영토중심의 국가관을 가지고 있었기에 땅을 확보하는 전쟁을 치르고자 하였다.

2) Koselleck u. a., Geschichtliche Grundbegriffe, 382면 이하. 우리나라에서 '민족'이라는 단어가 처음 쓰인 문헌은 1895년 '강학보'이다.

2. 국가의 봉사적 기능

9 기능적 국가개념(funktionaler Staatsbegriff)은 국가가 자기목적적인 존재가 아니라 국민에 대한 봉사수단이 되는 것을 의미한다.[1] 이 개념의 철학적 배경은 계몽주의 사상가들의 사회계약설이다. 루소(J. J. Rousseau)는 모든 인간은 생래적 자유를 가지고 태어났음에도 자연상태에서는 이러한 자유를 누릴 수 없었다고 한다. '일반의지'로 국가를 만드는 계약을 통해 모든 사람의 자유를 극대화할 수 있게 함으로써 법적 자유가 비로소 존재할 수 있다고 설명한다.

10 인간의 자유를 보장하는 이러한 기능은 우리 헌법이 기초로 하고 있는 국가 역할이기도 하다. 헌법 제1조 민주공화국·주권재민사상, 제7조 공무원의 국민에 대한 봉사·책임선언 그리고 무엇보다도 제10조 인간존엄의 선언이 이것을 뒷받침한다. 국가는 국민을 위한 '수단'에 지나지 않고 '목적'은 국민에 있다는 사실은 범죄를 취급하는 국가기능에서도 언제나 유지된다. 국민에 대한 봉사와 무관한, 정권의 확보, 국가의 자기목적, 특정한 집단의 이익, 현실화될 수 없는 추상적 가치 그 자체에만 도움이 되는 형사정책 결정은 헌법적 정당성을 가지기 어렵다.

11 [유기체이론] 기능적 국가개념과 추구하는 바가 상반되는 것은 전체주의적 국가개념(totalitärer Staatsbegriff)이다. 이는 전체인 국가 자체를 목적으로 파악하고, 국민은 이러한 전체의 한 부분으로서 수단에 지나지 않는 것으로 본다. 국가와 국민의 관계를 유기체인 몸 전체와 그 구성부분인 조직의 일부로 비견하고 있기 때문에 유기체이론(Organismus Theorie)이라고도 한다.[2] 이러한 사고에 따르면 국가의 존립을 전제로 국민이 의미가 있는 것이지 그 반대는 성립할 수 없다. 그리 오래지 않은 과거, 우리나라와 외국의 불법적인 정권은 이러한 국가상을 토대로 하고 있었다. 국가에 대한 개인의 희생을 당연한 것으로 생각하고, 맹목적 충성심, 민족적 가치, 다른 이데올로기에 대한 적개심을 곧 '국민교육'의 내용으로 삼았다. 어린 학생들을 상대로 국어, 국사, 사회, 도덕과목을 가르칠 때는 물론, 음악, 미술, 체육과목까지 도구로 삼아 국가주의를 심는 데 주력하였다. 문제는 이러한 과거를 아련하게 추억하는 것을 넘어, 우리 사회가 다시 그 전체주의사회로 돌아가야 한다고 진지하게 주장하는 사람들을 지금도 어렵지 않게 만날 수 있다는 사실이다.

---

1) 이에 대한 상세한 설명은 배종대, 정치형법의 이론, 216면 이하; Zipf, 형사정책, 59면 이하.
2) Parsons, Revisiting the Classics, 189면; Tuner, 사회학이론의 구조, 40면 이하.

[25] 법치국가이념

1. 법치주의의 의의와 역사

법치국가는 법에 의해 통치되는 국가를 말한다. 국가공동체가 지켜야 할 법규범을 만들고 국가의 모든 작용을 이에 따르게 함으로써 인간생활의 기초가 되는 자유·평등·정의를 실현하기 위한 국가의 구조적 원리이다. 여기서 말하는 '법'에는 법(ius)과 법률(lex)이 모두 포함된다. 전자인 '법'은 정당한 법원리를 포함하므로 이로써 통치하는 것은 '실질적 법치주의'이고, 후자인 '법률'에 의하여 통치하는 것은 이와 대비할 때 '형식적 법치주의'를 의미한다. 1

법치주의이념은 17, 18세기 서구 근대의 계몽주의에 뿌리를 두고 있다. 계몽주의(Aufklärung)는 기존 신분질서를 비롯한 구습에 의심을 갖게 만들고 인간 이성과 합리성에 대한 믿음을 일깨웠으며, 이로부터 개인의 존엄과 평등을 기획하고 실천으로 나아가게 만든 원동력이었다. 이 기반 위에 세워진 자유주의사상은 개인의 자유와 국가권력 간의 긴장관계를 전제로, 국가의 권능을 제한함으로써 개인의 자유·평등·권리를 확보하고자 하였다.[1] 이러한 자유주의 목적을 달성하기 위해서는 자의적으로 행사되던 국가권력, 특히 국가형벌권을 법률에 구속(=종속)시켜야 했다. 즉 국가가 법에 의해서 통치되도록 강제함으로써 그로부터 인간의 자유와 권리를 확보하고자 했던 것이 계몽주의사상가들의 공통 목적이었다. 법치주의를 '자유주의'의 소산으로 보고, '자유주의적 법치국가사상'이라는 굳어진 표현을 쓰고 있는 배경이다. 2

법치주의의 기초에 기여한 사상가마다 논증방법에 다소의 차이가 있다. 1) **홉스**(T. Hobbes)의 절대국가이론은 언제나 법이 그 자체로 정당하다는 사실을 전제하고, 통치자를 이에 구속하는 자기구속 수단으로 법치국가를 이해했다. 2) **몽테스키외**(C. Montesquieu)는 입법·행정·사법의 삼권분립론에 의한 견제와 균형의 방법, 3) **루소**(J. J. Rousseau)는 인간에게 주어진 자유를 누릴 수 있는 최소한의 조건으로서 국가의 수단성을 강조하였다. 3

---

1) 여기서 언급된 개념들, 즉 당시 서구사회를 이끌었던 이성, 합리성, 진보, 자유, 권리, 자연법, 법치주의와 같은 것이 소위 '근대성', '근대정신'의 핵심을 이루게 된다.

2. 형식적 법치주의

4 계몽주의 이후 근대 시민들은 단순한 형식적 법률주의에 의해서도 이와 같은 법치국가의 목표에 도달할 수 있을 것으로 믿었다. 즉 절대권력을 실정된 법률 아래 둠으로써 권력이 시민과 일정한 거리를 유지하도록 하는 소극적 방법만으로도 개인자유는 확보될 수 있을 것으로 생각했다. 이러한 형태의 법치주의를 형식적 법치주의라고 한다. 형식적 법치주의는 국가작용이 형식적 요건을 갖춘 법률에 의해서 이루어짐으로써 달성되는 것이기에, 법률 자체의 내용적 정당성은 중요한 주제가 아니었다. 법실증주의(Rechtspositivismus) 사고에서 보자면 오히려 법률시스템은 순수한 체계로서 유지되어야 하는 것이기에, 옳고 그름에 대한 특정한 가치관이나 정치적 의도 등으로부터 절연될수록 법치주의가 더 온전히 유지되는 것으로 보았다[분리주의테제].[1]

5 형식적 법치주의는 법치주의의 형성과정에 그 역사적 의미가 있었다. 자의적 절대권력에 시달리던 중세 사람들의 입장에서 보면 절대군주가 일정한 형태의 법률에 따라서 통치한다는 것만으로도 고마운 일이었을 것이다. 그리고 법치주의의 근간을 흔들 만한 폭력과 악법의 시대가 지나간 것으로 여겨지는 오늘날 문명사회에서도 형식적 법치주의는 여전히 헌법적 가치의 핵심을 지탱하는 것으로 여겨지고 있다.

3. 실질적 법치주의

6 '법률에 따른 통치'의 형식성에 근본적 의문을 제기하게 된 계기는 특히 제2차 대전 전후의 상황 때문이다. 예를 들어 독일 나치 히틀러 치하의 수권법授權法(Ermächtigungsgesetz, 1934)은 형식적 법치주의의 맹점을 이용한 대표적인 법률이었다. 1) 입법권은 나치정부에 귀속되고, 2) 이 입법권은 헌법의 한계를 뛰어넘을 수 있다는 간단한 내용의 이 법률은 적법한 절차로 의회에서 제정된 것이었다. 형식적 법치주의의 요건은 이로써 충족되었다고 볼 수 있었다. 그러나 이 법률에 의해 자행된 나치의 갖가지 만행이 곧 법치국가의 모습인가 하는 물음에 긍정할 수 있는 사람은 없다. 제2차 대전 이후 유럽에서는 형식적 법치주의를 극복하기 위한 논란이 활발히 일어나면서 이른바 '자연법(Naturrecht)의 르네상

---

1) 대표적인 예로서는 Kelsen, 순수법학, 23면 이하; Hart, 법실증주의와 법과 도덕 분리론, 146면 이하; 같은 저자, 법, 자유, 도덕, 15면 이하.

스'[1] 시절을 맞게 된다. 그리고 이에 따라 등장한 개념이 실질적 법치주의이다.

실질적 법치주의는 정의에 구속받는 법치주의를 말한다. 즉 단순히 법에 의 7
한 통치만을 의미하는 것이 아니라 옳은 법[正法]에 의한 통치를 추구한다. 이는 우리 헌법전문의 "정의·인도·동포애를 통한 민족의 단결", "사회적 폐습과 불의의 타파", "자율과 조화를 바탕으로 한 확고한 자유민주적 기본질서" 그리고 "정치·경제·사회·문화의 모든 영역에 있어서 각인의 기회균등"의 선언에서도 표현되고 있다. 앞서 말한 것처럼[4/13] 법의 개념요소 가운데 실정성, 유효성과 더불어 '정당성'이 포함된다고 보는 것이 지금의 일반적 법관념이기도 하다[비분리주의 테제].

4. 형사사법과 법치국가이념

근대 이후 현재까지 진행되어온 형사사법의 발전과정은 모두 법치국가이념 8
을 배경으로 하고 있다. 우리가 알고 있는 형법원칙들 가운데 법치국가이념과 무관한 것은 없다. 간략하게 다음과 같은 대표적인 예를 확인하고, 자세한 내용은 아래 '법치국가적 정형화'에서 설명할 것이다[32/1].

1) **실질적 법치국가이념**은 형법이 내용적인 정당성요건을 충족할 것을 요구 9
한다. 형법은 이를 토대로 이른바 '시민의 법익보호'를 목적으로 해야만 정당화될 수 있다. 타인의 법익침해가 아닌 내용이 형법전에 남아 있다면 그것은 비범죄화의 대상이다. 형법전에 포함된 범죄가 법익침해에 해당하기는 하지만, 그로부터 이어지는 형벌이 법익침해의 정도에 비해 과도할 때에는 비례성원칙에 위배된다. 개별사안에서 행위자가 저지른 불법행위의 정도에 비추어 처벌이 과중한 경우는 책임원칙이 지켜지지 않는 상황이다. 사회적 문제를 통제하는 데 다른 규범이 먼저 나서야 하며, 형법은 극히 자중해야 한다는 형법의 단편성·보충성·최후수단성은 모두 법치국가적 정형화원칙의 다른 표현이다. 최종적으로는 형사절차를 거쳐 이와 같은 시민의 보호원리가 실현되어야 하기 때문에 형사절차 자체의 목적이라고 할 수 있는 실체적 진실발견의 이념 또한 법치국가사상을 구체화하고 있다. 그리고 이러한 목적에도 불구하고 형사사법기관이 결국 피고인의 죄를 증명하지 못하면 피고인에게 유리한 재판을 해야 한다는 in dubio pro reo-원칙도 자

1) 중세는 자연법의 시대였기 때문에 중흥(르네상스)이라고 부르는 것이다. Arth. Kaufmann, 법철학, 95면. 자연법에 대한 요약적 설명으로는 Seelmann, 법철학, 184면 이하. Radbruch, 법철학, 36면 이하.

유주의적 법치국가사상의 실천방식이다.

10 2) **형식적 법치국가이념**을 실현하고 있는 가장 대표적 원칙은 죄형법정주의이다. 죄형법정주의의 근본의미는 형법을 통해 정의로운 상태를 온전히 구현하고자 하는 것이 아니라, 오로지 형법전에 법률텍스트로 고정된 기준에 따라 사안에 대한 판단이 진행되어야 한다는 것이기 때문이다. 형사절차를 지배하는 적법절차원리도 마찬가지이다. 적법절차를 관철하려다보면 사실상 범죄가 있는 피고인을 처벌할 수 없는 경우가 발생한다. 실체적 진실과 정의에 반할 수 있으나, 그럼에도 형식적으로 고정된 절차기준에 따르는 방법이 우선되어야 한다. 법에 규정된 절차 각각은 피의자·피고인 보장을 비롯한 실질적 법치국가이념을 반영한 것이지만, 그와 같은 정신을 담아 이미 규정된 형사소송법을 예외 없이 법률대로 준수하도록 하는 것은 형식적 법치국가의 요청이다.

5. 법치국가이념의 한계

(1) 법치국가이념 밖의 제도들

11 그렇지만 형사사법의 여러 제도들이 모두 법치국가원칙으로만 설명가능한 것은 아니다. 자유주의적 법치국가원리에서 벗어나 있지만 국가권력의 한계를 형성하는 여러 관념이 있다. 1) 형법전 첫머리에 규정된 **형법의 시간·장소적 효력범위 제한**(형법 제1조에서 8조까지), 2) 검사가 범죄를 확인하고도 형법 제51조의 다양한 사항을 참작하여 공소를 제기하지 않을 수 있게 하는 **기소편의주의**, 3) 각종 **유예규정**이나 **형벌감면·감경규정**, 4) **공소시효 등 형법상 시효** 등의 법제도들은 자유주의 법치국가이념으로 설명될 수 없는 것이다. 5) 또한 이미 **숨은 범죄**논의에서 보았듯이[15/1] 국가의 통제가능성은 거대한 암흑 가운데 작은 불빛과 같은 모습이지만, 이를 놓고 누구도 법치국가적인 겸양이라고 말하지 않는다. 즉 이러한 개념들과 관련하여 국가권력이 제한되어 있는 것이 관찰되지만, 그것은 결코 시민의 자유영역을 확보하기 위한 목적으로 국가가 자제하는 것이 아니다.

12 일반적인 견해와 달리 죄형법정주의나 일사부재리원칙 등도 자유주의적 법치국가원칙에 기원을 둔 것이 아니라는 시각도 있다. 이 원칙들은 발생사적으로 보더라도 로마법시대보다 앞서 있어 서구의 근대적 자유주의에 비할 때 훨씬 오래 전에 확립된 것임이 확인된다. 과거 동양의 법질서에서 발견되는 원리이기도 하다. 그리고 이 원칙들이 기여하는 방향은 시민의 자유보장에만 놓여 있는 것이

아니다. 당사자에게 유리한 것이라고 하더라도 근거가 불분명한 사면은 죄형법정주의에 따라 허용될 수 없으며, 일사부재리원칙은 피고인에게 불리한 재판결과도 확정되게 만든다.[1)]

(2) 실존으로서 국가의 한계

법치국가의 토대를 이루는 기본관념은 국가권력이 시민의 자유영역 확보라 13
는 대상을 마주하여 제한된다는 것이다. 즉 이에 따르면 국가는 주어진 일을 모두 감당할 역량을 온전히 갖춘 주체로서 외부세계이고, 시민은 그 영향권 아래에 머물면서 자신의 자유나 복지의 권리를 국가에게 요청하거나 이를 위해 투쟁하는 존재가 된다. 이러한 틀에서, 시민권리의 팽창이나 제한과 무관한 국가권력 자체의 '빈 터'는 생각되기 어려울 뿐만 아니라, 만약에 그것이 생각될 수 있더라도 이는 곧 채워져야 할 불안 요소일 뿐이다. 그러나 위에서 제시한 예들은 모두 이와 같은 근대 서구 법치국가사상이 완결된 원리가 아님을 보여주고 있다. 여러 국면에서 법치국가 사고의 한계는 분명히 관찰된다.

지금 우리나라 사회과학의 거의 모든 영역에서도 서구 근대 특유의 자유주의 14
적 국가관과 기본권사상이 지배적인 사고틀이 된 것은 아쉽다. 우리나라를 비롯한 동양전통의 국가와 인간의 관계에서 알 수 있듯이, 국가와 인간은 애초에 그와 같은 상하관계 또는 갈등관계에 놓이지 않는다. 국가는 이상적으로 작동하는 절대적인 관념일 수 없으며, 세계 안에서 단지 유한한 또 다른 실존주체일 뿐이다. 그렇기에 국가 및 그 권력도 개별인간의 삶과 마찬가지로 실존주체로서 한계를 벗어나지 못한다. 국가의 역량은 오로지 시민의 자유를 마주해서만 제한되는 것이 아니다. 국가의 형벌권이 제한되어야 하는 가장 우선적인 까닭 또한 시민의 자유보장을 위해서가 아니라, 이와 같은 국가 자신의 한계지워진 존재성 그 자체에 의한 것이다. 국가도 시간·공간의 한계를 넘어 모든 일을 수행할 수 있는 능력을 가질 수 없으며, 단지 자기존재의 배경이 된, 그 빈 터 안에서 극히 제한된 요소의 일부에 한정적으로 개입할 수 있을 뿐이다. 제한된 역량 아래에서 주어진 사안에 대응하기 위해 형벌권 행사에 시간과 공간적 제한을 두었고[시간·공간적 효력범위, 시효 등], 정해진 법률에 따라서만 재판하도록 하고 있으며[죄형법정주의], 정의를 구현한다는 이유로 여러 번 재판을 하지 못하도록 하였다[일사부재리]. 국가

1) 이에 대해서는 홍영기, 죄형법정주의의 근본적 의미, 9면 이하; 같은 저자, 일사부재리의 효력범위, 159면 이하.

가 범죄를 정의의 요청에 맞게 완벽하게 처리할 수 없다는 것도 이미 낯선 사실이 아니다[숨은 범죄, 기소편의주의 등]. 시민의 권리가 이에 따라 확대되거나 제한될 수 있지만, 그것은 국가에게 덧입혀진 이와 같은 본질적 한계로부터 (경우에 따라 우연히) 초래된 결과에 불과하다.[1)]

[26] 사회국가이념

1. 사회국가의 의의와 역사

(1) 사회국가이념의 의의

1 사회국가원리는 시민의 권리를 보호하기 위해서 적극적으로 개입해야 하는 국가역할을 근거짓는 원리이다. 국가가 소극적으로 권력을 행사하지 않음으로써 시민의 자유권을 보장하고자 하는 법치국가원리와 구별된다. 국가는 사회국가원리에 따라 시민의 사회적 기본권, 생활권적 기본권을 능동적으로 보호해야 한다. 헌법은 "국가는 사회보장·사회복지의 증진에 노력할 의무가 있다"(제34조 ②항)는 규정에서 이 원리를 직접 선언하고 있다. 이외에도 국민생활의 안전과 자유 그리고 행복추구를 통해 정의사회를 구현하겠다는 헌법전문, 인간존엄·행복추구권(제10조), 직업선택의 자유(제15조), 교육의 기회균등(제31조), 근로자의 최저임금제도(제32, 119조 ②항), 노동3권(제33조), 환경권(제35조), 범죄피해자에 대한 국가구조제도(제30조), 연소근로자보호제도(제32조 ⑤항) 그리고 소비자보호규정(제124조) 등이 사회국가원리를 드러내는 헌법규정들이다.

(2) 역사적 배경

2 근대 이후 시민 개인의 자율성을 기초로 정치적 자유권과 사유재산권이 정착되고 발전되어 왔다. 시장의 자율성에 맡겨두는 것만으로 자본주의는 성공을 거두는 듯 해 보였다. 그러나 특히 1900년대 초반 이후, 그 어두운 측면으로서 빈부격차가 극심해지는 등 사회적 불평등이 초래되고 있는 것이 분명히 목도되었고, 이에 사회구성원 간 연대의식을 토대로 한 사회적 평등의 중요성이 아울러 강조되기 시작하였다. 국가도 현실을 교정하기 위해 일정한 역할을 적극적으로 해야만 했다. 시민사회의 자율적 조정기능만으로 구성원들의 실질적 불평등을 해소할

1) 이에 대해서는 홍영기, 국가권력의 한계, 어디에서 비롯되는가, 204면 이하.

수 없었기에 국가가 평등한 재화분배에 적극적으로 나서야 했고, 시장시스템만으로 감당할 수 없는 공공적 재화를 갖추는 데에도 기여해야 했다. 이러한 사회국가원리의 적극성은 국가가 권력을 자제할 때 시민의 권리가 확보된다는 자유주의적 법치국가이념의 소극적 성격과 분명히 구별된다.[1)]

물론 사회국가이념이 시민의 구체적 생활관계를 고려하지 않고 획일적 평등 3
화를 의도하는 것은 아니다. 개인 각자가 가능한 한 국가에 의존하지 않고 자신의 생활설계와 자기책임원칙에 따라 살아갈 수 있도록 도와주는 방향에서 구체화된다. 또한 사회국가원리를 실현하기 위해서는 많은 비용이 필요하므로, 현대사회에서는 국가재정능력의 기초 위에서 더 필요한 곳에 재화가 우선 분배되도록 하는 정책기술이 매우 중요해졌다.

2. 형사정책과 사회국가이념

형사정책을 이끄는 이념은 자유주의적 법치국가이념이다. 사회국가이념은 4
이를 보완하는 데 필요한 역할이 있다. 다음과 같은 영역에 사회국가원리가 개입한다.

(1) 범죄위험의 적극적 통제

범죄발생을 미리 예측하고 범죄가 일어나지 않도록 예방하는 국가의 조치는 5
법치국가적 정형화만으로 감당할 수 있는 것이 아니다. 국가가 인적·물적 자원을 적극적으로 투입함으로써 위험에 미리 대처하는 것이 범죄예방의 고유한 방식이다. 특히 범죄피해를 당할 우려가 큰 지역과 방어능력이 상대적으로 떨어지는 잠재적 피해자를 대상으로 더 강화된 예방대책이 필요한데, 이와 같은 선택과 집중 또한 법치국가이념이 아니라 사회국가이념의 작동방식이다.

원래 근대국가이념에 따르면 범죄예방도 법치국가적 활동에 포함된 것이었 6
다. 그러나 타인의 권리를 침해한 사람에 대한 처벌작용으로 범죄발생 이전의 행위를 억제할 수 있다는 소극적 일반예방의 원칙적인 메커니즘은 특히 현대사회에서 실현되기 어렵다. 지금은 범죄예방활동인 치안과, 이미 발생한 범죄에 대한 조치로서 형사사법이 명확히 다른 영역에 속하게 되었다. 후자에서는 법치국가적 정형화가 요구되는 데 반해, 전자를 효율적으로 감당하기 위해서는 시민의 권리

1) 간략히는 Radbruch, 법철학, 104면 이하.

보호를 위한 적극적 경찰작용이 필요한 것으로 생각된다. 이에 대해서는 아래 '범죄예방'에서 자세히 서술할 것이다[64/1].

(2) 범죄피해자에 대한 정책

7 근대 이후 법치국가적 형사사법은 피해자의 중립화를 통해서 유지될 수 있다고 하였다. 사적 복수로부터 완전히 절연된, 피해자의 감정으로부터 자유로운 형사사법만이 범죄를 그 행위의 경중에 따라 객관적으로 처벌할 수 있는 조건이 된다. 물론 이 원칙에 의해 피해자가 아무런 관심을 받지 못하게 되는 상황이 바람직하다는 뜻은 아니다. 분명한 것은 피해자에 대한 관여는 법치국가원리와 관련 있는 것이 아니라, 사회국가적 요청의 관심사에 놓여 있다는 사실이다. 피해자의 복수심을 충족시키거나 그의 형편에 따라 좌우되는 방식은 법치국가 형사사법에서 허용될 수 없다[23/2]. 반면에 범죄피해를 당한 사람이 심리적으로 회복되고 경제적으로 어려움을 겪지 않도록 실질적이면서도 적극적인 도움을 주어야 한다는 사회국가 요청은 아무리 강조해도 지나치지 않다. 이를 구별하지 못한 채, 범죄발생에 대한 사회적 책임으로서 국가의 피해자 부조의무를 소홀히 하면서, 피해자의 처지에 심리적으로 몰입하여 복수심에 의해 처벌을 감행하는 것은 전근대적 형사사법에 머무는 것이다.

(3) 재사회화의 의의와 한계

8 재사회화는 범죄를 저지르지 않고 공동생활을 영위할 수 있는 능력을 갖게 하여 수형자를 다시금 다른 사회구성원과 더불어 살 수 있도록 돕는 데에서 형벌의미를 찾고 있다. 그러나 행형단계를 지배하는 재사회화이념은 엄밀히 말하면 '형벌이론'이라고 볼 수 없다. 형벌이론은 '형벌은 왜 있는가'에 대한 대답이어야 하는데, 이 경우의 재사회화이념은 특히 자유형을 부과할 때 형집행의 최종목적을 의미하는 것이기 때문이다. 즉 형벌이 존재해야 하는 이유를 말하는 것이 아니라, 자유형이 집행될 때의 목적에 해당한다. 그리고 바로 이 점에서 재사회화이념은 법치국가이념과 거리가 먼, 사회국가이념 위에 놓여 있다는 사실이 이해된다.

9 개별수형자가 온전히 개선되어 사회로 복귀하는 경우가 결코 다수를 이루지 않는다는 현실로부터 재사회화이념은 실현가능성이 낮다는 비판을 받기도 한다. 시설 내에서 개선을 측정하는 점수표에 높은 점수를 받기 위해 새 사람이 된 척하는 교활한 수형자에게 유리한 목표라고 말하기도 한다. 그렇지만 이와 같은 '존

재' 측면의 비판은 '당위'를 포기해야 하는 직접적인 이유가 되지 못한다. 수형자의 자유를 박탈하는 방법을 형벌수단으로 사용하는 한, 그 집행내용을 채우는 원리로서 재사회화 이외에 생각될 수 있는 것은 없다. 다만 수형자를 사회에 복귀시키기 위해 사회와 격리된 시설에 수용하는 것이 매우 효과가 떨어지는 방식인 것은 사실이기 때문에, 지금은 시설 밖에서 교정하는 방법을 개발하기 위한 노력이 진행되고 있다.

이보다 더 중요한 비판은 재사회화를 위한 국가의 형벌집행이 또 다른 측면에서 자유를 억압한다는 사실을 향하고 있다. 우선 국가에게 수형자를 강제로 사회규범에 적응시킬 수 있는 권리와 자격이 있는가 하는 물음부터 해결해야 한다. 국가에게 개선을 담당할 수 있는 도덕적 역량이 없다고 말할 수도 있기 때문이다. 재사회화목적을 추구하는 것이 수형시설을 거대한 강제교육장으로 만든다는 비판도 흔하다. 재사회화형벌이 겉으로는 인도적인 것처럼 보이지만, 실제로는 범죄인의 신체와 정신을 이중으로 침해하는 인간존엄에 반하는 형벌이라는 뜻이다. '내가 죄를 범했으니 내 몸을 가두어라! 다만 정신을 개조하려 하지는 말아라!'[1] 10

3. 사회국가적 요청과 법치국가적 요청의 관계

범죄에 대한 대책에서 사회국가적 배려의무는 법치국가적 한계를 벗어나 수행되어서는 안 된다. 즉 양자가 충돌할 경우에는 법치국가적 과제가 우선한다.[2] 예를 들어 범죄예방의 필요성이 강조되는 상황이라고 하더라도 비례성원칙이나 책임원칙에 반하는 수준의 권리침해수단을 사용해서는 안 된다. 또한 피해자의 회복을 위해 국가나 피고인 자신이 최선을 다 했다고 해서 국가가 피고인에게 형벌을 부과해야 하는 의무가 없어지는 것도 아니다. 행형의 당사자에 대한 배려의무는 원칙적으로 본인이 필요로 하는 경우에 국한되어야 한다. 11

자유와 배려가 충돌할 때 자유가 우선한다는 의미는, 개인 스스로 자율에 따르는 것을 포기하고 자신의 행복을 국가에 의해 증진시켜야 할 의무를 지는 것은 아니라는 뜻이다. 자유영역 곳곳에 개입하고자 하는 국가의 지나친 배려는 비판적 의미의 후견주의(Paternalismus)에 해당한다. 밀(J. S. Mill)은 다음과 같이 말한 12

---

1) 푸코는 형벌의 신체침해를 노동력착취로, 정신침해를 이데올로기에 대한 길들이기로 본다(Foucault, 범죄와 형벌, 65면 이하 참조).

2) 이에 대해서는 박달현, 보충성원칙, 135면 이하.

다. "다른 사람이 보기에 우리 자신에게 이익이 된다고 생각되는 바대로 살아가도록 강요당하는 것에 의해서가 아니라, 각자 그 자신에게 이익이 되는 것으로 보이는 삶을 스스로 살아가도록 서로 인정하는 것에 의해 인류전체는 더 많은 것을 얻을 수 있다."[1]

[27] 민주국가이념

1. 참여와 대화

1 민주국가라는 단어 안에 담긴 민주주의는 이데올로기라는 말을 붙이고 있는 모든 것 가운데 가장 폭이 넓은 개념일 것이다. 핵심적인 내용만을 말한다면 민주국가는 국민이 주인이 되는 정치체제를 말한다. 그리고 민주주의는 구성원의 의사에 따라 모든 결정이 이루어져야 한다는 것이다. 그런데 이 정도의 이념은 거의 모든 국가가 표방하고 있다. 과거의 여러 독재자도 예외 없이 '국민의 뜻에 따라' 정치를 한다고 말했었고, 누구나 독재국가로 알고 있는 나라들도 저마다 민주주의를 국호國號에 붙여 넣고 있다. 그러나 '민주주의' 개념을 폭넓게 사용하려 하면 할수록 그 본래 의미로부터 멀어지는 것을 흔히 경험해 왔다. 우리나라는 오래되지 않은 과거에 '한국형 민주주의'를 표방하기도 했으며, 지금까지도 '공산주의', '사회주의' 등 개념의 반대편에 습관적으로 '민주주의'를 위치시키는 사람이 적지 않다. 민주주의의 중핵적인 가치만 간추려서 다시 음미해야 하는 이유가, 그 뜻이 방만하게 쓰일 때에 더욱 분명하게 드러난다.

2 민주주의의 전제는 진리의 상대성이다. 민주주의는 일정한 내용을 향해 있는 이념이 아니다. 곧 선한 가치 자체를 드러내는 것이 아님은 물론, 이를 통해 절대적인 진리를 구현하려 할 수도 없다. 그렇기에 민주적 절차를 이용한 경우에 가장 좋은 답을 찾을 수 있다고 말할 수도 없다. 민주주의 핵심은 절차에 대한 당위로서, '참여'와 '대화'를 통해 결정하려는 것일 뿐이다. 민주주의를 곧 대화, 합의, 다수결 등과 연결시키는 이유이다. 참여와 대화를 통해 결정해야 소수의 독단을 피할 수 있으며, 그렇게 결정된 내용에 대해 많은 사람들이 동참하여 실천할 수

1) Mill, 자유에 대하여, 31면; 윤영철, 형법의 목적으로서 자유보장원칙에 관한 고찰, 167면 이하; 같은 저자, 형사법의 지도이념으로서의 '사회적 관용', 411면 이하 참조.

있는 동기도 부여될 수 있다. 절차로부터 소외된 사람과 그로 인해 이익을 침해당하는 사람의 숫자를 줄이는 데 민주주의의 핵심적 관심이 있다[소극적 공리주의, 30/16]. 민주주의는 바로 이와 같은 형식이기 때문에 민주적 절차를 통해 최선의 해결에 이르지 못하는 경우가 적지 않다. 그렇더라도 이러한 참여와 대화의 방식을 그동안 인류가 개발한 모든 의사결정수단 가운데 가장 진보된 것으로 인정하는 이상, 이와 같은 장점과 더불어 그 태생적 한계 또한 수용해야 한다.

2. 방어적 민주주의

민주주의는 모든 이들의 참여와 대화를 보장할 때 실현될 수 있지만 언제나 3
예외는 있다. 그 한계에 해당하는 '방어적 민주주의'(wehrhafte, streitbare Demokratie)는 모든 사람의 참여와 대화를 인정하지만, 민주주의 자체를 파괴할 목적으로 민주주의를 이용하려는 자는 민주주의의 참여와 대화방식을 이용할 수 없도록 하는 것을 말한다.[1] 쉽게 이야기하면 '대화의 마당을 깨뜨릴 사람은 그 대화에 들어오지 말라'는 것이다.

민주주의를 표방하고 실천하기 위해 나누는 대화에는 누구나 참여할 수 있 4
다. 그가 취하는 입장이 자본주의이든, 공산주의이든, 자유주의이든, 사회주의이든 문제되지 않는다. 그러나 자신만의 신념으로, '나와 다른 생각을 하는 사람은 참여할 수 없다'고 주장하며 이를 관철하려는 사람은 민주주의의 중핵적 가치인 참여와 대화의 가치를 부정하는 것이다. 방어적 민주주의에 따른다면 바로 그런 사람은 대화의 장에 참여할 수 없다.[2]

[나치의 체험] 나치주의(Nationalsozialismus)를 표방하는 당은 제1차 세계대 5
전 후 혼란기에 당시 가장 민주적인 헌법을 갖고 있었던 바이마르공화국의 한 소수정당으로 출발하였고, 1933년 민주주의적 총선의 승리로 히틀러 내각을 구성하였다. 그러나 나치당은 이후 채 1년이 되지 않아 수권법을 통과시키고 다

1) BVerfGE 5, 85 (141); BVerfGE 140, 316(논평으로는 Gundling, Der enge Rahmen des Neutralitätsgebotes, 23면 이하).

2) 다음은 헌법재판소가 과거 통일진보당의 해산을 결정한 이유의 일부이다. "그 수장인 이○기의 주도 하에 전쟁 발발 시 북한에 동조하여 대한민국 내 국가기간시설의 파괴, 무기 제조 및 탈취, 통신 교란 등 폭력을 실행하고자 내란관련 회합들을 개최하였는데, 위 회합들의 개최 경위, 참석자들의 피청구인 당내 지위, 이 사건에 대한 피청구인의 옹호 태도 등을 종합할 때, 위 회합들은 피청구인의 활동으로 귀속된다. 또한 비례대표 부정경선, 중앙위원회 폭력사건 및 관악을 지역구 여론조작 사건은 피청구인의 당원들이 토론과 표결에 기반하지 않고 폭력적 수단으로 자신들이 지지하는 후보의 당선을 관철시키려 한 것으로서 당내 민주적 의사형성을 왜곡하고 선거제도를 형해화하여 민주주의원리를 훼손하였다"(헌재결 2014.12.19. 2013헌다1). 활동의 비민주적인 폭력성을 아울러 문제 삼은 것이며, 단지 정당이 공산주의·사회주의적인 성격의 강령을 갖고 있다는 것만으로는 해산할 수 없다.

른 당을 모두 강제해산시켰다. 1934년 대통령이었던 **힌덴부르크**가 사망하자 **히틀러**는 대통령까지 겸임하면서 총리 겸 대통령[총통]이 되었다. 이를 제3제국이라 명명한다. **히틀러**의 독일이 1939년 폴란드 침공을 시작으로 제2차 세계대전을 시작하여 약 7,500만 명을 희생시켰고 그 가운데 유대인 600만명을 집중적으로 학살한 것은 잘 아는 사실이다. 이러한 엄청난 불행의 시작에 민주주의 정치체제를 이용하여 독재를 이루었던 역설이 있었다. 방어적 민주주의는 독일의 이와 같은 역사에 대한 후대의 반성으로 확립되었다. 최근에도 독일연방헌법재판소는 극우정당인 NPD에 대한 해산청구를 기각하면서 이 원리를 적용하였다.[1]

3. 형사사법에서 민주주의의 지위

6 민주주의와 법치주의는 '민주주의를 통한 법치주의의 성립', '법치국가사상에 기초한 민주주의'식으로 자주 엮여서 사용된다. 역사적으로 볼 때 두 관념이 서로의 발전에 기여한 것은 사실이다. 법치주의가 온전히 실현되기 위해서는 민주적 절차가 당연히 필요한 것이고, 민주주의 또한 법치주의의 도움을 받아 안정된 틀을 유지할 수 있다. 그렇지만 법치주의와 민주주의의 핵심적인 방식은 서로 분명히 구별된다. 법치주의는 말 그대로 법(률)대로 이행되는 것을 의미하는 반면, 민주주의는 참여자간 대화와 합의로 결정되는 방법을 기초로 하기 때문이다.

7 형사법분야에서 민주주의와 법치주의의 비중을 나누어보면 다음과 같다. 1) **입법**영역에서 형사법을 제정하거나 개정하기 위해서는 여러 시민들 간 꾸준하게 진행되어온 의사소통의 결과를 반영하도록 해야 한다. 2) 형벌을 집행하는 **행형**에서는 수형자들의 의견을 경청해야 하며, 그를 다시 사회에 복귀하게 하기 위해서 여러 전문가들의 의견에 귀를 기울여야 하는 경우도 많다. 3) 그러나 수사와 재판을 포함한 **형사사법** 과정에서는 법치주의가 민주주의를 압도한다.

8 즉, 일단 형법과 형사소송법이 실정된 기준으로 이용되는 이상, 그때부터는 일반시민들의 다양한 의견을 반영하는 것보다는 법에 따른 형사사법을 실현하는 것이 더욱 중요하다. 두 이념이 충돌하는 경우가 문제이다. 모든 사람들이 행위자의 행위에 죄가 있다고 생각하지만 이를 처벌하는 법률이 없을 때, 민주주의에 따른다면 가벌성을 인정해야 하는 것으로 볼 수 있으나, 법치주의에 따르면 행위자에게 형벌을 부과해서는 안된다. 이러한 때에 형사사법은 민주주의적 방식보다는 법치주의적 방식에 따라 진행되어야 한다. 이것이 곧 죄형법정주의, 적법절차원리

---

1) BVerfGE 140, 316. 논평으로는 Gundling, Der enge Rahmen des Neutralitätsgebotes, 23면 이하.

의 배후에 있는 가치이다. 오로지 실정된 법률에 따라 절차를 진행하고 재판을 하다보면 시민들의 의견에 맞지 않는 결론에 이르는 경우도 적지 않을 것이다. 당장 생각해보면 답답한 노릇이다. 그렇지만 결국 법체계를 좇아 예측이 가능한 객관적 사법을 지속적으로 운영할 때, 궁극적으로 정의를 실현하는 폭넓은 조건은 형성될 수 있다. 법치국가사상의 가치는 바로 이러한 신뢰에 자리잡고 있다.

4. 형사정책에서 민주주의의 기능

(1) 형사절차에서 민주주의

그러나 위의 말을 형사사법에서 민주주의 가치가 뿌리내릴 곳이 없다는 뜻으로 오해해서는 안 된다. 법률에 따른 체계가 이미 형성되어 있으므로 그에 따라 형사사법이 이루어져야 하지만, 그 안에서 개별사안을 처리할 때 그 실정법구조를 왜곡하지 않는 이상 민주주의 방식을 최대한 활용해야 한다. 쉽게 이야기하면 형사사법의 큰 이념적 지표로 보았을 때 법치주의가 민주주의보다 앞서 있지만, 그 법치주의가 제대로 기능하기 위해서는 개별사안에서 민주적 참여와 대화방식을 활용하는 것이 중요하다. 9

예를 들어 형사절차는 형사소송법에 의해 짜여진 대로 진행되어야 하는데, 이를 적법절차원리라고 한다. 아무리 사회에 큰 해악을 남긴 피고인으로서 처벌필요성이 크고, 모든 시민들이 주목하고 있는 경우이기에 민주주의에 따라 의견을 모아 해결하면 중형에 처해야 마땅한 자라고 하더라도, 그가 자백한 상황에 헌법상 진술거부권(묵비권)을 보장해주지 않았고, 확보된 모든 증거가 위법하게 수집한 것이었다는 사실이 드러난다면, 그가 실제로 범죄자라는 것과 무관하게 유죄판결을 할 수 없다. 민주주의보다 법치주의가 앞서는 모습이다. 10

그렇지만 적법절차원칙이 실현되는 모든 구체적 국면에는 민주주의원리가 개입되어 있다. 피의자, 피고인, 검사, 증인은 물론 방청객이 모두 참여할 수 있도록 하는 공개재판주의가 진실을 밝히는 최선의 수단이며[공판중심주의], 피고인이 재판에 참여하여 증인에 대해 묻고 답을 하도록 보장해주어야 한다[반대신문권보장]. 피해자도 스스로 증인이 되어 자신의 의견을 말할 수 있어야 한다[피해자증인]. 즉 형사절차는 한 마디로 '법치주의에 따라 체계화된 민주적 대화의 마당'이 되어야 한다.[1] 근래에는 민주주의 가치를 한층 더 구현하기 위해 일반인이 배심원으로 참 11

---

1) 형사절차의 이러한 측면에 대해서는 이상돈, 형사소송원론, 3면 이하; 같은 저자, 법의 깊이, 187면 이하. 구별되는 시

여하는 국민참여재판도 활용되고 있다.

(2) 범죄원인과 범죄화 측면에서 민주주의

12 민주주의는 여러 가치의 상대성을 바탕으로 할 때에만 기능을 발휘할 수 있다. 이와 같은 가치상대주의가 확립되지 않은 사회에서는 특정한 행위유형이 공정한 기준에 의하지 않고 자의적으로 범죄로 분류되기도 한다. 과거에는 정부 정책을 비판하는 것은 물론 그에 대해 의심을 갖는 것만으로 처벌되는 사례도 적지 않았다. 이러한 획일적 사고를 극복해가고 있는 지금, 우리 사회에서는 민주주의가 곧 범죄를 예방하고 통제하는 중요한 사상적 배경이 되고 있다.

13 민주주의는 극단의 반민주적인 행위양식을 제외하고 그 이외의 모든 다양한 가치를 포용하는 사회에서 실현될 수 있는 것이라고 하였다. 우리 사회는 특히 인터넷을 이용한 활발한 대화를 통해 사소한 일탈이나 보편적이지 않은 사고표현을 빠른 시간 안에 바로잡는 자정능력을 갖고 있다. 즉 일탈적인 행위에 대해 국가가 개입하기에 앞서서 사회구성원들 스스로 건전한 판단을 통해 걸러내는 시민의식을 갖추어가고 있다. 극히 불법적인 것을 제외한 여러 가치가 더불어 성장해 나아갈 수 있는 토양을 확보해가고 있다는 의미이다. 이러한 때에 시민사회의 역할을 믿는 대신, 우선적으로 국가가 형법으로 정죄하고자 하는 것은 이전 세대의 낡은 방식에 그칠 뿐이다.

14 가치다원주의 사회, 즉 여러 사람의 다른 면을 폭넓게 수용하는 구성원들의 인성이 보편화된 사회에서는 종전에 특이하게 여겨졌던 행동방식이나 취향도 매우 폭넓게 인정된다. 시민들이 몰이해와 상호부정으로부터 벗어나 이해와 관용의 정서를 갖게 되는 것이야말로 범죄발생을 낮추는 가장 중요한 환경적 요인이다. 이것이 곧 민주주의가 우리에게 가져다주는 형사정책적 유용성이기도 하다.

각은 Renzikowski, "공정한 절차"와 형사소송, 341면 이하.

[28] 헌법원리의 확인: 헌법재판소

1. 의 의

위와 같은 국가과제가 현실에서 어떻게 구체화되는지가 중요하다. 헌법의 인간존엄과 행복추구권의 보장(제10조)을 비롯한 모든 기본권보장규정(제11조 이하)은 하위법률의 정당성을 지지하는 상위규범이다. 그러나 이 규정을 어떠한 방식으로 실현할 것인가에 대해서는 평가자마다 서로 생각이 다를 수 있다. 헌법 내용은 매우 넓은 포섭 가능성 때문에 적극적 명령규범으로 작용하는 데는 한계가 있다. 헌법에 명시된 국가의 과제를 구체화하는 핵심 기관은 헌법재판소이다. 즉 법치국가, 사회국가, 민주국가의 이념은 헌법재판을 통해서 구체화된다. 헌법재판이 없다면 헌법은 한낱 종이헌법(Papierverfassung)에 지나지 않는다. 1

2. 헌법재판의 특징

(1) 기준의 개방성

헌법재판소는 실정법적인 근거 이외에도 법의 상위원리, 도덕규범 등도 검토하는 개방적인 성격을 갖고 있다. 이에 따라 스스로 법창조나 법형성에 근접하는 작용을 담당하고 있기에, 근거가 되는 실정법만을 적용하는 일반 사법절차와 구별된다. 적용 방식 또한 단순한 '포섭'이 아니라 여러 가치의 '형량'을 바탕으로 한다. 그렇다고 해서 헌법재판을 재판관들이 행하는 일종의 정치적 결단으로 이해해야 한다는 뜻은 아니다. 정치와 정책이 사회구성원들의 의사를 토대로 결단을 내린다면, 헌법재판소는 이를 실천하기 위해 법적으로 치밀한 논증활동을 하는 기관이어야 하기 때문이다.[1] 2

(2) 소극적 방법론

위헌법률의 심사를 맡는 헌법재판소가 각 법률의 정당성을 적극적으로 평가해내는 것은 아니다. 헌법재판소는 기본권조항에 위배되는 사안과 정의의 규준 밖에 있는 법률에 대해 위헌결정을 하여 법질서로부터 배제시키는 소극적 방법을 사용한다. 위헌적인 활동을 하는 정당을 가려내는 것, 헌법에 위배된 정치를 한 대통령을 파면하는 것, 기본권이 침해된 상황을 확인하는 것도 마찬가지의 역할 3

1) 이준일, 헌법학강의, 6.1.8.

이다. 반증되지 않은 부분은 합헌적인 것으로 남게 된다. 이와 같은 소극적 방식 [30/16]에 따라 헌법재판제도는 헌법의 선언적 가치에 실체를 부여하는 기능을 담당한다.

3. 현행 제도의 문제점

4 헌법재판제도는 법치주의의 척도가 되는 동시에 부정의를 배제하는 최종 수단이다. 이러한 헌법재판의 임무를 고려할 때, 현행 헌법재판제도의 다음과 같은 점에 대해서는 더 나아간 논의가 필요해보인다.

(1) 추상적 규범통제 불가능

5 현행법에 따르면 헌법재판소는 1) 구체적 규범통제(제107조 ①항), 2) 탄핵심판(제65조), 3) 위헌정당해산(제8조 ④항), 4) 권한쟁의(제111조 ①항 4호) 그리고 5) 헌법소원(제111조 ①항 5호)의 역할을 담당한다. 우리 헌법재판소는 '추상적 규범통제'를 할 수 없도록 되어 있다. 즉 법률의 위헌 여부가 재판의 전제가 되지 않으면 위헌심사를 할 수 없다. 법률이 헌법에 위반되는지 여부가 구체적인 사안의 재판에서 문제된 경우에만 당사자는 법률의 위헌성에 대한 심판의 제청을 법원에 신청할 수 있으며, 법원은 당사자의 제청신청을 심사하여 헌법재판소에 대한 제청여부를 결정한다. 여기서 법률이 위헌심사를 받을 수 있는 가능성이 축소되는 것은 불가피하다. 우리나라는 과거 부정의한 권력으로부터 정당성을 의심받는 법률이 많이 제정되었고, 지금도 특별법이 무분별하게 양산되고 있기 때문에 추상적 규범통제제도를 수용하여 위헌법률심사를 더 적극적으로 활용할 필요가 있다.

(2) 재판관의 구성

6 헌법재판소의 구성 문제도 있다. 헌법재판소 재판관은 9명으로 이루어지는데, 대통령·국회·대법원장이 각각 3명씩 추천하고 대통령이 임명한다. 헌법재판소의 장은 이렇게 임명된 재판관 중에서 대통령이 국회의 동의를 얻어 임명한다. 입법·사법·행정부에서 3명씩 추천하여 선출하는 방법은 언뜻 보기에 매우 공정한 절차로 보일 수도 있다. 그러나 과거부터 대체로 국회의 다수당을 차지해 온 여당의 수뇌는 대통령이다. 또한 대법원장에 대한 실질적 임명권 또한 대통령이 행사하기 때문에, 현실적으로 전권을 행사하는 대통령이 특정한 의도를 가지고

헌법재판소의 구성을 좌우할 수도 있다.[1] 이처럼 다수를 이루게 된 재판관과 다른 경로로 추천되는 사람은 국회에 할당된 3명의 재판관후보 가운데 야당추천의 몫인데, 많은 경우 이것은 1명에 불과하다. 이로써 나머지 8명의 재판관에 대응하여 균형을 유지하는 것은 현실적으로 불가능하다. 헌법재판소가 가끔 중요한 정치적 사안을 판단할 때 나머지와 다른 의견을 가질 것으로 보이는 재판관이 없거나 한두 명에 그치는 이유이기도 하다.

과거에 비해 개선되었다고는 하지만 지금까지도 우리나라 정치에서는 대통 7
령을 배출한 여당세력이 정치적 헤게모니를 독식하고 있다. 대통령이 수장으로 있는 행정부가 주도하여 초안을 만든 법률을 입법부에서 여당의 결심으로 통과시키고, 그 법률에 대한 사후적인 평가도 위와 같이 구성된 헌법재판소에 의해 진행되도록 한다면, 헌법정신을 충전하는 막대한 권한과 의무가 대통령을 비롯한 소수 정치인의 뜻에 의해 좌우될 가능성이 높다. 헌법을 정점으로 한 법률체계를 온전히 갖추고 있어야 하는 가장 중요한 이유는 소수의 성향과 의지에 따라 국가정책 방향이 크게 흔들리지 않도록 하는 데 있다. 이러한 점에서 헌법재판소 또는 대법원이 여러 계층의 뜻을 반영할 수 없을 만큼 획일적으로 구성되는 것은 결코 가벼운 문제가 아니다.

제 2 절 정의란 무엇인가

[29] 정의의 형식성

지금까지 여러 부분에서 '정의'를 이야기하였다. 우선 법이념으로 정의, 법적 1
안정성, 합목적성을 꼽았다[4/3]. 또한 법개념요소 가운데 정당성이 포함된다고도 하였다[4/13]. 그러나 이때 정의와 정당성이 무엇을 뜻하는지에 대한 논의는 남겨두었다. 그리고 바로 위에서는 실질적 법치국가원칙을 통해 형식적 법치국가이념

1) 현행 헌법에 의하면 대법관은 대통령이 국회의 동의를 얻어 임명하고 대법관은 대법원장의 제청으로 대통령이 국회의 동의를 얻어 임명하도록 되어 있다(제104조 ①·②항).

의 한계를 보완한다고 하였다[25/6]. 실질적 법치국가는 정법正法, 즉 정의로운 법에 의해 통치되는 국가를 의미하는데, 여기서도 정의가 아직 채워지지 않은 개념으로 머물러 있다. 정의가 무엇인지에 대한 논의를 생략할 수 없을 정도로 정의의 역할은 대화 곳곳에 자리하고 있다.

2 우리가 진행할 정의의 논의에 포함될 수 없는 것을 우선 가려내보자. 누구든 '정의'는 좋은 것이며 옳은 것이라고 여기고 있기에 그런 평가를 받을 수 있는 모든 개념을 일단 떠올릴 수 있다. 예를 들어 '사랑', '덕', '용기', '인仁', '지혜' 등이다. 이러한 개념들이 정의에 포함되지 말아야 할 어떠한 이유도 없다.

3 다만 법학을 포함한 사회과학에서 정의는 오로지 '형식'에 대한 것임을 분명히 하고자 한다. 중요한 것은 정의의 '내용'이 무엇인지 아는 것이 아니라, 특정한 사안과 문제를 넣었을 때 어떤 결론이 도출되는가 하는 것이며, 정의기준은 바로 그때 이용되는 '방법'이자 '틀'이기 때문이다.[1] 예를 들어 분배를 담당하는 국가가 한정된 재화를 처지가 다른 각 시민들에게 어떻게 분배할 것인가를 논할 때 '사랑'과 '덕'을 가지고서는 아무 것도 할 수 없다. 반면에 '생산에 기여한 것에 비례하여 분배해야 한다'고 말하면 그것은 정의기준으로 쓰일 수 있다. 아래에서 언급할 모든 정의론도 이처럼 형식으로서의 정의를 이야기하고 있을 뿐이다.

[30] 정의에 대한 여러 이론

1 여기서는 정의에 대한 주요 사상가의 생각 가운데 극히 일부만 살펴보기로 한다. 위대한 저자에 대해서는 그동안 후학들의 수많은 해설과 요약이 반복되어 왔는데, 이들은 대부분 다소 차이가 난다. 아래의 설명도 정의론에 대한 관심을 불러일으키도록 도울 수 있을 뿐이며, 각 사상의 핵심을 고스란히 전달할 것을 목표로 하기는 어렵다.

1. 평등으로서 정의

2 정의를 곧 '평등'으로 보는 관념은 **아리스토텔레스**(기원전 384~322)가 확립한 것이다. 평등을 구현하기 위한 형식적인 틀로서, 그는 교환적 정의(iustitia commutativa)

---

1) 이에 대해서는 Llompart, Gerechtigkeit als geschichtliches Rechtsprinzip, 42면 이하; Seelmann, 법철학, 175면 이하.

와 배분적 정의(iustitia distributiva)를 구별하였다.[1] 1) **교환적 정의**는 동등한 주체들 간의 주고받음에 대한 정의를 말한다. 노무를 제공하였으면 마땅히 그에 상응하는 임금을 지불해야 하며, 권리침해가 있으면 그에 대한 배상이 따라야 한다. 법분야의 예를 들면 사법私法적 관계에서 교환적 정의가 중요하다고 단순하게 말할 수 있다. 2) **배분적 정의**는 분배권한 있는 자를 염두에 두고 그가 다수의 사람들에게 재화를 나눌 때 비례의 기준으로 삼아야 하는 평등원리를 말한다. 예를 들어 강사가 학생들에게 학점을 주면서 시험성적과 출석비율을 감안하는 경우는 이 성격의 정의와 관련된다. 법분야에서는 공법公法적 관계에서 배분적 정의의 기준이 필요하다.

평등의 원리를 '같은 것은 같게, 다른 것은 다르게'라고 하든, 또는 '각자에게 그의 몫을!'이라고 말하든 그것은 아직 정의기준으로서 완성된 것이 아니다. 어떤 것이 '같은' 상황인지, 각자 가져야 할 '그의 몫'이 얼마인지 서로 다르게 답할 수 있기 때문이다. 그러나 아리스토텔레스 이후 정의가 곧 평등원리를 의미한다는 데 대해서는 중요한 반론이 제기되지 않는다. 그 구체적 기준과 실현방법에 따라 의견이 달라질 뿐이다. 3

2. 보편화가능성

매우 잘 알려진 도덕의 황금율은 '남을 대할 때 자기 스스로 취급받기 원하는 것을 그에게 행하라'는 것이다. 또는 소극적으로 '자기가 당하기 싫어하는 것은 다른 사람에게도 행하지 말라'라고도 한다.[2] 이 단순한 원리는 서로 주고받는 두 사람의 관계를 말하고 있다. 칸트(I. Kant, 1724~1804)는 이 원리를 다수 사람에게 확대시켰다. 국가를 법의 원리에 의해 지배되는 다수 인간의 결합체로 보면서, 그 안에서 모두를 구속하기 위한 법칙을 발견하고자 한 것이다. 4

정의와 관련되는 많은 언명 가운데 가장 유명한 것은 그가 실천이성비판에서 이야기한 "너의 의지의 준칙이 언제나 동시에 보편적 입법으로서 간주될 수 있도록 행위하라"는 것이다.[3] 도덕형이상학에서도 유사한 명령이 발견된다. 즉 "모든 행위가 또는 한 개인의 자의의 자유가 보편적 법칙에 따른 것으로서 다른 모든 5

1) Aristoteles, Nikomachische Ethik, 1130b 이하.
2) 마태복음 7장 12절; Kelsen, Was ist Gerechtigkeit?, 38면.
3) Kant, Kritik der praktischen Vernunft, Akademieausgabe, 54면.

개인의 자유와 양립할 수 있다면 정당하다"고 하였다.[1] 즉 두 명의 주체 사이에 서로 용납될 수 있는 행위를 하라고 한 도덕의 황금율은 여기서 다수 주체 사이에서 이른바 보편화가능성(Generalisierbarkeit)으로 확대되고 있다. 자신의 행위가 정의에 따른 행위가 되기 위해서는 그것이 보편화될 수 있는 준칙에 따른 것이어야 한다는 생각은 그 자체 선한 내용을 말하는 것은 아니다. 일반화되어야 할 준칙을 선택할 때 오로지 형식논리적인 일관된 틀(과정)이 필요하다는 점을 강조하고 있을 뿐이다.

6 **칸트**가 보기에 우리가 이러한 법칙에 따라 행위하도록 만드는 것은 각자 가지고 있는 실천이성이다. 실천이성은 궁극의 완전한 최고선에 따라 실천의지를 규정하는 것, 즉 실천을 보편적으로 타당하게 만드는 도덕적 이성을 말한다. 여기서 도덕적 행위는 실천이성의 결과이며, 인간이 행복하게 살기 위해 지켜야 할 것이거나 각자 터득한 진리에 따라 행위하고자 하는 의지의 표현이 아니다.[2]

3. 공리주의

7 **벤담**(J. Bentham, 1748~1832)은 방법적 회의를 통해 캐묻는 것이 중요하며, 그로부터 살아남은 것은 최소한 과학으로 설명 가능해야 한다는 방법론을 견지하였다. 그는 공리주의를 정초한 것으로 알려졌지만, 그의 생각은 이미 **에피쿠로스**에서 읽을 수 있었던 뿌리 깊은 쾌락주의(Hedonismus)의 한 줄기에 해당한다.

8 **벤담**이 전제하고 있는 것은 자연이 인류를 '호好'(Lust)와 '불호不好'(Unlust)라는 두 주인이 지배하도록 하였다는 사실이다. 우리가 무엇을 행할까 결정할 뿐만 아니라 우리가 무엇을 해야 하는가 지시해주는 것은 오로지 '호'와 '불호' 뿐이라고 한다.[3] 실천이성이 우리에게 마땅히 해야 할 도덕을 지시한다고 한 **칸트**의 의무론적 사고와 달리, **벤담**은 어떤 것을 함으로써 결과적으로 우리의 '호'를 증진시키는 그것이 곧 도덕이 되어 행위를 지배한다고 한다. 누구든 자기 자신에게 무척 번거로우나 도덕적인 일이므로 애써 남을 돕는다고 생각할 수 있지만, 실상 그것

---

1) Kant, Die Metaphysik der Sitten, VI, 230면. "자유는 그것이 보편적 법칙에 따라 다른 모든 타인의 자유와 양립할 수 있는 한, 그가 인간이라는 이유로 모든 개인에게 귀속되는 유일하고도 근원적인 권리"(Kant, 같은 책, 237면). 예를 들면, 자기소개서를 더 좋게 보이게 만들기 위해 봉사한 사실을 다소 과장하여 쓰려는 순간, 물어봐야 한다. 이런 상황에서 다른 사람들도 나와 똑같은 준칙으로 행동할 것을 내가 바랄 수 있겠는가?

2) 칸트의 보편화가능성이나 실천이성 개념 모두 인간의 이기심이라는 자연적 본성을 빼면 일관성을 잃는다는 대표적인 비판으로는 Schopenhauer, 도덕의 기초에 관하여, 특히 83면 이하.

3) Bentham, 도덕과 입법의 원칙에 대한 서론, 47면 이하.

은 자신의 호를 증폭시키기 위해 행한 것이며, 호가 전혀 없이 불호만 있다면 그 일을 감내하지 않았을 것이라는 것이다.[1] 이렇게 본다면 옳고그름의 기준에 대해 형성된 다양한 체계들은 모두 호불호의 공리원칙으로 환원될 수 있다. 전체 사회 구성원들이 취해야 할 정의원리 또한 마찬가지이다. 모든 호의 가치를 합산하고 그 반대인 불호를 합쳐서 전자가 우월하다면 옳은 상황이라고 말할 수 있다[최대다수의 최대행복].[2]

4. 진리합의이론

하버마스(J. Habermas, 1929~)의 합의이론은 철학적 해석학을 방법론적 기초 9
로 하여, 진리는 객관적 발견의 대상이 아니며 상호주관적 합의 또는 일치만이 진리의 조건이 되는 것으로 보았다. 즉 진리는 논증을 특징으로 하는 대화를 통해 사람들의 동의를 얻는 과정에서 구성되며, 이 과정에서 참여자의 동의가 바로 진리성의 조건이 된다고 한다.

[해석학] 해석학(Hermeneutik)은 성서구절의 이해규칙, 이해기술에 대한 연구 10
로부터 출발하여, 19세기 초 슐라이어마허(F. Schleiermacher)의 심리적 해석방법과 인간의 느낌과 욕구를 해석에 감안한 딜타이(W. Dilthey)가 정초하였고, 하이데거(M. Heidegger)가 그의 실존철학의 토대로서 완성한 방법론이다.[3] 해석학에 따르면 대상을 이해하는 모든 과정에는 이해하는 주체가 갖고 있는 선이해先理解(Vorverständnis)가 개입될 수밖에 없다. 즉 대상의 이해과정은 주체 스스로 떨쳐버릴 수 없는 선이해로 오염된 채 진행되는 것이지, 주체와 완전히 동떨어진 객체에 대한 객관적 인식과정이 아니다.[4] 모든 대상이 그것을 파악하는 주체에 따라 서로 다르게 인식될 수밖에 없는 이유이다. 여기서 보편적이고 순수객관적인 대상성은 부정되고, 전통철학에서 의심되지 않았던 주체와 객체의 엄격한 구분 및 존재와 당위의 엄격한 이원주의가 와해된다. 언어의 이해방식도 마찬가지이다. 텍스트인 언어는 그 자체 독립되어 특정한 의미만을 갖게 되는 것이 아니라, 대화상황과 그에 참여하는 대화주체에 따라 다르게 이해되는 대상이기도 하다. 즉 언어의 화용론話用論적 이해가 의미론적 이해보다 더 우월

---

1) Bentham, 앞의 책, 60면 이하. 개인이 선호를 취하려 하는 것으로는 도덕이 정초되지 않는다. 그것이 사회 안에서 도덕으로 인정받기 위한 단계에는 다른 사람도 같은 호불호를 갖고 있을 것으로 생각하는[역지사지], 본성으로서의 동정심이 필요하다. 이 점은 이미 루소, 흄 등도 강조한 것이다(Schopenhauer, 도덕의 기초에 관하여, 특히 187면 이하 참조).

2) Bentham, 앞의 책, 98면 이하. 이에 대한 비판의 예로는 [74/12] 참조.

3) 철학적 해석학에 대한 문헌은 매우 많으나 푀겔러 교수의 책(Pöggeler, 해석학의 철학)이 비교적 잘 정리되어 있다.

4) 선이해는 특히 실존철학가들 사이에서 다양한 의미로 쓰이나, 개별적인 실존주체의 이해과정에 영향을 미치는 전제조건적 이해를 뜻한다는 점에서는 대체로 일치한다(이에 대해서는 Ritter u. a., Historisches Wörterbuch der Philosophie, Bd. 11, 1268면 이하).

하다. 다르게 표현한다면 언어이해의 과정은 주어진 대상에 대한 객관적 해독에 그치는 것이 아니라, 대상으로서 언어와 선이해에 따라 이해하는 주체 간의 일종의 시각의 교환과정인 것이다[56/6].[1] 이와 같은 해석학적 방법론은 주체를 불문하고 일치될 수 있는 유일한 답을 구현하고 모사하는 근대의 합리성으로부터 벗어나, 개별 주체 나름대로의 인식방법에 더 큰 의미를 부여하게 되는 계기를 보여준다.[2]

11 **하버마스**는 **마르크스**가 의도한 권력비판의 대상을 의사소통권력으로 바라본다. 따라서 보편화될 수 있는 정의의 상황은 의사소통 주도권이 특정인이나 소수에게 지배되는 것이 아니라 모든 참여자가 소외되지 않고 합의할 수 있는 조건을 갖추는 데에서 찾고 있다. 이러한 합의를 위해 필요한 전제는 '이상적 대화상황'(ideale Sprech-situation)이다. 이는 외부적·우발적 작용뿐만 아니라 의사소통 자체의 구조에서 발생하는 강제에 의해서도 방해받지 않는, 참여자들이 동등한 권한을 갖고 자유롭게 의사소통할 수 있는 대화상황을 말한다.[3] **하버마스** 정의론의 특징은 이처럼 진리가 만들어지는 조건·형식·절차를 말하고 있을 뿐, 그 '내용'에 대해 이야기하는 것이 아니라는 점이다. 즉 자유로운 의사소통을 통한 합의가 곧 진리의 조건이 되는 것이며, 이와 같은 합의는 곧 법의 정당성과 유효성의 기준이 된다.[4]

12 그의 이론은 이상적 대화상황이 비현실적이며, 그러한 대화상황이 언제 실현되었는지 판단하기 어렵고, 의사소통 자체는 형식적으로 올바르게 성립된 합의를 확인하는 수단일 뿐, 더 나은 논증에 대한 기준제시가 없기 때문에 언제나 임의적인 방식일 수밖에 없다는 지적이 있다. 대화를 지배하는 주체가 없는 평등한 상황보다는 누가 정당하게 지배하는가를 비판하는 것이 더 중요하다는 비판도 같은 맥락이다.[5] 법이론적으로 이 기준이 법의 정당성과 유효성을 설명할 수는 있지만 법의 실정성과 그것이 추구하는 법적 안정성의 이념을 근거지울 수 없다는 반론도

---

1) 간략하게는 홍영기, 법률 해석의 허용과 한계, 149면 이하; Hassemer, 법해석학, 61면 이하; Engisch, Einführung in das juristische Denken, 73면 이하; Neumann, Materiale und prozedurale Gerechtigkeit im Strafverfahren, 56면; Lüderssen, Erfahrung als Rechtsquelle, 84면 이하; Schroth, Philosophische Hermeneutik und interpretationsmethodische Fragestel-lungen, 77면 이하.

2) 앞서 17, 18세기 서구사회를 이끌었던 이성, 합리성, 진보, 자유, 권리, 자연법, 법치주의와 같은 것이 소위 '근대성(모더니티)', '근대정신'의 핵심을 이룬다고 하였다[25/2]. 지난 세기 실존주의 시대를 지나 지금 포스트모던이라고 불리는 현대의 특징은 공통된 이해를 바탕으로 한 '중핵적 가치' 등의 '정답'을 인정하지 않는다. 이러한 사고전환은 미술에서 마네(E. Manet 1832~1883), 음악에서 바그너(R. Wagner 1813~1883) 이후 예술영역에서 먼저 시작되었다.

3) Habermas, Warheitstheorien, 177면 이하.

4) Habermas, Faktizität und Geltung, 109면 이하.

5) Arth. Kaufmann, 법철학, 384면; 변종필, 형사소송에서 진실개념, 122면 이하.

있다.1)

5. 체계이론

루만(N. Luhmann, 1927~1998)의 체계이론(Systemtheorie)도 진리와 정의를 관통하는 상위기준을 발견하는 데 관심을 두지 않는다. 예를 들어 자연법의 내용은 비교적 단순한 사회 안에서 기능하기는 적합하였지만 문명의 발전에서 비롯된 복잡한 생활조건을 맡기에는 지나치게 경직된 것이라고 한다. 루만은 법체계를 기대와 예측을 반영하는 것으로서, 스스로 변동가능하여 주변세계와 상호작용을 통해 복잡성을 수용할 수 있을 뿐만 아니라 그것을 감축하고 흡수할 수 있는 체계로 보고 있다.2) 이를 통해 복잡한 상황에서 결정내용과 결정원리가 전수되어 복잡성을 감축하는 과제를 떠맡게 된다는 것이다. 루만은 이와 같은 법체계의 속성을 고려한 새로운 정의개념을 제시한다. 정의를 '법체계의 적절한 복잡성'(adäquante Komplexität des Rechtssystems)이라고 보면서, 법체계의 복잡성이란 법이 사건에 대해 일관된 결정을 할 수 있을 정도로 복잡할 것을 의미한다고 한다.3) 여기서는 정의가 전통적 의미처럼 '같은 것은 같게, 다른 것은 다르게' 취급하는 것이 아니라, '결정 상호간에 일관성이 있어야 한다'는 요구로 바뀌게 된다는 것을 알 수 있다. 법적 판단에 대해 당사자가 받아들이는 결정의 정당성 판단도 그 가치의 정당성, 개인의 인격적 특성에 따른 것이 아니라 일반화 자체에 대해 개인이 갖는 기대의 구조적 전환의 결과이다.4) 13

이러한 루만의 정의관에 대해서는, 전통적으로 법적 안정성 개념으로 파악되던 측면을 정의개념으로 제안한 것에 불과하다는 비판이 있다.5) 전통적 정의관념에서 보자면, 법률비판의 기준으로서 법체계 밖에 무엇이 존재할 수 있는지 불분명하다는 지적이 가능할 것이다. 즉 정의기준은 법률에 대한 저항을 가능하게 하는 논점이어야 하고, 정당한 법률이 되기 위해서는 이 체계 밖에 놓인 정의기준을 만족시켜야 한다는 점에 대해 루만은 아직 분명한 이해를 드러내지 않고 있다는 것이다.6) 14

1) Neumann, 법과 논증이론, 127, 136면.
2) Luhmann, Legitimation durch Verfahren, 55면 이하.
3) Luhmann, Gerechtigkeit in den Rechtssystemen der modernen Gesellschaft, 145면 이하.
4) 이에 대한 개인의 학습과정이 전제된다고 한다(Luhmann, Legitimation durch Verfahren, 32면 이하).
5) Seelmann, 법철학, 182면. 법체계와 외부체계 간 상호작용을 통해 외부의 복잡성을 적절히 제어하는 루만 법체계개념의 특징은 좁은 의미의 법적 안정성 개념 밖에 놓여 있다는 재반론이 가능하다.
6) Kaufmann/Hassemer/Neumann, Einführung in Rechtsphilosophie und Rechtstheorie der Gegenwart, 137면 이하.

6. 비판적 합리주의

15 **포퍼**(K. R. Popper, 1902~1994)는 귀납법에 대한 비판으로부터 연구를 시작하여 이른바 비판적 합리주의(kritischer Rationalismus)를 체계화하였다. 그는 모든 이론은 폐기될 수 있는 가설이라고 보면서 반증가능성이 과학적 이론의 기준이 되어야 한다고 하였다. 모든 가설과 해법은 철저히 검증되어야 하는 것인데, 이러한 검토방법은 대상의 결함을 발견하는 작업이다. 과학이론들의 가치를 검증하는 것은 결국 그 이론들의 취약점을 찾아내는 것으로 바라보는 그의 방법을 반증원리(Falsifikationsprinzip)라고 한다.[1] 그는 자연법칙도 인간이 해석해 놓은 결론에 지나지 않는다고 하면서 인간인식과 분리된 '실재'가 있다고 보지 않았다. 이 면에서는 자연과학과 사회과학이 다르지 않다. 실재를 발견하려는 노력을 접어둔다면 인식은 한결 용이해진다. 정의내용을 적극적으로 구명하고자 했던 모든 노력은 도달할 수 없는 길을 가고 있으므로, 이제 정의를 적극적으로 찾으려고 애쓸 것이 아니라 정의가 아닌 것, 즉 불의를 반증하여 배제하면 정의에 근접하게 될 것이라고 한다.[2]

16 [소극적 방법론] 여기서 '부정의 원리'(negatives Prinzip)로 일컬어지는 전통적 방법론이 떠오른다. 어떠한 존재(의 이유)가 확인되기 위해서는 그를 둘러싸고 있는 빈 영역, 즉 그 존재가 미치지 못하는 부정의 영역이 있어야 하며, 그 부정의 영역을 확인함으로써 존재성이 인식되고 확정된다는 인식론이다. 동양화의 홍운탁월기법烘雲托月技法을 연상해보자. 달을 그리는 데에는 달을 직접 물들여 그리는 방법이 있는가 하면, 반대로 달 부분은 그대로 비워두고 달 밖의 구름과 하늘을 물들여 달을 드러내게 하는 방법도 있다. 그리스의 **고르기아스**(Gorgias, 기원전 약 480~380)는 '없음'은 '있음'과 더불어 존재론적으로 같은 차원에서 서로를 상대화한 개념이라고 보았다. 그렇기에 '어떠한 것이 존재한다'는 인식이 있다면, 이는 '그것은 존재 외부에 있는 다른 타자가 아니다'라는 인식과 동일하다는 것이다.[3] 동시대의 **데모크리토스**(Demokritos, 기원전 약 460~371)도 존재함과 없음의 차이를 설명하면서, 존재는 몸체를 이루고 있으면서 원자에 이르기까지 쪼개어질 수 있는 것인데, 실물로 채워져 있지 아니한 '없음'이 있음으로 인해 존재가 있는 것이라는 원리를 밝히고 있다.[4] 이미 소개한 '라드브루흐 공식'도 같은 부정의 원리에 따른 것으로 볼 수 있다. 도저히 법

---

1) Popper, 삶은 문제해결의 연속이다, 177면 이하.
2) Popper, 추측과 논박 I, 63면 이하.
3) Praechter, Die Philosophie des Altertums, 120면 이하.
4) Hügli/Lübke, Philosophielexikon, 242, 248면에서 인용.

이라고 볼 수 없는 법률만을 가려내는 데 쓰일 수 있기 때문이다.[1] 카우프만(Arth. Kaufmann)도 정의를 확인하기 위해서 부정의의 상태를 인식하는 과정을 이용하고자 하였으며, '최대다수의 최대행복'이 아니라 '최소인의 불행'이 곧 정의의 기준이라고 하였다[소극적 공리주의(negativer Utilitarismus)].[2]

7. 그 밖의 생각들

(1) 사유재산의 근거

아리스토텔레스가 말한 분배의 정의가 구체화된 가장 일반적인 모습은 '각자 17
생산한 바에 비례하여 분배되는 것'이다. 이를 정의의 근본원리로 삼은 로크(J. Locke, 1632~1704)는 사회계약설을 주장한 사상가로서, 홉스와 달리 자연상태에서도 모든 인간은 빼앗길 수 없는 일정한 권리를 갖고 있다는 데에서 출발한다. 지구상의 모든 재화는 원래 공동소유라고 말할 수 있는 상태였다. 오로지 인간 자신의 육체에 대한 권리만이 공동의 것이 될 수 없는데, 그렇기 때문에 육체를 통한 노동의 산물도 공동의 소유가 될 수 없는 것이라고 한다. 노동은 가치를 창출하는 힘을 갖고 있으므로, 이를 이용하면 공동소유였던 재화도 사적 소유의 대상으로 변경될 수 있다는 것이다.[3] 국가는 오로지 이렇게 확보된 개인의 권리를 보호하고 개인들 사이의 분쟁을 조정하기 위한 기능만을 담당해야 한다는 것이 로크의 생각이었다.

(2) 필요에 따른 분배

마르크스(K. Marx, 1818~1883)에게 사유재산개념과 계약자유이념은 무산계급 18
인 대중의 이익을 배제하는 장치이다. 그리고 그 바탕에서 개인의 형식적 평등은 사회적 계급의 실질적 불평등을 위장하는 수단에 불과한 것이었다. 이를 유지하기 위한 법과 국가도 결국 계급이익을 유지하는 데 사용되는 도구에 지나지 않는다. 그는 전통적 정의와 평등이념을 부정하면서 공산주의 사회가 실현되면 '각자 자신의 능력에 따라 일하고 각자의 필요에 따라 분배하는 사회'가 될 것이라고 생각하였다.[4]

---

1) 이 면을 지적하는 Saliger, Radbruchsche Formel und Rechtsstaat, 18면 이하.

2) Arth. Kaufmann, Die Lehre vom negativen Utilitarismus, 485면 이하. 방법론적으로는 같은 저자, Bemerkungen zur positiven Begründung und zur Falsifikation des Rechts, 86면 이하.

3) Locke, The Second Treatises of Government, §§ 40, 43.

4) Marx, 고타강령비판, 377면; Marx-Engels-Werke, XIX, 21면. 이와 정확히 같은 표현이 이미 성경에 나온다. "믿는 사람들은 모두 함께 지내면서, 모든 것을 공동으로 소유하고 재산과 소유물을 팔아서 모든 사람에게 필요한 대로 나누

(3) 역사적 자연법

19 **슈탐러**(R. Stammler, 1856~1938)의 '가변적 내용의 자연법'(Naturrecht mit wechselndem Inhalt)[1]은 정의는 불변적인 것이 아니라 그것이 존재하는 세상처럼 역사적인 것이라고 한다.[2] 정의기준은 '인간', '문화', '역사'와 깊은 관련을 맺을 수밖에 없다.[3] 슈탐러의 역사적 자연법론은 자연법의 형식 및 조건에 관한 언급에 해당한다. 상대적·역사적 요소를 배제한 정의론은 현실을 무시한 사변적 논의가 될 위험성이 크다고 하여 절대적 정의 관념은 존재할 수 없다는 한계를 분명히 하고자 한 것이다.

(4) 공정성으로서 정의

20 많은 사람들이 정의기준을 언급한 현대 사상가 가운데 가장 중요한 인물로 **롤즈**(J. Rawls, 1921~2002)를 꼽는다. **롤즈**가 보편화가능성을 확보하는 방법은 가상의 '원초적 상황'(original position)을 떠올리는 것이다. 이 상황에서 어떤 문제에 대한 결정을 맡은 사람은 '무지의 베일'(veil of ignorance)에 싸여 그가 신체적·물질적·심리적으로 어떤 처지와 상황에 있는지 전혀 모른채 어떤 권력과 위협 없이 판단해야 한다. 그래야 자기에게만 유리하게 또는 당파적으로 결정하지 않는, 다시 말해서 보편화가능한 불편부당성으로서 공정성을 확보할 수 있기 때문이다. 그로부터 다음과 같은 정의의 두 가지 원칙이 도출된다. 1) 각자는 모든 다른 사람들의 동일한 체계와 조화될 수 있는, 동일한 기본적 자유의 가장 포괄적인 체계에 관한 동등한 권리를 지닌다. 2) 사회적, 경제적 불평등은 그것이 모든 사람들의 이익에 기여할 것이 기대될 수 있도록 최소한의 수혜자에게 가능한 한 최대의 이득을 가져와야 하고, 기회균등에 따라 모든 사람들에게 열려 있는 지위 및 직책과 연관될 수 있도록 형성되어야 한다.[4]

20-1 [통일되기 어려운 관점] 공정한 사회의 유일하고 공평한 해결이라는 롤즈의 구상에 대해서, 공평성을 주장하기 위해 서로 다른 생각들이 경합하는 것을 피할 수 없다는 아마르티아 센(A. Sen)의 유명한 비판이 있다. 그는 다음의 예에서

어 가졌다(사도행전 2장 44절 이하)."

1) Stammler, Wirtschaft und Recht nach der materialistischen Geschichtsauffassung, 174면.

2) 이 주장을 역사적 자연법론 또는 구체적 자연법론이라고 한다(Stammler, Rechtsphilosophie, 7면 이하).

3) 이에 대해 자세히는 Arth. Kaufmann, Naturrecht und Geschichtlichkeit, 9면 이하; Llompart, Gerechtigkeit als geschichtliches Rechtsprinzip, 45면 이하.

4) Rawls, Eine Theorie der Gerechtigkeit, 28면. 이에 대한 반론과 재반론은, 같은 저자, 공정으로서의 정의, 120면 이하.

앤과 밥 그리고 칼라 가운데 누가 피리를 가져야 하는지 묻는다. 앤은 세 아이 중에 유일하게 피리를 잘 불 수 있는 아이이다. 밥은 세 아이 가운데 가장 가난해서 장난감을 가져본 적이 없는 아이이다. 그리고 칼라는 자신이 그 대상인 피리를 여러 달에 걸쳐 열심히 만들어낸 아이이다. 자기가 피리를 갖는게 옳다고 말하는 이 세 아이의 주장과 각각의 이유를 모두 듣는다면 결정은 곤란해진다. 공리주의자, 경제평등주의자, 강경한 자유의지론자와 같이 신조가 다른 이론가들은 각자 간단하고 공정한 해결책을 제시한다고 여기겠지만, 그들이 명백히 옳다고 생각하는 것은 분명히 서로 다른 해결책일 것이라고 센은 말한다.[1)]

8. 법에서 정의론의 역할

자연과학의 궁극적 지향점을 간단하게 '진리'의 발견이라고 한다면 사회과학의 궁극적 목표는 '정의'를 구현하는 것이라고 말할 수 있다. 만약 우리가 정의의 단일한 기준을 공유할 수 있다면 그것으로부터 연역함으로써 철학과 법학은 물론 모든 사회과학의 수많은 논의들을 아주 간단하게 정리할 수도 있을 것이다. 그러나 이것은 가능한 목표가 아니다. 위에서 본 것 가운데 어느 사상가의 주장도 통설이라고 할만한 것은 없다. 시대와 지역에 따라 필요한 정의의 역할이 다르다는 데에도 이유가 있지만, 무엇보다도 정의를 향해 서 있는 모든 사람들의 가치관과 이해가 서로 다르기 때문이다. 정의의 통일된 기준을 찾는 것은 모든 사람이 예외 없이 한 가지 목표를 보고 살아야 한다는 주장만큼이나 허황된 생각이다. 그것은 바람직하지 않은 일이다. 21

각자 정의에 대한 일정한 생각을 갖고 있다. 자신이 가진 기준이 보편화될 수 있고 설득력이 있는 것인지 확인하기 위해서는, 될 수 있으면 정의에 대한 다양한 생각을 경험할 필요가 있다. 그렇기에 정의론의 최종목적은 유일한 정의의 기준을 발견하는 것이 아니라, 오히려 정의의 기준이 통일될 수 없다는 사실을 깨닫는 데 있다. 이것이 정의에 다가가기 위한 전제이며, 그 결과 어떠한 도구를 사용하여 어떠한 답을 얻을 것인지는 각자의 방식과 가치관에 따르게 된다. 법체계는 이와 같은 대화에 도움을 주는 장치이다. 어느 정도까지 대화를 진행해야 하는지 알려주는 한계선이기도 하다. 자기가 갖고 있는 신념만이 정의에 가깝다는 생각을 하는 사람과, 개별 사안마다 대화의 종착점을 인정하지 않고 끝장을 보려는 사람을 제외하면 법체계의 이러한 효용은 누구나 공감할 수 있을 것이다. 22

1) Sen, 정의의 아이디어, 14면 이하.

제 3 절 형법의 여러 원칙

1 '법이론'(Rechtstheorie)이라 불리는 학문영역은 법의 목적과 기능을 연구하는 분과로서, 특히 법철학과 비교할 때 실정법과 그 운영원리를 비평적으로 고찰하는 역할을 한다.1) 이하에서는 국가가 범죄를 취급하는 수단인 형법이 구체적 정책에서 어떤 원리로 작용하는지 살펴보고자 한다. 제3절은 형법에 대한 법이론으로서 '형법이론'(Strafrechtstheorie)이며, 제4절은 범죄대책인 형사정책을 구체화한 것으로서, 형법의 합리적 역할을 논구하는 '형법정책'(Strafrechtspolitik)에 해당한다.

[31] 형법이론적 지도이념

1. 형법의 지위

(1) 법규범의 사회통제기능

1 사회에 필요한 질서를 유지하는 역할을 사회통제기능이라고 한다. 사회통제는 승인된 사회규범을 위반한 행위에 대한 반작용이다. 그리고 이와 같은 사회통제는 인간의 자유를 극대화할 수 있도록 규범을 도구로 하여 발전해 왔다. 법규범은 이러한 사회통제를 위한 규범의 한 종류이다.2) 법규범과 다른 사회규범의 공통점은 규범, 제재, 절차가 있다는 점이다. 1) 앞서 법개념을 설명하면서, 특히 **법규범**은 법률 또는 그에 상응하는 규칙으로 존재해야 한다고 하였다[4/13]. 2) 형법규범은 과거에 저질러진 범죄행위에 대한 해악으로서 **형벌**을 제재수단으로 한다. 3) 그리고 절차는 개별사안에서 형법규범을 유효하게 만드는 수단으로서 **형사절차**이다.3)

2 다른 사회규범과 구별되는 법규범의 특징은 1) 법규범이 사회규범보다 강력한 제재수단을 가지고 있다는 것이다. 특히 유효성을 확보하기 위한 강제력을 갖추고 있다. 법규범은 그 효력을 관철할 수 있는 수단을 보유한 국가가 이용하는 것이지만, 그 이외의 사회규범은 사적인 개인이나 단체가 운영하는 것이므로 효

1) 배종대, 법이론이란 무엇인가?, 11면 이하.
2) 두 통제수단의 분화과정에 대해서는 Beattie, 사회인류학, 213면 이하.
3) 자세한 설명은 배종대, 형법총론, 7/1 이하 참조.

력이 실현되는 정도 면에서 차이가 있다. 2) 제재강도의 차이는 곧 양 규범의 정형화정도의 차이로 나타난다. 즉 강력한 제재는 더 엄격한 조건 하에서 신뢰가능한 절차를 통해 주어져야 한다.

(2) 사회통제체계 안에서 형법

법규범 가운데에서도 가장 강력한 제재수단을 갖고 있는 것은 형법규범이다. 3
형식적으로 보면 우리나라 형법은 그 제재수단인 형벌로서 사형까지 마련해두고 있다. 이보다 더 강한 제재수단은 있을 수 없다. 형법 제재인 형벌에는 부수적인 작용이 뒤따른다는 사실도 중요하다. 형벌인 벌금과 행정처분인 과태료는 그 액수가 같다고 하더라도 체감 효과는 전혀 다르다. 형벌을 받은 사실은 형사사법기관에 기록되어 '전과'로 남는다. 그리고 범죄를 저질러 처벌받았다는 것이 곧 다른 사회구성원들과 단절시키는 효과를 가져오는 때도 많다. 전과자의 사회복귀가 쉽지 않고 제재를 받은 사람 스스로 심리적으로 위축되는 이유이다. 형벌을 받는 사람의 가족도 함께 고통을 겪는 경우가 대부분이다. 이처럼 형법적 제재는 다른 어떤 사회 제재수단보다 강력하기에 형법은 가장 단정하면서도 겸손한, 즉 고도로 정형화된 장치여야 한다. 다음 세 가지 성격이 강조된다.

(3) 단편성, 최후수단성, 보충성

1) **형법의 단편성**斷片性은 형법이 갖고 있는 사회질서유지기능이 전체규범체 4
계의 일부분, 즉 단편에 지나지 않는다는 것이다. 우리 사회가 필요로 하는 질서가 오로지 형법에 의해 유지되는 것은 아니다. 형법 이외에 다른 공법, 민사법 등의 여러 법규범이 있고 그 법규범에도 각각에 맞는 제재수단이 마련되어 있다. 법규범 밖의 영역에 있는 다른 사회규범, 즉 윤리규범이나 공동체의 여러 규약 등도 질서유지를 위한 몫을 가지고 있다.

2) **형법의 최후수단성**은 형법이 다른 어떤 규범보다 강력한 제재수단을 규정 5
하고 있으므로 이는 국가기관의 최후수단(ultima ratio)이어야 한다는 뜻이다. 최후수단성의 의미는 두 가지로 생각할 수 있다. 첫째, 형법은 다른 모든 규범을 이용하였지만 만족할 만한 효과를 거둘 수 없는 때 비로소 이용될 수 있다는 의미이다. 둘째, 만일 국가가 형벌에 의해서도 해결할 수 없는 불법상황이 존재한다면 국가는 더 이상 동원할 수 있는 다른 수단이 없다는 뜻이기도 하다.

3) **형법의 보충성**補充性은 형법에 앞서 다른 사회규범과 법규범의 통제가능 6

성을 먼저 고려해야 한다는 것이다. 최후수단인 형벌을 무기로 하는 형법은 다른 사회적·법적 수단들이 분쟁상황을 완전히 처리하지 못하는 곳에서만 보충적으로 투입될 수 있는 자격이 생긴다.[1] 형법은 다른 법규범에 비할 때 보충적인 것이고, 모든 법규범은 다른 사회규범에 대해 보충적이다. 그리고 모든 통제 자체도 자유에 비할 때 보충적인 것이므로, 통제가 필요한지 여부가 불분명한 사안에 대해서는 통제하지 않는 것으로 내버려두어야 한다['의심스러울 때에는 자유의 이익으로' in dubio pro libertate].

2. 형법의 두 가지 과제

7 형법이론은 형법의 목적과 과제에 대한 이론이다. 즉 형법은 무엇이며 어떠한 목적에서 발생하였고 어떠한 과제를 담당해야 하는지 묻고 답한다. 형법의 과제는 다음 두 가지로 나뉜다.

(1) 형법의 보호적 과제

8 형법의 보호적 과제 또는 보호적 목적이란 범죄로부터 일반시민을 보호해야 하는 형법의 역할을 뜻한다. 형법의 이러한 목적은 쉽게 이해될 수 있다. 형법이 없으면 범죄자가 형법에 따라 처벌되지 않고, 잠재적 범죄자도 부담 없이 쉽게 범죄를 저지르게 되어 일반시민은 범죄위험에 노출될 것이다.

9 형법이 시민들의 법익을 보호하는 역할은 곧 그 수단인 '형벌'을 통해서 실현되는 것이기에 여기서 '형법'의 목적은 '형벌'의 목적과 같아진다. 형벌이론에서 특히 이러한 작용을 형벌의 '일반예방'기능이라고 한다는 점은 이미 설명하였다 [17/18]. 포이어바흐가 강조했듯이 국가의 형벌은 오로지 그것을 통해 시민의 권리를 보호할 때 존재 의의가 있다. 헌법의 최고가치인 인간존엄(헌법 제10조) 및 국가의 수단성·국가의 봉사적 기능에 의해 이 과제는 실정법적으로도 정당화된다.

(2) 형법의 보장적 과제

10 형법의 보장적 과제 또는 보장목적이란 형법이 객관적으로 정해진 규칙으로서 정형적으로 형벌을 부과하게 하여 범죄자 또는 잠재적 범죄자의 권리를 지켜주어야 한다는 의미이다. 헌법 제10조 '인간존엄'에서 말하는 인간에는 범죄자도 포함되며, 범죄자도 헌법상 기본권의 주체가 되는 것은 당연하다. 즉 그의 권리를

---

1) 배종대, 형법총론, 7/13.

보장하는 이러한 형법의 기능에도 상위법의 근거가 있다.

형법의 보장적 과제가 보호적 과제만큼 중요한 임무라는 점이 이해되기는 쉽지 않다. 대체로 일반인 보호적 과제가 원래 형법의 목적이고, 범죄인 보장적 과제는 보호목적을 실현할 때의 '주의사항' 정도로 생각될 수도 있을 것이다. 그러나 근대적 의미의 법치국가형법이 탄생하고 자리잡은 과정을 생각해보면 보장적 과제의 고유한 지위를 분명히 알 수 있다. 범죄에 대항하여 안전을 도모하는 것은 형법이 없더라도 고대부터 있었던 '처벌작용'만으로 충분히 추구된 목표이다. 처벌을 통해 범죄자를 겁주고 그것으로써 사람을 보호하고자 한 것은 정비된 형법체계 없이도 가능했다. 즉 형법전이 없을 때에도 예방목적의 형벌은 있었으며 국가도 그 목표로 처벌을 진행하여 보호적 과제를 맡아왔다. 그런 상황에서 근대적 의미의 형법은, 그와 같이 존재했던 형벌이 통치자의 자의에 의해 행사되는 것이 아니라, 객관적이면서도 일관되게 주어지도록 강제하는 규범으로 만들어진 것이다.[1] 즉 범죄를 물리치려는 사고에 의해서가 아니라, 확립된 규칙에 의해서만 처벌해야 한다는 목적으로부터 문명사회의 형법은 형성되었다. 그 결과 범죄자도 감정과 자의에 따라 처벌되는 것이 아니라 형법원칙과 제정된 형법규정에 따라서 처리됨으로써 그의 권리를 보장받게 되었다. 그러므로 연혁적으로 볼 때, '형벌' 자체의 목적이 아니라 '형법'의 궁극적 목표라고 하면, 그것은 곧 보장적 목적과 같은 것으로 보아야 한다. 11

(3) 보장적 과제의 역할: 이른바 "범죄자의 인권"

형사사법에 대한 많은 사람들의 불신은 흔히 '범죄자의 인권'이라는 단어를 접할 때 극에 달한다. 누군가 그런 이야기를 하면 다른 사람의 권리를 아무렇지도 않게 침해한 사람이 무슨 인권을 찾느냐고 말하고, 국가는 범죄자의 인권을 챙기기에 앞서 피해자의 인권부터 신경쓰라고 요구한다. 범죄를 일상적으로 인식하고 있는 사람들에게 충분히 있을 수 있는 당연한 거부감이다. 12

그러나 우선 '범죄자의 인권'이 무엇을 뜻하는지 한 번 더 물어볼 필요가 있다. 그것은 위 형법의 본질인 보장적 과제로부터 지켜지는 것에 불과하다. 그것은 범죄를 저지른 자를 처벌하지 않거나 가볍게 처벌해야 한다는 뜻이 아니다. 국가가 적극적으로 나서서 행복하게 살 수 있는 여건을 갖추어 주며, 범죄자가 이 13

1) Vormbaum, Einführung in die moderne Strafrechtsgeschichte, 26면 이하.

를 자유롭게 향유할 권리는 더욱 아니다. 범죄인의 권리란 형법이 자의적인 처벌작용을 저지하려는 목적으로 만들어진 정형화의 수단이기에, 그에 따라 반사적으로 보장되는 최소한의 조건에 불과하다. 즉 아직 유죄판결을 받기 전에는 죄가 없는 사람이라는 것[무죄추정원칙], 형법이 정해 놓은 형벌 이외에 다른 반작용이 주어져서는 안 된다는 것[죄형법정주의], 형사절차는 법에 정한 방식대로 이행되어야 한다는 것[적법절차원칙], 범죄자가 저지른 죄의 정도에 맞게 형벌이 부과되어야 한다는 것[책임원칙] 등을 내용으로 할 뿐이다.

14 예를 들어 아직 절차가 진행되기도 전에 피의자의 얼굴과 신상을 언론에 공개해버릴 때 일각에서는 범죄자인권을 언급한다. 그것은 국가가 그의 인격 자체를 적극적으로 존중해주어야 한다거나, 초상권을 보호해주어야 한다는 의미가 아니다. 오로지 헌법상 무죄추정원칙을 지켜야 하므로 얼굴을 공개할 수 없다는 것이다. 이 정도에 그치는 범죄자 인권보장 과제를 포기하는 것은 문명사회로서 국가가 지녀야 할 최소한의 품격을 잃어버리게 만든다. 그리고 국가기관 스스로 법치국가성을 존중하여 이러한 엄격성을 유지하는 것이 '피해자의 권리'를 침해하는 것은 더욱 아니다.

3. 형법과제의 모순관계

15 현실에서 형법의 보호적 목적과 보장적 목적이 동시에 완벽하게 충족될 수는 없다. 대부분의 사람들은 국가가 될 수 있으면 범죄로부터 더욱 더 안전하게 자신을 지켜주길 바란다. 한편 잠재적 범죄자에 대한 보장적 과제가 완벽하게 실현되는 사법선진국도 찾아보기 어렵다. 국가기관이 두 과제를 감당할 때 이용할 수 있는 인적·물적 자원은 언제나 한정되어 있으며, 그 자원들이 언제나 최상의 효용을 발휘하도록 이상적으로 투입되는 것도 아니기 때문이다. 이러한 사정에서 보호적 과제와 보장적 과제 두 목적이 동시에 최대한 실현되는 것은 불가능하다. 한 과제가 더 많이 달성될수록 다른 과제는 덜 충족된다. 아래 생산가능곡선이 이러한 상황을 표현하고 있다.

▌형사정책의 투입-산출분석▌

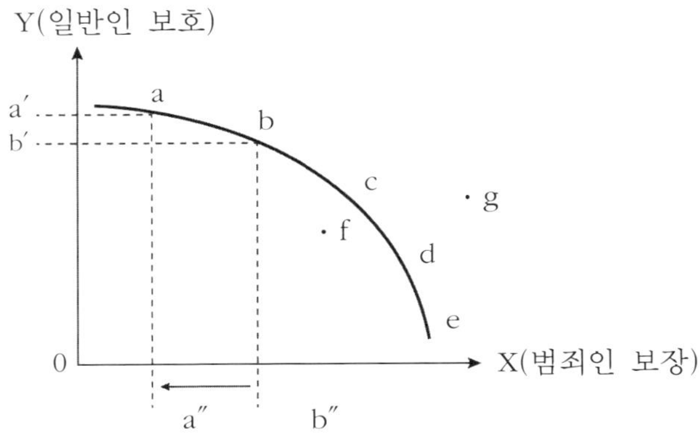

곡선 a−b−c−d−e: 형사사법의 생산가능곡선
점 g: 형사사법이 생산할 수 없는 후생

[생산가능곡선] 생산가능곡선 a−e는 원점에 대해 오목한 곡선모양으로 나타 16
난다. 그것은 보호목적이나 보장목적을 비례적으로 많이 달성하려고 하는 경우에 그에 따른 비용이 기하급수적으로 늘어나는 것을 나타낸다. 어느 수준까지는 비용을 늘리는 만큼 생산량도 따라서 늘어나지만, 어느 한계를 지나면 다른 요소의 투입량이 고정되어 있는 한 비효율성이 증대하여 한계생산물이 점차 줄어든다는 한계생산체감법칙(law of diminishing marginal product) 때문이다. 형사정책적으로 보면, 범죄자의 권리를 이상적인 상황까지 보장할 수도, 시민이 범죄로부터 완벽하게 보호될 수도 없음을 뜻한다.[1] 나아가 오목한 곡선은 두 과제를 생산해내는 데 형사사법 에너지가 가장 효율적으로 이용되고 있는 최적상태(Pareto efficiency: 생산가능곡선 위)[2]에서는 범죄인보장과 일반인보호라는 양 목표의 달성이 기하급수적인 반비례관계에 놓임을 의미한다. 즉 어느 한 목적을 더 완전하게 달성하기 위해서는, 다른 목적이 점차 더 큰 정도로 좌절된다는 것이다.[3] 양 과제 가운데 일반인보호적 과제에만 더 큰 에너지를 투여하게끔 몰아가면, 위의 b점으로부터 a점으로 나아가게 된다. 그 결과 이미 강조

1) 이를 '한계형벌(marginal punishment)체감효과'라고 할 수 있다. 심한 경우 형벌가중의 효과가 마이너스가 되는 경우까지 생각할 수 있는데, 예컨대 강도강간 등의 증거를 없애기 위해 살인이 행해지는 경우가 이에 속한다.

2) 파레토 최적은 어떠한 선택에서 그 x에 대하여 x보다 파레토 우위에 있는 또 다른 어떠한 해가 존재하지 않을 때의 x를 말한다.

3) 물론 지금 현실은 파레토 최적이 아니고, 양 과제가 동시에 더 많이 달성될 수 있는 상태라고 해야 할 것이다(점f). 형사정책 에너지가 낭비되거나 비합리적으로 이용되는 상황일 것이기 때문이다.

되고 있는 보호적 목적은 더 이상 기대만큼 충족되지 아니하는 반면에(b′ → a′), 보장적 과제는 매우 크게 침해된다(b″ → a″).

17 오로지 시민의 권리보호목적만 강조되어 형사사법의 에너지가 지금보다 훨씬 더 많이 투여된다고 해서 그에 정확히 비례하여 범죄통제에 효과를 거둘 수는 없다. 오히려 그 효용의 증대가 미미한 데에 반해, 보장적 과제라는 문명적 형사사법의 목표는 대폭 위축될 수밖에 없는 상황이다. 보호목적만이 강조되어 자제되지 않고 형벌이 투입되는 경우에 형법의 의의 그 자체라고 할 수 있는 최소한의 정형화마저 유지될 수 없다. 우리 법현실과 관련하여 보면, 누구나 본성적으로 강조하고 있고 지금까지 꾸준히 자원이 투입되어 왔던 일반인 보호목적보다는 그동안 상대적으로 매우 등한히 해온 법치국가적 보장목적을 분명히 하는 것이 더욱 중요한 상황이라고 할 수 있다. 아래는 이와 같은 보장목적을 실현하기 위한 구체적인 원리들이다.

[32] 법치국가적 정형화

1 형법이 보장적 과제를 담당하는 것은 곧 다른 사회통제와 구별되는 형법체계의 특징을 유지하는 것을 의미한다. 형법은 가장 중대한 권리침해에 대해 무엇보다도 강력한 해악으로 대응하기 때문에 가장 나중의 수단이 되어야 한다. 그보다 더 약한 반작용이 더 이상 기능을 발휘하지 못하고, 작은 목소리를 내어봐야 더 이상 대답이 들릴 수 없는 지점에 형법적 통제가 비로소 역할을 담당하게 된다. 이처럼 고도의 자제와 주의가 요구되기에, 형사사법은 예측가능하게 관철되고 정당한 원칙과 기준에 엄격하게 구속되어야만 한다. 이를 가리켜 "법치국가적 정형화"(Formalisierung)라고 한다.[1] 정형화과제를 구현하는 아래의 원칙들은 모두 리스트가 말한 바, "형사정책이 뛰어넘을 수 없는 한계"에 해당하는 것이기도 하다.

1. 비례성원칙

(1) 비례성원칙의 의의

2 비례성원칙(Verhältnismäßigkeitsprinzip)은 '목적과 수단의 관계'(Zweck－Mittel－

1) 이에 대해서는 Hassemer, Einführung in die Grundlagen des Strafrechts, 320면 이하. 이에 대한 자세한 설명으로는 홍영기, 형벌을 통한 규범신뢰의 강화, 309면 이하.

Relation)에 대한 원칙으로서, 일정한 목적을 실현하기 위해 투입한 국가의 수단은 목적달성에 비례적이어야 한다는 뜻이다. 범죄에 대한 형사정책적 대응은 입법과 법률의 해석원칙인 비례성원칙의 구속을 받게 된다. 헌법재판소도 헌법 제37조 ②항(기본권의 본질보장)이 비례성원칙을 명문으로 인정한 것으로 보면서, 기본권 제한의 한계 일탈여부를 판단할 때 이 원칙을 기준으로 삼고 있다.[1)]

일반적으로 비례성원칙과 과잉금지원칙을 같은 의미로 사용한다. 엄격하게 보면 과잉금지는 과잉된 것, 즉 반비례적인 것의 금지로서 비례성원칙을 소극적으로 파악한 것이며, 목적과 수단이 비례적 관계에 놓여야 한다는 적극적 내용과 구별된다. 그러나 실제로 정책판단에서 비례성원칙의 심사도 소극적 방법으로 이루어지는 경우가 많기 때문에 이론·실무를 불문하고 양자를 혼용하고 있다.[2)] 비례성원칙의 구체적 내용은 의도했던 목적달성에 선택된 수단이 적합하고(geeignet) 필요하며(erforderlich) 그리고 균형을 이루어야 한다(verhältnismäßig)는 것이다. 즉 비례성원칙의 부분원칙은 적합성원칙, 필요성원칙 그리고 균형성원칙이다. 심사내용의 엄격성 또한 이 순서에 의한 것으로 보면 된다. 앞선 원칙에 대한 심사가 충족되지 않으면 뒤의 심사로 넘어갈 수 없다.[3)] 3

(2) 적 합 성

적합성원칙은 비례성원칙의 제1단계 구성원칙이다. 적합성원칙은 일정한 형사정책적 목적을 위해 투입한 국가의 수단은 처음에 의도한 목적을 달성하는 데 적합한 것이어야 한다는 당위이다. 정책목표를 두고 구체적 수단을 이용하고자 할 때 가장 먼저 적합성원칙의 심사를 거쳐야 한다. 이에 따를 때 범죄를 예방하고 통제하기 위한 각 과정은 형벌권의 실현에 적합한 것이어야 한다. 즉 범죄를 예방하고 통제하여 시민의 권리를 보호하거나 범죄자의 권리를 보장하는 데 실제로 효과가 있는 방식을 갖추어야 한다. 국가기관이 아무 실효도 거둘 수 없는 수단을 동원하는 것은 적합성원칙에 맞지 않는 것으로서 한정된 인력과 자원을 낭비하는 것에 그친다. 예를 들어 범죄를 예방한다는 취지로 상징적인 입법만을 하 4

1) 헌재결 1992.12.24. 92헌가8; 2003.11.27. 2002헌바24; 2010.12.28. 2010헌가73; 2015.6.25. 2013헌가17. "임시향정신성의약품을 소지, 소유, 수출입하는 등 금지행위를 한 데 대한 처벌에서 향정신성의약품에 대한 처벌규정을 준용하는 것은, 형벌이 죄질과 책임에 상응하도록 적절한 비례성을 지켜야 한다는 헌법상의 일반원칙에 부합한다고 볼 수 없다." (대판 2016.8.30. 2015도13103).

2) 상세한 설명은 Bae, Der Grundsatz der Verhältnismäßigkeit im Maßregelrecht des StGB, 57면 이하.

3) 비례성원칙에 대한 더 자세한 내용은 배종대, 보안처분과 비례성원칙, 45면 이하.

거나, 범죄통제를 위해서 각종 위원회를 형식적으로 만들고, 세미나를 개최하여 말의 성찬을 늘어놓는 것은 가장 '성긴 체'라고 할 수 있는 적합성원칙조차 통과할 수 없다.

(3) 필 요 성

5 필요성원칙은 일정한 정책적 목적을 달성하기 위해 투입하는 수단이, 적합성원칙을 거친 여러 수단들 가운데서 당사자에게 가장 경미한 손실을 입히는 것이어야 한다는 뜻이다. 다른 말로 '최소침해의 원칙'이라고도 한다. 국가기관이 일정한 정책수단을 이용할 때, 동일한 효과가 있으면서도 대상이 되는 시민의 권리를 더 적게 침해하는 다른 수단을 선택할 가능성이 없다고 판단되면 필요성이 충족된 상태이다. 여기서 필요성원칙의 다음 두 가지 평가방법이 드러난다. 1) 먼저 목적달성에 동일한 정도로 적합한 여러 가지 수단이 있음이 확인되어야 한다는 것과[동일한 적합성], 2) 이렇게 확인된 적합한 여러 수단 가운데서 당사자에게 가장 부담이 적은 수단을 선택해야 한다는 것이다[최소침해].

6 여기서 최소침해에 대한 판단은 침해당하는 대상자의 권리를 기준으로 이루어진다. 가령 특정한 피의자로부터 효율적인 수사를 하기 위한 여러 수단이 있을 수 있다. 효율성이 동일하다면 피의자를 구속하여 수사하는 것보다는 불구속상태에서 수사하도록 하는 것이 필요성원칙에 부합한다. 수형자가 다시 범죄를 저지르는 것을 방지하는 데 효과가 있는 적합한 여러 수단 가운데에서, 그가 일상생활을 할 수 있도록 하면서 보호관찰로써 재범을 예방하게끔 하는 것이 교도소 등 시설에 가두는 방식보다 최소침해원칙에 맞는다.

7 형법정책과 관련하여 비례성원칙의 필요성사고는 보충성원칙(Subsidiaritäts-prinzip)에서도 잘 나타난다[31/6]. 사회통제 전체체계에서 최후수단인 형벌을 수단으로 하는 형법은 다른 사회규범이나 법규범보다 까다로운 정당화조건을 전제해야 한다. 즉 형법은 그에 앞서 있는 사회통제의 다른 영역(다른 법규범이나 사회규범)의 수단이 갈등상황을 처리하는 데 적합하지 않은 경우에만 보충적으로 투입되어야 한다. 통제를 위한 다른 적합한 수단이 있으면 그 수단을 이용해야 한다.

(4) 균 형 성

8 상당성원칙이라고도 부르는 균형성원칙은 목적, 수단 그리고 개인의 자유 사이의 총체적 평가를 요구한다. 즉 적합하고 필요한 것으로 판단되는 조치의 경우

에도 그 침해수단과 달성하고자 하는 목적가치 사이에 불균형이 있다고 판단될 정도로 당사자의 권리를 침해하는 것이 정당화될 수 없다는 내용이다. 여기서 일정한 국가의 조치에 의해 기대되는 이익과, 그것에 결부된 불이익이 반비례관계에 놓여 있지 않은가 하는 점이 검토된다. 예컨대 필요성 단계의 심사를 통해서 수형기관 내에서 감시하는 것보다 보호관찰 방식을 통해 재범을 예방하기로 하였다면, 균형성심사는 이제 재범예방을 위한 보호관찰의 구체적인 방법과 기간을 정하는 기준으로 이용된다. 이에 따라 당사자의 권리를 과도하게 침해하는 방식으로 보호관찰이 진행되지 않도록 제어한다.

균형성심사는 적합성·필요성원칙과 달리 목적과 수단에 대한 단순한 판단으 9
로 이루어지지 않는다. 오히려 자유를 제한당하는 당사자의 관점에서 이익교량을 하고, 그 한에서 목적 자체의 정당성도 문제삼는 특징을 가지고 있다. 즉 적합성과 필요성원칙은 목적·수단에 대한 단순한 관계개념이지만, 균형성원칙은 목적과 수단을 포괄하는 상위개념이라고 할 수 있다.[1] 이처럼 목적과 수단을 공통으로 포괄하는 균형성의 기준에 비례성원칙의 진정한 원리적 성격이 들어 있다.

균형성원칙은 '목적'과 '수단' 그리고 '희생한계'의 세 가지 개념요소로 구성되 10
는 삼각관계구조에서 판단된다. 즉 희생한계의 관점에서 목적과 수단을 비교한다. 헌법상 보장된 개인의 기본권으로부터 도출되는 희생한계는 제3의 비교인자인 상수로 작용한다. 이에 반해 목적과 수단은 다른 평가가 내려질 수 있는 변수이다. 그러므로 일정한 목적과 그것의 실현을 위해 투입하는 수단은 결국 대상자의 희생한계에 의해 정당성이 부여된다고 할 수 있다.

(5) 비례성원칙의 심사방법

비례성에 대한 판단은 대체로 적합성, 필요성, 균형성에 어긋나는 방식을 배 11
제하는 소극적 방법을 이용한다. 포퍼의 비판적 합리주의의 방향이 그러하듯 [30/15], 이 심사기준은 비례적이어서 허용되는 수단들을 나열하는 것이 아니라, 문제되는 사안에서 비례성원칙에 부합하지 아니하는 방식들을 허용하지 않는 방법을 취한다. 바로 이 면에서 비례성원칙은 과잉금지원칙으로 새겨질 수 있는 것이다. 비례상태 또는 비례에 맞는 정의는 우리가 끊임없이 반비례적인 것 또는 불의한 것을 제거함으로써 접근할 수 있을 뿐이다. 비례상태를 최상의 수준으로 달

1) Bae, Der Grundsatz der Verhältnismäßigkeit im Maßregelrecht des StGB, 46면 이하 참조.

성하였다고 말할 수 있는 경우는 있을 수 없으며 그러한 이상理想은 범죄를 취급하는 국가기관의 관심사가 될 수도 없다.

2. 죄형법정주의

(1) 죄형법정주의의 의의

12 실정형법의 입법, 해석, 적용을 지배하는 가장 강력한 원칙인 죄형법정주의(Gesetzlichkeitsprinzip)는 형법상 처벌대상이 되는 범죄목록과 그에 상응하는 형벌의 종류와 정도가, 그 행위가 있기 이전에 법률문언(Gesetzestexte)으로 확정되어 있어야 한다는 뜻이다. 입법례를 불문하고 nulla poena sine lege(법률 없이는 형벌도 없다)로 표기하기도 한다. 이 원칙에 따르면 단지 반사회적이라거나 법익침해이기 때문에 형벌을 부과할 수는 없으며, 오로지 그 행위유형이 법률인 형법전에 범죄구성요건으로 확정되어 있는 경우에만 범죄라고 할 수 있다. 그리고 이때에도 임의적인 불이익을 가해서는 안 되고 반드시 법전에 쓰여 있는 그대로 처벌해야 한다.

13 여기서 죄형법정주의와 법치국가원칙이 함께 언급되거나 경우에 따라 동의어로 쓰이는 이유를 알 수 있다. 법치국가원칙은 국가가 개입하는 모든 영역을 지배한다. 그 중에 형법은 형벌이라는 매우 강력한 침해수단을 갖고 있으므로, 특별히 가장 엄격한 법치국가원칙의 지배를 받게 되는데, 이 점이 죄형법정주의에 표현되어 있다. 즉 죄형법정주의는 형법적으로 강화된 법치국가원칙이다. 또한 법이념의 시각에서 죄형법정주의는 법적 안정성을 실현하는 수단이 된다는 것도 알 수 있다. 법률에 따라 평가하고 처벌하는 과정을 통해 법률의 지배를 인정하는 원리이기 때문이다.

14 [죄형법정주의의 비유] 범죄와 형벌이 법률문언으로 정해져야 한다는 것을 다음과 같이 비유하곤 한다. 손님들이 데려오는 동물들에 짜증이 난 한 선술집의 주인이 어느 날 술집 대문에 "네 발 달린 짐승 출입금지"라고 써 붙였다. 그 이후 어느 손님이 타조를 데려왔다. 술집은 난장판이 되었지만 타조는 네 발 달린 짐승이 아니기 때문에 주인이 쫓아낼 수는 없었다.[1] 이 비유에서 보듯이 죄형법정주의의 본래 기능은 법률의 정신이나 상위 목적을 따지는 것이 아니다. 오로지 '법률텍스트'에 따라서 처리하라는 당위이다.

---

1) Hassemer, 범죄와 형벌, 144면 이하.

(2) 죄형법정주의의 근거 논의

죄형법정주의는 왜 필요한가? 범죄가 되는 행위유형과 그에 따르는 형벌내용이 왜 법률에 쓰여 있어야 하는지 물어볼 수 있다. 이에 대한 여러 대답이 있다. 15

1) **형벌의 일반예방목적**에서 죄형법정주의가 있어야 하는 까닭을 찾는 입장은 nulla poena sine lege라는 표현을 처음 쓴 **포이어바흐**(P. J. A. Feuerbach)의 생각에서 읽을 수 있다. 그는 범죄가 되는 행위와 그에 따른 형벌내용이 법률에 확실히 규정되어 있어야 형벌의 일반예방효과가 있을 것이라고 믿었다. 무엇이 범죄인지 그리고 그것을 저지르면 어떤 형벌을 받는지 법전에 명확하게 규정되어야 일반인이 이를 분명하게 인식하고 그런 범죄행위를 하지 않게 될 것이기 때문이다.[1] 이런 목적에서 범죄를 법률에 확정해두어야 한다는 시각은 이미 그 이전 **홉스**의 사상이나,[2] 동양 법가의 전통[3]에서도 찾아볼 수 있다. 그러나 이 견해는 형법전에 명시된 규정내용이 잠재적 범죄행위자에게 미치는 실질적 영향력을 과대평가하고 있다는 비판을 받는다. 범죄자가 실제로 법률 문장을 정확히 인식하여 형벌을 받지 않으려고 범죄로부터 물러난다는 가정은 현실성이 떨어지기 때문이다.[4] 16

2) **책임원칙** 때문에 죄형법정주의가 존재하는 것이라는 생각도 있다. **작스**(W. Sax)에 따르면 죄형법정주의에 담겨 있는 자유보장의 의미는 헌법에 명시된 인간의 존엄에서 나온 요청이며, 그 구체적인 토대는 책임원칙에 있다고 한다. 자유의지를 지닌 행위자는 자신의 행위가 범죄라는 사실을 인식하고도 이를 감수한 때에만 처벌받을 수 있으므로, 범죄를 규정한 형법률이 그 행위를 결정할 때에 미리 갖추어져 있어야 한다는 것이다.[5] 그러나 범죄행위자에게 책임비난을 하기 위한 전제로, 형법전에 확정된 구체적인 내용까지 그가 알아야 하는 것은 아니다. 책임을 묻기 위해서는 자신의 행위가 사회질서를 침해하고 법적으로 금지되었을 것이라는 이른바 '위법성인식'만으로도 충분하다. 그러므로 책임원칙을 유지하기 위해 죄형법정주의가 필요하다고 말할 수는 없다. 17

3) **민주주의원칙**으로부터 죄형법정주의를 이끌어내는 시각도 있다. **그륀발트** 18

---

1) Feuerbach/Mittermaier, Lehrbuch des gemeinen in Deutschland gültigen peinlichen Rechts, 41면.
2) 심재우, T. Hobbes의 죄형법정주의사상과 목적형사상, 128면 이하.
3) 김택민, 중국고대형법, 59면.
4) Jakobs, AT, 4/3, 각주 5.
5) Sax, Grundsätze der Strafrechtspflege, 998면 이하.

(G. Grünwald)는 근대 이후 민주주의체제는 형벌권행사를 시민의 대표인 입법자에게 구속되도록 한 것으로부터 비롯되었으므로, 민주주의 및 권력분립이 곧 죄형법정주의의 뿌리라고 말한다.[1] 그러나 죄형법정주의가 실현되는 것이 곧 '법관의 법률에 대한 구속'을 뜻하기 때문에, 죄형법정주의는 권력분립으로부터 등장한 것이 아니라 권력분립과 같은 내용이라고 볼 수도 있다. 민주주의는 법제정의 주체가 시민에게 있음을 드러내는 가치이다. 반면에 죄형법정주의의 본질은 범죄와 형벌이 '시민들 또는 그 대표권한에 의해 결정되어야 한다'는 데 있는 것이 아니라, '반드시 법률로 확정되어야 한다'는 데 있다. 법치주의가 민주주의 가치와 많은 경우에 대립되어 있음을 이미 살펴보았다[27/8]. 확정된 법률에 따른 일관된 처리는 오히려 일반시민들의 의지에 어긋나는 것으로 비칠 때가 많다. 즉 죄형법정주의는 민주주의적 사고에서 등장한 원리가 아니다.

19 4) **시민의 자유보장목적**에서 죄형법정주의의 이론적인 근거를 찾는 시각이 보편적이다. **리스트**(F. v. Liszt)는 범죄와 형벌이 법률에 의해 분명하게 정해져야만 그만큼 시민의 자유영역이 확보된다는 것을 강조하였다. 국가가 법률에 의해서만 형벌권을 행사하도록 함으로써 형법전은 시민을 위한 하나의 자유확보의 규범, 즉 (잠재적) 범죄자의 마그나카르타가 되는 것이다. 그 결과 국가에게 특정한 형사정책적 목적이 있더라도 형법전에 명시된 범죄와 형벌에 대한 조건을 충족하지 않는 한, 국가는 형벌권을 행사할 수 없다.[2] 이러한 자유주의적 시각이 현재 죄형법정주의의 일반적 근거로 받아들여지고 있다.

(3) 죄형법정주의는 자유보장을 위한 도구인가

20 그러나 죄형법정주의는 자유주의적 법치국가사상 및 그로부터 싹튼 (잠재적) 범죄자에 대한 보장적 사고가 자리잡기 훨씬 이전 로마법시대부터 공인되어 온 것이다. 또한 근대 서양이념과 무관한 동양의 법사고에서도 춘추전국시대를 포함하여 이미 오래 전부터 확립된 원칙이었다. 즉 연혁적으로 볼 때 죄형법정주의는 자유주의 법치국가사상이나 책임원칙, 민주주의나 권력분립의 사고보다 훨씬 앞서 인정된 것으로서 후자의 이념들로부터 파생된 원리라고 볼 수 없다.

---

1) Grünwald, Bedeutung und Begründung des Satzes „nulla poena sine lege", 13면 이하; Mangakis, Über die Wirksamkeit des Satzes „nulla poena sine lege", 1003면.

2) Liszt, 형법의 기본개념에 미치는 사회학적, 인류학적 연구의 영향에 대해, 542면 이하.

죄형법정주의는 (잠재적) 범죄자의 권리를 보장하는 측면의 반대방향으로도 작용한다. 즉 법적 근거 없이 범죄자를 처벌할 수 없게 하지만, 반대로 법률에 적혀있지 않은 방식으로 형을 면제하거나 사면하는 것도 죄형법정주의에 반한다. 흔히 피고인에게 유리한 방향으로 죄형법정주의의 '예외'가 허용된다고 말하는 이유는, 피고인의 권리보장에 유리한 쪽으로 작동하는 편향적 원리가 아니기 때문이다. 즉 죄형법정주의는 일반적인 설명과 달리 시민의 권리보장에 직접 기여하기 위해서 형성된 원리가 아니다. (잠재적) 범죄자인 시민의 권리가 이 원칙에 따라 보장받는 것은, 형벌이 고정된 법률에 따라서 주어지도록 강제함으로써 결과된 몇 가지 효용 가운데 하나에 불과하다. 21

(4) 죄형법정주의의 근본적 의미

죄형법정주의가 필요한 근본적 까닭은 사안을 평가하고 처리할 때 법률기준에 따라야 하는 이유 그 자체이다. 다만 형벌이 국가의 수단 가운데 가장 강력한 해악이므로 그만큼 더 강화된 원칙이 필요한 것이다. 앞서 법적 안정성 이념에서 이야기했듯이[4/4], 개별사안들을 접할 때 평가자의 자의를 배제하고 객관적으로 정해진 규칙에 따라 평가하게 하기 위해서 법률기준이 필요하다. 사안에 대한 그 '자의'가 아무리 올바른 '지혜'라고 하더라도, 개인이 그와 같은 독특한 판단기준을 동원하지 못하도록 해야 한다. 이와 같은 개별사안과 '거리두기'를 통해 사법은 모든 시민의 보편적 수단이 될 수 있으며 규범의 수범자들은 그 과정을 신뢰하고 일정한 결과를 예측할 수 있게 된다. 22

만약 재판관이 신과 같은 절대적 지혜자라면 이러한 수단이 필요하지 않을 것이다. 즉흥적으로 결정하더라도 모두 만족할 수 있는 최상의 결과를 도출할 것이기 때문이다. 즉 신의 세계에서는 죄형법정주의가 필요 없다. 우리는 모두 그 정도 능력이 없기 때문에 고정된 법률에 의존하여 판단할 수밖에 없다. 죄형법정주의 정신은, 실존주체인 인간의 지혜에 한계가 있어 개별적인 정의를 낱낱이 실현할 수 없기에, 미리 고정된 틀에 따라서 사안을 판단하고 형벌을 부과하도록 하는 데 있다.[1] 23

(5) 죄형법정주의의 파생원칙

1) **소급효금지** 또는 **소급입법금지**(개별입법금지)는 이미 발생한 특정한 사안을 24

---

1) 홍영기, 죄형법정주의의 근본적 의미, 9면 이하.

해결하기 위해, 그 이후에 만들어진 법을 적용하거나 새롭게 입법하는 것을 금지한다. 오로지 형법입법은 장래에 발생할 수 있는 불특정 다수의 사안을 대상으로 해야만 한다. 그렇지 않을 경우, 즉 이미 발생한 구체적 사안의 처리를 노리고 법률을 제정하여 처벌하는 것은, 죄형법정주의의 목적인 개별사안과 거리두기를 무시하는 방법이다. 법률을 단지 형식적 도구로써 한 번 개입시킬 뿐 실상은 법률 없이 이루어지는 자의적 형사사법과 다르지 않다.

25 2) **명확성원칙**은 실정법이 지나치게 추상적이거나 모호한 언어로 이루어지지 않아야 한다는 원칙이다. 입법자가 명확한 언어로 법률문언을 정하지 않는다면 법관을 그 법률에 따라 재판하도록 강제할 수 없고, 결국 구체적인 개별사안에 대해 자의적 판단을 할 수 있게끔 문을 열어주는 것이 되기 때문이다. 예를 들어 "옳지 않게 행동한 사람은 처벌되어야 한다"는 식의 명문규정이 있다고 하더라도 법관은 이에 따라 자기 마음대로 사안을 판단하고 형벌을 부과할 수가 있다.[1)]

26 3) **유추금지**가 말하는 것은 사안의 포섭에 필요한 규정이 없는 때에 다른 규정을 끌어와[유추하여] 적용하려 하지 말라는 것이다. 비록 법률의 흠결로 생각될 때라도, 법률내용을 가공함으로써 문제를 해결하려 해서는 안 된다. 이때는 개별적인 정의를 실현하는 것이 불가능하지만 그 부족한 문언에 따라 결론을 내리는 데 머물러야 한다.

27 [실화죄 판례와 유추금지] 2020년 개정 전의 형법 제170조 ②항은 "과실로 인하여 자기의 소유에 속하는 제166조[건조물 등] 또는 제167조[일반물건]에 기재한 물건을 소훼(=불에 태워)하여 공공의 위험을 발생하게 한 자"를 처벌하도록 되어 있었다. 이 규정 이외에, '타인의 소유에 속하는 물건'을 과실로 태운 사람을 처벌하는 다른 법조문은 없다. 과실로 자기 물건을 태웠을 때에 처벌하는 규정이 있는데, 타인 물건을 태웠을 때 처벌하는 규정이 없는 것은 분명히 법률의 흠결이라 생각될 만하다. 피고인이 과실로 타인소유의 사과나무밭을 태운 사안이 발생하였을 때 실제로 법해석이 문제되었다. 그런데 대법원은 '자기의 소유에 속하는 제166조 또는 제167조에 기재한 물건'이라 함은 '자기의 소유

1) "여러 사람의 눈에 뜨이는 곳에서 공공연하게 알몸을 지나치게 내놓거나 가려야 할 곳을 내놓아 다른 사람에게 부끄러운 느낌이나 불쾌감을 준 사람'을 처벌하는 경범죄처벌법 제3조 ①항 제33호는 알몸을 '지나치게 내놓는' 것이 무엇인지 그 판단기준을 제시하지 않아 무엇이 지나친 알몸노출행위인지 판단하기 쉽지 않고, '가려야 할 곳'의 의미도 알기 어렵다. 심판대상조항 중 '부끄러운 느낌이나 불쾌감'은 사람마다 달리 평가될 수밖에 없고, 노출되었을 때 부끄러운 느낌이나 불쾌감을 주는 신체부위도 사람마다 달라 '부끄러운 느낌이나 불쾌감'을 통하여 '지나치게'와 '가려야 할 곳' 의미를 확정하기도 곤란하다. 불명확성을 해소하기 위해 노출이 허용되지 않는 신체부위를 예시적으로 열거하거나 구체적으로 특정하여 분명하게 입법할 수도 있을 것이므로 이 조항은 죄형법정주의의 명확성원칙에 위배된다"(헌재결 2016.11.24. 2016헌가3). 경범죄처벌법의 불분명한 속성을 비판하는 예로는 이근우, 법률의 품격, 205면 이하.

에 속하는 제166조에 기재한 물건 또는 자기의 소유에 속하든, 타인의 소유에 속하든 불문하고 제167조에 기재한 물건'을 의미하는 것이라고 해석할 수 있다고 보아 법률흠결이 아니라고 하였다.[1] 그러나 다수 학설은 '자기소유에 속하는 A 또는 B'라는 문장에서 B가 다른 사람의 물건이 될 수도 있다는 것은 문언의 허용된 해석의 범주를 넘어선 것으로 보아 유추금지에 반한다고 비판하였다.[2]

4) 일반적으로 함께 논의되는 **관습법금지**는 죄형법정주의로부터 파생되었다 기보다는 죄형법정주의의 최소한의 의미에 속한다. '범죄와 형벌이 법률로서 확정되어야 한다'는 형식적인 의미에서부터 관습법개념이 들어설 곳은 없다. 28

(6) 실질적 죄형법정주의에 대해서

형법교과서를 비롯한 많은 문헌에는 죄형법정주의의 파생원리에 **적정성원칙** 29
도 포함된다고 서술되어 있다. 적정성원칙은 형벌이 적정한 수준으로 부과되어야 한다는 것을 당위내용으로 한다. 이 원칙이 죄형법정주의에 속하는 것으로 보아야만, 법률만 있으면 처벌할 수 있다는 식의 형식적 죄형법정주의를 극복하고 '옳은 법'에 의해 처벌이 이루어져야 한다는 실질적 죄형법정주의가 실현될 것이라고도 말한다.[3]

실질적 의미의 죄형법정주의가 지난 세기 후반 우리나라에서 설득력이 있었 30
던 것은 특수한 역사적 배경 때문이었다. 당대 권력자들은 죄형법정주의를 따른다고 말하면서 내용이 정당하지 않은 법률을 손쉽게 만들어 시민의 자유를 억압했다. 이러한 역사를 살던 과거 학자들은 죄형법정주의가 '법은 정당한 내용을 담고 있어야 한다'는 상위원리에 반드시 기여해야 한다는 점을 역설하지 않을 수 없었다.

그러나 지금 시대에서는 죄형법정주의로부터 이와 같은 법률 '내용'에 대한 31
짐을 덜어주는 것이 바람직하다고 생각한다. 법률이 정당한 내용을 담고 있어야 한다는 것, 그리고 언제나 인간의 존엄에 대한 주의를 바탕으로 실현되어야 한다는 점을 강제하는 여러 원칙들이 있다. 그리고 여기서 그 원칙들을 지금 형사정책

---

1) 대결 1994.12.20. 94모32 전원합의체. 최근 문헌 가운데 이 판례의 해석방식을 다룬 예로 이상돈, 법의 깊이, 129면 이하.
2) 홍영기, 법률 해석의 허용과 한계, 158면 이하. 2020년 형법개정으로 "자기 소유인 제166조의 물건 또는 제167조에 기재한 물건"으로 이 부분 표현을 바꾼 것도 이러한 문제의식 때문이었지만, 체계적 해석과 관련된 한계는 여전히 남아 있다.
3) 이 문제에 대해서는 이상돈, 죄형법정주의의 현대적 의의, 149면 이하.

의 규범적 기준이라는 큰 틀에서 서술하고 있는 중이다. 죄형법정주의는 그 안에서 '형식적 법률주의'를 관철시켜야 하는 뚜렷한 과제를 맡고 있다. 죄형법정주의가 이 역할 이외에 추가적으로 법률의 정당성까지 확보할 수 있게 하는 원리로 이용되도록 하는 것이 이상적일 수는 있다. 그러나 어떠한 원칙이 노리는 당위의 범주가 커지면 커질수록, 원래 그 원칙만이 감당해야 할 특징적 요청은 흐릿해지게 마련이다. 죄형법정주의가 형법원칙 가운데 가장 강력한 기능을 담당하고 있으며 앞으로 더욱 그래야 하기에, 법관을 형식적 법률문언에 구속되도록 해야 한다는 본래 취지가 더 분명히 강조될 필요가 있다.

3. 책임원칙

(1) 책임원칙의 의의

32 책임원칙(Schuldprinzip)을 간단히 '책임 없으면 형벌 없다(nulla poena sine culpa)'로 표현하기도 한다. 여기서 책임은 자신의 행위가 사회에서 승인되지 않는 것임을 행위자 스스로 알았고, 그렇게 하지 않을 수 있었음에도 이를 감행한 데 따라 주어지는 규범적 비난이다. 다르게 표현하면 자신의 행위가 법질서에 반한다는 것을 알 수 없었거나, 그렇게 행위하지 않을 수 없었던 때에는 행위자를 처벌할 수 없다. 그렇기에 이 원칙이 유지될 수 있으려면 행위자에게 인식능력은 물론 행위를 스스로 선택하고 결정할 자유가 있음이 전제되어야 한다. 책임원칙은 행위자에게 형벌을 부과하기 위한 요건이기도 하지만 '처벌의 정도'가 책임의 양에 의해 정해져야 한다는 것을 포함한다.[1)] 이에 따라 '자신이 인식하고 저지른 죄만큼만 처벌받는다'라고 간단히 말할 수 있다. 이 원칙도 행위자에게 일방적으로 유리하게 작용하는 것만은 아니다. 즉 유책한[=책임이 있는] 행위자에게 법적인 근거 없이 형벌을 부과하지 않는 것도 책임원칙에 반한다.

(2) 형법체계에서 책임원칙의 내용

33 형법에서 행위자에게 책임을 물을 수 있으려면 그가 자기 행위가 법질서를 위배한다는 것을 알았고[위법성인식] 피할 수 있었으면서도[타행위가능성], 굳이 이를 저지른 경우여야 한다. 이때에만 '책임비난', 즉 불법행위를 그에게 귀속시킬 수 있다[비난가능성]. 법률에 이러한 책임원칙을 구체화한 여러 규정들이 있다. 형

1) "행위자의 책임은 양형의 기초가 된다"(독일형법 제46조 ①항).

법 제9조에는 "14세가 되지 아니한 형사미성년자는 처벌하지 않는다"고 되어 있다. 제10조 ①항은 "심신상실로 사물변별이나 의사결정 능력이 없는 자는 처벌하지 못한다"고 하고, ②항에서는 이 정도에 못 미치나 "심신이 미약한 자는 형벌을 감경"하도록 하고 있다. ③항에는 이른바 '원인에서 자유로운 행위'를 입법하여 "행위자 자신이 위법행위를 할 것을 알거나 알 수 있었는데도 스스로 위와 같은 능력 결여 상태에 빠지게 한 후에 범죄행위를 한 때에는 형벌을 감면하지 않는다"고 규정하였다. 제11조는 "청각 및 언어 장애인의 행위는 감경"하여 처벌하도록 하고, 제12조는 강요된 행위로서 가벌성이 없는 경우를 규정해 놓고 있다. 제16조는 "자기의 행위가 죄가 되지 아니하는 것으로 잘못 알고 행위했을 때, 그에 정당한 이유가 있는 때에는 처벌하지 않는다"는 소위 '금지착오'를 두고 있다. 이 외에도 적법행위를 할 것에 대한 기대가능성이 없을 때 형을 감면하는 규정이 총칙과 각칙 여러 군데 등장한다.

(3) 책임원칙에 대한 논의

행위자가 자기의 행위를 스스로 결정할 수 있는 능력과 가능성을 갖고 있어 34
야 하기 때문에, 형법상 책임개념은 행위자의 의사결정의 자유와 이를 토대로 한 행위자유를 전제하고 있다. 지난 세기 후반에는 이러한 책임개념이 형이상학적인 토대만을 갖고 있다는 것, 그 전제가 되는 행위자유란 허구에 지나지 않는다는 비판과 그에 대한 대응이 형법학의 중요한 논의를 이루었다. 책임비난을 예방의 필요로 대체해야 한다는 주장도 많았다.[1] 같은 범죄의 결과를 놓고서, 책임원칙에 따라 책임능력이 제한된 행위자의 형벌을 감면하는 것은, 단지 행위자의 심리적인 상태를 고려하여 형벌을 달리하는 것으로서 공정성에 반한다는 비판도 있다. 그러나 책임원칙을 고수하는 것은 책임내용을 입증가능하게 만들 수 있다거나 소질이나 환경의 고려 없이 행위자를 윤리적으로 비난해야 한다는 의도에서 비롯된 것이 아니다. 형벌이 정당화되기 위해서는 '왜 그렇게 행위하였는가'라는, 행위선택에 대한 사후적인 지적을 담지 않을 수 없다는 의미이다[17/47].

책임원칙은 범죄예방을 목적으로 하는 형사정책이 무심코 뛰어 넘고자 하는 35
대표적 형법원리이기도 하다. 그러나 그럴수록 행위자가 저지른 불법정도를 뛰어넘는 처벌이 이루어져서는 안 된다는 책임원칙의 핵심내용이 더 확실히 관철되어

---

1) 대표적인 논문이 번역되어 있는 심재우 편역, 책임형법론, 1995 참조.

야 한다. 행위자를 윤리적으로 비난한다는 책임의 적극적 의미가 무색하게 되더라도 이러한 한계기능은 여전히 중요하다. 행위자가 저지른 죄책만큼 처벌해야 한다는 이 원칙의 소극적, 자유보장적 역할은 형사정책적 필요가 강조되는 현대사회에서 과거보다 더 중요한 의의를 갖게 되었다.

4. 무죄추정원칙

(1) 무죄추정원칙의 의의

36 헌법 제27조 ④항, 세계인권선언 제11조 ①항에도 명시되어 있는 무죄추정원칙(Unschuldsvermutung)은 재판의 결과 최종적으로 유죄판결이 있기 전까지는 단순히 혐의가 있는 자나 피의자 또는 피고인이라고 하더라도 죄를 저지르지 않은 사람으로 취급되어야 한다는 원칙이다. 그때까지는 죄가 없는 사람으로 여겨야 하기에 그의 권리는 원칙적으로 침해될 수 없다. 단지 형사절차에서 반드시 필요한 목적이 있으면 이를 달성하기 위해 비례성원칙을 따르는 가운데 권리의 일부가 제한될 수 있을 뿐이다.

(2) 무죄추정원칙의 내용

37 확정판결 전까지 피의자 및 피고인은 죄가 없는 사람으로 추정되기 때문에 절차 내에서 아무런 사실도 증명되지 않는다면 그는 결국 무죄판결을 받게 된다. 그렇기에 그는 스스로 아무런 증명을 하지 않아도 된다. 범죄사실에 대한 증명의 책임은 언제나 법원과 검사에게 있는 것이며 그에 대한 예외는 없다.[1] 이러한 책임을 다하지 못하거나 증명에 실패하면 피의자나 피고인에게 죄가 없는 것으로 확정된다. 범죄사실 여부가 모호하게 증명된 경우에도 마찬가지이다['의심스러운 경우 피고인의 이익으로'(in dubio pro reo)]. 피의자나 피고인이 자신의 죄의 존재를 증명할 필요가 없는 것은 물론, 무죄라는 증명을 굳이 해야 하는 것도 아니다. 형사절차에 참여하여 진술을 거부하는 식으로 소극적으로 수사에 아무런 도움을 주지 않아도 된다. 혐의를 받고 있는 범죄사실의 증명에 스스로 나서야 할 이유가 없기 때문이다. 이를 가리키는 nemo tenetur-**원칙**은 누구나 자신에게 불리한 일을 하도록 강요당할 수 없다는 뜻을 갖고 있다. 그리고 헌법과 형사소송법

---

1) 이는 다음 증명책임 세 가지 원리의 결과이다: ① 주장하는 자가 증명하라, ② 주장으로 이익을 얻는 자가 증명하라, ③ 효율적으로 증명할 수 있는 자가 증명하라(배종대/홍영기, 형사소송법, 45/6 이하).

에 규정된 진술거부권(묵비권)은 바로 이 원칙이 구체화된 것이다.[1)]

[선서에 대한 베까리아의 생각] 베까리아는 당시 영국재판에서 피고인에게 성경에 손을 얹고 진실만을 말할 것을 선서하도록 강제한 것을 다음과 같이 비판하였다. "천상의 일들은 어차피 속세와 다른 법칙에 따라 이루어진다. 왜 인간이 그 다른 법칙에 의해서 위협받아야만 하는가? 왜 신의 명령을 거스르지 않으려면 자기 자신을 스스로 멸망하도록 만들어야 한다는 처절한 모순에 우리를 집어넣는가?"[2)] 세속의 형사재판에서 피고인에게 진실만을 말하라고 강요하는 것은 불합리하다. 피고인은 소극적으로 사법기관의 진실규명에 도움을 주지 않아도 되고, 때로는 거짓을 말할 수도 있다.[3)] 현실의 형사소송과정에서 죄를 숨기고자 하는 이와 같은 인간의 불가피한 본성을 인정해야 한다는 것이 nemo tenetur－원칙의 본뜻이다. 38

(3) 무죄추정원칙의 침해

무죄추정원칙은 현실에서 매우 소홀하게 여겨지는 원칙 가운데 하나이다. 특히 크게 주목받는 범죄사건이 일어난 경우, 그것을 저지른 것으로 의심되는 사람이 드러나는 순간 사회구성원들은 그를 곧바로 '범죄자'로 인식한다. 그 결과 각종 의사소통매체를 통해 아직 피의자가 되지도 않은 사람의 신상이 아무 제한 없이 알려지기도 한다. 최근에는 매스컴에서도 '국민의 알 권리' 내지는 '피해자의 권리'라는 개념을 동원해가면서 용의자의 얼굴과 신상을 공개하는 경우가 있으며, 수사기관이 피의자의 얼굴 등 신상을 공개할 수 있는 법률도 신설되었다.[4)] 이처럼 범죄자로 의심되는 사람의 신상이 매체에 알려지면, 법원이 무죄판결을 내리더라도 한번 실추된 그의 명예가 회복될 방법은 없다. 어지간한 형벌보다 훨씬 더 심각한 수준의 권리침해가 형사재판에 앞서 이루어지는 것이다. 이런 감정적인 대응을 통해 보장된다는 '알 권리'의 실체가 무엇인지도 묻지 않을 수 없다.[5)] 39

형사절차를 담당하는 수사기관과 법원의 태도도 이에 못지않게 심각하다. 피의자와 피고인을 일단 신뢰하지 않는 마음가짐으로 절차를 진행한다는 것이 문제이다. 방어권을 행사하고 있는 당사자를 '죄가 있으면서도 뻔뻔하게 숨기려는 자' 40

1) 홍영기, Nemo tenetur－원칙, 306면 이하.
2) Beccaria, Über Verbrechen und Strafen, 103면 이하.
3) 대판 2001.3.9. 2001도192 판결이유.
4) 특정강력범죄의 처벌에 관한 특례법 제8조의2가 대표적이다. 위헌결정이 있어야 마땅한 법률이다. 비판적 검토로는 이무선, 강력범죄피의자의 얼굴(신상)공개의 정당성 여부, 233면 이하.
5) 유죄판결 이후 이루어지는 신상공개 또한 '이중처벌' 가능성 때문에 논의대상이 된다. 여기서 말하는 '알 권리'에 대한 문제제기로는 홍영기, 알 권리와 모를 권리, 639면 이하. 이근우, 우리나라 범죄보도의 문제점, 149면 이하.

로 여기는 것이 보통이다. 즉 진술거부권을 이용하거나 변호인의 도움을 받으려는 것을 효과적으로 죄를 감추는 방법으로 생각하기에 그러한 기본권을 직접 침해하거나 다른 방식으로 압박을 가하기도 한다[75/28]. '재판이 끝날 때까지 피의자·피고인은 무죄'라는 가장 핵심적인 원리를 머리로는 알고 있지만, 자신이 참여한 구체적 상황에서 그들을 죄 없는 자로 진지하게 생각하고 대화를 하고 있는지는 의문스럽다.1)

5. 적법절차원칙

(1) 적법절차원칙의 의의

41 적법절차원칙(due process)은 형사절차가 법에 정해진 방식에 의해서만 진행되어야 한다는 내용이다.2) 이때 준수되어야 하는 법은 특히 헌법상 명시된 피의자·피고인의 기본권규정과 그것이 구체화된 형사소송법을 말한다.

42 절차법인 형사소송법은 역사적으로 실체법인 형법보다 늦게 만들어졌다. 긴 시대에 걸쳐 절차법 없이 형사절차가 진행되었는데, 그러한 절차 자체의 목적은 실체적 진실에 가깝게 사안을 구성해내는 데 있었다. 그러다보니 실체적 진실을 발견한다는 명분하에 피의자를 고문하고 압박하는 등 수사에 협조하도록 강제해 왔다. 근대에 이르러 비로소 피의자·피고인 권리의 중요성이 분명히 인식되면서, 절차 안에서 유지되어야 할 권리보장 방식을 규정할 필요성이 생겼으며 그 결과 지금과 같은 형태의 형사소송법을 완성하게 되었다. 그러므로 적법절차원칙은 곧 절차법이 생성된 이유로서 형사소송법의 법목적과 일치한다. 반면에 실체적 진실 발견은 형사절차 자체의 목적으로서 실체형법적 정의를 실현하기 위한 전제가 된다.3)

(2) 적법절차원칙의 내용

43 헌법과 형사소송법의 피의자·피고인의 권리와 관련된 모든 규정이 적법절차원칙의 대상이다. 핵심적 권리인 진술거부권, 변호인의 도움을 받을 권리, 절차참

---

1) 미국에 알려진 형사사법게임의 법칙 1이 형사재판의 거의 모든 피고인들은 사실에 있어서 유죄이다(범죄를 저질렀다)는 것이며, 법칙 2는 모든 형사변호인, 검사 및 판사들이 법칙 1을 잘 알고 있으며 믿고 있다는 것이라고 한다(양삼승, 미국 형사사법의 실태, 대한변협신문 제404호, 2012년 6월 25일자 15면).

2) 일반적으로 널리 알려진 표현으로서 '적정절차원칙'도 같은 의미이다. 본래 'due'가 갖고 있는 규칙부합성(Dietl/Lorenz, Wörterbuch für Recht, Wirtschaft und Politik, 261면)을 통한 정상적인 집행이라는 의미를 살린다면 '적법절차'가 더 적합한 표현이라고 할 수 있다. 그렇지만 여기서의 '적법성'을 체계내재적·형식적 원리 또는 동어반복적인 의미로 오해해서는 안 된다.

3) 자세한 내용은 홍영기, 형사소송법, 그 독자적인 법목적에 대한 이해, 265면 이하.

여권 이외에도 다음과 같은 예가 있다.

1) 수사단계에서 가장 의미 있는 적법절차원칙은 무엇보다도 **영장주의**이다. 44
수사기관은 원칙적으로 판사가 발부한 영장을 제시하지 아니하면 대인적 강제수사인 체포·구속 그리고 대물적 강제수사인 압수·수색·검증을 할 수 없다. 그리고 이러한 강제수사의 내용은 형사소송법에 규정하도록 되어 있다[강제수사법정주의].

2) 공소를 제기하는 검사는 공소장에 명확하고도 구체적인 사실을 공소사실 45
로 기재해야 한다[공소사실의 특정]. 그리고 공소장 이외에 다른 정보를 법원에 전달하여 피고인에게 불리한 예단을 갖게 만들어서는 안 된다[공소장일본주의].

3) 형사소송의 핵심은 피고인의 참여와 일반인의 방청이 보장된 공개법정에 46
서 이루어지는 공판절차에 있다. 수사에서 확보한 증거를 공판정에서 조사되는 증거보다 우월한 것으로 여겨서는 안 된다[공판중심주의]. 공판절차에서 가장 중요한 적법절차원칙은 세 가지 증거법원리이다. **자백배제법칙**은 피의자나 피고인이 강제적 방법에 따라 임의성이 없는 자백을 한 경우에 그 자백의 증거능력(=증거가 될 수 있는 형식적인 자격)을 배제한다. **위법수집증거배제법칙**은 수사기관이 위법하게 수집한 증거의 증거능력을 배제하는 원칙이다. 자백배제법칙과 위법수집증거배제법칙은 특히 수사기관이 위법한 방식으로 증거를 수집하는 것을 금지하려는 목적으로 확립되었다. **전문법칙**은 피의자·피고인 및 증인이 공판정에 참여하여 구두로 진술하는 방법 이외의 다른 방식으로 전달된 증거에 대해 증거능력을 부정한다. 이는 피고인의 반대신문권을 보장하고 진술증거의 신용성을 확보하기 위한 원리이다.

4) 한 번 이루어진 재판결과에 대해서는 다시 이를 문제삼지 않아야 한다는 47
것을 **일사부재리원칙**(ne bis in idem)이라고 한다. 이 원칙은 흔히 피고인에게 유리한 방향으로 작동하는 경우가 많다는 점에서, 피고인의 권리보장 수단이자 시민의 기본권으로 여겨진다. 그러나 이는 재판의 속성 그 자체로서, 기본권사상이 확립된 근대보다 훨씬 앞서 확립된 원칙일 뿐만 아니라, 피고인에게 불리한 재판의 기판력도 인정하는 중립적인 원칙이다. 이 또한 사법기관이 소송을 계속 반복한다고 하더라도 궁극적 정의를 구현할 역량을 갖고 있지 않기에, 그 실존적 한계를 승인하여 재판을 한 번에 그쳐야 한다는 당위원리이다.[1]

5) 피고인이 상소하거나 피고인을 위해서 상소하는 경우에 상소심에서는 하 48

1) 홍영기, 일사부재리의 효력범위, 159면 이하.

급심보다 피고인에게 더 불리한 형을 선고해서는 안 된다. 이를 **불이익변경금지원칙**(reformatio in peius)이라고 한다. 이 원칙은 피고인이 상소해도 더 무거운 형벌을 받지 않음을 분명히 하여 상소권을 보장해주기 위한 장치이다.

(3) 적법절차원칙의 지위

49 적법절차원칙은 현실에서 자주 문제된다. 범죄를 저지른 것으로 의심되는 피의자·피고인을 대상으로 하기 때문에, 수사기관과 법원은 형벌권실현의 중요성에 비추어 이들의 권리를 진지하게 보장하지 않아도 되는 것으로 생각하기 쉽다. 그에 따라 변호인도 피의자·피고인이 범죄를 저질렀는지 자체를 다투기보다는 '절차상 권리'를 보장해주는 것에 더 많은 노력을 기울이는 경우가 많다. 적법절차원칙이야말로 시민의 법익보호과제와 범죄자의 권리보장과제의 첨예한 대립이 벌어지는 가운데 작동한다.

50 그러나 적법절차원칙은 많은 사람들에게 더욱 낯설다. '범죄를 저지른 사람은 반드시 처벌되어야 한다'는 형법적 정의보다 훨씬 더 연약한 토대에 있는 것으로 비쳐진다. 형사소송법의 여러 전문적인 내용들을 일반인이 알기도 어렵다. 다음과 같은 예를 생각해보자. 피의자에게 진술거부권이 있다는 사실을 수사기관이 알려주지 않은 채 살인혐의를 받고 있는 사람을 신문[묻고 답을 듣는 것]하였다. 적법절차인 '진술거부권의 고지'가 여기서 지켜지지 않았기 때문에, 피의자가 '내가 죽였다'고 사실을 자백하더라도 그 말은 위법수집증거배제법칙에 따라 증거로 이용할 수 없다. 심지어 그가 사실 그대로 자백하면서 흉기 숨긴 곳까지 알려주었고 경찰이 찾아가 피 묻은 칼을 압수하였다고 할 때, 원칙적으로 이 칼도 증거로 이용할 수 없다[독수과실이론].[1] 이때 자백과 피 묻은 칼 이외에 다른 증거가 없다면 유죄판결을 할 수 없다.

51 이러한 법효과에 대해 비판하고 싶지 않은 사람은 무척 드물 것이다. 정의구현에는 관심이 없고 형식적 절차만 중요하냐고 묻고 싶어진다. 그러나 분명한 것은 형사소송법이 바로 이러한 작용을 하기 위해 만들어진 법이라는 사실이다. 정의실현이 방해받고 그로부터 불편한 느낌이 들 수 있지만, 그럼에도 예외 없이 지켜야 할 절차목록을 체계화한 것이 바로 형사소송법이다. 실존의 한계를 벗어날

---

1) "적법절차를 어기는 수사방법을 억제하고 재발을 방지하는 가장 효과적이고 확실한 대응책은 이를 통하여 수집한 증거[자백]는 물론 이를 기초로 하여 획득한 2차적 증거[피 묻은 칼]를 유죄 인정의 증거로 삼을 수 없도록 하는 것이다"(대판 2007.11.15. 2007도3061).

수 없는 인간으로서는 어차피 실체적 진실과 정의를 고스란히 실현할 수 없다. 그렇기에 법에 정해진 절차를 어겨가면서까지 진실발견에 노력하지 말아야 하고, 그 결과 개별적 정의는 늘 제한될 수 있음을 분명히 하는 데 형사소송법의 존재근거가 있다. 적법절차를 준수함으로써 '가까운 정의'를 놓치는 경우가 많이 있다. 그러나 그 대가로 우리는 신뢰가능한 사법체계가 지속적으로 실현하는 '먼 정의'를 기대할 수 있다.

[33] 형사정책의 효율성

1. 합리성요청으로서 효율성

위에서 시민의 보호목적과 범죄자의 보장목적은 충돌·모순관계에 있다고 하였다[31/15]. 그러나 현실에서 양자는 반드시 정확한 반비례관계에 있는 것은 아니다. 즉 두 목적이 동시에 더 많이 달성될 수 있는 가능성이 남아 있다. 이를 위해서는 범죄대책에서 효율성을 높여야 한다.1) 1

법치국가적 정형화가 범죄자 편에서 처벌을 약하게 만들거나 범죄자 편의를 봐주라는 원칙은 아니다. 오히려 범죄를 그 불법정도에 상응하게 정확하고도 예외 없이 처벌해야 한다는 뜻도 포함하고 있다. 정형화란 곧 평가자의 자의를 배제해야 한다는 사고를 토대로 하기 때문이다. 이러한 요청은 시민의 권리보호라는 형법과제에서 비롯된 것이자, 국가형벌권을 독점하는 국가의 지위에서 나오는 형벌의무의 표현이기도 하다. 권리보장과 법익보호를 온전하게 담당하기 위해서는 형사사법이 합목적적·효율적으로 운영되어야 한다. 정책수단의 효율성이 확보되어야 목적달성을 위한 수단의 '적합성'원칙도 지켜진다. 2

2. 상징입법의 문제

대부분의 입법작용에는 도구적(선언적) 기능뿐만 아니라 상징적(잠재적) 기능이 함께 내재되어 있다. 여기서 말하는 도구적 기능이란, 입법정책이 실현될 때 기대되는 객관적 효과이자 정책의 목적으로서 대외적으로 선언되어 있는 것을 말한다. 반면에 상징적 기능은 겉으로 드러나 있지는 않으나, 이러한 입법이 3

1) 위 생산가능곡선[31/15]에서 점 f를 우상향시키는 방식을 뜻한다.

사회구성원들의 감정이나 의식, 생각에 영향을 미치도록 잠재된 의도를 뜻한다.[1] 후자의 상징적 기능이 법률에 포함되어 있다거나, 다소 우월하다고 하여 문제되는 것은 아니다. 비판적 의미의 '상징입법'(symbolische Gesetzgebung)은 상징적 기능에 비해 도구적 기능이 실제로 전혀 의도되지 않거나 또는 상징적 기능이 도구적 기능을 압도하는 경우를 말한다.[2]

4 예를 들어 아동성범죄나 미성년자약취 후 살인 등과 같은 중대한 범죄가 매스미디어를 통해 보도되었을 때, 사람들은 범죄에 대한 공포를 느끼는 동시에 효율적으로 범죄를 예방하지 못한 국가기관에 대해 큰 불신을 갖게 된다. 이러한 상황에서 정부가 보여줄 수 있는 가장 쉬운 반응은 즉시 법정형이 높은 특별형법을 만들어내는 것이다. 즉흥적으로 입법된 이러한 법률에도 중대한 범죄를 금지하고자 한다는 일반예방적 또는 특별예방적 목적이 표방되어 있기는 할 것이다. 그러나 그 입법에 잠재된 의도는 정부가 이와 같은 중범죄를 처리하고자 노력하고 있으며, 능히 처리할 수 있다는 역량을 짐짓 드러내 보여 국가기관에 대한 불신을 줄이는 데 있다. 이러한 입법작용은 현실적인 효과를 의도한 것이 아니므로 실제로 기능을 발휘하기는 어렵다.

5 상징입법을 이용한 범죄대책은 효율성이나 적합성이 없는 방식이다. 이처럼 즉흥적 의도로 제정된 것으로서 형사사법기관이 전혀 주목하지 않는 법률은 헌법재판소에 추상적 규범통제가 인정되지 않는 상황에서 우리 법체계의 이물질로 계속 남아 있을 뿐이다.

6 [상징입법의 예] 2014년 봄 300여 명의 생명을 앗아간 세월호 침몰에 대해 책임을 묻는 여론이 걷잡을 수 없이 확산되자 당시 대통령과 법무부가 함께 나섰다. 2014년 6월 법무부가 입법예고한 가칭「다중인명피해범죄의 경합범 가중처벌 등에 관한 특례법안」(의안번호: 1911020)에 따르면 다중인명피해범죄의 경우 형을 가중할 때 기간의 상한을 100년으로 하고, 법률상 감경을 하는 경우에도 사형은 무기 또는 50년 이상 100년 이하의 자유형으로, 무기형은 30년 이상 100년 이하의 자유형으로 하도록 특례를 정하였다.[3] 이 법안은 실제 효율성을 노리고 있는가? 현실에서 이 법률이 일반예방효과를 거둘 수 있는가? 장차 상한

---

1) Hassemer, Symbolisches Strafrecht und Rechtsgüterschutz, 554면 이하; Diez Ripollès, Symbolisches Strafrecht und die Wirkung der Strafe, 518면 이하.

2) 형법의 상징성이 지닌 여러 측면은 특히 Prittwitz, Strafrecht und Risiko, 255면 이하; Müller, Die Legitimation des Rechts durch die Erfindung des symbolischen Rechts, 86면 이하; Hassemer, Symbolisches Strafrecht und Rechtsgüterschutz, 553면 이하. 정치형법의 상징성 논의는 특히 배종대, 정치형법의 이론, 245면 이하.

3) 이 법률안의 형량에 대한 비판으로는 이근우, 다중인명피해범죄에 대한 법무부 안에 대한 비판적 검토, 77면 이하.

100년의 유기징역을 피하고자 여러 사람의 인명피해를 더욱 조심하는 사람이 있겠는가? 대통령이 요구하고 정부가 제안한 이 법안의 기능은 오로지 '정부가 지금 무엇인가 대책을 마련하고 있다'는 것을 보여주기 위한 데 그친다는 것을 쉽게 알 수 있다. 그러나 여론을 잠재우는 상징적인 효과조차 거둘 수 없었기에 이 법률은 발효되지 못했다.[1)]

3. 실효성이 있는 형사정책

상징입법으로부터 효과를 기대할 수 없다는 사실은 법정형을 높이거나 특별형법을 무분별하게 제정하는 모든 작업에 해당하는 비판이다. (잠재적) 범죄자는 특별형법의 존재나 법정형의 높낮이를 고려하여 범죄에 나서거나 자제하는 것이 아니다. 그럼에도 이와 같은 입법방식이 선호되는 가장 중요한 이유는, 가시적으로 드러나는 측면이 그럴듯한 데 비해 큰 비용이 들지 않기 때문이다. 전문가 의견을 존중할 필요도 없고 여론이 확실히 형성되어 있을 것을 요구하지도 않는다. 그러면서도 (법률안이라는) 결과물은 외부에 나타나기 때문에 이를 제안한 정치인에게는 확실한 업적이 된다. 그 결과 처음부터 '어떻게 하면 범죄를 진짜로 줄일 수 있을지'에 대한 진지한 질문과 그에 대한 실질적인 대답이 없는 채 진행되는 형법입법이 반복되고 있다. 7

이에 못지않게 효율성이 없는 방식은, 범죄문제에 대해 '사회전체가 공동으로 나서서 해결해야 한다'는 식으로 둘러대고 넘어가는 토론회 같은 데에서 찾아볼 수 있다. 예를 들어 성범죄의 실태를 지적하는 대화가 '성문화의 건전성을 고취하기 위한 국민 모두의 인식전환이 필요하다'는 식의 말을 남기고 끝나는 경우, 그로부터 남는 것은 공허함뿐이다. 실제로 범죄를 예방하거나 줄이기 위해서, 즉 형사정책이 실효성을 확보하려면 어떤 방법을 취해야 하는지 더욱 진지한 대화가 필요하다. 범죄를 통제하고 예방하는 데 '비록 작을 지라도 실질적인 효과를 얻을 수 있는 방식'을 이야기해야만 한다[66/25 참조]. 8

4. 인권보장과 공권력존중

효율적인 범죄대책을 이야기할 때 빠지지 않는 반대논거가 바로 '범죄자 인권보장'이다. 피의자·피고인의 인권보장은 근래 검찰과 경찰이 가장 주의하고 있 9

---

1) 그러나 문제의식은 이어져, 2022.1.27.부터 새롭게 입법된 「중대재해 처벌 등에 관한 법률」이 시행된다.

는 당위이기도 하다. 두 기관의 수사권분쟁이 불거지는 때일수록 각자 자신들이 더욱 시민을 위한 인권친화적인 조직임을 내세운다. 그렇지만 수사기관이 주의하는 인권보장의 의미가 정확히 무엇인지, 그 가치를 위해 두 기관이 각각 어떻게 노력하고 있는지는 그렇게 분명하게 알려져 있지 않다.

10 수사 일선으로부터 '인권을 보장해야 하기 때문에 피의자를 체포할 때에 극히 조심스럽다'라고 하거나 '권리보장이 중요하기에 압수가 지연된다'는 식의 이야기를 자주 듣고 있다. '인권보장에 치중한 수사활동을 하느라' 범죄현장에서 용의자나 피의자를 효과적으로 제압하지 못하고 전전긍긍하는 모습을 보여주기도 하고, 술에 취해 난동을 부리거나 경찰에게 폭력을 행사하는 현행범을 달래다가 오히려 경찰이 부상을 입는 사건이 알려지기도 한다.

11 이러한 모습이 피의자·피고인의 인권보장과 아무런 관련이 없음을 위 범죄자 인권에 대한 설명[31/12]에서 분명히 알 수 있다. 절차를 담당하는 경찰과 검사가 주의해야 하는 피의자·피고인의 권리란 헌법과 형사소송법에 명시되어 있는 권리목록이며, 범죄자의 인권보장이란 그와 같은 권리를 침해하지 않는 것이다. 예를 들어 긴급체포를 할 때 체포이유와 변호인을 선임할 수 있음을 알리고 변명할 기회를 주어야 한다(형사소송법 제200조의5). 그리고 그를 신문할 때에는 진술거부권을 진지하게 알려주어야 하고 수사와 공판과정 내내 무죄인 사람으로 추정하여 방어권을 행사할 수 있도록 해야 하는 것이 바로 권리보장의 내용이다. 그렇지만 긴급체포 그 자체는 효과적으로 신속하게 진행해야 한다. 범죄를 더 저지를 우려가 있는 현행범 또는 준현행범은 현장에서 확실하게 제압하여 추가적인 범죄위험을 없애야 한다. 피수사자와 제3자인 시민이 이러한 효과적인 수사활동을 감내하는 것은 국가에게 권력을 양도한 시민으로서 사회계약을 이행하는 것이자 국가형벌권행사에 대한 당연한 의무이다.

12 '인권보장'과 '공권력존중'은 완전히 다른 차원의 문제이다. 경찰이 공권력을 확실히 행사하지 않고 범법자들의 눈치를 보는 것이 인권보장이 아니듯, 시민들이 경찰을 업신여기고 그 활동에 대해 비아냥거리는 것이 절차상 권리를 행사하는 것은 아니다. 두 요청이 혼동되는 상황에서는 수사의 효율성도 떨어질 뿐만 아니라, 수사과정 가운데 피의자·피고인의 기본권도 확실히 보장되지 않는다. 우범지대 현장에서는 경찰관이 쩔쩔매고 다른 한쪽에서는 단순한 용의자에 불과한 사람이 대중 앞에서 얼굴을 공개당하는 모습이 있다. 양자를 확실히 구별하지 못

해 공권력행사를 주저하는 것은 과거 군사정권시절에 경찰이 근거 없이 시민들을 거리에서 붙잡아가던 때의 반성에서 비롯된 것으로 보인다. 그러나 지금 우리나라 시민사회는 이 둘을 명확히 구별할 수 있는 정도의 식견은 있다.

제 4 절 현대사회와 범죄

[34] 일반인의 범죄인식

1. 범죄의 증가?

범죄는 날이 갈수록 늘어가고 있으며 더욱 흉포화·조직화되어 누구도 안심 1
할 수 있는 상황이 아니라는 인식이 확산되어 있다. 인터넷매체와 TV를 비롯한
모든 매스컴은 강력범죄사건을 상세하게 보도하면서 우리 사회의 치안상태가 매
우 우려할 만한 수준이라는 점을 반복하여 강조한다. 이러한 보도를 접하는 시민
들은 불안감을 느끼지 않을 수 없다. 이 상황에서 범죄를 저지른 것으로 보이는 사
람이 발견되면 법관이 된 듯한 심정으로 신속하게 중형의 낙인을 찍고 싶어하는
것도 당연하다. 그러나 범죄현상에 대해 그렇게 걱정하기에 앞서, 우선 범죄가 그
렇게 증가하고 있는 것은 맞는지부터 알아볼 필요가 있다. 그리고 우리사회 범죄
문제가 모든 사람들이 염려할 정도로 심각한 수준인지도 함께 생각해보고자 한다.

가장 간단한 방법으로, 범죄백서나 사법연감 또는 경찰범죄통계에 발표된 수 2
치를 살펴보자. 우리나라 범죄집계가 시작된 1965년에 전체범죄는 443,411건 발
생하였다고 한다. 이후 1989년 처음으로 백 만건을 넘어섰으며, 2003년에 처음으
로 2백 만건을 넘겼고, 2008년에 2,189,452건으로 최대치를 찍었다. 그런데 그 이
후에는 전체범죄 건수가 점차 줄어드는 것이 관찰된다. 2017년에는 1,824,876건
을 기록하여 다시 2백 만건 아래로 내려왔고, 2020년에는 1,587,866건이 발생한
것으로 조사되었다. 범죄로 집계되는 항목이 과거와 다를 수 있으니[1] 단순하게

1) 1970년대 통계상 주요범죄에는 병역법, 부정수표단속법, 향군법 위반 등이 포함되어 있다.

살인사건(미수포함)을 비교해보자면, 1965년 679건이었던 것이 2001년 1,064건이 되었고, 2009년 1,390건으로 최고치를 기록한 이후에 점차 줄어들어 십 여 년 후인 2020년에는 절반수준인 724건(기수는 341건)이 발생한 것으로 집계되었다. 강도범죄는 이러한 추세가 더욱 뚜렷하여 2009년 6,368건으로 가장 많이 발생하였으나 2016년 1,149건으로 대폭 줄었고 2020년에는 663건으로 십 여 년 만에 거의 1/10로 발생건수가 줄어들었다.[1]

▮강도범죄 발생 및 검거건수 추이▮(2016~2020년, 단위: 건)

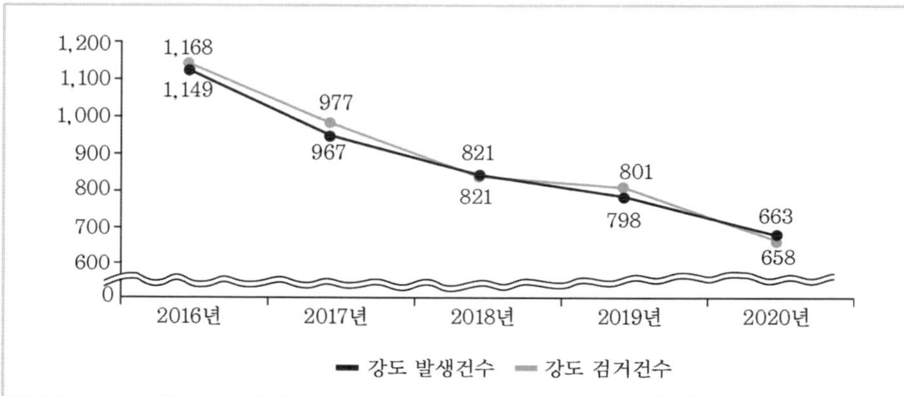

2-1 이러한 통계수치를 볼 때는 인구변동을 아울러 염두에 두어야 한다. 통계가 시작된 1965년 우리나라 전체 인구는 약 2천8백 만 명으로, 지금의 절반 수준에 그친다. 2000년대 초반까지 범죄가 크게 증가한 것을 볼 때, 그동안 그만큼 인구가 크게 늘었다는 사실을 함께 고려하지 않으면 안 된다. 인구수가 안정화된 이후에는 오히려 발생한 범죄건수가 줄어들고 있는 것이 관찰된다. 물론 숨은 범죄의 비율이 높기 때문에 이와 같은 통계가 정확한 발생범죄수를 그대로 보여주는 것은 아니지만 범죄가 집계된 수치만 따진다면 최근에는 범죄가 감소세에 있는 것은 분명해보인다. 이는 우리나라만의 추세가 아니다. 최근 미국에서도 범죄가 줄어들고 있어서, 1990년에 범죄발생은 1,450만건에 가까웠으나 2019년에는 810만건으로 뚝 떨어졌다. 일본은 2010년 1,586,189건으로 조사되었지만 2019년에는

1) 이상의 내용은 법무연수원 홈페이지, 연수원발간자료 중 '범죄백서' 및 경찰청 홈페이지 '경찰범죄통계' 참조.

그 절반인 748,559건이 발생한 것으로 조사되어 있다.[1] 그리고 이러한 감소추세는 Covid-19 바이러스 팬데믹 이후에 더욱 뚜렷해질 것이다.[2]

[중범죄를 겪을 가능성] 범죄가 주변에서 매우 많이 발생하고 있다는 느낌을 갖는 것도 통계적으로 보면 다시 생각해볼 여지가 있다. 우리나라에서 2019년 강력범죄(살인·강도·강간·폭행)가 25,765건 발생하였다. 이 상황을 극적으로 구성하기 위해 시간비로 계산해보면, 1일에 70건, 1시간에 약 3건의 강력범죄가 발생한 것이다. "한 시간에 강력범죄 세 건!" 이렇게 타이틀을 뽑아 보도한다면 시민들은 강력범죄가 매우 자주 일어나는 것처럼 느끼게 된다. 통계에 잡히지 않는 범죄까지 감안하면, 이 결과는 시민들이 두려움을 갖기에 충분해 보인다. 그러나 이 계산에는 우리나라 국민이 5천만 명이 넘는다는 사실을 감안해야 한다. 발생건수를 5천만으로 나누면 한 사람이 한 해 동안 강력범죄 피해자가 될 수 있는 확률은 약 0.051%이다. 우리나라 국민 한 사람이 강력범죄의 피해자가 되기 위해서는 거의 1,900년을 기다려야 한다는 뜻이다.[3] 3

2. 범죄에 대한 공포

(1) 일반인의 범죄인식

범죄로부터 안전하게 살고자 하는 사람들의 욕구에는 끝이 없다. 아무리 안전장치와 범죄예방을 위한 조치가 잘 갖추어져 있더라도 더욱 강화되길 원한다. 이는 본능으로부터 비롯된 자연스러운 감정이다. 그러므로 여기서 범죄 공포를 객관적으로 따져보는 의도가 결코 '범죄로부터 안전한 사회이니 각자 너무 걱정하지 말라'는 말을 하려는 것은 아니다. 우리 주변에서 실제로 크고 작은 범죄위험이 언제나 도사리고 있기 때문에 각자 위험을 인식하고 조심하는 것은 당연하며, 범죄에 대한 주의는 아무리 강조해도 이상한 일이 아니다. 범죄를 일삼는 사람마저도 스스로는 다른 범죄를 경계하면서 지낼지 모르겠다. 4

각자 범죄를 걱정하는 것은 매우 자연스러운 일이지만, 사회 안에서 범죄에 대한 공포가 합리적인 경로로 확산되는 것인지는 따져볼 필요가 있다. 즉 1) 알려진 범죄수준이 실제로 발생하고 있는 것보다 훨씬 더 과장되어 있는 것은 아닌지, 5

1) 위의 범죄백서 참조.

2) 연구결과에 따르면 코로나 감염증과의 유관성이 뚜렷하지 않으나, 거의 모든 범죄가 감소한 것으로 조사된다. 이에 대해서는 박형민 외, 코로나19 대유행 이후 범죄 양상의 변화, 13면 이하; "별일 다 하는 코로나19, 세계 도시 범죄율 37% 줄였다", 한겨레신문, 2021.6.2.

3) 물론 숨은 범죄와 사소한 범죄를 포함하면 이보다 더 늘어날 것은 분명하다. 다만 범죄에 대한 공포가 실제로 일어나는 범죄건수에 비할 때 과장되었다는 것을 보여주기 위한 것이다. 독일의 같은 예시는 Albrecht, Das Strafrecht im Zugriff populistischer Politik, 268면.

2) 어떤 경로로 범죄의 공포가 전달되는지 그리고 그렇게 전달하는 데 의도가 있는 것은 아닌지, 3) 그리고 궁극적으로 범죄에 대한 과도한 공포심이 우리 삶 곳곳에 미칠 부정적인 영향은 없는지 등에 대한 진지한 논의가 필요하다.

(2) 매스미디어의 역할

6 대부분의 사람들은 공식통계로부터 범죄를 접하지 않는다. 범죄를 직·간접적으로 체험하는 경우도 많지 않을 것이다. 대체로 방송, 신문, 인터넷언론, 인터넷커뮤니티 등 넓은 의미의 매스미디어를 통해 범죄를 인식한다. 미디어가 범죄사건을 본격적으로 취급하기 시작한 것은 특히 1830년대 미국의 염가신문 발간과 더불어 판매부수에 경쟁이 붙게 되면서부터라고 한다.[1] 언론이 범죄사건을 자주 다루게 된 데에는 그만한 이유가 있다. 언론사 역시 이윤을 추구하는 기업이므로 매출을 늘리고 광고를 유치하는 데 유리하게 매체를 만드는 것을 목적으로 한다. 독자나 시청자의 관심을 끄는 소재가 필요하게 마련이다. 이때 범죄사건은 많은 사람에게 주목을 끌 수 있는 가장 뚜렷한 대상이다. 일반인들이 쉽게 이해할 수 있을 뿐만 아니라 자신들과 가까운 거리에서 일어나는 문제로 생각하기 때문에, 인터넷매체에서도 범죄사건에 대한 '클릭수'는 언제나 최상위권을 차지한다.

7 매스미디어가 범죄에 대해 보도하는 것 자체가 문제는 아니다. 그렇지만 그 내용이 범죄의 객관적인 상황과 차이가 있다면 불합리한 정책을 야기하는 원인이 될 수도 있다. 미디어가 다루는 범죄는 다음과 같은 특징을 갖는다.

8 1) 매스미디어에 보도되는 범죄는 특정한 종류에 국한된다. 주로 전통적인 폭력범죄, 즉 살인이나 상해·폭행, 절도·강도, 강간 등의 성범죄가 대표적이다. 실제로 이와 같은 범죄가 차지하는 비중은 3% 정도에 그치지만, 언론에 노출되는 비중은 절반이 훨씬 넘는다. 반면에 사기, 배임·횡령, 탈세를 비롯한 재산범죄나 경제범죄, 위증·무고 등 국가기관을 상대로 저질러지는 범죄 또는 이른바 화이트칼라범죄는 그 발생빈도나 피해정도에 비해 언론에서 취급되는 비중은 낮다. 많은 사람들의 관심을 끌기 어렵기 때문이다.[2]

9 2) 범죄사건이 실제사안과 달리 극적으로 과장되어 드러나는 경우도 있다. 특히 이는 살인죄나 성범죄 등 강력한 폭력범죄에서 더욱 그렇다. 사안을 사실적

1) Munro, Image of Crime and Criminals, 30면 이하.

2) 미국의 범죄다큐멘터리에서 화이트칼라범죄가 소개되는 경우는 거의 없는 반면, 살인(미수) 사건을 다루는 비중은 65%를 상회한다고 한다(Soulliere, Prime-Time Criminal Justice, 50면 이하, 64면 이하).

으로 묘사할 뿐만 아니라 드라마처럼 꾸미기도 한다.[1]

3) 피해상황을 비중 있게 보도한다. 피해자나 가족, 지인의 상황과 처지를 구 10
체적으로 소개함으로써 그들이 받은 충격을 간접적으로 체험하게 만든다. 그 방식은 행위자와 피해자로 이루어진 범죄구조를 한편의 시각에서만 바라보게 함으로써 일반인들로 하여금 객관적 판단을 어렵게 만들기도 한다.[2] 그렇다고 해서 미디어가 피해자의 권리보호 자체에 관심이 있는 것은 아니기 때문에, 정보의 과도한 노출이 2차 피해를 야기하는 경우도 많이 있다.[3]

4) 형사절차의 일부분만을 강조한다. 매스미디어의 범죄보도는 수사의 여러 11
과정과 공판과정에 대한 내용을 생략하고, 사안에 대한 소개 이후 바로 처벌되는 상황을 전달한다. 많은 사람들은 사안과 그에 대한 혐의자가 노출되면, 곧 그 사람이 범죄행위를 실제로 저지른 자로서 처벌을 받게 될 사람으로 인식할 것이다.[4] 아직 형사절차가 개시되지 않은 범죄사건에 대한 보도는 자세히 하면서도 이후 절차과정은 알리지 않으며, 심지어 피고인이 결국 무죄판결을 받는다고 해도 이를 끝까지 보도하는 경우는 드물다.

5) 대중매체는 법원칙과 법률내용을 거의 다루지 않는다. 추상적 법원리나 12
판례 등에 대한 상세한 보도가 이루어지기는 사실상 어렵다. 그렇지만 매우 단순한 법규정마저 간과하는 때도 많다. 법적 안정성과 관련하여 이야기했듯이[4/8], 법원이 간단한 법률규정에 따라 재판을 한 것이더라도 모든 사람들의 공감을 얻기는 어렵다. 그 가운데 특히 일상적인 납득이 쉽지 않으면서 자극적인 실무상황을 부정적 감정을 실어 보도하면 많은 대중의 공감을 받을 수 있다. 형사사법기관을 꾸짖는 많은 댓글이 이어지는 것도 당연하다. 기사에 동조하는 사람들에게는 잘못이 없다. 법원칙과 법률내용을 다루는 매체는 없기 때문이다. 그러나 과거 피해자들의 끔찍한 상황을 일일이 상기시킨 후 '이런 짓을 저지른 범죄자, 어느새 형기를 마치고 곧 석방!' 식의 자극적인 보도기사를 만드는 사람들의 잘못은 크다. '형기를 더 늘려라', '이제라도 극형에 처해라' 등의 많은 댓글을 읽으며 조금의 가책도 없이 뿌듯해 하는 것은 더 큰 잘못이다.

1) 문제제기는 Abele/Stein, Alltagswissen, öffentliche Meinung über Kriminalität und soziale Kontrolle, 161면.
2) Munro, 앞의 책, 209면 이하.
3) 이근우, 우리나라 범죄보도의 문제점, 139면 이하.
4) Knauer, Bestrafung durch die Medien, 342면.

12-1 [나아져가는 사회] 특히 최근에는 사람들의 주의를 끌 수만 있다면, '상대적으로 사소한' 사건까지도 언론에 자세히 보도된다고 느낄 것이다. 연예인을 지나치게 따라다니는 팬의 행태나, 복권에 당첨된 사람이 함부로 돈을 쓴 내역, 대학 커뮤니티에서의 갈등[1] 등도 미디어에 오르내린다. 보도기사와 개인블로그가 혼동될 정도이다. 그런데 언론사를 탓할 것만은 아니다. 이렇게 변하고 있는 원인을 정확히 말하면, 실제로 발생하는 사회문제가 예전에 비해 심각하지 않기 때문이다. 과거에 비할 때 언론에 보도될 만한 사건 자체가 많이 줄어들어 사회면을 채우기가 어렵게 되었다. 살인, 강도, 강간 등만 매체에 올리기에는 드러난 사안이 부족하기에, 자극적인 소재라면 경중을 가리지 않고 알리는 시대가 된 것이다. '과거가 좋았다'고 넋두리하는 일부 사람들은, 그들이 그렇게 선망하는 1980년대에 조직폭력배들이 서로에게 칼질을 하여 여러 명이 한꺼번에 죽었다거나, 가족들이 보는 앞에서 어머니나 딸을 성폭행한 이른바 '가정파괴'사건, 여성들이 대낮에 승합차에 납치되어 성매매업소에 넘겨진 일을 보도한 뉴스가 달마다 이어지던 것을 잊어버린 모양이다. 그때는 흠모하는 여자와 결혼하기 위해 감금하고 강간하는 일, 교사가 학생을 무자비하게 때려 고막이 파열되는 사건 등은 신문에 나올만한 범죄로 여겨지지도 않았다. 범죄만이 아니다. 중대한 사건 자체가 그때에 비해 줄어들었다. '멀쩡한 나라'인 영국과 아르헨티나 사이에 발발한 포클랜드 전쟁이 1982년의 일임에 대조해본다면, 21세기에는 '유사국가'의 도발과 진압, 반테러 작전 등 이외에 전쟁이라 불릴만한 것이 일어나지 않는다. 그럼에도, 사람들은 흔히 '상황이 나빠지고 있다'고 생각하는 습성이 있다. 현재를 부정적으로 여기고 싶어하는 '부정 본능'과, 불안하게 만드는 요소에 쉽게 지배당하는 '공포 본능'을 그 원인으로 설명하기도 한다.[2]

(3) 정치의 역할

13 매스미디어를 제외하면 범죄대책과 관련되는 많은 관련자(경찰, 검찰, 법원, 교정시설, 법무부, 통계청, 국회, 각종 연구단체 등) 가운데 범죄에 대한 입법과 시민들의 범죄인식에 가장 직접적으로 영향을 미치는 주체는 정치인들이다. 강한 법정형을 규정한 특별형법들이 국회의원의 법안과 형식적 공청회 등을 거쳐 순식간에 입법되는 경우는 놀라울 정도로 흔하다. 정책을 담당하는 자로서 객관적인 사실을 바탕으로 반드시 필요한 곳에 가용자원을 쓰도록 해야 하지만 현실은 그렇지가 않다. 정치인으로서는 대중들의 신뢰(투표)를 통해 자신이 정계에 살아남을 수 있는지가 결정된다. 시민들이 안전하게 살고 싶어하는 욕구를 이용하지 않을

---

1) "왜 세종 학생이 서울캠퍼스 총학 활동 하나..." 고대 '세종캠' 학우에 도넘은 '사이버 폭력', 한겨레신문 2021년 5월 19일자 12면(사회).

2) Rosling, 팩트풀니스, 71면 이하, 143면 이하.

수 없다.[1] 더 강력한 처벌을 통해 안전하게 지낼 수 있도록 만들겠다는 약속은 그의 정치생명을 연장시키는 데 도움을 줄 것이다. 일반시민들이 느끼는 범죄공포가 클수록 범죄를 정치적 의도로 이용하는 효과는 높아질 것이므로, 정치인들은 범죄공포를 필요 이상으로 부추기는 데 거리낌이 없다. 범죄문제에 대한 정치인의 이러한 태도에는 좌우대립, 여야대립이 없다. 어느 정치인이 요즘 같은 때 '범죄자의 인권'을 입에 담아 대중에게 외면받는 길을 택하겠는가.

(4) 공포에 따른 반응

범죄에 대한 과장된 인식을 조장하는 것은 한편으로 범죄방지비용을 시민에게 떠넘기는 결과로 이어진다. 범죄의 공포 앞에서 시민들은 이제 자신의 안전을 각자 지켜야 한다는 의식을 갖게 된다. 밤늦게 외출하거나 유흥지대를 다니는 것을 삼가고, 낯선 사람을 극히 경계하도록 가르치며 배운다. 개인이 CCTV, 블랙박스를 설치하는 것은 물론 가스총이나 전기충격기를 마련하기도 한다. 사설경호·안전사업이 이처럼 발달한 것도 최근의 일이다. 심지어 자신의 안전을 자기가 지켜야 하므로 미국처럼 개인의 총기휴대를 허용해야 한다는 철없는 여론마저 생기고 있다. 범죄예방과 관련된 사적 비용의 규모는 이로 인한 정부의 비용절감에 비할 바가 아니다.[2] 14

사회계약설에서 확인한 이래 유지되어 온, '국가는 시민의 안전을 보호해야 한다'는 원리가 지금 시대에는 '각자 스스로 안전을 도모하라'는 요청으로 바뀌고 있다. 범죄에 대한 지나친 공포가 확산되어 시민들 사이에 믿음과 사랑보다는 불신과 경계, 증오가 자리하게 되는 상황, 그리고 어려서 그것부터 배우기 시작한 세대들이 장차 어떤 인성을 갖게 될지의 문제까지 여기서 길게 언급할 수는 없다. 적어도 낙관적인 상황이 아님은 분명하다. 15

3. 벌주는 사회에 관한 심리분석이론

위와 같이 형성된 범죄공포는 범죄자에 대한 극도의 분노와 증오로 이어진다. 그리고 그것은 비이성적 반응으로 바뀌어 객관적·합리적인 형사사법을 방해하기도 한다. 이 과정을 설명하는 다음과 같은 이론이 있다. 16

1) Singelnstein/Stolle, 안전사회, 52면 이하.
2) 양문승, 방범용 cctv의 통합형 표준가이드라인의 중요도 및 우선순위 분석에 관한 연구, 156면 이하 참조.

(1) '벌주는 사회'이론

17 '벌주는 사회에 대한 심리분석'(Psychoanalyse der strafenden Gesellschaft)은 사회구성원의 범죄자에 대한 처벌요구가 합리적인 근거에서 비롯되지 않고, 비이성적 심리에서 비롯된다는 점을 강조한다. 이에 따르면 모든 인간의 본성은 어느 정도 반사회성을 내재하고 있는데, 사회화과정 속에서 이러한 본능을 억압하는 법을 학습하게 된다. 이때 반사회적 본성을 억제하는 자신과 달리, 다른 사람이 범죄를 감행한 것을 관찰하면 잠재해 왔던 반사회성 에너지가 그 범죄자를 동조하는 방향으로 작용하는 것이 아니라, 반대로 그 범죄자를 처벌하는 쪽으로 향한다고 설명한다. 그와 같은 표출과정에서 범죄자를 비난하고 그에 따라 처벌이 이루어지면 그만큼 범죄를 억누르고 있던 심리적 불안감이 해소되면서, 각자 범죄에 대한 책임의식이 줄어들게 된다는 것이다.[1)]

(2) 속죄양이론

18 속죄양이론(Sündenbocktheorie)은 유사한 분석을 하면서도, 비난을 당하는 특정 대상에 주목한다. 사회구성원들이 그들의 문제, 불만족 그리고 분노를 해소하는데 적합한 대상을 규정하여 이를 속죄양으로 삼아 혐오감정을 표출하는 과정을 보여준다.[2)] 이 이론은 특히 사회 안에서 일탈행동을 보이거나 범죄를 저지른 사람과 같이, 자신에게 두려움을 끼칠 수 있는 대상을 지목하여 집중적 혐오를 보임으로써 심리적 안도감을 얻는다고 설명한다. 이러한 본능을 충족시키기 위해서는 범죄를 저지른 사람에 대한 비난이 필요하며, 그 결과 범죄자들은 일반인들에게 이제 하나의 '필요한 적'으로 생각된다.[3)]

19 이와 같은 분석모델이 공통으로 지적하는 것은, 많은 사람들이 범죄에 대한 과장된 공포를 갖게 되는 동시에, 범죄자로 지목된 사람이 무겁게 처벌될 때 심리적인 카타르시스를 경험한다는 것이다. 발생한 범죄를 관찰하면서 이미 처벌에 대한 강한 의지를 지니게 되어, 국가로 하여금 무거운 형벌을 동원하여 범죄에 대해 적극적인 투쟁을 하도록 만들고자 한다. 그리고 그것이 성사되면 범죄로부터 자유로운 안정감을 찾을 수 있을 것으로 기대한다는 것이다.[4)]

---

1) Neumann/Schroth, 형사정책의 새로운 이론, 149면 이하; Eisenberg, Kriminologie, 10/5 이하; Krauß, Schuld im Strafrecht, 12면.
2) Seubert, Zur symbolischen und politischen Funktion des Drogenkonsums, 105면 이하; Schwind, Kriminologie, 127면.
3) Seubert, 앞의 책, 106면, 120면 이하.
4) 체계적인 입증으로는 Windzio/Kleimann, Die kriminelle Gesellschaft als mediale Konstruktion?, 198면 이하;

(3) 엄벌주의 지향

형법이론에서 엄벌(Punitivität)개념 및 현대의 엄벌주의는 강력한 응보적 제재를 선호하는 한편, 형벌 이외의 수단을 사용하거나 화해를 시도하는 경향에 반대하는 움직임이다. 위에서 본 원칙에 대비한다면 형법의 탈정형화(Entformalisierung)에 해당한다. 구체적으로는 기존 범죄유형에 대해 더 무거운 형벌을 부과해야 한다는 주장을 비롯하여, 종래 형법이 투입되지 않았던 광범위한 일상영역에 형법이 개입해야 한다는 생각의 배경을 이룬다. 20

엄벌주의는 형법투입에 대한 일반시민의 심리적 반응으로부터 정당화된다. 미드(H. Mead)에 따르면 일탈한 개인에 대한 적대적 반작용은 본능에서 생겨난 것이 아니라 사회생활조직에서 나온다고 한다. 현대사회의 심사숙고하는 문명인들은 자신의 적대자를 신체적으로 괴롭히고자 하는 비문명적인 충동을 갖기보다는, 단순한 불안감으로부터 어떤 공격적인 도발에 대응하여 권력이 투입되도록 요청하는 마음이 생긴다는 것이다. 응보본능만이 형벌의 정당화를 위한 개념이라고 하면 응보가 이루어지지 못하는 상황에서도 처벌이 사라지지 않는 이유를 설명할 수 없다고 한다. 사회구성원의 심리는 실질적인 응보나 예방효과로 설명되지 않는, 국가의 엄벌적 반작용에 대한 사회적으로 할당된 몫으로 남아 있다고 한다.[1] 21

현대에서 이러한 경향은 더욱 커지고 있다. 특히 지금 우리나라 형사사법이 범죄자의 권리만을 강조한 나머지 솜방망이처벌[Kuscheljustiz]로 일관하고 있다고 생각하는 사람들이 많다. 이제 과학기술장비를 갖추고 능률적인 조직까지 정비되었으니 과거에 비해 더 강력한 범죄투쟁에 나설 것을 원한다. 기존 형법의 역할에 대해 의문을 제기하는 형법학자도 늘고 있다. 야콥스(G. Jakobs)는 특히 테러리스트나 조직적인 범죄자에 대응하는 수단으로서 적대형법(Feindstrafrecht)을 구상한다. 이러한 범죄인들은 사회의 존립 자체에 문제를 일으키기 때문에, 법치국가 안에서 같이 활동하는 동료시민으로서가 아니라 외부자인 사회의 적으로 간주하여 사회로부터 배제시켜야 한다는 것이다.[2] 이러한 상황에서 자유주의 형법원칙들의 지위는 날로 약화될 수 밖에 없다. 22

Hassemer, Strafrecht im Wandel, 85면; Hirtenlehner, Kriminalitätsangst, 14면 이하.

1) Mead, The Psychology of Punitive Justice, 258면, 김일수, 전환기의 형사정책, 31면에서 인용.

2) 이러한 경향에 대해서는 김일수, 전환기의 형사정책, 33면 이하, 94면 이하.

[35] 형법정책의 현재와 미래

1. 최초의 수단으로서 형법

1 형법은 다른 규범의 뒤에 놓인 최후수단으로 사용되어야 한다[31/5]. 즉 형법에 앞서 다른 규범, 다른 법에 의한 해결가능성을 먼저 강구해야 한다. 그러나 그것 역시 많은 비용이 든다. 사회구성원들의 인식을 전환하는 방식으로 사회규범을 새롭게 형성하는 것은 언제나 번거롭다. 불법행위를 당한 사람이 형법 아닌 다른 법규범으로 해결하려 한다면 증명수단도 마련해야 하고 변호인에게 의뢰하는 등 비용이 많이 든다. 반면에 형사사건으로 처리하려고 하면 수사기관에 고소·고발만 하면 되기 때문에 형법 수단이 더 선호되기도 한다. 게다가 형벌만큼 강력한 통제력을 가진 수단이 없다는 점에서 더 확실한 결과를 기대하는 측면도 있다. 형법은 최후수단(ultima ratio)이 되어야 한다고 하였지만, 지금은 오히려 최초수단(prima ratio)이거나 경우에 따라 유일한 수단(sola ratio)으로 생각되고 있다.

2 입법기관과 사법기관도 각종 사회문제에 대해 형법적 수단으로 대응하는 것을 최우선 방식으로 이용한다. 실체형법을 이용하는 방법과 형사절차를 이용하는 방법이 있다. 전자는 주로 일정한 범죄행위에 대한 형량을 높이는 방식, 특별형법에 의해 새로운 범죄유형을 창설하거나 기존 형량을 높이는 것, 일정한 범죄구성요건을 완화하는 방법(추상적 위험범의 증가, 보편적 법익을 침해하는 행위의 범죄화) 등이 있다. 후자의 방법으로는 수사기관의 강제수사를 용이하게 하는 방식, 당사자의 방어권을 인정해주지 않은 절차흠결을 절차유지원칙이라는 미명 하에 간과하는 것, 간이화된 소송절차를 이용하는 방법 등을 들 수 있다.[1]

2. 특별법 입법과 법정형의 상향

(1) 특별법과 법정형

3 많은 사람들은 흔히 우리나라의 법정형이 지나치게 낮다는 생각을 갖고 있는 것으로 보인다. 그렇지만 우리 형법의 법정형 자체는 낮은 편이 아니며, 오히려 다른 나라에 비해 높은 경우도 많다. 더욱이 지난 2010년 형법을 일부 개정하여 이를 더욱 상향하였다. 이때 유기징역과 유기금고의 상한을 15년에서 30년 이하

1) 이러한 경향에 대해서는 박강우, 사회변화와 형사입법의 정당화조건, 3면 이하; 안나현, 중형주의적 형벌정책에 관한 비판적 연구, 307면 이하; 정승환, '안전사회'와 수사절차, 87면 이하.

로 높이고 공소시효기간을 연장하였으며, 형벌 가중시 상한도 25년에서 50년으로 높였다. 사형에 대한 감경을 10년 이상에서 20년 이상 50년 이하로, 무기징역과 무기금고의 경우도 7년 이상에서 10년 이상 50년 이하로 상향조정하였다. 그런데 높은 법정형은 형법규정보다 특별형법에 더 많다.[1)]

4 **[법정형의 몇 가지 예]** 다음에 소개할 규정의 법정형수준을 가늠하기 위해서, 우선 우리 형법상 '살인죄'가 사형, 무기 또는 5년 이상의 유기징역에 처해진다는 것(형법 제250조)을 염두에 두자. 1) **성폭력범죄의 처벌 등에 관한 특례법**에서 주거침입, 야간주거침입절도, 특수절도 또는 그 미수범이 강간이나 준강간, 준강제추행을 범하면 무기징역 또는 5년 이상의 징역에 처한다. 특수강도나 그 미수범이 이러한 성범죄를 저지르면 사형, 무기징역 또는 10년 이상의 징역에 처한다(제3조). 위험한 물건을 지닌 채 또는 2명 이상이 합동하여 강간죄를 범하면 무기징역 또는 5년 이상의 징역에 처한다(제4조). 13세 미만의 여자에 대하여 강간죄를 범한 사람은 무기 또는 10년 이상의 징역에 처한다(제7조). 강간범 또는 그 미수범이 피해자를 살해한 때에는 사형 또는 무기징역에 처하고, 사망에 이르게 한 때에는 무기징역 또는 10년 이상의 징역에 처한다(제9조). 2) **아동·청소년의 성보호에 관한 법률**에서 폭행 또는 협박으로 아동·청소년을 강간한 사람은 5년 이상의 유기징역에 처한다. 3) **특정범죄 가중처벌 등에 관한 법률**에서 수뢰액이 1억 원 이상인 경우에는 무기 또는 10년 이상의 징역에 처한다(제2조). 13세 미만의 미성년자를 재물을 얻을 목적으로 약취·유인하면 무기 또는 5년 이상, 살해할 목적으로 약취·유인하면 사형, 무기, 7년 이상의 징역, 이 경우 미성년자를 살해하면 사형 또는 무기징역에 처한다(제5조의2). 운전자가 피해자를 사망에 이르게 하고 도주하거나, 도주 후에 피해자가 사망한 경우에는 사형, 무기 또는 5년 이상의 징역에 처한다(제5조의3). 포탈한 세액이 연간 10억 원 이상인 경우에는 무기 또는 5년 이상의 징역에 처한다(제8조).[2)]

5 발생한 중범죄를 강력하게 처벌하라는 여론이 비등할 때마다 하나씩 만들어진 특별형법은 개수를 파악하기 어려울 정도로 늘어났으며, 이미 있는 특별형법에 대해서 다시 만들어진, '특별형법의 특별형법'[屋上屋]도 많이 있다. '특별법우선의 원칙'에 따라 일반형법과 특별형법에 모두 해당하는 범죄는 특별형법에 따라서만 처벌되기에, 형법범죄보다 특별형법위반 범죄가 더 많아진 것도 오래된

1) 특별법 법정형의 문제는 정승환, 현행 형법에서 법정형의 정비방안, 5면 이하.
2) 독일의 예를 보면 1) 모살은 무기징역, 고살은 5년 이상의 징역, 2) 상해는 5년 이하의 징역, 3) 인질강도는 5년 이상의 징역, 4) 강도는 1년 이상의 징역, 5) 강간죄는 1년 이상, 강간치상은 5년 이상, 아동강간은 2년 이상의 징역이다. 두 나라 법정형의 비교에 대해서는 정승환, 앞의 논문, 10면 이하.

일이다.[1)]

(2) 높은 법정형의 이용

6 그런데 많은 시민들이 느끼는 것처럼 일부 범죄가 엄격한 처벌을 피해가고 있다는 것도 아주 잘못된 착시는 아니다. 왜냐하면 법정형은 위와 같이 한 없이 높아져 있지만, 실제로 그에 따른 처벌은 정형적으로 이루어지지 않는 경우가 많기 때문이다. 일종의 상징입법으로 특별법을 만들어 법정형이 매우 높아졌지만, 형사사법에 참여하는 법률가들은 그 법정형이 그대로 적용될 것으로 생각하지는 않는다. 이때 높은 법정형은, 1) 수사과정에서 '원래 법정형이 높은 범죄이지만 경한 범죄로 기소할 수 있다'고 말하여 타협하는 등 피의자에게 수사협조를 하게 하는 수단으로 이용된다. 2) 원래 사안보다 법정형이 낮은 다른 공소사실로 기소하게 함으로써 검사의 소추재량권을 일탈하게 만든다. 3) 구형된 것에 비할 때 법원 선고의 재량범위가 넓어 시혜적 재판이 이루어지게 한다. 4) 그에 기여한 변호인이 형사소송에서 이긴 것처럼 비쳐지게 만들기도 한다. 즉 높은 법정형은 형사사법에 참여하는 모든 전문가집단이 재량을 발휘하고 성과를 드러내는 데 결코 불리한 조건이 아니다. 절차 안에 있는 사람 가운데 피고인과 피해자만 이를 모르고 있을 뿐이다.

(3) 법정형의 불균형

7 특별형법의 높은 법정형을 의식한 행위자가 법정형 자체는 더 낮지만 실제로는 가장 무거운 살인죄를 저지를 수도 있다. 예를 들어 야간주거침입강도를 저지르려다 실패한 사람이 협박을 하여 피해자를 추행하면 10년 이상의 징역에 해당하지만, 피해자를 살해하면 보통형법에 따라 5년 이상의 징역에 처해질 수도 있기 때문에, 이를 계산해서 장차 증인이 될 수도 있는 피해자를 차라리 살해하고자 하는 마음을 갖게 만들 수도 있다.

8 이와 같이 살인죄와 대비하여 특별형법의 형벌불균형을 논할 때, '살인죄의 법정형의 하한이 5년 이상의 징역'으로 특별형법의 범죄들보다 낮게 규정되어 있는 것이 오히려 문제라고 반론하고 싶을지도 모른다. 그러나 살인처럼 그 행위상황이 매우 다양한 범죄유형의 형벌 하한선을 높이는 데에는 큰 부담이 따른다. 여러 사

---

1) 10년 동안 전체범죄는 대체로 비슷한 수준을 유지하는 추세인데 형법범죄는 느리게 증가 중이고 특별법범죄는 느리게 감소하는 경향을 보이고 있다. 특별법범죄 중에서 가장 높은 비중을 차지하는 도로교통법위반 범죄가 감소하는 것과 맞물리는 것으로 보인다(범죄백서 2020, 12면 이하).

람을 잔학하게 살해한 사람도 살인자이지만, 의붓아버지의 끊임없는 강간을 도저히 견디다 못해 잠들어 있던 그를 칼로 찔러 숨지게 만든 대학생[1]도 살인자이기 때문이다.

3. 즉흥적인 정책

특별형법을 제정하고 법정형을 상향하는 등의 방식은 효과가 없는 상징입법 9
에 그치는 경우가 대부분이다. 예외적으로 효과가 잠시 있을 수는 있으나 그것은 일시적인 현상에 그친다. 사회 안에서 범죄현상은 유감스럽기는 하지만 없앨 수가 없는 병리현상으로서 그 발생정도도 지속적으로 유지되고 있다. 특정 범죄가 일시적으로 줄어든다고 해서 지속적으로 감소할 것으로 기대할 수 없으며, 한 순간 없어지는 것처럼 보여도 범죄 없는 사회가 되기는 어렵다.

범죄에 대한 혐오와 그로부터 범죄와 전쟁을 벌이는 전략은 오히려 이후의 10
범죄를 더욱 증가시키는 부작용으로 이어진다. 일시적인 전쟁은 단기간의 과도한 자원의 투입을 수단으로 하기에 오래 지속될 수 없는 태생적 한계가 있다. 1990년대 초 이른바 '범죄와의 전쟁' 정책이 진행되는 동안 범죄로 인한 이익조건(예: 범죄집단에 상납을 하지 않은 유흥업소)이 그대로 방치되어왔기 때문에, 전쟁기간이 끝난 이후의 사회가 '범죄자들의 황금시장'이 되었던 사실을 우리 사회는 알고 있다. 이른바 '4대악(성폭력, 학교폭력, 가정폭력, 불량식품) 척결'을 전면에 내세운 정책 때문에 다른 범죄 증가에 효과적으로 대응할 수 없었던 것도 먼 과거의 일이 아니다.[2]

일반시민이 갖는 범죄에 대한 적개심에는 충분한 이유가 있다. 그러나 형사 11
정책을 담당하는 사람이나 형사사법기관에 속한 전문가집단은 분명히 다르게 반응해야 한다. 국가라는 조직을 이루어 살아가고 있는 우리들에게 범죄는 일종의 '허용된 위험'(erlaubtes Risiko)이다. 국가기관이 범죄를 절멸시켜야 할 대상으로 여기고 적대적 형사정책을 펴는 것은 합리적 방식이 될 수 없다. 사회의 범죄는 마치 신체의 질병과 같다. 의사가 질병을 증오하면서 치료할 수 없는 것처럼 형사사법기관이 범죄를 증오와 투쟁의 대상으로 삼아서는 합리적 대책을 고안해낼 수 없다.

---

1) 대판 1992.12.22. 92도2540.
2) 이러한 '범죄 전이' 효과에 대해서는 Siegel, 범죄학, 120면.

4. 새로운 형법정책의 이론들

12 '형법은 형사정책이 뛰어넘을 수 없는 한계'라는 **리스트**의 말은 이제 다르게 쓰이고 있다. 범죄에 대한 강력한 대책을 요구하는 목소리가 높기 때문에, 형사정책이 넘어설 수 없는 마지막 보루여야 할 형법(원칙)도 그에 발맞추어 변화해야 할 대상으로 여겨지고 있다.1)

(1) 기능주의적 형벌이론

13 최근의 기능주의이론에 따르면 범죄적인 행위는 체계 그 자체에 위협이 되므로 가장 강력한 수단인 형벌로 방지해야 한다고 본다. 형벌의 대상은 행위의 사회유해성이며 형법법익을 침해하는 데 국한될 수 없기 때문이라는 것이다.2) **루만**(N. Luhmann)의 이론3)으로부터 영향을 받은 **야콥스**(G. Jakobs)는 처벌을 받아야 할 요소는 법익이나 권리 등 법체계 밖의 어떤 대상에 침해를 가하는 것이 아니라 오직 행위자가 '규범을 부인한 것' 자체라고 한다.4)

14 그러나 이러한 생각은 사회가 법적 보호를 받고 있는 현재 상태가 곧 보호해야 할 대상이 된다는 순환론이다. 뿐만 아니라 개별 형법규범에 대해 비판적 판단이 필요할 때 의미 있는 기준을 제시하기 어렵다.

(2) 법익 이외의 보호

15 현대사회에서 형법적으로 금지되는 문제들은 극히 다양해서 포괄적인 하나의 법익개념을 통해 모든 문제를 통할하는 것이 불가능하다는 비판이 있다.5) 개인적 법익을 보호하고자 하는 과제와 더불어 '특정한 근본적 행위규범'의 보호까지도 형법이 떠맡아야 한다는 것이다. 결국 '전체적으로 의미 있고 삶에 가치가 있는 모든 질서를 보장'하는 데 형법의 새로운 과제가 있다고 한다.6) 법익보다는 사회구성원들이 규범 안에서 구축해 온 신뢰를 보호해야 한다고 보는 견해도 있다.7)

---

1) Neumann, Vom normativen zum funktionalen Strafrechtsverständnis, 58면. 시대적 배경에 대해서는 Naucke, 안전형법의 확고한 전통, 57면 이하; Seher, 원칙에 의한 형벌규범의 정당화 그리고 법익개념, 208면 이하.

2) 특히 Amelung, Rechtsgüterschutz und Schutz der Gesellschaft, 330면 이하 참고.

3) 특히 Luhmann, Rechtssoziologie, 40면 이하, 53면 이하.

4) Jakobs, AT, 2/22, 각주 40.

5) Stratenwerth, Zum Begriff des „Rechtsguts", 388면.

6) Stratenwerth, Zukunftssicherung mit den Mitteln des Strafrechts?, 692면 이하.

7) Hefendel, Der Begriff des Rechtsguts, 14면 이하.

그렇지만 어떤 점이 '의미 있고 삶에서 가치 있는' 것인지 합의하는 것은 어려워 보인다. 현대사회의 형법문제를 극복하려고 나선 이론이지만, 바로 지금이 현대사회이기 때문에 이러한 가치합의는 더욱 불가능하다. 예를 들어 개인의 사생활보호는 의미와 가치가 있다. 반면에 일부 사람들은 드론을 날려 두루 사진을 촬영하는 것을 이보다 더 가치 있는 수단으로 생각할 수도 있다. 세분화된 사회통제가 요구되는 때에 가치 있는 전체사회의 질서라는 표상은 이러한 작업에 기여할 수가 없다. 16

(3) 보편적 법익, 위험범의 확대

추상적 위험범과 보편적 법익의 형태는 현대사회에서 형법을 확대시키는 중요한 수단이 되고 있다. 전자는 아직 법익침해가 시작되기 전 그 추상적 가능성만으로 처벌되는 범죄유형이며, 후자는 생명, 신체, 재산 등과 같은 개별적이고 구체적인 이익이 아니라 보편화된 가치 자체를 법익으로 삼는 것을 말한다. '환경', '교통체계', '보험가입자의 신뢰', '군대의 기강' 같은 예들이 보편적 법익이다. 이러한 경향을 한 마디로 말하면, 형법이 더 이상 권리침해의 갈등상황을 기다리지 않고 '일반적인 위험 자체를 규제'하는 데 앞장선다는 것을 뜻한다[전단계범죄화].[1] 17

이러한 개념들은 법익침해가 아닌 것을 널리 형법대상으로 포함시키려는 경향을 반영하고 있다. 법익개념을 이용하는 것처럼 보이지만, 여기의 법익은 실정법에 대한 비판적 기능을 담당할 수 없고, 실제로는 현행법을 정당화하기 위해 설명하는 도구로 쓰일 뿐이다. 즉 법익개념 고유의 법비판적 역할을 약화시키고, 법익을 형법을 설명하고 서술하는 관념에 그치게 만든다. 18

5. 인격적 법익론의 가치

새로운 경향과 대비를 이루는 전통적 법익의 역할은 이른바 '인격적 법익론'을 통해 이어지고 있다. 이 견해는 모든 가벌성 판단의 기초가 개별적인 인간을 기준으로 엄격하게 이루어질 것을 강조하고, 그럼으로써 형법이 전통적인 핵심영역을 통제하는 데 제한되어야 하는 것으로 본다. 인격적 법익론이 보호하는 이익은 인간이 공동생활을 영위하기 위해 반드시 필요한 생명, 자유, 건강과 재산 등 구체적 대상에 엄격하게 국한된다. 여기서 형법은 개인의 구체적인 권리를 보호 19

1) Singelnstein/Stolle, 안전사회, 26면 이하.

하는 결과범 규정 및 중대하고 명백한 일부 구체적 위험범에 관한 규정들로 제한된다.[1] 보편적 법익은 개별인간의 법익으로 미분될 수 있는 것에 한하여 예외적으로 인정된다. 반면에 국가적·사회적 법익 가운데, 1) 개별 인간의 법익으로 구체화될 수 없는, 추상적 가치 그 자체만을 의미하거나, 2) 개별 인간의 법익으로 환원될 수 있는 연결고리가 약해서, 그것을 보호하고자 하여 처벌하는 경우 피고인의 더 중대한 권리가 침해받게 되는 때라면 그 대상은 형법에 의해 보호될 수 없다.[2]

20 현재 이러한 인격적 법익론은 지난 수십 년 동안 이루어진 엄청난 사회변화를 외면하면서, 오늘날 사회 문제에 '18세기 정신적 유물'을 가지고 대응하려 한다는 비판을 받기도 한다.[3] 그러나 형법이 궁극적으로 개별 인간의 구체적인 권리를 보호하는 데 머물러야 한다는 인격적 법익론의 주장을, 그와 같은 엄격한 법익개념을 통해서도 현대사회에서 형법이 능히 제 역할을 담당할 수 있다는 생각으로 오해해서는 안 된다. 현대사회의 특징적인 범죄에 대처하기 어려운 무능력을 이유로 인격적 법익론을 비판할 수도 없다. 오히려 형법이 그러한 역할을 과감하게 내려놓아야 한다는 데 인격적 법익론의 핵심내용이 있기 때문이다.[4] 형법은 사회통제의 한 부분영역에 지나지 않으므로 모든 범죄행위를 통제하려는 과욕을 부려서는 안 된다. 형법이 감당할 수 없는 영역이 있음을 명확히 하고 그러한 방향으로 형사정책을 끌어가는 데 인격적 법익론의 역할이 있다.

6. 법의 한계와 범죄

21 인격적 법익론의 사고에서 한 발 더 나아가, 형법뿐만 아니라 모든 법규범의 역할이 실제로는 그렇게 대단한 것이 아니며, 법제도를 통해 달성할 수 있는 목표도 극히 제한되어 있을 뿐이라는 사실을 추가하고자 한다. 법을 불신한다는 의미가 아니라 그 반대로 사회구성원, 그리고 우리가 형성해온 여러 다른 규범의 작용을 그보다 더 신뢰해야 한다는 뜻이다. 법을 통한 국가의 직접 통제가 없이도 사회 안의 자연스러운 질서가 유지·발전될 것을 믿고, 강제를 이용하여 간섭하기보다는 가능한 만큼 사회공동체 스스로 질서를 회복하도록 방해하지 않는 것이 범죄와 사회를 대하는 합리적인 태도이다.

---

1) Hassemer, Kennzeichen und Krisen des modernen Strafrechts, 383면.
2) Hassemer, Grundlinien einer personalen Rechtsgutslehre, 167면.
3) Stratenwerth, Zukunftssicherung mit den Mitteln des Strafrechts? 689면.
4) 법익의 과제를 비례성원칙의 실현으로부터 찾는 유사한 예는 전현욱, 법익론의 한계와 비례성 원칙, 42면 이하.

이것은 전근대사회 덕목을 반복하는 복고적인 제안이 아니다. 오히려 현대사회의 문명이 발달할수록 더 진지하게 이야기되어야 할 방법이다. 고정되어 발전이 더딘, 그리고 바로 그 특징을 장점으로 하는 기준인 법규범이 따라잡기에는 사회의 여러 문제들은 급속도로 그리고 다양한 영역으로 팽창해가고 있기 때문이다. 법 이외의 사회통제 방법을 이야기할 때, 굳이 동네 어르신들의 꾸지람을 예로 떠올릴 필요는 없다. 인터넷상에서 수많은 갈등과 분쟁상황들이 불거지고 있지만, 법의 개입 없이 대화에 참여하는 사람들의 평가와 질책, 뉘우침을 거쳐 정화되는 과정을 우리는 매일 경험하고 있다. 22

[도덕경] 노자에 따르면 모든 국가의 규범체계는 하나의 그물을 치는 것과 같고, 국가는 사람들에게 이 그물에 걸려들지 않도록 훈련한다는 것이다. 필연적으로 강제력을 동원하여 이 체계는 운영되고 관철된다. 그러나 국가가 행하는 이러한 인위적 강제는 문제를 궁극적으로 해결하지 못한다. 언제나 여러 문제가 존재할 수밖에 없는데, 이러한 강제는 문제를 없애는 것이 아니라 오히려 이 체계의 망을 더욱 촘촘하게 하는 것으로 움직여가게 만든다. 즉 새로운 문제가 생기면 국가는 더 세밀한 법을 만들어야 하고, 그에 따라 더 많은 문제가 등장할 뿐이다. 국가는 점점 더 많은 체계와 강제를 고안해내야 하는 악순환에 빠진다. 노자에 따르면 이러한 순환고리를 끊는 방법은, 사회의 여러 문제를 국가가 나서서 적극적으로 해결하려고 하지 않고 그대로 놓아두는 것이다. "사회에 많은 금지가 있을수록 백성은 더 가난해지고, 사람들이 더 알아가고 지혜로워질수록 더 많은 질서 파괴가 생긴다. 무기가 날카로워질수록 나라에는 소동이 일어나며, 법률이 정비될수록 도둑과 강도가 더 생기는 법이다."[1] 23

7. "마을에 교회 하나는 있어야지"

범죄와 형벌에 대해 지금까지 논증한 내용에 동의하지 못하는 사람들이 많을 것으로 생각한다. 당연한 일이다. 처음에 이야기했듯이 범죄는 사회문제 가운데 가장 가까이에서 직접적으로 관찰되면서도 그에 어떻게 대응해야 할 지 모두 직관적으로 판단하여 이야기할 수 있는 대상이다. 백인백색의 다른 생각이 가능한 대상에 대해, 이 책도 하나의 의견을 말하고 있을 뿐이다. 24

그렇지만 오해를 줄여야 할 의무는 있다. 단순히 범죄자 편에 서서 그를 봐 25

1) 노자, 도덕경, 제57장. 이러한 정책적인 방법은 얼핏 이상에 그치는 것처럼 보인다. 그러나 이러한 생각이 오늘날 실제로 현대 통제체계의 하나로 진지하게 받아들여지고 있다. 그것은 특히 형사정책에서 정책적인 방임절차(innenpolitischer Abrüstungsprozess)라는 이름으로 실험되고 있다. 그 결과 통제를 하지 않는 것이 위험을 증대시키는 것이 아니라 오히려 감소시키고 있음이 입증되고 있다(Dörner, Staatlicher Gewaltverzicht mindert Bürger-Gewalt, 242면 이하). 윤영철, 형사법의 지도이념으로서의 '사회적 관용', 411면 이하 참조.

주자는 것이라거나, 범죄문제가 사회 안에서 아무렇지도 않은 상황이라는 말, 또는 범죄와 일상행위, 범죄자와 준법자 사이에 실질적인 차이가 없다는 주장으로 읽힌다면, 그것은 이 책의 의도와 거리가 먼, '해석의 한계' 밖으로 나아간 이해라고 볼 수 있다. 이제껏 강조한 것은 범죄문제가 필요이상으로 과장되어 있으며, 그 결과 지나친 불신과 공포가 팽배해 있고, 그에 발맞추어 합리적 형사사법을 운영해야 할 국가기관마저 비이성적 범죄대책을 무분별하게 생산하고 있다는 분석이었다. 그리고 그로부터 결국 우리나라가 법치국가의 품격을 잃는 데 대한 우려를 말하였다.

26 '범죄에 대한 강력하고도 신속한 진압', '광범위한 범죄화와 적극적 범죄투쟁', '효과적 사회통합의 필요성', '개인권리에 앞서는 국가와 사회전체의 이익' 등을 필요없는 가치라고 보지는 않는다. 다만 이러한 내용은 각종 범죄사건을 대할 때 늘 충분히 강조되고 있다는 사실을 이야기할 필요는 있다. 형사사법에 종사하는 모든 이들이 추구하는 목표이자, 범죄를 접하는 많은 시민들이 쉽게 동감하는 내용이기도 하다.

27 반면에 그 반대편에 놓인, 앞서 중요하게 서술한 여러 규범원리들은 역사를 통해 인류가 수많은 저항을 감내하면서 힘겹게 지켜낸 가치목록이다. 그렇지만 접근하기 어렵고 이해하는 데 더 많은 시간과 노력이 필요하다. '범죄에 대한 감정은 가깝지만, 그것을 취급할 때 주의해야 할 원칙들은 멀다'. 그렇기에 누군가는 본성과 직관 반대편에 놓인 이러한 당위가 여전히 우리 사회에서 의미 있다는 사실을 지금도 계속 힘주어 이야기해야 한다. 급변하는 현대사회에서, 뒷전에 치워둬서는 안 될 매우 소중한 원리들이 있다는 사실은 여전히 강조되어야 한다. 균형이 필요한 여러 사고들 가운데 한쪽 가치를 완전히 잃어버리지 않게 하려는 노력은 앞으로 더 많은 이들의 동참을 필요로 한다. 지역이 개발되면서 공장지대와 상업지구 및 유흥업소로 채워지는 것은 불가피한 일인지도 모른다. 그렇더라도 마을에 교회 하나 정도는 남겨두어야 하지 않겠는가![1]

1) Arth. Kaufmann, Unzeitgemäße Betrachtungen zum Schuldgrundsatz im Strafrecht, 229면.

제 2 편

범죄원인론

제 1 장　범죄학총론

제 1 절　범죄학이란 무엇인가

[36]　범죄학의 개념과 연혁

1. 범죄학의 개념

범죄학(Kriminologie)은 범죄발생의 원인과 형사정책적 수단들의 실제 효과를 경험과학적으로 연구하는 분야이다. 범죄에 대한 실효성 있는 대책을 마련하기 위해 범죄발생 원인에 대한 실증적 탐구를 연구의 기초로 삼는다. 특히 범죄학을 좁은 의미로 사용할 때는 범죄원인을 밝히는 연구만을 뜻한다. 범죄대책에 대한 학문분과인 형법학, 형사정책학, 경찰학, 교정학 등과 대조되는 개념이다. 반면에 넓은 의미의 범죄학은 범죄원인론뿐만 아니라 법제정, 법위반, 법집행과정 전체에 대한 연구를 말한다. 미국에서 교과서로 쓰이는 '범죄학'교재들도 범죄에 대한 법과 정책을 아울러 취급하고 있는 것을 볼 수 있다. 그러나 비중은 다르다. 영미법계의 범죄학은 대부분 범죄생물학, 범죄심리학, 범죄사회학의 논의들로 구성되어 있는 데 반해, 대륙법계의 범죄학은 이와 같은 범죄원인론 못지않게 범죄처리의 규범적 원칙에 대한 논의에 많은 분량을 할애하고 있다. 1

2. 간략한 역사

1) 범죄원인을 밝히려는 노력은 고대에서부터 있었다. 그러나 계몽시대 이전까지는 미신과 악마에 대한 두려움이 지배하였으므로 사회적 규범과 종교 관행을 어기는 이들을 마녀이거나 악마의 조종을 당하는 사람, 마법을 부리는 사람으로 생각하기도 하였다. 형벌을 통해 신에게 복귀할 기회를 주어야 하기 때문에 마녀재판을 하기도 했고, 비과학적 방법을 이용하여 우연에 의하여 결과를 가리 2

는 신판神判[1])을 통해 처벌하기도 하였다. 1580년대 프랑스 로렌의 종교재판소 소장이었던 **레미**(N. Remy)는 900여명의 마법사와 마녀를 화형에 처하였고, 독일 트리어의 주교인 **빈스필트**(P. Binsfield)는 6500명의 마법사와 마녀에게 사형을 집행하였다고 한다. 이처럼 16~17세기까지 유럽 전역에서 약 10만 명이 마법을 이유로 처형된 것으로 알려졌다.[2])

3 2) 이후 계몽주의 영향으로 사회는 인간의 이성과 합리성에 믿음을 갖게 되었으며 초기자본주의와 개인주의·자유주의가 자리를 잡아 인간을 하나의 자율적 주체로 바라보게 되었다. 인간의 존엄성에 대한 진지한 고민도 이때에 부흥하였다. 이 시기의 형법과 형사사법의 경향을 '고전학파' 또는 '구파'로 부른다. 이 경향은 인간의 자유로운 의지에 의해 범죄가 일어나는 것으로 본다. 즉 인간의 행위는 외부 요인에 의해 결정되는 것이 아니라 주체 스스로 자유에 따라 선택한 것이라는 비결정주의(Indeterminismus)를 바탕으로 하고 있다. 형벌을 그와 같은 자신의 선택을 향한 도덕적 비난으로서 죄책을 묻는 것으로 보는 응보이론이 주류에 해당한다. 그러나 다른 한편 고전학파에는 인간의 자유의지를 인정하되, 범죄를 통해 얻을 수 있는 이익과 형벌을 통해 받게 되는 불이익을 계산하여 범죄를 저지른다고 하면서, 그렇기에 형벌이 있어야만 범죄를 예방할 수 있다고 보는 예방이론가도 포함되어 있다. 바로 후자와 같은 경향을 범죄학에서는 '합리적 선택이론' 또는 '억제이론'이라고 부른다.

4 3) 좁은 의미의 범죄학 개념은 100여 년 전 실증주의학파의 등장으로 발생한 것으로 보고 있다. 지금 일반적으로 이용되는 범죄학의 좁은 의미가 범죄원인에 대한 실증 연구를 뜻하기 때문이다. 실증주의학파는 다른 말로 '근대학파' 또는 '신파'로 불린다. 이 경향은 범죄가 개인의 의지에 따라 발생하는 것이라는 비결정주의를 비판하면서 행위자가 내·외부적인 사실적 요소로 인해 범죄를 저지르게 되는 것으로 설명한다. 즉 의사와 행위의 자유를 상당부분 부정하는 결정주의(Determinismus)를 취하고 있다. 그들은 범죄가 생물학적·심리학적·환경적·사회적 원인에 의해 일어난다는 사실과, 범죄문제는 과학적 방법으로 해결될 수 있다는 점을 강조하는데, 이 가운데 어떤 요소를 취하느냐에 따라 범죄인류학파, 범죄생물학파, 범죄심리학파, 범죄사회학파 등으로 분화된다.

---

1) 달궈진 화폐를 손에 올려놓고 화상 입는 정도로 죄의 경중을 알아내는 방법 등.

2) Siegel, 범죄학, 6면.

5 4) ‘구파’와 ‘신파’를 구별하여 설명하였지만 지금이 신파의 시대에 속한다고 단정할 수는 없다. 두 학파의 대립이 시작된 이래 여러 패러다임의 전환이 있었으나, 지금까지도 형법학은 여전히 구파의 이론적 성과로부터 지배를 받고 있다. 즉 형법학에서는 구파와 신파의 대립이 그렇게 큰 의미를 갖지 않는다. 지난 세기 중반 이후에 실증적 범죄학에 대한 연구의 주도권은 미국학계에 속하게 되었는데, 그 결과 범죄학과 신파의 사고가 대륙식 형법학에 미치는 영향은 정체되어 있다. 범죄학은 미국에서 규범학과 뚜렷이 구별되는 독자적 학문으로 발전되어 왔으며, 20세기 후반부터 사회적·심리적·경제적 요소들을 범죄원인으로 조합하여 더 복잡한 원인론으로 진화되고 있다.

[37] 범죄원인론의 분류

1 범죄학이론들은 연구의 테마와 대상을 중심으로 아래와 같은 개략적인 분류가 가능하다. 이는 이론의 소개를 위해 나눈 상대적 분류방법에 따른 것이며, 관점에 따라서 얼마든지 다른 분류가 가능하다.

1. 범죄인식의 방식에 관련한 분류

2 범죄학의 접근방식을 크게 둘로 구별하면 행위적 방법을 취하는 입장과 정의定義적 방법을 취하는 입장으로 나눌 수 있다. 1) **행위적**(behavioral) **접근**은 왜 사람들이 범죄를 저지르게 되는지를 그 행위의 측면을 대상으로 연구하는 일반적인 방식이다. 2) **정의적**(definitional) **접근**은 이와 달리 어떤 행위와 사람이 범죄적인 것으로 정의내려지고 인식되며 처벌되는가를 다루는 방식에 해당한다.[1]

3 여기서 행위적 접근을 다시금 인과론적 범죄이론과 인과론적 순응이론으로 나누고, 정의적 접근법을 다른 말로 범죄화이론으로 구별하기도 한다. 1) **인과론적 범죄이론**은 “왜 사람들이 범죄를 저지르게 되는가?”에 초점을 맞추고 있다. 거의 대부분의 범죄이론이 이에 속한다. 다양한 범죄발생이론은 범죄원인을 하나의 통일적 관점에 따라 설명하려는 의도에서 시작되었다. 2) **인과론적 순응이론**은 인과론적 이론과 반대로 묻는다. 즉 “왜 순응하게 되는가?”가 주된 관심이다. 실제

1) 이 방식은 Lynch/Michalowski/Groves, 자본주의 사회의 범죄와 형벌, 14면 이하.

로 범죄하는 사람보다 범죄를 저지르지 않는 사람이 더 많다는 사실에서 출발하여, 사람들이 범죄하지 않는 원인을 알게 된다면 그 조건을 강화하고 반대 요인을 통제하여 범죄를 줄일 수 있을 것으로 본다. 통제이론과 억제이론이 이 범주에 들어간다. 3) **범죄화이론**은 인과론적 논의를 부정하고 새로운 패러다임을 제시한다. 범죄는 특정 원인에 따른 결과로서 발생하는 것이 아니라 일정한 사람들의 행위가 범죄통제기관에 의해 범죄로 '만들어진다'는 사고이다. 낙인이론과 비판범죄학 등이 이러한 입장에 놓여 있다.

2. 연구대상과 관련한 분류

4 범죄이론을 연구대상을 기준으로 나누면, 개인적 요소에서 범죄원인을 찾는 이론으로부터 사회적 구조에서 찾는 이론까지 그 스펙트럼이 매우 다양하다. 범죄원인에 대한 연구대상은 행위자개인에 초점을 맞추는 미시영역(Mikro－Ebene), 행위자의 주변환경을 고려하는 중간영역(Meso－Ebene), 사회적 부분체계인 외부영역(Exo－Ebene), 그리고 전체적인 사회구조와 관련한 거시영역(Makro－Ebene)으로 구별할 수 있다.[1] 물론 이들 사이에도 분명하게 경계를 나눌 수는 없다. 개인의 주변환경은 사회전체적 구조를 고려하지 않을 수 없으며, 사회적 환경은 개인들의 행태에 의해 형성되기 때문이다.

5 아래에서는 미시영역과 중간영역을 대상으로 하는 이론들을 포괄하여 '미시적 범죄이론'으로, 외부영역과 거시영역을 대상으로 하는 이론들을 묶어 '거시적 범죄이론'으로 분류한다. 미시적 범죄이론은 개인의 개별적 현상으로서의 범죄를 대상으로 하는 반면, 거시적 범죄이론은 사회 안에서 범죄현상을 분석한 것이다.

1) Kunz, Kriminologie 1판, 14/18 참조.

▌범죄원인론 개관▐

1) 주제와 관련하여
- 인과론적 범죄이론: 왜 범죄를 저지르게 되는가?
  - 생물학적·사회생물학적 범죄이론
  - 심리학적·사회심리학적 범죄이론
  - 사회구조적 범죄이론(아노미이론, 갈등이론 등)
- 인과론적 순응이론: 왜 순응하게 되는가?(통제이론 등)
- 범죄화이론: 범죄는 만들어지는 것이다(낙인이론, 비판범죄학 등)

2) 대상과 관련하여
- 미시적 범죄원인론: 범죄원인을 개인적(미시적) 차원에서 찾는 이론들;
  (또는) 개인적 현상으로서의 범죄에 대한 원인론.
  – 예: 생물학·사회생물학적 범죄이론, 심리학적 범죄이론 등
- 거시적 범죄원인론: 범죄원인을 사회적, 구조적 (거시적) 차원에서 찾는 이론들;
  (또는) 전체적 현상으로서의 범죄에 대한 원인론.
  – 예: 사회구조적 범죄이론, 낙인이론, 범죄통제이론 등

제 2 절 범죄발생의 몇 가지 요인

[38] 범죄발생인자

1. 소질, 환경

범죄원인에 대한 대부분의 경험과학적 설명에서 다루어지는 두 가지 인자는 1
'소질'과 '환경'으로 요약할 수 있다. 1) **소질**은 범죄를 일으키는 데 작용한 행위자 개인의 신체적, 심리적, 정신적 특징을 말한다. 2) **환경**은 범죄발생에 영향을 미칠 수 있는 행위자의 성장배경과 행위상황 등이다. 범죄학의 출발은 소질에 의한 범죄원인 규명으로부터 시작되었지만, 이후 이에 대한 반발로 환경의 영향을 강조

하는 이론이 등장하였다. 20세기 중반 이후에는 두 요인을 통합하는 경향이 있어, 지금은 소질과 환경 가운데 어느 단일한 요인이 범죄원인이 된다고 보는 견해는 드물다. 양자가 서로 영향을 미치면서 상호작용을 하는 것으로 본다.

2. 환경감수성, 환경선택

2 소질과 환경의 영향으로부터 범죄가 발생한다는 가설이 타당하려면, 유사한 소질과 환경에 놓인 사람들이 거의 같은 행위를 할 것이라는 점이 증명되어야 한다. 그러나 이는 입증될 수 없었다. 사람마다 소질과 환경의 영향에 완전히 지배되지 아니하고 서로 다른 행위를 한다는 사실이 드러났기 때문이다. 범죄학에서는 소질과 환경에 고스란히 영향을 받지 않도록 하는 개인적 요인을 제안해야 했다.

3 '환경감수성'과 '환경선택'이 여기서 언급된다. 1) **환경감수성**은 행위자가 환경에 반응하는 정도를 말한다. 환경감수성이 예민한 사람은 범죄를 유발하기 쉬운 환경에 더욱 민감하게 반응한다. 반면에 환경감수성이 높지 않은 경우에는 범죄에 접근하기 쉬운 환경에 있더라도 범죄로 나아갈 확률이 줄어든다는 것이다. 2) **환경선택**은 행위자가 스스로 개인적 의지에 따라 환경을 선별하는 것을 말한다. 변화하는 환경 가운데서 일정 부분을 적극적 자유에 따라 선택할 수 있는 사람은 범죄를 유발하는 환경의 영향을 덜 받는다.

3. 인 격

4 소질과 환경 그리고 환경감수성과 환경선택은 인격형성에 영향을 미친다. 인격은 다음과 같은 요인을 통해 형성된다. 1) **인격규정인자**는 유전적, 선천적 소질을 의미한다. 타고난 것이거나 조기에 획득된 소질로서 인격형성에 바탕이 된다. 2) **인격형성인자**는 인격규정인자에 영향을 받은 인격을 사회 안에서 인격체로 만드는 요인이다. 환경요인뿐만 아니라 다양한 신체적·정신적·교육적·사회적 요인 등이 이에 해당한다. 3) **인격발전인자**는 인격규정인자와 인격형성인자에 의해 일단 형성된 인격에 추가적으로 영향을 미치는 인자를 말한다. 특별한 사춘기의 체험이나 전쟁, 경제적 불황 등이 예가 된다.

4. 여러 범죄인자의 관계

(1) 공 식 화

엑스너(F. Exner)는 위의 요소들을 다음과 같은 공식으로 단순화하였다. 5

$$V(\text{범죄}) = (A(\text{소질}) + M(\text{환경})) + M(\text{환경})$$

메츠거(E. Mezger)는 이를 좀 더 복잡하게 만들고 있다. 6

$$V(\text{범죄}) = A(\text{소질}) \cdot E(\text{발달}) \cdot P(\text{인격}) + pU(\text{개인환경}) \cdot tU(\text{행위환경})$$

메츠거는 이 공식에 따라 1) 만약 A(소질)에 중요성이 있다면 **선천적 상태범**, 2) E(발달)에 중요성이 있다면 사춘기범죄와 같은 **발달범**, 3) pU(개인환경)에 중요성이 있다면 환경에 따른 **상태범**, 4) tU(행위환경)에 중요성이 있다면 상황에 따른 **기회범**이 되는 것으로 보았다.[1) 7

신진규 교수는 범죄의 심리학적 차원을 고려하여 범죄를 다음과 같이 공식화하기도 하였다.[2) 8

$$C(\text{범죄행위}) = \frac{D(\text{욕구}\cdot\text{욕망의 크기}) \times T(\text{유혹사물의 가치크기})}{M(\text{법도의식}) + S(\text{외부적 제어환경})}$$

(2) 평 가

소질과 환경이 인격형성에 영향을 미친다는 사실, 그리고 개인에 따라 그 영향을 수용하는 정도에 차이가 있다는 사실은 특별한 지식의 대상이 아니다. 이와 같은 개념들을 변수로 하여 수학공식처럼 만든다고 해서 전문성이 높아지는 것도 아니다. 요소들이 어느 정도 범죄발생에 영향을 미쳤는지 과학적으로 증명될 수 없는 한, 이 개념들을 통해 범죄원인을 구체화하려는 시도는 언제나 한계에 부딪힐 수밖에 없다. 실증주의에 토대를 둔 '신파'는 형법의 책임비난 및 그 전제가 되는 행위자유를 형이상학이라고 비판하면서 범죄원인을 과학적으로 규명하고 그에 대한 효과 있는 대책을 마련하고자 출발하였다. 그러나 이 의도와 달리, 신 9

---

1) Exner, Kriminologie, 1949, 278면 이하, Sebald, Der Kriminalbiologe Franz Exner, 196면에서 인용.
2) 신진규, 형사정책, 106면 이하.

파 자신이 소질과 환경 등 요소를 단순하게 언급한 것 이외에 어떤 '실증가능한' 범죄원인론을 제시하였는지 답을 할 수 있는 사람은 없다.

[39] 범죄원인에 대한 규범적 판단

1 범죄학의 개별이론을 설명하기 이전에 먼저 염두에 두어야 할 주의점을 언급하고자 한다. 이것은 범죄에 대한 대책을 규범적으로 논하는 연구의 특징 때문이다.

1. 결정주의와 비결정주의

2 응보이론과 예방이론의 뿌리 깊은 대립은 실증주의학파가 등장한 이후 구파와 신파의 대립으로 이어졌으며, 이는 지난 세기 말까지 각각 '책임'과 '예방'개념을 둘러싼 논증으로 구체화되었다. 그 배경에는 인간의 행위자유를 인정하는가 여부가 놓여 있다는 점은 이미 설명하였다[17/46].[1)]

3 오늘날 형법학계의 분위기는 의사자유와 행위자유의 문제가 형사절차단계에서 확인하는 것이 거의 불가능하다는 쪽으로 기우는 듯하다.[2)] 결정주의와 비결정주의 각각을 비판하는 결정적 논거가 없으며 행위자유 여부는 적극적으로 증명할 성질의 것도 아니기 때문이다. 양자택일을 해야 할 실천적인 의미도 없다. 규범학뿐만 아니라 이제는 범죄학에서도 적지 않은 학자들이 행위자유를 의미 있는 것으로 바라보는 다원적 요인의 동태적 관찰방법을 취하고 있다.[3)]

2. 책임원칙의 의미

4 지난 100여 년간 실증주의를 표방하는 범죄원인론이 발달해왔음에도 책임원칙의 본질적 내용은 변하지 않고 있다. 행위자유를 승인하는 입장이라고 해서 인간이 소질이나 환경 등 내·외부의 영향으로부터 완전히 벗어나 아무 행동이나 임의로 할 수 있음을 말하려는 것은 아니다. 개별 행위자가 특별한 소질을 갖고 있

---

1) 이 논쟁에 대해서는 Hassemer, Grenzen des Wissens, 840면 이하.

2) 배종대, 형법총론, 85/3; 박은정, 현대의 사회문제와 법철학, 152면.

3) 이러한 절충설은 다시 개인주의적 입장과 집합주의적 입장으로 나뉜다. 전자의 예로는 인간의 본성을 자기존재로 파악하면서도 사회적 관계를 맺을 수밖에 없는 존재임을 동시에 인정하는 절충적 입장(마이호퍼)이 대표적이다. 후자의 예로는 구조기능주의 사회학자인 파슨스(T. Parsons)의 자원론적 행위이론(voluntaristic theory of action)의 영향을 받아 인간에 앞서는 사회존재를 전제로 한 기능주의 절충설을 들 수 있다. 범죄이론과 인간행위이론에 대한 비교분석은 Hermann, Die Kompatibilität zwischen normativen Straftheorien und Kriminalitätstheorien을 참조.

지만, 그리고 그의 성장환경 및 지금 처해 있는 환경이 범죄를 저지르는 데 유리하거나 불리할 수 있지만, 그럼에도 불구하고 범죄행위로 나아가는 최종적 결단을 내린 주체는 여전히 행위자라는 사실을 말하고 있는 것에 불과하다. 사회 안에서 일정한 상황에 놓여 있는 행위자의 행위선택에 형벌효과를 귀속하기 위한 규범적 연결고리로 책임개념의 지위를 인정하려는 것이다[17/48]. 그렇기에 범죄가 특정한 실증적 요소들과 관련해 있다는 것이 범죄이론에 의해 입증되더라도 책임원칙의 고유한 역할에는 큰 영향이 없다. 이 점은 앞으로도 달라지지 않을 것이다. 범죄와 관련된 소질과 환경요소들을 입증하는 작업이 "행위자는 어쩔 수 없었다, 소질이나 환경 때문이었다"는 변명을 조장하고 책임원칙을 흔들 것으로 생각하는 희망이나 염려 또한 근거가 없다.

[행위자유의 근본적 지위] 인간은 어떻게 행위하는가? 즉 인간은 스스로 자신의 행위를 선택하는가, 그렇지 않으면 내외부적인 요인에 의해 강제되는 것인가? 이는 인간행위의 근거를 묻는 근원적 질문이다. 그 행위가 사회적으로 어떤 평가를 받는가에 대한 질문보다 앞서 대답되어야 한다. 다시 말해서 인간행위가 어떤 요소로부터 동력을 얻는가의 답이 그 행위가 좋게 평가되는지, 나쁘게 평가되는지에 따라 달라져서는 안 된다. 우리는 헬렌 켈러나 스티븐 호킹처럼 극도로 불리한 신체조건을 훌륭하게 극복한 사람을 적지 않게 알고 있다. 지극히 어려운 가정형편에서 자랐지만 사회적으로 성공하여 인정받는 사람은 이보다 훨씬 더 많다. 이 사람들의 삶을 놓고 '당신의 소질과 환경 때문에 결국 좋은 평가를 받는 일을 하게 되었다'라고 감히 말할 수 있는 사람은 아무도 없을 것이다. 그런데 왜 하필 범죄적인 행위결과가 발생한 때에는 그 행위자가 소질과 환경의 지배를 받아 그런 행동을 했다고 말하는가? 특정한 행위가 사람들에게 어떤 평가를 받는지 여부는 인간행위의 근원보다 훨씬 더 표면적이고 부차적인 질문인데도 말이다. 5

3. 정책적 판단에서 범죄원인론의 가치

범죄학이론의 가치를 평가하는 방식으로는 논리적 일관성, 이해가능성, 증명가능성, 유용성 등이 언급된다. 특히 범죄학 역사 중 오랜 시간 경험과학적인 증명가능성을 기준으로 이론의 우열을 평가해왔다. 한편 증명가능성이 다소 떨어지는 이론 가운데서도 범죄현상에 대한 새로운 관점을 제공해주는 것은 가치 있는 이론으로 인정받기도 했다.[1] 6

1) Williams/McShane, 사회문제론, 13면.

7 그러나 우리의 방법인 '규범적' 관점에서 범죄론을 평가하는 방식은 다르다. 증명가능성을 비롯한 '존재'에 대한 여러 사실이 곧 '당위'의 직접적 근거나 비판 논거가 될 수는 없다[방법이원주의, 2/10]. 형사정책의 궁극적 의미는 범죄를 예방하고, 발생한 범죄에 대한 합리적인 조치를 마련하는 데 있기에, 범죄학이 제공하는 경험과학적 자료와 정보도 바로 그와 같은 정책 목표에 기여할 수 있어야 한다. 아래에 나열될 여러 범죄이론은 바로 이러한 '정책에 이용될 수 있는 가능성'을 기준으로 볼 때 서로 다른 가치를 갖는다.

제 2 장　미시적 범죄이론

제 1 절　범죄발생의 생물학적 요인

[40]　생물학적·인류학적 범죄이론

1. 이론의 배경

1 범죄생물학·범죄인류학 이론은 실증주의 범죄원인론의 출발이자 범죄학의 탄생을 알린 성과이다. 19세기 의학과 자연과학의 급격한 발전이 생물학의 도움을 받아 범죄를 규명하려는 시도를 가능하게 했다. 그리고 그 배경으로서 1) 과학적으로 증명가능한 언명만을 가치 있는 것으로 보고자 하는 **콩트**(A. Comtes)의 실증주의, 2) 타고난 신체적 조건이 환경 가운데에서 행동을 지시한다는 **다윈**(C. Darwin)의 진화이론이 이론적 토대가 되었다. 3) 이미 많은 수형자가 포화상태를 이루던 19세기 감옥은 좋은 관찰실험의 무대가 되었다. 수형자들을 표본으로 분석한 의사들과 행동연구가들이 범죄적 인간인 '호모 크리미날리스'(homo criminalis)의 외관과 일상행태를 정리하여 그 결과를 발표한 것이 현대 범죄학의 첫 성과이다.

2 [다윈의 영향]　다윈은 1859년 『종의 기원』(On the Origin of Species)에서 적자생존을 통한 자연의 선택이 동물세계의 다양성을 이루게 한 것이라고 주장했다. 그는 1871년 『인류의 기원』(Descent of Man)을 발표했는데 여기서는 위의 이론이 인간에게 적용되었다. 다윈은 이 책에서 진화를 거쳐 인간이 다른 동물로부터 지적 우월성을 확보해왔으나 몇몇 예외적 경우에는 다시 하등한 동물성을 갖게 될 수도 있다고 경고하였다. 즉 특별한 열등성을 가진 사람이 수많은 세대를 거치다보면 야성의 지배를 받는 동물로 돌아갈 수 있다는 것이다.[1]

1) Darwin, Descent of Man, 137면.

2. 골상학과 범죄인류학

(1) 골 상 학

3 골상학은 두개골 모양을 분석함으로써 뇌의 발달상태를 알 수 있고, 두개골의 모양과 안면의 모습은 그 사람의 성격, 지능상태, 범죄성 등을 나타낸다는 이론이다. 이러한 사고는 처음 18세기 말에 취리히의 목사인 **라바터**(J. C. Lavater)에 의해 시작되었다. 그는 사형당한 죄인들의 외모를 연구하여 그로부터 '범죄관상학'을 이끌어내었다. 수십 년 후 바덴의 의사 **갈**(F. J. Gall)은 개인마다 각각 다르게 생긴 뇌의 부분들에 맞도록 형성된 인간의 뼈의 형태로부터 성격상의 특징과 기질을 연역해낼 수 있다는 이론을 제기하였다. 이러한 몇 가지 이론을 범죄인류학으로서의 골상학으로 체계화한 사람은 이탈리아의 의사 **롬브로조**(C. Lombroso, 1836~1909)이다.[1)]

(2) 롬브로조의 범죄인류학

4 **롬브로조**는 그의 유명한 저서 『범죄인』(Criminal Man)에서 범죄의 원인과 대책을 밝혔다.[2)] 여기에 등장하는 '생래적 범죄인설'을 통해 그는 범죄에 대한 생물학적 이해를 더욱 포괄적인 인류학의 설명으로 발전시킨다. 그는 절도범을 수술하던 중에 두개골함몰을 발견하였는데, 이것은 인간 이외의 영장류에게서 발견되는 것이었기에 이로부터 다윈의 이론을 토대로 그의 골상학을 구상한 것으로 알려져 있다. **롬브로조**는 베네치아와 나폴리의 수형자들을 관찰하고 분석하여, 범죄자는 얼굴이나 머리의 비대칭, 원숭이 같이 큰 귀, 쑥 들어간 이마, 튀어나온 광대뼈, 뒤틀린 코, 긴 팔, 많은 주름살, 곱슬머리, 많은 수의 손가락이나 발가락 등의 신체 특징을 갖는데 이 가운데 5개 이상에 해당하면 생래적 범죄자라고 하였다. 이러한 신체 특징 가운데 많은 것은 유인원을 연상시킨다. 진화가 덜 되었든 역진화(퇴행)된 것이든 간에 이러한 외모를 가진 사람은 동물의 야성을 더 크게 갖고 있을 것으로 **롬브로조**는 생각하였던 것이다. 그 특징으로는 무뚝뚝함, 잔인함, 무절제, 고통에 대한 둔감함 등의 선천적인 신체적·정신적 결함 등이 있다. 그에 따르면 범죄자들 가운데 일부(약 35%까지)는 그들의 선천적 기질 때문에 필

---

1) 자세한 것은 Vold/Bernard/Snipes, 범죄학이론, 55면 이하 참조. 당대 골상학은 유럽학계에 큰 영향을 미쳤다. 쇼펜하우어도 책임의 존재적 근거 징표로 언급하고 있다(Schopenhauer, 도덕의 기초에 관하여, 221면).

2) 1876년 출판. 우리나라에는 범죄인의 탄생(이경재 역)으로 출판되었다.

연적으로 범죄를 저지를 수밖에 없다고 한다.[1] **롬브로조**는 그 이후 책의 개정을 거듭하면서 생래적 범죄자를 단순하게 분류하는 것 이외에, 얼굴모습 등을 통해 범죄자 유형을 나누는 시도도 진행하였다.

▮롬브로조가 분류한 범죄자의 얼굴형태, 1907▮

롬브로조가 기초를 놓은 생물학적 범죄인개념과 범죄관념은 자유의지에 따라 5
행동하는 인간이 범죄를 선택한다는 고전적 전제에 정면으로 반하는 것이었다. 인간의 선천적인 특징이 모두 같지 않으며 다양한 소질에 따라 각자 미덕 또는 악덕을 향한 일정한 고정적인 성향을 지니는 것으로 보았기 때문이다. 그는 개선 불가능한 인간과 기타 유형 사이의 생래적 차이를 인정하는 것이 범죄대책을 마련하는 데 기여할 것으로 보았다.

이러한 **롬브로조**의 방법은 범죄원인 분석에 과학적 방법을 도입하였다는 점 6
자체로 공적을 인정받고 있다. 그러나 최초의 시도이니만큼 후대에 많은 비판의

---

1) Lombroso, 범죄인의 탄생, 67면 이하.

대상이 된 것은 불가피한 일이었다. 1913년 영국의 **고링**(C. Goring)은 그의 저서 『영국의 죄수』(The English Convict)에서 **롬브로조**의 연구를 정면으로 반박하였다. 그는 12년간 3,000명의 누범을 조사한 결과 범죄인의 전형적 특징은 찾을 수 없으며, 신체상의 범죄인분류는 현실적으로 불가능하다는 결론을 내렸다. 프랑스의 리용학파 또한 실증조사를 통해 **롬브로조**식 분류의 오류를 지적하고 일정한 소질로 인해 범죄인이 된다는 가설은 입증될 수 없다고 하였다. **롬브로조** 자신도 말년의 저서 『범죄, 그 원인과 대책』에서는 범죄원인으로서 생물학적 원인보다는 환경적 요인을 더 많이 언급하였다.

3. 체형이론

(1) 크레취머의 연구

7 범죄와 신체적 특징 사이의 관계에 대한 더욱 발전된 연구는 이른바 체형이론이다. 이에 의하면 범죄자들은 체형과 정신적 유형 내지 기질의 일치 정도가 매우 높으며, 이것이 범죄에 영향을 미친다고 한다. 독일의 정신병리학자인 **크레취머**(E. Kretschmer)는 1921년 그의 저서 『신체구조와 성격』에서 체격을 비만형, 운동형, 쇠약형으로 나누어 각각 범죄율과 범죄유형을 조사하였다. 그에 따르면, 1) **비만형**(pyknic)은 키가 작고 뚱뚱한 체형으로 자극에 동요가 많고 정이 많다. 이러한 사람은 범죄할 확률이 낮은데, 범죄를 저지른다면 주로 사기범이 많고 폭력범도 종종 있다. 2) **운동형**(athletic)은 근육이 잘 발달된 체형으로 둔중하고 무미건조한 성격이라고 한다. 이런 체형을 가진 사람은 폭력적 성향을 갖는 경우가 많아 범죄할 가능성이 높고 주로 폭력범죄를 저지른다. 3) **쇠약형**(asthenic) 또는 **세장형**(leptosome)은 키가 크고 마른 체형으로 민감하고 비사교적 성격을 갖는다. 이런 사람들 중에는 사기범이나 절도범이 많고 누범률이 높다. 그 밖에 혼합형 체형을 가진 사람들은 주로 풍속범이나 질서위반범죄를 저지르고, 때때로 폭력범죄를 저지른다고 한다.[1)] 인간의 체형에 따라 성격이 나뉘고 그로 인해 다양한 범죄를 저지를 수 있다는 크레취머의 연구는 당시 우생학적 분위기에 일조한 것으로서, 나치정부가 그의 이론을 정치 목적에 이용한 것은 자연스러운 일이었다.[2)]

---

1) Kretschmer, Körperbau und Charakter, 14면 이하.
2) 당대 범죄학자들의 나치에 대한 기여에 대해서는 Sebald, Der Kriminalbiologe Franz Exner, 212면 이하.

(2) 셀던의 연구

셀던(W. Sheldon)은 체형과 비행의 관계를 연구했는데, 특히 비행소년과 체형의 관계에 관심을 가졌다. 그는 인간이 본질적으로 내배엽(endoderm), 중배엽(mesoderm), 외배엽(ectoderm)이라는 3개의 층으로 이루어진 튜브 상태인 배아(embryo)로 삶을 시작하며, 이후 어떤 층이 더 발달하느냐에 따라 각자 체격과 기질이 형성된다고 한다. 그에 따라 체격과 기질의 유형은 아래와 같이 세 가지로 나뉘어진다. 8

▌셀던의 체형분류▐

체 격	기 질
1. 내배엽형: 상대적으로 소화기관이 크게 발달하고, 살이 찐 편, 전체 몸이 부드럽고 둥근 편. 짧은 사지, 가는 골격, 부드러운 피부.	1. 내장긴장형: 몸가짐이 대체로 이완되어 편안함. 가벼운 사치품을 좋아함. 온순하지만 본질적으로 외향적임.
2. 중배엽형: 근육, 골격이 상대적으로 발달. 큰 몸통, 장중한 가슴, 손목과 손이 큼. 여윈 경우에는 각이 진 체형이고 여위지 않은 경우 우람한 체형임.	2. 신체긴장형: 활동적이고 역동적임. 걸을 때와 말할 때 단호한 제스처를 취함. 공격적으로 행동하는 사람.
3. 외배엽형: 피부와 신경계통기관이 상대적으로 발달함. 여위고 섬세한 체형. 작은 얼굴과 높은 코. 몸집은 작지만 체표면은 큰 편임.	3. 두뇌긴장형: 내향적. 알레르기, 피부병, 만성피로, 불면증 등 신체불편을 호소함. 소음, 냄새 등 외부자극에 민감함. 비사교적인 성격.

이와 같은 체형분류에 따라 셀던은 1939년부터 1949년까지 10년간 소년교정원에 수용된 비행소년들의 신체특징을 조사하였는데, 그 결과 비행소년의 평균체형은 중배엽형의 수치가 높은 반면, 범죄경험이 없는 일반학생의 경우 외배엽형의 수치가 상대적으로 높게 나타난다고 하였다. 이로부터 셀던은 범죄는 유전된 생물학적 열등성에 의해 야기된다고 결론내렸다.[1] 9

1) Siegel, 범죄학, 143면.

4. 기 타

10 미국의 인류학자 **후튼**(E. Hooton)은 1939년 그의 저서 『범죄와 인간』(Crime and the Man)에서 **고링**의 연구방법을 비판하면서 여러 주에서 1만 7천명을 선정해 정밀 연구를 실시한 결과를 발표하였다. 그는 일반시민과 구별되는 범죄자의 사회학적·형태학적 특성은 범죄자의 유기체적 열등성에 근거하는 것이라고 하였다. 범죄유형이 무엇이든지 그 1차적 원인은 생물학적 열등성이라는 것이다. 이러한 **후튼**의 방법은 범죄의 사회적 요소를 진지하게 고려하지 않았다는 비판을 받았다.[1]

11 **글뤽**(Glueck) 부부는 1956년에 출판된 그들의 저서 『신체와 비행』(Physique and Delinquency)에서 범죄소년 500명과 일반소년 500명을 대상으로 비교조사를 하였다. 범죄소년의 60%가 중배엽형인 반면 일반소년은 30.7%만이 중배엽형이었다는 결과를 토대로 신체특징이 중배엽형일수록 범죄성향이 높다는 주장을 하였다. 그러나 **글뤽** 부부의 연구는 체형을 사진을 통한 시각적 평가에 의존하였고 청소년기의 급격한 신체변화를 고려하지 않았다는 비판을 받았다.[2]

12 **꼬르떼**(J. Cortes)는 1972년 그의 저서 『비행과 범죄』(Delinquency and Crime)에서 체형이 뚜렷이 구별되는 73명의 소년을 선정하여 자신의 기질적 특성을 묘사하도록 함으로써 체형과 기질의 연관관계를 조사한 결과를 발표하였다. 그는 여기서 체형에 따른 정신적 성향을 고려, 체형과 범죄발생의 인과관계를 보다 정교하게 제시하였다고 주장한다. 그의 연구결과 역시 비행소년과 잠재적 범죄인은 신체적으로 더 중배엽적이라고 한다. 그러나 조사대상이 너무 적고 방법이 객관적이지 않고 주관적 설문 형태라는 데서 한계가 있다는 비판이 있다.[3]

5. 평 가

(1) 한 계

13 생물학적·인류학적 범죄이론이 연구결과를 본격적으로 발표한 기간은 그렇게 길지 않다. 지나치게 적은 표본, 비교그룹의 부족, 이미 범죄를 저지른 자라는 한정된 조사대상 등 방법적 결함이 반복적으로 지적되었다. 그로 인해 범죄현상

---

1) Akers/Sellers/Jennings, 범죄학이론, 106면 이하.
2) Vold/Bernard/Snipes, 범죄학이론, 63면 이하 참조.
3) Vold/Bernard/Snipes, 앞의 책, 64면 이하.

을 일관성 있게 설명하지 못하였고, 경험적 검증이 충분하지 않았다는 점이 면밀한 과학적 분석으로써 비판을 받았다. 실천학문으로서는 특히 인종차별, 성차별적 관념 또는 우생학을 옹호하는 것으로 여겨져 파시즘의 몰락과 더불어 쇠퇴하였다.[1)]

생물학적 범죄원인론에 따르면 범죄는 숙명적인 것이므로 범죄를 막을 수도 없고 재사회화 노력이 성공할 수도 없다. 따라서 형사정책적으로 최소한의 행위지침을 제시해야 할 범죄론의 과제를 고려할 때 쓸모가 크지 않다. 아래에서 **롬브로조**가 제시하는 범죄치료에 대한 결론은 지금 보면 실소를 일으키기도 한다. 14

> [생래적 범죄인에 대한 대책] "성인이 된 생래적 범죄자에게는 실로 치료수단이 별로 없다. 개선불가능한 그들의 성격이 그들을 아주 위험하게 만들거나 정직한 사람들의 삶을 위태롭게 만들도록 반복적으로 충동한다면 보안시설에 영원히 갇히거나 완전히 제거되어야 한다. 하지만 청소년들에게는 그들이 타고난 범죄자라 할지라도 보다 덜 심한 다른 조치들을 시도해볼 수 있을 것이다. 그들의 나쁜 열정을 일정한 정도 만족시켜줄 수 있는, 어느 정도 통제된 궤도로 유도하는 것이 필요하다. 즉 덜 위험한 결과로 이끌 수 있는 직업이나 노동활동에 그들의 성향을 이용하는 것이다. 예를 들어 피에 굶주린 자나 살생을 즐기는 자는 도살꾼이 되게 하거나, 또는 종종 공식적인 도살업이라 할 수 있는 군대에 들어가도록 한다. 운동의 소질이 있는 자는 서커스가, 성적으로 매우 민감한 여성은 성매매가 적당한 영역으로 제공될 수 있을 것이다. 그렇게 해서 사회조직을 해치지 않는, 아니 오히려 부분적으로 이득이 될 수 있게 하는 일종의 예방수단이 마련될 것이다."[2)] 15

(2) 재 평 가?

극히 비합리적으로 비치는 결론들이 범죄원인론의 첫머리에 소개되는 것은 단연 이론이 갖는 역사적 가치 때문이다. 최초의 범죄원인론으로서의 지위는 분명히 높이 평가받을 만하다. 그런데 이에 그치지 않고 오늘날 활동하는 학자들 중에도 이미 극복된 것으로 여겨지는 이와 같은 이론에 나름대로의 역설적인 매력을 발견하는 사람들이 있다. 유전자학, 생물정보학 등의 발달과 더불어 범죄원인을 인간의 생물학적 특징으로 돌리려는 시도들이 새로운 시대를 맞고 있다. 물론 사람의 생김새로부터 범죄자의 특성을 인식할 수 있다는, 우스운 논의는 더 이상 하지 않는다. 그런데 이제는 외모와 달리 눈에 띄지 않는, 즉 전문가들만이 까다로운 과 16

1) Neumann/Schroth, 형사정책의 새로운 이론, 형사정책, 74면.
2) Lombroso, 범죄인의 탄생, 404면 이하; Kunz, Kriminologie 1판, 12/13.

정을 거쳐 인식할 수 있는 생물학적 표지들이 첨단과학의 이름을 달고 범죄원인으로 끌어들여지고 있다.

17 생물학적 범죄원인론의 매력은 많은 사람들이 갖고 있고 또 쉽게 떨쳐버릴 수 없는 선입견을 자극하는 데 있다. 모든 사람들을 몇 가지 단순한 기준으로 나누어서 간단히 분석하고, 개개인을 그 설명에 끼워넣는 것은 흥미차원에서라도 언제나 해왔던 작업이다. 게다가 특이하거나 비밀스런 사람을 대할 때, 인종과 외모에서 이질감을 가질 때의 호기심, 두려움, 혐오 그리고 본능적 거리감도 선입견으로부터 나온다. 또한 생물학적 가설은, 범죄는 덜 진화되거나 문명화가 안 된 인간이 흔히 저지르는 것으로 생각하고, '자신들과 같은 정상적인 사람'은 아주 우연한 기회에 일탈을 할 수 있을 뿐 '범죄자'로 분류될 수는 없는 것으로 생각하는 강한 본성을 부추긴다. 생물학적 이론으로부터 역설적으로 우리의 뿌리 깊은 선입견을 다시 확인하고 이를 경계해야 한다는 교훈을 얻어야 하는 이유이다. 오늘날 이와 같은 범죄원인론을 여전히 재론해야 한다면 바로 이 점에서만 의미가 있을 것이다.

[41] 생물사회학적 · 유전학적 · 생화학적 범죄이론

1. 의 의

1 생물사회학적 범죄이론은 범죄와 개인 소질만의 엄격한 인과관계를 주장하는 과거 생물학적 범죄이론과 달리, 환경의 영향을 인정하는 데에서 출발한다. 소질이 직접 범죄행위로 이어지는 것은 아니라고 하면서도, 특이행동을 일으킬 수 있는 일정한 경향을 형성하는 것으로 보고, 일정한 환경의 영향 아래 그 소질이 행위자를 범죄로 다가가도록 한다는 것이다. 즉 한 개인의 생물학적 유전유형은 그의 가능한 행태유형의 한계를 결정하며, 그 행태의 구체적 형성은 환경의 영향 아래 이루어진다고 한다. 소질은 범죄의 가능성이며, 환경은 그것이 발현되는 배경이다. 19세기의 범죄인 가계연구로부터 현대의 사회생물학(sociobiology)[1]에 영향을 받은 쌍둥이 연구, 입양아 연구 등이 이러한 논의범주에 들어간다.

2 유전되는 것은 획득형질을 비롯한 외부적 특징이 아니라 유전소질이므로, 범죄학에서 관심 있는 것은 선조의 유전인자 가운데 범죄성향이 있는 인자가 후대

1) 이에 대해서는 Wilson, Sociobiology, 548면 이하 참조.

에 대물림되는가 하는 점이다. 초기 범죄생물학자들은 당시 유행하던 유전학의 영향을 받아 범죄성향도 조상에게서 물려받는다는 가설을 세우고 이를 입증하기 위해 노력하였다. 범죄생물학 경향이 쇠퇴한 이래 오랜 기간 범죄적 유전소질로서 유전적 결격은 존재하지 않는 것으로 여겨졌으나, 이후 생물사회학 연구를 거쳐 최근에는 구체적인 유전요소를 확인하기 위한 방법으로 분자유전학의 경향으로 이어지고 있다. 이외에도 뇌의 구조와 기능이 범죄에 미치는 영향, 신경전달물질이나 호르몬의 영향 등도 현재의 연구대상이다.

2. 범죄인 가계 연구

(1) 내 용

범죄인 가계家系 연구는 범죄행위자로 드러난 사람의 가족력과 계보를 추적 3
하여 범죄자가 어느 정도 포함되는지를 살펴보는 것을 말한다. 범죄자의 선대先代에 범죄인이나 이상성격자, 부랑자 등이 많이 배출되는 가계가 있다는 가설을 세우고, 범죄성이 유전된다는 사실을 규명하고자 한 것이다.

범죄인 가계를 연구한 사례로는 1877년 **덕데일**(R. Dugdale, 1841∼1883)의 쥬 4
크가 연구, 1912년 **곳다드**(H. Goddard)의 칼리카크가 연구, 그리고 1913년 **고링**(C. Goring)의 통계조사 등이 대표적이다. **덕데일**은 75년 간 쥬크(Jukes)가족의 역사를 분석한 결과 조사대상자 709명 가운데 중범죄자가 77명, 정신병자가 64명, 알코올중독자가 131명, 성매매자가 174명 있다는 것을 알아내었고 이를 보아 범죄성향이 유전된다는 결론을 내렸다.[1] **곳다드**도 군인 칼리카크(Kallikak)와 정신박약자인 마틴이라는 성매매여성 사이에서 태어난 아이들과 그 자손을 살펴보아, 480명의 자손 가운데 정신박약자가 143명, 성소수자 32명, 알코올중독자 24명, 간질병환자 3명, 단명한 사람 82명, 범죄자 3명 등을 찾아내었다. **고링**은 **갤튼**(F. Galton)과 **피어슨**(K. Pearson) 등이 고안한, 두 가지 현상의 유사성과 상관성을 측정하는 새로운 통계학 방법을 범죄분석에 적용하여 범죄성이 선조에서 후대로 전수되는지 규명하려고 하였다. 연구결과 부모의 범죄성과 자식의 범죄성은 상관관계가 매우 높은 것으로 드러났고, 따라서 범죄성은 환경의 영향을 받지 않는 것이라고 하였다.[2]

---

1) Dugdale, The Jukes, 8면 이하; Lombroso, 범죄인의 탄생, 154면 이하.
2) Bernard/Snipes/Gerould, Vold의 이론범죄학, 75면 이하.

(2) 평 가

5 범죄인 가계 조사는 초기에는 설득력이 있는 것으로 평가되어 나쁜 유전인자를 가진 아이를 더 이상 낳지 못하게 하는 등의 조치가 필요하다는 주장으로 이어지기도 했다. 그러나 이 또한 오래 지속된 연구방법은 아니다. 무엇보다도 범죄인 가계를 조사하는 통계방법의 잘못이 문제되었다. 표본이 부족한 조사였고, 범죄생물학·정신병리 분석이 병행되지 않았다는 비판이 있다. 환경 측면을 해명하지 못한 것도 한계로 지적된다. 예를 들면 칼리카크가의 연구는 정신박약자의 가계에 대한 연구를 한 결과로서, 그로부터 칼리카크의 자손 가운데 정신병질자가 많이 발견된다는 것을 밝혀냈을 뿐이며, 범죄자로 분류된 사람은 많지 않았기 때문에 본질적으로 유전이 범죄에 영향을 미칠 수 없는 것으로 볼 수도 있었다. 쥬크가의 연구도 범죄생물학이나 정신의학이 발달하지 않았던 시기에 있었던 조사라는 점이 문제되었다. 정신병질자와 범죄자가 구별되지 않던 과거 상황에서 범죄의 유전형질을 입증할 수는 없었다. 또 다른 연구의 방법론상 문제는 이미 범죄자가 출현한 가계를 중심으로 통계조사를 하였다는 점이다. 원인으로부터 결과를 도출하는 것이 아니라 이미 드러난 결과를 놓고 원인을 역추론하는 방식으로는 범죄성향의 유전성을 과학적으로 분석하기 어렵다. 범죄를 저지른 사람에게서 범죄성이 있는 자녀가 태어났는지 규명하는 것과, 범죄인의 조상 가운데 범죄자가 있었는지 조사하는 방식은 다르다. 전자는 입증되기 어려운 반면, 후자는 간단히 살펴보는 방식만으로 편견을 강하게 만들 수 있기 때문이다.

3. 쌍둥이 연구

(1) 내 용

6 쌍둥이 연구는 일란성 쌍둥이와 이란성 쌍둥이의 행위일치율을 비교해봄으로써 유전이 범죄소질에 미치는 영향을 알 수 있다는 가정 아래 진행된 연구이다. 유전인자를 공통으로 가지고 있는 일란성 쌍둥이 사이에서 그렇지 않은 이란성 쌍둥이의 경우보다 범죄일치율이 높게 나타나면 범죄성향이 유전된다는 가설이 입증된다는 것이다. 이 연구는 나중에는 쌍둥이들의 성장환경까지 고려하여 소질과 환경의 상관관계를 고려하는 방향으로 발전하였다.

7 독일의 랑에(J. Lange)는 1929년 그의 저서 『범죄는 숙명이다』에서 30쌍의 쌍둥이를 대상으로 한 연구결과를 발표하였다. 그에 의하면 13쌍의 일란성 쌍둥이

중에 10쌍이 함께 범죄를 저지른 반면, 17쌍의 이란성 쌍둥이 중에서는 2쌍만이 함께 범죄한 것으로 나타났다. 그와 비교할 때 쌍둥이 아닌 비슷한 연령의 형제 214쌍 중에서는 단지 8%만이 함께 범죄를 저질렀다고 한다. 이러한 조사결과를 바탕으로 그는 범죄는 개인이 타고난 유전적 소질에 의해 저질러지는 것으로 이해하였다.1) 그러나 그의 연구는 이미 범죄를 저지른 한 명을 대상으로 다른 쌍둥이 형제가 범죄를 했는지 여부를 조사했기 때문에 자신의 가설을 증명하기 위해 제한적인 경우만 조사대상으로 삼았다는 비판을 받았다.

크리스챤센(K. O. Christiansen)은 **랑**에 연구의 한계를 극복하기 위해 더 광범 8
위한 표본을 대상으로 하였다. 그는 덴마크 공공기록에서 쌍둥이명부를 사용하여 1881년부터 1910년까지 덴마크에서 태어난 약 6,000여 쌍에 이르는 모든 쌍둥이를 조사하여 1968년 그 결과를 발표하였다. 이에 의하면 남자 일란성 쌍둥이 중에 어느 한 쪽이라도 범죄를 저지른 경우는 67쌍이었는데 그 중 24쌍(35.8%)은 다른 한 쪽도 범죄를 저지른 반면, 이란성 쌍둥이 중에는 114쌍 중에 14쌍(12.3%)만이 범죄를 같이 저질렀다고 한다.2) **크리스챤센**은 일란성 쌍둥이들이 더 높은 범죄일치율을 보이는 이러한 조사결과가 유전적 요인에만 이유가 있는 것은 아니라는 사실을 추가했지만, 일란성 쌍둥이가 성장환경에서 공통되는 경우가 많기 때문에 이러한 요인을 고려했어야 한다는 비판을 면할 수는 없었다.3)

달가드와 **크링렌**(Dalgard/Kringlen)의 연구는 쌍둥이 연구에서 환경적 요인을 9
함께 고려하였다. 그들은 139쌍의 노르웨이 남자쌍둥이를 대상으로 범죄일치율을 연구하여 1975년 그 결과를 발표하였는데, 일란성 쌍둥이들이 다소 높은 범죄일치율을 보인 것을 유전적 요인이 아닌 양육과정상의 유사성에 기인하는 것으로 보았다. 그리하여 '범죄발생에서 유전적 요소의 중요성이란 존재하지 않는다'는 견해를 밝혔다.4)

(2) 평 가

쌍둥이 연구는 범죄에서 유전소질의 영향이 적지 않다는 것을 보여준 대표적 10
분석으로 언급된다. 여러 저자들을 통해서 전체적으로 축적된 연구결과는 범죄에

1) Lange, Verbrechen ist Schicksal, 166면 이하.
2) Christiansen, Threshold of Tolerance in Various Population Groups, 107면 이하.
3) 자세한 것은 Bernard/Snipes/Gerould, Vold의 이론범죄학, 77면 이하.
4) Dalgard/Kringlen, A Norwegian Twin Study of Criminality, 213면 이하.

서 공유되지 않는 환경이 약 40%, 유전이 대략 50%를 차지하는 것으로 증명되었다고 한다.[1] 그러나 이 방법에 대한 반론도 적지 않다. 일란성과 이란성의 분류방법의 문제, 표본의 대표성, 공식적인 범죄기록에 의한 일치율조사 등에 문제가 있다는 지적이 그것이다.[2] 쌍둥이 연구는 쌍둥이인 형제자매가 대개 똑같은 환경에서 자라나고 성장하게 된다는 사실을 간과하고 있다. 이 점을 함께 고려한다면, 범죄에 결정적 원인이 되는 것은 유전이라기보다는 환경이라고 할 수도 있다.

4. 입양아 연구

(1) 내 용

11 입양아 연구는 범죄자 중에 입양아를 조사하여 그 생부의 범죄경력과 대비해 보는 연구이다. 입양되어 양부모에게서 자라난 양자가 범죄를 저지른 때, 생부가 범죄자였던 경우가 양부가 범죄자였던 상황보다 빈번하게 드러나면 범죄에 유전성이 있는 것을 입증하는 증거가 된다는 생각이었다.

12 처음으로 이러한 연구를 시도한 **슐징어**(F. Schulsinger)는 1972년 정신질환과 관련된 양자들을 대상으로 한 조사결과를 『정신질환: 유전과 환경』이라는 논문을 통해 발표하였다. 이에 따르면 정신질환이 있는 57명의 양자와 그렇지 않은 57명의 양자를 비교했을 때 정신질환을 가진 양자의 혈육 중에서 14.4%가 유사질환에 시달리는 반면, 정신질환이 없는 양자의 경우에는 그 비율이 6.7%에 불과한 것으로 나타났다. 이러한 결과를 토대로 그는 정신적 결함이 혈연관계를 통해 전수된다고 한다.[3] 그러나 육체와 정신의 질병을 엄격하게 나눌 수 없기에 정신적인 질병을 유전적으로 이어받는다는 위와 같은 연구결과는 당연한 것이며, 이로부터 곧 범죄성이 유전된다는 결론을 내릴 수는 없다.

13 **크로우**(R. Crowe)는 1974년 『반사회적 인물들에 대한 입양 연구』라는 논문에서 1925년부터 1956년까지 미국 아이오와 주에서 어머니가 범죄자였던 입양아 52명을 대상으로 조사한 결과를 발표하였다. 그에 의하면 52명 중에서 18명이 체포되고 7명이 유죄판결을 받은 반면, 범죄를 저지르지 않은 생부모에게서 태어난 입양아 52명 중에서는 2명만 체포되었고 유죄판결을 받은 사람은 한 명뿐이었다

1) Brown/Esbensen/Geis, 범죄학, 281면.
2) Siegel, 범죄학, 160면 이하.
3) Schulsinger, Psychopathy, 190면 이하.

고 한다.1)

허칭스와 메드닉(Hutchings/Mednick)은 초기 입양아 연구들이 지니는 방법론 적 문제점을 고려하여 참조할 만한 연구성과를 내었다. 이들 연구는 1927년부터 1941년까지 덴마크의 코펜하겐에서 입양된 4,068명의 입양아를 대상으로 생부와 양부, 본인의 범죄기록을 모두 조사하는 방식을 이용하였다. 그 결과 생부와 양부 둘 중 한 편만 범죄를 저질렀을 때는 양 편 모두 범죄한 경우보다 입양아에 대한 영향력이 약하며, 양부의 범죄성은 생부의 범죄성보다 영향력이 약하다고 하였다. 그 내용은 아래의 표에서 확인할 수 있는데, 그들은 여기서 유전적 요인뿐 아니라 환경 역시 범죄유발에 중요한 역할을 하는 것으로 이해하고 있다.2) 14

▮허칭스와 메드닉의 연구결과▮

생 부	범죄 없음			경범죄			일반범죄		
양 부	범죄 없음	경범죄	일반 범죄	범죄 없음	경범죄	일반 범죄	범죄 없음	경범죄	일반 범죄
양자의 범죄율	10.5	13.3	11.5	16.5	10.0	41.1	22.0	18.6	36.2
건 수	333	83	52	103	30	17	219	70	58

(2) 평 가

입양아 연구는 성장환경과 더불어 타고난 생래적 특성이 어느 정도 중요한 범죄원인이 된다는 점을 증명했다는 평가를 받는다. 그러나 비판적 관점에서는 어떤 범죄적인 생부모의 경력을 배경으로 한 아이든 간에, 입양기관은 아이들을 가능한 한 안정적인 가정에 입양시키려 한다는 점을 감안하지 않았다는 지적을 한다. 즉 대부분 사회적으로 거의 문제가 없는 가정, 도덕적으로 좋은 평가를 받는 가정이 입양을 하고자 하기 때문에 그 가정에 입양된 아이가 범죄를 저지르게 되는 경우에 범죄는 '환경에 의한 것이 아니라 유전적인 것'이라고 간단히 생각되기가 쉽다는 것이다.3) 15

1) Crowe, An Adoption Study of Antisocial Personality, 785면 이하.
2) Hutchings/Mednick, Criminality in Adoptees and Their Adoptive and Biological Parents, 127면 이하.
3) Brown/Esbensen/Geis, 범죄학, 280면.

5. 유전적 결함 연구

16 일반적 범죄성향이 유전되는가를 밝히기 위한 위의 연구와 달리 유전적 신체 기능의 비정상, 즉 유전적 결함 또는 유전적 결격이 범죄원인이 될 수 있다는 연구가 있다. 이것은 범죄성향 자체가 유전된다는 위의 가설보다 설득력이 높은 편이다. 이에 따르면 내인적 정신병, 정신병질, 정신박약, 음주벽, (잠재적) 범죄성 등을 가진 부모로부터 자손이 이를 물려받는 경우에 그것이 범죄발생의 원인이 될 수 있다고 한다. 여기서 유전적 결함이 부모에게 있는 경우를 직접부인直接負因, 조부모에게 있는 경우를 간접부인間接負因, 형제에게 있는 경우를 방계부인傍系負因이라고 한다.

17 유전부인 가운데 대표적인 내인성 정신병, 즉 정신분열증, 조울증 등이 있었던 부모에게서 태어난 자녀가 누범, 조발범, 중대한 풍속범 등이 될 확률이 그렇지 않은 사람보다 높게 나타난다는 연구결과가 있다. 예를 들어 **슈툼플**(F. Stumpfl)의 조사결과 누범자의 경우는 조사대상자 195명 가운데 5.9%가 이러한 유전적 결함을 가지고 있다고 한다. 이 수치는 초범자의 경우 166명 가운데 3.4%만이 유전적 결격을 갖는다는 점과 대비된다. 특히 **리들**(H. Riedl)에 따르면 어머니보다 아버지의 유전적 결함이 그러한 범죄에 영향을 크게 미친다고 한다. 반면에 정신박약은 범죄자 가정에 그리 많지 않은 것으로 나타난다.[1)]

6. 염색체 연구

18 염색체 연구는 19세기 말부터 시작되어 자연과학뿐만 아니라 사회과학에도 많은 영향을 미쳤다. 인간은 23쌍 46개의 염색체를 가지고 있으며, 이 중 44개는 상염색체이고 2개는 성염색체로서 이것의 조합에 따라 남성과 여성이 결정된다. 여기서 성염색체의 이상이 범죄성향과 연관된다는 가정을 증명하려는 연구가 1959년 **제이콥스**(P. A. Jacobs)와 **스트롱**(J. A. Strong)에 의해 시도되었다.[2)]

19 성염색체 가운데 X염색체가 증가된 경우(XXX, XXY, XXXY 등)는 일반적으로 클라인펠터 증후군(Klinefelter syndrome)이라고 불리며 범죄성향이 높다고 한다.[3)] 특히 XXY형인 여성형 남성은 대개 고환이 작고 무정자증이 있으며, 여성형의 유

---

1) Myerson, Certain Medical and Legal Phases of Eugenic Sterilization, 625면 이하.
2) Jacobs/Strong, A case of human intersexuality having a possible XXY sex-determining mechanism, 302면.
3) 1942년 미국의 클라인펠트(Kleinfeld)에 의해 처음으로 보고되었다.

방을 갖거나 장신이 되는 등의 신체적 특징을 보인다. 이러한 사람의 경우에는 지능이 낮고 반사회적이며 미숙하고 자신감이 결여되어 있다. 이러한 증후군을 나타내는 남성은 성범죄, 절도 등을 저지를 가능성이 높다고 한다.

클라인펠터 증후군보다 더욱 범죄성향을 띠기 쉬운 염색체이상은 XYY증후군 20
(XYY syndrome)이다. 이러한 사람은 남성성을 나타내는 염색체이상[超男性性]으로 키가 크고 지능이 낮으며 성적으로 조숙하여 조발성 범죄자가 많아, XYY형의 범죄자는 평균 초범나이가 13, 14세로 일반인의 18세보다 낮다고 한다. 이와 같은 염색체특징을 가지고 있는 사람은 그렇지 않은 사람보다 많게는 60배 정도 범죄자가 될 확률이 높다는 것이 연구자들의 주장이다. 이러한 초남성성을 지닌 사람들은 공격성이 강해서 성범죄, 방화죄, 살인 등의 범죄를 저지를 확률이 높다고 한다.1)

최근에는 성염색체뿐만 아니라 반사회적 행동을 유발하는 고유한 염색체 특 21
성이 있다는 연구결과도 소개되고 있다.

▮ 각종 염색체이상 ▮

염색체이상의 종류	증후군종류	증세
상염색체 이상	다운(down) 증후군	정신박약, 온순한 성격, 발육부진, 평균생존연령 14세.
	파타우(patau) 증후군	심한 정신박약, 무안無眼, 다지多指 등 기형적 질환으로 출생 후 사망하는 경우가 많음.
	에드워드(edward) 증후군	심한 정신박약, 소두小頭, 팔다리 기형을 특징으로 하고 조기에 사망하는 경우가 많음.
	묘성(cri du chat) 증후군	아기 울음소리가 고양이 소리를 닮았다고 하여 붙여진 이름. 정신박약, 소두, 두 눈의 간격이 먼 특징이 있음.
성염색체 이상	클라인펠터 증후군	47XXY의 남성장애, 여성형 가슴, 작은 고환, 무정자증이 많음. 정신지체의 비율은 높지 않음.
	다X증후군	초여성증후군으로 불리기도 하며 월경불순, 낮은 출산율과 낮은 지능지수를 특징으로 함. 47XXX의 삼중X증후군이 일반적임.
	터너(turner) 증후군	성염색체가 X 하나밖에 없음, 작은 키, 짧은 목, 낮은 지능지수, 청각장애, 소아형 외음부, 무월경, 불임증 등의 특징을 보임.

1) Jacobs/Brunton/Melville, Agressive Behavior, Mental Subnormality and the XYY Male, 208면 이하.

7. 분자유전학

22 최근 과학자들은 신경전달물질과 스테로이드 호르몬 시스템, 예를 들어 에스트로겐, 글루코코티코이드, 안드로겐 등과 관련된 유전성 연구를 진행하고 있다. 이러한 시스템이 특히 성격에 영향을 미쳐 행위에 대한 의사결정과정에 개입하는 것으로 보고되어 있기 때문이다. 즉 이러한 유전적 동질이상이 곧 인지신경심리에서 변화요인이 되고 그것이 행위를 결정하는 요소로 작용할 수 있다는 것이다. 예를 들어 아미노산의 변화는 단백질에 변화를 가져오고 이는 뇌와 몸속에서 화학물질과 구조의 변화를 야기한다. 결과적으로 이러한 작용이 몸 전체를 통해 예상 밖의 결과로 이어지고 이로부터 외부를 인지하고 인간 상호작용에 참여하는 방식이 변화될 수 있다고 한다. 연구결과 과학자들은 이른바 '범죄유전자'로 불릴 수 있는 것은 없지만, 매우 복잡한 여러 가지의 유전적 변종이 영향을 미쳐서 범죄행위가 일어날 수 있다는 사실은 인정된다고 한다.[1)]

8. 생화학적 기능장애

23 몸 안에서 일어나는 각종 물질의 화학적 변화와 에너지변화로 인해 생화학적 기능에 장애가 있는 경우에, 이것이 반사회적 행동을 유발하는 원인이 될 수도 있다는 설명이 있다. 몸 안의 화학적 결핍이나 불균형이 사람들의 사고양태와 행동통제에 영향을 미치고, 이러한 불균형이 직접 범죄를 일으킨다고 한다.

24 1) 20세기 중반 **폴링**(L. Pauling)은, 1) 영양결핍으로 인한 지각장애, 2) 영양부족, 저혈당증에 수반되는 과활동반응 두 가지로 범죄원인을 나누었다. 첫째, **지각장애** 대부분은 비타민·미네랄이 부족하거나 이에 지나치게 의존함으로써 발생한다고 하면서 이로부터 영양장애증세를 보일 뿐만 아니라 시각·청각이나 다른 특정한 감각에 중대한 장애를 일으키며, 때때로 폭력적 자기파괴행위로 나아갈 가능성도 높다고 한다. 둘째, **과활동반응**은 생화학적으로는 영양부족이나 저혈당증에 의해 생긴다고 한다. 특히 지나친 당분이나 전분을 섭취함으로써 저혈당증이 생기는 경우에 빈번하다고 한다. 이러한 과활동반응 때문에 일어나는 행동은 성급함, 시의심猜疑心, 기묘한 사고, 환각, 환청, 극도의 불안과 폭력성 등을 동반한다고 한다.

---

1) Brown/Esbensen/Geis, 범죄학, 281면 이하.

2) 신경전달물질과 효소의 작용을 연구하는 경우도 있다. 신경전달물질은 뇌의 화학물 전달자로서 그들은 정보가 처리되는 뉴런에서 다른 뉴런으로 정보를 전달한다. 현재 100개 이상의 신경전달물질이 알려져 있지만 특히 범죄행위와 관련해서는 도파민, 세로토닌, 모노아민 산화효소가 연구대상이 되고 있다. 이러한 요소들의 작용에 따라 정서적 이상, 반항장애, 충동성, 우울증 등이 생기며 이것이 곧 범죄원인이 될 수 있다는 것이다.[1] 25

3) 최근 성호르몬과 스트레스 호르몬이 반사회적 행위와 연관된다는 연구결과도 있다. 범죄학에서 가장 널리 연구된 것은 남성호르몬 중에 하나인 테스토스테론으로서 이 호르몬이 곧 폭력범죄, 성범죄, 마약범죄, 알코올중독, 냉담함과 무정함을 일으키는 원인이 되는 것으로 보고되기도 한다.[2] 26

9. 뇌의 기능장애

뇌의 기능장애가 범죄원인이 된다는 가설 아래 뇌의 배종손상과 태아손상으로 인한 정신박약 등과 범죄의 관련성을 연구하는 분야가 있다. 1) 인간의 뇌 구조 가운데에서 '결함'이 있다는 것은 뇌의 어떤 부분이 작거나 없는 것, 손상을 입은 것 등을 통틀어 말한다. 2) 뇌 기능에 '이상'이 있는 것은 뇌의 부분이 기능할 수 있는 충분한 산소나 영양분이 공급되지 아니하여 정상적 행위를 하는 데 방해가 되는 때이다. 27

특히 전전두엽, 측두엽, 변연계의 많은 부분이 반사회적 행위를 하는 데 중요한 부분으로 여겨진다. 이러한 곳의 기능손상 여부를 검사해 본 결과, 선천적 조건으로 뇌세포에 훼손을 입거나 후천적 충격이나 외상에 의해 기능이 저하된 경우에는 성격장애 또는 이상행동을 일으키기 쉽다. 우선 선천적 원인인 배종손상과 태아손상의 경우에는 정신박약 원인이 될 수 있고, 지능·감정·성격 등에 이상을 나타낼 수 있다는 것이 의학적으로 증명된다. 한편 후천적으로 머리에 충격을 받아서 뇌에 손상을 받은 경우에는 그 직후 또는 상당기간이 지난 후에도 성격이상을 초래하거나 발육부전을 일으키는 경우가 많다. 실제로 재소자나 폭력적인 환자들은 뇌의 정면부나 관자놀이 부근에 기능장애가 있는 경우가 많다는 것이 보고되기도 하였다. 대뇌의 변연계 시스템(감정을 관장하는 부분)의 파괴가 기 28

1) Brown/Esbensen/Geis, 앞의 책, 286면 이하.
2) Akers/Sellers/Jennings, 범죄학이론, 113면 이하.

능적 장애를 갖고 있는 경우에 높은 공격성을 띠는 범죄자가 될 수 있으며, 그 부분이 반대로 과대활동을 하는 경우에는 이른바 '사이코패스' 등의 유형으로 나타날 수 있다는 연구도 있다.[1]

10. 평 가

(1) 입증가능성

29 이러한 일련의 범죄소질에 대한 연구는 그동안 비판의 표적이 되어 왔던 유전에 의한 범죄성향 연구를 넘어 생물학적 범죄원인론에 새로운 활력을 불어넣은 것으로 평가받았다. 유전학과 생화학의 설명을 요약하자면, 1) 유전적 생물학적 요소가 인간의 심리 또는 인지과정에 영향을 미치고, 2) 그것이 행위결정에 영향을 미치며, 3) 그로부터 반사회적 행위가 드러날 수 있는 것이다.

30 여기서 보듯이 유전적 특이성 등 선천적 문제를 지닌 사람이 범죄에 빠지기 쉽다는 것을 귀납적으로 증명하더라도 유전적 비정상과 범죄가 직접 관계있다고 단언할 수는 없다. 그와 같이 단정지으면서 '범죄적 유전인자'를 확정하는 이론도 찾아볼 수 없다. 만약 소질적 특성도 범죄의 '먼 원인' 가운데 하나가 될 수 있다는 것이 연구결과라면, 이는 반증될 수 없거나 당연한 결론만 남는 것이 아니냐는 비판이 가능하다. 즉 이에 추가하여 다른 요인의 영향이 선천적 요소보다 앞서는 것이 아닌가에 대한 연구도 필요하다.

31 예를 들어 선천적 결함 자체가 곧 범죄성향이 되는 것이 아니라, 정신병질 등을 앓고 있는 부모로부터 유전된 경우에 그와 같은 가정환경이 자녀를 사회에 적응하기 어렵게 하고 그 결과 사회에서 인정받기 어려운 행위를 한 것이 아닌지 물어야 한다. 스스로 크고 작은 정신적 장애가 있을 때 사회에 적응하기 어려운 것은 물론이다. 또한 비판범죄학 입장에서는 특이한 신체적·정신적 특징을 가진 사람은 그 특징 때문에 같은 행위를 하였을 때 범죄로 인지될 확률이 높고, 범죄혐의를 받은 후 체포나 유죄판결을 피할 확률이 거의 없다고 한다. 그들이 범죄를 저지른 통계가 범죄소질로부터 이어진 것임을 증명하는 것은 아니라는 것이다. 또는 반사회적 행위나 위험을 좋아하는 선천적 성향을 갖고 있는 사람들은 자신을 범죄행위가 가능한 환경에 두는 경우가 많으며, 그로부터 반사회적 행위의 가

1) Brown/Esbensen/Geis, 범죄학, 285면.

능성이 높아지는 것은 당연하다는 반론도 있다.[1)]

(2) 정책적 함의

위와 같은 이론들의 중요한 단점은 그것이 형사정책적으로 선택할 수 있는 대책을 극히 제한적으로 만드는 데 있다. 선천적 범죄성을 강조하면 할수록 그에 대해서 할 수 있는 조치는 제한된다. 예를 들어 범죄소질을 연구한 대표적 학자였던 **후튼**은 생물학적으로 열등한 범죄인을 사회로부터 격리시키는 선택적 번식과 대규모의 자치적 범죄자 거주지를 제안하였다. **라프터**는, 범죄자는 우리 문명을 파괴하는 유전적으로 퇴화된 계급에 속해 있기 때문에, 이를 통제하기 위해서는 불임시술을 하거나 안락사시키고 복지혜택을 축소하라는 제안을 하기도 하였다.[2)] 32

현재까지도 이어지고 있는 이와 같은 생각은 범죄에 대한 막연한 공포에 익숙한 일부 사람들에게 충분히 매력적으로 들릴 수 있다. 특히 스스로 정상적이자 도덕적인 사람으로서 사회의 주류에 속해 있다고 생각하는 사람들에게는 더욱 그러할 것이다. 그렇지만 존재할 가치가 없는 인간을 미리 분류하는 가정과 그에 따라 제안되는 대책들이 어떤 이론을 통해서도 정당성을 확보할 수 없다는 사실은 앞에서 충분히 설명하였다. 각종 형법원칙, 헌법적인 기본권원리는 물론 (소극적) 공리주의 사고를 통해서조차 정당화될 수 없다.[3)] 그러나 이론적 기초가 박약할수록 대중의 기호에 직접 호소할 것이므로 이러한 사고방식의 위험성에 대해 여전히 주의를 기울일 필요가 있다. 33

---

1) Brown/Esbensen/Geis, 앞의 책, 272면; Plack, Plädoyer für die Abschaffung des Strafrechts, 28면 이하.
2) Rafter, Hooton and the biological tradition in American crimonologiy, 761면 이하.
3) 현재 '살 가치가 없는 인간'개념을 논증하려 애쓰는 학자로는 스스로 급진적 공리주의자라고 말하는 피터 싱어(P. Singer)가 대표적이다.

제 2 절 범죄발생의 심리학적 요인

[42] 심리학 패러다임과 범죄이론

1. 범죄심리학의 의의

1 범죄원인을 심리학적으로 접근하는 이론은 개인 심리의 영향, 즉 개인의 정신작용의 특이성 때문에 범죄를 일으킨다는 가설을 배경으로 한다. 현재 범죄사회학과 더불어 여전히 활발한 연구를 진행하고 있는데, 특정한 사람이 정신착란을 일으켜 범죄를 저지르는 경우를 대상으로 연구하기 시작하여 심리학과 정신의학 및 뇌의학의 발달에 따라 차츰 범죄에 대한 일반적·정신적 분야까지 그 분석대상에 포함시킨다. 범죄의 심리학적 연구결과는 범죄자 개인에 대한 치료·교정의 개별처우이념을 구체화하는 데 활용할 수 있다. 즉 생물학적 범죄이론과 달리 형사정책에 일정한 방향을 제시해줄 수 있는 것은 장점이다. 최근 의미 있는 범죄대책이 범죄자에 대한 처벌위주에서 치료중심으로 달라지고 있는 것도 심리학적 범죄이론의 지원을 받고 있다.

2 한편 심리학적 범죄이론은 형벌이론에 대해서도 논평한다. 형벌의 예방기능을 강조하는 입장은 형벌을 범죄자의 사회적응을 돕는 도구 또는 잠재적 범죄자에 대한 억압작용을 하는 수단으로 간주한다. 여기서 범죄자의 인격이 형벌을 통해 달라지거나 범죄자 또는 잠재적 범죄자가 형법규범을 인식하고 그 명령을 준수하는 것이 가능한가 하는 점도 심리학의 연구테마이다. 그러나 이에 대한 연구결과는 이와 같은 예방효과의 심리학적 타당성을 부정하는 것으로 보인다.[1)]

3 범죄심리학은 심리학의 대표적인 패러다임에 따라, 1) 범죄자의 정신과 무의식적 내면을 들여다보는 작업인 정신의학 내지 정신분석학적 연구, 2) 인간의 인격적 특성에서 범죄의 원인을 찾으려고 하는 인성이론, 3) 범죄자의 인지발달과정에서 범죄원인과 그에 대응하는 도덕의 역할을 찾는 인지발달이론, 4) 범죄를 범죄자의 학습경험이 축적된 자연적 발달로 파악하는 행동주의이론과 학습이론, 5) 심리학적 원인에 생물학적 특징을 함께 고려하는 심리생물학적 이론 등으로

---

1) Neumann/Schroth, 형사정책의 새로운 이론, 111면 참조.

구체화되고 있다.

2. 정신분석학

(1) 정신의학과 정신분석학

정신의학은 오래된 학문이다. 고대에는 정신이상을 악령이나 악마의 영향으 4
로 설명하는 초자연적 이해가 일반적이었으나, 이미 고대 그리스의 **피타고라스**(Phythagoras, 기원전 580～510)와 그의 제자인 **알크매온**(Alcmaeon, 기원전 550～500)은 뇌를 심령기관으로 보면서 정신질환을 그 기관이 고장난 것으로 생각하였다. 더 나아가 **엠페도클레스**(Empedocles, 기원전 490～430)는 성격과 심리를 설명하는 요소로서 네 가지 체성(열, 냉, 습, 건)과 체액(혈액, 담, 흑담, 황담)을 제시하였다.

중세를 거쳐 근대에는 의학지식의 발달과 더불어 정신이상을 질병의 하나로 5
보는 견해가 보편화되었다. 100여 년 전 심리분석의 중심대상이라 할 수 있는 무의식 개념도 **하스트만**(v. Hastman, 1842～1906) 등에 의해 연구되었고, **프린스**(M. Prince, 1854～1929)는 의식분열이나 이중인격 등의 현상에 관한 연구에서 무의식 개념을 활용하였다. 정신분석학은 이러한 연구의 중심에 서 있는 **프로이트**와 그의 제자, 즉 **아들러**(A. Adler, 1870～1937)와 **융**(C. Jung, 1875～1961), **제켈**(W. Sekel, 1868～1940) 등에 의해 발달된 학문분야를 가리킨다.

(2) 프로이트의 정신분석학

프로이트(S. Freud, 1859～1939)는 먼저 히스테리 연구를 통해 심리적 원인이 6
신체질병의 원인이 될 수 있다는 점을 발견하였다. 히스테리는 어린 시절의 심리적 충격(트라우마) 등에 의해 생겨난 것으로서, 많은 경우 성적 체험의 결과이다. 이를 치유하기 위해서는 이러한 체험을 다시 인식영역으로 끌어내와야 하는데, 그것이 곧 무의식에 접근하는 방식을 필요로 하는 계기가 되었다. 그는 꿈이나 환각, 말실수 등을 무의식에 접근할 수 있는 통로로 생각하였다.

프로이트 인격분석의 출발은 자아를 둘러싼 요인들 사이의 부조화 때문에 갈 7
등이 생긴다는 것이다. 인간은 근본적으로 내면적 갈등의 존재이다. 그는 의식의 영역에 있는 에고와, 무의식에 놓인 이드와 수퍼에고를 갈등요소로 정의하였다. 1) 우선 **이드**(id)는 생물학적·심리학적 충동의 축적체를 가리키는 것으로서, 모든 행동의 밑바탕에 놓여 있는 본성을 의미한다. 이드는 무의식 세계에 자리잡고 있으며, **프로이트**가 말하는 쾌락추구원칙에 따라 행동한다. 2) **수퍼에고**(super-ego)는 도덕과 윤리규범의 원천으로서 자아비판과 양심의 힘을 가리킨다. 역시 무의식 속에서 작용하며, 개개인의 특수한 문화적 환경과 사회적 경험으로부터 유래하는 당위를 반영한다. 대체로 유년기에 부모로부터 받는 사랑과 훈육으로부터 생겨나는데, 어린이들은 특히 부모의 가치관을 자신의 이상적 관념으로 삼는다고 한다.[1] 3) **에고**(ego)는 스스로 의식할 수 있는 인격을 말한다. 에고는 현실원리에 따라 생활하며, 무의식 속에 있는 이드의 요구와 수퍼에고의 저지 사이에서 중재를 시도하며 살아가도록 한다.

8 에고는 수퍼에고에 의해 이드 충동에 대한 죄의식을 경험한다. 이때 그 해결방법은, 1) 이드의 충동이 수퍼에고에 의해 승인된 행동으로 변화되는 **순화**(sublimation)의 방법, 2) 충동을 무의식의 세계로 밀어 넣고 그 존재 사실을 부인하는 **억압**(repression)의 방법이 있다. 후자의 경우 이드의 충동을 억압하면서 반작용 또는 투영이라는 두 가지 특이한 반응이 이어질 수 있다. 1) **반작용**(reaction)이란 어떤 사람이 특정한 충동을 억제하면서 사는 바람에 그러한 충동과 관련한 문제에서 지나치게 민감하게 반응하게 되는 것을 말한다. 2) **투영**(projection)이란 어떤 욕망을 억압하고 있는 사람은 다른 사람이 갖고 있는 같은 욕망을 더 잘 발견하는 것을 말한다.[2]

9 **프로이트**가 보기에 위와 같은 욕망 가운데 가장 중요한 것은 성적 욕망, 즉 리비도(libido)이다. 유아기 초기의 원초적 리비도는 단계별 양상에 따라 구강기, 항문기, 성기기의 단계로 발전한다. 성기기에 해당하는 3~4세의 어린아이들은 자신과 다른 성별의 부모에게 성적 관심을 갖게 된다고 한다. 이때 부모와 관계를 성공적으로 형성하지 못하면 특히 수퍼에고가 강한 사람일수록 남자아이들은 외디푸스(Oedipus) 콤플렉스, 여자아이들은 엘렉트라(Electra) 콤플렉스를 갖게 되며, 이로 인해 무의식적인 죄의식을 갖게 된다. 동성부모와 동일시 및 부모의 통제를 내면화하면서 수퍼에고가 서서히 발달하여 결국 자녀는 이성부모를 소유하려는 욕구를 포기한다. 이러한 과정에 나타난 비정상적 발달이 유아기·유년기에 고착되면, 무의식적 죄의식과 싸우고, 지체된 발달로부터 비롯된 병리학적 원인이 곧 청소년 시

1) 프로이트의 '수퍼에고'를 칸트의 '실천이성'에 비견하는 예는 한병철, 피로사회, 84면.
2) 자세한 것은 Pelfrey, 범죄학 입문, 46면 이하; Siegel, 범죄학, 165면 이하.

기에 반사회적 행위를 하게 할 수 있다고 설명한다.[1)]

(3) 범죄에 대한 정신분석학적 설명

프로이트는 이처럼 이드, 에고, 수퍼에고의 갈등에 초점을 맞추면서 그 양상 10
의 표현이 비행으로 드러난 것일 뿐이라고 말한다. 이드는 타고난 것으로서 변하지 않는 것이고, 그 내용이 개인에 따라 다르지 않다. 다만 과도하게 발달한 수퍼에고로 인해 이드를 내재화하고 있는 에고가 항상 죄책감과 불안감을 느끼기 때문에 범죄에 따른 처벌을 통해 죄의식을 해소하고 심리적 균형감을 얻고자 하는 마음에서 범죄를 저지른다는 것이다. 즉 프로이트에게 범죄란 이와 같이 억압된 인격적인 경험이 대신 표현된 것이다. 한편 아이히호른(A. Aichhorn)은 범죄를 이드가 제대로 규제되지 못한 데서 기인하는 것이라 이해하기도 한다. 또는 다른 사회구성원들에게 자신의 유아기적 욕구를 분출하는 경우로 설명하기도 한다.[2)]

정신분석학은 범법행위를 하지 않는 사람들의 위와 같은 인격체계도 언제나 11
불안정하기 때문에, 그들이 범죄행위를 하는 사회구성원들로부터 오염될 가능성을 안고 있다고 본다. 형벌해악은 이러한 감염위험을 없애는 데 필요한 것이라고 한다. 그러나 그 기능은 심리강제적 위하의 형태로 진행되는 것이 아니다. 사회가 범죄자에게 해악을 부과하여 다른 사회구성원들의 억압된 이드 충동을 만족시킴으로써 이루어지는 것으로 본다.[3)] 보편적이지 않으나 이 또한 일종의 일반예방이론으로 구분할 수 있다.

(4) 평 가

정신분석학 논의는 이후 심리학은 물론 철학, 사회학, 범죄학 등에 중대한 12
영향을 미쳤다. 20세기 이후, 개인적 원인을 중시하는 범죄원인론은 대부분 이 이론에 직·간접적으로 영향을 받았다고 해도 지나치지 않다.[4)]

정신분석학 자체에 대한 비판도 이어졌다. 첫째, 주요개념을 드러내 보이거 13
나 기본가정 또는 가설을 검증하는 것이 어렵다는 것이다. 중요한 개념적 관건인

---

1) Akers/Sellers/Jennings, 범죄학이론, 144면 이하.

2) Vold/Bernard/Snipes, 범죄학이론, 110면 이하; Kunz, Kriminologie, 10/9 이하.

3) Siegel, 범죄학, 166면 이하.

4) 프로이트에 가장 많이 영향을 받은 대표적 사회학자로는 미국의 구조기능주의 학자인 파슨스(T. Parsons)를 들 수 있다. 그는 일탈은 욕망이나 개인적 필요가 다른 사람이 환경과 상호작용에서 방해받는 경우에 나타나는 자아의 반작용이라고 한다(Parsons, Social Systems, 250면 이하; Filser, Einführung in die Kriminalsoziologie, 183면). 그는 일탈에 이르는 여러 가지 장애와 그것에 대응하는 행위의 여러 등급을 설정하였으며, 이는 파슨스의 제자인 머튼(R. Merton)이 아노미에 대응하는 여러 행위유형을 나누는 데[53/5] 영향을 미쳤다.

이드, 에고, 수퍼에고와 무의식의 대립은 관찰할 수 있는 것이 아니며, 숨겨진 동기의 추론으로서 꿈의 분석이나 실언 등의 간접적 기술에 의해서만 파악될 수 있다고 하기 때문이다. 둘째, 정신분석학자들은 대체로 몇몇 임상사례에 의존하고 있기에, 그 개인의 정신적 면을 분석하는 것으로부터 이론을 전개하고 있어 표본의 대표성이 문제가 된다. 셋째, 초기 아동기의 경험과 성적 욕구를 지나치게 강조하는 것도 잘못이라는 지적이 있다.

14 정신분석학 범죄이론은 다른 개인적 상황이나 환경에 의한 범죄를 명확하게 규명하지 못한다는 비판을 받는다. 그 결과 더 흔한 경우로서 자아와 타자(Alter Ego)의 대립에서 생기는 일탈 가능성이 논증되지 않았다고 한다. 또한 이드충동을 사회화과정에서 잘못 형성된 수퍼에고로 억압한다고 해서 이드충동이 긍정적으로 해소되지 않을 것이라는 비평도 있다. 부모의 교육 등으로부터 형성된 수퍼에고가 반드시 보편적 도덕의 핵심을 반영하는 것은 아닐 것이다. 따라서 이러한 수퍼에고의 조종을 통해 이드의 에너지가 자칫 올바르지 않은 쪽으로 나아가서 자아의 사회활동에 다른 독소로 작용할 수도 있다.1)

3. 인격심리학이론

(1) 내 용

15 인본주의적 또는 인격심리학적으로 범죄를 설명하려는 이론을 성격이론 또는 인성이론이라고 부르기도 한다. 인격심리학에서 범죄원인은 무의식으로부터 비롯된 동기가 아니라 개인 성격의 특유성이다. 범죄자는 비정상적이거나 부적절한 범죄적 성격을 원래부터 갖고 있는 사람이거나 그러한 성격을 후천적으로 갖게 된 사람이라는 것이다.

16 여기서 언급되는 성격은 타고난 대로 고정된 것이 아니다. 도덕적 행동은 사회화과정에서 습득되는 것으로서 그 가운데 개인은 도덕적 행동을 하도록 순응한다. 그와 달리 범죄를 일으키는 사람들은 충동성, 공격성, 감각추구, 반항, 적대성을 상대적으로 더 크게 지니고 있거나 갖게 되었으며 심각한 범죄는 정신병질적, 반사회적 이상성격으로부터 일어날 수도 있다고 한다. 특히 **아이젠크**(H. Eysenck)는 인간의 성격을 외향성－내향성, 안정성－불안정성으로 구별하고 이 두 가지

---

1) 이러한 지적을 하는 대표적인 학자는 하프케(B. Haffke)이다. Neumann/Schroth, 형사정책의 새로운 이론, 112면.

성격적 특성이 반사회적 행동가능성과 관련을 맺는다고 한다. 극도로 내향적인 사람은 과잉 각성(arousal)되어 자극으로부터 멀어지기를 원하는 반면, 외향적인 사람은 각성수준이 떨어져 흥분을 추구하게 된다. 안정적이지 못한 사람은 불안해하며 정서적으로 긴장되어 있다. 그 가운데 신경증적이면서도 외향적인 사람은 자기성찰을 하지 못하여 사회 안에서 이성적 판단을 그르치고 범죄를 저지르게 된다고 설명한다.[1])

(2) 평 가

성격적 특성에 바탕을 두고 있는 이론은 경미한 범죄에서부터 중한 범죄에 이르기까지 설명하는 범위가 넓은 장점이 있다. 그러나 범죄가 다양한 만큼 범죄로 나아가는 인성적 특성도 다양하기 때문에 통일적인 설명으로 생각되기는 어렵다.[2]) 외향적 사람이 내성적 사람보다 범죄율이 더 높다는 사실도 경험적으로 입증되지 않고 있다. 외향성, 내면성 등 여러 다양한 성격을 가진 사람들 가운데에서 어떤 경우에 일탈로 나아가는지 구체적인 설명을 하지 않고 있다는 비판도 있다.[3]) 17

이와 같은 비판에 대응하여 인격심리학의 일부 견해는 범죄자가 제재의 위험성이 있는데도 순간적인 자기통제능력이 결핍되어 범죄를 저지른다고 한다. 그러나 자기통제 결핍의 기준이 모호할 뿐만 아니라 형벌을 받고 있는 수형자를 대상으로 연구를 진행하였다는 방법의 한계도 있다. 이미 범죄를 저지른 사람에게 묻는다면 누구든 당시에 스스로 통제하기 어려운 상황이었다고 말할 뿐, 그것이 자신의 고유한 성격으로부터 발현된 것이라고 하지는 않을 것이기 때문이다. 최근 이 계통에서는 MMPI(Minnesota Mulitphasic Personality Inventory) 검사를 선호하는데, 그 설문 내용에 법에 대한 위반을 묻는 것도 포함되어 있어서 문제를 문제로 답하는 '순환론'[4])에 빠질 우려도 있다. 18

4. 인지발달이론

넓은 의미의 인지발달이론은 도덕적 판단력이 인간의 인지발달에 따라 내재 19

---

1) Siegel, 범죄학, 177면.
2) Akers/Sellers/Jennings, 범죄학이론, 149면.
3) Neumann/Schroth, 형사정책의 새로운 이론, 78면 이하.
4) "규범 위반적인 성격을 가진 사람이 규범을 위반한다."

화하는 과정을 거친다고 한다. 스위스의 **피아제**(J. Piaget)에 따르면, 사람의 도덕성은 일정한 단계로 발전하며, 각 단계는 사람의 경험에 따라 그 이전 단계에 의존하여 발전한다. **콜버그**(L. Kohlberg)는 이러한 주장을 구체화하여 관습 이전단계와 관습단계, 관습 이후단계로 나누고 그에 따라 인간의 추론능력도 발전하는 것으로 보았다.[1]

20 **[콜버그의 도덕발달의 단계]** **콜버그**가 말한 인간의 도덕발달 단계는 다음과 같다. 1) **관례이전의 수준**: 1단계－벌받는 것을 피하는 수준, 2단계－다른 사람의 욕구도 충족시켜야 한다는 것을 아는 수준(너에게 도덕적으로 대해야 나에게도 그렇게 대할 것 아니냐), 2) **관례적인 수준**: 3단계－상호 기대하고 의견을 합치하는 것. 착한 행동으로 공동체에게 인정받고자 하는 수준, 4단계－사회질서 자체를 위해서 도덕을 받아들이는 것. 사회 전체의 기대에 부응하는 수준, 3) **관례를 초월한 수준**: 5단계－사회계약의 근본을 바라보는 자세. 법과 질서(의 토대)에 대한 합리적 기준에 따르는 것, 6단계－보편 윤리를 스스로 추구하는 경향. 양심에 따르는 것, 7단계－왜 도덕적이어야 하는가에 대한 스스로 답을 찾은 수준. 도덕의 기원에 대한 통찰이 가능한 정도. 이와 같은 단계에서 위하예방은 단순한 불이익을 피하는 1단계 수준의 인간상을 전제하고 있으며, 적극적 일반예방이론은 사회체계의 기대에 부응하는 4단계 수준의 관념으로서 위하관념을 비판한다. 그러나 이를 넘어 사회계약의 본질을 도덕의 기초로 삼는 5단계, 또는 보편 윤리적 원리를 스스로 이행하는 6단계 이상의 도덕의식에서 볼 때 적극적 일반예방테제 또한 대상자의 인격을 그렇게 존중하는 것은 아니다.

21 이 이론은 성장과정에서 도덕심 배양의 진도를 중요시한다. 단순히 처벌을 피하기 위해 또는 자기이익을 위해 법을 지키는 사람은, 법을 다른 사람과 공동이익을 위해 존재하는 것으로 보는 사람이나 도덕의식이 이미 내면화된 사람에 비해 범죄인이 될 가능성이 높다고 한다.

22 인지발달 단계에 따라서 도덕적 판단능력에 차이가 있다는 설명은 다양한 범죄원인론을 포괄할 수 있는 장점이 있다. 그러나 도덕성과 범죄행위의 관계를 직접 증명할 수 있는 연구가 바탕이 되지 않으면 실증성이 떨어지며, '도덕심 결여가 범죄의 원인'이라는 상식을 반복하는 이론에 그칠 우려도 있다.

5. 행동주의이론

23 행동주의이론 또는 행태주의이론은 인간행위를 학습된 내용의 표현으로 이

---

1) 자세히는 Kohlberg, 도덕발달의 심리학, 34면, 161면 이하; Reese－Schäfer, 칼－오토 아펠과 현대철학, 31면 이하.

해한다. 19세기 후반에 시작된 이 이론을 본격화한 사람은 **스키너**(B. F. Skinner, 1904~1990)이다. 그는 유명한 '상자실험'[1])을 통해, 모든 행동은 학습될 수 있으며 특히 가시적인 상과 벌은 무의식에 잠재된 요소보다 더 큰 영향을 주고 행위에 미치는 정교한 강제가 될 수 있다는 점을 강조하였다.[2])

행동주의이론은 범죄학에서 학습이론(learning theory)으로 이어지거나 그 배경 이론으로 소개되고 있다. 행동주의 관점과 학습이론은 다른 이론이 아동기의 무의식적 영향이나 인지발달을 중요시하는 것과 달리, 일상생활에서 일어나는 실제행위와 그로부터 얻어지는 경험을 중시한다. 다른 사람의 행동에 대해 자신이 어떻게 반응할 것인가를 배우는 과정·결과가 중요하다. 범죄는 비정상적이거나 도덕적으로 미성숙한 반응의 표현이 아니라 일상적으로 그렇게 반응하도록 학습된 내용에 지나지 않는다고 한다. 예를 들어 일탈 행동은 우연한 순간에 일어나는데, 이에 대해 부모가 어떻게 반응하는지가 중요하다. 부모가 무관심하거나 칭찬 등으로 '보상'을 하면 이러한 행동방식은 고착될 것이고, 부모가 '제재'를 하는 경우에는 이러한 행동을 하지 않도록 학습된다. 이와 같은 과정이 반복되면 일탈행위를 하는 사람 또는 그 반대되는 사람으로 성장한다고 설명한다.[3]) 24

행동주의이론 그리고 그 영향을 받은 범죄학이론인 학습이론에 대해서는 많은 반론이 제기되었다. '상을 주면 하고 벌을 주면 안 한다니, 우리 인간이 쥐와 같은 수준인가?'라는 반박도 있었다.[4]) 이외에 주요한 몇 가지를 요약하면 다음과 같다. 25

6. 행동주의적 이론(학습이론)에 대한 반론

(1) 본능이론

본능이론은 인간의 공격적 행동특징은 학습되는 것이 아니라 본능에 의존하는 것으로 설명한다. 이미 **프로이트**도 인간은 공격본능을 타고난다고 하면서, 인간내부로부터 발생하는 폭력충동(drive)은 제거할 수 없는 것으로 보았다. 본능이론으로 노벨상을 받은 오스트리아의 동물행동학자 **로렌츠**(K. Lorenz)는 동물의 행 26

1) 동물을 상자에 가두어 먹이를 주거나 충격을 주는 식으로 상과 벌을 반복하면 여러 행동들을 하도록 가르칠 수 있음을 보여준 실험이다(Schwind, Kriminologie, 6/30 이하).
2) Slater, 스키너의 심리상자 열기, 17면 이하.
3) 허경미, 현대사회와 범죄학, 91면.
4) Schwind, Kriminologie, 6/33.

동방식을 연구한 결과, 본능이 환경이나 학습보다 큰 역할을 차지한다는 것을 밝혔다. 그는 중요한 본능인 공격성은 종의 생존을 위해 필수적인 것으로 간주한다. 동물은 다른 동물을 공격함으로써 자기 자신의 영토를 지키고 종족의 생존을 유지해가기 때문이다.[1)]

27 그러나 공격성이 본성이라는 주장은 다른 경험연구를 통해 반박되기도 했다.[2)] 특히 인간의 공격적인 성격은 동물에 비할 때 더욱 환경과 학습의 영향을 받는 것으로 볼 수밖에 없다. 만약 인간이 같은 수준의 공격 본성을 갖고 태어나는 것이라면 각 지역, 각 국가에 따라 폭력적 범죄수준이 큰 차이를 보이는 이유를 설명할 수 없다.

(2) 좌절·공격이론

28 좌절·공격이론은 행동이론이나 본능이론과 달리 공격성이 외부조건에 의해 유발된 동기로 생긴다는 이론이다. 즉 학습이나 공격적 본성이 아니라 주로 '좌절'에 의해 공격성을 갖게 된다고 한다. **해리스**(M. B. Harris)는 극장에서 표를 사려고 줄을 서 있는 사람을 관찰한 결과, 맨 앞으로 끼어들기(새치기)를 한 사람에 대한 분노표시는 열두 번째 줄에 서 있던 사람보다 두 번째 줄에 서 있던 사람에게서 더 크게 나타난다고 하면서, 이처럼 좌절이 크면 그에 따라 타인에 대한 공격성(범죄성)도 커진다고 한다.[3)]

29 [좌절과 도발] 좌절·공격이론은 다음과 같이 구체화되었다. 1) **인지적 신연합**(neoassociation)은 **버코위츠**(L. Berkowitz)가 주장한 것으로서, 좌절은 혐오적이고 불쾌한 경험이기 때문에 공격을 일으키게 하는 요인이 된다는 이론이다. 사람이 혐오사건들을 겪게 되면 부정적 감정을 가지게 되는데, 이러한 감정은 자동적으로 공격이나 도피의 성향을 부추기고 동시에 신체반응을 일으켜서 그러한 경험과 관련된 생각이나 기억을 활성화하게 된다는 것이다. 2) **직접도발이론**에 따르면 공격은 한 사람이 언어적·신체적으로 다른 사람을 도발한 결과라고 한다. **바론**(R. A. Baron)은 두 집단을 두고 한편은 비판과 욕설로 대응하고, 다른 편은 협조적·시혜적 대응을 하였을 때, 전자의 집단은 비협조적이거나 파괴적인 반응을 보인다고 한다. 상호보복성은 사람들이 모여 사는 가운데 큰 범죄유발요인이 된다는 것이다. 3) **고조된 각성이론**은 어떤 상황에서는 원인을 묻

1) Lorenz, Das sogenannte Böse, 30면 이하. 로렌츠는 본성에 의한 공격성은 악한 것이 아니라는 점을 강조한 것이다. 이에 대해서는 Pieper, 선과 악, 30면 이하.

2) 칭양쿠오(Zing Yang Kuo)는 쥐를 잡아먹는 고양이 밑에서 자란 새끼와 쥐와 함께 자란 고양이 새끼가 성장하여 쥐를 공격하게 되는 경우는 각각 85%와 17%로 달라진다고 한다(이훈구, 사회심리학, 245면).

3) Harris, Mediators between Frustration and Aggression in a Field Experiment, 562면 이하.

지 않고 흥분과 각성이 고조된 상태에 놓이게 되면 성가심·좌절·도발 등에 공격적으로 반응하게 된다는 이론을 말한다. 질만(D. Zillmann)은 이와 더불어 정서적 각성이 전이되는 과정을 논증하였다.[1]

(3) 인지부조화이론

인지부조화(cognitive dissonance)이론도 행동주의 심리학에 중요한 반론을 제 30
기한다. 이 이론은 보상이 주어지는 행위를 하고 해악으로서 반작용이 부과되는 행위를 하지 않는 식의 단순한 선택을 하지 않는 심리에 주목한다. 주어진 상황에서 합리적 선택이라고 여겨지는 행위가 보통 예견되지만, 스스로 그와 전혀 다른 방향으로 행위를 결정하고 자신의 선택이 부조리한 것이 아님을 애써 믿고자 하는 심리가 있다는 것이다. 이 이론은 보상이 따를 만한 행위를 일부러 하지 않고, 좋지 않은 결과로 여겨지는 선택을 굳이 하게 되는 근거를 제시한다. 페스팅거(L. Festinger)의 처음 연구는 거짓말을 하는 대가로 일부 사람들에게는 20달러, 다른 사람들에게는 1달러를 주는 실험에서 비롯되었다. 이때 진실인 것처럼 믿는 신념에 따라 거짓말을 한 사람은 오히려 1달러를 받은 사람들이라는 의외의 결과가 있었다. 그들은 경제적 보상에 따라 행동하였다고 생각하기 싫기 때문에, 차라리 믿음을 바꿔버렸다는 것이 페스팅거의 설명이다.

인지부조화이론은 시험감독을 하지 않을 때 오히려 부정행위가 줄어드는 경 31
우에서 보듯이 인간심리가 단순하지 않음을 알려준다. 이에 따르면 도덕적인 행동을 하면 상을 주고 일탈을 저지르면 처벌을 하는 단순한 방식으로는 범죄발생을 설명할 수도, 예방할 수도 없다. 오히려 어느 정도의 일탈을 허용해주거나 오히려 보상을 해주는 것이 범죄예방에 더 효율적일 수 있다는 주장이 가능하다. 이 관점은 형사정책적으로 특히 소년범죄나 행형과정의 재범예방교육에서도 활용될 수 있다.

그렇지만 이 이론이 행동주의 심리학의 단순한 사고방식에 대한 하나의 반론 32
에 해당한다고 할 수는 있으나 범죄학과 형사정책에 이용될 수 있는 뚜렷한 설명을 하고 있다고 보기는 어렵다. 이것이 예외를 설명하는 입장에 그치는 것이 아니라 원칙에 해당하는 보편적 인간심리에 대한 분석이라고 보면, 행동주의 범죄심리학뿐만 아니라 형벌의 예방적 기능을 전면적으로 부정하게 될 것이기 때문

---

1) Zillmann, Excitation transfer in communication–mediated aggressive behavior, 419면 이하.

이다.

7. 평 가

33 지난 세기 중후반까지의 기대와 달리 위 심리학의 각 패러다임에 따른 범죄원인 가설들은 지금 그렇게 큰 지지를 얻지 못하는 것으로 보인다. 서덜랜드 이후 범죄학의 주도권이 개인적 원인론에서 사회적 원인론으로 넘어갔기 때문이라는 비평도 있다. 그러나 무엇보다도 위 원인론으로부터 어떠한 정책적 유효성을 취할 수 있는지 불분명했기 때문이라고 보는 것이 맞다. 위 이론들을 크게 대별해보자면 1) 타고난 공격적 본능, 인성 또는 유아기 때의 체험으로 자리잡은 무의식 등을 강조하는 입장, 2) 행동에 따르는 상벌로부터 습득된 행태, 단계에 따라 형성된 도덕의식을 강조하는 입장으로 나눌 수 있다.

34 이 가운데 전자인 1)을 범죄의 주된 원인으로 본다면 그에 대한 적합한 대응은 보안이나 치료 이외의 것이 될 수 없다. 이러한 방식은 국가형벌권 행사의 예외에 속한다. 후자인 2)가 만약 인간이 태어나 문화적 존재로 자라나는 과정 자체가 범죄원인이 된다는 설명으로 이해되면, 이를 범죄가 '개인의 사회화 결과'라는 당연한 말을 반복하는 것처럼 생각할 수도 있다. 정책 지침으로 삼아 행동방식을 수정하는 방편으로 이용하는 경우는, 국가가 개인 내면의 행위조건을 변경시킴으로써 도덕적 행위를 하도록 강제할 수 있는지 묻지 않을 수 없다.

[43] 정신적 결함과 범죄

1 과거부터 범죄가 정신적 결함에서 비롯되는 심리적 이상으로 발생한다는 생각은 오랫동안 있었다. 정신적 결함에 의한 심리적 이상을 행동종류에 따라 분류하면 노이로제, 정신병, 정신병질(성격장애 등을 포함하는 넓은 개념) 등이 있다. 정신박약이나 지능장애를 이에 속하는 것으로 보기도 한다.

1. 정신병과 범죄

(1) 정신병의 의의와 종류

2 정신병은 정신기능의 이상으로 인해 정상적 사회생활이 어려운 경우를 말한다. 일정한 시기에 나타나고 내적 질환의 경과를 거치므로 선천적·계속적 성질을

띠는 정신병질과 구별되는 개념이다. 대표적인 것으로는 정신신경증·정신분열증·편집증 등이 있다.

1) **정신신경증**은 신경계통의 병리적 장애가 아닌 단순한 심리적 장애로 일상생활에 지장을 초래하는 경우를 말한다. 일반 정신병처럼 환상·망상에 시달리지 않고 정상적 사고가 가능하며, 심인적心因的 원인에 기인한다는 점에서 단순한 성격장애와 구별된다. '노이로제'도 이러한 정신신경증의 유형이다. 정신신경증에는 불합리한 강박관념에 사로잡혀 특정행동을 반복하고, 중단하면 더욱 심한 불안감에 휩싸이게 되는 정신장애인 강박신경증(obsessive-compulsive neuroses), 근거 없는 극도의 불안감에 휩싸여 정신·신체적으로 여러 가지 장애를 일으키는 불안신경증(anxiety neuroses), 내적으로 억압된 충동이 야기하는 심적 갈등이 정신·신체적 장애로 발전하여 이상 증세로 나타나는 히스테리신경증(hysterias)이 있다. 3

2) **정서정신병**은 특별한 이유 없이 우울하거나 들뜬 기분상태를 보이는 정서장애를 말한다. 정서정신병에는 퇴행기우울증(involutional melancholia)과 조울정신병(조울증) 등이 있다. 4

3) **정신분열증**(schizophrenia)은 뇌의 기질적 손상이 원인이 되어 심각한 사고·언어장애, 감정불안, 인식과 행동장애, 극도의 현실기피증 등의 증세를 보이는 질병이다. 정신분열증은 내향적 성격의 소유자에게 자주 나타나고, 가정에서 발생하는 살인 등 중범죄는 이러한 환자의 돌발적 공격행위로 이루어지는 경우가 적지 않다. 5

(2) 범죄와 관련성

경험적 통계는 일반 예상과 달리 정신병환자의 범죄비율이 오히려 낮은 것을 보여준다. 정신병을 범죄의 단일한 원인으로 보는 견해는 없다. 일반적으로 정신병환자의 경우에는 교육이나 취업, 결혼 등 과정에서 적응이 어렵고 주위 편견을 벗어나기 어려운 상황에 놓여 있을 가능성이 높다. 즉 정신병 자체가 범죄원인이라기보다는 그로부터 비롯된 사회환경이 더 큰 영향을 미친 것으로 볼 수 있다. 6

범죄에 대한 대책으로서 범죄위험성이 있는 정신질환자를 분류하여 위험성이 없다고 인정되는 경우에는 재활기회를 주고, 위험성이 있는 경우에는 치료감호처분 등의 보안처분제도를 활용하고 있다. 물론 우선 정신적 이상을 판단하는 기준이 구체화되고 세분화될 필요가 있다. 과거에는 실제로 정신적 결함이 없는 7

자가 주위의 일방적 판단으로 치료감호와 같은 보안처분을 받는 경우가 잦아 큰 사회문제가 되었다. 지금은 전문의료이 과학적으로 엄격하게 판단하도록 하고 있다.[1)]

8 [비정상성의 기준] 여기서 정상적 사람과 그렇지 않은 사람을 판단하는 기준에 관한 문제를 생각해볼 필요가 있다. 최근 포스트모던의 정신은 정상과 비정상, 이성과 비이성, 합리성과 비합리성의 판단기준에 대해 회의적인 질문을 던진다.[2)] 정상성이라는 속성도 선험적이거나 절대적 기준에 따라 정해진 것이 아니다. 비정상이라는 평가도 다수의 행동기준에서 벗어날 때 내려지는 판단에 그치는 경우가 많다.[3)] 그러므로 어떤 사회에서 정상적인 행위가 다른 사회에서는 비정상으로 여겨지는 일도 얼마든지 있다.[4)] 어떤 특징을 지닌 사람에게 비정상이라는 낙인을 찍어 따돌리고 격리하고자 하는 심리에는 그 사회에서 자신과 비슷한 사람이 더 많은 것으로 느끼는 것 외에 어떤 다른 근거도 없다. 니체는 다음과 같이 비판한다. "누군가 보편적인 무리에서 벗어나 이웃에게 두려움을 불러일으키는 모든 것은 이제부터 악한 것으로 불려지는 반면, 공정하고 겸손하며 질서에 순응하고 매사를 동등하게 보는 정신 자세, 욕망의 평균치가 도덕의 이름과 명예를 얻게 된다."[5)]

2. 정신병질과 범죄: 사이코패스

(1) 의 의

9 정신병질은 계속적인 성격이상 내지 병적 성격으로 인해 외부 자극에 부자연스러운 반응을 보이고 신체기능이 협동적으로 이루어지지 않아 사회적으로 적응하기 힘든 상태를 말한다. 이와 같은 중증 성격장애에 대해서는 과거부터 크레펠린(E. Kraepelin), 서덜랜드(E. H. Sutherland), 슈나이더(K. Schneider), 젤리히(E. Seelig) 등의 연구가 이어져왔다.

---

1) 1995년 제정된 정신보건법은 2017년 정신건강증진 및 정신질환자 복지서비스 지원에 관한 법률(약칭: 정신건강복지법)로 개정되었다. 정신질환자가 인간의 존엄과 가치를 보장받고, 최적의 치료를 받을 권리를 가지며, 정신질환자가 부당한 차별대우를 받지 아니할 것 등을 내용으로 하고 있다. 또한 비록 범죄로 나아갈 우려가 있더라도 입원조치를 최소화하고 지역사회 중심의 치료가 우선적으로 고려되어야 하며, 정신건강증진시설에 자신의 의사에 따른 입원 또는 입소가 권장되고 있다. 입원한 자도 자유로운 환경을 누릴 권리와 다른 사람들과 자유로이 의견교환을 할 수 있는 권리를 가지며, 원칙적으로 자신의 신체와 재산에 관한 사항에 대해 스스로 판단하고 결정할 권리를 가진다고 규정하고 있다(법 제1, 2조).

2) 예로는 Foucault, 광기의 역사, 51면 이하.

3) 라틴어 'norma'에서 비롯된 '정상'이라는 뜻은 'T'모양의 자[尺]를 의미한다. 즉 좌나 우로 치우치지 않는 중간 지점이라는 뜻으로서 흔하게 만나게 되는 성질의 평균이나 척도라는 의미이다(Canguilhem, 정상적인 것과 병리적인 것, 141면 이하).

4) Singelnstein/Stolle, 안전사회, 23면.

5) Nietzsche, Jenseits von Gut und Böse, § 201.

그런데 근래에 이 문제가 다시 연구대상으로 주목받기 시작한 것은 소위 '사이코패스'(psychopath) 개념 때문이다. 사이코패스는 반사회적, 자기중심적, 공격적인 사람으로서 흥분을 갈망하고 죄의식을 느끼지 못하며 타인과 의미 있는 정서적 교감을 형성하지 못하는 '위험스러울 정도로 부적응한 성격의 소유자'를 뜻한다. 맥코드(J. McCord)는 사이코패스의 특징으로서, 1) 죄를 느끼지 못하고, 2) 타인과 공감하는 능력이 없어 다른 사람과 뚜렷이 구별되는 사람이라고 한다[無情性].[1] 10

(2) 연구내용

사이코패스의 성질을 연구한 헤어(R. D. Hare)는 사이코패스 체크리스트[2]를 만들어 활용한 것으로 잘 알려져 있다. 그는 사이코패스를 가리켜, 매력적으로 보일 수 있지만 온전히 자기중심의 사회적 약탈자로서 자신의 목적을 위해서 다른 사람을 조종하고 양심이 결핍되어, 자신의 반사회적 행동이나 타인에게 가한 해악에 죄책감이나 가책을 느끼지 않는다고 말한다. 사이코패스가 되는 원인으로는 사회적 영향력보다는 심리적, 생물학적, 유전적 요소가 지배적이다. 일부 선천적이면서도 밝혀지지 않은 생물학적 영향이 태아와 신생아 발달에 영향을 미치면 이러한 요인이 정상적 사회화와 양심의 형성을 저해한다고 한다. 한편 잘못된 육아와 부모의 학대도 추가적인 악영향을 미치는 것으로 본다. 헤어는 자신의 연구결과 교도소 수용자 가운데 약 20%가 사이코패스에 해당하며, 이러한 범죄자는 다른 범죄자에 비할 때 3배 정도 높은 재범율을 보인다고 한다.[3] 11

(3) 평 가

정신병질과 범죄의 관계에 대한 연구가 일치된 결론을 보이는 것은 아니다. 일반범죄자에 비해 정신병질자 가운데 특히 상습범, 누범, 강력범이 많은 것으로 조사된 연구결과가 있는가 하면, 정신병질 증세가 범죄성향과 무관하다는 실증적 연구도 있다. 후자는 정신병질적 성격이 지금의 범죄행동을 해명하는 데 불필요한 개념이라고 한다. 12

최근 일반인들에게도 잘 알려진 '사이코패스'개념을 보편적으로 받아들일 것 13

1) Akers/Sellers/Jennings, 범죄학이론, 152면.
2) The Hare Psychopathy Checklist, The test that will tell you if someone is a sociopath Business Insider에서 2018.4.3. 검색.
3) Göppinger, Kriminologie, 14/16 이하.

인지에 대해서도 논란의 여지가 있다. 이른바 사이코패스에 대해 위와 같은 연구결과 및 일반적인 생각은 '사이코패스는 일반인과 전혀 다른 무정성의 인간'이라는 것이다. 그러나 최근 연구결과는 헤어의 주장과 달리, 사이코패스가 다소 정서적 문제가 있는 사람으로부터 그 정도가 더 심한 사람으로 연속되는 상황에서 끝부분에 놓인 유형이며, 결코 완전히 다른 인간상은 아니라고 한다.[1)]

14 만약 일반적 범죄자와 명확하게 구별되는 사이코패스만의 독특한 특징이 있고 그것이 생래적인 것이라고 한다면 이에 대해 보안 이외의 어떠한 처분도 불가능하다. 즉 사이코패스 개념을 인정하면 이는 분명히 형사정책에 새로운 과제를 던져주는 테마가 될 것이다. 그러나 실제로 잔혹한 연쇄살인범 등 사이코패스라고 일컬어지는 사람의 전형적 예를 보면 일반인과 다름없는 삶을 살다가 대략 30대 이후 나이에 이르러 행위를 저지르는 경우가 많다. 날 때부터 또는 조기에 신체적, 정신적 특성을 갖고 있기에 개선될 수 없는 자라는 주장에 대한 반박 근거이다. 현실에서 사이코패스 개념을 고착하고 나아간 범죄대책을 포기하는 것과, 일반적인 사례에 포함시켜 생각함으로써 개별적으로 위하하고 개선하는 것 가운데 어떤 것이 더 합리적인 방법인지에 대해서도 더 물어보아야 한다.

15 범죄학적 목적이 아니라 호기심으로 이용되기도 하는 소위 '헤어의 사이코패스 체크리스트'가 갖는 역할도 제한되어 있다. 범죄자의 20%에 해당하는 사람이 사이코패스라고 한다면 대부분의 중범죄자는 이에 속한다는 말이 된다. 사이코패스가 광범위하게 분포되어 있다면 사회적 반향이 더 커져야 할 것이지만, 오히려 이 정도로 확대된 개념이라면 중범죄자를 사이코패스로 추가로 분류하는 것에 무슨 학문적·정책적인 의미가 있는지 의문을 갖지 않을 수 없다. 더욱이 체크리스트의 설문들은 반사회성, 무정성으로 생각될 만한 항목들을 바로 묻고 있기 때문에, 이에 해당하는지 조사한 것은 곧 '반사회적이며 무정성인 사람은 사이코패스'라는 동어반복의 결과를 얻는 데 그칠 것이다.

3. 정신박약과 범죄

16 정신박약은 지능장애의 일종으로서 정신지체, 정신발육부전증이라고도 한다. 지능발달에 결함이 있거나 지능발달이 다른 사람에 비해 현저하게 늦은 경우에

1) Akers/Sellers/Jennings, 범죄학이론, 154면.

나타난다. 정신박약의 원인에 대해서는 여러 가지 요인이 언급된다. 심한 경우는 대부분 선천적 원인에 의한 것이 많고[본성이론], 심하지 않은 경우는 환경적 요인에 의한 것이다[양육이론]. 유전에 의한 정신박약을 내인성 정신박약, 그 밖의 경우를 외인성 정신박약이라고 한다.

곳다드(H. H. Goddard)는 1914년 발표한 연구에서 범죄자의 64%가 지적 능력이 약하다고 보았다. 판단능력이 부족하고 사회화되는 데에 어려움이 있어 결국 범죄를 저지르게 되므로 이를 예방하기 위해서는 단종하거나 격리시키는 방법이 필요하다고 한다. 현재도 일반적인 '지능'과 범죄의 상관관계에 대한 연구가 지속되고 있다. 고든(R. A. Gordon)은 지능지수와 범죄의 연관관계는 분명한 것이라고 하면서 흑인과 백인의 범죄율의 차이 또한 양 인종 간의 지능차이에서 유래하는 것으로 보았다. 반면에 허쉬(T. Hirschi)와 힌들랭(M. J. Hindelang)은 낮은 지능이 결국 학업수행에 부정적 요인이 되는 것은 명확하기 때문에, 그로부터 사회에 적응이 어렵게 되고 그 결과 범죄율이 높아질 수 있다고 하여 간접적 영향만을 언급하였다.[1] 17

4. 현 실

최근 유력한 견해는 정신적 결함과 범죄 사이에 큰 상관관계가 없다는 것이다. 일반적으로 이와 같은 특징을 가진 사람이 사회에 대한 적응력이 떨어지기 때문에 반사회적 행위를 할 가능성이 높지만, 정신적 문제 자체가 범죄원인이 되는 경우는 드물다는 것이다. 정신질환의 종류에 따라 사회에 해를 미칠 가능성이 오히려 낮은 유형도 적지 않다.[2] 또한 지능이 낮은 사람 가운데 범죄자가 더 많다는 가설도, 1) 과거부터 높은 지능을 요하지 않는 행위유형이 범죄로 규정된 경우가 더 많고, 2) 지능이 높은 사람에 의한 범죄는 대개 숨은 범죄로 남는다는 사실로부터 더 합당한 근거를 찾을 수 있다. 3) 지능지수가 특별히 낮은 사람에게 주어진 구성원들의 시선이 낙인이 되어 그를 범죄로 나아가게 하는 경우도 있다. 4) 사기나 배임·횡령, 탈세, 주가조작 등은 지능지수가 높은 것이 더 중요한 원인이 될 수도 있기 때문에 범죄종류를 가리지 않는 지능과 범죄의 상관관계 분석은 의미가 크지 않다. 18

1) Akers/Sellers/Jennings, 앞의 책, 115면 이하.
2) Siegel, 범죄학, 182면 이하.

19 정신적 결함과 범죄의 관계에 대한 우리나라 통계를 보면 전체범죄에서 정신적 이상상태에 의한 범죄가 차지하는 비율은 0.4%로서 미미한 수준이라고 할 수 있다.[1] 반면에 정신적 결함이 있는 범죄자의 전과율은 형법범이 62.6%, 특별법범이 72.7%로서 일반 범죄자의 해당 재범률 44.8%, 43.3%보다 두드러지게 높은 비율을 나타낸다.[2] 정신적 결함이 있는 자의 범죄가 전체범죄에서 차지하는 비율은 증세가 있는 사람의 비율에 비하여 높지 않지만, 재범의 위험은 뚜렷이 높기 때문에 특별한 처우가 필요하다는 것을 알 수 있다.

20 [정신질환자에 대한 편견] 최근 이른바 '묻지마 범죄'가 발생할 때마다 사람들은 일부 예외에 놓인 정신병 환자가 저지른 범죄라고 하며 사회적 갈등과 혐오의 표출로 바라보지 말 것을 요청하기도 한다. 그러나 정신질환자에 대한 편견 또한 경계해야 한다. 다음은 <대한신경정신의학회> 성명서의 일부이다. "조현병 환자들이 망상에 대한 반응이나 환청의 지시에 따라 기괴하거나 이해하기 어려운 동기로 범죄를 저지르는 경우도 있기는 하지만, 범죄를 행할 위험성은 일반 인구보다 높지 않은 것으로 알려져 있고 살인과 같은 극단적인 행동은 매우 드뭅니다. 적절한 약물치료를 통해 조절될 수 있으며, 꾸준한 유지치료로 상당부분 범죄적 행위를 예방할 수 있습니다. 정신질환자에 대한 부정확한 정보에서 기인하는 편견과 낙인은 또 다른 사회적 약자에 대한 공격과 혐오가 될 수 있습니다. 정신질환자에 대한 편견이 커지면 환자와 가족은 낙인으로 인해 질환을 인정하기 더 어려워지고 돌봄의 손길이 닿지 않는 곳으로 갈 가능성이 높으므로, 편견을 조장하지 않도록 주의하는 것은 물론 적극적으로 편견을 해소하기 위한 사회적 뒷받침이 필요합니다."[3]

---

1) 범죄분석 2016, 482면 이하.
2) 범죄분석 2016, 538면 이하, 780면 이하.
3) 서울신문 2016년 5월 24일자.

제 3 절 범죄발생의 환경적 요인

[44] 가정환경과 범죄

가정은 인간의 가장 기본적인 삶의 터전일 뿐만 아니라 태어나서 성장기에 이르기까지 사회화가 꾸준히 이루어지는 곳이다. 인격형성에 가장 큰 영향을 미치는 사회단위이기에 가정의 역할과 그에 따른 개인심리적 영향을 살펴보는 것은 범죄원인론뿐만 아니라 범죄대책에서도 의미가 있다. 1

1. 결손가정

(1) 범죄요인으로서 결손가정

양친 모두 또는 그 중 한 사람이 없는 가정을 좁은 의미의 결손가정(broken home)이라고 한다.[1] 부모가 모두 있지만 역할을 전혀 하지 못하거나 가정의 본질적 기능에 중요한 장애가 있는 경우, 즉 양친의 심한 갈등, 방임, 가족의 부도덕 등이 있는 경우는 광의의 결손가정이라고 말한다. 앞의 것을 형태적 결손가정, 뒤의 것은 기능적 결손가정이라고 이름붙이기도 한다. 2

서덜랜드(E. H. Sutherland), 글뤽(Glueck) 부부 등의 연구에 의하면 미국 전체에서 비행소년의 과반수가 결손가정 아이들이라고 한다. 예컨대 글뤽 부부는 500명의 비행소년과 500명의 준법소년을 비교·분석하여 비행소년은 60.4%가 결손가정출신이고, 준법소년은 34.2%만이 결손가정출신이라는 사실을 밝혔다. 코티스(J. Cortes)와 가티(F. H. Gattie)의 조사는 이보다 더 현저한 차이를 보여준다. 그들의 연구에 의하면 비행소년의 64.4% 그리고 비교집단인 일반소년은 14%만이 결손가정출신이라고 한다.[2] 취학 전에는 모친결손이 심리적으로 큰 영향을 미치고 취학 후에는 부친결손이 더 큰 영향을 미치는 것으로 알려져 있다. 학령기 이전에는 도덕발달의 기초가 되는 모친의 애정을 받지 못한 것이 심리적 영향을 미치는 반면에, 학령기 이후에 부친이 없는 경우에는 사회·경제적 원인으로 심리적 위축을 가 3

---

1) 이러한 의미로 쓸 때는 '결손가정'이라는 부정적인 말보다는 '편부가정', '편모가정' 또는 '부모 없는 가정'이라는 중립적인 말을 쓰는 것이 좋을 것으로 생각한다.

2) Neumann/Schroth, 형사정책의 새로운 이론, 82면.

져오기 때문이라고 한다.

(2) 비판과 전망

4 그렇지만 '결손가정이 범죄원인이다'라는 간단한 명제는 아무런 비평 없이 받아들일 만한 것이 아니다. 우선 결손가정 개념부터 다시 물어야 한다. 부모 가운데 한 명 이상이 없거나 기능적으로 '정상적인' 역할을 감당하지 못하는 가정을 포함한다면 그 비율은 매우 높아진다. 아직 전통적 가정의 가치가 남아 있는 우리나라에 비할 때 서유럽 등 외국에서 이른바 결손가정은 과반을 훨씬 상회하기도 한다. 결혼을 하지 않은 부모, 독신이나 이혼 등의 이유로 양성 가운데 한 명의 성인만 있는 가정, 재혼한 가정, 부모 없이 자녀만 있거나 조부모 세대와 같이 사는 가정, 자녀를 입양한 가정 등, 가정의 형태는 갈수록 다양화되고 있다. 요즘 우리나라의 가족 형태도 급속도록 바뀌어가고 있다. 그와 더불어 이와 같은 가족의 여러 형태와 전통적인 소위 '정상가족'의 차이를 더 이상 특별히 보지 않아야 한다는 도덕적 정서도 확립되어가고 있다. 결손가정이라는 개념을 유지하는 것도 불필요한 것으로 생각되는 데, 결손가정이 범죄원인이라는 이야기를 반복하는 이전 세대의 설명은 더 이상 통용되기는 어렵다.

5 물론 형태적 결손가정뿐만 아니라 기능적 결손가정이 범죄에 일정정도 영향을 미치게 될 가능성이 있다. 그와 같은 결손가정이 비행원인이 된다는 통계조사도 찾아볼 수 있다. 그러나 바로 위와 같은 가족형태의 변화가 이루어지고 있으며 보편화되고 있는 때 이러한 분석이 장차 어떤 형사정책적 조치로 이어질 수 있는지 불분명하다. 지금 이 시대에 '범죄를 방지하기 위해 전통적인 정상가정을 다시 회복하라'고 말할 수도 없다.

2. 빈곤가정

(1) 범죄요인으로서 빈곤가정

6 소년범죄에서 빈곤가정 출신 청소년이 차지하는 비율이 그렇지 않은 가정출신에 비해 높은 것으로 나타난다. 소년비행·범죄의 경우 아직도 가정의 빈곤이 중요한 범죄원인이 된다고 볼 수도 있다. 그러나 한편 최근 통계를 보면 빈곤가정 출신의 비율이 감소하고 중류층 이상 가정의 소년범죄가 증가하고 있다. 2006년부터 2019년까지만 보면 하류층의 비율이 61.9%에서 48.7%로 구성비가 낮아졌

고, 중류층이 37.7%에서 50.1%로, 상류층이 0.4%에서 1.1%로 구성비가 높아졌다.

▮소년범죄자 생활정도별 인원 및 구성비▮(2010~2019년)[1)]

「1. 범죄분석 2. 미상은 제외 3. ( ) 안은 분포백분율」

연도 \ 생활정도	계	하 류	중 류	상 류
2010	93,062(100)	58,297(62.6)	34,303(36.9)	462(0.5)
2011	90,560(100)	57,562(63.6)	32,629(36.0)	369(0.4)
2012	95,457(100)	59,579(62.4)	35,507(37.2)	371(0.4)
2013	81,324(100)	49,658(61.1)	30,901(38.0)	765(0.9)
2014	70,391(100)	41,307(58.7)	28,383(40.3)	701(1.0)
2015	62,465(100)	36,946(59.1)	24,941(39.9)	578(0.9)
2016	67,237(100)	38,219(56.8)	28,417(42.3)	601(0.9)
2017	64,032(100)	35,086(54.8)	28,342(44.3)	604(0.9)
2018	59,260(100)	30,298(51.1)	28,342(47.8)	620(1.0)
2019	59,664(100)	29,085(48.7)	29,917(50.1)	662(1.1)

(2) 비판과 전망

범죄유형에 따른 검토가 필요하다. 예를 들어 단순한 폭력범죄나 절도범죄 7
등은 빈곤층 소년들의 비율이 높다. 그러나 근래에 더 심각한 문제가 되고 있는 컴퓨터를 이용한 지능적 사기, 금지약물의 복용, 학교 내 집단따돌림 등의 비율은 중·상위층 소년들의 비율이 상대적으로 높다. 위 전체범죄의 비율변화도 이러한 범죄유형의 변화에 따른 것이다. 최근 범죄의 다양해진 유형은 성인범죄 분석에서 '화이트칼라범죄'에 상응하는 것으로서, 적발되기 어렵거나 여러 이유에서 처벌에 이르는 비율이 낮은 범죄라는 점도 아울러 감안해야 한다.

빈곤가정 소년은 아울러 기능적 가정 결손, 교우관계 등 학교생활의 문제를 8
겪기 쉬우며, 사회적인 혜택을 받기 어려운 환경에 놓이는 경우도 많다. 경제사정 때문에 방과 후 특별히 해야 할 활동이 없는 경우가 많으므로 범죄유혹에 빠질 가능성도 그만큼 더 커진다. 경제능력 차이가 곧 개별적인 학업 및 생활수준과 직결되지 않도록 하는 사회정책이 필요하다. 다르게 말하면 구체적인 형사정책 조

1) 범죄백서 2020, 573면.

치로 해결하기에는 한계가 있는 문제이다.

3. 가정 안의 범죄

(1) 형사정책적 의의

9 가족구성원 사이에서 발생하는 가정폭력은 부부간의 폭력, 부모의 자식에 대한 폭력 또는 자식의 부모에 대한 폭력 등이다. 가정폭력의 원인은 많은 경우 잘못된 가족의식이나 성역할에 대한 그릇된 인식에서 비롯된다. 직장 등 가정 밖의 사회에서 쌓인 분노나 육아 등에서 받는 스트레스를 배우자를 비롯한 가족에게 표출하는 경우도 많다. 가정폭력 자체도 문제이지만, 그런 가정 안에서 성장하는 자녀가 범죄를 저지르거나 그가 성인이 되었을 때 폭력을 세습하는 문제 또한 심각하다.[1)]

10 그러나 가정폭력의 대책은 다음과 같은 이유에서 미온적이다. 1) 가정 안 폭력은 가족 사이에 흔히 있을 수 있는 단순한 갈등처럼 생각되거나, 언제나 있을 수 있는 일이기에 피해자가 참아야 하는 경우로 여기는 때도 많다. 2) 그 결과 고소·고발율이 극히 낮아 숨은 범죄의 비중이 높다. 3) 가정 밖에서 인지되더라도 제3자가 개입하여 신고 또는 고발하기가 어려우며, 형법의 보충성으로 인해 형사사법기관도 가정 안 문제에 개입을 자제하는 경우가 많다.

(2) 현 행 법

11 1) 가정폭력범죄의 처벌 등에 관한 특례법(가정폭력처벌법)은 가정폭력범죄의 형사처벌 절차에 관한 특칙을 정해 행위자의 환경을 조정하고 교정을 위한 보호처분을 함으로써 가정의 평화와 안정을 회복하고 피해자와 가족구성원의 인권을 보호함을 목적으로 제정되었다. 이러한 목적을 달성하기 위해서 일정한 범죄를 알게 된 사람에게 신고의무를 부여하고(제4조), 신고가 있을 때 행위자를 가정에서 격리시키는 등 응급조치를 하며(제5조), 관할에 특례를 부여하고 가정보호사건 조사관이나 기타 전문가의 도움을 받도록 하고(제20조 이하), 필요한 임시적 조치를 이용할 수 있도록 하고 있다(제29조).

12 2) 가정폭력방지 및 피해자보호 등에 관한 법률(가정폭력방지법)은 가정폭력

---

1) 폭력남편의 절반 이상(53.1%)이 자신의 어머니가 아버지로부터 매를 맞는 것을 보고 자랐다는 보고로는 신혜수, 가정폭력의 실태 및 방지법제정의 필요성, 71면. 가정폭력이 소년범죄발생에 미치는 영향에 대해서는 강소영, 가정폭력노출경험이 소년비행에 미치는 영향, 12면 이하.

을 예방하고 가정폭력피해자를 보호하기 위한 목적으로 입법되었다. 여기에는 가정폭력을 예방하고 피해자를 보호해야 하는 국가기관 등의 조치가 나열되어 있으며(제4조), 이를 위해 적절한 실태를 조사하도록 강제하고 있다(제4조의3). 기타 상담소나 보호시설의 설치와 운영에 대한 내용도 규정되어 있다(제7조 이하).

(3) 비판과 전망

가정 안 범죄의 몇 가지 원인분석으로 적절한 대책을 마련할 수는 없다. 폭 13
력이 발생하는 가족 단위마다 서로 다른 원인이 개입되어 있기 때문이다. 가족구성원 사이에 실질적으로는 인격을 존중하고 형식적으로는 최소한의 예의를 유지하는 태도변화가 필요하다. 그리고 이를 위해서 구성원 모두 가족에 대한 전근대적 관념을 바꾸는 것이 중요하다. 우리나라 사회는 아직 일정한 가족의 형태만을 '정상적'인 것으로 보고, 구성원 역할의 고정된 이미지를 쉽게 바꾸지 못하고 있다. 물론 '엄격한 가장의 권위', '자애로운 모성', '순종적인 자녀의 태도' 등과 같은 전통적 표상이 모든 구성원의 본성에 맞게 자연스럽게 발현되면 문제가 없다. 그러나 자녀를 포함한 구성원 모두 독립적인 인격체로서 개성을 존중받아야 하는 시대에, 극히 협소한 가치만을 모범으로 삼거나 일부 가족구성원의 신념을 전체에 주입하려 하는 것이 주요한 갈등원인이 된다. 가정이야말로 우리 사회에서 가치상대주의가 반드시 실현되어야 하는 가장 핵심적 사회단위이다. 모든 가족 일원들의 다양한 가치관이 아무 부담 없이 공존할 수 있는 분위기로 바뀌지 않으면 가족 안의 갈등과 분쟁은 줄이기 어렵다. 국가의 몇 가지 정책수단으로 감당할 수 있는 문제가 아니다.

[45] 학교와 범죄

1. 학교교육제도와 범죄

학교는 인성발달을 주도하는 가정 밖 최초의 교육기관이다. 공동체가 이루는 1
사회적 행동방식의 주요 지침도 학교로부터 배운다. 학교교육이 범죄를 억제하는지 여부에 대해서는 두 가지 시각이 있다. 1) 학교교육이 범죄를 억제한다는 견해는 학교가 사회구성원으로서 정상적인 행위를 할 수 있도록 가르치는 기관이라는 점을 강조한다. 일반적으로 학력이 낮은 사람이 범죄를 저지르는 비율이 높다는 근거를 들기도 한다. 2) 학교교육이 범죄를 조장한다는 견해는 학교가 인성교육을 제대로 하지 않고 평가위주의 경쟁을 수단으로 하므로 범죄예방기능을 담당할 수 없으며, 학생들 간 범죄성향이 전파되기도 한다는 점을 강조한다.

2 학교교육이 범죄에 미치는 영향은 각 교육기관 및 피교육자 개인에 따라 달라지는 문제로서, 학교교육 시스템 자체의 역할에 좌우되는 것은 아니다. 저학력자의 범죄비율이 높다는 통계가 있으나, 저학력자의 적응이 상대적으로 더 어려운 사회환경에 이유가 있는 것이며 학교교육 자체의 범죄예방적 성격 때문은 아니다. 학교가 범죄를 촉진한다는 결론이 타당하다고 하더라도 학교기능을 대신할 수 있는 사회제도가 없는 이상 정책적인 의미가 크지 않다.

2. 학교 부적응

3 학생이 학교와 교사, 친구들에 대해 부정적 인상을 갖는 경우, 학교의 사회화기능을 기대하기 어렵다. 학교생활에 적응하지 못하는 원인으로는, 1) 우선 학생 자신의 지적 능력이나 적응력이 부족한 경우가 있다. 이에 대해 학생 개인을 탓하는 방법으로는 부적응을 막을 수 없다. 학교가 학업성적 이외에 다양한 방식으로 평가하고 학생 개인의 고유한 능력과 개성을 존중하는 분위기를 형성해주어야 한다. 2) 부모의 교육관도 부적응의 원인이 된다. 자녀는 부모와 독립된 인격체로서, 학교교육은 그의 소질을 찾아서 개발시켜주는 역할을 해야 한다. 부모가 획일적 평가의 결과만 가지고 자녀를 억압하거나 기대를 쉽게 접어버린다면 자녀의 학교교육에 대한 반감은 증폭된다. 3) 1~2 년 앞을 내다볼 수 없을 만큼 교육정책이 자주 바뀌는 상황에서는 교육제도 자체를 신뢰할 수 없다. 불분명한 교육철학에 따라 정책이 왜곡되어 왔음에도 여전히 정부가 주도하는 타율적 행정에 학교교육이 좌우되는 것이 현실이다. 4) 사회에 만연되어 있는 학력차별이 이 모든 상황의 궁극적인 원인이다. 좋은 대학에 보내는 것이 초중고등 교육의 유일한 목표가 되어 있다. 입시중심의 교육이 수단·방법을 가리지 않는 무한경쟁으로 내몰고 있으면서, 학생들이 도덕적인 주체로 성장하기를 기대하는 것은 염치없는 일이다.

3. 학교폭력

(1) 문 제

학교 안에서 일어나는 범죄는 우리나라에서 가장 중요한 사회문제 가운데 하나가 되었다. 극히 일부 학생들이 학교 안에서 다른 학생들에게 폭력이나 폭언을 행사하거나 금품을 갈취하는 일들은 과거부터 늘 있었다. 그러나 지금은 소위 '일진'을 형성하여 조직적으로 광범위한 학생들에게 폭력과 공갈을 행사하는 일이 흔하며, 특히 일부 학생을 대상으로 지속적·반복적으로 심리적 공격을 가하거나 따돌림을 시켜 피해자를 자살에 이르게 하는 일까지도 자주 보도되고 있다.1) 4

(2) 현 행 법

이 문제를 통제하기 위한 대표적인 특별법은 학교폭력예방 및 대책에 관한 법률(학교폭력예방법)이다. 이 법률은 피해학생을 보호하고, 가해학생을 선도·교육하는 한편, 피해학생과 가해학생 간의 분쟁을 조정하여 학생의 인권을 보호하고 학생을 건전한 사회구성원으로 육성할 것을 목적으로 2004년 제정되었다. 학교 내외에서 학생을 대상으로 발생한 상해, 폭행, 감금, 협박, 약취·유인, 명예훼손·모욕, 공갈, 강요, 성폭력 등은 물론, 최근에 자주 문제되는 강제적인 심부름(강요) 및 따돌림, 사이버 따돌림, 정보통신망을 이용한 음란·폭력 정보 등에 의하여 신체·정신 또는 재산상의 피해를 수반하는 행위 등을 대상으로 하고 있다(제2조).2) 5

그러나 '조사, 연구, 교육, 계도를 위해 필요한 제도적 장치를 마련해야 한다'는 정도의 내용(제4조), 정부가 기본 계획을 5년 마다 수립해야 한다는 것(제5조), 대책위원회의 설치(제6조 이하), 조사와 상담필요성(제11조의2), 관계기관의 협조(제11조의3), 자치위원회의 설치(제12조 이하), 전문상담교사와 전담기구의 구성(제14조), 예방교육(제15조), 분쟁조정 가능성(제18조), 긴급전화설치(제20조의2) 등이 주요 내용을 이루고 있고, 가해 학생에 대한 조치(제17조)에 기존의 방식 이외 특별한 내용이 없는 것을 보면, 교육부와 입법기관이 학교폭력의 심각성과 해결 필 6

1) 상황분석으로는 김용효, 아동 청소년의 폭력범죄 현황 및 개선방안, 205면 이하.

2) "따돌림"이란 학교 내외에서 2명 이상의 학생들이 특정인이나 특정집단의 학생들을 대상으로 지속적이거나 반복적으로 신체적 또는 심리적 공격을 가하여 상대방이 고통을 느끼도록 하는 일체의 행위를 말한다. "사이버 따돌림"이란 인터넷, 휴대전화 등 정보통신기기를 이용하여 학생들이 특정 학생들을 대상으로 지속적, 반복적으로 심리적 공격을 가하거나, 특정 학생과 관련된 개인정보 또는 허위사실을 유포하여 상대방이 고통을 느끼도록 하는 일체의 행위이다(법 제2조의1).

요성에 대한 진지한 관심이 있었는지 의문이 생긴다.

[46] 직업과 범죄

1. 직업유무와 직종

1 직업이 없는 사람은 경제적·정신적으로 취약한 상황에 놓이기 쉽기에 상대적으로 범죄유인이 크다. 사회적응력에 문제가 있어 직업이 없는 경우도 있을 수 있다는 점을 함께 고려해야 한다.[1] 상대적으로 안정성이 낮은 직종에 종사하고 있는 자의 범죄율이 높다는 분석도 있다.[2]

2 그러나 직업이 없거나 안정성이 낮은 사람들이 범죄를 많이 저지른다는 조사는 직업의 유무나 종류가 범죄와 직접 관련된다는 근거로서 충분하지 않다. 대체로 그와 같은 처지의 사람들이 상대적으로 열악한 경제·사회적 지위에 놓여 있을 가능성이 높다는 사실이 감안되어야 한다. 더욱이 전통적인 폭력범죄나 경미한 재산범죄 등이 사회 안에서 더 용이하게 포착되고 수사된다는 점도 중요하다. 반면에 특정한 지위에 있는 사람들이 저지르는 범죄나 지능적인 범죄는 인식될 확률이 낮다.[3] 이 점을 설명하는 것이 아래의 화이트칼라범죄 개념이다.

2. 화이트칼라범죄

(1) 화이트칼라범죄의 개념

3 화이트칼라범죄(white collar crime)는 이른바 블루칼라범죄(blue collar crime, 다른 말로 no collar crime이라고도 함)에 대칭되는 개념으로서 사회경제적 지위가 높은 사람들이 그 직업상 저지르는 범죄를 말한다.[4] 1930년대에 이 개념을 처음으로 사용한 사람은 서덜랜드(E. H. Sutherland)이다. 화이트칼라는 당시 흰색 와이

---

1) 2015년에 전체범죄(1,948,966명) 가운데서 무직자(359,762명)가 차지하는 비율은 18.5%이다(범죄분석 2016, 500면 이하 참조).

2) 공무원, 전문자유직업자, 농림업자, 가사사용인 등의 범죄율이 낮은 반면에 자유노동자, 상공업자, 교통업무종사자 등의 범죄율은 상대적으로 높은 것으로 나타나고 있다. 2015년 통계를 보면 전체범죄(1,948,966명) 가운데 자영업자 20.4%(397,032명), 피고용자 35.8%(698,252명), 전문직 3.2%(62,390명), 공무원 1.1%(20,481명) 그리고 기타 39.5%(770,411명)로 나타나고 있다. 기타 가운데는 학생(4.9%), 주부(2.5%), 무직자(18.5%) 그리고 직업이 밝혀지지 않은 미상(13.0%)이 포함되어 있다(범죄분석 2016, 500면 이하 참조).

3) Lynch/Michalowski/Groves, 자본주의 사회의 범죄와 형벌, 201면 이하.

4) Sutherland, White Collar Crime, 9면. 서덜랜드는 이 책에서 미국의 70개 대형 법인체를 대상으로 자기보고와 기록조사를 통해 법인의 각종 위법행위를 조사하여 일상성, 지속성, 조직성, 단속기관에 대한 경멸 등의 특징을 확인하였다.

셔츠를 입는 사회적 지위가 높은 사람을 말하고, 블루칼라는 육체노동자들이 즐겨서 입는 복장을 나타내는 것으로서 사회하층계급을 상징하는 개념이었다. 화이트칼라범죄 개념은 그 이후 달라졌다. 지금은 전체사회에서 사회적 지위가 비교적 높은 전문직업인이 자신의 업무수행과정과 관련되어 행하는 직업적 범죄로 보는 것이 일반적이다. 이러한 변화는 과거에 행위자의 신분 중심으로 화이트칼라범죄개념을 이해했던 것을 이제는 개념의 민주화에 따라[1] 행위양식과 행위대상을 중심으로 파악하고 있기 때문이다.

행위유형으로 화이트칼라범죄를 구분하면, 1) 지능적 경제범죄로서 기업배 4
임, 탈세, 비자금조성, 가짜회사 설립, 주가조작, 리베이트, 주금의 가장납입, 허위 보험금청구, 각종 위조·변조, 허위공모 등, 2) 사이버범죄로서 해킹, 인터넷거래사기, 보이스피싱 등, 3) 그리고 전문직업인들이 저지르는 허위·과잉진료, 연구비횡령, 정치자금법위반 등이 있다.

(2) 화이트칼라범죄의 특징

화이트칼라범죄의 비율은 대개 전체범죄의 1～2%가 되는 것으로 알려져 있 5
지만 신뢰할 수 있는 통계는 없다. 화이트칼라범죄는 행위자 자신의 전문지식을 활용하여 계획적이고 매우 은밀한 방법으로 저질러지므로 숨은 범죄 비율이 가장 높은 유형에 해당한다. 그리고 발생건수에 비할 때 피해규모가 크고 피해자의 수도 다른 범죄에 비해 훨씬 많다. 예를 들어 주가조작이나 보험금청구사기의 피해자는 주식거래나 보험가입을 한 대부분에 해당할 수 있다. 그러나 피해자 스스로 손해를 입은 사실을 알기가 거의 불가능하기 때문에 범죄로 인지되기 어렵다. 적발되더라도 수사를 통해 증거를 확보하는 것도 쉽지 않다. 범죄자가 형사사법기관에 속한 사람들이나 정치인 등으로부터 조력을 받을 가능성도 높다.

(3) 비판과 전망

화이트칼라범죄론이 **서덜랜드** 당대의 계층질서를 전제로 한 것이어서 지금 6
달리 이해되어야 한다는 점은 분명하다. 그러나 그 개념정의가 달라진다고 해서 형사정책적 의의가 퇴색되는 것은 아니다. **서덜랜드**가 이 개념을 발견하기 전에는 화이트칼라범죄가 여타 다른 범죄와 구별되는 것으로 여겨지지 않았다. 즉 그가

---

1) '화이트칼라범죄의 민주화'를 처음 말한 사람은 에델헤르츠(Edelhertz, The Nature, Impact and Prosecution of White-Collar-Crime, 4면)이다.

발견한 개념과 언어사용이 곧 모두에게 범죄 간 차이를 인식하게 만든 것이다. 지금도 화이트칼라범죄의 정의로 묶을 수 있는 범죄유형이 뚜렷이 있다는 점은 분명하다. 그리고 화이트칼라범죄가 적발되기 어려워서 숨은 범죄비율이 높다거나 형사사법절차에서 처벌을 피할 수 있는 비공식적 경로로 흘러가기 쉽다는 설명은, 지금도 극소수의 전문가집단이 저지르는 파렴치한 범죄에 대해 특별한 형사정책적인 대책이 필요하다는 주의를 상기시킨다.

7 화이트칼라범죄를 저지르는 행위자는 그 행위가 범죄에 해당한다는 명확한 규범의식이 없는 경우가 많다. 반사회적 행위임을 알지만, 같은 행위를 하는 사람이 많다는 것도 알기에 처벌에 이르는 것은 단지 운이 없는 일이라고 보기도 한다. 적발될 확률은 극히 낮은데 비해 범죄로부터 기대되는 수익이 훨씬 크다면 범죄를 예방하는 데 한계가 있다. 숨은 범죄의 비율을 줄이는 것이 유일한 해결방법이다. 즉 화이트칼라범죄에 대한 적발률을 높이고 그에 따라 예외 없이 법에 정한 처벌이 이루어지도록 하는 것이다. 이로써 위법한계가 명확해지고 금지착오에 의한 범죄도 예방할 수 있다.

제 3 장　거시적 범죄이론

제 1 절　범죄발생의 사회환경적 원인

[47] 시간·공간적 환경과 범죄

1. 시간환경과 범죄

『범죄분석』에 의하면 죄종별로 발생정도의 차이는 있으나 가장 높은 발생률을 보인 시간은 밤 시간대(21:00～23:59)로서 21.4%에 해당한다. 다음으로 저녁(18:00～20:59)의 13.8%, 그리고 오후(15:00～17:59)의 11.7% 순서이다.[1] 새벽(03:00～05:59)과 아침(06:00～08:59)은 7.3%, 7.2%로서 비교적 범죄발생률이 낮은 편이다. 일몰 후의 범죄는 주로 타인의 눈을 피하기 쉬운 이점을 이용하는 절도·강도·살인·방화·도박·도로교통법위반 등이고, 낮 시간에 빈번한 범죄는 폭행·상해·업무상과실치사상·사기 등의 범죄이다. 1

요일별로 보면 주말, 특히 금요일 저녁에서부터 토요일 밤까지 범죄가 가장 많이 발생한다. 유흥이 많은 주말에는 폭력범죄나 풍속범죄, 교통범죄가 많이 발생한다.[2] 휴일이 지난 월요일이나 화요일에는 사람들의 주의력이 떨어져서 과실범죄가 상대적으로 많이 발생하는 것으로 알려져 있다. 『범죄분석』에 따르면 일요일(13.7%), 월요일(13.4%), 화요일(14.0%), 수요일(14.1%), 목요일(14.1%) 범죄발생율이 낮고 금요일(15.1%), 토요일(15.6%)이 높다.[3] 2

범죄는 일 년 내내 비슷한 정도로 발생하지만 1월과 2월에 비교적 적은 수의 범죄가 발생한다. 폭력범죄 등은 일반적으로 더울 때 많이 발생한다. 춥고 눈이 3

1) 범죄분석 2016, 397면.
2) 한때 우리나라에서는 수요일에서 목요일로 넘어가는 밤에 주택가에서 성범죄가 가장 많이 일어난다는 보고가 눈길을 끌었다(조선일보 1996년 7월 15일자). 참고로 강도죄는 일요일에, 살인죄는 수요일에, 절도와 성폭력은 토요일에 더 발생하는 것으로 나타나 있다(범죄분석 2016, 396면).
3) 범죄분석 2016, 396면.

오는 때라면 집 안에 머무는 시간이 늘어날 것이며, 이것은 행위자 측면에서는 활동성이 떨어진다는 의미이고 피해자 측면에서는 집 안에 머물게 되어 범죄를 피할 수 있는 요인이 되기 때문이다. 더운 날씨에는 불쾌지수가 높아질 뿐만 아니라 활동성이 증가한다. 성범죄도 더울수록 많이 발생하고 추워지면 감소한다. 12월에는 살인, 강도, 주거침입범죄 등이 많이 발생한다. 돈이 많이 필요한 계절인 데다가 가족 간 만남이 갈등을 부추기는 측면이 있기 때문이다.[1]

2. 공간환경과 범죄

4 특정한 공간과 그에 대한 인간의 의식은 행동양식에 영향을 미친다. 지역적 특성이 범죄에 미치는 영향을 살펴보는 것은 범죄와 환경의 관계를 밝히는 한 방법이 될 수 있으며 이러한 영역을 범죄지리학(Kriminalgeographie)이라고 한다.

(1) 도시와 범죄

5 도시범죄는 근대 자본주의 범죄양상을 대변한다.[2] 20세기 초부터 여러 문헌은 농촌과 도시에 범죄의 질과 양적인 차이가 있다는 점을 강조하였다. 이로부터 현재 농어촌에 비해 도시에서 밀집한 인구, 유흥문화의 발달 등에 따라 범죄가 많이 발생한다는 것이 상식처럼 되어있다.[3] 그렇지만 도시 인구가 훨씬 많기 때문에 단순한 비교는 의미가 없다. 농어촌에서는 가벼운 범죄라 할지라도 범죄인과 범죄내용이 상대적으로 쉽게 알려지기도 하지만, 다른 한편 일탈에 가까운 행위들이 지역사회의 문화에 섞여 드러나지 않는 경우도 있다. 도시화 자체가 범죄원인이 되는 것이라기보다는 도시화에 따른 시설이 범죄유입에 유리한 것으로 보는 것이 타당하다.

6 외국의 통계조사에서도 도시와 비교하여 농어촌 범죄율이 낮은 것으로 보고되기도 하지만 유의미한 차이가 있다고는 보지 않는다. 유일하게 의미 있는 차이는 단순절도가 도시에서 좀 더 많이 일어난다는 정도이고 다른 범죄의 경우에는 도시, 도시의 외곽, 농어촌 사이에 차이가 난다는 증거는 없다고 한다.[4] 이와 같은 차이는 소통과 교통수단이 발달함에 따라 더 줄어들 것이다.

---

1) Siegel, 범죄학, 54면 이하.
2) 특징과 대책에 대해서는 이주희, 도시범죄의 발생현황 및 예방대책에 관한 소고, 249면 이하.
3) 연구에 대해서는 Eisenberg/Kölbel, Kriminologie, 53/14 이하.
4) Brown/Esbensen/Geis, 범죄학, 142면.

(2) 도시화에 대한 범죄대책

이미 오래 전부터 도시로 성장했던 지역에서는 새로운 정책을 시도해보는 데 7
한계가 있다. 반면에 신도시가 형성되거나 기존 농어촌지역이 도시로 바뀌어가는 경우에는 범죄예방을 위한 대책을 함께 고려하는 것이 바람직하다. 예를 들어 1) 새로운 유흥지역이 개발될 경우 우범시설을 분산시키지 않고 집중시키면 경찰통제의 효율성을 높일 수 있다. 2) 범죄피해를 당할 가능성이 높은 어린이나 노인이 이용하는 시설은 경찰서·파출소 등의 보호를 받도록 우선 조치하여야 한다. 3) 범죄통제기관이 새로운 지역에 자리 잡는 데 시간이 오래 걸리지 않도록 해야 한다. 4) 도시화에 따라 지역사회 자체의 범죄통제기능이 약화된다. 그러나 최근에는 형사사법기관이 아닌 지역사회의 전통적 범죄통제방법을 다시 이용하려는 시도도 진행되고 있다.

[48] 사회적 환경과 범죄

1. 정치적 환경과 범죄

(1) 정치체제와 범죄

전제적 강권정치가 지배하는 시기에는 범죄가 감소한다는 주장이 있다. 우 1
리나라 군사정부시대, 민주주의가 발달하지 않았던 때의 범죄상황을 예로 들 수 있다. 통행금지나 즉흥적인 불심검문 등 전체주의적 통제가 범죄를 감소시키는데 일정정도 기여했으며, '범죄와 전쟁'을 모토로 조직폭력배를 대폭 검거한 경험도 있고, 사회정화사업이라는 미명하에 삼청교육대를 설치하여 신변이 불분명한 청년을 대거 구금하기도 하였다. 당시의 보호감호처분은 사소한 불법을 저질렀거나 범법사실이 불분명한 젊은이들을 무기한 감호시설에 가두어둘 수 있는 제도였다. 이로서 일부 범죄가 줄어들었을 수도 있다. 그러나 이와 같은 조치는 전체주의적 획일화의 방편이었으며 소외된 소수계층과 서민을 일방적으로 희생시키는 수단이었다. 범죄와 전쟁은 조직적인 범죄를 일시적으로 줄일 수 있었지만, 통제 밖 다른 범죄는 늘었고, 그 기간 이후 범죄가 더 크게 증가하는 등 부작용을 가져왔다.

2 무엇보다 이와 같은 방식을 이용한 것 자체가 이미 독재자나 소수 정치집단에 의해 행해진 거시범죄(Makrokriminalität)임을 분명히 해야 한다. 즉 전체주의사회의 폭압적 정권유지를 위한 모든 행위는, 당시나 그 이후에 처벌을 받지 않았을 뿐 그 자체로 하나의 거대한 범죄로서 일반시민을 억눌러왔다. 저항하는 사람을 아무렇지도 않게 처분하곤 했던, 절대적으로 거대한 악이 시민들의 소소한 불법을 용납하지 않고자 한 역설적인 상황에서, 일반범죄가 다소 감소했다는 데 의미를 부여해서는 안 된다.

(2) 이데올로기와 범죄

3 우리나라의 경제체제는 미국식 자본주의를 모범으로 하고 있는 것처럼 보이지만, 실제로는 그와 병행되는 이데올로기인 자유주의를 바탕으로 삼지 못했다. 즉 자본주의는 이윤추구를 향한 개인과 기업의 능력, 개성과 창의성을 그대로 내버려두면서 시장경제 시스템을 신뢰하는 이데올로기이지만, 과거 우리나라는 개인의 자유를 억압한 상태에서 자본주의를 운영하려는 모순을 지속해왔다. 국가가 자본주의의 필연적 폐단인 빈부격차를 해소하는 데 개입하는 것이 아니라, 반대로 대부분의 서민들을 소외시키고 특정 기업과 계층의 이익을 보장해주는 쪽으로 영향력을 행사했다. 경제적, 사회적 불평등을 해소하고자 하는 활동을 '국가경제발전의 시급성'을 이유로, 때로는 '반공'을 기치로 하여 억압해왔다는 것도 모두 아는 사실이다. 그리고 그 통제수단으로서 형사사법기관을 이용하였기 때문에, 우리나라 과거사에는 이념이 다르다는 이유로 범죄자가 되거나 범죄자로 남게 된 사람을 적지 않게 볼 수 있다.

4 위와 같은 과거사를 극복하기 위한 시도가 지난 세기 말부터 이어지고 있다. 자본주의의 한계를 수정하여 빈부격차를 해소하고자 하는 정책이 만들어지고 있으며, 정치집단이나 정치인에 대해서도 위험부담 없이 비판할 수 있는 사회가 되었다. 민주 투표를 통해 보수와 진보가 정권을 번갈아 획득하였지만 이와 같은 큰 흐름에 근본적인 변화는 없었다. 그 결과 지금은 이데올로기를 이유로 한 범죄, 예컨대 정치범이나 사상범은 많이 감소하였다.

5 [사상범 김선명] 경기도 양평의 부유한 가정에서 태어난 김선명은 해방 이후 좌익에 몸담게 되었으며 한국 전쟁 시 조선인민군으로 참전하였다. 1951년 조선인민군 정찰대원으로 활동하던 중 국군 포로가 되어 재판에서 사형을 선고받았고 이후 무기징역형으로 감형되어 복역하였다. 옥살이 중 '사상포기각서'에

서명하는 형식으로 전향하라는 권유를 여러 차례 받았으나 전향하지 않아 소위 '비전향장기수'로 남았으며 1995년 석방될 때까지 45년간 독방 감옥에 수용되어 있었다. 김선명은 2000년 남북공동선언의 성과로 북송되었다.

이와 같은 이데올로기 범죄 자체가 감소한 것과 함께, 다양한 사상과 신념을 6
인정하는 것이 우리 사회에서 범죄를 궁극적으로 예방하는 데 중요한 요인이 되고 있다는 사실에 대한 공감이 필요하다. 극단적으로 보수와 진보의 대립상태가 지속되는 상황에서는 개인들도 자기와 다른 신념을 가진 사람과의 합리적 대화나 비판을 포기하고 증오와 경멸만을 갖기 쉽다. 그로부터 직접 크고 작은 분쟁이 생길 뿐만 아니라 사회에 대한 불만이 축적되어 간접적 범죄원인이 되기도 한다. 정점에 해당하는 정치권력을 진보와 보수 가운데 누가 차지하는가에 따라, 정도 이상의 승리감으로 흥분하는 도취와 패배감과 무관심 또는 퇴행이 교차하여 드러나는 것이 지금까지도 우리 사회 안에서 중대한 갈등 요인으로 작용하고 있다.

2. 다문화화와 범죄

인종 또는 민족과 범죄의 관계를 연구하는 작업은 종래에는 우리나라에서 큰 7
의미가 없었지만 이제는 외국인 거주자들이 크게 증가하였고 난민수용 문제도 불거지면서 다른 나라의 갈등으로만 볼 수 없는 상황이 되었다.

(1) 소수민족·외국인과 범죄

미국에서는 흑인범죄비율이 높은 것으로 나타나고 있다. 2010년 기준으로 미 8
국 전체인구의 15% 정도를 흑인(African American)이 차지하고 있는데, 범죄로 인한 체포건수를 보면 흑인이 28%를 점하고 있으며, 폭력범죄의 경우에는 38.1%를 차지한다고 한다. 특히 전미피해자조사(NCVS)에서 (잠재적) 피해자들 가운데 매우 높은 비율에 해당하는 사람들이 흑인을 (잠재적) 범죄자로 생각하고 있음이 드러난다.[1]

그러나 미국에서 유사한 범죄를 저지른 사람들 가운데 특히 흑인이 체포될 9
확률이 훨씬 높기 때문에, 위와 같은 수치가 흑인의 범죄율 자체를 나타낼 수 없다고 보는 연구도 있다. 흑인들이 징역형을 받을 확률이나 기타 가혹한 형벌에 처해질 확률이 백인에 비해 훨씬 높은 것도 사실이다.[2] 실제로 통계조사가 정확하

1) Brown/Esbensen/Geis, 범죄학, 156면.
2) Brown/Esbensen/Geis, 앞의 책, 157면.

다 하더라도 범죄율의 차이는 인종에 따른 것이 아니다. 미국 내 흑인의 사회적 지위가 상대적으로 열악하여 그 결과 환경이 좋지 않은 곳에 거주하는 비율이 높고 교육 기회도 적으며, 여러 분야에서 차별과 편견을 겪기 때문에 범죄정도에 차이가 생기는 것으로 보아야 한다.[1]

10 한국이 다문화사회가 되어감에 따라 증가하는 외국인범죄는 인종적 관점에서 접근할 문제는 아니다. 외국인이 한국에서 경제생활을 하는 데 어려움을 겪거나 우리 문화에 익숙하지 않은 상황에서 발생하는 범죄가 많기 때문이다. 대체로 1) 폭력범죄, 2) 불법취업을 취한 조직범죄 3) 그리고 마약사범의 증가로 특징지워진다.

11 그러나 외국인범죄의 비율은 일반의 생각과 달리 높지 않은 것으로 조사된다. 2015년 11월 인구주택 총조사에 따르면 국내 거주 외국인 주민수는 171만 명을 넘어 총인구 대비 3.4%를 차지한다. 십년 전인 2006년 54만 명에 비하면 세 배 넘게 늘어난 수치이다. 대폭 증가한 외국인 가운데에는 노동자, 결혼이민자, 혼인귀화자, 유학생 등이 포함되어 있다. 같은 해 우리나라 전체범죄에서 외국인범죄가 차지하는 비율은 1.9%에 해당하는데[2] 이는 외국인 인구의 비중인 3.4%보다 훨씬 낮은 수치이다. 또한 2011~2015년까지 5년간 내·외국인 전체 범죄의 인구 10만 명당 범죄발생률을 분석한 최근 형사정책연구원의 보고도 내국인의 검거인원지수가 평균적으로 외국인에 비해 2배 이상 높다는 사실을 보여주고 있다.[3]

12 외국인범죄의 수치 자체가 증가하는 것은 외국인 거주자가 늘어나기 때문이지, 외국인의 범죄율이 한국 국적인 사람들보다 높아서가 아니다. 이 말은 외국인 범죄자가 특징적으로 더 잘 인식되어 체포될 확률이 높다는 것을 고려해보면 더 설득력이 있다. 그러므로 외국인의 증가로 범죄가 더 많이 발생하리라는 염려에는 정확한 근거가 없다. 또한 외국인 범죄자 중에는 단기간 유학을 온 사람이나 외국인 군인, 외국인 여행자의 범죄가 포함되어 있어, 이 경우를 '외국인 거주자'가 저지른 범죄로 볼 것인가도 문제된다.[4] 특히 여행자의 경우에는 대체로 대도

---

1) 휴머니즘에 입각한 비판이론의 관점에서 보면 인종에 대한 편견 자체가 이미 심각한 범죄가 될 수 있다. 자세한 내용은 Schwendinger, defenders of order or guardians of human rights?, 113면 이하 참조.
2) 범죄분석 2016, 521면.
3) 법률신문 2017년 8월 7일자.
4) 문제제기는 Neubacher, Krimonologie, 16/2.

시 유흥가를 관광장소로 하기 때문에, 크고 작은 문제에 연루될 확률이 상대적으로 높다. 외국인 범죄자에 대한 부정확한 인식은 외국인이 저지른 범죄가 국내인의 범죄보다 상대적으로 더 강한 인상을 남기기 때문에 형성된 것이라고 보아야 한다. 외국인범죄를 선정적으로 보도하거나 전달하는 매체 그리고 통계에 바탕을 두지 않고 일상적인 느낌만을 옮기는 부정확한 정보들도 이러한 심리를 부추기고 있다.[1)]

(2) 이민과 범죄

이미 이민자의 범죄가 중대한 사회문제가 된 서구의 경우, 1) 경제사정이 어 13
렵고 주거지가 불분명한 사정이 사기와 공갈, 강도 등 재산죄의 원인이 되거나, 2) 이민자의 고국과 차이가 있는 문화나 종교, 윤리관으로 인해 해당 국가에서 용인되지 않는 행위가 저질러지는 경우, 3) 이민자 가족의 정착이 늦어짐에 따라 소년들이 교육을 받지 못하게 되고 그 결과 장래의 범죄원인으로 작용하는 문제, 4) 이민자에 대한 사회적 냉대와 불신이 이민자의 정상적 생활을 어렵게 하여 발생하는 사회적 갈등 등이 논의되고 있다.

우리 사회에서는 이민자의 범죄문제가 그렇게 심각한 것은 아니었다. 그러나 14
최근에 난민으로 국내에 체류 중인 외국인들을 수용할 것인가를 두고 활발한 대화가 진행되는 가운데, 범죄위험이 중요한 부정적 요소로 언급되는 것을 볼 수 있다. 그런데 이 상황에서 서구에서 난민을 비롯한 이민자들이 저지른 몇몇 중대한 범죄상황을 위험성이 실현된 예로 드는 경우가 있다. 이것은 이민자들이 극도의 차별을 당하고 거리에서 무분별한 '묻지마 범죄'의 피해자가 된 경우로서 이에 대응하는 것만큼이나 적절하지 않다. 국경과 국적의 의미가 급격하게 희미해가는 지금 세계화가 더욱 가속될 미래를 생각하면, 그리고 국제사회에서 우리나라의 외교적·경제적 지위를 고려할 때 난민을 비롯한 이민자를 원천적으로 배격하는 방법은 지속되기 어렵다. 이민자들에게 거주이전의 자유를 주지 않고 계층이동의 길을 막은 채 내국인들이 꺼려하는 직종만 가질 수 있게 하는 것도 법적으로 정당화되지 않을 뿐만 아니라, 차별과 억압에 반발하는 다른 범죄로 이어질 우려를 키운다.

외국인, 이민자, 난민들을 우리 사회에 참여할 수 있도록 하는 길을 원칙적 15

1) 합리화에 대해서는 양문승, 다문화가정 범죄지표 개발에 관한 연구, 73면 이하.

으로 개방할 필요가 있다. 다만 참여와 대화의 최소조건인 '방어적 민주주의'의 지혜를 유지하는 것도 아울러 중요하다. 만약 우리 사회가 가치상대주의를 표방하여 외국인(난민)을 수용하였지만, 그 외국인이 절대주의 신념에 따라 우리 사회의 여러 가치를 부정하고, 때로는 폭력적 방식으로 자신의 가치관을 관철시키려 한다면, 이에 대해서까지 관용하는 것은 민주주의가 허용하는 방식이 아니다. 여러 가치관이 공존할 수 있는 토양을 보장하는 취지에서 그와 같은 비민주적 시도는 늦지 않게 대처해야 한다. 그렇지만 특정한 난민군이 막연히 가치 절대주의자인 것처럼 짐작된다고 하여 미리 그들의 입국이나 정착을 봉쇄하는 것은 비례성원칙에 어긋난다. 이미 서구 여러 나라로부터 이민자 정책의 다양한 예를 접하였기에, 이를 반면교사로 난민수용의 부작용을 최소화할 수 있는 구체적 방법을 찾아야 할 때가 되었다. 지금 우리 사회는 그 정도의 관용의 폭과 문제해결의 역량은 갖추고 있다.

16 [브레이비크 사건] 노르웨이의 극우민족주의자이자 나치의 추종자인 브레이비크(A. B. Breivik, 사건 당시 32세)는 2011년 7월 22일, 오슬로에서 폭탄을 터뜨리고 곧이어 집권노동당의 청소년캠프가 있는 우퇴야(Utøya)섬으로 들어가 캠프에 참가한 청소년들을 향해 무차별적으로 총을 난사하여 총 77명을 숨지게 하였다. 어린 청소년들은 도망칠 데가 없는 섬에서 이를 피하지 못하고 목숨을 잃어야만 했다. 기소된 브레이비크는 법정에서 자신의 행동을 무슬림의 식민지가 되어가는 유럽을 구하고, 다문화사회를 지향하는 반역자에 대항하기 위한 정당방위라고 주장하면서 '다문화로부터 안전한 한국 등을 본받아야 한다'고 말하기도 하였다.

3. 경제적 환경과 범죄

(1) 연구대상으로 경제적 환경

17 경제상황 변동과 범죄에 대한 연구는 19세기 중반에 시작되었다. 당시에 급격한 경제 및 산업의 발전을 접하면서 그것이 범죄와 상관관계가 있을 것이라는 가정 하에 연구가 필요하다고 여겼기 때문이다. 예를 들어 독일의 율리우스(N. H. Julius)와 미터마이어(K. J. A. Mittermaier)는 1820년대 후반, 당시 교육의 발달과 더불어 경제발전을 중요한 범죄율 변동의 지표로 삼았다. 영국에서는 곳윈(W. Godwin)이 산업발전의 뒷켠에 놓인 광범위한 빈곤을 연구대상으로 하였으며, 프랑스 리용학파의 라까싸뉴도 경제환경을 중요한 범죄의 환경적 요소로 생각하였

다. 네덜란드의 **봉거**(W. Bonger)는 생활필수품, 특히 빵이나 곡물가격과 범죄의 관계 그리고 경기변동, 화폐가치, 수입 등과 같은 경제변수와 범죄의 상관관계를 밝힘으로써 범죄요인 가운데 경제환경이 차지하는 막대한 비중을 연구결과로 보여주었다.[1]

(2) 경기변동과 범죄

경기가 호황기인 때에는 생산과 거래가 증가하고 고용이 확대되며 신용경제 18
가 팽창하는 반면, 불황기에는 생산과 거래가 줄고 실업이 증가하며 기업이 도산하는 현상이 발생한다. 이러한 경기변동은 사회구성원들의 생활과 심리에 많은 영향을 미친다. 일반적으로 불황기에는 실업이 증가하면서 생활이 불안정하게 되고, 사회구성원들에게 도덕적 타락이 생기기 쉽기 때문에 재산죄가 많이 발생한다. 재산죄에 관한 통계를 보면 불황기에는 상대적으로 실업위험성이 높은 고령, 고임금 직장인의 범죄증가율이 높고, 미혼자보다 직접 생계의 압박을 받는 기혼자의 범죄가 늘어난다. 이때 증가하는 범죄는 주로 절도·사기·탈세·배임·횡령 등이다. 반면에 호황기에는 피고용인이나 젊은이들의 가벼운 폭력범죄, 사기나 배임, 도박, 투기 등이 증가한다고 한다.

['IMF 범죄'에 대한 신문사설] "외환위기로 인한 대량실업·물가상승 등에 따른 19
'국제통화기금(IMF)형 범죄'가 기승을 부리고 있다. 법무부에 따르면 지난해 12월부터 지난 2월까지 절도범은 전년도 같은 기간보다 26% 늘었고 강도는 무려 45% 증가한 것으로 나타났다. 이밖에 부도수표사범과 횡령·배임 등 재산범죄나 살인, 강간, 폭력 등 강력사건도 모두 크게 늘어났다. 실제로 시민들이 느끼는 '체감 치안'은 말할 수 없을 만큼 심각하다. 대낮에 한 동네가 줄줄이 털리는가 하면 이웃 누구누구 집이 강도를 당했다는 소식을 듣는 것도 예사다. 범행수법도 점점 대담해져 경찰이나 수리공복장 등 제복을 입고 침입하는가 하면 신호대기 중인 승용차에 올라타 금품을 빼앗고는 유유히 사라질 정도니 치안공백상태나 다름없지 않은가. 경제위기에 따른 각종 범죄의 증가는 이미 예상됐던 일이다. 기업이 잇따라 쓰러지고 실업자가 무더기로 쏟아지게 되면 강·절도 등 생계형 범죄, 사회분노성 폭력범죄, 채권회수 목적의 청부 폭력범죄가 특히 증가한다는 것은 정한 이치다. 그런데도 우리 치안당국은 권력교체 시기와 맞물려 검·경찰 인사가 지연되는 바람에 오히려 근무기강이 해이해지는 등 그 대비책을 제대로 세우지 못한 것도 사실이다..."[2]

1) Eisenberg/Kölbel, Kriminologie, 50/11 이하.
2) 중앙일보 1998년 3월 28일자 사설.

20 화폐가치가 떨어지는 것은 실질임금이 낮아지거나 물가가 오르는 것과 같은 의미이다. 화폐가치가 지나치게 빨리 변화하여 인플레이션과 디플레이션이 반복되면 경제흐름이 왜곡되고, 사회구성원들이 계획에 따른 지출을 하는 대신 투기나 도박, 퇴행범죄에 빠지기 쉽다. 인플레이션과 범죄의 관계에 대해 널리 알려진 연구로는 엑스너(F. Exner)의 분석이 있다. 그는 20세기 초반에 있었던 전면적인 화폐가치변동이 범죄종류에 따라 2배에서 6배까지 변동을 가져왔다고 보고하였다.[1]

(3) 절대적 빈곤과 상대적 빈곤

21 의식주 등 기초적인 생활조건을 갖추지 못하는 절대적 빈곤은 재산범죄를 야기하는 중요한 요인이다. 이로부터 비롯된 범죄를 곤궁범(Notkriminalität)이라고 한다.[2] 그러나 현대사회에서 재산범죄의 복잡한 원인을 분석할 때 절대적 빈곤은 덜 중요한 요소가 되어가고 있다. 지금은 부유한 계층에 비할 때 경제사정이 좋지 않은 사람들로 하여금 심리적 박탈감을 유발하는 상대적 빈곤이 더 큰 사회문제이다. 모든 계층의 전체 소득이 늘었고 복지상태가 과거에 비해 많이 개선되었음에도 재산범죄가 감소하지 않고 오히려 증가하고 있는 현상은 상대적 빈곤으로부터 설명이 가능하다. 상대적 빈곤은 경제조건의 차이로부터 선망, 질투, 혐오 등의 감정을 갖게 한다. 특히 다른 사람의 부유함이 자신의 노동력을 착취한 결과라는 생각에 이르면, 정신적 소외와 분노를 일으키는 요인이 되기도 한다. 상대적 빈곤은 전체적으로 절대적 빈곤율이 높은 사회에서보다, 상대적으로 풍요로운 사회에서 더 의미 있는 범죄원인으로 작용하기 때문에 곤궁범에 대비하여 복지범죄(Wohlstandskriminalität)로 부르기도 한다.[3]

22 **[얀 펜(Jan Pen)의 소득 행렬]** 네덜란드 경제학자 **얀 펜**은 『소득분포』(1971년)라는 책에서 부의 불균형을 '소득 행렬(난쟁이의 행진)'로 가시화하였다. 한 사회에서 돈이 없는 사람부터 돈이 많은 사람까지 일렬로 세우되 그들의 소득을 '키'로 비유한다. 가난한 사람부터 60분 동안 걸어오는 행진을 할 때, 우리나라 국세청 발표 2014년 지표를 기준으로 대입하면 다음과 같다. 행진이 시작되면 맨 처음에는 일 년에 2,313원을 버는 사람이 등장한다. 키는 0.01cm에 불과하다. 30분을 지나도 행진하는 사람들의 키는 1m를 넘지 못한다[서민층]. 40분

---

1) Eisenberg/Kölbel, Kriminologie, 50/14 이하.
2) Kaiser, Kriminologie, 227면.
3) Kaiser, 앞의 책, 228면.

을 기다린 후에야 겨우 170cm 내외의 사람들이 등장한다. 48분부터는 2m넘는 사람이 보이며, 행렬이 끝나기 6분 전에는 키가 3.87~6.34m에 달하는 사람들이 지나간다. 소득 상위 10% 안에 드는 이들은 의사, 변호사, 전문경영인 등이다[중산층]. 마지막 1분에 등장하는 거인의 키는 1227m에 이른다[고소득층].1)

(4) 가치관의 다양화

우리나라에서 경제환경이 범죄에 미치는 영향을 최소화하기 위해서는 특히 다음 두 가지 문제에 대한 교정이 필요하다. 이는 단순히 형사정책적인 논의범위를 벗어나 사회 전체의 개혁으로 해결될 수 있는 문제이다. 23

첫째, 경제적 불평등이 심화되고 있다는 사실이다. 절대적 빈곤문제가 거의 해결된 우리나라에서는 상대적 빈곤이 훨씬 더 중요한 문제가 되었다. 소득수준의 차이가 과거보다 훨씬 더 커졌으며 이 점이 계층 간, 세대 간 갈등의 가장 중요한 원인이 되고 있다. 소득수준이 높지 않은 가정에서는 자녀들의 교육에 많은 비용을 쓸 수 없고 그 결과 상급학교 진학에 불리한 조건에 놓이게 된다. 그 결과 취업에서 좋지 않은 영향으로 다시 이어지기 때문에 '빈곤은 대물림된다'고 말한다. 24

둘째, 거의 모든 가치관을 경제적 가치평가가 압도하고 있는 상황이다. 여러 도덕적 가치, 종교적 신념, 신망과 명예, 노동의 가치 등은 고리타분한 전통에 속한 것으로 보이는 대신, 이 모든 덕목을 보잘 것 없게 만드는 경제적인 조건만이 가치목록에 남게 되었다. IMF 이후 가속화된 가치 실종으로부터 이어지는 사회문제는 이제 막 시작되었다고 보는 것이 정확하다. 이는 도덕의식의 약화와 맞물려 앞으로 더 중요한 범죄원인이 될 것이다. 25

1) 경향신문 2016년 3월 23일자.

제 2 절 사회과정이론

[49] 범죄생태학과 사회해체이론

1 범죄사회학 가운데 '범죄에 대한 사회과정이론'(social process theories of crime)은 개인이 범죄에 이르게 되는 원인에 대한 물음에 사회적 요인으로 답을 하려는 시도이다. 그 가운데에서 범죄생태학과 사회해체이론은 사회가 안정과 평형을 확보하지 못하고 흐트러질 때 여러 사회문제가 발생하며, 범죄는 그러한 사회문제의 극단적 형태라고 한다. 이들은 범죄발생을 전통적 사회조직의 붕괴로 인한 규범의식의 변화, 그리고 그로 인한 사회통제력 약화와 반사회적 행위의 보편화에서 기인하는 것으로 이해한다. 그리고 이처럼 '부서진 사회'로서 도시의 지역사회를 재정비하여 사회통제력을 회복하는 사회정책이 필요하다는 제안을 한다.

1. 시카고학파의 범죄생태이론

(1) 시카고학파

2 미국사회학은 1892년 개교한 시카고대학에서 출발한 것이라 해도 과언이 아니다. 초기 사회학은 기존의 개인주의·자유주의적 학문성향과 일치하지 않는 점이 많았기 때문에 미국동부의 여러 대학은 이를 쉽게 받아들이지 않았다. 반면에 시카고대학에서는 사회 자체에 대한 연구를 개별인간에 대한 관심과 구별되는 학문분과로 만드는 시도를 자유롭게 할 수 있었다.

3 시카고라는 지역도 배경으로서 적당했다. 1800년대 부락에 불과하던 시카고는 값싼 노동력과 땅값을 노린 사업자들이 몰려들어 1900년에서 1930년까지 인구가 두 배로 늘었다. 산업화가 한계점에 이르자 노동자가 기술력에 밀리게 되었고, 이에 좋지 않은 환경에서 지내게 되면서 비행과 범죄가 급격하게 증가하였다.[1] 1925년에서 40년대 중반에 유행한 초기 범죄학 사조는 이러한 시카고학파(Chicago School)의 사회생태학에 기반을 두고 있다. 사회생태학은 사회환경과 인간행위의 관련성을 다루었는데, 이것이 범죄학에 응용되어, 범죄와 공간적 배경에 관한 주제로 구체화되었다. 시카고의 범죄사회학파에 속하는 학자로는 **파크**(R. E.

1) Williams/McShane, 사회문제론, 44면.

Park), 버제스(E. Burgess), 캐번(R. S. Cavan), 프레저(E. F. Frazier), 로데릭(E. H. Roderick), 맥켄지(D. McKenzie), 쇼우(C. R. Shaw), 맥캐이(H. D. Mckay), 미드(G. H. Mead), 렉클리스(W. C. Reckless), 서덜랜드(E. H. Sutherland), 트래셔(F. Thrasher), 쿨리(C. H. Cooley), 앤더슨(N. Anderson) 등이 있다.

(2) 사회생태학

시카고학파의 창시자라 할 수 있는 파크(R. E. Park)는 생태학의 관점과 방법 4
을 사회분석에 적용한 사회생태학(social ecology) 개념을 정립하였다. 사회라는 유기적 공동체의 균형조건과 변화과정을 분석할 때 당시 유행하던 생태학의 전제와 관찰방법을 사용한 것이다. 그 자신이 인간생태학[1]이라고 부른 이 개념은 처음 식물생태학에서 착안한 것이었다. 식물과 마찬가지로 사람의 삶도 서식지의 환경을 배경으로 하여 연구되어야 한다는 것이다. 한정된 자원에 대한 경쟁이 커지고 침입한 종이 지배적인 지위를 차지하면 원래 있던 종은 다른 지역으로 옮기거나 멸종하게 된다. 이처럼 생태학은 생존(Survival)과 적응(Adaptation)의 요소로 생명체가 환경에 순응해가는 과정을 설명하는데, 파크는 사회 안의 인간도 경쟁－갈등－적응－동화라는 주기를 가지고 환경에 맞추어 나가는 존재로 보고자 하였다. 예를 들어 도시에서는 공장과 상업지역이 거주지역과 공간경쟁을 한다. 상업지역과 공장이 한때 거주지역이었던 곳을 침범하면 거주자는 도시 변두리의 외곽지역으로 밀려나게 된다.[2]

[생태학(ecology)] 생태학이란 다윈(C. Darwin)이 1859년『종의 기원』(Origins 5
of Species)과『인간의 계보』(Descent of Man) 등의 저서를 내면서 관심을 불러일으킨 생명체조직과 외부환경의 관계에 대한 연구를 일컫는다. 이것은 '생명체의 구조와 질서는 자기를 둘러싼 환경의 성상性狀에 따라 좌우된다'는 명제를 바탕으로 생명체와 환경간의 관계를 연구하는 분야이다. 예를 들어 생명체와 자연환경 사이, 그리고 식물과 동물 등의 생명체 상호간에 엮이는 먹이사슬의 실상을 분석하고, 그 중 한 부분에서 변화가 일어날 때 그것이 전체에 어떤 효과를 미치는가에 대해 연구한다.

(3) 동심원이론

파크의 사회생태학을 도시라는 특수한 사회의 연구에 적용시킨 사람은 그의 6

1) Park, Human Ecology, 1면 이하.
2) 자세한 것은 Vold/Bernard/Snipes, 범죄학이론, 163면 이하 참조.

제자였던 버제스(E. W. Burgess)이다. 그는 시카고를 대상으로 도시가 어떤 지대地帶의 형태를 띠는지 연구하여, 특정활동이 특정지대에 몰리면서 도시의 각 지대가 중심부로부터 변두리로 퍼져나가는 동심원의 유형을 나타낸다는 동심원이론(concentric zone theory)을 발표하였다. 1) 우선 제1지대는 가장 중심에 위치하는 **중심지대**(central zone)로 백화점, 고층빌딩, 극장, 유흥업소 등이 있는 상업지대이다. 2) 제2지대인 **변이지대**(transitional zone)는 상·공업에 잠식되는 과정에 있는 빈민지대로서 빈곤자, 이주자, 이민자 등이 거주하는 지역이다. 3) 제3지대는 **노동자 주거지대**(blue collar zone)로서 2~3세대가 같이 거주하는 주택이 대부분이다. 4) 제4지대인 주거지대(residental zone)는 **중산층 거주지대**로서 단일가구주택으로 구성되어 있다. 5) 제5지대는 **통근자 주거지대**(commuter's residental zone)로 교외지역에 위치한다.1)

▌버제스의 동심원이론▐

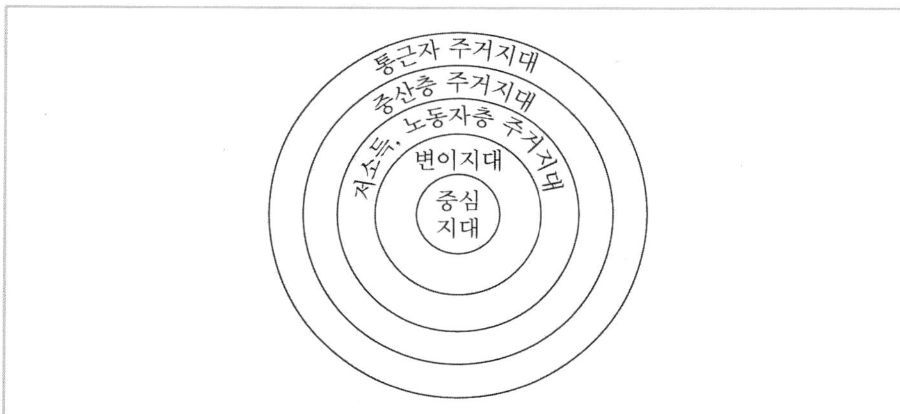

7 **버제스**는 미시간호의 반을 차지하고 있는 시카고시를 중심으로 이와 같이 지역을 구별하였고, 각 위치의 범죄를 비교한 결과 제2지역인 변이지역에 범죄가 집중한다는 결론을 내렸다. 이 지역은 전통적 사회통제과정을 약화시키는 생태학적 조건이 두드러진 지역으로서 사회통제가 범죄를 억제하는 데 역부족인 공간이

1) Burgess, The Growth of the City, 71면 이하.

라고 한다.1) 아울러 **버제스**는 지대유형이 땅값과 관련을 맺고 있다고 분석한다. 즉 가장 고가인 중심지대의 토지는 상업 등 서비스업 부문에 사용될 수밖에 없고, 여기에 바로 인접해 있는 지역은 열악한 주거환경 때문에 빈민 거주지가 되며, 그러한 빈민들의 거주지로부터 멀리 떨어질수록 부유층 거주지가 된다는 것이다.

(4) 범죄지대연구

쇼우와 **맥캐이**(C. R. Shaw, H. D. Mckay)는 **파크**와 **버제스**의 연구를 범죄 및 8
소년비행 분석에 적용시켜서 명실상부한 범죄생태이론을 만들어냈다. 이들은 동심원이론을 증명하기 위해 도시 전역의 비행소년 분포를 조사하였다. 이들은 세 개의 다른 유형의 지도를 사용하여 시카고 일대의 범죄에 대한 비율을 조사하였고, 그 결과를 가시화하여 더 정확한 범죄원인분석에 이용하였다.

그들이 발견한 체계적 패턴은 도심 근처에서 비행률이 가장 높고, 부유한 지 9
역으로 갈수록 낮아진다는 것이다. 특히 비행소년은 변이지대라고 불리는 도시의 산업과 상업지구의 주변에 집중되어 있다고 한다. 그 이유는 1) 변이지대는 유럽의 이민자들과 흑인 이주자들이 섞여서 거주하고 있기 때문에 문화 이질성이 매우 높아 그 결과 사회해체가 촉진된다는 점, 2) 변이지대에서는 사회변화가 매우 빠른데, 이것 역시 사회해체를 초래하는 요인으로 작용한다는 점 때문이다. 이러한 사회해체가 개인의 도덕적 가치관을 불분명하게 하기 때문에 범죄 및 비행으로 연결된다는 것이다. **쇼우**와 **맥케이**에 따르면 범죄 및 비행의 발생은 이처럼 도시를 중심으로 하는 지역과 관련 있는 것이지 행위자의 개인적 특성이라든지 사회전체의 경제상황 등의 결과가 아니다.2)

이 시기의 생태적 분석에 해당하는 또 다른 발표로 **트래셔**(F. M. Thrasher)의 10
『갱』(The Gang)이 있다. 여기서 **트래셔**는 시카고에 합계 25,000명의 조직원이 있는 1,313개의 범죄집단을 거주지역, 활동무대 등을 토대로 분석하여 이른바 '갱지역'(gangland)이 있다는 것을 밝혔다.3) 공장지역, 철도주변, 사무실·상가지역의 뒷골목 등이 여기에 해당하는데, 이러한 곳은 지리적·사회적으로 '중간지역'에 속한다고 하였다. 이 지역에 속하는 사람들의 범죄율이 높은 이유는 안정적인 생활

1) Liska, 일탈의 사회학, 91면 이하.
2) Shaw/McKay, Juvernile Delinquency and Urban Areas, 52면 이하.
3) Thrasher, The Gang, 82면 이하.

조건이 구비되지 않은 지역으로서 주민들의 인격가치가 존중받지 못하기 때문이라고 한다.

2. 사회해체이론

11 시카고학파의 범죄지역연구는 **버제스**, **쇼우**와 **맥케이**가 사회해체를 언급한 이후, 아래 나열되는 학자들에 의해 계승되었다. 여기에는 특히 '사회해체이론'(social disorganization theory)이라는 명칭을 붙인다. 집단, 공동체, 사회 안에서의 결속, 유대, 통합이 약화되면 범죄발생 가능성이 커진다는 점에 주목하고 있기 때문이다.

(1) 쿨리의 사회심리학

12 100여 년 전에 활동한 사회심리학자인 **쿨리**(C. H. Cooley)를 범죄사회학에서 언급하는 이유는, 그가 인간본성을 바라볼 때 개별적인 자아와 인성을 뛰어넘어 사회적 자아의 역할을 지배적인 것으로 생각하였기 때문이다. 인간은 1차 집단이라고 할 수 있는 가족환경에서부터 다른 인간들에게 의존하는 존재라고 하면서 연대성에 기초한 상호작용으로 사회가 이루어진다고 한다. 이러한 사회가 분열되고 해체되는 것이 여러 사회문제의 원인이라고 하였는데, 분열 및 해체란 각 개인에게 전체에 대한 지속적 연대가 결여되어 생기는 이탈이다. **쿨리**는 **미드**(G. H. Mead)와 더불어 개인의 정체성, 자아개념, 인지과정, 가치와 태도가 사회적 맥락에서만 존재한다는 상징적 상호작용이론을 확립하여 후대 낙인이론에도 영향을 주었다[56/10].[1]

(2) 버식과 웹의 연구

13 **버식**과 **웹**(R. J. Bursik, J. Webb)은 **쇼우**와 **맥케이**의 이론을 시카고 지역의 자료를 토대로 다시 한 번 검증하였다. 일단 높은 범죄발생율을 보였던 지역에서는 구성원이 교체되어도 그러한 경향이 지속된다는 점을 발견하였다. 아울러 해당 지역이 안정된 뒤에는 구성원의 변화가 진행되더라도 전 단계에서 나타난 것과 범죄 및 비행율에 큰 차이가 없다는 점도 밝혀냈다. 결국 한 지역사회의 해체 여부는 특단의 사정이 없는 한 계속 승계된다는 것이다. 이로부터 사람이 문제가 아니라 지역이 문제라는 시카고학파의 주장은 나름의 타당성을 지닌다고 결론내렸

---

1) Cooley, Human Nature and the Social Order, 35면 이하.

다.1)

(3) 스타크의 연구

거주지의 범죄정도 승계에 관한 유사한 가정에서 출발한 **스타크**(R. Stark)는 14
거주자와 독립되어 있고 높은 범죄율과 관련되어 있는 소위 '범죄지역' 특성을 실증적으로 분석하였다. 높은 인구밀도, 빈곤, 용도의 혼합성(주거, 상업, 공업이 모두 같은 공간에 있음), 높은 유동성(사람들이 빈번히 그 지역을 오감), 황폐화(건물이 낡아가고 있음)의 다섯 가지를 범죄지역의 특징으로 제시한다.2)

(4) 샘슨의 연구

샘슨(R. J. Sampson) 역시 범죄지역이 승계된다는 시카고학파의 주장을 경험 15
적으로 논증하고자 하였다. **샘슨은** 1982년 영국 범죄조사에서 얻은 자료를 이용하여 이 이론을 검증하였는데, 이를 위해 영국과 웨일즈 지역의 10,000명 이상을 조사하는 방식을 이용했다. 어떤 지역이 사회적으로 조직되어 있는지 아니면 해체되어 있는지 다음 세 가지 척도로 검토한다. 1) 지역 친교네트워크의 강도, 2) 지역사회조직에 대한 주민의 참여, 3) 지역이 청소년 또래집단을 감시하지 않는 정도가 그것이다. **샘슨은** 구조적 요인들이 사회해체를 가속시키므로 해체된 지역이 잘 조직된 지역에 비해 범죄율이 더 높다는 점이 입증되었다고 한다. 이 연구에서 해체지역의 속성은 소위 '낮은 사회자본'이다. 즉 지역거주자 사이의 관계성이 부족하고 지역자치활동이 활발하지 못한 변이지역에서는 공공장소에 대한 효과적 사회통제가 이루어질 수 없어, 범죄자 및 비행자들이 쉽게 그 지역을 차지한다는 것이다. **샘슨의** 범죄대책은 '사람을 바꿀 게 아니라 장소를 바꾸기'이다. 즉 우범지역을 지정하고, 그 지역을 청소하는 등 범죄적 환경을 개선하여 악순환을 차단하며, 청소년활동의 조직화를 통해 성인과 10대 사이의 사회적 관계성을 증진시키는 운동을 벌여야 한다고 주장하였다.3)

(5) 프랫과 컬렌의 연구

최근 사회해체이론을 재평가한 대표적인 학자는 **프랫과 컬렌**(T. C. Pratt, F. T. 16
Cullen)이다. 그들은 광범위한 메타분석을 이용하여 사회해체이론을 검증하고자

1) Bursik/Webb, Community Change and Patterns of Delinquency, 24면 이하.
2) Stark, Residential Succession and Delinquency, 459면 이하.
3) Sampson, The Community, 193면 이하.

하였다. 사회해체이론의 한계는 대부분의 연구가 직접적인 사회의 해체 그 자체가 아닌 사회해체의 구조적 원인들(예를 들어 빈곤, 인종적 이질성, 주거이동성, 도시집중 등)을 찾아왔다는 데에서 비롯된다고 한다. **프랫**과 **컬렌**은 **쇼우**와 **맥케이**가 제시한 변수들 자체가 직접 범죄율과 관련된다는 것을 경험적으로 증명하는 데 주력하였다.1)

(6) 사회해체이론의 사회정책

17 범죄생태학과 사회해체이론은 공업화·도시화와 같은 사회발전과정이 도시의 조직해체를 초래함으로써 사회통제력이 감소되어 범죄가 발생하는 원인이 되는 것으로 보았다. 따라서 이와 같은 연쇄작용을 막는 데 정책의 초점을 두었다. 특히 도시의 지역사회를 재조직함으로써 사회통제력을 증가시키는 것이 중요하다고 한다. 범죄에 대한 대책의 중점은 개개의 행위자에 대한 처우보다 지역사회와 도시 전 부문에서 삶의 조건을 변화시키는 프로그램의 개발·실행에 놓여야 한다는 것이다. 예컨대 **쇼우**와 **맥케이**가 고안한 시카고지역프로젝트(Chicago Area Project: CAP)에 따라, 시카고에 22개의 지역센터를 설립하고 여기에서 주민들의 공동체의식을 함양시키기 위한 여러 활동을 수행하도록 하였다. 그러한 활동으로, 1) 학교·위생시설·교통시설·자연환경 및 법집행을 포함한 전반적 상황을 개선하고, 2) 청소년을 위한 지역사회위락시설을 개선하며, 3) 비행청소년에 대한 감독을 강화하기 위해 경찰·소년법원을 돕고 소년원·감화원 등을 방문할 것을 제안하였다.2)

3. 범죄생태학과 사회해체론에 대한 평가

18 이 이론은 범법자들이 주어진 환경 안에서 범죄적 가치를 전승하게 되는 이유를 설명하고 그것을 가장 중요한 범죄원인으로 보았다는 점에서 이후 대체문화이론(subculture theory) 등에 많은 영향을 미쳤다. 그러나 다음과 같은 점에서는 비판을 받는다.

(1) 보편화의 한계

19 생태학적 테제는 미국 도시를 모델로 하고 있을 뿐이어서 보편화하기 어렵다

1) Lilly/Cullen/Ball, 범죄학 이론, 65면.

2) Vold/Bernard/Snipes, 범죄학이론, 171면 이하 참조.

는 문제가 있다. 다른 나라의 경우에도 범죄자가 집단적으로 거주하는 지역이 일반화되어 있을 것으로 생각하기는 쉽지 않다. 예컨대 독일에서는 범죄자들의 집단거주지역이 발견되지 않는다고 한다.[1] 우리나라에서도 주거지로서 비교적 좋은 평판이 있는 지역과 그렇지 않은 지역의 차이는 있을 것이나, 특별히 범죄인들이 많이 살고 있는 지역이 있다는 보고는 없다. 도시가 훨씬 더 거대해졌고, 한 도시 안에서도 여러 도심과 부도심이 복잡하게 분포되어 있는 요즘 상황에 적용하기는 더욱 어렵다. 미국의 지난 세기 중엽 상황에 국한된 분석이기 때문에, 산업사회에서 도시화·산업화가 급격하게 발달하는 중에 타당한 이론이라고 하더라도, 후기산업사회를 넘어서 정보화 사회가 완성되어가고 있는 현재 통용되기는 더욱 어렵다고 할 것이다. 도시를 표본으로 삼고 있으므로 농어촌의 문화질서를 반영하지 않았다는 점도 한계이다.

(2) 단순화의 오류

1950년대와 1960년대에 침체되었던 사회생태학은 1970년대 말에 다시 부흥 20
하기도 하였으나 로빈슨(W. S. Robinson)의 비판을 계기로 다른 이론에 우위를 내주게 되었다. 로빈슨은 생태학분석의 전제가 되는 집단수준의 행위요건들이 개인에게 영향을 주는 환경까지 설명해줄 수 없다는 점을 적절히 지적하였다. 예를 들어 개인들은 단지 지역적인 특성에 따라 범죄여부를 결정하게 되는 것이 아니라, 그 지역의 더 구체적인 조건인 경제적 여건에 더 좌우된다는 것이다.[2] 이처럼 위의 설명들은 범죄를 유발하는 복합적 요인을 생태학의 성과로 요약하는 것으로서 문제를 지나치게 단순화시킨 것이라는 비판을 받았다.

같은 이유에서 생태학적 범죄이론은 비행지역 안에 있으면서도 일탈로 나아 21
가지 아니하는 사람에 대한 설명을 하기 어려울 뿐만 아니라, 동시에 비행지역 밖의 범죄에 대해서도 말할 수 없다. 그렇다면 비행지역 내지 우범지역이 정말로 범죄자를 만들어내는 곳인지 아니면 단지 범죄성향이 있는 사람들이 그곳에 모여 있을 뿐인지 구별하기 어려워진다. 사회해체이론에서 사회가 해체되는 상황을 묘사하는 것이 곧 일탈행위가 늘어나는 모습 자체를 표현하는 것이라면, 사회해체에 대한 설명은 동어반복에 지나지 않는다는 지적도 있다.[3]

---

1) Göppinger, Kriminologie, 580면.
2) Brown/Esbensen/Geis, 범죄학, 341면 이하.
3) Liska, 일탈의 사회학, 124면 이하; Akers/Sellers/Jennings, 범죄학이론, 272면.

[50] 학습이론

1 학습이론(learning theory)은 범죄를 '정상적인 사람들의 학습행위의 산물'로 파악하는 관점을 말한다. 이는 범죄행위를 비정상적인 사람들의 행위로 보았던 생물학적·심리학적 범죄이론을 극복하려는 시도로 출발하였다. 프랑스 범죄학자인 따르드의 모방이론이 롬브로조의 소질적 범죄원인론에 대한 반발로 시작된 데에서 알 수 있다. 학습이론은 1930년대 서덜랜드(E. H. Sutherland)에 의해 체계화되면서 기존의 담론을 밀어내고 주류 범죄학의 한 자리를 차지하였으며, 이후 교육학 일반이론의 발달과 더불어 분명한 모습을 갖게 된다.

1. 서덜랜드의 차별교제이론

(1) 이론적 기초

2 전미全美사회학회 회장을 역임한 에드윈 서덜랜드(E. H. Sutherland, 1883~1950)는 20세기 미국에서 가장 영향력 있는 범죄학자로 꼽힌다. 그는 시카고에서 박사학위를 취득한 이후 상징적 상호작용이론을 토대로 차별교제이론, 화이트칼라범죄론 등을 발표하여 후대 범죄학에 큰 영향을 미쳤다. 많은 이들은 지난 세기 범죄학이 개인적 원인에서 사회적 원인의 연구로 전환된 것을 서덜랜드의 업적으로 평가한다.

3 서덜랜드의 범죄학이론은 사회현상의 두 가지 측면을 설명하려는 시도에서 시작된다. 그 하나는 '왜 사람의 집단에 따라 범죄율이 서로 다른가'하는 문제이다. 그는 이 문제를 차별적 사회조직화, 차별적 집단조직화의 개념으로 설명한다. 다른 하나는 '왜 대부분의 사람들은 범죄자가 되지 않는데 일부는 범죄자가 되는가'하는 물음에 대한 설명이다. 그는 이에 대한 원인을 개인마다 서로 다른, 즉 차별화된 교제에서 찾으면서 특정인이 범죄행위에 가담하게 되는 과정을 설명하였다. 그의 차별교제이론(differential association theory)은 범죄학습이 비범죄행위의 학습과 비교하여 좋다거나 나쁘다는 평가를 할 수 있는 것이 아니라 단지 '다른' 학습으로 파악된다고 한다. 차별교제(또는 차별접촉)는 상이한 학습과정으로 다른 결과가 나온다는 의미이다.

(2) 범죄학습이 이루어지는 사회심리과정

서덜랜드는 범죄학습이 이루어지는 사회심리과정을 아래의 9가지 명제로 요 4
약한다.[1]

1) 범죄는 생물학적 내지 심리학적 원인에 의해 설명될 수 있는 것이 아니기 5
때문에, 타인과 격리된 상태에서는 생겨나지 않는다. 범죄는 단지 학습될 뿐이다. 2) 범죄행동은 타인과 상호작용 속에서 의사소통과정을 통해 학습된다. 3) 범죄학습의 주요부분은 친밀한 집단 안에서 일어난다. 여기에서 학습은 매스컴과 같은 집단 밖의 매개를 통한 것이 아니다. 4) 범죄학습내용은 다양한 범죄기술뿐만 아니라 동기·충동·합리화·태도 등을 포함한다. 5) 동기와 충동의 구체적 방향은 법규범에 대한 긍정적·부정적 정의定義로부터 정해진다. 사람들이 재물의 획득, 사회적 성공 등에 대해 일반적 동기를 유지하는 양식은 범죄에 대한 긍정적·부정적 정의와 접촉함으로써 영향을 받는다. 6) 어떤 사람이 범죄자가 되는 것은 법률위반에 대한 긍정적 정의가 부정적 정의를 압도하기 때문이다. 7) 차별교제는 빈도·기간·우선성·강도에 따라 달라진다. 여기서 빈도는 어떤 사람이 접촉한 범죄적 정의와 비범죄적 정의의 수를 말한다. 기간은 그러한 정의와 접촉한 시간을 말한다. 우선성은 위와 같은 정의에 처음으로 접촉하게 된 나이를 말한다. 강도는 범죄적 정의 또는 비범죄적 정의에 대한 접촉이 사람에게 미치는 영향의 정도이다. 8) 범죄자와 접촉을 통해 범죄를 배우는 과정은 다른 모든 행위의 학습과정과 같다. 범죄자와 비범죄자의 차이는 학습과정의 차이가 아니라 접촉유형의 차이이다. 9) 범죄행동은 사회의 일반적 욕구와 가치관의 표현이지만, 그것만으로 범죄를 설명하는 것은 한계가 있다. 왜냐하면 비범죄적 행동도 동일한 욕구와 가치관의 표현이기 때문이다.

(3) 학습대상과 학습과정

위의 9가지 명제 중에서 1)과 2)는 범죄행위가 사람들 사이의 교제를 통해 6
학습된다는 서덜랜드 이론의 선언적 논지에 해당한다. 3)부터 9)까지는 이 논지의 구체적 내용으로서, 크게 두 부분으로 나뉜다. 첫째는 무엇이 학습되느냐 하는 학습의 대상에 관한 것이다. 이와 관련하여 **서덜랜드**는 특정한 범행기술, 범행에 대한 동기, 충동, 합리화, 태도, 그리고 '법위반에 대한 호의적인 생각' 등을 거론하

---

1) Sutherland, Criminology, 6면 이하. 아울러 같은 책의 후속판인 Sutherland/Cressey, 80면 이하.

였는데[명제 4), 5), 6)], 이것들은 모두 인식을 좌우하는 내면적 요소이다. 여기서 서덜랜드 학습이론의 특징이 분명히 드러난다. 범죄행위 자체를 배우는 것이 아니라 행위에 이르게 만드는 관념을 학습한다는 생각이 그것이다. 둘째는 학습이 이루어지는 과정에 대해 설명한다. 이에 대해 **서덜랜드**는 친밀한 인간집단 사이의 교제에 의해 학습이 된다고 하면서, 교제의 빈도·기간·우선성·강도 등에 따라 학습효과가 달라지는 등 범죄관념의 학습은 준법관념의 학습과 동일한 메커니즘을 갖고 있다고 한다[명제 3), 7), 8), 9)].

(4) 사회정책

7 **서덜랜드**가 범죄를 감소시키는 방법으로 제안한 것은 비범죄적 정의에 대한 접촉을 늘리는 것이다. 그리고 범죄행위를 학습받은 사람은 그것을 되돌리기 위해 정신과의사, 심리학자, 상담가 등의 도움을 받아야 한다. 사회정책적으로는 범죄성향을 가진 사람들을 다시 바른 학습과정에 들어서게 할 수 있는 재사회화기관에 속하게 하는 것이 유용한 방법일 것이다.

2. 글래이저의 차별적 동일시 이론

8 몇몇 이론가들은 범죄행위가 정상적으로 학습된 행위라는 **서덜랜드**의 견해를 받아들이면서 현대적인 학습이론을 발전시켜 '정상적 학습' 개념을 새롭게 구현하고자 한다. 최근 이론에서 두드러지는 면은, 학습이 사람들 간의 접촉과 별도로 환경과 직접적으로 접촉하는 과정에서도 이루어진다고 하는 점이다. 이와 같은 수정에서 한걸음 더 나아가 학습내용에 대해서도 변화된 견해를 내놓고 있다. 즉 관념만이 학습된다는 **서덜랜드**의 인식론적 관점을 배척하고, 사회적 학습을 통해 행동 그 자체가 직접 학습될 수 있다는 최근의 교육이론적 시각도 수용하고 있다.

9 그 가운데 **글래이저**(D. Glaser)는 서덜랜드 이론의 '교제'라는 개념을 '동일시(일체화)'라는 용어로 바꿀 것을 제안한다. 단순히 범죄적 가치에 접촉하고 교제함으로써 범죄행위자가 되는 것이 아니라 스스로 그것을 자기 것으로 동일시하는 단계에 이르게 되어야 범죄를 저지른다고 한다.[1] 이렇게 동일시에 이르는 단계에 주목해야, 범죄적 사람과 접촉하지 않으면서도 범죄를 저지르거나 반대로 그들과 교제하지만 범죄를 행하지 않는 사람들의 행동을 설명할 수 있다. 특히 매스미디

1) Glaser, Criminality Theories and Behavioral Images, 433면 이하.

어의 영향이 크기 때문에 스포츠선수나 영화주인공 등과 동일시하는 것이 정체성을 좌우할 수 있다고 한다.[1]

3. 에이커스의 사회학습이론

에이커스(R. Akers)의 사회학습이론(social learning theory)은 조작적 및 반응적 10
조건화 개념을 통해서 서덜랜드의 차별교제이론을 확대하고자 하였다. 범죄행위에 대한 '차별교제 – 강화이론'(differential association – reinforcement theory)이라고도 불린다. 이것은 행태주의 심리학에 의해 발전되어온 조건형성의 학습원리에 따라 차별교제이론의 내용을 재구성하려는 시도이다. 에이커스는 범죄행위가 그것을 강화하고 두드러지게 하는 사회 외적 분위기나, 역시 그것을 강화하고 두드러지게 하는 사람들과 사회적 상호작용을 통해 학습된다고 한다. 여기서 사회 외적 분위기를 추가한 것은 다른 사람들의 사회적 상호작용과 별개로, 환경 그 자체가 범죄성을 강화시킬 수 있다는 인식 때문이었다.[2]

에이커스는 자신의 이론을 4개의 주요개념으로 정리하고 있다. 첫째, **차별교** 11
제 개념으로서 이는 대부분 서덜랜드의 명제를 받아들인다. 그러나 사람들간의 직접 의사소통뿐만 아니라, 다소 떨어져 있는 사람들간의 일치 확인을 통한 간접 의사소통까지 주요원인으로 포함시킨다는 점에 차이가 있다. 둘째, 사람들이 자기의 행위에 대해 의미를 부여하는 **정의定義** 개념이다. 이를 통해 자신의 행위에 대해 스스로 옳거나 그르다는 평가를 한다. 셋째, 이른바 **차별강화** 개념이다. 이는 행위에 대해 기대되는 결과가 다를 수 있음을 전제로 자기 행위에 대한 보상이나 처벌에 대한 생각의 차이가 사회적 학습에서 변수가 될 수 있다는 것이다. 넷째, 다른 사람들이 하는 행동을 관찰하여 **모방**하는 것도 사회적 학습의 한 내용이라고 한다.[3] 이와 같은 에이커스의 사회학습이론은 소년들의 약물범죄와 경미한 범죄, 연인 간 데이트폭력, 경찰관의 일탈행동 등을 근거짓는 데 유리하다는 점을 인정받았다.

---

1) Brown/Esbensen/Geis, 범죄학, 366면.

2) Burgess/Akers, A Differential Association – Reinforcement Theory of Criminal Behavior, 128면 이하.

3) 자세한 것은 Akers/Sellers/Jennings, 범죄학이론, 173면 이하.

4. 학습이론에 대한 평가

12 차별교제이론을 비롯한 학습이론은 개인소질에 대한 설명에 치우쳤던 기존 범죄학의 패러다임을 바꾸는 데 기여하였다. 특히 소년범죄의 설명에 설득력이 있는 것으로 받아들여지고 있다. 형사정책적으로도 소년들의 사회화 환경에 주목하게 만드는 계기를 제공했다. 그러나 다른 한편으로 범죄의 학습적 측면을 강조하는 것이 기존에 주목되어 왔던 인간본성의 차이를 무시하게 만들 수 있다는 점이 지적되었다. 같은 환경에서 유사한 학습경로를 겪은 사람 가운데 어떤 사람은 범죄자가 되고, 다른 사람은 법질서 안에서 살아가는 이유를 설명하지 못한다. 개인에 따라 현재의 접촉을 처음부터 가지게 되었을 수 있으나, 그것을 유지하거나 저버리는 데 사람마다 차이가 있음을 주목하지 못한다는 것이다. 준법 상황과 범법 상황에 접촉하는 방식의 차이를 설명하고 있지만 그 상황 자체에 대한 분류기준이 없고, 그렇게 다른 방식으로 반응하는 소년들의 특성에 대해 구체적 이유가 제시되지 않는다. 그 밖에도 학습 내용을 실현할 기회의 중요성이 무시된다는 점, 신체적·심리적 특징에 의한 일탈, 과실범이나 격정범 등을 설명할 수 없다는 점 등이 지적된다.[1)]

13 학습이론의 가장 중요한 방법론적 한계는 '학습'개념이 부정확하다는 데 있다. 학자들에 따라 구체적 행위를 학습하는 것으로 보기도 하고, 범죄로 나아가게 만드는 여러 (심리적) 요소를 학습하는 것이라고 생각하는 경우도 있다. 이와 같은 광범위한 대상에 대한 '학습'은 결국 '사회화'를 다른 말로 바꾼 것에 그친다. 그렇다면 학습이론은 결국 '인간의 사회화과정으로부터 범죄가 일어난다'는 주장으로서 당연한 말로 생각될 뿐, 범죄의 현실적 원인에 대해 더 나아간 이야기를 하는 것으로 보이지는 않는다.

[51] 통제이론

1. 통제이론의 인간상

1 통제이론은 개인이 왜 범죄를 하게 되는가의 측면이 아니라 "개인이 왜 범죄

1) 이러한 비판을 한 대표적인 학자는 셀린(Sellin)과 볼드(Vold)이다. 그 외에 버제스와 에이커스도 차별교제이론의 문제점을 지적하였다. 자세히는 Akers/Sellers/Jennings, 범죄학이론, 171면 이하.

로 나아가지 않게 되는가"의 측면에 초점을 맞춘다. 이 점에서 인과론적 순응이론으로 분류된다. 허쉬(T. Hirschi)는 통제이론의 기본관념에 대해, "왜 그들이 법을 위반하는가라는 질문은 통제이론이 답하려는 것이 아니다. 오히려 왜 우리는 법을 위반하지 않는가 하는 점을 다룬다. 만약 우리에게 어떠한 장애가 없다면 범죄를 저지를 것이라는 증거가 많이 있다"고 한다.[1)]

통제이론에 따르면 사람이 사회질서에 순응하는 데에는 규범과 통제에 의해 2
동기를 부여하는 과정이 있어야 하지만, 법을 위반하는 데에는 어떤 특별한 동기가 필요 없다고 한다. 홉스(T. Hobbes)가 이야기하는, 자신의 이익을 위한 자연스러운 본성과 그 결과의 '자연상태'와 같은 전제이다. 사회 속 개인을 모두 잠재적 범죄인으로 본다면, 범죄이론은 그러한 개인이 왜 범죄행위에 실패하게 되는가를 설명해야 하는 것이 된다. 그리고 그 원인으로 주목하는 내용은 개인과 사회가 갖고 있는 통제력 또는 억제력이다.

2. 라이쓰와 나이의 내적·외적 통제이론

라이쓰(A. Reiss)는 범죄행위와 자기통제의 관계를 처음으로 지적하였다.[2)] 그 3
는 소년비행의 원인을 두 가지 측면에서 파악했는데, 그 하나는 개인통제력이 떨어지는 것이고 다른 하나는 사회통제력의 부족이다. 이를 각각 내적 통제와 외적 통제라고 한다. 소년들에게 내적 통제력이 부족하여 사회규범과 마찰을 일으키지 않고서는 자기가 하고 싶은 일을 할 수 있는 능력을 갖추지 못하거나, 교육을 담당하는 기관들이 소년들을 규범에 순응하도록 훈육할 능력이 없어 비행성향을 통제하지 못함으로써 비행이 발생한다고 설명한다.[3)]

나이(F. Nye)는 라이쓰의 생각을 발전시켜 소년비행을 막는 사회통제의 유형 4
을 세 가지로 분류하였다. 1) **직접통제**는 잘못을 했을 때 바로 억압적 수단을 사용하거나, 순응한 행위에 대해 보상해주는 것을 말한다. 여기에는 국가기관에 의한 공식통제와 가정이나 학교에서 이루어지는 비공식통제 방법이 있다. 2) **간접통제**는 소년들이 주위의 기대 등을 의식해서, 즉 긴밀한 관계를 맺는 주변사람들에게 실망을 줄 것을 우려하여 비행을 자제하는 것을 말한다. 3) **내적 통제**는 청소

---

1) Hirschi, Causes of Delinquency, 34면.
2) Reiss, Delinquency as the failure of personal and social controls, 196면 이하.
3) Vold/Bernard/Snipes, 범죄학이론, 228면 이하 참조.

년 스스로 양심이나 죄의식 때문에 비행을 하지 않는 것이다. **나이**는 이러한 사회통제 유형 가운데 가장 효율적 방법은 '비공식적 간접통제'로 보았다. 소년이 갖는 애정, 인정, 안전, 새로운 경험의 욕구가 가정이나 친밀한 집단 안에서 충족되면, 용납될 수 없는 방식으로 욕구를 분출하려 하지 않을 것이라고 한다.[1)]

3. 렉클리스의 억제이론

(1) 범죄유발요소

5 **렉클리스**(W. Reckless)의 억제이론(containment theory)에 의하면 모든 사람들에게 범죄로 이끄는 범죄유발요인과 범죄를 억제하는 범죄억제요소가 주어져 있는데, 여기서 범죄억제요소가 더 강할 경우 범죄로 나아가지 않는다고 한다.[2)]

6 사회에는 구성원을 범죄로 내모는 요인이 있다. **렉클리스**는 1) 압력(pressures), 2) 유인(pulls), 3) 배출(pushes)의 세 가지를 들고 있다. **압력**은 사람들을 불만에 빠지게 하는 것으로 가난, 가족 간의 갈등, 실업 등이다. **유인**은 정상적 생활로부터 이탈하도록 꾀는 것으로서 품성이 좋지 않은 친구, 비행적 대체문화, 불건전한 대중매체, 허용되지 않은 약물 등을 예로 들 수 있다. **배출**은 범죄를 저지르도록 하는 개인의 신체적, 심리적 요소를 말한다. 불안, 불만, 긴장, 증오 등이 그 예이다.

(2) 범죄억제요소

7 이러한 사회동력에도 불구하고 개인이 범죄하지 않는 이유는 억제요소 때문이다. **렉클리스**는 이를 외부 억제요소와 내부 억제요소로 나눈다. 1) **외부 억제요소**는 사회적 연대와 끈(social bond and tie)이라 할 수 있는 것으로서 가족이나 주위사람들이 범죄로 나아가지 못하도록 막는 요인들이다. 2) **내부 억제요소**는 개인으로서 사회 속에서 갖는 내면의 힘(inner strength)이다. 예컨대 건전한 자아상, 강한 자의식, 바르게 지향된 목표 등을 들 수 있다. 이런 억제의 주요 요소들은 가정 안에서 형성되는 사회화의 산물이고, 대체로 12세 정도까지 갖추어진다고 한다. **렉클리스**는 이러한 외부적·내부적 억제요소 가운데 어느 한 가지라도 제대로 작용하면 범죄를 예방할 수 있다고 하면서, 그 가운데 특히 내부 억제요소를

1) Nye, Family Relationships and Delinquent Behavior, 5면 이하.

2) Reckless, A New Theory of Delinquency and Crime, 42면 이하.

강조하였다. 고도로 개인화된 사회에서는 사회연대의 틀 밖에서 많은 시간 생활하므로 범죄대책은 사회정책보다 각 개인의 내부 억제요소를 강화하는 것에 초점을 맞추는 것이 바람직하다고 한다. 여기서 **렉클리스**의 이론은 사회학 측면보다 심리학 측면을 강조하는 것으로 이해된다. 그의 이론을 '비범죄행위에 대한 심리학적 설명'이라고 일컫는 이유이다.

4. 맛차와 사이크스의 표류이론 및 중화기술이론

(1) 규범의 경계와 표류

1957년 **맛차**(D. Matza)와 **사이크스**(G. Sykes)는 소년이 **중화기술**(technique of neutralization)을 통해 범죄로 나아간다는 중화기술이론을 발표하였다. 이들은 종래 범죄이론이 범죄원인을 설명할 때 '강제'와 '차별화'요소를 지나치게 강조하고 있다고 비판한다. 생물학적·심리학적 범죄이론들은 신체적·심리적인 면의 비정상적 소질에 의해 소년들의 비행이 '강제'된다고 보는 것이며, 그동안 범죄사회학 이론들도 보편적 문화와 '차별화'된, 반사회적 가치나 규범과 접촉함으로써 소년들이 범죄를 저지를 수밖에 없다는 것인데, 이 설명들은 실제 상황을 과장하고 있다고 한다. 8

맛차와 **사이크스**는 **서덜랜드**의 주장과 달리 일탈자는 범죄적 행동양식에 차별적으로 교제함으로써 범죄행위로 나아가는 것이 아니며, 지배적 문화와 구별되는 소년들의 비행적 대체문화가 독자적으로 존재하는 것도 아니라고 한다. 실제로 비행을 저지르게 되는 소년이라 하더라도 대부분 그렇지 않은 소년들처럼 지배적 사회규범에 순응하지만, 특별한 경우에 한하여 위법행위에 빠져들게 된다는 것이다. 이렇게 보아야만 비행에 빠졌던 대부분의 소년들이 성년이 되면 정상적 사회생활을 하게 되는 이유를 설명할 수 있다. 9

이러한 설명을 위해 **맛차**와 **사이크스**가 '비행'의 대안 이미지로 제시한 것이 '표류'(drift)이다. 대부분 비행소년들은 신체적·심리적 요소에 의해 범죄하도록 강제되거나 비행적 가치를 수용하여 비행을 저지르는 것이 아니라, 단지 합법과 위법의 사이를 왔다 갔다 하는 '표류자'(drifter)일 뿐이라는 것이다. 이러한 표류는 사회통제가 느슨할 때 더욱 뚜렷이 발견되며, 그러한 상황에서 기회에 따라 생겨나는 법을 지키거나 어기도록 만드는 영향력에 뚜렷한 방향성 없이 반응하는 것이 범죄로 포착된다고 한다. 정책적으로 중요한 것은 소년들을 표류하게 10

하는 여건, 즉 사회통제가 느슨하게 되는 조건이 무엇인지 밝히는 것이라고 본다.1)

(2) 중화의 기술

11 소년들이 표류상태에 빠지게 되는 과정을 설명하기 위해 **맛차**와 **사이크스**가 제시하는 것이 '중화기술'이다. 소년범죄자들은 흔히 자신이 저지른 행위가 반사회적 범죄행위였다는 것을 인정하지 않는 경우가 많다는 점에 착안하고 있다. 비행소년들도 전통가치 및 문화를 인정하지 않는 것은 아니다. 단지 그들은 '숨은 가치'(subterranean values)를 같이 수용하기 때문에, 규범위반행위가 실제로는 그다지 심각한 범죄행위가 아닌 것으로 스스로 믿는다. 이것이 곧 자신의 행위의미를 그렇게 중요한 것이 아니라고 만드는 중화기술이다. 이러한 중화기술이 내면화되어 있으므로 규범위반행위를 넘나드는 표류에 놓이게 된다.

12 중화기술에는 다음의 다섯 가지 유형이 있다. 1) 첫째는 **책임의 부정**(denial of responsibility)이다. 범죄나 비행에 대한 자신의 책임을 인정하지 않고 오히려 자신을 사회상황의 희생자로 여긴다. 2) 둘째는 **가해의 부정**(denial of injury)이다. 예컨대 타인의 재물을 절취하고도 "잠시 빌렸을 뿐이다"라고 변명하는 등 자신의 범행에 의한 손해를 가볍게 여긴다. 3) 셋째는 **피해의 부정**(denial of victim)이다. 피해자가 응당 당해야 마땅할 일을 겪었을 뿐이라고 자신의 범죄행위를 정당화한다. 4) 넷째는 **비난자에 대한 비난**(condemnation of the hypocrisy)이다. 사회통제기관들은 부패한 자들로서 자기를 심판할 자격이 없다고 하면서 "너는 뭐 다르냐"고 그들의 위선을 비난한다. 5) 다섯째는 **상위 가치에 호소**(appeal to higher loyalty)하는 것으로 자신의 비행을 인정하면서도 친구들과 의리나 조직을 위해 어쩔 수 없었다고 하여 형법의 요구보다 자신이 속한 집단의 연대성이 더 중요하다고 하는 경우이다.

13 표류이론에서 중화기술은 소년이 관습적 도덕구속으로부터 일시적으로 해방되는 방법이다. 관습적 신념이 범죄를 통제할 수 있는 수단이라고 한다면, 그 신념은 이러한 중화기술을 통해 약화된다. 이는 통제이론의 전통에서 볼 때 내적 억제의 약화가 곧 사회에 대한 유대의 단절로 나아가는 모습과 같다.

14 [책임의 분산(Diffusion of responsibility)] 특히 소년의 행위에서 책임을 부정

---

1) Sykes/Matza, Techniques of Neutralization, 664면 이하.

하는 중요한 하나의 방식은 '책임의 분산'이다. 한 명이 아니라 여러 행위자가 일탈행위에 함께 참여하게 되면, 각 행위자 고유의 비행 특성을 합한 것보다 훨씬 더 무거운 범죄를 저지르게 되는 이유를 설명해준다. 집단으로 폭행을 저질러 살인 결과를 야기한 경우, 여러 청소년들이 함께 피해자를 성폭행한 경우, 각 소년을 한 명씩 따로 만나보면 대부분 도저히 그 정도 범죄를 저지를 수 없는 학생들이다. 그러니 경찰서에 불려온 부모들이 자녀가 그 정도의 끔찍한 짓을 했다는 것을 믿을 수 없어 하는 것도 당연하다. 대부분 "못된 친구를 잘못 만나서 그렇게 되었다"고 말한다. 그런데 다른 친구와 부모들도 모두 같은 느낌을 갖고 있다. 즉 그 친구들 사이에 그 정도로 나쁜 짓을 할 수 있는 소년은 실제로는 아무도 없다. 책임의 분산은 각자 범죄행위를 할 수 있는 사람이 아니더라도, 모여 있다 보면 책임의식이 흐려져 각각 범죄성 정도의 총합을 훨씬 넘어서는 범죄행위를 할 수 있게 하는 이유이다. 특히 소년범죄자들의 경우에는 그 집단에서 따돌림을 받지 않으려는, 인기를 유지하려는, 리더의 자리를 잃지 않으려는 내심이 강해서, 전혀 의도하지 않았던 중범죄에 쉽게 빠져들 수 있다. 바로 이 점이 집단으로 몰려다니는 소년들의 비행을, 한 명의 성인이 저지르는 범죄와 동일하게 평가하고 처분해서는 안 되는 이유이다.

5. 허쉬의 사회통제이론

허쉬(T. Hirschi)는 이전 여러 형태의 통제이론을 집대성하였다. 그는 1969년 15
의 저서 『비행의 원인』[1]에서 '왜 누군가가 범죄자가 되는가?'를 묻는 대신, '왜 어떤 사람은 법을 위반하지 않는가?'에 관심을 가져야 한다고 한다. 그가 제시하는 포괄적 사회통제이론(social control theory)은 구체적으로 사회유대이론(social bonding theory)이라고 불린다. 이에 따르면 가족, 학교, 동료 등과 같은 사회집단에 밀접하게 연대되어 있는 사람은 쉽게 비행행위를 저지르지 않는다는 것이다. 그러한 사회적 차원의 연대를 통해 도덕규범을 내면화하는 계기가 없을 때 법위반행위를 한다. 그는 사회연대의 요소로서 아래와 같은 네 가지를 꼽았다.

첫째, **애착**(attachment)으로서 허쉬가 가장 중요한 것으로 본 요소이다. 타인 16
에 대한 애정과 감정 교감으로서, 특히 부모, 교사, 친구 등에 대한 애착이 비행통제에 큰 영향을 미친다고 한다. 가까운 사람들을 좋아하고 존경하는 마음이 있으면 그들의 기대에 민감해져서 원치 않는 비행을 멀리한다는 것이다. 둘째, **관여**(commitment)이다. 이는 개인이 사회의 합법적 목적과 수단을 수용하고 그것을 실행하기 위해 애쓴 그동안의 노력을 의미한다. 이러한 노력을 기울여 사회에서

1) Hirschi, Causes of Delinquency, 16면 이하.

자기의 몫(직업, 학력, 돈, 명망 등)을 얻었다면, 비행을 범하여 이를 잃게 될 것을 염려한다는 것이다. 셋째, **참여**(involvement)는 일상 영역의 활동을 말한다. 개인이 직장이나 가정생활, 학업, 취미, 봉사 등에서 임무를 실행하고 있는 상태이다. 이러한 참여 정도가 강할수록 비행에 빠질 가능성이 적어진다고 설명한다. 넷째, **믿음**(belief)으로서 사회가치 및 규범체계에 의지하는 것이다. 법과 사회규범의 타당성에 대한 신뢰가 있으면 비행에 빠지지 않는다는 내용이다.[1]

6. 갓프레드슨과 허쉬의 자기통제이론

17 통제이론으로 가장 최근에 등장한 것은 갓프레드슨(M. Gottfredson)이 허쉬(T. Hirschi)와 함께 1990년 『범죄일반이론』[2]을 통해 제시한 것이다. 이는 기존의 실증주의 범죄원인론과 구별되는 것으로서, 소질과 환경 때문에 범죄가 저질러지는 것이 아니라고 한다. 특정한 규범적 동기로 인해 범죄가 억제되어야 하지만 그것이 실패할 경우에 범죄가 일어나는 것으로 본다. 주어진 기회에 발현되는 '낮은 자기통제'가 범죄의 일반적 원인이라고 하는데, 여기서 말하는 '통제'는 개인에게 내면화된 규범이다. 이는 허쉬가 과거에 제시한 '사회연대' 개념이 주로 외적 통제를 뜻하는 것과 구별된다.

18 갓프레드슨과 허쉬는 자기통제가 실패하는 경우로서 충동적이고 무신경하며 육체지향적·모험적·단견적이고 말이 서투른 경향을 보이는 특성과, 아울러 담배와 술을 많이 하고 자주 사고를 벌이는, 자제력이 부족한 특징을 예로 설명한다. 이러한 낮은 수준의 자기통제에 가장 많은 영향으로 작용하는 것은 잘못된 자녀양육이다. 그에 대한 대책은 아이들의 행동을 주변에서 관찰하여 비행을 저질렀을 때 즉시 확인하여 벌을 주는 외적 통제라고 말한다. 이러한 외적 통제가 사회화 과정을 거쳐서 아이에게 내면화되면 자기통제를 회복하여 비행을 예방할 수 있다는 것이다. 그리고 가정에서 사회화를 위한 양육을 충분히 받지 못한 아이에게는 학교라는 사회화 장소가 자기통제를 익히는 데 중요한 역할을 담당한다고 한다.[3]

---

1) 상세한 것은 Brown/Esbensen/Geis, 범죄학, 382면 이하; Vold/ Bernard/Snipes, 범죄학이론, 234면 이하 참조.
2) Gottfredson/Hirschi, A General Theory of Crime, 404면 이하.
3) Vold/Bernard/Snipes, 범죄학이론, 241면 이하 참조.

7. 통제이론에 대한 평가

통제이론은 이전의 범죄이론과 달리 검증가능한 설명을 제공하기 위해 자기보고조사라는 새로운 기법을 사용한다는 점에서 긍정적 평가를 받았다. 맛차와 사이크스의 이론이 소질과 환경 영향을 지배적이거나 고정된 것이라고 보지 않고 합법과 불법 사이를 아슬아슬하게 거니는 것으로 바라보는 시각도 정책적인 의미가 있다. 이는 오늘날에도 특히 소년범죄자들을 성인범죄자와 달리 취급해야 하는 이론적 근거로 이용된다. 19

그러나 여기에 속하는 대부분 연구가 평범한 소년들의 비교적 사소한 비행을 대상으로 하였기 때문에 대표성이 충분하지 않다는 지적이 있다. 심각한 비행을 저지른 소년들의 범죄과정을 조사대상으로 삼았다면 다른 결론에 이르렀을 것이며, 그렇기에 중대한 소년범죄나 성인범죄의 공격적이고 폭력적인 특성에 적용하는 데에는 설득력이 떨어진다는 것이다. 한편으로는 통제이론이 범죄와 비행의 발생에 대해 거시적 차원의 외부압력을 변수로 고려하지 않은 점도 한계로 지적된다.[1] 20

인간을 궁극적으로 선하지 않은 존재로 보고 통제를 받아야 범죄를 저지르지 않으므로 범죄는 곧 통제의 실패를 뜻한다는 설명은 기존 범죄이론에서 찾아볼 수 없는 새로운 시각이다. 그렇지만 이 방법으로 범죄를 통제할 수 있는 구체적 수단을 논하는 것은 과거이론들과 큰 차이가 없다. 갓프레드슨과 허쉬는 범죄원인으로서 '낮은 자기통제'를 언급하고 그 원인이 가정의 사회화과정에 있다고 보아, 범죄대책으로서 가정 이외 공동체의 자기통제학습을 이야기한다. 이는 가정 및 그 밖의 환경이 범죄원인이 된다는 기존의 여러 이론을 다른 방식으로 바꾸어 설명하고 있을 뿐이다. 다시 말해 소질과 환경이 범죄원인이 된다는 종래의 모든 이론도 그 요인들 때문에 규범의식이 범죄의 유혹보다 약해진 것이고, 그로부터 범죄로 나아가게 된다는 설명이라고 볼 때 통제이론과 크게 다르지 않다. 인간이 선한 존재라는 전제에서 범죄로 나아가지 않는 방식을 모색하는 것이나, 인간이 이기적 존재라는 것을 배경으로 그 본성을 통제하는 방법을 이야기하는 것은 같은 사물을 다른 각도에서 설명하고 있을 뿐이다. 21

1) Vold/Bernard/Snipes, 앞의 책, 239면 이하 참조.

제 3 절 범죄발생과 사회구조

[52] 기능주의적 범죄이론

1. 구조기능주의

1 구조기능주의 학파는 **뒤르켐**(É. Durkheim, 1858~1917)에서 비롯된 기능주의가 언어학자인 **소쉬르**(F. Saussure) 이후의 구조주의와 결합하여 발전된 사회철학 사조이다. 여기 포함된 '기능'은 역할이라는 단순한 뜻을 넘어서 있다. 전체(상위)체계와 그에 속한 부분(하위)체계의 역할에 대한 관념으로서, 후자가 전자의 통합에 기여하는 것을 기능으로, 이를 해치는 것을 역기능으로 바라본다. 실천적으로는 사회체계의 균형이나 제도의 안정성에 정책목표의 초점을 두고 있다. 범죄이론 또는 형벌이론에서 기능주의는 인간 개인보다는 사회체계·사회제도를 중심 패러다임으로 범죄·규범의 의미를 파악한다.[1)]

2. 뒤르켐의 범죄이론

2 뒤르켐의 기능주의 범죄이론은 범죄가 정상상태에서 사회적·심리적 체계에 부합되는 징표라는 것을 기본명제로 삼는다. "범죄는 정상적 현상이다"라는 그의 말은 범죄에 대한 새로운 정의를 이해하지 않고서는 납득하기 어렵다.

(1) 범죄개념

3 뒤르켐은 범죄를 타인의 개별적 권리를 침해하는 행위로 바라보는 전통적 관념을 부정한다. 그 대신 범죄를 '집단감정'(Kollektivgefühle)에 대한 침해,[2)] 또는 '집단의식'(Kollektivbewußtsein) 상태를 유해하게 만드는 행위[3)]라고 정의한다. 그렇지만 모든 집단감정의 침해가 범죄는 아니며, 일정한 강도 이상 그리고 명확하게 침해해야 범죄가 될 수 있다고 한다. 범죄에 의하여 침해받는 집단감정은 모든

1) 기능주의(Funktionalismus)에 대해서는 홍영기, 기능주의적 범죄이론 비판, 11면 이하.

2) Durkheim, Regeln der soziologischen Methode, 157면; 같은 저자, 사회분업론, 416면.

3) Durkheim, 사회분업론, 422면. 집단의식은 일반적인 사회구성원에게 공통된 신념과 감정의 총체로서 그 자체가 하나의 체계를 이루는 것이다. 이는 개인의식을 초월하여 존재하는 실체로서 간주되며 개인의 의식에 대해 규제력을 가진다(Durkheim, 같은 책, 421면).

도덕의식 속에 강하게 새겨져 있다. 이는 범죄행위의 대상으로서 정확하게 확정될 수 있어야 하기 때문에 단순한 도덕감정의 침해와 구별된다.[1)]

뒤르켐은 위 범죄정의가 순환론으로 오해될 가능성이 있다는 점을 알고 있었 4
다. 집단감정의 침해라는 것은 범죄의 뜻이라기보다는 '범죄에 대한 반응'에 가까운 것으로 생각되기 때문이다. 이렇게 본다면 집단감정 침해[범죄정의]로부터 집단감정이 침해되는 것[범죄결과]이므로 동어반복에 그치게 된다. 그러나 **뒤르켐** 이론의 핵심은 범죄란 인식되기 이전에 '존재하는' 개념이 아니며, 특정 상황에서 사회공동체가 '구성하는' 개념일 수밖에 없다는 사실을 밝혔다는 데에 있다. 범죄의 본질은 행위와 사회 사이의 적대적 관계이다. 어떤 행동이 범죄이기 때문에 집단의식에 충격을 주는 것이 아니라, 집단의식에 충격을 주었기 때문에 범죄가 되는 것이다. **뒤르켐**은 여기서 **스피노자**(B. Spinoza)의 말을 인용하고 있다. "우리가 사물을 좋아하기 때문에 그 사물이 좋은 것이지, 그 사물이 좋은 것이기 때문에 좋아하는 것은 아니다."[2)] 다음 예가 더 이해하기 쉬울 것이다. "모기가 하는 짓이 싫기 때문에 모기가 해충인 것이지, 모기가 해충이므로 그 짓이 싫은 것이 아니다." 즉 범죄의 정의가 범죄의 인식과 맞물리기는 하지만, 범죄라는 대상이 먼저 존재하고 그것이 인식되는 것이 아니라, 오히려 범죄가 인식되기 때문에 범죄로 정의된다.

> **[존재론적 범죄개념에 대한 비판]** 범죄가 인식에 앞서 존재하는 것이 아니라는 5
> 점은 이미 실증적 방법에 의한 정상성·비정상성에 대한 본질적 회의에서 찾아볼 수 있다. **콩트**(A. Comte)는 '브루세의 원리'에서 이것을 차용하였다. 병리학자 **브루세**(F. Broussais)는 1828년 그의 논문 「과잉자극상태와 광기에 대하여」(De l'irritation et de la folie)에서 비정상적 상태(질병·범죄 등)를 정상상태에 적용되는 법칙과 다른 법칙으로 평가하는 것은 잘못이라고 하였다. 실증적으로 정상성과 비정상성을 나눌 수 있는 기준은 없으며, 비정상적 현상이 정상적 현상과 구별되는 것은 정도 차이일 뿐이라고 하였다. **콩트**는 이 원리에 보편적 중요성을 부여하면서 그의 『실증정치학체계』(Système de politique positive)를 통해 비정상적 현상과 정상적 현상은 사실상 동일한 것이라고 주장하였다.[3)] 범죄는 비범죄와 다를 바 없는 행위이고, 단지 사회구성원에 의해 범죄행위로 인지되었다는 점만 다르다는 사실은, 기능주의적 범죄이론과 낙인이론 및 비판범죄학이 범죄의 사회적 인식을 강조하는 배경이 되었다.[4)]

---

1) Durkheim, 사회분업론, 419면 이하. 뒤르켐이론의 시대적 배경에 대해서 간략하게는 배종대, 범죄정상이론, 204면 이하.
2) Durkheim, 앞의 책, 422면.
3) Canguilhem, 정상적인 것과 병리적인 것, 61면 이하.
4) 비판범죄학의 범죄정의에 대해서는 Lynch/Michalowski/Groves, 자본주의 사회의 범죄와 형벌, 89면 이하.

(2) 적극적 일반예방

6 마찬가지로 형벌이 부과되는 것이 곧 범죄이다. 형벌은 집단의식을 침해하는 행위에 대해, 규범에 따라 사회의 집단의식이 대응하는 강력한 반작용이다. 뒤르켐은 형벌제도 자체는 응보로부터 시작되었다고 이야기한다. 그렇지만 오늘날 형벌은 개인의 피해에 대한 보복이 아니며 범죄예방이라는 목적을 지향하는 제도임을 확인하고 있다.[1] 그렇지만 만약 형벌을 소극적 방어수단으로만 여긴다면 범죄와 형벌이 비례적이어야 한다는 사실을 설명할 수 없다고 한다. 범죄가 저질러지지 않게 하기 위해서 일종의 권위가 개인의 욕망을 제약해야 하는 것은 당연하지만, 그 방법은 두려움에 의한 것이 아니라 '자발적인 존중을 통해' 복종하도록 해야 한다는 것이다.[2] 이로써 얻어지는 예방결과도 단순히 범죄가 안 저질러지는 상태를 넘어, 범죄자 자신에게 속죄의 과정을 제공하는 한편, 사회의 규범의식 내지 도덕성을 회복하도록 하는 데까지 미쳐야 한다. 여기에서 보듯 뒤르켐은 형벌이론으로서 적극적 일반예방이론을 본격적으로 주장한 최초의 학자이다.[3]

(3) 범죄정상설

7 뒤르켐은 범죄를 사회구성원의 집단감정의 침해로, 형벌을 그에 상응하는 반작용으로 보았다. 따라서 어떤 사회에서 실제로 범죄로 인식되던 일정한 행위에 대해 형벌이 반복되어 그 행위가 더 이상 저질러지지 않더라도, 사회구성원의 집단감정은 이제 그보다 일탈성이 더 낮은 행위를 다시 범죄로 정의내리게 된다. 따라서 어떤 사회에서든 범죄로 인식되는 행위유형을 없앨 수는 없으며, 그 결과 범죄는 사회 안에서 정상적인 현상일 수밖에 없다.[4] 그는 또한 범죄의 외부적 원인이 되는 아노미 현상도 보편적인 것이기 때문에 범죄는 비록 유감스럽기는 하지만 피할 수 없는 '정상적 현상'으로 보아야 한다고 말한다. "필연적인 불완전성은 질병이 아니다."[5]

(4) 범죄필요설

8 뒤르켐은 여기에서 더 나아가 범죄는 모든 사회의 통합적 구성요소가 된다고

---

1) Durkheim, 사회분업론, 426면 이하.
2) Durkheim, 자살론, 268면.
3) 홍영기, 형벌을 통한 규범신뢰의 강화, 305면 이하.
4) 이에 대해서는 배종대, 범죄정상이론, 218면 이하.
5) Durkheim, 자살론, 392면.

한다. 다음과 같은 이유에서이다. 1) 규범일탈을 통해 집단감정을 침해하는 행위가 곧 범죄이므로, 범죄가 발생함으로써 사회구성원들은 무엇이 규범인지 분명히 알게 된다. 그리고 그에 반응하여 형벌을 부과하게 함으로써 공동사회의 규범이 강화된다. 2) 범죄는 사회의 변화와 새로운 규범의 창설을 가능하게 해주는 중요한 계기이다. 사회변혁은 오로지 개인적 독창성에 의하여 이루어질 수 있는데, 이러한 독창성이 당대에 인정받지 못하면 범죄로 여겨진다. 그리고 새로운 역사로 나아가게 만들려는 이상주의자의 이념이 허용되기 위해서, 당시 규범의 밖에 있는 범죄자의 생각 또한 허용될 수 있어야 한다. 양자는 서로 명확하게 구별되는 것이 아니기 때문이다.[1)]

9 그 시대의 도덕이나 사회규범에서 벗어나는 여러 일탈행동 가운데 범죄 속성이 포함되는 것은 어쩔 수 없는 일이다. 이를 전부 금지하고 같은 생각과 행동만 허용되는 사회는 아무 발전을 기대할 수 없다. 같은 것만 인정하는 사회는 안정을 얻을 수 있지만, 이에 반발하는 정신만이 결국 새로운 무엇인가를 탄생하게 만드는 것이다.[2)] 실제로 당대에 일시적으로 규범파괴적 행위였으나 미래의 새로운 진리와 도덕을 미리 보여주는 실마리가 되었던 경우는 많이 있었다.

3. 뒤르켐 이론의 평가

(1) 범죄정상설

10 범죄는 '정상'이라는 말은 비정상성과 대비되는 개념으로서 정상, 즉 일반적 표준이라는 의미는 아니다. 그와 같은 뜻의 정상이라면 비정상적인 것이 무엇인지 불분명해진다. 뒤르켐은 범죄가 보편적인 사회현상이기 때문에 '범죄를 없앨 수 없다'는 주장을 하는 것이며, 그러한 의미에서 '정상적'인 현상이다. 이는 규범침해 및 그 안에 내재된 집단의식침해 자체를 범죄로 보는 뒤르켐의 범죄정의에 따를 때 논리필연적인 설명이다. 예를 들어 보편적 시각에서 선한 사람들이 모여 있는 수녀원 같은 데에서도 그 사회의 규범위반은 있다. 그로 인한 집단감정침해가 다른 사회보다 훨씬 더 경미한 행위유형으로부터 야기될 수 있다는 데에 차이가 있다(예를 들어 화장실휴지를 많이 풀어서 쓰는 행위). 같은 논리에서 신체의 질병도 정상적이다. 건강에 사소한 문제조차 없는 사람은 존재하지 않기 때문이다.

---

1) Durkheim, Die Regeln der soziologischen Methode, 160면.
2) 괴테의 말이다. Spendel, Gegen den „Verteidigunswillen" als Notwehrerfordernis, 245면에서 인용.

11 이러한 생각은 지금 사회의 형사정책에도 지침을 주고 있다. 범죄문제에 대해 '강력한 투쟁을 통해 범죄를 없애야 한다'는 목표에 따른 극단적 주장을 흔히 접할 수 있다. 그렇지만 이는 달성할 수 없는 이상에 그친다. 범죄 없는 유토피아는 오로지 개인의 자유가 인정되지 않을 때에만 실현될 수 있다. 범죄와 자유는 동전의 양면과 같아서 자유가 있는 곳에는 범죄가 있을 수밖에 없다.[1)] 사회에서 범죄는 질병과 같은 것이라고 하였다. 생명이 유지되는 동안 질병은 피할 수 없고, 비록 경중의 정도차이가 있을 뿐 누구나 병과 더불어 살아간다. 의사가 사소한 질병까지 완전히 없앨 것을 목표로 완벽한 치료를 하려는 것이 오히려 몸에 부작용을 일으키듯이, 범죄에 대한 증오심을 토대로 사회에서 깔끔하게 범죄자를 척결하고자 하는 '범죄와 전쟁'은 합리적 범죄대응을 오히려 방해한다.

(2) 범죄필요설

12 범죄는 피해를 당하는 사회 입장에서 보면 가증스러운 일이기 때문에 범죄필요설은 범죄를 옹호하는 것이라는 비판을 받았다. 이에 **뒤르켐**은 범죄에 대한 처벌이 범죄행위와 마찬가지로 정상적이라는 사실을 말함으로써 반박근거를 제시한다. 그러나 이러한 **뒤르켐**의 논리에는 비약이 포함되어 있다. 사회를 기능주의적 시각에서 바라보지 않고 개별적인 사람으로 나누어 고찰하면, 범죄는 누구에게도 유익한 것이 아니다. 피해자는 물론 범죄행위자도 처벌을 받는다는 점에서 해악을 경험하며, 이를 관찰하는 제3자도 마찬가지이다.

13 물론 지금 일어나고 있는 범죄행위들이 사회구성원의 규범의식을 분명하게 만들고 사회를 발전시키는 측면이 있다는 것은 분명하다. 우리나라 과거 정부에서 공화당시절부터 주고받았던 내밀한 인간관계가 범죄로 드러나고 그 결과 대통령 탄핵까지 이르지 않았더라면, 일련의 불합리한 정치행태를 바로 잡을 기회도 없었을 것이다. 그러나 만약 범죄가 일어나는 데 그칠 뿐, 그것이 발각되지 않거나 어떤 반작용도 주어지지 않는다면 긍정적인 효과는 기대할 수 없다. 즉 반작용이 없는 범죄는 오로지 피해만 남긴다. 그렇기에 **뒤르켐**이 말한 범죄의 필요성 논증은 엄밀히 말해서 '범죄'의 기능이 아니라 '형벌'의 기능으로 보아야 한다.[2)]

14 범죄성이 있는 과거 행위가 후대에 높은 평가를 받는다는 **뒤르켐**의 생각은

---

1) 이 점을 분명히 말하는 예는 Pieper, 선과 악, 특히 186면 이하.
2) Neumann/Schroth, 형사정책의 새로운 이론, 151면 이하.

배울 점이 있다. 우리나라뿐만 아니라 세계의 근·현대사에서 당대 지배세력에 반기를 들고 역사발전을 주도했던 선각자들은 대부분 범죄자로 취급받았다. 범죄필요설은 지금 범죄로 여겨지는 여러 행위의 유형들을 폭넓은 의미의 다원화된 가치에 포함시킬 수는 없는지 반성을 가능하게 한다. 그렇지만 몇 가지 뚜렷한 과거의 예를 생각할 수는 있으나, 지금 사회에서 보편적으로 타당한 범죄이론으로 생각되기는 어렵다. 지금 발생하는 범죄사건 가운데 장래의 새로운 가치관을 선도해갈 수 있는 경우는 극히 드물 것이기 때문이다.

[53] 아노미이론

1. 뒤르켐의 아노미이론

아노미(Anomie) 개념을 처음으로 범죄원인론에 도입한 사람도 뒤르켐이다. 1
그는 아노미를 사회통합이 결여되어 있는 무규범상태로 정의한다. 인간은 본성적으로 필요 이상으로 소유하고자 하는 욕구를 가지고 있는데, 이 본성은 자신이 만들지 않은 사회규범에 의해 제한되고 있다. 이러한 상황에서 급격한 산업화, 상업주의의 팽창, 경제공황, 예기치 않은 재난 등을 겪는 경우에 질서를 유지하고 있던 사회적 사실이 동요하면 규범영향력을 일시적으로 상실하게 된다. 이때 닥치는 무규범·탈규제상태가 바로 아노미이다. 뒤르켐은 이와 같은 아노미가 범죄나 자살과 같은 일탈행위를 증가시키는 중요한 원인이 된다고 한다.

그가 아노미에 주목한 것은 당시가 산업화사회로 급격하게 이전하던 상태였 2
기 때문이다. 그 발전속도에 비추어 도덕적 훈육이 이에 따라가지 못하였으므로 구성원들의 양심이 미치는 작용은 약화되고 기존 규범과 사회통제수단은 효력을 잃게 되었다. 그리고 사람들은 사회적 사실이 강제하는 구속력으로부터 벗어나 욕구를 분출하는 행위를 하기 쉬운 상태에 놓이게 되었다. 그런데 뒤르켐이 생각하기에 이는 일시적인 상황이 아니었다. 산업화는 끊임없이 가속화될 것인데 과거 신분사회를 유지했던 사람 간 결속성과 전통규범의 강제는 장차 더욱 무의미해질 것이기 때문이다. 곧 개인이 추구하는 욕망과 이를 달성하는 데 필요한 수단 사이에 항상 괴리가 존재할 수밖에 없게 되었다. 그리고 시대가 바뀔수록 아노미 현상의 원인은 경제상황에 국한되지 않고 사회의 모든 분야로 확대되어 간다. 이

와 같이 아노미가 필연적 현상이라면, 이로부터 발생하는 범죄도 없앨 수 없는 것이다.[1)]

2. 머튼의 아노미이론

(1) 이론적 기초

3 **뒤르켐**의 사상을 계승한 대표적인 학자는 미국의 **파슨스**(T. Parsons)와 독일의 **쾨니히**(R. König)를 꼽을 수 있으나 그의 아노미이론을 그대로 이어받은 사람은 **머튼**(R. Merton)이다. **머튼**은 아노미이론을 구조기능주의를 대표하는 범죄이론으로 발전시켰다. **머튼**은 범죄를 개인의 속성에 속하지 않는 것으로 보아 실증주의 범죄원인론의 병리학적 관점을 부정하는 대신, 일정한 사회구조와 범죄행위 사이의 연관성을 아노미개념으로 논증하고자 하였다.

4 그는 문화적 목표와 그 목표를 달성하기 위해 사용할 수 있는 수단 사이의 관계를 설명하였다. 지금의 문화적 상황에서는 사회구성원들에게 확고한 목표와 목적이 존재하고, 그것은 다수의 사회구성원에 의해 지탱되는 것이기도 하다. 다른 한편에서 사회는 문화적 목표의 달성가능성을 제한하는 제도적 규범을 가지고 있다. 즉 문화적 목표달성을 위해 어떤 수단이 허용되는지 규정하면서 몇 가지 특수한 수단의 사용을 금지하고 있다. 이때 구성원의 문화적 목표가 제도적 규범에 맞는 정당한 수단으로 달성할 수 있는 가능성이 없고, 목표달성을 위한 정당한 수단이 별로 강조되지 않는 경우가 생기는데 일탈행위는 이 틈새에서 발생한다고 한다.

(2) 반응양식의 분화

5 **머튼**은 **뒤르켐**과 **파슨스**의 이론을 바탕으로 경험적 예를 들어 아노미이론을 재구성하였다. 같은 원인에 대해서도 개인이 각각 다른 반응을 보일 수 있다는 것은, 사회적 조건에 따라서만 행위하는 것이 아니라 일정정도 이상 행위자의 행위선택이 개입한다는 **파슨스**의 자원론自願論적 행위이론을 반영한 것이다.[2)] **머튼**은 아노미현상이 있는 때에 문화적 목표에 대한 개인의 태도가 사회적으로 규범화된

---

1) Durkheim, 자살론, 261면 이하.

2) Merton, Social Structure and Anomie, 81면 이하; Kerscher, Sozialwissenschaftliche Kriminalitätstheorien, 39면, 133면 이하. 여기서 프로이트나 호니(K. Honey)의 분석을 모두 포괄하고 있다(Merton, 앞의 책, 99면 미주12, Parsons, The Social System, 250면 이하 참조).

수단에 따라서 다음 다섯 가지 방식으로 나타날 수 있다고 한다.

1) **순응**(conformity)은 문화적 목표와 제도화된 수단을 모두 승인하는 경우이 6
다. 대부분의 사람들이 이와 같은 반응을 보인다. 문화적으로 자리잡은 목표가 널리 그리고 심리적으로 명확하게 받아들여지고, 그 목표를 실현시킬 수 있는 정당화된 수단을 구성원들이 공평하게 사용할 수 있으면 아노미로 인한 범죄발생의 가능성은 낮아진다.

2) **혁신**(innovation)은 문화적 목표는 승인하지만 제도화된 수단은 부정하는 7
반응이다. 머튼은 이를 가장 흔한 범죄원인으로 생각하였다. 목표로 하는 돈을 얻기 위해 노동이나 저축을 하지 않고 강도·절도를 하는 경우 등이 그 보기이다. 혁신적 대응은 개인 성취를 요구하는 문화 가치가 널리 확산되어 있는 데 반해, 정당한 수단을 사용할 수 있는 가능성이 낮을 때 더욱 확산된다.

3) **의식주의**(ritualism)는 문화적 목표를 부인하고 제도화된 수단은 승인하는 8
상태이다. 예를 들어 직업행위 자체를 자신의 목적으로 삼는 경우처럼, 수단이 곧 자신의 목표가 되는 때를 말한다. 정당한 수단에 대한 강한 사회적 신념이 형성되어 있고 이를 이용할 수 있는 가능성이 클수록, 그리고 문화적 목표를 강하게 추구하는 과정에서 구성원들이 지위가 불안해지는 경험을 많이 할수록 의식주의의 비율은 높아진다.

4) **퇴행**(retreatism)은 문화적 목표와 사회적으로 승인된 수단 모두를 부정함 9
으로써 사회활동을 거부하는 것이다. 알코올중독자, 행려인, 문명을 떠나 사는 사람 등이 예가 된다. 구성원들이 문화적으로 정당화된 수단을 사용할 가능성이 낮은 반면, 정당하지 못한 수단을 사용하는 데에 대해 내면적 거부감이 강할수록 퇴행적 행위로 나아갈 가능성은 높아진다.

5) **전복**(rebellion)은 문화적 목표와 사회적으로 승인된 수단 모두를 부정하는 10
동시에, 기존 사회질서를 다른 사회질서로 대체할 것을 요구하는 상태이다. 혁명을 시도하는 경우가 이에 속한다. 구성원들이 정당화된 수단을 사용하는 데에 좌절감·박탈감을 느끼고, 그 수단이 현재상태를 이념적으로 비판하는 집단에게 더 쉽게 사용가능할수록 전복행위의 발생비율은 높아진다.

▌머튼의 아노미이론▐

반응의 유형	문화적 목표	제도화된 수단
① 순 응	+	+
② 혁 신	+	−
③ 의식주의	−	+
④ 퇴 행	−	−
⑤ 전 복	±	±

('+'는 받아들이는 것, '−'는 부인하는 것, '±'는 이전의 가치는 부인하고 새로운 가치로 대체하는 것을 의미한다).

(3) 피드백효과

11 머튼의 아노미이론은 부유층의 범죄행위를 설명하지 못하는 한계가 있다는 비판을 받았다. 즉 문화적 목표를 달성할 수 있는 조건을 충분히 갖추고 있는 사람들은 범죄로 나아가지 않아야 하는 것이 아니냐는 반론이다. 머튼은 아노미의 피드백효과(feedback effect)를 언급하며 이에 대해 반박하였다. 즉 일정한 문화적 목표가 만족되는 순간 그로서 욕구가 수그러드는 것이 아니라, 문화적 목표의 정도와 수준이 전보다 더 높아져서 더욱 많은 것을 추구하게 된다고 한다. 물질적 욕구에서 생긴 문화적 목표를 달성한 다음에도 완전한 만족에 이르는 것은 불가능하기에, 이를 다시금 달성하기 위해 불법수단을 사용하는 경우가 얼마든지 있다는 것이다. 부유층 범죄는 바로 이런 사람들에 의해 발생한다고 설명한다.[1] 아흔 아홉을 가지면 백을 채우고 싶은 것이 인간의 득롱망촉得隴望蜀[2]의 본성이므로 이는 설득력 있는 이야기이다.

3. 아노미이론의 평가

12 위 아노미이론은 고전적 범죄원인론과 달리, 같은 상황에 놓인 개인도 다른 반작용을 보일 수 있다는 점을 인정하고 그 유형을 구별한다는 점에서 절충적 견해이다. 그렇지만 다른 범죄원인론과 마찬가지로 인간의 행위자유에 대한 고찰이 충분하지는 않다. 문화적 목표와 사용가능한 수단의 괴리가 혁신, 퇴행, 전복 등으로 드러나는 구체적 원인, 즉 같은 목표와 수단의 괴리상황에서 어떤 사람은 혁신가가 되고 어떤 사람은 패배주의자가 되는가에 대한 구체적 실증은 생략되어 있다. 자원론적

1) Merton, Social Structure and Anomie, 74면 이하.
2) "인간은 만족할 줄 모른다더니 이미 농을 얻고도 다시 촉을 바라는구나." 후한 광무제가 한 말이다.

행위이론에 대한 더 나아간 분석은 시도하지 않았기 때문에, 머튼의 설명은 '어느 경우에 어떤 행위를 한다'는 단순한 진술에 지나지 않는 것으로 볼 수도 있다.[1)]

보편성에 한계가 있다는 지적도 있다. 아노미이론에 대한 대표적인 비판은 1) 과실범, 격정범, 성도덕에 대한 범죄 등의 유형, 2) 상류계층의 경미한 재산범죄와 같이 목적달성이 가능한 경우에 발생하는 범죄유형 등을 설명할 수 없다는 13
것이다.[2)] 그리고 뒤르켐과 머튼의 아노미이론은 범죄가 사회구조 문제로 일어나는 것이라는 점만을 강조하면서 그에 대응할 수 있는 사회정책을 제시하지 못하고 있다는 비판을 야기했다. 뒤르켐이 말한 것처럼 산업화가 급속도로 진행되는 현대사회에서 아노미가 불가피한 것이라고 한다면 어떠한 범죄대책도 성과를 거둘 수가 없다. 아노미이론을 근거로 한 범죄정상설이 범죄대책 포기의 근거로 쓰이는 것은 바람직하지 않다.[3)]

[54] 갈등이론

1. 합의이론과 갈등이론

범죄에 대한 사회학적 관점은 범죄의 정의, 형사제재 및 국가의 역할 등을 어떻게 보느냐에 따라 합의론적 관점과 갈등론적 관점으로 나눌 수 있다. 1

(1) 합의론적 관점

합의론적 관점은 법과 그 집행이라는 체계화된 장치를 사회구성원들의 합의에 따른 것으로 여기는 태도이다. 기능주의 범죄이론, 오늘날의 기능주의 형법이론도 이와 같은 방향에 있다. 이 이론은 기본적으로 형벌을 사회에 필요한 긍정적 제도로 바라본다는 데 특징이 있다.[4)] 범죄대책 면에서도 현상을 유지하면서 이를 보완·수정하고자 하는 경향을 지닌다. 그리고 한 사회의 법률은 사회구성원들에 의해 일반적으로 합의된 행위규범을 반영하는 것으로서 그 사회의 가치, 신념의 주류를 대변하는 것으로 본다. 그러므로 법률을 위반하는 행위는 사회 전체의 일반적 합의에 역행하는 행위이다. 한편 합의론적 관점 가운데에는 범죄상황까지도 2

1) 같은 견해는 Hermann, Die Kompatibilität zwischen normativen Straftheorien und Kriminalitätstheorien, 523면.
2) Liska, 일탈의 사회학, 82면.
3) Filser, Einführung in die Kriminalsoziologie, 185면.
4) Seher, 원칙에 의한 형벌규범의 정당화 그리고 법익개념, 211면 이하.

사회통합에 긍정적 역할을 하는 것으로 보는 경우도 있다. 갈등과 통합은 분리될 수 없는 성질의 것이며, 언제나 양자를 포함하는 동일한 사회과정의 다른 두 측면에 해당하는 것으로 이해한다.[1)]

(2) 갈등론적 관점

3 갈등론적 관점은 법제정, 법위반, 법집행 등의 과정을 국가권력에 대응하는 시민의 투쟁으로 보거나 집단 사이 이익을 둘러싼 갈등이 반영된 것으로 본다. 사회계약설을 바탕으로 한 자유주의 법치국가사상도 원칙적으로 이와 같은 시각에서 출발한 것이다. 그리고 위의 합의론적 관점과 달리 국가의 형벌에 대한 부정적 인식이 사상적인 배경을 이루고 있다.[2)] 근래 갈등론에 다시 주목하게 된 것은 1960년대부터 형법과 형사사법에 대한 근원적인 비판의식이 확대되었기 때문이다. 그동안 실증주의 범죄이론들이 범죄행위의 원인을 설명하는 데에만 집중한 나머지 범죄통제 자체의 합리성에 대해서는 특별한 이해를 갖지 못했다는 깨달음의 결과였다. 일부 갈등론자들은 다양한 집단들 중에서 자신들의 정치적·경제적 세력을 내세울 수 있는 집단이 자신들의 이익과 기득권을 보호하기 위한 수단으로 만들어 낸 것이 곧 '법'이라고 한다. 이에 의하면 한 사회의 법률을 위반하는 범죄도 행위자의 도덕 또는 소질·환경의 결과가 아니라 사회경제적이고 정치적인 함의를 지니는 문제일 뿐이다.[3)]

4 갈등론은 다음과 같은 질문을 던진다. 1) 왜 특정집단이나 계층이 원하는 규범은 법으로 제도화되는 반면, 다른 집단이나 계층의 규범은 법으로 인정되지 않아서 후자에서 주로 범죄자가 양산되는가? 2) 왜 특정법률은 집행되는 반면, 일부 다른 법률은 집행되지 않아서 특정법률을 위반한 사람만 범죄자가 되는가? 3) 왜 특정집단이나 계층에 대해서만 법률이 엄격하게 집행되고, 일부 다른 집단이나 계층에 대해서는 그렇지 않아서 특정한 법위반자만 범죄자가 되는가?

2. 사회경제적 계급과 갈등

5 위와 같은 질문에 답하기 위해 일부 갈등론은 범죄와 범죄자가 만들어지는 사회적·정치적 과정, 즉 범죄의 정치학을 연구한다. 이들이 제시하는 갈등의 차

---

1) Coser, 갈등의 사회적 기능, 39면 이하.

2) Seher, 앞의 논문, 212면.

3) 기능주의 진영에서도 경계성 가설, 착취성 가설, 갈등성 가설 등이 이 면을 지적하였다(Sztompka, 체계와 기능, 83면 이하). 그러나 이러한 시도 역시 전체 체계의 안정성을 최종목적으로 하고 있다는 데에서 보수성을 그대로 유지하고 있다.

원은 사회경제적 계층과 권력관계의 갈등 그리고 집단 및 문화적 갈등 등이다. 사회경제적 계급과 그로 인한 갈등을 토대로 범죄를 설명하는 이론은 짐멜과 마르크스의 이론을 출발점으로 하며, 봉거에 의해 발전되었고 퀴니가 정리한 것이라고 할 수 있다. 기본논지는 범죄를 자본주의사회의 경제모순에서 야기되는 산물로 파악하고, 형벌은 경제적 지배계급(부르주아)이 피지배계급(프롤레타리아)을 억압·착취하기 위해 사용하는 물리력이라는 것이다. 형법도 부르주아가 사회지배를 위해 사용하는 도구로 인식한다. 이 방향에 서 있는 대표적인 이론은 마르크스주의 범죄학 또는 최근 비판범죄학으로서 아래에서 자세히 설명할 것이다[58/1].

3. 권력관계와 갈등

(1) 짐멜의 갈등이론

뒤르켐과 동시대에 활동하여 제1기 사회학자로 분류되는 독일의 게오르그 짐멜(G. Simmel)은 사회학적 형식주의를 대표하는 학자이다. 사회생활에서 어떠한 변화가 있었는지에 대한 변화 내용은 중요하게 생각하지 않는 대신, 그것이 반복되는 형식 혹은 유형을 중심테마로 삼았다. 짐멜은 특정한 개별적 갈등내용보다는 갈등현상 일반에 관심을 두었고, 결과의 공정성과 같은 규범적 사항보다 갈등 그 자체의 추상적 논리를 파악하는 것을 연구목적으로 하였다. 6

짐멜은 갈등을 사회생활에서 일반적으로 나타나는 형식으로 생각하였다. 사회 안에서 갈등은 일상적 현상이며 다양한 상호작용이 이루어지는 과정의 일부로서, 서로 다른 방향을 향하는 상호작용의 결과로 빚어지는 형식이다. 그는 뒤르켐과 달리 갈등을 꼭 해결이 뒤따르는 것이라든지 사회변동을 초래하는 것이라고 보지 않았고, 그 자체로 사회생활에서 일어나는 전형적 현상으로서 경우에 따라서는 사회질서 유지에 기여할 수 있는 것으로 여겼다.[1] 7

(2) 볼드의 집단갈등이론

볼드(G. B. Vold)의 집단갈등이론(group conflict theory)은 법의 제정, 위반, 집행의 모든 측면을 정치적 이익갈등의 차원에서 조망하고 있다. 그는 인간이 기본적으로 집단에 소속된 존재이기에 그 생활은 집단교제의 일부분이자 동시에 그 산물이라고 한다. 집단은 구성원들이 집단을 이루어 행동함으로써 가장 잘 성취 8

1) Simmel, 짐멜의 갈등론, 17면 이하.

할 수 있는 공통 이해관계를 갖는 상황에서 구성된다. 그리고 이러한 집단들 사이에는 서로 추구하는 목적이 다르기 때문에 갈등이 있게 마련이고, 이러한 갈등은 특히 입법정책 영역에서 분명하게 나타난다. 정치적으로 정향된 특정집단이 자기 권익을 보호하기 위해 정부권력을 이용하거나 도움을 받아 제정하는 것이 법률이라는 것이다. **볼드**는 이러한 법률을 위반하는 행위나 그에 대해 제재를 가하는 법집행 행위 모두 이익집단 사이의 갈등에 뿌리를 두고 있는 것으로 본다. 즉 범죄는 입법과정에서 소외된 집단의 구성원이 일상생활 속에서 법률을 위반하여 자기 이익을 추구하는 행위이고, 그에 대응하는 형사제재 역시 입법과 법운영을 장악한 집단이 자기들의 이익을 공고히 하는 정치적 행위라는 것이다.[1]

(3) 터크의 권력갈등이론

9 **막스 베버**의 권력갈등론의 영향을 받은 **터크**(A. T. Turk)는 권력 내지 권위의 개념을 범죄원인과 대책 분야에 체계적으로 적용시키고자 하였다. 그는 헤게모니를 확보한 지배집단에 의해 유지되는 합의와 이를 관철하는 강제가 이룩한 균형상태가 곧 사회질서라고 한다. 지배집단은 이 균형이 깨어져 과도하게 강압적 지배관계나 과도하게 합의지향적 평등관계로 이행하는 것을 원하지 않는다. 그렇기에 그들은 사회구성원들이 지배집단과 피지배자라는 사회적 역할 자체에 의문을 제기하지 않고, 조건지워진 대로 살아가도록 만드는 데 관심이 있다는 것이다.[2]

10 **터크**는, 1) 지배집단과 피지배집단 사이의 문화적·사회적 차이가 갈등을 유발하는 조건, 2) 갈등과정에서 범죄화가 이루어지는 조건, 3) 그리고 범죄자가 됨으로써 받게 되는 박탈 정도에 관련되는 조건 등을 구체화하였다. 그는 여기서 문화규범과 사회규범을 구별하고 있다. **문화규범**은 가치의 언어적 형성물, 예컨대 법조문에 관계된다. **사회규범**은 그러한 법률이 실제로 집행되는 실제 행동양식과 관련을 맺는다. 지배집단과 피지배집단 사이에 문화적·사회적 규범의 차이가 있는데, 이때 피지배자들이 그들의 사회규범을 방어할 수 있는 수단으로 자신들에게 익숙한 언어와 사고방식 등 고유의 문화규범을 가지고 있을 때 갈등의 가능성은 더 커진다고 한다. 이러한 갈등은 지배집단과 피지배집단 사이 조직화 정도와 세련됨 수준에 의해 아울러 영향을 받는다.[3]

---

1) Vold, Theoretical Criminology, 특히 253면 이하.
2) Turk, Criminality and Legal Order, 184면 이하.
3) 이에 대해 자세한 것은 Vold/Bernard/Snipes, 범죄학이론, 271면 이하.

그러나 그는 모든 갈등이 언제나 피지배자의 범죄화로 이어지는 것은 아니라 11
고 하면서, 갈등이 범죄화로 나아가는 다음과 같은 요인을 언급한다. 1) **문화적 규범과 사회적 규범의 유사성**은 다른 요인들이 갈등을 일으키고 범죄화에 이르게 할 확률에 영향을 미친다. 2) **피지배자들의 조직화수준**에 따라 잠재적 범죄자에게 여러 사람이 도움을 주었을 때, 자신의 편을 들어주는 사람이 없는 때보다 범죄가 덜 일어난다. 3) **행동해석에 대한 정교화정도**는 자신의 행동을 정당화하기 위해 사용되는 근거나 이유와 관련된다. 이에 따라 지배자들은 법률적인 도구를 이용할 수 있지만, 피지배자들은 비법률적인 해석에 의존할 수 있을 뿐이다. 4) **집행자들과 위반자들 사이의 권력차이**가 중요하다. 규범을 이용하는 사람들에 대한 지지가 크고 위반자를 지지하는 사람이 적을수록 범죄화 가능성이 커진다. 5) **갈등이 발생한 후 대응하는 행위양상**은 형사사법의 상호작용이 일어나는 동안 이루어지는 개인 행동의 적절함이나 적합함의 정도이다.[1)]

터크는 범죄란 단순히 법적 개념이나 행위의 속성을 나타내는 개념이 아니라 12
정치적 개념이기 때문에, 범죄학의 과제도 입법자, 법관, 집행관 등 법집행자(legal authorities)의 지위와 역할 그리고 법집행자와 그 대상자인 법준수자 또는 위반자 사이의 관계를 연구하는 것이라고 한다.

(4) 챔블리스의 권력이론

챔블리스(W. Chambliss)는 제도의 발전과정에서 특히 법률과 그 법률이 생성 13
되고 운영되는 사회환경의 관계를 규명하는 데 집중하였다. 그는 다음과 같이 물었다. “나는 1965년 육군에 징집되었고 한국에 파병되었다. 이 기간에 범죄에 대한 많은 것을 배웠다. 미군과 한국군은 강간하고, 훔치고, 폭행하고, 협박하는 등 한국인들에 대한 테러를 자행했다. 군인들은 힘을 가졌기 때문에 아무런 처분도 받지 않았다. 심리학과 사회학에서 배운 패러다임 가운데 이런 현실을 설명하는 것이 있는가?”[2)]

챔블리스의 목표는 현대 복잡한 산업화사회에서 법집행의 배경을 설명하는 14
것이었다. 그는 사회계층과 관료제에 주목하면서, 법질서를 형성하는 데 영향을 미치는 가장 중요한 특징은 중간계급의 지배력이 커진 상황에서, 중간계급이 적

1) Brown/Esbensen/Geis, 범죄학, 442면 이하; Lilly/Cullen/Ball, 범죄학 이론, 247면 이하.
2) Chambliss, A sociological analysis of the law of vagrancy, 5면 이하.

절한 행동에 대한 자신들의 기준을 다른 가치를 가진 사람들에게도 강요하려는 시도라고 하였다. 그러나 이들도 자신의 이해관계에 따라 행동하기 때문에 형사사법은 상위나 중간계급보다는 하층계급 사람들을 더욱 심하게 처리하는 경향이 있다고 한다. 낮은 계층의 사람들은 사법체계에 저항할 만한 힘이 없기 때문이다.

15 그는 다음과 같은 9가지 명제를 서술한다. 1) 어떤 행위를 범죄로 규정하는 이유는 그렇게 규정하는 것이 지배계급 이익에 부합하기 때문이다. 2) 지배계급의 구성원은 범죄를 저질러도 처벌을 받지 않을 수 있지만 복종계급의 구성원은 처벌을 받을 것이다. 3) 자본주의사회가 산업화되어 유산계급과 무산계급의 간극이 넓어지면 무산계급의 복종을 강제하기 위해 형법이 확대될 것이다. 4) 범죄는 범죄자뿐만 아니라 사법기관에 속한 사람들, 복지시설 근로자들, 형법학·범죄학 교수들, 기타 범죄로 인해 생계를 잇는 많은 사람들에게 일자리를 제공하는 용도로 이용된다. 5) 범죄는 하층계급의 관심을 자신이 당하는 경제적 착취로부터 분산시킨다. 즉 사회에 대한 그들의 관심을 자본가계급의 도덕성이나 경제체계의 불합리함보다 자기 계급의 다른 구성원이 저지르는 범죄문제에 쏠리도록 만든다. 6) 범죄는 실재한다. 그러나 사회에서 그것이 있음으로써 이익을 얻는 사람들이 만들었기에 실재하게 된 것이다. 7) 범죄행위와 범죄가 아닌 행위 모두 자신의 계급지위와 부합하는 방식으로 각자 사회계급에 따른 삶의 조건에 맞추어 사람들이 합리적으로 행동한 결과이다. 8) 범죄는 사회마다 다르다. 그것은 사회의 정치적·경제적 구조에 종속되어 있다. 9) 사회주의국가들에서는 범죄율이 월등히 낮은 수준이어야 한다. 왜냐하면 계급갈등이 덜 심하기 때문에 그만큼 범죄로 이끄는 영향과 범죄 필요성이 낮기 때문이다.[1]

4. 문화적 차이와 갈등

(1) 이론의 배경

16 1930년대 일부 시카고학파의 문화갈등이론은 사회해체론을 비판하면서 도심 빈민지역에서 일어나는 행동을 관습적 질서로부터 이탈한 것으로 보지 않고 그 자체의 내적 통합이라는 관점에서 파악하기 시작하였다. 하나의 사회에는 다양한 문화체계가 존재한다는 것을 전제하는데, 이는 가치관을 포함한 어떤 사회의 전형적

---

1) Lilly/Cullen/Ball, 범죄학 이론, 262면.

생활양식의 총체개념으로서 문화를 파악하는 문화인류학의 영향을 받은 것이다. 인간의 사회행동을 결정하는 데는 한 사회의 문화적 가치체계가 결정적 작용을 한다. 이때 범죄는 사회의 지배적 가치와 구별되는 규범체계, 즉 하위문화나 대체문화 또는 이주자 특유의 문화로부터 배운 가치체계를 지향할 때 발생한다고 한다.

(2) 셀린의 문화갈등이론

미국 사회학은 일찍부터 다양한 민족의 문화 차이를 연구대상으로 삼아왔다. 17
문화갈등이론(cultural conflict theory)의 대표적 학자인 **셀린**(T. Sellin)도 그의 저작 『문화, 갈등, 범죄』에서 전체문화가 아닌 개별집단의 서로 다른 문화를 범죄원인에 대한 설명틀로 제시하였다. 사람은 살아가면서 고유한 행동규범을 지닌 다양한 사회집단과 동질성을 넓혀 가는데, 이때 이와 같은 개별집단의 행동규범과 사회전체의 지배적 가치체계 사이에 발생하는 문화적 갈등관계가 범죄원인이 된다는 것이다. 자신이 속한 고유집단의 문화양식에 동화되어간다는 설명은 같이 저서를 쓰기도 한 **서덜랜드**의 영향을 받은 것이다. 사람들은 자신이 속한 집단의 규범 및 가치에 따라 행동하도록 학습해왔는데, 이것이 보편적인 사람들이 법으로 규정한 외부사회의 규범과 가치를 위반한 결과가 된다면, 이것이 곧 범죄로 인식된다고 한다.

셀린은 이질적 문화 사이의 충돌인 일차적 문화갈등과, 동일한 문화 안에서 18
사회변화에 의해 분화갈등이 생기는 이차적 문화갈등을 구별한다. 여기에서 중요한 것은 갈등의 구조나 양상이 아니라, 비관습적 규범과 가치가 대대로 전승되는 과정에 있다. 다원적이고 복잡한 사회일수록 고유한 문화전통과 규범의식을 가진 다양한 부분사회를 포괄하게 된다. 예를 들어 전체 미국 사회 안에는, 출신이 다른 여러 민족들이 나름대로 문화를 유지하면서 부분사회를 이루고 있다. 그 부분사회의 예로서 기독교문화를 받아들인 흑인사회가 있다고 한다면, 그에 포함된 한층 더 작은 부분사회로서 부모세대의 문화에 적응하기 꺼려하는 흑인소년들의 고유문화도 존재한다. 이때 전체사회의 규범과 개별집단의 규범 사이에 갈등이 존재하고, 개인도 이러한 종류의 갈등을 내면화함으로써 인격형성에 영향을 주는 것이 결국 범죄원인으로 작용할 수 있다. 여기서 범죄학적으로 의미가 있는 문화갈등은 합법적 행위규범과 비합법적 행위규범이 구별되는 경우이다. 이러한 상황은 두 개의 인접문화가 만나는 경계지역에서 한 규범체계가 다른 문화의 규범체계로 확대적용될 경우, 또는 한 문화의 구성원이 다른 문화권으로 이주할 때 발생

한다고 한다.[1)]

19 셀린의 문화갈등이론은 주로 이민자 내지 이주자의 범죄분석에 사용되었다. 미국으로 이민이 급증하면서 이민 1세대의 범죄가 전체범죄에서 차지하는 비율도 함께 증가하였고, 특히 이민 2세대의 범죄는 중요한 사회문제의 하나로 대두하고 있다. 이민 1세대의 자국문화규범과 2세대의 주변문화규범의 차이는 개인에게 부담으로 작용할 뿐만 아니라 동시에 개인간의 문화갈등상황으로 발전한다.

5. 갈등이론의 평가

20 문화차이에 의한 갈등이론은 범죄가 하위문화에서 학습된 행동규범의 측면이 될 수 있음을 보였다는 점에서 이후 다른 이론에 영향을 미쳤다. 그리고 이민 2세대에서 동질성 상실, 사회통합 실패, 가치관 혼란, 목적의식의 부재 등이 범죄원인이 된다는 설명은 설득력이 있는 것으로 인정받는다.

21 그러나 갈등이론 자체에 대해 '갈등'이라는 주요개념이 명확하지 못하다는 비판이 있다. 갈등 정도에 따라 '갈등이 범죄를 야기한다'는 말은 동어반복으로 생각될 수 있다. 범죄가 곧 갈등의 형식일 수도 있기 때문이다. 또한 유사한 갈등이 존재하는 상황에서 범죄의 구체적 발생정도에 차이가 있는 것을 설명할 수 없다는 지적을 받는다. 사회규범 간에 충돌은 보편적으로 있는 것인데, 그 가운데 어떤 부분사회, 어느 사람이 범죄에 근접하게 되는가에 대해서는 설명이 부족하다는 것이다. 문화갈등이 없는 집단에서는 그렇지 않은 집단보다 상대적으로 범죄율이 낮아야 하나, 이러한 사실이 통계적으로 입증되지 않았다는 비판도 있다.[2)] 한편으로 갈등이 사회문제의 근원이라 할 수도 있지만 사회구성원들의 동기를 자극하여 사회발전에 기여하는 부분도 있다는 점을 언급하지 않았다는 합의이론으로부터 비판도 있다. 그리고 갈등이론이 추구하는 범죄대책, 사회정책에 대해서도 범죄원인이 갈등 때문이고 따라서 갈등을 제거함으로써 범죄를 줄일 수 있다는 서술의 단순함이 지적되기도 한다.

22 어떤 부분적 문화집단에 규범적으로 순응하는 것이 결국 외부 주류의 시각에서 보면 언제나 일탈행위로 보일 수도 있다. 즉 부분사회에 속한 사람들이 어떻게

1) Sellin, Culture, conflict and crime, 97면 이하.

2) 예컨대 독일은 많은 외국인 노동자를 고용하고 있지만, 이들의 범죄율은 비록 처음보다 증가하기는 하였어도 결코 자국민의 수준에는 미치지 못한다. Göppinger, Kriminologie, 59면.

적응하든지 전체사회의 관점에서는 늘 규범위반으로 비칠 수 있다는 점은 간과하기 어려운 설명의 한계이다.[1] 예를 들어 유럽사회 안에 속한 이슬람계통 이민자 소녀들이 히잡을 쓰고 다니도록 교육받아 그들 나름의 문화에 적응하고 있지만, 그것 자체로 많은 유럽사람들의 시각에서는 인권에 반하는 것으로 생각되기도 한다. 만약에 일정한 이질적 문화집단(미국 내 흑인, 재일 한국인, 한국 내 외국인 등)의 범죄율이 높게 나타나고 있다면, 그것은 문화적 갈등상황으로 인한 것이 아니라 이민자에 대한 사회적 불평등, 인종적 편견이 더욱 중요한 요인일 수 있다. 이러한 상황에서 갈등을 줄이려는 노력은 결국 사회적 약자라고 할 수 있는 소수집단의 희생을 강요할 수밖에 없을 것이므로, 그러한 노력은 오히려 갈등의 골을 더욱 심화시키는 미봉책이 될 우려가 있다.[2]

[55] 문화적 비행이론

문화적 비행이론(cultural deviance theory)은 사회해체이론과 아노미이론을 결합하여, 해체되고 쇠락한 지역에 사는 거주자들이 사회적 소외와 경제적 박탈에 대해 어떻게 반응하는지 설명한다. 소외계층에서는 중산층 문화와 다른 자기들만의 가치와 규범을 만들어서 행동하는데, 그 결과 가운데 하나가 범죄라고 한다. 1

1. 밀러의 하층계급문화이론

셀린의 문화갈등이론은 이민자들의 사회문제를 주된 연구대상으로 했기 때문에 일차적 갈등에 더 중점을 두고 있었다. 이에 반해 밀러(W. Miller)는 갱단의 비행에 초점을 맞추면서 셀린이 분류한 이차적 갈등에 의한 범죄발생을 상세하게 다루었고 이로부터 하층계급문화이론(lower-class culture theory)을 발전시켰다.[3] 미국에는 여러 부분사회가 포함되어 있으며 그에 따라 다양하면서도 이질적인 대체문화들이 혼재하고 있다. 밀러는 범죄와 관련되는 것은 주로 하층계급의 대체문화이며, 이는 하층계급의 상이한 사회화과정의 결과라고 하였다. 2

대체문화가 갖는 상이한 가치는 지배계층의 문화와 갈등을 초래하는데, 이때 3

1) Brown/Esbensen/Geis, 범죄학, 372면 이하 참조.
2) Akers/Sellers/Jennings, 범죄학이론, 424면 이하.
3) Miller, Lower-Class Culture as a Generating Milieu of Gang Delinquency, 5면 이하.

지배집단의 문화와 가치에 반하는 행위들이 범죄적·일탈적 행위로 간주된다는 것이 **밀러**의 생각이다. 그는 대체문화를 단순히 사회에 유해한 것으로 보아서는 안 되고 주류문화와 비교할 때 다른 가치(different value)를 가지는 것으로 파악하는 것이 중요하다고 한다. 범죄는 병리적 행위도 아니고 주류의 규범에 대항하는 반작용도 아니며, 단지 자기가 소속된 집단의 고유한 문화에 충실한 행위일 뿐이라는 것이다.1)

2. 코헨의 비행적 대체문화이론

4 **머튼**의 아노미이론으로부터 영향을 받은 **코헨**(A. K. Cohen)은 하위계층의 남자소년 사이에서 발견되는 하위문화를 예로 머튼 이론을 구체화하였다. 그는 비행을 저지르는 소년들이 경제적으로 열악한 가정출신들이 많다는 연구결과를 통해 이른바 비행적 대체문화이론(delinquent subculture theory)을 발전시켰다.2) 그에 의하면 중산층의 가치나 규범을 반영한 중심문화와 빈곤계층 소년들이 익숙한 생활 사이에 긴장과 갈등이 있으며, 이를 해소하려는 시도에서 비행적 대체문화가 형성된다. **머튼**과 달리 **코헨**은 물질적 성공을 희망하는 데에서 긴장이 생기는 것이 아니라 전체사회에서 안정된 지위를 얻지 못하기 때문에 갈등이 싹튼다고 한다. 중산층 위주로 형성된 문화에 적응하지 못하는 하위계층의 소년이 좌절감을 해소하기 위해 자신들의 삶에 의미를 부여하는 방법을 찾게 되는데, 그것이 다른 하류계층 소년들과 어울러 주류가치와 전혀 다른 문화를 구성하고, 주류문화를 거부하는 방식으로 나아간다는 것이다.

5 대체문화는 다음과 같은 특성을 갖는다. 첫째, **비공리적 특성**(non-utilitarianism)이다. 즉 범죄행위로부터 얻는 물질적 이익보다, 동료로부터 얻는 신망과 지위 때문에 범죄행위를 한다. 둘째, 소년 갱들의 대체문화는 **악의성**을 바탕에 둔다. 즉 타인의 고통을 즐기는 심리로 변모하게 된다. 셋째, **부정성**은 사회의 지배적 가치체계에 대해 무조건 거부반응을 보이는 것을 말한다. 넷째, **당장의 쾌락**을 추구한다(short-term hedonism). **코헨**은 이와 같은 특징 때문에 빈곤층의 소년들에게 경제적으로 도움을 주거나 다른 이익을 얻게 하는 방법으로는 범죄문제를 해결할 수 없다고 한다. 왜냐하면 비행적 대체문화에서 중요한 것은 물질적 이득을 얻는 것이 아니라 그들 사이에서 인정을 받는 것이기 때문이다.3)

---

1) 자세한 것은 Vold/Bernard/Snipes, 범죄학이론, 214면 이하 참조.
2) Cohen, Delinquent Boys, 22면 이하.
3) Kerscher, Sozialwissenschaftliche Kriminalitätstheorien, 44면 이하.

[대체문화] 넓은 의미의 대체문화(subculture)[1]란 어느 사회의 전체문화 안에 포함되면서도 주류에 속하지 않는 독자적 특징을 나타내는 부분문화를 말한다. 비행청소년의 문화, 조직폭력집단의 문화 등뿐만 아니라 군대문화, 상류계층의 고유문화 등도 대체문화의 일종이다. 대체문화 안의 대체문화도 있을 수 있다. 예를 들어 어느 사회의 전체 청소년문화 가운데에서 일탈적 청소년의 문화가 다시 존재한다. 대체문화는 전체문화와 구별되는 독자성을 가지며 이에 속한 사람들에게는 전체문화로부터 채워질 수 없는 욕구를 충족시켜주는 역할을 하게 된다. 다양한 대체문화의 존재는 가치의 획일화를 방지하고 문화의 다양성을 유지하는 긍정적 작용을 하기도 한다. 때로는 지배적 문화구조의 변동을 유도하여 새로운 문화형성의 계기를 만든다. 예를 들어 히피문화는 1960년대 후반부터 1970년대 전반에 일종의 대항문화로서 사회저항의 여러 창의적 활동을 해내기도 했다. 6

3. 클로워드와 올린의 차별적 기회이론

클로워드(R. A. Cloward)와 올린(L. E. Ohlin)은 위 코헨의 비행적 대체문화이론에 동의하면서, 한걸음 더 나아가 왜 행위자가 그러한 비행문화에 빠져들게 되는지 연구하였다. 이를 위해 머튼의 아노미이론과 코헨의 대체문화이론을 바탕으로 하고, 쇼우와 맥케이의 사회해체이론과 서덜랜드의 차별교제이론을 하나로 통합하여 차별적 기회이론(differential opportunity theory)을 제시하고 있다.[2] 그들은 머튼의 아노미이론을 대부분 긍정하면서도 일탈 반응에는 비합법적인 기회의 역할이 따로 있을 것으로 생각했다. 합법적 수단이 사회 전체에서 다양하게 존재하는 것과 마찬가지로, 비합법적 수단도 그와 같은 시각으로 접근해야 한다는 것이다. 이 점에서 클로워드와 올린의 이론은 아노미이론의 방법을 이용한 문화적 비행이론이다. 이들이 주목한 특징은 다음과 같다. 첫째, 사회에는 비행적 대체문화가 존재한다. 특히 소년 갱들의 문화는 중요한 비행적 대체문화로서 범죄행위의 원천으로 작용한다. 둘째, 사회구성원들은 모두 동일한 성공목표를 가지고 있다. 즉 경제적 부를 희망한다. 셋째, 하층계급의 소년들은 성공을 위해 제공되는 합법적 수단에 접근이 쉽지 않은 데 반해, 비행적 대체문화에서는 수월하게 다가갈 수 있다. 반면 중산층계급의 소년들은 비행적 대체문화에 접촉할 기회가 드문 대신 합법적 수단에 접근하기가 용이하다. 이렇게 제공되는 기회의 차별이 해당 소년을 비행으로 몰고 가기도 하고 준법 생활에 머물러 있게도 한다.[3] 7

---

1) 'subculture'는 일반적으로 '하위문화'로 번역된다. 주류문화와 다른 문화를 '하위'로 개념짓는 것은 이 용어를 사용하는 학자들의 의도에서 벗어난다. 비주류문화의 의미를 가진 가치중립적 표현으로 '대체문화'라 옮긴다.

2) Cloward/Ohlin, Delinquency and Opportunity, 150면 이하.

3) 자세한 내용은 Kerscher, Sozialwissenschaftliche Kriminalitätstheorien, 42면 이하.

8 클로워드와 올린이 주목한 대체문화의 유형은 다음 세 가지이다. 1) **범죄적 대체문화**는 절도, 공갈, 사기와 같은 재산범죄를 저지르는 집단에서 주로 드러난다. 이러한 범죄는 머튼의 구별에 따르면 혁신에 해당하는 불법적 반응의 형태이다. 여기서는 성인범죄와 같은 가치를 형성하고 주로 하층의 소수민족에게서 발전된다고 한다. 2) **갈등적 대체문화**는 폭력 갱단에서 발견된다. 이러한 조직에서는 경제적 이해보다는 그들 사이에 지위나 명성이 중요하다고 한다. 이 형태는 일반 성인범죄와 구별되는 특징이다. 3) **은둔적 대체문화**는 주로 약물과 알코올중독에서 드러난다. 머튼이 구별한 유형 가운데 주어지는 목표와 수단 모두를 부인하는 퇴행에 해당한다. 이에 속하는 소년들은 학교생활에 적응하지 못하고 직업을 갖지도 못할 것 같아서 모든 것을 포기해버리는 문화적 특징을 보이고 있다.[1)]

4. 문화적 비행이론의 평가

9 문화적 비행이론은 순환론에 불과하다는 비판이 있다. 비행이나 일탈을 대체문화의 특징으로 삼는다면 그것은 범죄원인을 말하는 것이 아니라 넓은 의미의 범죄 자체가 아니냐는 지적이다. 비행소년의 행위의 다양성이 실제로 하위문화의 존재를 증명할 수 있는지에 대한 회의적인 물음도 있다. 대체문화에서 범죄가 비롯된다는 데 대한 경험적 증명도 충분하지 않다. 나아가 이러한 이론들은 대체문화가 오랫동안 지속되는 것으로 가정하고 있으나, 대체문화의 구성원이 어떤 방식으로 충원되며, 대체문화를 지탱시키는 요인이 무엇인지, 만약 변화가 있다면 그 가운데 어떤 가치가 변화하는지 등의 중요한 질문에 대해 답을 하지 않고 있다는 비판을 받는다.[2)] 또한 대체문화이론이 하위계층에 대한 막연한 이질감에 근원을 두고 있을 뿐, 왜 하위계층이 형성되고 그들의 문화를 발전시키게 되었는지에 대한 더 심각한 질문에 대해서 무관심하다는 비판도 의미가 있다. 머레이(C. Murray)는 빈곤은 열심히 일하지 않는 사람들이 당하는 인과응보가 아니라 개인의 덕이나 노력과 상관없이 환경에 의해 양산되는 것이라고 주장한다. 즉 대체문화는 개인의 차이가 아닌 사회시스템이 문제 때문에 형성되는 것이라고 한다. 대체문화가 곧 일탈문화라면 그러한 문화의 토양이 된 전체사회의 부조리를 범죄원인으로 생각해야 한다는 것이다.[3)]

---

1) Akers/Sellers/Jennings, 범죄학이론, 349면 이하.
2) Lilly/Cullen/Ball, 범죄학 이론, 72면.
3) Lilly/Cullen/Ball, 앞의 책, 97면.

다른 문화를 따르고 있는 것이 곧 범죄가 될 수 있다는 여러 설명이 간과하고 있는 중요한 점은, 문화의 차이에도 불구하고 어느 문화에서나 범죄로 생각되는 행위가 분명히 존재한다는 사실이다. 위 이론들은 소년집단이 보여주는 반항적 행동이나 약물사용 등을 범죄의 표본으로 삼고 있는 듯하다. 그렇지만 도저히 대체문화의 속성으로 생각될 수 없는, 더 중요한 범죄가 많이 있다. 예컨대 살인이나 강간을 고유한 문화로 여기는 집단은 어디에도 없을 뿐만 아니라, 그런 대체문화가 있다고 하더라도 문명사회에서 배격되어야 하는 것에 그칠 뿐이다. 또 다른 한편, 이 시각은 지난 세기 중후반 즈음에 통용될 수 있는 이야기일 뿐, 현대 포스트모던 사회를 설명하기에는 낡은 방식이라고 볼 수 있다. 지금은 대체문화가 주류문화와 뚜렷하게 구별되지 않을 뿐만 아니라, 상당 부분 주류문화와 공통점을 가지고 있기도 하다. 지금 우리 사회에서 클래식음악을 듣는 사람들이 힙합을 듣는 사람에 비할 때 도대체 어느 면에서 주류에 속한다고 말할 수 있겠는가. 10

[상징폭력] 범죄를 일으키는 하위문화, 대체문화라는 것이 실재할까? 이에 대한 다른 답을 생각해보기 위해 프랑스의 사회학자인 부르디외(P. Bourdieu)의 생각을 빌어와 보자. 그는 상징적 형태의 지배, 즉 문화적 재생산 과정에 의한 상징폭력(symbolic violence)개념을 언급하고 있다. 상층계급이나 집단은 자신들의 문화적 성향인 아비투스(habitus: 자신의 행위에 영향을 주는 무의식적이고 보이지 않는 구조와 성향)를 매개로 하여 하층계급이나 집단에 폭력을 행사하는데, 그 수단은 물리적·가시적인 것이 아니라 상징적인 것이라고 한다. 상징폭력이 의도적으로 행사되는 과정에서 상층계급의 논리가 하층계급까지 체화되어 수용되면 상층계급의 지배와 질서가 공고해질 수 있다는 것이다.[1] 예를 들어 1990년대까지만 해도 우리 사회에서는 소위 '복부인' 문제가 심각하다고 생각했다. 자신이 살지도 않을 아파트를 단지 투자(=투기) 목적으로 사서 돈을 불리는 사람들을 비난하는 단어였다. 그런데 지금 시대에는 큰 돈을 벌 목적으로 부동산에 투자하는 것을 아무도 질책하지 않을 뿐만 아니라, 지극히 정상적이고 당연한 것이어서 그에 관심이 없거나 재주가 없는 사람을 무능하게 여기는 이가 더 많을 정도이다. 이러한 획일화된 사고에는 상류층과 서민층의 차이가 있지 않다. 서민은 부유층의 투자를 추종하고 싶지만 따라갈 수 없다는 패배감을 안고 살아가며, 상류층은 자본적 우월감을 표시함으로써 계급적 동질성을 유지하는 한편 기존 계급질서를 유지하게 된다. 11

1) Jung, Kriminalsoziologie, 46면 이하; 송재룡, '차별적 과시 문화'의 폭력성, 63면 이하 참조.

제 4 절 인식이 범죄를 낳는다는 생각들

[56] 낙인이론

1. 낙인이론의 의의

1 위에서 설명한 대부분의 범죄이론은 행위자가 범죄에 이르러가는 과정을 설명하기 위한 것이었다. 범죄는 형법에 나열되어 있거나 타인의 법익을 침해하는 행위로 여겨지는 것이었고, 범죄적인 것과 비범죄적인 것을 이로부터 식별할 수 있다는 점에 대해 의심하지 않았다. 특히 형식적 범죄개념은 형법의 구성요건표지로 기술되어 있으며, 국가의 형사사법은 그 형법구성요건을 대전제로 하고 발생한 범죄사안을 소전제로 하여, 결론으로서 법적 효과를 도출한다는 이른바 '법적 삼단논법'이 당연한 법학방법인 것으로 생각하였다.[1)]

2 그런데 지난 세기 중후반에 이르러, 언어학 이론과 비판적 법이론의 발전은 형법적용이 사안을 규범에 포섭시키기만 하면 되는 논리적 활동에 그치지 않고 많든 적든 결단주의적 요소를 가지고 있다는 사실을 발견했다. 그에 따라 범죄는 일정한 행위속성이 아니고 통제기관에 의해 범죄로 규정되는 것이며, 범죄원인도 사법기관에 의해 선별적으로 범죄로 만들어진 데 기인하는 것이 아닌지 묻기 시작했다. 이로부터 출발한 낙인이론(labeling theory)의 명제는 "범죄는 귀속(Zurechnung, ~의 탓으로 돌림)의 소산이다" 또는 "범죄는 낙인이다"라는 것이다. 이 이론에서 관심을 두는 것은 범죄행위 자체가 아니라 통제기관의 반작용(과정)이다.

2. 낙인이론의 이론적 배경

3 낙인이론은 규범적용을 자의적인 것으로 바라보는 규범회의주의(Regelskeptizismus)를 토대로 한다. 규범의미는 특정한 행위상황에서 비로소 구체화될 수 있는데, 규범은 그 규범자체의 적용규칙까지 포함하는 당위가 아니기 때문에, 규범적용은 특별한 강제 없이 자의적으로 이루어지게 된다. 낙인이론이 이와 같은 주장

---

1) (대전제) "사람을 살해한 자는 사형, 무기, 5년 이상의 징역에 처한다"
(소전제) "A는 B를 살해하였다"
(결 론) "A는 사형, 무기, 5년 이상의 징역에 처한다"

을 하는 데 직·간접적 영향을 미친 이론적 배경은 다음과 같다.

(1) 언 어 학

언어학자 **소쉬르**(F. Saussure)는 언어기호를 설명하기 위해 기의(signifié)와 기표(signifiant)를 나누는데, 기의는 표시되는 대상이고 기표는 표시하는 기호를 가리킨다. 기표는 실체인 기의로부터 필연적으로 엮여 존재하는 것이 아니라, 우연적·자의적으로 그 기의를 말하도록 체계화된 것이다. 이로써 각 기호는 독자적인 체계 안에서 다른 기호와 차이를 염두에 두고 고유한 기의를 형성하게 된다. 다른 기호의 차이와 역할에 종속되므로, 언어의 각 요소들은 개별적으로 동떨어져 존재하는 것이 아니라 체계 속에서 유기적으로 관계를 맺는 상태로서만 의의를 갖게 된다. 이러한 사고를 구조주의라고 한다.[1] 4

언어는 인식의 감옥이다. 즉 우리는 선험적으로 대상성을 그대로 간파하는 것이 아니라, 언어화된 것만을 인식할 수 있을 뿐이다.[2] 범죄와 범죄자도 마찬가지이다. 실재하는 그 무엇을 우리가 발견하는 것이 아니라 우리가 기표를 통해서 '범죄 및 범죄자로 이름붙인 것'에 따라서 특정한 행위와 행위자가 파악되는 것에 불과하다. 이것이 다시금 범죄의 기의를 갖게 되는 것이라고 본다면, 그와 같은 낙인찍음이 곧 범죄화과정이고 범죄와 범죄자도 기호로 이름을 붙인 결과에 불과하다. 5

(2) 법해석학

법해석학(juristische Hermeneutik)은 법의 해석과 적용이 법적 삼단논법에 따라 단순하게 이루어진다는 믿음을 무너뜨렸다. 이는 법을 이해하는 주체나, 사안을 인식한 주체 모두 이미 나름대로 갖고 있는 선이해에서 벗어날 수 없으므로, 각자가 서로 다른 대상으로 인식할 수밖에 없다는 것을 말한다. 즉 해석학적 방법에 따르면, 객체는 언제나 주체에 의해 오염되어 인식되는 것이기 때문에 주체와 객체의 엄격한 이원주의는 와해된다[30/10]. 6

법률은 미래의 다양한 사건을 포섭할 수 있을 만큼 개방적이어야 하기 때문에 보편성과 일정한 정도의 추상성을 띠지 않을 수 없다. 따라서 법률이 구체적 사 7

1) Saussure, 일반언어학 강의, 83면 이하.

2) 가우초 카우보이들은 말(馬) 색깔을 표현하는 200가지의 단어를 알고 있지만 식물들에 대해서는 단지 네 가지의 이름밖에 몰랐다고 한다. 그들에게 말 색깔은 200여 가지로 다르게 인식되지만, 식물은 단지 네 가지로만 인식되는 것이다. 영국에는 배의 구조물과 부속을 표시하는 단어가 천 개가 넘는다고 한다. 그것을 아는 사람에게 배를 이루는 천여 개의 부분은 구별되어 인식된다. 그러나 단어를 모르는 일반인에게 배구조는 단지 몇 개의 덩어리로 파악될 뿐이다.

건에 대한 결론을 명백하고 완벽하게 확정해주는 것은 불가능하다. 그 결과 형법전의 구성요건은 그것을 읽는 주체에 따라서 서로 다르게 해석된다. 또한 과거에 발생한 사안은 일정한 시간과 공간 안에서 있다가 사라져버린 것이므로, 그 실체가 무엇이었는지에 대해서도 주체마다 다른 인식을 할 수밖에 없다.

8 그렇기에 형사절차는 '실체적 진실을 발견'하는 과정이 아니라, 각자 다른 선이해를 가진 주체가 각기 다르게 인식한 사안을 놓고 대화를 함으로써 '사안을 구성'하는 과정에 불과하다. 또한 사법의 과정도 법적 삼단논법에 따라 법률에 사안을 적용하는 것이 아니라, 상호주관적으로 재구성된 사안을 나름대로 이해한 법률해석내용에 빗대어보는 것이다. 법률은 의미론적으로 확정된 것이 아니며, 화용론적으로 이해되어야 하는 텍스트이다. 특정한 사안에서 법관의 법률해석을 통해 비로소 그 윤곽을 드러내고, 법관은 이 과정에서 법률을 발전시키고 경우에 따라서는 수정을 가하기도 한다. 가벌행위를 확정해야 하는 경찰·검찰·법원도 수사·소송제기·판결을 하면서 사안을 공통적으로 구성하지 않고 선입견과 외부적인 다른 요소의 영향으로 달리 바라보게 된다. 그 양자를 대비해보는 법적용절차는 그러한 의미에서 범죄에 대한 서술의 과정이 아니라 범죄자로 귀속시키는 과정인 것이다. 그러므로 예를 들어 '피고인은 범죄자'라는 선입견을 가진 사람이 형사절차를 진행한다면, 실제 사실과 무관하게 그가 피고인을 유죄자인 것으로 결론내리는 것은 어렵지 않은 일이다.

9 [주관적 구성요건] 인간의 내심을 판단하는 것은 형사소송에서 가장 어려우면서도 불가피한 과정에 속한다. 피고인의 고의·과실의 존부 또는 피고인진술이나 증언내용의 진실성 판단이 중요한 보기이다. 이러한 내면은 범행에 사용된 도구와 달리 경험적으로 관찰할 수 있는 것이 아니다. 진실을 뒷받침할 수 있는 경험자료를 수집하여 추론하는 도리밖에 없다. 법원은 피고인에게 일정한 내심이 있었음을 '실증'할 수 없으며, 단지 '귀속'시킬 수밖에 없다. 예를 들어 침몰하던 세월호를 내버려두고 혼자 탈출한 선장의 행위가 300여 명에 대한 살인죄인지 아니면 유기치사죄인지 여부를 가리는 재판은,[1] 그에게 사람들의 죽음에 대해 미필적인 고의가 있었는지 아니면 과실만 있었는지 따지는 작업이었다. 고의와 과실을 구별하는 일반적 기준을 간단히 표현하면, 1) '사람이 사망할 수 있겠지만 설마 그러겠느냐'는 생각으로 행위하였으면 (인식 있는) 과실, 2) '사람이 사망할 수 있겠지만 그래도 할 수 없다'고 생각하고 행위한 경우는 (미필적) 고의이다. 사고 당시 선장이 둘 중에 어떤 내심으로 행동을 한 것인지 사후적으로 밝히는 절차가 객관적·과학적으로 진행될 수 없다는 것을 이러한

1) 대판 2015.11.12. 2015도6809 전합.

모호한 기준으로부터도 알 수 있다.

(3) 상징적 상호작용론

위의 해석학이 유럽대륙 철학의 방법론이라면, 상징적 상호작용(symbolic inter- 10
action)이론은 미국 사회심리학의 성과이다. 이를 정초한 미드(G. H. Mead)의 방법은 행위를 관찰대상으로 한다는 점에서 넓은 의미의 행동주의이론이다. 그러나 행위를 사회적인 것으로 보고 있기에 그의 이론을 '사회행태주의'라고도 부른다. 그는 역할담당(role-taking)을 주요개념으로 삼고 있다. 이것은 다른 사람들과 상호작용 속에서, 개인이 다른 사람들을 의식하고 다른 사람들과 역할관계 속에서 스스로 다른 사람들의 관점 대상이 되는 상태이다. 우리가 다른 구성원들과 함께 모여 산다는 뜻은 서로 일정한 역할로 비쳐지며 행위하는 것이다. 그리고 그 형상을 자기 스스로도 의식하고, 나아가 사회전체가 자신을 바라보는 관점과 그에 대해 의식하는 것이 개인 스스로에게 다시 반영된다. 타자들이 우리에 대해 생각하는 바를 인식함으로써 우리 자신의 자아개념을 파악하게 된다는 뜻이다. 미드는 다른 사람들이 자신을 바라보는 시각이 그 개인에게 반영될 수 있는 상태가 개인의 성찰적 의식과정을 통해 비롯되며, 이러한 과정은 다른 사람과 대화를 통해서가 아니라 말과 행동의 의미인 '상징'의 사용을 통해서 가능하다고 말한다.1)

상징적 상호작용론이 낙인이론에 미친 영향은 우리 자신의 자아개념이, 자기 11
에 대한 타인의 관념의 반영이라는 거울자아(looking-glass self)개념을 만들어냈다는 데 있다. 만약 어떤 행위자가 사소한 일탈행위를 저질렀다고 할 때 그 행위가 다른 사회구성원들에게 인식됨으로서 문제는 시작된다. 사회구성원은 그 행위자의 다른 모든 캐릭터를 무시하고, 범죄적 행위를 한 사람으로 우선 인식한다. 실제로는 그렇지 않았더라도, 그 행위자는 자기가 범죄자로 인식되고 있다는 사실을 스스로 인식하며 살아가게 된다. 그 결과 그렇게 인식한 자아가 자신의 행위에 그 형상을 실제로 반영하여, 즉 '자기실현적 예언이 작동되어' 결국 범죄를 저지르는 범죄자로 살아가게 된다는 것이 낙인이론의 내용이다.2)

(4) 숨은 범죄 연구

낙인이론은 거의 같은 시기에 주목되기 시작한 '숨은 범죄'에 대한 통계적 분 12

---

1) 손장권 외, 미드의 사회심리학, 55면 이하.
2) 손장권 외, 앞의 책, 236면 이하.

석[15/1]에도 영향을 받았다. 실제로 발생한 범죄 수치에 비할 때, 매우 미미한 양의 사안만이 인식되고 형사사법을 통해 처리된다는 조사결과는, 객관적인 방법에 의해 전체 범죄사건을 동일하게 취급하는 것이 아니라 일부를 선별하여 낙인찍는 과정을 통해 형사사법이 진행된다는 주장을 돕는다. 즉 범죄로 보고 싶은 사안을 선별적으로 낙인찍는 방식이 곧 범죄통제라는 가설이 진실에 가깝다는 점을 숨은 범죄이론이 증명한 것으로 여겼다.

3. 낙인이론의 역사

(1) 악의 극화

13 초기의 낙인이론은 1938년 **탠넌바움**(F. Tannenbaum)의 『범죄와 공동체』에서 발견된다. **탠넌바움**에 따르면 행위는 본래 선한 것도 악한 것도 아니다. 선과 악은 변이성이 있어 사회의 구성원들이 특정행위에 대해 이름을 붙이는 것에 불과하다. 다양한 환경에 따라 똑같은 행위에 대한 다른 반응이 얼마든지 있을 수 있다. 예를 들어 어떤 학생의 돌발행위는 특정 집단의 단합대회에서는 멋지고 독창적인 모습으로 비치지만, 모르는 학생들끼리 모인 교양수업시간에는 눈살을 찌푸리게 만든다. **탠넌바움**은 범죄자를 만드는 데 결정적인 역할을 하는 것은 소년을 또래집단으로부터 배제하는 '악惡의 극화劇化'(dramatization of evil)라고 한다. 이것이 일탈이 강화되는 악순환, 즉 범죄로 비난받는 특성을 자극하여 강화시켜주는 역할을 한다. 그리고 처음에 행위에 대한 평가였던 것이 행위자에 대한 비난으로 바뀌면서, 그 이후에는 정상적인 행위까지도 의심받게 되는 상황에 이르게 된다. 그로써 행위자에게는 꼬리표가 붙여지고 다른 세상에 살게 되면서 이제 자기가 규정받은 존재가 되어간다고 서술한다.[1)]

(2) 1차적 일탈과 2차적 일탈

14 낙인이론을 본격적으로 발전시킨 연구결과는 1951년 **레머트**(E. M. Lemert)의 『사회병리학』(Social Pathology)이다. 여기에서 **레머트**는 다원주의사회인 현대사회에서 서로 다른 이해관계를 가진 집단이 투쟁하는 과정 가운데 발생한 사회적 산물이 곧 법규범이라고 한다. 어떤 사람을 법을 위반한 자로 규정하는 것은 바로 이와 같은 과정에 의한 법창설의 결과라는 것이다. 즉 그에게는 사회통제 자체가 곧

1) Tannenbaum, Crime and the Community, 21면 이하.

범죄원인이 된다.

레머트는 상징적 상호작용이론의 영향에 따라, 개인의 심리구조나 사회적 역할수행에 거의 영향을 주지 않는 1차적 일탈과 사회가 규범위반으로 규정하는 2차적 일탈을 구별한다. 1) **1차적 일탈**은 우연적·일시적 일탈로서 사회적·심리적·문화적 상황 등 다양한 배경으로부터 일어난다. 2) 반면에 **2차적 일탈**은 1차적 일탈에 대해 사회제재가 가해지면서 공식적으로 일탈자라는 낙인을 받게 되고, 그것이 하나의 사회적 지위로 작용하여 종국적으로 그에 상응하는 규범위반행위를 하게 되는 것을 의미한다. 일단 사소하나마 특정한 일탈을 통해서 낙인이 찍히게 되면, 그가 범죄자라는 인상으로부터 벗어나는 것은 거의 불가능하다. 형사사법기관에 연루되었던 상황은 이를 더욱 악화시킨다. 2차적 일탈은 이와 같은 1차적 일탈에 대한 사회제재를 공격·방어하기 위한 동기에서 발생하거나 또는 일탈자라는 사회적 낙인이 스스로를 일탈자로 자아규정하게 되어 발생한다는 것이다.[1] 15

(3) 단계모델

베커(H. S. Becker)는 1963년 그의 유명한 책 『아웃사이더들: 일탈 사회학의 연구들』[2]에서 완성된 형태의 낙인이론을 서술하고 있다. 베커는 숨은 범죄자들과 억울하게 처벌에 이르게 된 피고인들의 차이를 고찰하였다. 그는 심지어 아무런 범죄행위를 저지르지 않은 사람들마저도 범죄자라는 낙인이 찍히게 되어 범죄자로 처분되는 것을 보았다. 그러한 경로는 대상자가 특정행위를 했기 때문이 아니라, 사회가 범죄자로 바라보고자 하였기 때문이라고 한다. 16

그는 레머트와 마찬가지로 낙인이 작용하는 과정을 나누어 설명한다. 범죄행위로 낙인찍는 것은 사회적 지위와 같은 효과를 낳게 하여, 낙인찍힌 자에게 가장 직접적이고 중요한 주지위(master status)의 작용을 한다. 주지위는 사회적 상호작용에 결정적 영향을 미치는 지위로서 그 밖의 보조적 지위(auxiliary status)를 압도한다. 범죄자라는 사회적 낙인은 가장 강력한 인상을 남기어 갖은 편견과 냉대를 피할 수 없게 만든다. 이것이 결국 당사자로 하여금 자포자기상태에 이르게 하여 결국 사회가 규정한 대로 행동하게 되는, '자기 스스로 예언을 실현'하는 결과를 가져온다는 것이다. 이와 같은 베커의 이론을 '단계모델'이라고 한다. 17

1) Brown/Esbensen/Geis, 범죄학, 425면 이하.
2) Becker, Outsiders, 특히 19면 이하.

18 여기서 최초 일탈행위의 원인이 다음 단계의 일탈행위에 대한 근거가 되는 것은 아니다. 최초의 일탈에 따른 사회적 낙인이 다른 일탈을 촉진하는 새로운 환경을 낳고, 이것이 다음 단계의 일탈을 낳는 원인이 되는 것이라고 한다. 예컨대 처음 마약을 한 심리적 동기가 그대로 이어져 종국적으로 중독자가 되는 것이 아니다. 호기심으로 친구와 같이 약물을 흡식한 것이 발각되어 사회적으로 '마약범죄자'라는 낙인이 찍히면, 그 다음 단계에서는 자포자기의 상태에서 스스로 의도적으로 마약범죄를 저지르게 된다는 것이다.[1)]

19 **[낙인의 심리적 효과]** 나중에 스탠퍼드 대학의 법학 및 심리학과 명예교수가 된 **로젠한**(D. Rosenhan)은 1970년대 초반 다음과 같은 실험을 하였다. 심리학자와 의사로 이루어진 실험단은 자신의 신변을 숨기고 며칠 동안 씻지 않고 남루하게 변장한 후, 단지 "귀에서 쿵 소리가 들린다"는 이야기를 반복적으로 해보기로 하였다. 처음에 이 증세를 호소한 결과 이비인후과를 시작으로 나중에 정신과치료까지 받게 되었는데, 곧바로 정신분열증이라는 진단이 내려져 그들은 여러 병원에 나뉘어 수용된다. 이렇게 한번 정신병자로 낙인찍히자, 어떤 이야기를 해도 곧이곧대로 받아들여지지 않았다고 한다. 병원 내에서 아무리 정상적인 행위를 해도 (진짜 정신병자들 이외에) 누구도 자신을 병 없는 사람으로 취급하지 않는다는 것을 체험하였다. 실험결과를 기록하는 행위조차도 '정신병적인 기이한 행동'으로 비쳐지게 되는 경험이었다. 자기가 심리학자네, 의사네 하는 이야기를 해봐야 더 상황만 악화시킬 뿐이었다. 이 실험 끝에 **로젠한**은 묻는다. "병 때문에 진단이 내려지는 것이 아니라 내려진 진단이 두뇌에 각인되는 것은 아닐까? 정신병이라는 딱지가 정신병을 낳은 것이 아닐까?"[2)]

(4) 기 타

20 한편 **슈어**(E. M. Schur)는 낙인과정의 협상적 측면과 자아규정의 중요성을 강조하였다. 범행한 사람 가운데 어떤 이는 변호사의 도움을 받아 성공적으로 방어할 수 있고 협상과 합의를 통해 그 낙인을 벗어날 수도 있다. 그러나 하위계층의 사람들은 이러한 가능성이 매우 낮으며 가벼운 일탈에 대한 혐의도 벗어나기 어렵다. 그로부터 하위계층 사람들이 낙인을 찍히고 스스로 일탈자라는 자아규정에 따라서 2차 일탈에 이르는 경우가 많다는 것을 밝혀내었다. **슈어**가 제안한 정책은 '급진적 무간섭'이다. 즉 사소한 비행을 저지른 소년범죄자에 대한 효과적인 대응

---

1) 이에 반해 동시모델은 최초의 일탈원인이 일탈행위의 전 과정에 작용한다고 보는 이론이다. 예를 들면 사회병리학적 관점에서 범죄를 파악하는 견해가 여기에 속한다. 각 단계의 일탈행위에서 사회병리의 내용이 다를 수는 없기 때문이라고 한다.

2) Slater, 스키너의 심리상자 열기, 177면 이하. 정신병의 낙인효과에 대해서는 Williams/McShare, 사회문제론, 166면 이하.

은 '그에게 아무 것도 하지 않는 것'이라고 한다. 일차적 행위를 가지고 처벌을 하는 순간, 그에게 돌이킬 수 없는 범죄자가 되는 길을 열어주는 것이기 때문이다.[1)]

킷츄스(J. I. Kitsuse)는 '회고적 해석'이라는 개념을 동원하였다. 이는 누군가 특별한 행위를 하는 것이 발견되면, 사람들이 그 새로운 정보를 접하고서는 과거에 아무렇지도 않게 여겼던 일까지도 '다시 생각해보면 그 사람의 범죄성을 드러내는 특별한 것이었다'고 다시 재해석하여 유형화하게 된다는 것이다. 고프만(E. Goffman)은 낙인찍힌 자가 정신질환자가 되어가는 과정을 연구하여 베커의 견해에 동조하였으며, 이외에도 깁스(J. P. Gibbs), 쟈스(T. S. Szasz), 셰프(T. Scheff), 에릭슨(K. T. Erickson) 등의 이름을 낙인이론분야에서 찾아볼 수 있다. 21

모든 낙인이론의 공통적인 특징은 다음과 같다.[2)] 1) 낙인이론은 사회의 가치합의를 부정하고 범죄의 편재성遍在性과 정상성으로부터 출발한다. 2) 범죄현실은 범죄행위의 구조와 범죄자의 선별로 결정된다. 3) 그 결정은 사회적 강자가 내린다. 4) 이러한 결정과정은 낙인을 찍는 귀속의 특징을 가지고 있다. 5) 낙인이론이 형사정책적으로 의도하는 목적은 비범죄화(decriminalisation), 비형벌화(depenalization), 적법절차(due process), 비사법적 해결(diversion) 그리고 비시설처우(deinstitutionalisation)의 이른바 5D원칙이다. 22

4. 낙인이론의 영향과 평가

(1) 긍정적 평가

낙인이론은 범죄학사에 큰 영향을 미쳤다. 지금 활동하는 범죄학자들 중에도 이 이론으로부터 큰 영향을 받은 사람이 많다. 이론적인 측면과 실천적인 측면을 나누어 이야기하면 다음과 같다. 23

1) 낙인이론이 범죄원인을 범죄통제기관의 '범죄화과정'에서 찾은 것은 기존에 볼 수 없었던 새로운 패러다임의 발견이었다. 그리고 범죄자와 일반인이 본질적으로 구별되는 것이 아니며 범죄와 비범죄가 형법의 해석·적용으로부터 명확하게 나뉠 수 없는 대상이라는 점을 밝힌 것도 분명한 성과이다. 지금 법학방법론에서 해석학적 방법론을 누구도 간과할 수 없듯이, 형사사법이 실제로 행위자에 대해 낙인을 찍는 측면이 있고, 형법규정을 행위자에게 귀속시켜서 그를 범죄자로 24

---

1) Brown/Esbensen/Geis, 범죄학, 430면.
2) Kaiser, Kriminologie, 145면.

만드는 방식을 배제할 수 없다는 사실에 대한 설득력 있는 반론은 없다.

25 2) 범죄자를 '운 없게 낙인찍힌 사람'이라고 보는 인식은 그의 권리보장적 측면에 더 많은 형사정책 에너지를 투입할 것을 요청하는 논거가 되었다. 낙인이론은 비판범죄학과 더불어 인도적 형사정책을 옹호하는 선봉장 역할을 수행했다. 특히 1차적 일탈이 곧 2차적인 범죄로 이어지지 않도록 하는 정책을 실제로 이용되도록 하는 데 기여했다. 즉 이로부터 다이버전 프로그램이 구체화되었고, 범죄인에 대한 예외 없는 처벌보다 회복적 사법에 더 기대하게 하였다. 그리고 개인들에 대한 재사회화정책이 낙인을 씻고 사회 안에 복귀할 수 있도록 도와주기 위한 프로그램으로 개편되는 데에도 기여하였다.[1]

(2) 부정적 평가

26 낙인이론이 2차적 범죄의 발생에는 관심이 있지만 1차적 범죄 자체의 원인을 말하지 않는다는 비판이 있으며, 사회적인 강자가 저지르는 범죄를 분석하는 데에도 한계가 있다는 지적도 있다.[2] 그러나 낙인이론에 대한 가장 중요한 비판논거는 형법과 형사사법체계의 순기능에 대한 것이다. 범죄와 범죄인을 확정하는 데 자의가 개입할 여지가 분명히 있으며, 평가자가 보고 싶은 대로 보는 편향성을 피할 수 없는 것은 사실이지만, 그렇다고 해서 형법과 형사사법과정이 전적으로 자의에만 좌우된다고 할 수 있는지 묻게 된다. 구성요건표지의 해석을 위해서 비교적 세밀한 해석지침[형법도그마틱]이 마련되어 있고, 형사절차도 정해진 형식에 따라 진행된다. 법률가는 귀속을 위한 심정에만 기대어 평가하는 것이 아니라, 일정한 합의에 바탕을 두고 미리 마련된 해석·적용규칙에 따라 판단하려 하기 때문에 범죄귀속이 결코 자의적일 수만은 없다. 어차피 범죄가 있으면 형벌과 그것을 부과하는 규칙이 있을 수밖에 없기 때문에, 급진적인 낙인이론의 설득력도 제한적이라고 해야 한다.[3]

27 평가자의 주관에 따라 범죄로 보고 싶은 것이 범죄가 되는 것만이 아니라, 누가 보더라도 범죄인 행위도 있다. 이렇듯 사회적으로 원치 않는 행위가 분명히 존재한다는 사실에 대해서 낙인이론은 어떤 설명도 하지 않는다.[4] 낙인이론의 연구대상은 기존 범죄학의 영역에서 멀리 떠나 사회통제기관의 현실적 작용을 향하

1) Akers/Sellers/Jennings, 범죄학이론, 284면 이하.
2) Williams/McShare, 사회문제론, 168면.
3) Neumann/Schroth, 형사정책의 새로운 이론, 103면. 한편 어느 행위가 규칙에 자의적으로 귀속된다는 것은 모순이라는 지적이 있다. 왜냐하면 '규칙'이라는 말은 이미 '정형화된' 귀속을 전제하기 때문이다(같은 책, 105면).
4) Kaiser, Kriminologie, 146면.

고 있다. 그렇지만 없는 범죄를 통제기관이 만들어낸다고 볼 수는 없으며, 처벌대상을 확인하는 과정에서 범죄화에 대해 일정한 공동작용을 하고 있을 뿐이라고 보는 것이 타당하다. 범죄원인에 사회의 공동책임, 통제기관의 자의가 기여하는 부분이 있다는 사실이, 곧 범죄행위를 선택한 행위자에 대해 면죄부를 주어야 한다는 논거로 쓰일 수는 없다.

[57] 민속방법론

1. 민속방법론의 의의

민속방법론(Ethnomethodologie)은 사회질서 및 무질서에 관여하는 실제 사람들 상호간 인지규칙이나 원리를 발견하는 것에 초점을 두는 이론이다. 현상학의 두 가지 주제인 '현상의 본질'과 '현상이 형성되는 방법의 제시'를 사회와 범죄의 관계를 파악하는 시각으로 삼는 것이 이 이론의 특징이다.[1) 1

[사회학으로서 민속방법론] 민속방법론은 **파슨스**(T. Parsons)의 제자인 **가핑클**(H. Garfinkel)이 창안한 사회분석 방법으로서, '일정 지역 사람들(ethno) 생활의 방법론'이라는 어원을 갖고 있다. 이는 **후썰**(E. Husserl, 1859~1938)의 현상학을 바탕으로 **비트겐슈타인**(L. Wittgenstein, 1889~1951), 현대의 **촘스키**(N. Chomsky 1928~)의 언어이해를 수용하여 일상에서 사람들 사이 상호작용을 연구의 대상으로 삼는다. 기존 사회학이 현실과 괴리된 모델로부터 합리성을 도출하려 애썼던 것과 달리, 이 방법은 사회구성원들의 생활세계에 주목하여, 사람들이 생활을 구성하고 의미를 부여하는 작업을 분석하였다. 사회적 실재를 구성하는 데 기존 기능주의가 체계로서 각 사회적 사실들을 강조했던 것에 대비할 때, 일상에서 개인의 역할부여, 감정이입, 생활습관, 상황에 맞는 형식적 행동과 같은 사회적·사회심리적 대상이 중요하다는 사실을 강조하였다. 2

민속방법론은 특정한 사회상황에서 일정한 행동이 범죄로 인식되고 규정되는 방식과 이러한 범죄구성이 구체적으로 적용되는 것을 다루었다. 이에 따르면 범죄는 사람과 그 조직인 사회의 구성물이다. 어느 사회에서 발생하는 범죄에 대한 일반적 인상은 사람들이 세상을 묘사하고 질서를 부여하기 위해 사용하는 일상의 인지범주에 속해 있다.[2) 즉 범죄에 대한 인상은 현실세계와 별도로 존재하는 것이 3

1) Liska, 일탈의 사회학, 219면. 민속방법론은 현상학적 사회학, 사회학 상호작용론과 관련되어 있으므로 이들을 해석학적 패러다임으로 구별하기도 한다(심영희, 비판범죄론, 13면).

2) 민속방법론자들은 일반적 범주와 형상을 '정형'(typification), '이념형'(idealtype)과 같은 용어로 부른다(Liska, 일탈의

아니라 범죄에 대한 일반적 인식을 통해 구체적으로 나타나는 것이며, 또한 그 범위 안에서만 의미가 있는 것이라고 한다. 특히 판단주체가 객관적 실재를 의심하거나 무시하고 자기 나름대로 정보를 인지하고 처리하는 과정, 즉 실재를 구성하는 과정에 미치는 이미지 역할에 초점을 맞춘다. 이러한 사실을 보이기 위해 민속방법론은 사람들[민속]이 일상생활 가운데서 범죄인으로 인식하는 방식을 고찰하였다. 예를 들어 어떤 사람을 가정폭력을 일삼는 사람으로 보기 시작하면, 사람들은 그러한 사실을 확인시켜 주는 실마리를 찾으려고 하거나 그 단서만을 기억하는 경향이 있다(보기를 들면 술을 자주 마시거나 얼굴에 상처가 났다는 등). 즉 일단 어느 범주에 생각이 정해지면, 그 인상만을 이용하여 상황을 해석하려고 한다는 사실을 범죄화과정에도 응용한다. 이에 따르면 개인을 범죄자로 만드는 것은 범죄자가 발견되는 것이 아니라 주변 사람들이 범죄자로 '구성'해내는 것이다.

4 민속방법론은 넓은 의미의 낙인이론을 보완하는 이론이지만 양자의 차이도 있다. 낙인이론이 사회규범을 유동적이고 끊임없이 생성되는 것으로 보아 다원주의 및 규범회의주의적 방법론을 취하는 데 반해, 민속학적 방법은 일상적 의사소통상황을 단순화하여 분석함으로써 일정한 현실사회에서의 현상을 중요시한다. 민속방법론으로 범죄화과정을 분석한 사람으로는 **맛차**(D. Matza), **가핑클**(H. Garfinkel), **시쿠렐**(A. V. Cicourel), **작스**(H. Sacks), **더글라스**(J. Douglas) 등이 있다.

2. 민속방법론의 영향과 평가

5 민속방법론은 낙인이론의 추상성을 극복하고 현실에서 범죄화과정을 더 가까이 관찰하는 방향을 제시했다는 점에서 의의가 있다. 낙인이론이 범죄화의 과정을 이론적으로 드러내려 한 것, 비판범죄학이 전체사회의 모순상황에 대한 비판을 수행하고자 했던 것과 달리, 인간 사이의 미시적 상호작용을 통해 범죄화를 설명하고자 했다는 점에서 더 구체성을 띠고 있다. 그러나 이러한 방법은 개념 필연적으로 정책적 대안을 제시하지 못하는 단점이 있다. 개별 사회구성원들의 범죄이해를 연구대상으로 하기 때문에 전체사회의 범죄대책에 지침을 주기 어렵다는 뜻이다. 방법론적 특징으로 입증이나 검증보다 실례를 들어 설명하였으므로, 연구자 각자가 구별되는 이해를 하고 있어 보편적인 타당성을 의심받기도 하였다.[1)]

사회학, 222면).

1) 이러한 점은 현상학적 방법론 자체의 한계이기도 하다. 현상학적 언명은 언제나 그 주체가 말하는 바로 그 영역 안에

[58] 비판범죄학

1. 비판범죄학의 의의

비판범죄학(critical criminology)은 마르크스주의 또는 그에 상응하는 급진 1
적인 시각으로 범죄화과정을 파악하는 이론을 널리 일컫는 표현이다. 위에서 설명한 갈등이론의 연장에 있으며, 방법론적으로는 낙인이론을 배경으로 한다. 1960년대 중반부터 마르크스주의라는 이름을 붙이는 것에 대해 부담을 느끼기 시작하면서 그보다는 '비판적', 또는 '급진적'이라는 수식어를 더 자주 사용하게 되었다.

마르크스주의범죄학은 생산수단의 불평등한 소유에 따라 결과되는 노동자계 2
급과 유산계급 사이의 대립과 갈등을 사회분석의 출발점으로 삼는다. 범죄를 자본주의사회의 뿌리 깊은 모순에서 야기된 결과로 파악하고, 형벌은 경제적 지배계급(부르주아)이 피지배계급(프롤레타리아)을 억압·착취하기 위해 사용하는 물리력으로, 형법은 부르주아가 사회지배를 위해 사용하는 도구로 인식하고 있다. 인식 정도 면에서는 차이가 있다. 도구적 마르크스주의로 일컬어지는 학자들은 국가와 법을 자본가계급의 도구로만 간주한다. 반면에 구조주의적 마르크스주의자들은 국가가 전적으로 지배계층의 도구만은 아니고 법도 항상 그들의 이익을 증진하는 역할만을 하지는 않는다고 보면서 국가와 법의 자율적인 측면을 강조한다.[1)]

비판범죄학은 낙인이론의 기본관점을 이용하면서도 그것이 갖는 가치중립성 3
과 추상성을 새로운 형이상학이라고 비판한다. 낙인이론과 본질적 차이점은 범죄자로 만드는 주체의 정당성을 문제삼는 것이다. 즉 낙인이론의 비판적 역량을 한층 강화하여 궁극적으로는 전체 통제메카니즘의 부정의를 문제삼고 권력의 억압으로부터 개인을 해방시키는 데로 나아가고자 한다.

2. 비판범죄학의 유형

(1) 마르크스의 범죄관

마르크스(K. Marx)는 범죄대책에 대해 체계적 이론을 전개하지는 않았지만, 4

서 개인적 삶의 체험에 의존한다는 특징이 있다. 현상학이 말하는 상호주관적 확증의 판정기준은 귀납적 방법으로 검증될 수 있는 경험적 평가의 대상이 아니다. 단순히 그와 같은 언명을 한 사람에게 같은 삶의 체험을 한 다른 사람이 공감하느냐에 달려 있는 문제이다. Seiffert, Einführung in die Wissenschaftstheorie, 46면 이하 참조.

1) Akers/Sellers/Jennings, 범죄학이론, 431면 이하.

저작의 몇 부분에서 범죄와 형법에 대한 생각을 읽을 수 있다. 그는 범죄발생의 원인을 계급갈등과 경제적 불평등으로 보았다. 생활에 필요한 경제적 자산을 충분히 갖지 못한 피지배계급이 지배적 지위와 경제적 부에 사회가 허락하지 않는 방법으로 접근하는 행위가 범죄라는 것이다. 이것을 '원시적 반역' 테제라고 한다. 범죄행위는 지배적인 사회질서에 대한 반역의 원시적인 형태로서 경우에 따라서는 의식적인 혁명활동으로 발전할 수도 있는 것으로 보았다.[1] **마르크스**는 산업화된 자본주의 사회에서 실업이나 불완전고용 상태에 처하게 된 수많은 사람들은 생산성이 떨어지기 때문에 쇠락하게 되고, 온갖 종류의 범죄와 악습에 물들게 된다고 하였다. 그러나 이러한 도덕적 결함도 결국 계급지배에 의해 야기·생산된 것이므로 범죄원인이 계급갈등이라는 주장을 수정할 필요는 없었다.[2]

(2) 봉거의 경제결정론

5 네덜란드의 **봉거**(W. Bonger)는 이미 100여 년 전에 마르크스 계급론을 범죄연구에 수용하였다. 그는 1916년의 저서 『범죄성과 경제적 조건』에서 당시 중요한 비중을 차지하던 **롬브로조**의 범죄생물학에 대항하면서 범죄가 자본주의 사회구조 때문에 발생한다는 점을 강조하였다. 자본주의는 소수가 다수를 지배하는 경제시스템을 정당화하고, 이러한 억압체계가 인간이 본질적으로 지니는 이타심과 연대의 동기를 압도하여 모든 사람들을 탐욕스럽고 이기적으로 만든다고 한다. **봉거**가 보기에 자본주의사회는 다른 사람의 이해관계에 신경 쓸 필요 없이 오로지 자신의 이익을 추구하도록 조장하고 있다. 여기서 힘 있는 자는 힘없는 자의 고통에 무감각해지고, 힘없는 자는 굴종적인 상태가 되거나 아니면 시기심만 갖게 된다는 것이다. 사법체계는 돈과 권력을 가진 자의 욕망을 달성할 수 있는 합법적 수단을 허용하는 반면, 소유하지 못한 사람에게는 그 기회를 허용하지 않기 때문에 범죄자는 하위계급에 집중된다고 한다. 그리하여 사회계급간 갈등양상이 심화되면서 구성원 모두가 비인간적 상태가 되고 이로부터 비도덕성이 팽배해져서 범죄로 이어질 수밖에 없다는 것이 **봉거**의 생각이다.[3]

---

1) Kerscher, Sozialwissenschaftliche Kriminalitätstheorien, 83면 이하.

2) Hirst, Marx and Engels on Law, Crime and Morality, 28면 이하; Kerscher, 앞의 책, 76면 이하. 특히 자세히는 Lynch/Michalowski/Groves, 자본주의 사회의 범죄와 형벌, 108면 이하.

3) Bonger, Criminality and Economic Conditions, 특히 378면 이하.

(3) 퀴니의 경제계급론

6 봉거의 마르크스주의적인 범죄분석은 오랫동안 거의 주목받지 못했으며, 뒤르켐 이후 주류사회학은 기능주의 경로를 따라 이어져왔다. 그러던 중 경제계급론을 체계화시킨 퀴니(R. Quinney)에 의해 마르크스주의 범죄이론이 다시 논의의 장에 등장하였다.[1] 퀴니는 자유주의범죄학을 비판하면서, 범죄연구는 역사적인 맥락과 사회의 경제 조건에 대한 분석을 토대로 해야 한다고 역설하였다. 종래 범죄학이 인도주의 방향으로 체계를 개선하려 노력했지만 특정집단과 정치체계가 갖고 있는 범죄정의(definition)를 비판 없이 받아들이는 한 궁극적 한계에 부딪칠 것으로 보았다.

7 퀴니는 형법을 국가와 지배계급이 기존 사회경제질서를 유지하고 영구화시키기 위한 도구로 본다. 자본주의사회에서 생산수단을 소유한 자본가는 자본축적을 위해 노동력을 착취하여 잉여가치를 확보하지 않을 수 없는데, 이 노동력 착취 내지 잉여가치 확보 과정에서 양 계급의 갈등이 발생한다. 이와 같은 충돌은 자본주의의 유지·발전을 위해 필연적으로 야기되는 모순이면서 그것으로부터 계급간 갈등이 점차 심화되면 결국 자본주의 변혁을 일으키는 조건이 된다. 이 경우 구성원의 의식적이고 주도면밀한 사회혁신 노력이 계속되면 자본주의체제는 몰락한다. 자본주의사회의 모든 문제는 이러한 기본적 갈등 및 그 심화에 원인이 있기 때문에, 이에 대한 대책은 양 계급 간 이해관계 충돌을 최소화하는 방법이 되어야 한다는 것이 퀴니의 생각이다.[2]

8 퀴니는 범죄를 자본주의의 물질적 불평등조건에 이어지는 불가피한 반응이라고 한다. 구체적 형태는 다음과 같다. 우선 자본주의사회에서 범죄는 행위주체와 목적에 따라 지배의 범죄(crimes of domination)와 적응 및 저항의 범죄(crimes of accomodation and resistance)로 나뉜다. 1) **지배의 범죄**는 지배집단이 체제를 유지해나가는 과정에서 스스로 법을 위반하는 것이다. 경제범죄(crimes of economy: 기업이 저지르는 가격담합, 환경오염, 기업구성원의 화이트칼라범죄 등), 정부범죄(crimes of government: 공무원범죄 및 테러와 전쟁범죄 등), 통제범죄(crimes of control: 형사사법기관이 인권을 탄압하는 행위)가 이에 포함된다. 2) 반면에 **적응의 범죄**는 생산수단을 소유, 통제하지 못하는 피지배집단이 개별적으로 자본주의의 모순에 반응

1) Quinney, The Social Reality of Crime, 44면 이하. 이후의 이론을 '신마르크스주의'로 일컫기도 한다.

2) Quinney, Crime control in capitalist society, 199면. 초기의 퀴니는 터크(Turk)와 함께 신갈등이론학자로 구분되기도 한다. 신갈등이론이란 다렌도르프(Darendorf)식의 자유주의적 방법론으로서 계급이 아닌 이익집단간의 갈등에 초점을 둔 이론을 말한다(심영희, 비판범죄론, 38면 이하 참조).

하는 형태이다. 이는 약탈범죄(predatory crimes: 절도, 강도, 마약거래 등)와 대인범죄(personal crimes: 살인, 폭행, 강간 등)로 구별된다. 약탈범죄는 생존의 필요에 의해, 대인범죄는 기본모순의 심화 속에서 야기된 난폭성의 표현이라고 한다. 3) 그리고 **저항의 범죄**는 노동자집단이 기본모순에 저항하고 그것을 극복하는 과정의 행위를 국가가 범죄로 규정한 것이다. 집회와 시위에 관한 법 위반이나 국가기관에 대한 명예훼손죄를 묻는 것 등이다.[1)]

(4) 유물론적 비판범죄학

9 유물론적 비판범죄학은 미국의 **볼드**(G. B. Vold)를 비롯하여 영국의 **테일러**(I. Taylor), **왈튼**(P. Walton), **영**(J. Young) 등의 이론이다. 이들은 범죄화의 정치경제성과 사회심리성을 중요시하는 한편, 권력층의 범죄를 드러내고 형사사법체계의 불평등을 폭로하는 것을 연구과제로 하였다. 범죄란 자본주의 아래 노동계급에 대한 착취와 억압의 산물이라고 하면서, 대부분의 프롤레타리아 법위반자들은 적응범죄(직업적 범죄로서 절도나 매춘 등)를 저지르도록 유도된다고 한다. 이들의 범죄는 부당한 사회를 변화시키고자 하는 프롤레타리아의 계급투쟁과 아무런 관련이 없는, 그저 생존을 위한 불가피한 방법이라는 것이다.

10 유물론적 비판범죄학자들은 범죄를 양산하는 권력지배와 피지배관계를 극복한 사회건설을 궁극의 목표로 삼았다. 그러려면 일탈행동을 개인 또는 사회의 비정상적 병리의 결과로 볼 것이 아니라, 인간의 진지한 행동으로 여겨야 한다. 일탈은 인간의 다양성 표현인데, 일탈이 범죄로 생각되는 것은 그 행동의 고유한 특징과 상관없이 사회의 요구에 의해 규정되는 것이기 때문이다. 일탈적인 행위유형이 개인적인 것이든, 조직적인 것이든 관계없이 인간의 다양성이라는 측면에서 있는 그대로 존중받아, 권력에 의해 특정 행위가 범죄화대상이 되지 않는 사회를 만드는 것을 범죄학의 과제로 본다.[2)]

(5) 좌파현실론

11 **봉거**, **퀴니** 등의 이론은 소위 '좌파관념론'(left idealism)으로 불리기도 한다. 자본주의사회와 억압적 형사사법체계의 비판에 몰두한 나머지 현실로부터 멀어진 관념적인 생각이라는 뜻이다. 바로 위의 유물론적 범죄학 및 그로부터 이어지는 현대

---

1) 자세히는 Lilly/Cullen/Ball, 범죄학 이론, 262면 이하.
2) Tayler/Walton/Young, The New Criminology, 282면.

좌파의 이념은 이른바 '좌파현실론'(left realism)으로 일컬어진다. 이는 1980년대 중반 이후 우파실재론에 대항하는 입장이기도 하다. 이들은 과거 비판범죄학이 법위반자에 의해 초래되는, 같은 계층의 가난하고 힘없는 사람들의 고통과 어려움의 실상을 간과하였다고 비판한다. 즉 좌파관념론은 범죄를 계급갈등에 부수하는 현상으로 보거나 범죄자를 사회주의 혁명의 일원으로 파악함으로써 범죄를 비난할 수 없으며 이들에 대한 처벌도 부당한 것으로 여긴다. 현실주의자들은 이러한 급진적 접근이 사회 대다수 구성원을 위해 범죄문제를 진정으로 해결하고자 하는 관심으로부터 멀어졌기 때문에, 기존 사회에 대한 비생산적이면서도 이념에 치우친 비판을 하는 데 그친다고 지적한다. 하층계급이 범죄를 저지를 수밖에 없도록 내몰렸든, 그들의 일상행위가 범죄로 인식되게끔 조작되었든 간에, 실제 그 범죄를 통해서 고통을 받는 (같은 하층계급의) 피해자가 있다는 사실에는 변함이 없지 않느냐고 묻는다.

매튜스와 영(R. Matthews, J. Young)은 길거리범죄는 현실로 존재하며 심각한 12
상황이라는 점을 분명히 강조한다. 사회에서는 형법의 핵심내용에 대한 실질적 합의가 존재하기에, 현실에서 형사사법의 개선 및 범죄예방이야말로 범죄학자와 형사정책가가 담당해야 할 가장 중요한 현안이다. 이들은 경찰 등 국가기관에 대한 비판의 목소리를 낮추고, 범죄예방, 피해자지원, 원상회복, 지역사회 경찰의 활동을 북돋우는 역할을 범죄학이 해야 한다고 역설하였다.[1)]

3. 범죄통제이론의 종합평가

통제기관의 범죄화과정에 초점을 둔 낙인이론, 민속방법론, 비판범죄학이 그 13
동안 파악하지 못했던 새로운 방법을 고안해 낸 것은 분명한 성과이다. 이로부터 범죄자도 단순히 형벌의 대상에 그치는 것이 아니라 법률상 권리를 보호받는 주체라는 새로운 인식에 이르게 한 것은 충분한 평가를 받아야 할 업적이다. 그리고 사법기관의 의도된 통치방식은 물론 의도로 드러나지 아니하는 선이해를 분석·비판 대상으로 삼아 정치적 관점과 학문적 관점을 통일적으로 다룬 것도 진일보한 발상이다. 오늘날 사회과학논의에서 학문적 분석과 정치적 가치평가가 다른 영역에 속할 수 없다는 점은 누구도 부인하지 않는다. 통제이론 테제는 나아가 실제로 불평등한 사회현실을 지적하고, 형사사법의 의사소통으로부터 소외된 계층이 있어서는

1) 자세한 내용 및 비판은 Akers/Sellers/Jennings, 범죄학이론, 462면 이하; Lilly/Cullen/Ball, 범죄학 이론, 294면 이하.

안 된다는 점을 강조함으로써 사법의 민주화와 법집행의 공정성을 높이는 데에도 크게 기여하였다.

14 그러나 범죄인보장측면과 통제기관의 도덕성을 재고하는 데 성과가 있었다는 사실은, 원래 이론이 추구하는 궁극적인 목표에 비할 때 미미하다는 인상을 준다. 다시 말해 범죄학에서 통제이론의 여러 테제는 일종의 코페르니쿠스적 전환이었지만 그 성과는 아직 기대만큼 크지는 않다. 형사법 통제가 특정계급의 이익을 대변하는 데 지나지 않는다는 주장은, 형법 이외의 다른 수단이 이러한 한계를 극복하고 범죄를 더욱 공정하게 규제할 수 있음이 분명해질 때 비로소 설득력이 있을 것이다. 낙인이론과 비판범죄학이 궁극적으로 원하는 방향으로 범죄문제를 해결하고자 한다면 구체적으로 어떤 주장을 할 수 있는 것인지 명확하지 않다. '불필요한 낙인을 억제하라'고 말하는 것도 공허한 것이며, 낙인찍히기 쉬운 특정계층의 사회적 지위를 상승시키거나 해방시켜야 한다는 주장은 단순한 범죄대책 수준을 크게 넘어선다. 계급간 갈등이 없고 하층민이 부자유로부터 완전히 해방된 사회는 단지 범죄 없는 사회 정도가 아니라, 그야말로 유토피아일 것이다.[1)]

15 형법에 대한 급진적인 불신은 역설적으로 범죄인보장을 비롯한 형법의 법치국가적 순기능을 간과하고 있는 것으로 비친다. 범죄통제기관이 형평에 어긋나게 범죄와 범죄자를 다루는 것은 범죄정책의 구체적 실현과 관련되는 것일 뿐, 형법제도 자체에 원인이 있는 것은 아니기 때문이다. '유전무죄, 무전유죄'의 현실을 형법이 만든 것은 아니다.

16 그리고 이러한 궁극적 사법회의주의는 사회 안에서 일어난 범죄의 사회적 공동책임을 과장하는 것이기도 하다. 범죄현상의 일부 원인이 범죄통제기관에 있는 것은 사실이다. 다른 사회구성원도 그 책임에서 완전히 자유로울 수 없을지 모른다. 그러나 범죄에 대한 일차적 책임은 여전히 범죄자 자신에게 있다. '범죄통제기관의 낙인찍음'으로 범죄현상 전체를 설명하는 것은 범죄자 그리고 그 밖에 범죄에 공동책임이 있는 특정인들에게 면책권을 주는 것과 같다. 그 결과 낙인이론이 의도한 죄책감 해방과 자유영역 확대 정도에 그치지 않고, 국가기능 전반을 불신하게 만든다.

---

1) 이러한 비판에 대응하여 전통적 범죄학이야말로 중요하지 않은 대안만 이야기한다는 반론은 Lynch/Michalowski/Groves, 자본주의 사회의 범죄와 형벌, 41면 이하.

제 4 장　범죄학의 현재와 미래

제 1 절　여러 범죄이론을 통합하는 경향

[59] 통합의 배경

지금까지 어떤 범죄원인론도 범죄가 일어나는 이유를 완전히 설명해낼 수는 없었다. 범죄학자들은 각자의 이론이 범죄를 완벽하게 분석할 것을 처음부터 의도하지도 않았을 것이다. 그렇지만 다른 이론의 단점을 발견하는 것은 어렵지 않았기 때문에, 하나의 범죄원인론은 다른 범죄원인론의 단점을 지적하고, 그 이론은 또 다른 내용의 한계를 드러내 보이는 과정이 곧 지난 백여 년 동안 진행되어 온 범죄학의 역사였다. 개인의 소질을 강조하는 이론에 대해서는 환경차이를 간과하였다고 비판하고, 환경을 중시하는 견해에 대해서는 같은 환경에서 사람들이 다르게 행동하는 이유를 설명할 수 없다고 지적한다. 조금 발전된 단계에 이르러서는 이론들을 상호비교하고 그 중에 드러나는 장점을 취하는 방식을 택하는 경우도 있다. 클로워드와 올린이 머튼의 아노미이론[53/3]과 서덜랜드의 차별교제이론[50/2]의 장점을 혼합하여 차별적 기회이론[55/7]을 만들어낸 것이 그러한 방법이다. 1

한걸음 더 나아가 현대에 이르러서는 각 이론의 장점만 합치는 방식으로 극복될 수 없는 한계가 있다는 것을 깨닫고, 전면적인 '이론의 통합'을 추구하는 경향이 우월해지고 있다. 이론의 통합이란 둘 또는 그 이상의 이론들로부터 공통점을 확인하여 각 개별이론보다 나은 종합적인 이론을 만들어내려는 시도를 뜻한다. 이미 있는 이론들을 거시적 안목에서 통합하여 하나의 새로운 이론을 만들어내기도 하고, 처음에 이론을 주창한 이후 그것을 개선하는 과정에서 다른 이론의 설명을 빌려 오거나 다른 이론가들의 비평을 반영하여 이론의 통합을 꾀하기도 한다. 2

[60] 통합의 양상

1 최근 범죄학이 이론을 통합하는 형태는, 1) 한 이론의 개념이 다른 이론의 개념과 그 의미가 중복된다는 점에 착안하는 개념적 통합과, 2) 서로 다른 이론들 명제를 연결시켜 설명하는 명제통합으로 구분할 수 있다.

1. 개념적 통합

2 에이커스(L. Akers)는 1980년대 이래 사회학습이론의 개념과 명제가 사회유대, 낙인, 갈등, 아노미, 억제이론과 겹치는 부분이 있다고 하면서 이론통합을 위해 개념흡수를 시도하고 있다. 예를 들어 사회통제이론의 '애착'(attachment) 개념은 부모, 친구 및 타인들과 갖는 관계의 친밀함과 애정적 결속을 의미하는데, 이 표지를 사회학습이론의 차별교제 테제에서 교제의 '강도'를 측정하는 것에 응용한다. 애착은 타인의 역할을 하나의 본보기로 삼아 자신과 동일시하는 것이므로, 이것도 사회학습이론에서 보면 '모방'이라는 일반개념에 포함할 수 있다고 한다.[1]

3 에반스(T. Evans)와 컬렌(F. Cullen)은 1990년대 중반부터 모든 범죄학을 아우를 수 있는 용어로서 '사회적 결속'(social bonds)이라는 개념에 기대하고 있다. 이것은 집단관계 안에서 사회통합을 위해 서로 정서적·물질적 도움이 제공되는 상태를 뜻한다. 이러한 사회적 결속이 범죄행위로 나아가거나 피해를 당할 가능성을 떨어뜨리므로 범죄를 예방하는 데 가장 중요한 개념이라고 한다.[2] 비슷한 맥락에서 콜빈(M. Colvin)은 2000년대에 이르러 범죄가 물리적·정신적 압박에 대한 반작용이기 때문에 '강압'(coercion)이라는 개념이 범죄학에서 통합적 관념이 될 수 있다고 한다. 그것은 사람으로 하여금 공포, 불안, 위협을 통해 행동하게 만드는 일체의 힘으로 정의된다. 컬렌과 콜빈은 서로의 입장을 지지하면서, 이 두 가지 일반개념적 범주로 그 아래 일련의 범죄예방 및 범죄유발 요인들이 분류될 수 있다는 연구내용도 발표하였다.[3]

---

1) Akers/Sellers/Jennings, 범죄학이론, 562면 이하.
2) Evans u. a., Religion, social bonds, and delinquency, 43면 이하.
3) Colvin u. a., Crime and Coercion 244면 이하.

2. 명제적 통합

명제통합이란 여러 이론의 설명이나 가설을 결합하는 방법이다. 이것은 20세기 중반 이래 빠르게 발달한 통계분석방법에 힘입고 있다. 범죄학 초기에는 단순히 하나의 원인과 그에 대한 결과라는 두 가지 지표 사이의 관계를 분석할 수밖에 없었다. 그러나 통계방법이 발달하면서 하나의 변수를 넘어 여러 개의 변수와 결과의 관련성을 계산할 수 있게 되었고, 그 변수가 결과에 미친 서로 다른 인과성도 비교적 정확하게 측정할 수 있게 되었다. 예를 들어 종래에는 특정한 가정환경에서 비행소년으로 자라게 되는지 조사하는 데 그쳤으나, 이제는 가정환경이라는 변수에 추가하여 학교 친구들의 수와 그들의 행태가 미친 영향을 함께 추적해 낼 수 있게 되었다. 일반적 통합의 수단은 각 변수들이 미치는 영향을 시간 흐름을 달리하여 설명하는 방법이다. 예를 들어 범죄발생시점에서 역추론하여 더 직접적 영향을 미친 것이 A이론의 변수이며, 더 먼 영향을 미친 것은 B이론의 변수라는 식의 설명이다.[1] 이러한 연구는 변수의 중요성을 설명하기 위해 설문조사를 사용하는 경우가 많은데, 그로 인해 주로 사회심리학적으로 의미 있는 변수들이 결합요소로 자주 포함된다. 4

가장 흔한 시도는 사회통제이론과 사회학습이론을 결합하는 방식이다. 대표학자는 엘리엇(D. S. Elliott)과 그의 동료들이다. 이들은 긴장이론, 사회통제이론, 사회학습이론의 통합을 주장해왔는데, 이 이론들이 유사한 정책의 함의로 통합될 수 있다고 한다. 통제이론은 모든 사람이 일탈할 수 있는 경향이 있다고 설명하면서 사회통제기관의 범죄예방 역할에 중점을 두는 반면, 긴장이론은 행위자가 긴장에 노출될수록 비행을 향한 동기를 강하게 갖게 된다는 사실에 근거를 두는 데에 주목한다. 이와 같이 구별되는 점을 긴장과 학습이론의 개념을 통해서 조정할 수 있다는 것이다. 예컨대 범죄성은 타고난 것이라고 하거나 범죄가 저질러지는 단일한 동기에 주목하는 것이 아니라, 가정 대신 순응적인 또는 일탈적인 친구와 접촉하게 되는 것으로부터 일상의 결과 또는 일탈의 결과 중 하나가 도출된다고 본다. 이와 같은 통합 결론으로서 1) 가정과 학교에서 긴장이, 2) 보편적으로 인정되는 사회에 대한 유대를 약화시키고, 3) 이것이 비행을 저지르는 친구들과 강한 유대를 형성하게 되어(이 점은 사회학습이론에서 말하는 일탈의 강화, 교제이다), 5

1) Brown/Esbensen/Geis, 범죄학, 477면 이하.

비행을 저지르게 만든다고 설명한다.[1)]

6 **콜빈**(M. Colvin)과 **파울리**(J. Pauly)는 이른바 '통합 구조-마르크스 비행생산 이론'을 주장하였다. 노동자계급이 갖고 있는 일터경험이 가정 안에서 재생산되고 그것이 자녀의 체험으로 이어진다고 하면서, 결국 가족, 학교, 또래집단 전체에 지속적으로 영향을 미친다고 한다. 즉 소년범죄자가 되는 데에는 부모의 사회적 계층과 직장의 강압적 사회통제 구조가 가장 중요한 변수가 된다는 것이다. 이 두 가지 구조요인 위에서 자녀의 소외감이라는 사회심리적 요소가 추가적으로 개입되고 결국에는 소년들이 선택하는 또래집단의 유형에도 바로 영향을 미치게 된다고 한다.[2)]

3. 통합이론의 한계

7 통합이론이 등장하게 된 이유는 납득할 만하다. 단일한 요인만 분석하여 범죄발생의 근거가 설명될 수 없다는 점이 분명해졌기 때문이다. 그러나 각기 다른 요인을 강조하던 여러 이론을 단순히 결합하는 방식으로 범죄를 온전히 해명할 수 있을 것으로 생각하는 것은 섣부른 기대이다. 하나의 개념에 집중하는 것은 불충분하나마 내용이 명확하다는 장점이 있다. 여러 요인을 같이 설명하는 방법은 오히려 전체과정의 밝혀내기 어려운 변수의 작용을 혼합시킴으로써 범죄의 발생 요인을 더 불분명하게 만들 우려가 있다.[3)]

8 신체와 질병의 비유를 다시 생각해보자. 병은 종류와 정도가 다를 뿐 모든 사람들에게 지극히 정상적인 것이며 없앨 수 없다고 하였다. 원인분석 측면에서도 마찬가지이다. 셀 수 없이 많은 종류의 질병에 걸리는 이유를 한 요소로 설명할 수 없는 것은 물론, 두세 가지의 요소 결합으로도 완전히 해명할 수 없다. 한 가지 범죄와 질병만을 대상으로 하더라도 이 어려움은 줄어들지 않는다. 암에 걸리는 이유는 여러 요소를 결합하더라도 모두 드러낼 수가 없다. 사회 안에서 범죄가 일어나는 이유도 마찬가지이다. 단일한 원인에서 비롯되는 것이 아님은 물론, 여러 근거의 분석 및 결합으로도 만족스럽게 설명할 수 없다. 통합을 추구하는 이론이 여러 요소를 종합하는 방식을 범죄학의 발전으로 여긴다면, 만족하는 수준

1) Akers/Sellers/Jennings, 범죄학이론, 567면 이하.
2) Brown/Esbensen/Geis, 범죄학, 481면 이하.
3) 같은 지적은 Jung, Kriminalsoziologie, 87면 이하.

에 이르기 위해서 지금까지 논의된 거의 모든 개념을 다 동원하고자 할 수도 있을 것이다. 그러나 그런 방식을 취하더라도 범죄 이유를 충분히 서술할 수 있을 것으로 기대하기는 어렵다.

제 2 절 새로운 범죄패러다임

[61] 새로운 대상의 발견

1. 발달범죄학

현재 범죄학영역에서는 패러다임의 변화를 꾀하는 몇 가지 시도가 있다. 대 1
표적인 것은, 범죄원인을 범죄현상을 대상으로 하여 분석하는 대신, 범죄자가 된 사람의 경력을 살펴보는 방법을 취하는 경향이다. 기존 범죄학이 범죄행위를 저지르는 행위자의 연령을 분석하지 않았다는 비판적 생각에서 시작된 방식이라고 한다. 그러나 실제로 이 테마가 문제되기 시작한 배경에는 미국의 특별한 상황이 있다. 1980년대 이후 레이건과 부시 정부가 범죄에 대한 강력한 대응을 요구하였을 때, 전체 범죄자 가운데 많은 수가 상습적 폭력성을 갖고 있다는 데이터분석이 있었다. 그에 따라 범죄습성이 있는 자들을 상대로 재범가능성을 낮추는 적극적 대안을 요청하는 목소리가 높아졌다. 일부 일탈자들을 장기간 구금하는 무해화조치를 정당화하는 이론이 각광받게 되었는데, 범죄에 대한 무관용정책에 따라 이른바 '삼진아웃제'가 입법되던 바로 그때의 이야기이다.[1)]

이러한 배경에서 출발한 범죄자 경력연구는 범죄성향을 갖고 있는 사람을 그 2
렇지 않은 사람과 다른 유형에 속하는 것으로 가정하고, 어떤 면에서 범죄자가 일반인과 나뉠 수 있는지 설명하려고 하였다. **내진**(D. Nagin)과 **랜드**(K. Land)는 수학적 방법을 동원하여 일탈자의 삶 전체 과정에서 범죄적 행동이 일어나는 시작

1) 미국의 삼진아웃제에 대해서는 김종구, 의무적 양형제도에 관한 고찰, 328면 이하. 당시의 중형정책의 배경에 놓인 신자유주의, 도덕적 보수주의에 대해서는 Singelnstein/Stolle, 안전사회, 40면 이하.

점과 종결점을 모두 고려하는 통계를 만들었고, 그 결과 범죄자는 일반인과 구별되는 고유한 특성이 있다고 주장한다. 청소년기의 불법적 행동이 성인까지 이어진다는 사실과, 그것이 좀처럼 달라지지 않는다는 주장은 미국의 학계와 실무의 광범위한 지지를 얻었다.1)

3 이러한 시각을 바탕으로 기존 범죄학의 성과를 종합하는 최근 작업은 이른바 생애과정(Life-Course) 범죄학, 또는 발달범죄학(Developmental Criminology)으로 불린다. 이는 나이가 들어감에 따라 개인의 일탈행동과 범죄적인 행위가 어떻게 발달하고 변화하는지 탐구하여 발달 이전에 먼저 존재하는 요인이나 발달과 동시에 발생하는 다양한 상황을 함께 분석대상에 포함한다. 1) **티틀**(C. R. Tittle)은 낙인이론과 통제이론의 성과를 범죄자경력 연구에 반영한다. 이때 낙인이론은 청소년 후기에 나타나는 사회적 소통의 감소와 상습범이 되는 현상 양자를 모두 설명할 수 있는 도구라고 한다. 즉 청소년기에 비행을 했더라도 범죄자로 낙인찍히지 않는다면 그가 계속 범죄를 저지르는 성향을 갖지는 않는다고 한다. 그리고 사회통제이론의 성과에 비추어볼 때, 청소년기에서 성인으로 넘어가는 시기에 부모의 결속으로부터 다른 건전한 사람들과 친밀한 소통으로 자연스럽게 넘어가면 범죄자가 되지 않는다고 분석하였다.2) 2) **손베리**(T. P. Thornberry)의 상호작용이론은 과거의 범죄행위와 현재 범죄행위의 관계를 고찰한다. 범죄행위에 이르게 한 인과과정의 역동성과 시간의 흐름에 따라 상이한 변수들이 어떻게 범죄행위로 나아가는 데 작용하는지 보여주고자 하였다.3) 3) **샘슨**(R. J. Sampson)과 **랍**(J. H. Laub)의 시계열연구는 발달심리학과 발달범죄학에서 안정과 변화의 시각 사이의 긴장관계에 대한 분석이다. 그들은 비록 과거행위가 현재행위와 장래행위에 대한 중요한 결정인자이기는 하지만, 개인의 인생에서는 전환점이라는 것이 있을 수 있고, 이러한 변화는 발달단계 어느 지점에서도 일어날 수 있다는 점을 강조하였다.4)

2. 페미니즘 범죄학

4 1980년대 중반부터는 남성의 경험에 바탕을 둔 기존 범죄학을 극복하고 여

1) 이러한 경향에 대해서는 Lynch/Michalowski/Groves, 급진범죄학의 분석, 184면 이하.
2) Vold/Bernard/Snipes, 범죄학이론, 329면 이하.
3) Göppinger, Kriminologie, 12/27 이하.
4) Sampson/Laub, Crime and deviance over the life course, 609면 이하.

성의 인식방법에 기반을 두는, 이른바 여성주의 범죄학도 중요한 흐름에 포함되었다. 일련의 학자들은 범죄학이 전적으로 '중산층 백인남성 시각의 산물'이라고 하면서 사회에서 성性의 차이가 범죄와 형사사법에 미치는 영향에 대해 깊이 있게 접근하고자 한다.

1) **체스니-린드**(M. Chesney-Lind)는 소년사법체계가 여자 소년범들에게 가 5
혹하다는 주장을 하였다. 가출, 무단결석, 약물사용 등에 대해 남자소년들에 비해 더 강한 불이익이 있다는 것이다. 이것은 전통적 성역할을 저버린 여성에게 형사사법체계가 더 강하게 반응하는 것이라고 하면서, 곧 남성지배적 사회에서 형사법이 여성을 통제하는 수단이 되는 증거라고 한다.[1]

2) 여성의 열악한 사회적 지위로 인해 범죄가 더 많이 저질러지고 있다는 분 6
석도 있다. **헌니컷**(G. Hunnicutt)과 **브로이디**(L. M. Broidy)는 여성범죄자들이 대체로 가난하고 능력 이하의 일을 하는 데 범죄원인이 있는 것으로 본다. 이렇게 된 데에는 사회경제체계에서 여성이 소외되었다는 사실이 원인이라고 한다. 여성이 남성에게 경제적으로 의존하게 만든 구조가 이혼율증가와 더불어 경제적으로 열악한 지위에 놓인 여성의 범죄요인이 된다는 것이다.[2]

3) 이러한 입장을 마르크스주의와 결합한 **밀레트**(K. Millett)는 남성지배의 근 7
원이 재산소유와 경제적 생산수단의 제한에 있는 것으로 본다. 가부장적 사회에서 남성이 경제권을 갖고 여성은 그들의 성적인 요구에 봉사하는 노동분업이 고착되었다고 하면서, 이와 같은 자본주의-가부장제의 확고한 틀을 깨는 행위를 형법과 형사사법기관이 범죄로 정의하는 것이라고 하였다.[3]

4) 남성범죄자가 많은 이유에 대해 연구한 **보이드**(N. Boyd)는 생물학적 원인 8
에 주목하였다. 남성폭력이 유전자와 환경의 복합적 요소에서 비롯된다는 것을 인정하고자 한다. 육체적 힘, 민첩함, 성적 욕구, 공간지각능력, 언어능력, 감정이입능력의 차이에서 남성이 여성에 비해 훨씬 폭력적 성향을 보인다고 분석한다. 이처럼 다른 신체적·정신적 특징이 있음에도 일부일처제와 배우자에 대한 성실의무가 제도화되면서 성적 관계가 부자연스럽게 바뀌고, 이에 성숙하지 않은 남성들이 좌절하여 범죄를 저지른다고 한다.[4]

---

1) Lynch/Michalowski/Groves, 급진범죄학의 분석, 154면 이하.
2) Hunnicutt/Broidy, Liberation and Economic Marginalization, 130면 이하.
3) Bernard/Snipes/Gerould, Vold의 이론범죄학, 403면 이하.
4) Boyd, The Beast Within, 139면 이하.

9 5) 고정된 성역할에 대한 인식이 범죄를 부추기는 측면이 있음을 강조하는 경향도 있다. 메서슈미트(J. W. Messerschmidt)는 '남자답다' 또는 '여자답다'는 사람들의 시선이 행동을 결정하는 측면을 보았다. 남성에 의한 범죄는 다른 원인이 아니라 사회가 은연중에 요구하는 남성다움을 실현하는 과정에서 야기된 사회적 행위형식이라고 한다. 특히 남자의 사내다움이 의심되거나 의문시되는 상황에서 이를 과시할 특별한 방법이 없는 사람이 남자다움을 표현하는 방법으로 범죄를 선택하게 된다고 한다.[1]

3. 새로운 경향에 대한 비판

10 미국에서 범죄에 대한 강력한 투쟁을 목적으로 확산된 발달범죄학은 범죄경력이 있는 상습범죄자를 색출하여 범죄를 더 이상 못하게 만드는 데 적극적으로 기여하고자 하였다. 법원 안에서 더 강력한 양형원칙이 만들어졌으며 더 많은 교도소가 지어졌고, '삼진아웃된' 상습범죄자는 더 오랫동안 구금되었다. 그렇지만 미국 범죄학계에서도 이미 이러한 정책의 경제적 효용에 대해 불신하는 목소리가 나오고 있다. 범죄예방의 이익보다 범죄를 통제하기 위한 비용이 더 크지 않느냐는 비판이다.[2] 전적으로 실익을 따지는 적합성원칙 측면에서부터 이미 문제가 있는 정책이므로, 다른 비례성표지를 갖추고 있는지는 더 이상 고려할 필요도 없을 것이다.

11 이러한 방향에 직접 기여한 발달범죄학은 좋지 않은 의미에서 복고적이다.[3] 개선이 불가능한 범죄자에 대한 대책으로 사회에서 격리시키자는 주장이 이탈리아에서 나온 것이 이미 백년을 넘었다. 이러한 생각을 극복하기 위해 치밀한 경험적 조사연구가 필요했던 것도 아니다. 형사정책적으로 거의 기여할 수 없는 이 내용이 일상이론적이면서도 즉흥적인 느낌에 바탕을 두고 있다는 사실이 곧 드러났기 때문이다. 범죄를 저지른 사람의 경력을 조사하여 '개선불가능한 자'라는 딱지를 붙이는 것을 목적으로 하는 이론이 새로운 범죄학이라는 타이틀을 달고 이 시대에 다시 부흥하는 것을 보면, 인간의 지혜가 빠른 시간 안에 공유되지도, 유지되지도 않는다는 사실을 깨닫는다.

---

1) Lynch/Michalowski/Groves, 급진범죄학의 분석, 154면 이하.
2) Brown/Esbensen/Geis, 범죄학, 491면 이하.
3) 이 점을 잘 보여주는 서술로는 Lilly/Cullen/Ball, Criminological Theory, 351면 이하.

이 이론의 배경에는 미국사회가 있다. 주州에 따라서 대마초쯤은 합법화될 정도로 마약흡식이 일상적인 데다가, 고등학생이 권총을 갖고 등교하는 곳이다. 미국에서 고안된 철저한 범죄투쟁 사고가, 공통적인 환경을 거의 찾아볼 수 없는 우리나라에 직접 수입되는 상황은 우려스럽다. 우리나라에서도 이제 '가정범죄 삼진아웃제', '데이트폭력 삼진아웃제', '음주운전 삼진아웃제' 등을 넘어 '저작권침해 삼진아웃제', '불법시위 삼진아웃제'까지 만들어 적용하고 있다.[1] 삼진아웃 개수에서 메이저리거를 따라가려는 듯 한 이 상황을 보자면, 범죄학이나 사회학을 비롯하여 사회과학 전체의 주도권을 미국이 차지하고 있는 학문현실에 대해서도 비판적인 생각이 든다. 12

[깨진 유리창 이론] 범죄학자 윌슨(J. Q. Wilson)과 켈링(G. L. Kelling)은 1982년 이른바 '깨진 유리창 이론'(Broken Windows Theory)이라는 것을 만들어냈다. 멀쩡한 건물의 한 켠에 유리창이 깨져 있는 것을 사람들이 발견하면, 그 건물이 관리되지 않은 것으로 생각하고 별 가책 없이 곧이어 다른 유리창도 마구 깨어, 이내 건물이 전부 손괴된다는 것이다. 이 주장은 도시정화사업의 중요성을 보여준 것으로서 뉴욕시의 환경미화에 기여하기도 했다. 그러나 원래 의도는 사회에서 사소한 법집행의 결함이 노출되거나 방치되면 걷잡을 수 없는 범죄로 이어진다는 경고를 하려는 것이었다. 그 결과 1980년대 이후 미국의 엄벌주의와 경미범죄에 대한 강력하고도 예외 없는 대응을 뒷받침하는 근거로 쓰였다.[2] 이런 단순한 비유가 '이론'의 이름을 달고 사회정책의 배경이 되는 상황은 규범원리에 대한 성찰이 생략된 현대사회의 단상을 그대로 보여주고 있다. 아니, 비유로 이야기했으니 그 비유로 다시 물어보자. 우리는 어느 건물 한쪽에 유리가 깨져 있는 것을 보면 그 건물을 덩달아 부수고 싶어지는가? 도대체 그런 인간상은 어디에 존재하는가? 전혀 이해가 안 가는 것은 아니다. 갑작스러운 정전으로 도시가 어두워지면 이내 약탈자가 되어 상점파괴와 절도를 아무렇지도 않게 저지르는 이들이 많다는 미국뉴스를 종종 접할 수 있기 때문이다. 13

페미니즘 범죄학은 여성이 범죄에 대해 더 엄하게 처벌받을 수 있다거나 성차이가 범죄발생에 영향을 미칠 수 있다고 하고 있는데, 이와 같은 가설 대부분은 아직 입증되지 않았다. 여성이 범죄피해자가 될 가능성이 더 크다는 내용도 범죄의 여러 종류와 숨은 범죄를 고려하면 증명된 사실이라고 볼 수 없다. 반면에 남성이 범죄를 더 많이 저지른다는 사실은 분명하다. 신체적인 특징이나 처하는 문 14

1) "쌍용차 시위 가담자 '삼진아웃제' 첫 적용 … 檢, 22명 기소"(아시아경제, 2014년 5월 14일자).

2) Neubacher, Kriminologie, 8/13; Lynch/Michalowski/Groves, 자본주의 사회의 범죄와 형벌, 271면.

화적 환경으로 인해 폭력범죄자가 되는 경우가 더 많은 것도 증명 가능하다. 그러나 남성다움을 강조하는 문화가 범죄를 저지르게 만든다는 가설은 아직 경험적인 증명이 필요하다. 남성다움이라는 특성이 거친 행동이나 규범에 대한 일탈을 포함한 것으로 생각한다면, 이 설명은 남자들에게 남성다움을 강요하면 남성다운 행동을 하게 된다는 이야기로서 동어반복에 지나지 않을 수 있다.

15 형사사법에 긍정적 영향을 미칠 수 있는 범죄원인론만이 가치가 있다는 것을 일관되게 설명하였다. 그 역할을 담당할 수 없는 범죄학은 학문적인 호기심을 추구하는 맹목적 이론에 그칠 뿐이다. 그러나 이보다 더 좋지 않은 것은, 그나마 갖추어야 할 가치중립성마저 포기하고, 즉흥적인 정책요구를 뒷받침하는 것에 의도를 둔 연구이다. 이론이 실무방향에 지침을 주고 정당성이나 제한의 근거를 제공해야 한다. 거꾸로 실무측에서 이론을 자기정당화의 도구로 삼는 상황이 일반화되어서는 안 된다. 그것은 범죄학이 학문성을 포기하는 모습이다.

[62] 범죄학의 미래

1 지금까지 서술한 여러 범죄원인론이 실질적으로 어떤 성과를 거두었는지 물어본다. 형법학이나 형사정책학과 달리 범죄학은 경험과학적인 내용으로 지탱된다. 그렇기에 입증가능한 정도로 범죄원인을 증명해내어야 하고, 그 원인요소를 과학적으로 제어하면 실제로 범죄현상이 줄어들어야 한다. 경험과학, 결과지향적 실용학문의 기여는 바로 그런 데에서 드러나기 때문이다. 그런데 지난 100여 년 동안 범죄학이 그와 같은 기대에 부응하였는지, 이제 진지하게 묻지 않을 수 없다.

2 범죄가 해마다 폭증하여 도저히 안전하게 살아갈 수 없다고 강조하며 흥분하는 것은 상황을 제대로 인식하지 못하게 만든다고 하였다. 그렇다고 해도 범죄원인이 정확히 분석되고 통제되어 범죄가 줄어들고 있으며, 더 줄어들 것이라는 낙관론만큼 허황된 것은 아니다. 경제적 가치가 다른 모든 덕목을 압도하면서, 더 많은 부를 획득하고 유지하기 위해 도덕성 같은 것은 쉽게 저버릴 수 있는 사회에 살고 있다. 투기와 탈세, 편법으로 돈을 버는 것은 더 이상 일탈 수준도 못 되는, 오히려 적극적으로 배워야 할 기술로 여겨진다. 다른 사람의 건강과 행복은 물론 생명까지도 자신의 돈벌이 수단으로 이용하는 범죄도 쉽게 찾아볼 수 있다. 조여드는 경쟁 속에서 낙오되는 사람들, 훗날 낙오될 것을 내다보는 중·고등학생

들은 약육강식세계에서 패배하는 꼴을 참느니 자신의 목숨을 내던지는 쪽을 선택하기도 한다. 넓은 곳으로 시선을 옮겨도 암담하기는 마찬가지이다. 모든 인간이 합리적 사고를 하게 되면 더 이상 전쟁이 일어나지 않을 줄 알았지만, 이제는 각종 테러와 국지적 분쟁으로 인한 살상, 환경파괴에 따른 광범위한 피해가 어지간한 전쟁보다 더 많은 사람들의 목숨을 빼앗아가고 있다. 이 상황에서 다양한 범죄원인론은 도대체 무엇에 기여하고 있는가?

범죄학이 탄생한 이후 얼마동안 범죄학자들이 드러낸 전통적 형법(학)에 대 3
한 비판은 거의 노골적 혐오에 가까운 수준이었다. 당장 형법제도 자체를 폐지해야 한다는 주장도 반세기 가까이 이어졌다. 형법학 대신 인도주의 범죄학이 그 자리를 대신하면 범죄자에 대한 치료와 재사회화도 효과적으로 이루어질 것이며, 범죄원인을 정확하게 분석하여 이에 과학적으로 대처함으로써 범죄현상 자체를 근본적으로 예방할 수 있을 것으로 자신했다. 그러나 이제 어떤 범죄학자도 그런 이야기를 쉽게 하지 않는다. 아마 과학적 분석과 대응으로 좀처럼 범죄를 줄일 수 없음을 깨달았기 때문일 것이다(그 한계를 알게 해준 것도 범죄학이다). 발생한 범죄를 객관적으로 평가해 처벌하는, 수천 년을 이어온 형사사법의 역할을 무시하면 할수록 형사절차의 기능이 약화되는 것이 아니라, 오히려 범죄학이 어떠한 대체수단도 가질 수 없음을 스스로 자각하게 되었을 뿐이다.

물론 범죄학의 반성이 곧 학문성에 대한 회의로 귀결되어서는 안 된다. 대중 4
의 요청과 정책의 필요에 부합하는 결과물을 가시적으로 내놓기 위해 앞으로도 범죄원인론이라는 이름을 표방한 여러 시도들이 있을 것이다. 그러한 방식이 고안되는 가운데 현실개선에 더 기여할 수 있는, 그러면서도 형사사법기능과 자연스럽게 연계되는 이론에 대한 기대를 포기할 수는 없다. 책 첫머리에 말한 것처럼 범죄학은 그에게 주어진 분명한 역할이 있고, 그 역할의 가치를 인식하도록 해주는 것이 곧 형사정책과 형사사법의 기능이기도 하다. 그렇지만 범죄학분야에서 먼저 스스로 이와 같은 역할을 깨닫기 전에는 여전히 요원한 소망에 그칠 것이다. 범죄학은 자신들의 성과를 반복하여 강조하고 정리하며 결합시키는, 흥미로운 범죄들을 소설이나 에세이처럼 서술하는, 주목받는 사건이 발생하였을 때 그 행위의 배경에 무엇이 있는지 간단히 논평하는 역할에서 벗어나야 한다. 그리고 이를 위해서 앞으로 범죄학과 형사정책학 그리고 형법학 사이의 대화는 장차 더 활발히 진행되어야 한다.

제 3 편

범죄대책론

제 1 장 범죄의 예방과 예측
제 2 장 형사사법의 절차
제 3 장 형벌과 보안처분
제 4 장 소년범죄의 대책

제 1 장 범죄의 예방과 예측

제 1 절 범죄대책의 방법들

[63] 범죄대책의 의의와 분류

1. 범죄대책이란?

범죄학이 범죄발생원인을 분석하고, 형법학이 형법을 해석하여 사안에 적용하는 것을 목적으로 한다면 형사정책은 그 가교로서 범죄원인을 토대로 한 대응원칙과 구체적 제안을 논하는 것이라고 하였다. 지금까지 제1편에서는 범죄와 형벌의 의의, 주요 개념 그리고 범죄를 취급할 때 주의할 내용으로서 여러 원리들을 언급하였다. 제2편에서는 주요 범죄학의 성과들을 살펴보았다. 제3편인 범죄대책론에서는 범죄가 발생하는 현실에서 국가가 어떤 조치를 시행하고 있으며, 각 제도가 어떻게 개선되어야 하는가를 요약적으로 다룬다. 1

형벌은 국가 범죄대책의 가장 중요한 작용이다. 그렇기에 형벌의 의의와 종류를 살펴보고 문제점을 논하는 것이 범죄대책론의 핵심주제이다. 보안처분도 광범위한 형벌의 한 부분으로서 논의대상에 포함된다. 형벌이 부과되는 과정으로서 형사사법절차 또한 중요한 범죄대책방식이다. 그리고 범죄에 미리 대응하는 방법으로서 범죄의 예방과 예측문제를 다룬다. 여기에는 일반예방과 특별예방이 모두 포함된다. 마지막으로 소년범죄의 예방과 처분에 대해서도 추가적으로 언급할 것이다. 2

2. 범죄대책론의 특징과 분류

이하에서는 단순하게 범죄 이전의 대책과 범죄 이후의 대책으로 나누어서 서술한다. 범죄 발생을 사전에 예방하는 것과 가능성, 빈도·정도 등을 내다보는 범죄예측은 범죄 이전의 대책이다. 반면에 각종 사법절차, 범죄인의 처벌·처우, 보 3

안처분, 행형 등은 범죄 이후의 대책에 속한다. 그런데 후자의 내용들은 대부분 형법학(형법총론, 형법각론)에서 다루는 것이거나 형사소송법에서 연구하는 대상이다. 행형학 또는 경찰학의 내용이기도 하다. 정책의 타당성을 다루는 이 책에서는 갖추어진 형사사법체계와 실정법의 내용에 대한 소개와 해설은 생략한다. 범죄대책을 위한 여러 제도들을 비평적으로 바라보고 그 개선점을 논하는 것이 여기의 과제이다. 예를 들어 범죄대책에서 이른바 '사회정책'이라는 대상도 다루어야 한다. 법체계 이외의 다른 체계를 통해서 더 효율적·합리적으로 범죄에 대응할 수 있는지 고찰해야 하기 때문이다. 형벌제도 이외의 조치가 중요한 이유도 마찬가지이다. 다른 방식을 이용하여 범죄에 효율적으로 대응할 수 있는지 아울러 검토해야 한다.

4 많은 제도에 대한 비평을 진행하면서 동시에 미래지향적인 제안을 동시에 수행하는 것은 책의 분량을 고려할 때 가능하지 않은 일이다. 지금 이용되는 제도들을 비판적으로 간략히 살핀 후, 개선점을 찾을 수 있는지 개관하여 서술할 수 있을 뿐이다.

3. 범죄대책의 모델

5 범죄대책의 목적설정과 관련하여 제프리(C. R. Jeffery)는 형벌을 통한 범죄억제모델, 범죄인 처우를 통한 사회복귀모델, 환경공학을 통한 범죄통제모델 등 세 가지 범죄대책모델을 제시한다.[1)]

(1) 범죄억제모델

6 제프리가 언급한 '범죄억제'는 전통적 형법학에서 '일반예방'으로 이해되는 내용이다. 즉 여기의 범죄억제모델은 18세기 고전학파 범죄이론을 바탕으로 하는 일반예방이론이라고 보면 된다. 형벌을 수단으로 범죄를 미리 방지하는 것을 중시하며, 범죄 및 그 발생가능성에 대한 신속하고 확실한 인식과 대응을 기본대책의 방향으로 생각한다. 현재도 형사정책의 가장 중요한 의의는 범죄억제에 있는 것으로 여겨진다.

(2) 사회복귀모델

7 사회복귀모델은 위 범죄억제모델과 비교할 때 범죄를 저지른 것으로 확인된

---

1) Jeffery, Crime Prevention through Environmental Design, 78면 이하.

사람에 대한 처우문제라는 점에 차이가 있다. 특정인을 대상으로 범죄적 행동을 통제하기 위한 경험연구에 기반을 두고 있으며, 전통적인 형법학 영역에서는 주로 '특별예방' 관념으로 설명되었던 내용이다. 사회복귀모델은 개인병리모델과 사회병리모델로 구분된다.

1) **개인병리모델**은 개인의 소질로서 병리학적·정신병적·심리적인 측면을 다 8
루거나, 범죄인 주변의 여건을 개선하여 범죄로 나아가지 않도록 하는 것을 목표로 삼는다. 임상치료를 통해 개선하는 방법 또는 지역활동·교육 등을 이용해 사회복귀를 도와주는 방법을 주로 사용한다. 범죄인복지에 대한 관심도 이 모델에 의해 본격적으로 시작되었다. 2) **사회병리모델**은 범죄통제를 위한 사회전체의 제도 및 인식의 변화를 논의대상으로 한다. 경제 및 정치 상황, 사회적인 빈곤, 실업, 학교교육, 빈부격차, 이민자문제 등 거시 현상에 개입하는 범죄대책을 주요 방법으로 삼는다.

(3) 환경공학을 통한 범죄통제모델

환경공학을 통한 범죄통제모델은 범죄정책에 국한하지 않고 사회전반의 환 9
경요소를 개선함으로써 범죄를 통제해야 한다는 생각에서 비롯되었다. 각종 도시환경정책, 주거환경정화, 경찰력 배치 등의 형식적인 것뿐만 아니라 사회구성원에 대한 교육과 구성원 상호간 인간관계, 정치·경제·문화 등과 관련한 포괄적이고 실질적인 정책을 광범위하게 포함한다.[1] 이 모델이 가장 이상적인 형사정책 목표를 말하는 것처럼 생각될 수도 있다. 그렇지만 이처럼 많은 대상을 포괄하는 과제가 오히려 특정 목표에 따른 구체적 정책결정을 더 어렵게 만들 수도 있다. 다루는 영역이 넓어질수록 그 안에서 세부적 지침을 얻어내기 어려워진다는 뜻이다.

---

1) 외부환경적인 요인과 관련된 것으로는 환경설계(Crime Prevention through Environmental Design: CPTED)를 들 수 있다. CPTED는 환경 디자인과 주어진 환경의 적절한 활용을 통해 범죄발생이나 범죄발생의 두려움을 감소시킴으로서 궁극적으로 삶의 질을 향상시키는 것을 목적으로 한다. 김일수, 전환기의 형사정책, 20면 이하; 신의기/박경래/정영오/박현호/홍경구/김걸, 범죄예방을 위한 환경설계(CPTED)의 제도화 방안 참조.

제 2 절 범죄예방의 중요성

[64] 범죄예방의 의의와 특징

1. 범죄예방의 개념

1 범죄예방은 범죄발생 원인을 제거하거나 범죄억제작용을 하는 요소를 강화하여 장래에 범죄가 발생하지 않도록 하는 대책이다. 범죄예방활동을 줄여서 간단히 '치안' 또는 '방범'이라고 말하기도 한다. 범죄예방의 중요성 자체는 이미 고대 사상가의 견해에서도 나타나지만, 본격적인 예방이론의 출발은 형벌부과에 합리적 목적이 있어야 한다는 목적적 사고가 자리잡으면서부터라고 할 수 있다.

2 범죄예방은 다음 세 가지로 나뉜다. 1) **1차예방**은 사회정책적 측면에서 이루어지는 범죄예방을 말한다. 사회환경 가운데 범죄원인이 될 수 있는 것을 개선하고, 청소년 등 사회구성원이 건전한 인성을 갖도록 교육하는 방법이 예가 된다. 2) **2차예방**은 잠재적 범죄자를 미리 발견하고 감시·교육함으로써 반사회적 행위에 이르지 않도록 하는 것, 또는 잠재적인 범죄발생지역을 집중적으로 관찰하여 범죄를 막는 것을 말한다. 3) **3차예방**은 범죄자를 대상으로 하는 예방조치로서, 과거에 범행한 적이 있는 범죄자를 대상으로 재범하지 않도록 하는 것을 가리킨다.

2. 범죄예방의 이념

(1) 문제제기: 수사권분쟁의 예

3 형사사법기관인 경찰, 검찰, 법원의 역할을 대비해 보면, 1) **경찰**은 범죄예방인 치안과 범죄수사의 일부를 담당하고, 2) **검찰**은 수사와 공소제기 및 공소유지를 담당하며, 3) **법원**은 사법의 본래 의미인 재판을 맡는 것으로 나뉜다. 이 가운데 검사의 고유한 역할은 무엇보다도 공소제기이다. 검사는 연혁적으로 공소제기를 위해 고안된 제도이기 때문이다[72/1]. 반면에 경찰은 일차적으로 치안을 위한 조직이다. 로마법시대 폴리스는 공공행정 자체를 뜻하는 표현이었고, 이로부터 오늘날 정책을 뜻하는 'politic'과 경찰을 말하는 'police'가 파생되었다.[1] 즉 국가의

1) 경찰의 어원은 그리스의 πόλις에서 온 것인데 이는 원래 도시(polis)를 의미하는 것이었다(Boldt/Stolleis, Geschichte

정책 자체를 의미하던 경찰활동은 사회계약설을 바탕으로 자유주의적 법치국가사상이 지배하게 된 이래 시민의 자유와 안녕을 보호하는 작용을 뜻하고 있다.

요약하자면 검사는 공소제기, 경찰은 범죄예방에 본질적인 과제를 둔 조직이 4
다. 그런데 공소제기를 하려면 공소사실을 확인하기 위해 수사가 필요하며, 범죄를 예방하기 위해서는 발생한 범죄사실을 확인하는 작업으로 정보를 얻어야 하기 때문에 두 기관 모두 수사활동을 병행하고 있다. 다시 말해 '수사' 활동은 두 기관의 고유기능에서 볼 때 부수적 작용이지 결코 주된 과제라고 말할 수 없다. 그러나 지금 우리나라 경찰과 검찰은 각자 역할 가운데 우연히 겹쳐 있는 '수사'의 권한을 확보하기 위해, 또는 빼앗기지 않기 위해 '수사권분할론', '수사권독립론', '수사권조정' 등의 이름으로 조직의 사활을 건 투쟁을 벌이고 있다[71/11]. 이 갈등에 국가기관의 막대한 에너지가 낭비되고 있는 상황은 정상적으로 비치지 않는다.

[수사 및 치안의 독자성] 형사소송법학에서 수사과정의 독자성에 대한 논의가 5
있다. 예를 들어 수사를 규문적 구조로 볼 것인가, 탄핵적 구조로 볼 것인가 하는 것과, 소송조건이 갖추어지지 않은 때에도 수사가 허용되는가 하는 문제 등이다.[1] 나아가 피의자신문조서의 증거능력을 논하는 전문법칙의 예외규정 해석문제도 결국 수사를 독자적 영역으로 생각하는지 그렇지 않으면 공판절차를 위한 준비에 그치는 것으로 보는지와 관련되어 있다.[2] 유력한 견해는 객관적 증거확보의 필요성과 공판의 예단배제 등 목적에서 수사단계의 독자적 성격을 유지하는 입장에 서 있다. 그러나 범죄예방 측면은 이보다 더 앞서 수사과정 및 공판과정과 구별되는 더욱 독자적인 영역에 놓여 있다.

(2) 시민의 관심에 대해서

수사권조정을 논할 때 '시민의 뜻에 부합하는 해결이 필요하다'는 말을 자주 6
듣는다. 이 이야기의 허구성은 실제로 시민들이 이에 대해 거의 관심이 없다는 사실로 반박할 수 있다. 일상에서 실제로 범죄피해자 또는 피의자가 되어 수사기관과 만나는 사람은 드물다. 많은 시민들은 평생 한 번도 수사절차에 연루되지 않을 것이다. 범죄를 전혀 당하지 않아서가 아니라, 대부분 크고 작은 범죄를 겪는다 하더라도 그냥 간과하거나 참고 지나가기 때문이다. 수사권분쟁에서 주요 테마로 '인권보장'을 언급하고 있지만, 그것은 현실에서 시민들의 권리보호와 관련이 없

---

der Polizei in Deutschland, 1면 이하).

1) 배종대/홍영기, 형사소송법, 16/3 이하.

2) 배종대/홍영기, 형사소송법, 53/1 이하.

는 것이기도 하다. 형사사법에서 인권보장의 의미가 절차 안의 당사자에게 주어지는 최소한의 절차상 기본권이라는 점은 이미 이야기하였다[31/12].

7 시민들의 관심은 수사가 아니라 범죄예방에 집중되어 있다. 모든 시민들은 예외 없이 범죄 없는 사회에서 살고 싶어 한다. 우리나라는 평균 이상의 치안 수준이 유지되는 사회이지만 이 점은 다르지 않다. 연일 이어지는 미디어의 전달에 의해 범죄에 대한 공포가 더욱 커지고 있기에 시민들의 절박함은 극한으로 치닫고 있다. 이런 상황에서 자신과 관련도 없고 앞으로도 없을 '수사의 주도권' 문제에 국가 형사사법기관의 관심이 지나치게 뜨거운 이유를 납득할 수 있는 사람은 많지 않다. 수사절차는 제한된 의미만 있을 뿐이며, 범죄예방이 훨씬 중요하다는 사실은 이론적 설명만이 아니라 '시민들의 삶의 지평'에서 볼 때 더욱 설득력이 있다.

(3) 범죄예방의 중요성

8 범죄는 처벌보다 예방이 중요하다는 상식은 자주 언급되었다. 구체적으로 다음과 같은 이유가 있다.

9 1) 국가의 처벌작용은 이미 범죄피해가 발생한 이후에 진행되는 것임에 반해, 범죄예방은 아직 피해가 생기기 이전의 문제이다. 범죄로부터 피해를 입은 이후라면 범죄자에 대해 응징을 하든, 피해를 보상받든 그것으로써 피해자가 입은 손해는 온전히 회복될 수 없다. 기껏해야 복수심을 어느 정도 충족하거나 약간의 경제적 도움을 기대할 수 있을 뿐이다. 범죄에 대한 대책의 일종으로 언급되는 '원상회복'(Wiedergutmachung) 개념이 있지만, 이는 결코 실현될 수 없는 수사(Rethorik)에 불과하다. 범죄피해가 있기 전의 상태로 되돌릴 수 있는 방법은 존재하지 않는다. 이는 형사사법작용의 근본한계 때문이기도 하다. 이미 강조했듯이 형사사법은 원칙적으로 피해자의 권리회복과 무관하다[피해자중립화, 8/7].[1]

10 2) 범죄처벌은 극히 일부 사안에만 가능하다. 숨은 범죄[암수]에 대한 연구는, 발생한 범죄 가운데 10% 미만만 수사기관에 인지되며, 1% 내외의 범죄가 최종적으로 유죄판결에 이를 수 있다는 것을 밝혀주었다[15/10]. 발생한 범죄를 현실에서 사법기능으로 처리하는 국가의 과제는 극히 미미한 수준에서만 충족될 수 있을 뿐이다.

---

1) 이 면에 대해서는 Koch, Jenseits der Strafe, Überlegungen zur Kriminalitätsbewältigung, 37면 이하.

3) 반면에 범죄예방은 법익침해가 발생하기 이전에 미리 저지하는 작용이므로 그 활동 자체로 이미 목적은 달성된다. 하루 한 건의 사건사고가 일어나는 특정한 우범지대에 파출소를 세우거나 CCTV를 확보하여 일 년에 약 360여건의 범죄를 막을 수 있다면 이로써 예방목적은 달성된 것이다. 반면에 사법기능은 극히 제한적이다. 만약에 그 조치가 없었다면 그만큼 피해가 발생하여 피해자는 결코 회복될 수 없는 권리침해를 겪을 것이나, 숨은 범죄를 고려할 때 그 가운데 1% 내외인 3건 정도만 사법작용이 뒤따를 수 있을 뿐이다. 11

4) 범죄발생을 예방하는 조치로부터 특정인, 특정지역에 가시적 성과를 거둘 수 있을 뿐만 아니라, 그 밖의 연쇄 효과도 기대할 수 있다. 피해를 당하지 않게 된 사람 자신뿐만 아니라 주변인들까지 충격을 받지 않게 되는 긍정적 영향이 있고, 범죄가 일어나지 않은 지역만이 아니라 더 광범위한 사회가 이익을 얻는다. 이러한 측면은 통계로 가시화될 수 없는 범죄예방의 숨은 효과에 해당한다. 12

(4) 책임과 예방

치안과 사법이 서로 다른 두 영역에 놓여 있음을 확인하는 것이 무엇보다 중요하다. 전자는 '예방'이념이 후자는 '책임'이념이 지배한다. '이미 발생한' 범죄에 대한 대책을 이야기할 때에는 형사사법과정을 염두에 둔 주의가 필요하다. 그러나 '아직 발생하지 않은' 범죄에 대한 예방을 논할 때에는 그와 전혀 다른 사고가 필요하다. 13

1) 범죄가 인지되고 수사가 개시되어 피의자를 대하고 증거를 수집한 이후 그를 기소하여 피고인의 죄를 증명하는 전 과정에서는 형사사법 목적인 실체적 진실발견과 형사소송법의 목적인 적법절차원리가 주도적 규범으로 작용한다. '피의자·피고인의 권리보장'은 바로 이 과정을 구속하는 기본이념이다. 14

2) 그러나 범죄예방은 이에 앞서 범죄가 저질러지지 않도록 하는 방법이다. 범죄 이전의 단계에서는 실체적 진실발견 이념이 형성될 수 없다. 행위자로 여겨지는 피의자·피고인이 인식되는 때가 아니므로 적법절차원칙과 그 배경에 놓인 권리보장적 측면도 주목할 필요가 없다. 수사 및 공판과정과 달리, 범죄예방단계의 지배적 이념은 '범죄억제의 효율성'이다. 추가적으로 예방수단의 투입으로부터 제3자의 권리침해가능성을 주의하는 비례성원칙이 개입한다. 국가의 적극적 작용을 통해 달성되는 범죄예방목적은 법치국가이념보다는 사회국가이념의 지배를 받 15

는다[26/5].

(5) 사법경찰과 치안경찰

16 평소 경찰활동에서 주의해야 할 가장 중요한 규범은 단연 '형사소송법'이다. 법조인과 공무원의 자격시험과목이기도 하다. 그런데 절차법인 형사소송법은 범죄가 발생한 이후 그 행위와 행위자를 취급하는 법일 뿐이다. 즉 경찰지위 가운데 '사법'과 관련된 부분만을 규정한다. 형사소송법에서 경찰을 '사법경찰관리'로 쓰고 있는 이유이기도 하다. 이와 같은 특징은, 정의를 회복하고 분쟁을 해결하기 위한 법의 고유한 성격 때문이다. 형사소송법 이외 다른 여러 규정이나 경찰이 주의하고 있는 여러 규범의 대부분도 발생한 범죄를 취급하는 '형사절차'에서 경찰활동을 제어하기 위한 것이다.

17 반면에 범죄예방은 형사소송법을 비롯한 규범들로부터 상대적으로 자유로운 영역이다. 아직 사건이 생기기 전, 회복할 정의도 해결할 분쟁도 존재하지 않는 상황의 문제이기 때문이다. 따라서 '치안경찰'의 역할은 사법권력제한의 법원칙과 제도에 엄격하게 구속되지 않는다. 대신 범죄예방 효율성이 중요하며, 그 과정에서 시민의 법익을 침해하지 않도록 주의해야 한다. 예를 들어 경찰은 CCTV를 통해 우범지역을 관찰함으로써 범죄를 최대한 효과적으로 예방할 수 있어야 한다. 다만 이 과정에서 시민의 사생활이 침해되지 않도록 주의해야 한다. 그러나 이러한 주의는 형사사법을 지배하는 '적법절차'에서 비롯되는 정형화요구 때문이 아니라, 국가의 행정작용이 준수해야 하는 비례성원칙과 시민의 기본권보호의 당위에 구속받기 때문이다.

18 경찰조직이 이렇게 뚜렷이 구별되는 두 가지 역할에 대한 권한과 의무를 동시에 감당한다는 점에 이견은 없다.[1)] 그런데 현실에서는 그 가운데 수사분야의 성과가 뚜렷이 높다는 사실이 반복적으로 강조된다. '검거율'이 세계 최고 수준이라는 조사도 과장만은 아니다. 그러나 다른 한편 범죄예방에도 그와 같은 효율성이 있는지 진지하게 물어볼 필요가 있다.

(6) 범죄예방의 효율성과 권리보장

19 범죄예방을 위한 경찰활동에서 유념해야 할 것은 형사소송법상의 적법절차

---

1) 정승환, 형사소추기관의 구조개혁과 수사기관의 일원화, 14면 이하; 오오사와 히데유키 외, 사회안전과 법, 64면 이하 참조.

가 아니며, 피의자·피고인의 권리보장도 아니다. 범죄예방의 기능적 효율성을 증진시키기 위한 자율성과 창의성 그리고 그를 바탕으로 한 적극적이고 신속한 활동이 무엇보다 중요하다. 물론 치안과 수사의 목적을 동시에 실현해야 하는 경우도 많이 있다. 예컨대 형사소송법 제212조가 현행범을 영장 없이 체포할 수 있도록 하는 이유는, 그것이 행위자의 인신확보의 절차인 동시에 범죄를 예방하기 위한 조치이기 때문이다. 인터넷 거래사기 행위자의 계좌를 서둘러 정지시키는 것은 추가적 범죄에 대한 예방목적 때문이지만, 계좌를 확보하여 수사를 진행하는 데 이용할 필요가 있기 때문이기도 하다. 이와 같은 예에서는 피의자·피고인의 권리보장 목적과 효율적인 범죄의 예방목적이 충돌한다.

개별적인 사안에 따라서 다른 해결이 필요하지만, 추상적인 원리만 말하자면 20
피의자·피고인의 처분불가능한 핵심적 권리침해가 없는 한, 예방목적을 달성하기 위한 효율적 수단을 적극적으로 이용하는 것이 정당화된다. 특히 범죄발생의 가능성이 분명히 예견되는 때에는 더욱 적극적으로 예방조치를 취해야 한다. 몇 가지만 예를 들어 보면, 1) 불특정다수인에게 폭력을 행사하고 있는 현행범은 영장 주의를 신경쓸 필요 없이 곧바로 진압되어야 한다. 2) 검사와 판사를 거쳐 영장을 받아야 비로소 온라인 사기범의 계좌로 입금되는 것을 막을 수 있다면, 그동안 많은 사기피해가 발생하는 것을 방관하는 결과가 된다. 3) 무죄추정원칙이 매우 중요한 헌법원리이지만 기소중지 중인 피의자의 얼굴을 공개하는 방식으로 수배할 수 있는 이유는, 그가 저지를 수 있는 추가적 범죄를 예방하기 위해서이다. 이처럼 범죄예방은 형사사법의 여러 목적과 무관한 자기목적성을 갖고 있다는 사실을 분명히 하는 것이 중요하다.

3. 범죄예방과 비용

(1) 범죄예방에서 비용과 산출

범죄예방에서 '비용-산출(수익)' 계산은 극히 제한된 의미만 갖는다. 다음과 21
같은 이유에서 범죄예방조치에서 '비용'은 분명히 발생하지만 '산출'은 드러나지 않기 때문이다.

1) 범죄예방의 수익이나 산출은 '범죄가 발생하지 않는 것' 자체이다. 범죄가 22
발생한 것[有]에 대해서는 최소한의 통계조사라도 가능하다. 그러나 범죄가 발생하지 않았다는 사실[無]은 계측의 대상이 될 수 없다.

23 2) 만약 특정한 범죄예방수단이 없다가 새롭게 제정되거나 설치된 때라면 그 투입의 전후상황을 비교함으로써 예방효과를 우회적으로 증명할 수 있다. 단순하게 '범죄 건수'를 세는 방식을 통해서이다. 그러나 이 경우에도 가시화된 조사결과가 반드시 그 조치의 효과 때문인지는 불분명하다. 범죄가 증감하는 원인은 다양한 변수와 관련되기 때문이다.

24 3) 범죄행위의 맞은편에 놓인 범죄피해 또한 측정대상이 아니다. 예컨대 사기죄의 피해는 흔히 사기당한 액수로 계산된다. 그러나 사기피해자가 겪은 정신적 충격을 비롯하여 가족이나 주위사람들에게 미치는 정서적 침해는 측량대상이 아니다. 대표적인 재산죄인 사기마저도 피해를 셈할 수 없는데, 폭행, 상해, 나아가 살인의 피해정도를 계량하는 것은 더욱 어렵다. 단순한 계산으로 행복을 측정할 수 있다고 보는 극단적 공리주의자도 이 일을 해낼 수는 없다.

25 범죄예방 비용은 분명하지만 범죄예방의 산출은 계산하기 어렵다는 속성으로부터 법경제학적 분석이 범죄예방의 방법론이 될 수 없다는 사실이 뚜렷해진다. 그리고 왜 사법기관이 범죄예방의 성과를 이야기할 때 일반예방 효과보다 특별예방(재범예방)을 주로 언급할 수밖에 없는지도 알 수 있다.

(2) 범죄예방의 비경제성

26 범죄예방조치를 적극적으로 수행하는 '작위'는 비용으로서 구체적으로 계산되지만 그 효과는 눈에 보이지 않는다. 반면에 예방을 하지 않은 '부작위'의 결과인 범죄피해비용은 헤아리기 어려울 정도로 막대하다. 이에 따라 범죄예방에서 비용-산출 분석은 불가능한 것이라고 하였다. 그렇지만 치안 또한 국가의 정책이므로 비용-산출 분석에서 자유로울 수는 없다. 성과가 가시화될 수 없는 효용을 얻기 위해 경찰이 국가예산을 요구하는 것은 어렵다.

27 그런데 만약 경제적 분석이 진행된다면, 그로부터 도출되는 결론은 오로지 '모든 범죄예방조치는 결국 낭비'라는 사실일 것이다. 그러나 이는 반드시 감수해야 하는 낭비이다. 예를 들어 개인정보보호법 등에 저촉되지 않는 방식으로 CCTV를 설치하는 데에는 많은 비용이 든다. 그렇지만 수백 대의 CCTV를 설치한 결과 범죄가 몇 건 예방되었는지 하는 계산은 이로부터 도출될 수 없다. 그렇다고 해서 범죄가 발생할 수 있는 지역의 감시를 포기할 수는 없다.

28 [범죄예방의 낭비성] 더 극단적인 예를 들어본다. 1398년 완성된 숭례문(남대

문)을 불에 타지 않게 하기 위해 그때부터 계속 감시인원을 꾸준히 배치했다면, 지금까지 엄청난 비용이 들었을 것이다. 그러나 그 결과 610년을 거쳐 숭례문 안에서 지금까지 단 한 건의 범죄사건도 일어나지 않았다고 가정할 때 그 비용은 아무런 효용을 남기지 않은 무의미한 지출로 계산된다. 단순히 이런 계산으로 보면 감시인력을 두는 것은 많은 사람들이 보기에 극단적인 낭비이며, 그렇기에 비용-수익 계산에 따른다면 아무런 범죄예방조치를 하지 않는 것이 합리적이라고 생각하는 것은 당연하다. 그렇지만 우리는 이런 계산방식이 잘못된 것임을 국보 1호 숭례문이 전소된 2008년의 체험을 통해 이미 잘 알고 있다.

4. 경찰의 현실과 미래

요즘 같은 때 경찰 역량의 대부분이 범죄예방에 투입되어야 한다는 여기의 29
논증은 오해되거나 잘못 인용되기 쉽다. 수사권을 둘러싼 양 조직의 투쟁이 극한에 닿은 지금, 경찰역할이 수사보다 범죄예방에 놓여 있다는 말은 곧 검사에게 유리한 주장으로 생각되거나 적어도 검사 편에서 이용하기 좋은 서술로 여겨질 수 있기 때문이다. 그러나 바로 이런 상황이기 때문에 경찰의 역할에 대한 경찰 자신의 시각 전환이 더욱 필요하다. 그것은 경찰의 고유 권한을 분명히 하면서도, 국민으로부터 신뢰를 회복하는 동시에 더 큰 권한 영역을 확보할 수 있는 길이기도 하다.

경찰역량의 큰 부분이 치안에 집중되어 있어야 하는 이유가 분명하나, 그 비 30
경제성 때문에 자원을 투여하는 데 주저하는 반면, 범죄의 사후처리는 실제로 훨씬 보잘 것 없는 효과를 기대할 수 있을 뿐이지만, 결과가 보이기 때문에 그 방향에 더 많은 에너지가 투입되고 있다. 바로 이러한 상황이, 그렇지 않아도 검사나 법원에 미치지 못했던 경찰권한을 더욱 위축시키면서 독자적 활동의 정당성을 잃게 만든다. 태생적으로 검사는 이미 저질러진 범죄를 처리하는 과거지향적일 수밖에 없는 직역이나, 경찰은 범죄를 예방하고 시민들의 안녕을 적극적으로 보장하는 미래지향적 조직이라는 점을 경찰 스스로 먼저 자각하는 것이 중요하다. 경찰은 시민들 가까이에서 훨씬 더 능동적으로 신속하고도 구체적인 치안활동을 해야 한다. 이 점이 법치국가 과제 이외에 사회국가 과제를 적극적으로 담당해야 하는 경찰활동의 특유성이다. 아쉽게도 지금의 경찰은 이러한 자각 없이, 검찰과 부딪치는 어두운 활동영역에 자신의 권한을 굳이 끌어내려오고 있다. 시민들 삶의 시각에서 보면 비교할 수 없이 시급하고도 중요하면서 광범위한 범죄예방과제를 간과한 채, 대부분 시민들 생활에 큰 영향도 없는, 지극히 협소한 사법영역의 자리다툼에 경찰이 스스로를 구속하고 있다. 이런 일에 필요 이상의 에너지를 투입하는 것을 보는 사람들의 마음은 답답하기만 하다.

[65] 외국의 범죄예방

1. 미 국

1 20세기 세계 산업사회를 주도하게 된 미국에는 문화와 가치관이 다른 여러 민족의 다양한 계층이 유입되었다. 산업화를 단기간에 이뤄내어 빈부격차가 매우 심하며, 역사적·정치적 이유에서 개인의 총기소유가 허용된 곳이기도 하다. 이처럼 범죄가 발생하기 용이한 환경 때문에 다른 선진국과 비교하여 월등히 많은 범죄가 발생하는 것으로 알려져 있다. 2013년 기준으로 미국의 강력범죄발생률은 인구 10만 명당 367.9 건으로서 그 가운데 살인이 4.5, 강간 25.2, 강도 109.1, 폭행 229.1 건이다.[1] 1994년 10만 명당 강력범죄발생수 713.6, 살인 9.0이었던 것에 비하면 최근에 줄어들고 있는 추세라고는 하나, 이웃인 캐나다와 비교할 때 인구대비 3배 이상 범죄율이 높은 것으로 조사된다.

2 이러한 현실에 대응하기 위해 미국은 선진국 가운데 가장 강력한 범죄예방정책을 펴고 있다. 연방차원의 범죄예방기구로 국립범죄예방연구소(National Crime Prevention Institute), 전국범죄예방위원회(National Crime Prevention Council), 국제범죄예방가협회(International Society of Crime Prevention Practitioners) 등을 두었다. 최근에는 IT기술을 활용한 범죄예방에 기대하여 범죄신원기술법(Crime Identification Technology Act: CITA)을 제정하고, 범죄경력기록과 개인정보체계 분야에서 연방과 각 주의 컴퓨터시스템을 호환하여 통합적으로 관리하고 있다.[2] 특히 연방과 각 주 차원에서 범죄예방을 위한 교육을 강화하고 지역사회환경을 개선하는 데 많은 노력을 기울인다. 소년시절부터 범죄와 친숙해질 수 있는 환경이 만연되어 있기 때문에 학교를 통한 범죄예방교육이 중심 정책으로 되어 있다. 또한 일반인을 대상으로 범죄예방의식을 고취시키기 위해 매스컴을 활발하게 이용하는 등 다

1) Federal Bureau of Investigation, 2015a.
2) Siegel, 범죄학, 563면.

양한 수단을 동원한다. 예를 들어 다음과 같은 교육프로그램이 활용된다.

1) 부모가 모두 직장에 다녀 어린아이들을 잘 돌보지 못하고 좋지 않은 환경 3
에 방치하는 경우가 흔히 있다. 1960년대부터 유아교육이 확산되었는데, 이 제도가 범죄예방에 긍정적 기여를 하였다. 유아 때부터 범죄로부터 멀어지도록 인성교육을 하며, 아울러 범죄피해자가 되지 않도록 주의를 시키는 교육을 병행하고 있다.

2) 미국에서는 중·고등학교 학생들이 이미 각종 범죄에 연루되어 있거나 장 4
차 범죄인이 될 환경에 놓인 때가 많고, 학교 안에서도 중범죄가 빈번하게 일어난다. 범죄예방교육의 초점이 중·고등학교프로그램에 맞추어져 있는 이유이다. 범죄예방, 마약에 대한 주의를 특정 과목으로 개설하여 교육시키고 있다. 한편 비행을 저지른 소년에게는 체계적 상담과 직업교육 등을 통해 정상적 생활로 돌아올 수 있도록 지원한다.

3) 지역차원의 범죄예방정책도 발달되어 있다. 시카고 프로그램이 좋은 보기 5
이다. 지역주민에게 여가활동을 권장하고 지역사회를 건전한 분위기로 바꿀 수 있는 행사를 주최하고 있다. 이로써 공동체의식을 키워 주고 건전한 문화를 자주 접할 수 있도록 한다. 범죄성향이 있는 사람들에 대한 상담을 적극적으로 활용하고, 지역차원의 자율방범프로그램을 개발하여 이용하고 있다. 이웃감시프로그램, 시민순찰제도, 재물번호신고제도 등의 방식이 활용된다.

2. 일 본

일본은 문화적 특징으로 인해 서구 선진국에 비해 낮은 범죄율을 나타내는 6
것으로 알려져 있다. 우리나라와 비교할 때 조직범죄, 성범죄 등이 상대적으로 중요한 사회문제이다. 일본은 비공식적 사회통제를 범죄예방의 중심으로 삼는 특징을 가지고 있다. 문화와 사회분위기가 예의를 중요시하는 교육으로 이어지고 있으며, 그것이 범죄예방에 중요한 역할을 한다. 그 밖에 경찰활동도 지역단위로 조직되어 있다.

2003년 이후 일본에서 강조되는 것은 경찰과 민간의 협력방식이다. 2012년 7
말 기준으로 46,673개 단체, 2,773,597명의 민간방범단체 구성원들이 등록되어 있다. 이들은 주로 방범순찰, 아동보호 이외에도 위험장소 점검, 범죄예방의 홍보, 환경정화 등 다양한 활동을 하고 있다. 이러한 단체활동을 시작하고 유지하기 위해 경찰청은 홈페이지 등을 통해 여러 정보를 제공하는 한편, 경찰, 방범협회, 지방자치단체가 방범자원봉사자를 대상으로 연수를 개최하고 경찰의 담당자를 단체활동에 파견하는 등 공조를 하고 있다.[1)]

3. 영 국

8 영국의 범죄발생율은 1980년대 계속 증가하다가 1990년대 중반 이래 점차 낮아지는 경향을 보인다. 통계상으로는 2012년 기준으로 1980년대에 비해 55% 이상 감소한 수치를 나타낸다. 영국에서는 1970년대부터 범죄예방에 큰 관심을 기울이기 시작하여, 1983년 내무성은 범죄예방부서를 설치하였고, 범죄예방을 위한 각료회의가 구성되어 운영되고 있을 뿐만 아니라 개인, 기업, 지방자치단체의 조직을 포괄하는 복합적 접근(multi-agency approach)을 통해 범죄문제에 대응하고 있다. 특히 영국에서는 범죄비율이 높은 5개 지역에 '더 안전한 도시 프로그램'(safer city program: SCP)을 실시하고 있다. 이 방법은 운송수단과 관련된 범죄(자동차절도, 지하철폭행, 대중교통수단파괴 등)와 주거침입절도를 중점적으로 예방하기 위한 정책으로 경범죄예방에 기여를 하고 있는 것으로 알려져 있다. 특히 일부 지역에서는 범죄예방 집중경찰활동을 시행한다. 범죄가 발생하여 특별히 경찰력의 수요가 있는 때를 제외하면 지역사회가 특별히 관심을 갖고 있는 범죄예방에 초점을 맞추어 지역을 관리하고 감시하는 근무방식을 말한다.[2)]

4. 독 일

9 독일경찰은 공공질서를 유지하고 위험을 방지하는 행정경찰과 형사소추를 분담하는 사법경찰의 업무가 명확하게 구별되어 있다. 사법경찰과 대비되는 치안사무를 실질적 의미의 경찰(materielle Polizei)로 부른다. 사법경찰의 영역은 우리나라와 마찬가지로 검사의 지휘와 통제를 받지만, 위험방지를 위한 행정경찰사무는 경찰의 고유한 사무로서 검사가 개입할 수 없는 영역으로 분리되어 있다. 영국이나 미국처럼 수사권이 분할되어 있는 나라와 다른 점이다. 예를 들어 위험방지를 목적으로 하는 경찰강제권을 행사하며, 퇴거명령, 출입금지, 강제구금, 압수 등을 검사의 개입 없이 범죄예방 차원에서 독자적 판단으로 시행할 수 있다.

---

1) 이성용 외, 비교경찰론, 239면.
2) 이성용 외, 앞의 책, 110면 이하.

범죄예방을 구체적으로 실현하기 위해 수사사무를 집행하는 경찰 이외에 행 10
정경찰이라고 할 수 있는 질서관청(Ordnungsbehörde) 산하의 공무원이 시민사회 각 영역에서 활동하고 있으며, 질서위반행위를 적발하여 수사를 의뢰하거나 범칙금을 부과할 수 있도록 하고 있다. 다만 총기를 소지하지 않으며, 차량단속권이 없다는 점에서 경찰과 다르다.

[66] 일반적 범죄예방

1. 경찰의 범죄예방

(1) 경찰의 예방기능

경찰이 담당하는 일반적 범죄예방은 범죄발생위험을 예견, 인식하여 범죄를 1
일어나지 않게 하거나 감소시키는 활동이다.[1] 현행법을 보면 경찰은 1) 국민의 생명·신체와 재산의 보호, 2) 범죄의 예방·진압 및 수사, 3) 범죄피해자 보호 4) 경비·요인경호 및 대간첩·대테러 작전 수행, 5) 치안정보의 수집·작성 및 배포, 6) 교통의 단속과 위해 방지, 7) 외국 정부기관 및 국제기구와 국제협력, 8) 그 밖의 공공의 안녕과 질서유지를 임무로 한다고 규정하고 있다(경찰법 제3조).

경찰의 치안기능과 실질적 사법기능은 구별되나, 형식적으로 법률에는 전자 2
의 기능만 규정되어 있다. 형사사법을 위한 수사활동을 법률에 명시하지 않은 것은 수사권이 검사에게 독점되어 있기 때문이다.

(2) 경찰의 범죄예방활동

1) **일반방범활동**은 범죄기회와 범죄유발요인을 제거하거나 줄이는 일상적 3
범죄예방활동을 말한다. 외근 방범활동이 대표적이다. 순찰이나 우범지역 방문을 통해 범죄발생가능성이 있는 곳을 돌아보거나 호구조사, 불심검문, 경찰제지, 피난 등의 조치를 취하는 것, 필요할 경우 보호조치 및 각종 법령위반을 단속하는 일 등이 여기에 속한다.

2) **특별방범활동**은 특정대상을 상대로 하거나 특별사안에 관하여 시행되는 4

---

1) 일부 책에서는 범죄예방을 초범예방과 재범예방으로 나누고 있지만, 잘못된 용어사용이다. 형기를 마치고 사회로 복귀한 사람이 다시 범행하지 않도록 하는 것도 재범예방에 해당되기 때문에 교정시설을 중심으로 한 범죄예방만을 재범예방이라고 하는 것은 타당하지 않다. 이렇게 보면 초범예방이라는 말도 정확하지 않다. 이 책에서는 범죄발생 전후에 따라서 예방을 위한 경찰활동과 재범예방으로 나누어 설명하도록 한다.

방범활동을 말한다. 일시적으로 범죄를 감소시키는 목적에 따른 것이 아니라 비교적 장기적으로 특정 범죄를 감소시키기 위한 활동이다. 경찰의 특별방범활동으로는 범죄예방의 진단을 한 후 조치를 강구하는 일과, 석방된 수형자의 취업알선 등을 통해 범죄를 예방하는 방범보도(保導), 방범정보수집, 방범진단, 방범홍보 등이 있다.

(3) 경찰의 순찰활동

5 경찰의 일반방범활동으로서 대표적인 것은 순찰(patrol)이다.[1] 주로 외근경찰관(지구대나 파출소경찰)이 행하는 대표적인 근무형태이다. 경찰이 교통수단을 이용하여 또는 걸어서 순찰하여 일반시민의 눈에 띄면 이른바 경찰가시성(police visibility)이 증대되어 범죄예방의 직접적인 효과를 거둘 수 있다.

6 20세기 후반부터 차량순찰은 컴퓨터 등 첨단기술의 지원을 받아 훨씬 더 효율적인 범죄예방을 가능하게 하는 수단이 되었다. 차량순찰은 도보순찰보다 훨씬 빠르게 이동할 수 있고 무거운 무기나 장비를 가지고 다닐 수 있으며 법위반자를 호송할 수 있다는 점 등이 장점이다. 반면에 도보순찰은 차량통행이 어려운 지역의 순찰에 유용하고 범죄발생 원인을 구체적으로 살필 수 있는 유리한 점이 있다. 집중순찰활동(hot spots patrol)은 특정 범죄발생이 빈번한 장소와 시간을 중심으로, 또는 특정한 관리대상자를 상대로 목적의식을 가지고 전략적으로 행하는 방범활동을 뜻한다.

7 [캔자스시 예방순찰 실험] 1970년대에 미국 캔자스(Kansas)시의 경찰국은 차량순찰을 강화할 때 강력범죄가 줄어드는지 여부를 조사하였다. 경찰국은 캔자스의 15개 구역을 범죄발생률과 인적 구성의 특성을 고려하여 세 개 지역으로 나누고, 1년 동안 각 지역에서 각기 다른 순찰활동을 전개하였다. 전통적인 순찰방법을 채택한 첫째 지역에서는 한대의 순찰차가 주민들의 신고가 들어온 시간을 제외하고는 항상 돌아다니도록 하였고, 둘째 지역에서는 더 적극적인 순찰방법을 채택하여 여러 대의 순찰차가 첫째 지역에 비해 2～3배 많이 순찰을 돌도록 하였으며, 셋째 지역에서는 주민들의 신고를 받고 출동하는 것 이외에는 전혀 순찰하지 않았다. 그런데 1년 동안 범죄통계와 설문조사 결과를 분석한 결과, 위 세 지역 간에 큰 차이가 없었다고 한다. 즉, 범죄발생률, 범죄신고율, 경찰활동의 효율성에 대한 시민들의 의견 등에서 의미를 둘 만한 차이가

---

1) 순찰이라는 단어는 프랑스어 'patroulier'에서 유래하였는데, '발로 걸어 다닌다'는 뜻이다. 또한 영어의 'patrol'은 '진흙탕 길을 걸어간다'는 뜻이다. 진흙탕 길은 잘 살펴보지 않으면 걸을 수 없는 길이므로 순찰은 반드시 오가면서 주위 사물을 잘 관찰해야 한다는 의미이다. 임준태, 경찰순찰활동의 범죄 억제적 효과 연구, 162면 참고.

발견되지 않았고, 오히려 시민들이 범죄에 대해 느끼는 공포감은 적극적인 순찰방법을 채택한 둘째 지역에서 더욱 컸다.1)

최근에는 직접 돌아다니는 방식의 한계를 극복하기 위해 빅데이터(big data)를 이용하는 방식을 시도한다.2) 미국 샌프란시스코의 경우 빅데이터를 이용하여 범죄율이 높은 시간대와 지역을 산출하여 순찰에 반영하고 있다. 우리나라에서도 빅데이터를 이용하여 순찰기능을 강화하는 방안이 실험된다. 현행 교통순찰차 등에 설치된 GPS정보와 112범죄신고, 형사사법정보통합망(KICS)의 범죄발생정보 등을 결합하여 빅데이터 분석을 하고, 그를 통해 출동인원, 순찰요원의 특성, 출동장비 등을 결정하여 대응하고 있다. 8

(4) 파출소의 운영

파출소 중심의 방범활동에 대한 문제제기가 있다. 경찰력이 분산되어 현장대응력이 약화되고 획일적으로 소규모 파출소를 운영하여 '파출소 지키기'에 많은 인력이 소모된다는 이야기이다. 또한 농어촌지역 파출소는 인력부족으로 야간에 경찰 한 명이 순찰할 때가 많아 범법자들에게 공격당할 우려도 있으며, 도시에서도 경찰력이 분산되어 집단폭력 등에 효율적으로 대처할 수 없다는 비판도 있다. 9

이와 같은 문제를 해결하고자 경찰에서는 '대단위파출소', '광역파출소', '경찰서 집중순찰제' 등을 도입하였다. 읍·면 단위에서는 두 세 개의 미니파출소를 권역으로 묶어 지정된 중심파출소에 인력과 장비 등을 집중시켜 운영하는 '중심파출소'와 사안에 따라 인원을 다르게 운영하는 '탄력순찰제'도 모색되었다. 그러나 이러한 대단위파출소도 기존제도보다 더 나은 효과가 분명하지 않고 소규모 파출소가 없어진 곳에서 범죄에 대한 불안이 증가한다는 보고도 있다. 이러한 추가적 문제를 해결하기 위한 '순찰지구대'는 경찰서 관할구역 상황을 인구, 면적, 주민생활권, 교통망 등을 통해 종합적으로 고려하여 3∼5개 권역으로 나누고, 파출소인력과 장비를 집중하여 사건사고에 효율적으로 대처하게 하는 것을 말한다. 10

(5) 경찰 범죄예방의 과제

범죄예방의 중요성이 강조되지 않고 범죄예방에 비용 대비 효과측면을 여전히 중요하게 생각하는 한, 범죄예방의 투자하는 자원도 제한될 것이다. 이에 대한 11

1) 자세한 것은 임준태, 앞의 논문, 181면 이하 참조.
2) 빅데이터에 대해서는 이원상, 정보통신 관련 특별법에 대한 형사법적 고찰, 113면.

경찰 내외의 근본적인 인식전환이 필요하다.

12 범죄예방 실무에서는 경찰인력이 부족하다는 비판이 이어지고 있다. 다음 세 가지 상황 때문이다. 1) 경찰 1인당 담당 인구 자체가 많다. 2019년 기준 422명으로서, 독일 320명, 미국 401명, 프랑스 347명, 영국 403명보다 많다. 2) 체감되는 것은 이보다 더 차이가 난다. 실제로 경찰전체 구성원이 부족한 것보다는 인원배치가 더 중요한 원인이라고 보는 것이 맞다. 경찰청·지방청 등에서 근무하는 일반경찰로서 직접 범죄예방활동을 하지 않는 '책상 위 경찰'이 전체 경찰인력의 16.1%를 차지하고 있다.[1] 3) 이처럼 사무를 보는 인원이 많다는 점도 문제이지만, 일선 경찰서와 파출소에서도 직접 범죄예방과 수사에 투입될 수 있는 인력이 제한되어 있다는 사실이 더 중요하다. 경험이 많은 유능한 경찰인력이 승진을 거쳐 자연스럽게 행정업무에 배치되고 있기 때문이다. 치안과 수사에 경험과 전문성이 늘어날수록 실무에서 덜 필요한 인력으로 분류되는 것은 비효율적이다. 현재 경찰 안에서는 비교적 낮은 지위에 있는 사람들이 방범활동을 하는 경우가 대부분이다. 순찰요원의 70% 이상이 20~30대 연령층이라고 한다.

13 기존 문제해결 위주의 순찰에서 특정한 지역·환경을 집중적으로 순찰하는 전략순찰방식으로 바꿀 필요가 있다. 이를 위해 IT기술을 범죄예방에 적극적으로 활용하는 것이 중요하다.[2] 장래에는 빅데이터를 인공지능(A.I.)이 즉시 분석하여 범죄의 발생여부 및 발생지역을 파악하는 것은 물론 범죄의 발생가능성까지도 예측할 수 있게 바뀔 것으로 예상된다. 최근 경찰은 과학화·전문화를 위해 막대한 노력을 기울이고 있다. 그런데 그 노력의 대부분은 '한국판 CSI'를 만들겠다는 모토로 '과학수사'에 집중되고 있는 것으로 보인다(사이버수사대, 지능수사대의 강화 등). 시민사회에 미치는 범죄예방의 중요성을 생각할 때, 지금은 수사보다 범죄예방 역할 면에서 과학화와 전문화를 한층 더 강화해야 할 것으로 보인다.

---

1) 일본에서는 이 비율이 4.2%에 지나지 않는다고 한다. 이황우, 경찰의 범죄예방활동, 27면.

2) 예를 들어 C3(Command, Control, Communication) 시스템을 이용하던 방식을 다기능통신서비스기능을 제공할 수 있는 UHF통신망으로 대체하는 것도 과학적 범죄예방의 한 방편이 될 수 있다. C3시스템이란 C3I system을 줄인 것으로 자동화된 통신시스템을 이용하여 단시간 안에 인원이나 장비를 이용할 수 있도록 하는 것을 말한다(이황우/이상현 외, 형사정책, 409면 참조). UHF통신망은 인공위성과 극초단파통신망을 통해 범죄발생신고나 처리를 할 수 있도록 하는 것이다. 최근에는 기존의 C3I에 Computers를 추가하여 C4I라고 칭하기도 한다.

2. 경찰 이외의 범죄예방

(1) 지역사회활동

제한된 경찰인원으로 범죄를 예방하는 데 한계가 있을 뿐만 아니라, 지역사회의 크고 작은 모든 사건에 경찰이 관여하는 것은 바람직하지도 않다. 교육단체, 종교단체, 복지단체, 시민단체 등 경찰 이외 조직이 범죄예방에 기여하도록 하는 방법이 이용되기도 한다. 이를 위해 전문적 지원과 재정적 원조가 중요하며 주민의 적극적 참여도 요구된다. 구체적으로는 주민들이 자치적으로 학교 등 시설을 감시하고 방어력이 약한 사람과 동행하는 봉사를 하거나, 자발적으로 우범지역을 순찰하는 방식 등이 있다. 14

그러나 이러한 방식에도 한계가 있다. 인구의 유동성이 높은 지역에서는 효과를 거두기 어렵다. 대부분 사람들이 아파트에 거주하는 대도시에서 자발적인 시민들의 노력이 어떻게 범죄예방에 기여할 수 있을지 의문이다. '비공식적 자유박탈'도 문제된다. 만약 이러한 자치활동이 정부 주도로 이루어진다면 국가의 경찰권력이 강화되는 데 지나지 않을 수 있고, 반대로 시민사회의 주도로 이루어지면 그러한 권력을 이용하는 것을 정당화하는 데 어려움이 있을 것이다. 시민들이 자발적 방범활동에 적극적으로 나섰을 때 다른 시민들이 그 권한에 대해 의문을 제기하는 이상 범죄예방효과를 거두기는 어려우며, 시민들 간에 분쟁이 생길 우려도 있다. 15

공동체에서 범죄성이 있는 사람들을 대상으로 교육프로그램을 진행하는 그룹워크(Group Work), 또는 그들이 여가를 선용할 수 있도록 '건전한 레크레이션 활동'을 권장하는 방법이 문헌마다 반복하여 소개되어 왔다.[1] 그러나 현실적으로 이러한 방법이 얼마나 진지하게 수행될 수 있으며 실효성이 확보될지 긍정적으로 답하기 어렵다. 이러한 프로그램에 소위 '범죄가능성이 높은 자'들이 얼마나 자발적으로 참여할지 의문이다. 오히려 강제가 개입되면 이유 없는 자유박탈이 될 뿐만 아니라 반발심만 불러일으킬 것이다. 청소년들에게 당장 필요한 것은 범죄예방을 위한 여가지도 프로그램보다 남는 시간을 건전하게 여가를 보낼 수 있는 환경이며, 그보다 더 중요한 것은 학업 이외에 여가시간 그 자체이다. 16

1) 정영석/신양균, 형사정책, 292면.

(2) 매스컴의 범죄예방활동

17 일반인들이 자주 접하게 되는 미디어를 범죄예방의 효과적 수단으로 이용할 수 있다. 새롭게 범죄화하는 행위나 기존에 숨은 범죄로 남아 있는 행위는 매스미디어를 통할 때 더욱 광범위하고도 빨리 그리고 자세히 인식될 수 있기 때문이다.[1] 예를 들어 최근 문제되는 범죄수법 및 예방수단을 방송이나 인터넷 등을 통해 알려주면 사람들은 그와 같은 방식에 대응하는 방법을 미리 생각할 수 있다. 그것이 오히려 범죄수법을 알려주는 부작용이 있다고 하지만, 잠재적 범죄자는 이미 일반에게 알려진 방식을 계속 이용하는 데에는 부담을 느낀다.

18 다만 범죄를 흥미위주로 다루는 것은 문제이다. 범죄행위로부터 얻을 수 있는 이익을 지나치게 자세히 보도하면 범죄를 유발할 가능성도 있다. 예컨대 일상적으로 마약 또는 마약유사품이 정서에 어떤 효과를 가져오는지 매체를 통해 알려지기 전에는 거의 관심도 없지만 이제 많은 사람들의 호기심 대상이 되었다. 스스로 목숨을 끊은 사람에 대한 보도가 자살방식을 그렇게까지 자세히 알려야 할 필요가 있는지도 의문이다. 범죄에 대한 부정확한 보도로 수사에 방해가 될 수도 있고, 피의자와 그의 혐의내용을 여과 없이 방송함으로써 무죄추정원칙을 침해하는 일도 흔하다. 오로지 흥미를 유발하는 데에만 관심을 두어 범죄를 소개하는 것이 피해자에게 재차 정신적 피해를 끼칠 우려도 있다. 혐오스러운 사건에 대해 별 관심이 없었던 시민의 '모를 권리'를 침해하는 때도 많이 있다.

(3) 개별 시민의 방범

19 시민의 권리보호를 위해 국가가 범죄를 예방해야 한다는 말은 사회계약설의 가설이 통하던 18세기에나 설득력이 있다고 여길 사람이 많다. 이제는 산업이 급속하게 다양화되고 도시 인구가 늘어나 국가기관의 노력만으로 치안수요를 감당하기 어렵다고 느끼고 있다. 시민들은 지금 개인의 의뢰를 받고 안전 및 경비를 수행하는 민간경비업체에 점차 더 많은 기대를 갖고 있는 것처럼 보인다. 현재 우리나라 민간경비 영역에서 수행하고 있는 업무 유형으로는, 시설경비 및 긴급출동, 신변보호(보디가드), 민간정보조사(흥신소), 보안지도(경호지도), 호송서비스, 행사장경비 등이 있고, 최근에는 컴퓨터보안, 사설탐정 등의 분야까지 확대되어가고 있

---

1) Müller-Dietz, Die soziale Wahrnehmung von Kriminalität, 59면. 미국에서는 범죄분쇄(Taking a Bite out of Crime)라는 방송을 통해 이웃감시, 전등켜기, 문단속, 신고정신 등을 활발하게 홍보한다. 그리고 범죄관련 신문이 발행되어 시민의 범죄예방의식을 높이는 데에 이용되기도 한다.

다. 이와 같은 영역을 더욱 확대하려는 정부의 제안도 있다.[1)]

민간방범활동이 비용에 비해 어느 수준의 범죄예방효과를 거둘 수 있는지에 대한 분석과 예측이 진행되어 있지는 않다. 그러나 이에 앞서, 우선 이러한 권한의 팽창이 국가형벌권독점에 대한 유력한 예외를 형성하게 된다는 점에 대한 문제제기가 필요하다. 시민의 시민에 대한 자기방어가 정당화된다면 이는 근대사회에서 이미 극복된, 자력구제와 피해자의 절차개입이 부활하게 되는 틈새를 열어두는 것이다. 물론 범죄의 대응이 아니라 예방활동에 그친다면 큰 문제가 되는 것이 아니라고 말할 수도 있다. 그렇지만 국가가 공적으로 담당해야 하는 책무를 사인의 능력에 맡겨둔다면, 개별적으로 이와 같은 서비스를 받을 수 있는 자원이 있는 사람과 그렇지 않은 사람 간에 보호를 받는 측면에서 불균형이 초래된다. 국가가 만약 민간방법활동에 다소라도 기대어 상대적으로 치안활동을 소홀히 한다면 어떤 민간서비스도 기대할 수 없는 시민들은 과거보다 더 큰 위험에 노출될 것이다. 범죄예방이 가장 중요한 사회국가적 과제 가운데 하나라는 사실을 분명히 해야 한다. 20

[국가와 민간경비의 협력] 중앙정부가 범죄문제를 모두 감당해낼 수 없는 상황에 놓여 있는 미국에서는 치안조직이 매우 다양하게 운영되고 있다. 자치제 경찰인 도시경찰(Municipal Police), 보안관(County Sheriff), 치안관(Constable)과 검시관(Coroner), 특별구 경찰(Special-District Police) 등으로 구성된 지방경찰기관, 주경찰기관(State Police Agencies), FBI와 같은 연방법집행기관(Federal Law Enforcement Agencies) 등이 산재해 있다. 이외에 자경사상에 근거한 민간치안기구들도 미국의 법집행분야의 한 축을 구성한다. 특정 거주지역에서는 민간경비업체와 계약을 통해 순찰활동 서비스를 받기도 한다. 현대사회의 패러다임이 거번먼트(Government)에서 거버넌스(Governance)로 이동함에 따라, 민간경비업자들이 범죄예방 뿐 아니라 수사, 형집행 등 다양한 업무에 협력하게 되는 경우가 증가하게 될 것으로 보인다. 21

(4) 기술적 수단을 이용한 범죄예방

과거 CCTV나 자동차용 블랙박스가 보급되기 시작할 때에는 그 방식이 프라이버시 등의 권리를 침해할 가능성이 있다는 반론이 자주 등장하였다. 그러나 이제는 이러한 영상촬영방식이 보편화되었을 뿐 아니라 범죄예방의 중요한 수단이 되었기 때문에 이를 제한하자는 목소리는 설득력을 얻기 힘들다. 문제는 이러한 22

1) 자세한 연구로는 승재현, 공인탐정 또는 민간조사제도의 실행방안 연구, 11면 이하.

기법이 범죄예방에 기여한다는 사실을 인정하되, 1) 그로 인해 사생활침해가 없도록 하는 것, 2) 그 밖의 영역에 남용되는 것을 방지하는 구체적인 수단을 마련하는 것, 3) 그리고 이것이 범죄수사에 쓰일 때 적법절차의 통제 하에 놓이도록 하는 것이다.

23 영상녹화방식을 통해 범죄가 어느 수준까지 예방될 수 있는지의 분석은 가시화될 수 없는 지표를 대상으로 하므로 한계가 있다. 그러므로 실제로 범죄가 예방되는지에 대한 산술적 계산과 무관하게 범죄예방 수단으로 이용할 수 있다. 개인정보보호법을 비롯한 실정법적 한계를 유념하는 것이 여기의 주의점이다. 반면 범죄가 발생한 이후에 이와 같은 수단을 활용하는 것은 다른 문제이다. 수사에 필요한 적법절차원칙의 제한에 엄격하게 구속되어야 한다. CCTV나 자동차용 블랙박스 등이 비진술증거로 쓰이는 경우에 최량증거법칙의 검토를 통해, 진술증거에 해당할 때에는 전문법칙의 적용을 받는다.[1]

24 이외에도 범죄예방의 새로운 기술이 늘어나고 있다. 환경설계를 통한 범죄예방기법(CPTED)이 대표적이다. 이는 범죄기회를 감소시키는 상황적 범죄예방 수단으로서, 사람에 의해 범죄를 예방하는 것보다 범죄기회와 원인을 제한한다. 최근에는 유비쿼터스 컴퓨팅 기반의 환경이 조성되면서, CCTV 관제시스템에 영상보정, 객체검출, 객체추적 및 객체인식과 같은 고도의 영상처리기술을 접목하여 범죄예방 효과를 높이려는 노력이 진행 중이다.[2] 사물인터넷(IoT) 기술을 범죄예방에 이용하려는 시도도 있다.[3] 대표적인 것으로 RFID(Radio Frequency Identification)를 이용한 방법[4]은 이미 출입국 관리체계에서 밀수품 반입이나 불법입국, 테러리스트 선별 등에 요긴하게 사용되고 있다. 재산범죄예방을 위해 물건에 RFID태그를 붙여 놓기도 하고, 미아방지나 약취유인과 같은 아동대상 범죄예방을 위해 사용되기도 한다.

---

1) 자세히는 배종대/홍영기, 형사소송법, 371면 이하.

2) Singelnstein/Stolle, 안전사회, 77면 이하. 클라우드 컴퓨팅(Cloud Computing)란 '네트워크 환경에서 이용자의 요구에 따라 실시간으로 소프트웨어, 플랫폼, 인프라 등 IT 자원이 필요한 만큼 공급되고 그에 따른 비용을 지불하는 서비스'라고 할 수 있다. 이원상/이성식, 클라우드 컴퓨팅 환경에서의 사이버범죄와 대응방안 연구, 240면.

3) 사물인터넷이란 기존의 인간과 인간, 인간과 사물간의 네트워킹을 넘어서서 사물과 사물이 인간의 개입 없이 상호 연결되는 것을 의미한다.

4) RFID는 마이크로칩(IC Chip)에 식별정보(ID)를 입력해 무선 주파수를 이용하여 그 IC칩을 지니는 물체나, 동물, 사람 등의 정보를 판독·추적·관리할 수 있는 기술이다. 지하철이나 버스 등 교통카드뿐 아니라 물류, 운송, 유통, 내부 재고관리 등에도 널리 사용되고 있다. 윤지영/이천현/최민영/윤재왕/전지연, 법과학을 적용한 형사사법의 선진화 방안(IV), 329면.

3. 실효성 있는 예방정책

앞서 범죄예방은 낭비적인 것이며, 실제로 범죄를 예방하는 방법은 단순하지 25
않다고 하였다. 그렇다고 해서 실질적인 효과는 생각하지 않고 상징적인 조치만 남발하는 것은 더욱 잘못된 일이다. 예를 들어 '아동성범죄의 심각성을 깨닫고 사회가 공동으로 예방을 위해 노력하자'는 슬로건과 구호만으로는 아무것도 할 수 없다. 새로운 입법으로 거둘 수 있는 효과도 제한되어 있다. 진지하게 묻고 '실질적인 답'을 내놓아야 한다.

예를 들어보자. 실제로 아동성범죄는 어떻게 예방될 수 있을까? 친척이나 이 26
웃 등 아는 사람으로부터 피해아동의 집이나 교육기관에 오가는 길, 놀이터 등에서 침해를 받는 경우가 과반수를 넘는다. 그렇기에 아동성범죄를 실질적으로 줄이는 방법은 어린이의 일상과 동행하면서 지켜주는 '아동보호'로부터 찾아야 한다. 보호자가 아동의 일상을 함께 할 수 있다면 범죄는 확실히 예방될 것이다. 예컨대 몇몇 선진국의 제도처럼 통학길을 보호자가 같이 오가도록 강제하거나, 놀이터에 어린이가 혼자 있지 않고 어른의 보호를 받도록 하는 것이다. 그런데 우리나라에서 이것이 현실적으로 어려운 이유는 많은 부모들이 맞벌이를 하고 있을 뿐만 아니라, 다른 나라에 비해 직장에서 퇴근하는 시간이 매우 늦기 때문이다. 이 점을 개선하기 위한 이른바 '이른 퇴근 정책'이 시행된다면, 아동성범죄의 예방에도 실제로 기여할 수 있게 된다.[1)]

물론 지금 우리 사회가 이러한 정책을 제도화할 수 있는 역량을 갖고 있는지 27
여부는 형사정책이 전부 감당할 수 있는 논의가 아니다. 이른 퇴근 정책이 아동성범죄를 곧바로 예방할 수 있는 유일한 방법이거나 직접적인 것이라는 말도 아니다. 우회적인 방법이고 시행하기 어려운 것이기도 하지만 부족하나마 실질적인 효과를 거둘 수 있는 정책이라는 뜻이다. 범죄를 예방하기 위해 그럴 듯 하게 들리지만 실상은 공허한 정책보다는, '작더라도 실질적 효과'를 거둘 정책이 많아져야 한다. 슬로건, 상징입법, 캠페인, 위원회설치, 범죄예방 연구용역(외국정책과 비교) 등만 반복해서는 범죄를 예방하기 어렵다. 실제로 이를 통해 범죄를 예방할 수 없다는 것은 그 낡은 조치들을 반복하는 사람들 스스로도 잘 알고 있을 것이다. 그들이 현실적으로 원하는 것은 실질적으로 범죄가 예방되는 것이 아니라 범

1) 2018년 7월 1일부터 52시간 근무제가 시행되어 이 점이 개선될 것으로 기대하고 있다.

죄예방의 가시적 정책을 만드는 것 그 자체이기 때문이다.

[67] 재범의 예방

1. 교정시설을 통한 재범예방

(1) 자유형의 재범예방기능

1 형벌이론에 따를 때 자유형은 재범을 막는 보안과 수형자 개선을 동시에 담당하는 제도이다. 자유를 박탈하는 것이 재범을 예방하는 확실한 수단이 된다는 점은 쉽게 이해할 수 있다. 그러나 가두어 두고 수형자에게 고통을 줌으로써 재사회화한다는 것을 납득하기는 쉽지 않다. 범죄자를 사회로부터 격리함으로써 고립감을 주고 그 기간 속죄 마음을 갖게 함으로써 재범을 방지할 수 있다고 하지만, 현실적으로 시설 내 프로그램이 아니라 자유를 박탈하는 자유형 그 자체가 이러한 작용을 한다고 보기는 어렵다.

2 현행법상 자유형 집행은 오로지 재사회화를 목적으로 하고 있다(행형법 제1조). 개선목적은 자유를 구속한 가운데 자유로운 생활에 대한 교육을 하여야 하는 현실적 모순 위에 놓여 있다. 그리고 출소한 전과자의 높은 재범률을 볼 때 자유형의 이 기능은 거의 실패에 가깝다고 해도 과언이 아니다.

(2) 기계적 개선법

3 교정의 기계적 개선법은 수형기간 동안 강제적 방법으로 직업교육과 준법생활을 하도록 함으로써 도덕심을 함양하고 사회에 대한 적응능력을 높이는 것을 말한다. 이때 사용되는 강제수단으로 형기 중 일정시간을 개선을 위한 처우에 할애하도록 하고 이러한 프로그램에 참여하는 자세를 점수화하여 가석방자료로 활용하는 것을 포함한다.

4 그러나 이 방법은 여러 차례 문제되어 왔다. 우선 수형자가 좋은 점수를 받아 가석방되는 것을 목적으로 할 경우, 의도적으로 기계적 개선에 호응하는 것처럼 연출하는 영악한 수형자에게 더 유리한 제도가 될 수 있다. 특정한 교육목적을 수형자에게 강제적으로 주입하는 것이 정당화될 수 없다는 비판도 있으며, 범죄자가 사회에 돌아오면 이와 같은 강제가 없어지기 때문에 재범방지의 실질효과를 기대하기 어렵다는 지적도 있다. 기계적 개선법을 활용하기 위해서는 수형

자가 개선프로그램에 자발적으로 참여하고자 하는 동기를 부여하는 프로그램에 대해 더 진지한 고민이 필요하다. 예컨대 시설 내 교육프로그램에 참여하는 것이 출소 후의 직업생활에 바로 연계된다는 기대가 있어야 한다.

(3) 임상적 개선법

임상적 개선법은 범죄인에게 존재하는 생물학적·정신의학적·심리학적 이상 5
을 발견하여 치료하는 것을 말한다. 치료감호처분이 대표적인 보기이다. 최근 정신적 이상성을 원인으로 갖고 있는 사람들이 실정법을 위반하는 경우에 대비한 다양한 임상적 개선법이 등장하고 있다. 강박신경증환자에게 행해지는 체계적 감도강법(systematic desensitization), 사고중지법(thought stopping technique) 등이나 증세가 심한 경우에 이용되는 전기충격요법, 인슐린주사, 신경안정제나 진정제투여 등이 있다. 약물에 중독된 사람에게 실시하는 각종 치료프로그램도 여기에 속한다.

여러 비판에도 불구하고 입법된 성충동 약물치료 조치, 즉 이른바 '화학적 거 6
세'도 일종의 임상적 개선의 한 종류이다.[1] 이러한 수단은 간단히 시행되고 있으나, 표방하는 것처럼 체계적인 임상 개선방법으로 이용되는 경우는 드물다. 특히 성충동 약물치료는 그 실질적 기능면에서 볼 때 임상적 '개선'이라고 하기보다는 소극적 '보안'의 수단으로 보는 것이 타당하다. 그리고 본질은 보안처분에 그치는 것이 아니라 일종의 형벌이다.

[화학적 거세는 합헌] 다음은 화학적 거세가 비례성원칙을 충족한다는 헌법재 7
판소의 입장이다. "성폭력범죄를 저지른 성도착증 환자의 재범을 방지하기 위한 것으로서 그 입법목적이 정당하고, 성충동 약물치료는 성도착증 환자의 성적 환상이 충동 또는 실행으로 옮겨지는 과정의 핵심에 있는 남성호르몬의 생성 및 작용을 억제하는 것으로서 수단의 적절성이 인정된다. 또한 전문의 감정을 거쳐 환자로 인정되는 사람을 대상으로 하고, 한정된 기간 동안 의사의 진단과 처방에 의하여 이루어지며, 부작용 검사 및 치료가 함께 시행된다. 치료가 불필요한 경우의 가해제假解除 제도가 있으며, 치료 중단 시 남성호르몬의 생성과 작용의 회복이 가능하다는 점을 고려할 때, 원칙적으로 침해의 최소성 및 법익균형성이 충족된다. 다만 장기형이 선고되는 경우 치료명령의 선고시점과 집행시점 사이에 상당한 시간적 간극이 있어 집행시점에서 발생할 수 있는 불필요한 치료와 관련한 부분에 대해서는 침해의 최소성과 법익균형성을 인정하

---

1) 성폭력범죄자의 성충동 약물치료에 관한 법률 제4조 ①항, 제8조 ①항에 따른다.

기 어렵다."[1])

(4) 기 타

8 **집단관계에 의한 개선법**은 범죄의 사회환경을 중시하여 수형자의 대인관계를 개선함으로써 재범가능성을 감소시키는 방법이다. 소극적으로는 범죄행동을 조장할 수 있는 집단으로부터 대상자를 떼어놓고, 적극적으로 대상자가 준법집단과 교제하도록 하는 방식을 이용한다. 형벌이나 외부적 강제가 아닌 집단 내부의 자연스러운 분위기에서 대상자의 개선의지가 형성되도록 하는 것이 중요하다.

9 **전문기술적용 개선법**은 대상자의 고유한 능력을 발견하고 발전시켜서 사회에 대한 적응능력을 높일 수 있도록 도와주는 것을 말한다. 대표적인 보기로 소셜 워크(social work)가 있다. 이것은 대상자가 자신의 능력을 발전시키고 사회적 자원을 활용하여 스스로 자신에게 닥친 문제를 해결하고 사회에 복귀할 수 있도록 원조·지도하는 과정을 말한다.

2. 교정시설 밖의 재범예방

10 수형자가 사회에 적응하도록 교육하는 과정은 수형기간뿐만 아니라 석방 이후에도 중요한 의미가 있다. 특히 교정시설 안에서 행해지는 각종 개선조치와 연계하여 실시되는 제도를 마련해야 한다. 형기를 마친 대상자에게 지속적으로 필요한 직업교육을 시키고 취업을 알선하는 것이 전과자의 재사회화를 도울 수 있다.

11 전자감독제도는 특정범죄를 저지르고 형기를 마친 자, 또는 가석방이나 집행유예를 받은 자에게 위치추적 전자장치를 부착하게 하고 보호관찰을 시행함으로써, 사회복귀를 촉진하고 재범을 방지하여 국민을 보호하는 것을 표방하고 있다(특정 범죄자에 대한 보호관찰 및 전자장치 부착 등에 관한 법률 제1조). 원래는 2008년 9월부터 특정 성폭력범죄자를 대상으로 시행되었으나, 이후 강도범죄와 살인범죄까지 그 대상이 확대되어 왔다. 그에 따라 2008년에는 151명에 불과하던 피부착자의 수가 2015년 8월에는 2,231명까지 증가하였다. 이 제도에 대해서는 범죄자들을 구금하는 것으로부터 사회 내 처우로 전환함으로써 사회복귀를 돕고, 교도소의 과밀화 및 범죄자 관리비용의 감소에 기여하면서도 기술적인 방법을 통해 재범을 예방할 수 있다는 장점이 언급되어 왔다. 그러나 형법이론적으는 이중

1) 헌재결 2015.12.23. 2013헌가9; 2017.10.26. 2016헌마656.

처벌의 문제가 있으며, 실질적으로 형벌에 해당하지만 형법원칙의 제한을 받지 않는 문제도 있다. 정책적으로는 범죄자에 대한 낙인을 찍는 문제, 실질적 재범예방에 기여할 수 있는지에 대한 의문 등 논란의 여지가 아직 많이 남아 있다.

제 3 절 범죄를 예측하는 방법

[68] 범죄예측의 의의와 역사

1. 범죄예측의 의의

범죄예측이란 범죄가능성이 있는 사람을 조사하거나 사회환경을 분석하여 장래의 범죄행위 발생가능성·빈도·정도 등을 미리 내다보는 것을 말한다. 범죄예방이 범죄가 발생한 이후 조치를 압도하는 중요성이 있으며, 범죄를 예방하는 것이 비용-산출 계산의 대상이 아니라고 하였다[64/21]. 그러나 이러한 계산이 아무런 의미가 없는 것은 아니다. 범죄예방의 자원을 투입하려 한다면, 범죄가 일어날 가능성이 더 높고 범죄예방효과가 더 확실한 곳에 우선 공급해야 하는 것이기 때문이다. 바로 여기서 범죄의 발생가능성을 예측하는 현실적 의미가 있다. 1

범죄예측은 객관적인 방식으로 이루어져야 하며, 신뢰성이 보장될 뿐만 아니라 결과가 명확하고 단순해야 실제 범죄예방에 응용될 수 있다. 예측에 소요되는 비용과 시간도 제한되어 있기에 경제성을 아울러 유념해야 한다. 2

2. 범죄예측의 역사

미국의 범죄예측은 1923년 워너(S. Warner)가 시작하였다. 그는 매사추세츠 주 교도소 수용자 가운데서 가석방대상을 가려내기 위해 수용 중의 교정 여부, 행동방식, 석방 후 직업, 귀향지, 사실진술능력, 전과, 석방 후 찾아가는 사람, 이전 석방 때의 태도 등 약 60항목의 교정목록을 가지고 재범가능성을 점수화하여 재범을 예측하였다. 1928년 버제스(E. W. Burgess)는 일리노이 주에서 3,000명의 가 3

석방자를 대상으로 범죄자유형, 범죄성질, 공범자 수, 국적, 양친상황, 결혼상태, 소속집단유형, 송치한 지역, 지역사회 유형과 규모, 주거상태, 판사·검사의 의견, 형의 경감, 선고형, 복역기간, 과거 범죄경력, 직업경험, 수형기간 중 징벌유무, 결혼연령, 지능연령, 정신의학적 진단 등이 포함된 21개 인자를 분석하여 공통점을 추출함으로써 경험표(experience table)에 해당되는 예측표를 작성하였다. 그리고 각 요인에 점수를 부여하는 방식으로 범죄를 예측하였다.[1] 1940년대 **글뤽**(Glueck) 부부는 매사추세츠 주 비행소년 500명과 보스턴의 일반소년 500명에 대해 약 300개의 인자를 가지고 연구하였다. 그리하여 아버지의 훈육, 어머니의 감독, 아버지의 애정, 어머니의 애정, 가족의 결집력 등 다섯 가지 요인으로 구분하여 특정항목 점수를 가중하거나 감점하는 방법을 사용하여 예측표를 작성하였다.[2] 1935년 독일의 **엑스너**(F. Exner)는 미국 **버제스**의 예측법을 응용하여 범죄예측을 실험하였으며, 1936년 **쉬트**(R. Schiedt)는 바바리아 교도소에서 석방된 500명의 범죄인에 대한 인성을 조사하여 0~3점은 교정가능한 자로, 4~9점은 교정이 의심되는 자로, 10점 이상의 자는 교정불능의 자로 구별하는 재범예측표를 작성하였다.

4 최근에는 개인의 심리 이상상태를 범죄의 예측방법으로 이용하는 예가 많다. **해써웨이**(S. Hathaway)와 **맥킨리**(J. Mckinly)가 고안한 미네소타식 다면성 인성검사표 검사법(MMPI 검사법: Minnesota Multiphasic Personality Inventory)이 가장 표준화된 조사방법이다. 이외에도 CPL(캘리포니아 인성검사표), 브리스톨 사회적응성 지침, KD 위험성측정 등의 방법이 범죄인의 재범예측방법으로 이용되고 있다.

[69] 범죄예측방법과 범죄예측의 미래

1. 범죄예측의 대상

1 범죄예측의 두 가지 방법은 사회적 차원에서 장래의 범죄행위를 예측하는 것과 특정한 개인이나 집단의 범행가능성을 예측하는 것이다. 일반적 범죄예방을 위해서는 전자가 더 중요한 것은 물론이다. 그러나 범죄예측의 정확성은 후자에서 더 기대된다. 따라서 형사정책에서 범죄예측은 대체로 개별적 행위자에 대한

1) Burgess, Factors determining success or failure on parole, 221면 이하.
2) Glueck/Glueck, Unravelling Juvenile Delinquency, 32면 이하.

범죄예측을 의미하는 경우가 많다. 재범을 측정하기 위한 재범률의 지표로는 일반적으로 범죄자의 자기보고서(self-report)에서의 재범여부 또는 재체포율(re-arrest), 재유죄판결률(re-conviction), 재복역률(re-imprisonment) 등이 이용되고 있다.

2. 범죄예측 방법에 따른 분류

(1) 직관적 예측방법

직관적 예측방법(intuitive Prognose)은 예측하는 사람의 직관적 예측능력을 토대로 한 예측방법이다.[1] 직관적 예측능력에는 인간의 보편적 인식능력 그리고 판사·검사·교도관 등 범법자를 대상으로 한 직업경험이 중요한 역할을 한다. 이 방법은 대상자의 인격전체를 분석·종합한다는 점에서 우리나라에서는 보통 전체적 관찰법이라고 부르지만 정확한 표현은 아니다. 2

직관적 예측방법은 실무에서 가장 많이 이용되는 방법이다. 하지만 전적으로 판단자의 주관적 입장·지식·경험 등에 의존하기 때문에 신뢰할 수 있는 방법이라고 볼 수 없다. 판단자의 주관적 경험이란 체계적인 기준을 전제로 하지 않기에 수집된 자료를 평가·판단하는 것도 자의로부터 자유로울 수 없다. 3

(2) 통계적 예측방법

통계적 예측방법(statistische Prognose)은 대상자의 특징을 계량화하여 그 점수의 많고 적음에 따라 장래의 범죄행동을 예측하는 방법이다. 정해진 점수를 기초로 한다는 점에서 점수법이라고도 한다. 구체적 대상자의 다양한 특성을 객관적으로 평가하기 위해 예측표를 작성하고 이에 따라서 전체득점을 계산하는 방법을 이용한다. 이 방법은 직관적 예측방법에 비해 체계적이라고 할 수 있다. 비전문가도 이미 주어진 평가방법에 대입하여 예측을 할 수 있으므로 보험업계 등에서도 널리 이용하고 있다. 또한 범죄예측을 객관적 기준에 의존함으로써 실효성이 높고 비교적 공평하며 예측비용도 절감되는 장점이 있다. 4

그러나 범죄예측표의 단점도 자주 언급된다. 예측표의 항목은 개별연구자에 따라서 상이한 내용을 가질 수밖에 없다. 이 방법을 선호하는 사람들도 모든 경우에 적용될 수 있는 보편타당한 예측표나 예측절차가 불가능하다는 것을 인정한 5

1) 아래의 예측방법에 대한 자세한 설명은 Bae, Der Grundsatz der Verhältnismäßigkeit im Maßregelrecht des StGB, 124면 이하.

다. 만일 각종 서면상 범죄요인을 토대로 할 경우에는 서면에 등재되는 과정의 선별기준에 대한 교정방법이 없다. 실제범죄자의 일부분만 절차에 놓이고, 이들 가운데서도 극히 일부의 행위자표지만이 범죄예측표에 적용된다. 그러므로 예측표는 범죄원인보다는 오히려 범죄의 선별과정과 범죄화 과정에서 눈에 띈 지표를 담고 있는 것으로 보는 것이 더 타당하다.[1] 나아가 통계로부터 사람의 장래행위를 예단하는 데 궁극적인 한계도 있다. 통계적 예측이 범죄위험성을 80～90%로 계측하였다면, 나머지 10～20%에 해당하는 경우의 문제는 결국 예측판단자의 부담으로 남는다. 후자에 속하는 경우에도 일정한 형사정책적 조치를 취할 때에는 대상자의 희생한계를 벗어난다.

(3) 임상적 예측방법

6 임상적 예측방법(klinische Prognose)은 정신과의사나 범죄심리학자 등이 행위자의 성격분석을 토대로 작성하는 예측을 말한다. 여기서 주로 사용하는 방법은 조사와 관찰이고 임상실험의 도움을 받기도 한다. 대상자의 사회적 배경을 함께 고려하고 신체검사나 그밖의 의학적 보조검사도 병행한다. 위 통계적 예측방법으로 개별적 조사영역을 단순히 서술하는 것으로는 충분하지 않기에, 전체적 평가를 위해 범죄자의 심리상태에 대한 긴 시간에 걸친 경험과 전문적 지식이 추가적으로 필요하다.

7 이러한 방식은 판단자의 전문적 능력에 따라 합리적이지 않은 주관적 평가가 개입되거나 자료를 잘못 해석하는 문제 등이 있을 수 있다. 또한 비용이 많이 드는 방법이기 때문에 우리의 형사정책에 쉽게 사용할 수 없는 것도 단점이다.

(4) 통합적 예측방법

8 통합적 예측방법은 직관적 예측방법과 통계적 예측방법을 조합함으로써 각각의 예측방법의 단점을 보완하려는 것이다.[2] 예를 들면 판단자가 먼저 직관적 예측을 하고 다음으로 예측표를 이용하여 그의 직관적 예측이 맞는지 검토하는 방식이 이에 해당한다. 만일 양자 사이에 현격한 차이가 있을 경우에는 경험이 많은 전문가로 하여금 임상적 예측을 하도록 위탁하는 방법을 사용하기도 한다. 이러한 절충적 방법을 사용하면 각각의 예측방법의 결함은 어느 정도 줄일 수 있다.

---

1) Sonnen, Kriminalität und Strafgewalt, 196면.

2) Kaiser, Kriminologie, 513면; Göppinger, Kriminologie, 351면.

물론 각 예측방법의 범죄에 대한 이해가 다르기 때문에 단점이 모두 배제될 수 있는 것은 아니다. 긴 시간이 소요되기 때문에 실용성 또한 문제가 된다.

3. 예측시점에 따른 분류

1) **조기예측**은 유죄판결을 받은 적이 없는 특정인에 대해 미리 범죄위험성을 예측하는 것으로서 주로 소년범죄에 많이 사용된다. 범죄예측의 본질에 가장 가까우나 대상자가 아직 범죄를 저지르지 않은 사람이라면 심사과정 자체가 대상자의 자유영역을 침해할 수 있다는 단점이 있다. 현행제도로는 소년분류심사원에서 행하는 일반소년 외래분류심사가 이에 해당한다. 위험성만을 미리 내다보는 것이기 때문에 예측결과가 나오더라도 법적 조치를 취할 수 없다. 만약 교육기관이나 사회복지기관을 통해 필요한 교육을 하는 경우에는 강제교육의 문제가 있을 수 있다. 1차 일탈에 따라 심사된다면 비행자로 낙인 찍음으로써 예측을 스스로 실현하는 2차 일탈의 위험이 있을 수도 있다. 특정된 정책결정을 위한 참고자료로만 쓰는 것이 타당할 것이다. 9

2) **수사단계예측**은 수사기관이 수사종결처분을 할 때 재범 가능성을 내다보는 것을 말한다. 원칙적으로 수사종결권은 검사에게 있으므로 기소여부를 결정할 때 범죄예측은 검사가 담당한다. 경찰도 실질적으로 경범죄를 대상으로 훈방 등의 방식으로 수사를 중단할 수 있으므로 이 예측이 필요하다. 10

3) **재판단계예측**으로는 재범예측과 적응예측이 있다. 이 예측은 특히 양형책임을 결정하는 중요한 수단으로 작용한다.[1] 피고인에게 어느 정도 형을 부과하여야 수형기간 동안 재사회화를 이룰 수 있는지 예측하는 것으로서 가장 중요한 양형기준이다. 또한 이 단계에서 행하는 예측은 처우의 개별화를 위해서도 반드시 세분되어야 한다. 현행 재판제도에서는 제한된 자료를 가지고 짧은 기간 안에 피고인의 다양한 상황을 조사하여야 하므로 정확한 재판예측을 하는 데 한계가 있다. 판결전 조사제도는 이러한 문제에 대응하기 위한 것이다. 11

4) **석방단계예측**(교정단계예측)은 주로 가석방결정에 필요한 예측이다. 가석방 여부나 그 시기, 집행정지결정 등에 이용되며, 형의 종료시점이 확정되지 않은 보안처분에서도 이 예측방법에 의해 석방 여부가 결정된다. 이에 사용되는 자료로 12

1) 양형에서 예방적 관점의 도입에 대한 자세한 논의는 최석윤, 양형의 형벌이론적 기초와 합리화 방안, 140면 이하.

는 수용기간 중의 행형성적, 복귀할 환경 등이 고려된다.[1)]

4. 전 망

13 재범예방 측면에서 본다면 미래의 범죄위험성에 대한 정확한 예측을 근거로 할 때 사회통제체계의 최후수단인 형법의 투입이 정당화될 수 있다. 그런데 위에서 살펴본 몇 가지 예측방법은 특정한 조치를 투입할지 또는 얼마 동안 어느 강도로 투입할지 결정하는 데 큰 도움을 주지 못하고 있다. 장래의 범죄위험성에 대한 정확한 진단 없이 당사자의 권리침해를 수반하는 정책을 구체화하는 것은 그의 희생한계를 넘어서게 된다. 그러므로 예측이 불확실한 경우, 즉 처벌하는 국가의 무지로부터 나오는 결과의 위험은 당사자가 아니라 국가기관이 감수하는 것이 타당하다. 불충분한 예측이 가벼운 처벌을 위한 논거로 사용되는 것은 허용되지만, 반대로 무거운 처벌을 위한 자료가 될 수는 없다.

14 더 중요한 것은 일반예방에 필요한 범죄예측기법을 개발하는 것이다. 이미 범행한 사람만을 대상으로 하는 범죄예측으로는 한계가 있다. 개별 대상자가 아닌, 전체 사회 단위에서 범죄를 예측하기 위해서는 정밀한 과학적 수단의 도움이 필요하다. 최근에는 정보통신기술의 발달과 광범위한 보급으로 인해 과거에 취합된 아날로그 정보들이 디지털화 되었으며, 새로운 광범위한 여러 유형의 정보가 효율적으로 수집되고 있다. 이를 데이터베이스화하여 빠른 시간 안에 분석하는 것이 가능하다. 우리나라에서도 2015년 경찰청과 정부가 이러한 빅데이터를 바탕으로 실시간으로 범죄를 예측하고 예방하는 시스템을 개발하는 MOU를 체결하기도 하였다. 빅데이터를 이용한 분석이 의미 있는 이유는 샘플링과정을 거친다면 정형화된 데이터 뿐 아니라 비정형 데이터까지 분석할 수 있기 때문이다. 즉 기존에 감안할 수 없었던 요소까지도 고려할 수 있다. 물론 현재까지는 일반예방을 위한 빅데이터 분석에 한계가 있다. 과학적 분석은 원인과 결과의 상관관계를 어느 정도 분명히 하는 것에는 매우 유용한 도구이지만, 그렇다고 해서 원인과 결과 사이에 인과관계를 명확하게 증명할 수 있는 수준에 이른 것은 아니다.

---

1) 구체적 예측방법으로는 1) 추행조사의 방법을 이용하여 수형자가 가석방 전의 생활에서 보여준 인자 가운데서 가석방 예측에 긍정적으로 사용할 수 있는 것을 추려내어 각 인자에 평점을 부여하는 버제스식(양점법) 예측방법, 2) 퍼어슨의 수식에 따라 난점법으로 예측표를 만들고 그 결과 범죄예측에 필요한 인자를 선정하고 다시 소종류로 분류한 다음 가석방 후의 생활과 비교하는 글뤽식 예측방법, 3) 상태범이나 기회범에 관련된 인자, 행형 중의 상태변화와 관련된 인자, 장래생활관계와 관련된 인자를 선정하여 개인적 인자로 난점법을 이용하는 쉬트식 예측방법 등이 있다.

제 2 장　형사사법의 절차

제 1 절　형사사법과 수사절차

[70]　형사절차의 개관

1

▌형사절차개관▐

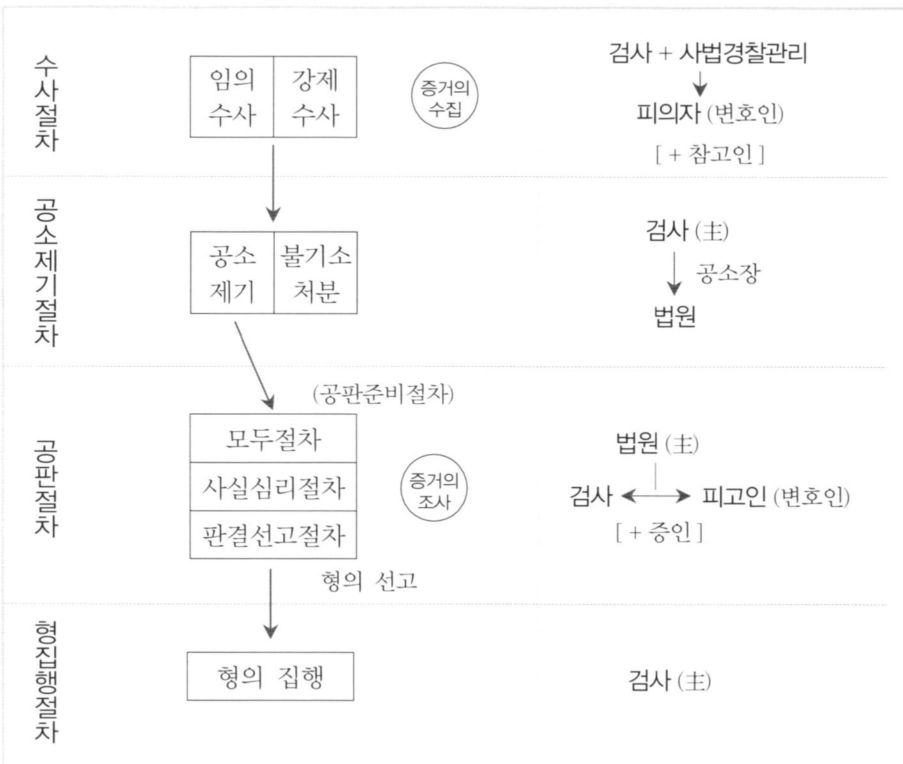

2 형사절차는 범죄를 인지하고 사안을 구성하는 수사절차와 피의자를 기소하는 공소제기절차, 좁은 의미의 형사소송으로서 증거를 조사하고 재판을 하는 공판절차, 그리고 선고된 형벌을 집행하는 형집행절차로 나뉜다.

1. 수 사

3 범죄사실이 발생하는 것 자체로는 형사절차가 진행되지 않는다. 그것을 수사기관이 알게 됨으로서 수사절차가 시작될 수 있는데, 그 계기로는 고소, 고발, 수사기관이 사건을 직접 인지하는 경우 등이 있다. 수사는 범죄의 사실관계를 규명하여 사안의 실체를 구성해낼 수 있도록 하는 것을 목적으로 한다. 간단히 말하면 '증거를 수집'하는 과정이다. 수사기관은 검사와 경찰로 나뉜다. 수사를 받는 대상은 '피의자'로 불리며, 수사기관에 출석하여 질문·대답을 통해 자신이 인식한 사실을 전하는 주체는 증인이 아니라 '참고인'이다.

4 수사와 구별되는 것으로서 흔히 '내사'라 불리는 과정도 있다. 내사는 언론보도나 소문, 제보 등을 통해 범죄혐의가 인식된 때에 수사기관이 입건立件(형사사건으로 봄) 단계에서 행하는 조사를 말한다. 수사과정에 놓인 대상자가 피의자로 불리는 것과 구별하여, 여기서는 용의자라는 말을 쓰기도 한다.

2. 공소제기

5 기소라고 줄여서 부르기도 하는 공소제기는 검사가 법원에 대해 사실을 조사하여 범인을 처벌해달라는 의사를 표시하는 소추절차이다. 공소사실이 쓰여 있는 공소장을 법원에 전달함으로써 공소제기가 이루어지며 이 공소장은 피고인에게도 전달된다. 공소제기를 통해 피의자였던 자는 '피고인', 즉 소를 제기당한 사람이 된다.

6 공소제기는 검사의 고유한 권한이다. 역사적으로 검사제도 자체가 소제기, 즉 소추를 위해 만들어진 것이기 때문이다. 공소를 제기할 것인가 여부, 공소사실을 어떻게 기재할 것인지 여부 등은 모두 검사의 재량에 따르는데, 이러한 제도의 배경을 기소편의주의라고 한다.

3. 공 판

7 공판정에서 이루어지는 공판절차의 주재자主宰者는 법원이다. 법관이 사건

및 피고인을 특정하면서 시작된다. 이어 검사가 공소사실을 낭독한 후 법관이 주도하여 피고인을 신문[질문·대답]하고, 증인이 있는 경우에 법관, 검사, 피고인 모두 묻고 답을 들을 수 있으며 증거물도 확인한다. 공판과정은 이처럼 '증거조사'를 진행하는 절차이다. 최종변론과 구형이 이루어진 후에 판결을 행하는 것으로서 공판절차는 끝난다. 이 모든 과정이 한 번에 이루어질 필요는 없고 많은 경우에는 수차례 나누어 진행된다. '재판'은 위의 전 과정을 일컫는 단어이기도 하고, 법원이 최종적으로 결론을 내리는 것 또는 그 결과를 뜻하기도 한다.

4. 형 집 행

유죄판결이 있을 때 형벌을 집행하는 주체는 검사이다. 형집행에는 사형의 8
집행, 자유형의 집행, 자격형의 집행, 재산형의 집행이 있다. 몰수, 소송비용, 비용배상의 집행은 재산형의 집행에 준하여 취급할 수 있다. 무거운 형벌을 먼저 집행하는 것이 정해진 순서이다. 즉 사형, 징역, 금고, 구류의 순서로 집행된다. 자유형 형기가 같은 경우에는 징역이 금고보다 중한 형이며, 형기가 다른 경우에는 기간이 긴 것이 형벌종류와 관계없이 무거운 형벌이다. 이러한 기준 이외에는 죄질과 범죄의 정황에 의해 경중을 정한다.

[71] 수사단계의 형사정책

1. 수사절차에서 비례성원칙

비례성원칙은 형사절차 전반을 지배하는 원리이다. 특히 수사절차는 시종일 1
관 비례성원칙에 종속되어야 한다(형사소송법 제199조 참조). 비례성원칙은 범죄사실을 규명함으로써 형벌권을 행사해야 할 목적과, 그에 따른 수단이 피의자의 권리를 침해하는 정도 사이에 비례관계가 있어야 함을 말한다. 이는 1) 수사에 활용되는 수단이 형벌권 행사라는 목적달성에 적합하고[적합성원칙], 2) 적합한 수단들 중에서 반드시 필요한, 즉 수사대상에 대한 침해가 가장 적은 수단을 선택해야 하며[필요성원칙 또는 최소침해원칙], 3) 수사목적을 달성하여 얻는 이익과 수사활동으로 침해되는 이익 사이에 균형성이 있어야 한다[균형성원칙 또는 상당성원칙]는 세 가지 부분원칙으로 구성된다. 앞에서 뒤로 갈수록 더 섬세한 판단을 요구한다.

2 현실적으로 수사의 적합성 판단보다는 주로 필요성원칙에 대한 주의가 주로 문제된다. 수사절차에서 필요성원칙은 목적달성에 적합한 여러 수단 가운데 최소의 침해를 수반하는 방법을 선택하라는 의미이다. 단순히 '처벌을 위해 필요하다'는 수준의 필요성은 이미 수사에 당연히 감안되어 있는 것이기에 비례성원칙의 내용이 될 수 없다. 여기서 요청되는 필요성요건은 피수사자의 권리침해를 최소화하는 수단을 선택해야 한다는 것이다. 그 방법을 이용하지 않고 다른 수단을 사용하면 목적을 달성할 수 없거나 피의자·피고인의 권리가 더 크게 침해될 수 있다는 사실이 전제되어 있다. 예를 들어 '강제수사가 필요하다'는 말의 형사절차상 의미는 수사기관이 강제수사할 것을 막연히 원한다는 것이 아니라, 강제수사가 아니고서는 해당 목적을 달성할 수 없다는 뜻이다.

2. 현재 수사실무의 문제

(1) 수사인력의 확보

3 우리나라에서 통계에 포착된 범죄발생수는 2002년 1,833,271건에서 2009년에는 2,020,209건으로 늘어났고 2020년에는 다시 줄어 1,587,866건이었다. 2020년 기준으로 경찰청의 실질적인 수사인력은 약 21,970명이다. 단순히 계산하더라도 수사경찰 1인이 1년에 72건에 달하는 사건을 해결해야 한다.[1] 상황이 이렇기에 통계상 드러나지 않은 숨은 범죄를 인지하는 작업이나 아직 발생하지 않은 범죄의 예방에 투입되는 인적 자원의 활용은 더욱 어렵다. 경찰관이 담당하는 1인당 인구의 수는 점차 낮아져 2019년에는 122,913명의 경찰관이 등록되어 있으며, 1인당 422명을 담당하도록 되어 있다. 2002년 91,592명의 경찰관이 1인당 527명을 관리하던 것에 비할 때 꾸준히 낮아지고 있다.[2] 경찰관 2만 명 증원계획에 따라 2013년부터 5년간 매년 4,000명의 경찰관이 증원된 결과로 보인다. 그러나 앞서 지적한 것처럼 많은 인원이 일선에 투입되기보다는 행정업무를 담당하고 있으며, 최근 증원되는 경찰력은 주로 여성·청소년과 관련된 대민 업무이기 때문에 범죄예방 및 수사에 곧바로 투입되는 인력 자체가 늘어난 것은 아니다.[3] 수사인

1) 경찰통계연보 2015, 8면.
2) 경찰청 홈페이지 통계자료 참조.
3) 경찰백서 2020 참조.

력 확보를 위해 전체 경찰관의 증원도 중요하지만, 경찰 내부에서 범죄예방과 수사에 활동할 수 있는 인력 비중을 높일 필요가 있다.

(2) 검 거 율

검거율은 인지된 범죄사건과 비교하여 검거한 사건의 비율을 말한다. 즉 숨은 범죄의 비율이 고려된 것이 아니라, 이미 '수사기관에 인지된' 사건 가운데 용의자나 피의자를 검거한 사안의 양을 표시한다. 일반적으로 검거율은 경찰활동의 수준을 나타내는 척도로 여겨진다. 우리나라 검거율은 다른 나라의 2배를 넘는 것으로 알려져 있다. 각 지방경찰청 단위로 검거율을 집계하는데, 모든 지역의 경찰은 예외 없이 70%가 넘는 검거율을 자랑하며 100%에 육박하는 조사도 많다. 심지어 조사기간 내에 과거에 누적된 사안까지 검거하여 100%가 넘는 통계조사까지 있다. 간단히 검색해보더라도 각 지방자치단체 소속 경찰서 단위별로 해당청의 범인검거율이 높다는 것을 마치 경쟁이라고 하는 듯이 선전하고 있는 것을 쉽게 발견할 수 있다. 4

그렇지만 이를 굳이 자료로서 분석할 만한 가치가 있지는 않다. 다음과 같은 이유에서이다. 1) 만약 수사기관에 인지되지 않은 숨은 범죄의 비율이 매우 높다면, 이미 인식된 범죄에 대한 검거율의 의미는 제한적일 수밖에 없다. 2) 이러한 이유에서 검거율을 높이기 위해, 확실히 검거가 가능한 사안이 아니라면 애초에 수사기관이 인지하지 않은 사건으로 처리해버리는 수도 있다. 숨은 범죄는 조사되어 발표할 수 없는 영역에 머물지만, 검거율은 수치화하여 발표될 수 있기 때문이다. 성과 위주의 수사를 하고 있기에 검거율을 높이기 위한 통계 왜곡은 얼마든지 가능하다. 3) 사안에 따라서는 검거건수가 인지건수로 기록되는 경우도 있다. 이 경우, 검거를 하는 것이 곧 사건인지가 되므로 모든 사안에서 인지된 범죄는 곧 검거되는 것으로 드러난다. 4) 물론 우리나라의 경찰활동에서 인지된 범죄에 대한 검거 자체가 실제로 효율적으로 이루어지고 있다고 볼 수도 있다. 경찰작용이 합리적으로 이루어지고 있기 때문이라고 할 수도 있고, 다른 나라에 비해 널리 이용되는 녹화영상, 휴대폰위치추적 등 기술의 도움도 쉽게 받을 수 있다. 그리고 삼면이 바다로 둘러싸여 실제로 섬과 같은 지리적 상황에서, 좁은 공간에 많은 사람들이 모여살고 있기에 범인 검거가 상대적으로 유리하기도 하다. 5

(3) 구 속 율

6 구속율은 일반적으로 검찰청 처리사건 가운데 구속영장에 따라 피의자를 구속한 사건의 비율을 말한다. 2020년에는 1심 형사재판을 받은 244,988명 가운데 21,753명이 수사과정에서 구속된 피고인이었다. 구속율은 2003년 37.7%에서 2012년 9.3%로 감소한 이래 2020년은 8.8%로 10% 아래로 떨어졌다.[1)]

7 과거에는 불구속수사원칙을 가볍게 여겨서 구속율이 높았다. 그러나 1997년부터 판사가 구속영장이 청구된 피의자를 실제로 대면하고 심문하는 구속영장실질심사제가 실시되었고, 2008년 이후에는 이 제도가 필요적 제도로서 반드시 거쳐야 하는 과정으로 되어 있다. 인신을 구속하여 그를 신문하는 방식보다 물증을 분석하는 과학수사방법이 더 신뢰를 얻고 선호되는 경향으로 바뀌어가고 있는 것도 구속율이 낮아진 이유이다. 여러 선진국에서 신문을 통해 피의자로부터 자백을 얻어내는 자백편중수사로부터, 디지털포렌식을 이용하는 등 과학수사로 변모해가고 있는 긍정적 변화를 겪고 있으며 우리나라도 예외는 아니다. 구속 자체를 특별한 수사절차의 일종이 아닌 형벌 그 자체로 바라보는 시각도 많이 교정되어 가고 있다.

3. 미결구금

8 대인적 강제수사 방식인 체포와 구속을 통해, 또는 재판 진행 중에 피의자·피고인의 신병을 확보하고 증거인멸을 방지하기 위해 취하는 구금조치를 미결구금이라고 한다. 아직 재판 효력이 형성되지 않은 상태에서 하는 구금이라는 뜻이다. 비례성원칙 가운데 필요성이 충족될 때에만 구속할 수 있도록 하는 불구속수사원칙에 따라 구속수사 자체는 과거에 비해 많이 자제되고 있다. 그러나 미결구금제도의 의미와 기능에 대한 문제제기는 여전하다.

9 미결구금의 근본문제는 아직 유죄가 확정되지 않은 피의자·피고인의 자유를 제한하는 처분이 정당화될 수 있는가 하는 점이다. 예외적인 때에 수사필요성에 따라 구속수사를 허용할 수밖에 없는 경우가 있는데, 이는 형집행 이전에 대상자를 가두어두기 때문에 형법은 이러한 미결구금일수를 최종적인 자유형 기간에 포함하여 계산하도록 하고 있다[미결구금의 산입](형법 제57조).[2)] 무기자유형이나 사

---

1) 사법연감 2021, 640면 이하.

2) 정당성에 대해서는 헌재결 2009.6.25. 2007헌바25.

형을 선고받은 자는 선고받기 전 미결구금일수가 형기에 산입되지 않는다. 그러나 무기징역형을 선고받은 사람이 가석방대상이 되거나, 사형선고를 받은 사람이 감형으로 징역형이 되는 경우에는 법정요건과 관련하여 미결구금일수를 산입해야 할 필요성이 있다.

미결구금된 자가 짧은 기간에 시설 안에서 범죄를 학습할 수 있다는 것은 단기자유형과 마찬가지 단점이다. 미결구금 자체의 빈도를 줄이는 것이 바람직하다. 대상자를 가두는 강제수사는 극히 예외적으로만 허용되도록 해야 한다. 형사절차를 신속하게 진행하고 종결하도록 하는 것도 미결구금의 부작용을 줄이는 방법이다. 또한 미결구금이 기결수의 수용방식과 구별되도록 하는 것도 필요하다. 10

4. 수사권조정 문제

(1) 의 의

위에서 말한 것처럼[64/3] 지금 수사절차와 관련하여 가장 논의가 활발한 테마는 검사와 경찰 간 수사권조정에 대한 것이다. 지금까지 검사가 수사권을 독점하고 경찰은 검사의 수사지휘를 받는 것으로 규정되어 있었다. 과거에는 경찰이 검사의 단순한 수족에 불과한 것으로 생각되기도 했고, 구체적인 상황에서 검사에게 모욕적 대우를 받는 경우도 많았다. 법개정을 통해 이를 수정하려는 경찰 측의 노력이 오랜 기간 동안 진행되어 온 중요한 이유이다. 11

현실에서는 경찰이 수사를 주도적으로 진행하고 임의로 종결하기도 하며, 수사에 필요한 각종 조치도 자발적으로 하는 때가 많기 때문에 일반인들은 경찰에게 수사권이 없다는 것을 쉽게 이해할 수 없을 것이다. 경찰에게도 실질적인 수사권을 갖게 하자는 수사권독립론은 이와 같은 현실로부터 제기된 문제이다. 지속된 경찰의 노력으로 '검사는 사법경찰관을 존중하고 법률에 따라 적정하게 지휘하여야 한다'는 규정이 신설되기도 하였다.[1] 그렇지만 경찰은 이러한 상징적인 법개정보다 실질적으로 경찰이 독자적으로 수사할 수 있는 권한을 확보하길 바라고 있다. 경찰의 수사권독립 또는 수사권분할을 둘러싼 찬반논거는 다음과 같다. 12

1) '검사의 사법경찰관리에 대한 수사지휘 및 사법경찰관리의 수사준칙에 관한 규정' 제2조.

(2) 찬 성 론

13 찬성론은 다음과 같은 근거로 경찰도 수사권한을 가져야 한다고 말한다.[1)] 1) 경찰이 특별한 경우를 제외하면 대부분 사안에 대해 실질적이면서도 구체적인 수사활동을 하고 있고 사회구성원들도 그렇게 인식하고 있다. 2) 많은 수의 범죄를 검찰청의 인적·물적 자원으로 수사하는 것은 불가능하다. 방대한 경찰조직이 능동적으로 수사하는 것이 더 효과적이다. 3) 검사는 법률전문가이며 수사전문가는 아니다. 즉 사안을 인지하고 증거를 수집하는 것은 경찰의 작용이고, 검사는 그 정보를 토대로 사안을 구성하고 기소하는 역할을 하는 것이 타당하다. 4) 범죄예방은 경찰의 역할로 되어 있는데, 예방과 수사를 함께 맡는 것이 효율적이다. 5) 다른 나라 입법례에서도 검찰이 공소권과 수사권을 독점하는 예는 드물다. 6) 검찰조직 및 그 구성원에 대한 수사를 할 수 있는 주체가 제도적으로 없다면 검사의 불법에 대응할 수 없다.

(3) 반 대 론

14 경찰의 수사권독립에 대해 비판적인 의견은 다음을 이유로 한다.[2)] 1) 상대적으로 적법절차와 인권존중의 요청에 충실하기 어려운 경찰에게 수사권을 독립하여 부여할 수 없다. 특히 강제수사로 인한 권리침해가 예상된다. 2) 경찰에게 수사권을 부여하기에는 아직 경찰권력의 집중화를 막는 지방분권화가 이루어지지 않았다. 3) 우리나라 경찰은 사건을 검찰에 송치하지 않거나 즉결심판청구 및 훈방을 할 수 있는 제도를 이용하고 있어 수사종결권이 전혀 없다고 보기 어렵다. 4) 우리나라 경찰은 범죄뿐만 아니라 각종 분쟁에도 개입하는 문화적 특수성이 있기에 독자적 수사권은 특히 일반 시민과 가까운 영역에서 검찰 및 법원의 권한을 넘어서게 될 우려가 있다. 5) 최근 경찰에서 담당하기 어려운 회계, 조세, 금융 등 경제범죄의 영역이 늘어나고 있다.

(4) 전 망

15 여러 장면에서 경찰이 수사권을 가져오기 위한 다양한 이론적인 근거를 대고자 노력하고 있는 것을 볼 수 있다. 견제와 균형이 필요하다는 사고에 대해서는 많은 사람들이 공감할 수도 있을 것이다. 반면에 검찰 측의 반대논거는 주로 경찰

---

1) 손동권/신이철, 형사소송법, 162면.

2) 노명선/이완규, 형사소송법, 82면; 이재상/조균석, 형사소송법, 9/31; 정웅석/최창호, 형사소송법, 64면.

을 신뢰하지 않는다는 내용으로 이루어져 있다. 이 논쟁이 처음부터 공평하게 진행되는 대화가 아님을 보여준다.

이제 검찰이 경찰을 향해서 부패한 집단이며 인권을 침해할 우려가 있고, 수 16
사 전문성이 떨어진다는 비판을 할 위치에 있다고 생각하는 사람은 많지 않을 것이다. 지금처럼 검찰에 대한 신뢰가 땅바닥에 머물고 있는 때 그런 이야기를 대놓고 하는 것은 누워서 침을 뱉는 것과 다르지 않다. 그 어느 점 하나 검찰이 경찰에 비해 우위에 있지 못한 것으로 느끼고 있기 때문이다. 그러나 검찰의 문제가 이와 같이 심각하다고 해서, 곧바로 수사권을 분할하자는 의견에 더 설득력이 생기는 것도 아니다. 지금 전혀 새로운 제3의 기관을 설치하자는 견해가 대화에 등장하고 있는 것이 이러한 상황을 잘 보여준다.[1)] 양 기관이 권한을 유지, 확대하고자 하는 싸움을 하면서 '인권보장'을 논거로 하는 것도 적절하지 않다. 그들이 보호하려는 인권이 도대체 무엇인지 묻지 않을 수 없다. 앞서 말한 것처럼 수사기관이 주의해야 하는 인권은 피의자·피고인의 절차상 권리의 최소한에 불과한 것이기에[31/12], 자기 기관이 주도권을 가져야 최소한의 기본권을 지킬 것이라고 강변하는 것으로는 진지한 동의를 얻을 수 없다. 다수 시민의 삶과 관련되는 인권의 영역도 아니다.

최근 형사소송법 등의 개정으로 일부 수사개시를 비롯한 권리가 경찰의 권한 17
으로 옮아갔고, 이른바 '공수처'라 불리는 고위공직자 범죄수사처가 2021년 신설되어 일부 계층의 범죄수사를 검찰이나 경찰이 아닌 제3의 기관이 맡게 되었지만, 이러한 형식적인 변화보다 더 중요한 것은 사회구성원들의 인식개선이 이루어지고 있다는 사실이다. 그동안 우리나라 수사기관이 저질러온 각종 범죄와 부당한 일처리가 시민들로 하여금 국가기관의 도덕성을 환기시키는 작용을 충분히 해왔다. 이제는 기관이나 구성원 자신이 저지르는 또 다른 범죄를 국가기관의 권위를 근거로 적당히 흘려 넘기던 때도 아니다. 국가의 조직구조가 어떻게 개편될 것인가보다는, 구체적 정의실현에 사람들이 더 관심을 갖고 있는 이유이다. 발생한 범죄에 대한 수사는 잘 해야 본전, 잘못하면 조직의 체면을 크게 구기는 일이라는 것은 검찰도 경찰도 잘 알고 있다. 앞으로는 더욱 더 그럴 것이다.

수사권은 국가형벌권의 한 부분이기에, 그것은 국가형벌'의무'의 중요한 내용 18

1) 정승환, 형사소추기관의 구조개혁과 수사기관의 일원화, 21면 이하.

이기도 하다. 그런데 지금 논쟁상황을 보자면, 도대체 경찰과 검찰 양 기관이 정의를 실현하고 시민에게 봉사하는 무거운 책임과 의무를 떠맡으려 하는 것은 맞는지 묻고 싶다. 혹시 과거처럼 무소불위의 권력을 시민을 향해 휘두르는 방편으로서 수사권을 생각하거나, 또는 자신들의 불법을 스스로 수사하여 덮어둘 수 있게 하려는 것은 아닌지 진지하게 물어보고 싶다. 그런 시대착오적인 생각을 하는 게 아니라면, 왜 그렇게 조직 전체의 사활을 걸고 감내하기 힘든 의무를 더 많이 떠맡으려 하는 것일까?

제 2 절 공소의 제기

[72] 공소제기의 소송법상 의의

1. 공소제기의 개념과 연혁

1 검사가 수사를 통해 범죄의 충분한 혐의와 정보를 확보하면 공소를 제기한다[기소]. 공소제기는 공소사실을 근거로 피고인을 처벌해 줄 것을 법원에 구하는 검사의 의사표시이다. 범죄에 대해 형사재판을 요구하는 소추행위는 역사적으로 공소제기가 확립되기 이전, 피해자 등 사인의 고소·고발로부터 시작되었다. 고대 그리스와 아테네에서는 모든 시민이 고소·고발을 할 수 있었고, 그로부터 형사절차가 진행되는 순수한 의미의 탄핵주의를 취하고 있었다.[1)]

2 상대적으로 당사자주의 경향이 강했던 프랑스에서는 13세기경까지 고소를 대리하는 사인私人인 대관(procureur)이 공소관으로 활동하였다. 이들은 법원 내에서도 당사자 지위를 갖고 있었고, 왕과 영주들도 대관에게 자신의 이익을 대변하는 임무를 맡기기도 하였다. 14세기 중반에 이르러 중범죄의 경우에 피해자가 고소하지 않아도 공소관 스스로 독자적으로 소추를 담당하는 공익적 지위를 갖기 시작했다. 특히 프랑스의 1579년 칙령에 따라 고등법원의 대관과 하급법원의 대

1) 아리스토텔레스는 이를 솔론(Solon) 입법의 결과라고 하였다(Wesel, Geschichte des Rechts, 125면 이하).

관들은 고소, 고발이나 사인의 소추가 없더라도 범죄를 스스로 발견하고 소추하는 의무를 지게 되었다. 독일에서는 규문주의 형사절차가 근대를 넘어 18세기까지 이어졌다. 19세기 초에 나폴레옹 시대를 거쳐 독일은 영국 및 프랑스식 절차의 내용을 수용하게 되었다. 이 가운데 특히 프랑스 형사소송법(code d'instruction criminelle)의 모범에 따라 독자적 의미의 '소추기관'을 제도화하게 되었으며, 이로부터 규문주의에서 벗어나 소추기관인 '검사'제도를 포함하는 탄핵주의가 입법되었다.[1)]

3 위와 같은 역사적 맥락에서 보듯이 형사소송을 시작하게 하여 형벌권의 기초를 이루는 행위의 가장 초기 형태는 피해자를 비롯한 당사자의 고소·고발이었다. 시간의 흐름에 따라서 소추와 재판을 한 주체가 같이 행사하는 규문주의가 싹트게 되었고, 다시금 검사가 소추 역할을 독점하는 탄핵주의가 확립되었다. 단순하게 보자면 ①탄핵주의→②규문주의→③탄핵주의로 발전되어 왔다고 말할 수 있다.[2)]

2. 공소제기의 법적 성격

(1) 카우프만의 구별공식

4 형사사법에서 실체적 측면과 절차적 측면을 서로 구별할 수 없다는 이른바 '일원론'이 오랫동안 주장되었다.[3)] 이에 대해 원칙적으로 반대하는 **힐데 카우프만**(H. Kaufmann)은 법관이 사안과 법규범간의 포섭관계를 정하는 과정은 절차 안에서 처음으로 부각되는 것이지만, 사안의 실체내용은 소송참여자들의 인식과정과 무관하게 그 전부터 존재할 수 있다고 하여 양자를 구별하려 하였다.[4)] 이 목적으로 그는 '카우프만의 구별공식'(Abgrenzungsformel)을 생각해냈다. 이 공식은 "만약 소송절차라는 것이 없다고 가정할 때, 지금 법적 성질이 문제되고 있는 요건이 형벌의 부과 여부에 영향을 미친다고 해야 할 것인가, 아니면 영향을 미치지 않는다고 볼 것인가?"라는 것이다.[5)] 가령 '책임감면사유' 같은 것은 절차가 없더라도 형벌의 유무와 정도에 영향을 미치므로 실체법적 개념인 반면, 친고죄에서 '고소

1) Rüping, Grundriß der Strafrechtsgeschichte, 84면.
2) Ambos, Zum heutigen Verständnis von Akkusationsprinzip und -verfahren aus historischer Sicht, 586면.
3) 홍영기, 형사소송법, 그 독자적인 법 목적에 대한 이해, 257면 이하.
4) H. Kaufmann, Strafanspruch Strafklagrecht, 7면 이하. 유사한 관점으로는 Schmidt, Lehrkommentar I, Rn. 33이하.
5) H. Kaufmann, 앞의 책, 134면.

기간제한'은 절차라는 형식이 없으면 의미가 없는 것이므로 소송법적인 개념이다.

(2) 공소제기의 실체법적 지위

5 공소제기는 형사절차의 필요에 따라서 생겨난 절차적 제도이기는 하다. 위 공식에 대입하여, 만약 형사절차라는 것이 아예 없다면 공소제기가 필요없다고 할 수도 있다. 그러나 공소제기라는 법률행위가 절차법적인 성격만 갖고 있다고 보기는 어렵다. 공소제기는 행위자의 처벌필요성을 드러내며 처벌을 구하는 의미를 갖고 있어, '절차 안에서' 비로소 의미가 있다기보다는 '절차 자체를 형성'하는 제도라고 보아야 하기 때문이다. 소추와 재판이 형성되지 않는 상황에서 존재하는 실체적 가벌성이라는 것은 빈 내용에 지나지 않는다. 현재 구체적 형사사법에서 공소제기는 재판과 마찬가지로, 단순한 절차적 제도라는 의미를 넘어 실체적 가벌성을 인식하는 방식 자체와 구별되지 않는 활동으로 인정되고 있다.[1]

[73] 소추재량의 문제

1. 기소편의주의와 기소법정주의

(1) 기소편의주의의 의의

1 기소편의주의란 수사결과, 공소를 제기하기 위한 충분한 혐의가 인정되고 소송조건을 갖춘 경우에도 검사의 재량에 따라 불기소처분을 허용하는 원칙이다. 형사소송법 제247조 ①항에는 '검사는 형법 제51조 사항을 참작하여 공소를 제기하지 아니할 수 있다'는 기소편의주의 근거가 규정되어 있다. 그러나 현실에서 불기소처분보다 더 중요한 의의는, 하나의 사건 안에 포함된, 실체법적 구성요건에 해당하는 여러 사실관계 가운데에서도 어떤 사실을 어떤 죄와 관련된 것으로 기소할 것인지 검사가 결정할 수 있도록 하는 재량근거라는 점이다. 즉 기소·불기소 여부뿐만 아니라 소송물에 대한 재량적 구성까지 기소편의주의가 정당화한다.

(2) 기소법정주의와 대비

2 기소편의주의는 기소법정주의와 대비될 때 의미가 드러난다. 기소법정주의는 검사의 공소제기에 대한 자의를 제한하여, 일정한 조건이 갖추어진 경우에는 반

---

1) 카우프만은 공소장의 존재는 절차적인 것이라고 한다. 그러나 공소장제출 자체가 공소권행사의 본질은 아니다.

드시 법에 의해 공소를 제기하도록 하는 원칙을 말한다. 넓은 의미에서 보자면 기소만 강제하는 것이 아니라 더불어 수사까지 강제하는 것으로 새겨진다.[1)]

기소편의주의와 기소법정주의는 입법례에 따라 다르게 채택되었다. 독일형사소송법은 몇 가지 예외 이외에는 기소법정주의를 따르고 있고, 프랑스는 기소편의주의를 기본으로 한다. 영국에서는 사인소추를 제도화하여 사실상 기소편의주의를 택했을 때와 다르지 않은 비율로 기소가 이루어진다. 미국에서는 유죄협상제도를 비롯하여 이미 수사과정부터 광범위한 검사의 재량에 의한 소추권을 인정하고 있다. 일본은 우리나라와 같은 방식의 기소편의주의를 제도화하였다. 3

기소편의주의를 취할 때 구체적 타당성 또는 구체적 정의의 실현이 가능해지며, 이에 반해 기소법정주의는 법적 안정성에 봉사하는 역할을 담당한다고 이야기하는 경우가 많다.[2)] 때로는 정치적·정책적 이유에서 불기소처분을 남용하고 있다는 등, 기소편의주의의 활용에 대한 비판도 많이 제기되고 있다.[3)] 그렇지만 둘의 가치평가는 이처럼 표면적 현상만을 통해 이루어질 수 없다. 그리고 양 제도 가운데 무엇을 취할 것인가 하는 질문은 각국의 입법사와 법문화에 따라 다르게 대답되는 것일 뿐, 그 가운데 어느 한편이 객관적으로 우월한 것은 아니다. 4

2. 기소법정주의의 근거

(1) 법치국가원칙

국가와 시민의 대립 구도 안에서 국가권력을 제한함으로써 시민의 자유가 확보된다는, 계몽주의로부터 비롯된 서양 근대법사고가 법치국가원칙의 배경에 놓여 있음은 이미 여러 차례 이야기하였다. 만약 '법치국가원칙이 시민의 권리확대에 기여하는 것'이라고 단순히 요약한다면, 오히려 기소편의주의가 이 이념에 어울린다고 말할 수도 있을 것이다. 범죄가 드러났다고 하더라도 검사의 재량에 따라서 공소를 제기하지 않는다면, 행위자의 이익범위는 그로부터 확대될 것이기 때문이다. 그렇지만 재량에 의해 기소하지 아니하여 피의자가 처벌을 면하는 것을 자유주의 법치국가이념에 따른 결과로 보는 사람은 없다. 이는 일종의 반사적 이익으로서 피의자가 적극적으로 누릴 수 있는 권리가 아니기 때문이다. 이 점에 5

1) Kindhäuser, Strafprozessrecht, 4/18.
2) 이찬엽, 공소권행사의 한계에 관한 소고, 307면.
3) 이덕인, 시민 참여에 의한 검찰 공소권한의 통제, 128면 이하.

서도 법치국가원칙의 근본 의미는 시민에게 일방적으로 유리한 방향성을 갖는 것이 아님을 알 수 있다. 보편적으로 입법된 법(률)에 따르는 형사사법을 통해 구현되는 자의배제, 객관성보장의 이념이며, 그렇기에 법치국가원칙은 기소편의주의보다는 기소법정주의를 지지하는 관념이라고 생각하는 것이 타당하다.

6 서양 근대 이성법의 목표에 따를 때 "국가는 시민의 모든 행위를 제어할 수 있고 제어해야 하며, 그에 따라 범죄로 확인된 반사회적 행위를 일관되게 처벌해야 한다"는 원칙이 지배한다.[1] 규범을 통해서 옳고그름의 평가가 이루어지지 않거나, 그에 따라 사법이 이행되지 않는 영역을 애초에 생각할 수 없는 것으로 보고 있다. "범죄 없으면 형벌 없다"(nulla poena sine crimen)는 것뿐만 아니라 "형벌 없는 범죄도 없다"(nullum crimen sine poena)는 것도 여기의 원칙이다.

(2) 법익보호과제

7 기소편의주의에 따를 때는 범죄를 저지른 행위자가 검사의 자의에 의해서 처벌되지 않을 가능성이 기소법정주의에 비해 크게 높아질 수도 있을 것이다. 분명한 법적 근거 없이도 실제로 범죄를 저지른 자를 처벌하지 않을 수 있는 가능성을 열어두는 것이고, 그 점에서 형법의 과제, 즉 일반시민의 법익보호과제를 충실히 담당하지 못한다는 비판을 받기도 한다.[2] 국가는 형벌권을 독점하는 지위에 놓이므로, 발생한 범죄사안에 대해 국가기관이 자의로 처벌을 포기한다면, 어떤 다른 제도나 기관도 범죄행위를 통제할 수 없다. 국가형벌의무를 충실히 담당해야 한다는 면에서 기소편의주의는 분명한 단점을 갖고 있다. 기소편의주의가 행위자의 보장원리에 조금이나마 기여할 수 있을지라도, 이로부터 일반시민의 보호과제가 일방적으로 소홀해지는 것이 정당화될 수는 없다. 이 점에서 기소법정주의가 형벌권을 독점한 근대 사법구조에 더 합당한 제도라고 말할 수 있다.[3]

---

1) 예를 들어 Humboldt, Ideen zu einem Versuch, die Grenze der Wirksamkeit des Staats zu bestimmen, 155, 173면 이하. 이 전통을 인정하면서 이에 대해 비판적인 질문을 던지는 Arth. Kaufkamm, Rechtsfreier Raum und eigenverantwortliche Entscheidung, 331면.

2) 특히 이러한 측면은 범죄를 저지른 혐의자가 기소되지 않는 경우에는 특별예방기능이 약화되는 것을 의미하며, 재량에 의한 불기소로부터 일반인에 대한 위하효과도 떨어지게 된다. 이에 대해서는 Deiters, Legalitätsprinzip und Normgeltung, 44면 이하.

3) Kindhäuser, Strafprozessrecht, 4/19.

3. 기소편의주의의 근거

(1) 동양과 서양의 국가·인간관

서구 근대의 법치국가사상은 서양식 이성적 국가관을 전제로 한다. 국가가 더 많은 권력, 즉 강제력을 발휘하면 할수록 개인의 자유영역은 그만큼 줄어드는 것으로 보고 있다. 이 틀에서 국가의 권력과 시민의 자유가 동시에 늘어날 수는 없다. 한쪽의 제한은 반드시 다른 한 쪽의 권리확장으로 이어진다. 국가와 시민간의 이와 같은 엄격한 대립관계가 흐트러지는 것은 곧 반자유적 경향으로 이해된다. 왜냐하면 이 갈등이 느슨해지는 것을 틈타 국가권력이 팽창하고자 할 것이라는, 국가권력에 대한 좋지 않은 인상이 이 구도의 배경에 놓여 있기 때문이다. 8

여기서 국가에 대한 상반된 요청이 있다. 국가권력이 시민의 안전을 적극적으로 보호하기 위해서 충분히 강할 것과, 그것이 전체주의적 권력확장으로 나아가지 않고 소극적으로 시민의 자유영역을 보장하기 위해서 제한되어야 한다는 요청이 그것이다. 이 요청의 갈등은 일반인의 법익보호와 범죄자의 권리보장의 두 가지 형법원칙의 충돌로 구체화된다. 이와 같은 서구 법치국가사상 맥락의 빈틈없이 짜여진 맞물림 안에서 검사가 발휘하는 소추재량은 발 디딜 틈이 없다. 언제나 부당한 자의로 생각되는 것이다. 범죄가 있음에도 국가의무가 이행되지 않는 공간은 권력의 진공상태로서 부정되어야 한다.[1] 9

그러나 우리나라 전통적인 관념은 위와 같은 국가관에 익숙하지 않다. 인간의 자유를 국가가 권력행사를 자제함으로써 부여받는 대가로 여긴 적도 없다. 국가(기관)도 비록 공동체를 통치하기는 하지만, 다른 하나의 인간 또는 그 모임에 불과하다고 생각해왔다. 그렇기에 국가권력도 당연히 시간·공간적 한계에 놓일 뿐만 아니라, 담당해야 할 일에 비할 때 그 역량도 지극히 보잘 것 없는 것임을 분명히 알고 있다. 발생한 사안을 전부 처리할 수 있는 능력이 국가에게 없다는 것은 굳이 증명할 필요가 없는 당연한 이치에 속한다. 10

(2) 국가권력의 한계

동양의 전통 뿐만 아니라, 지금 상황에서 국가와 인간의 관계를 보더라도 위와 같은 이해가 더 합당한 것이라는 사실은 여러 현상과 제도를 통해 알 수 있다. 인간의 모임인 국가의 현실적·실존적 한계를 이유로 국가의 능력이 제한적일 수 11

1) 예를 들어 Zippelius, Allgemeine Staatslehre, 52면 이하.

밖에 없다는 것은 앞서 여러 차례 말하였다[15/33, 25/14].

12 기소법정주의 아래에서 검사의 기소의무가 강하게 주어지더라도 어떤 사안을 어떻게 기소해야 할지에 대한 평가는 언제나 검사의 주관적 판단으로부터 자유로울 수 없다.[1] 그 결과 기소법정주의를 취하는 국가에서도 발생한 범죄에 대한 광범위한 사실적 비범죄화가 이루어지고 있는 것이 관찰된다. 국가권력의 궁극적 한계는 국가 간 제도차이에 따라 극복될 수 있는 것이 아니다. 모든 국가기관이 실존적인 한계를 벗어날 수 없다는 것을 공통점으로 할 때, 기소편의주의는 이와 같은 한계를 긍정적으로 승인하고 있다는 데에서 기소법정주의와 차이가 있을 뿐이다. 연혁적으로 기소편의주의는 당사자주의의 입법례를 받아들인 것이다. 그렇지만 그 의의를 영미식제도로 생각할 필요는 없다. 기소편의주의가 우리의 전통 법사상에 비추어 더 용이하게 수용되어 온 데에는 이보다 더 중요한 근본이유가 있다고 볼 수 있다.

4. 기소유예제도

(1) 기소유예제도의 의의

13 기소유예는 공소를 제기할 수 있는 충분한 범죄혐의가 있고 소송조건을 갖추고 있음에도 검사가 재량으로 공소권을 행사하지 않고 미루는 제도를 말한다. 범죄의 객관적 혐의가 없거나 소송조건이 구비되지 않을 경우에 결정하는 좁은 의미의 불기소처분과 다르다. 두 제도를 합해서 넓은 의미의 불기소처분이라고 한다. 기소유예제도를 통해 기소편의주의가 구체화된다. 이 제도는 형식성과 경직성을 지양하고 탄력 있는 공소제기가 가능하도록 하면서, 형벌의 보충성을 살리고 단기자유형의 폐해를 막는 방법으로 이용된다. 형사절차 및 교정시설의 부담을 줄일 수 있는 장점도 있다.

14 그러나 공소제기단계의 행정처분작용에 의해 사법적 평가와 다름없는 판단이 이루어지는 것은 법치국가원칙과 삼권분립에 어긋난다는 비판이 가능하다. 일반인이 검찰의 재량권행사에 대해 갖는 신뢰가 높은 것도 아니다. 기소유예를 광범위하게 인정하려 하면 불기소처분이 가능한 사안을 오히려 기소유예로 처리하는 경향이 확대될 수도 있다. 그러므로 기소유예처분이 재량권의 남용에 해당되

---

1) 이 문제에 대한 실무적인 비판은 Weiland, Von Recht und Pflicht zur Anklageerhebung, 574면 이하; Blum, Strafbefreiungsgründe und ihre kriminalpolitischen Begründungen, 39면 이하.

지 않도록 제도적 장치를 마련하는 것이 중요하며, 검사가 신중하게 기소유예처분을 할 수 있게 하는 법조윤리적 강제도 필요하다.[1)]

(2) 기소유예의 현황

최근 동향을 보면, 검찰의 불기소처리 사안 가운데 기소유예한 인원의 비율이 꾸준히 증가하여 2019년 기준 21% 정도이다.[2)] 무혐의나 공소권없음을 이유로 한 불기소처분도 꾸준한 증감을 반복하면서 22~27%의 비율을 나타낸다. 수사기법이 발달하고 극히 경미한 사안을 절차에서 배제하려는 경향에 따라 이미 경찰수사 단계에서 많은 사안이 걸러지는 데 이유가 있다. 사건이 지능화, 복잡화되고 있지만 경찰과 검찰의 사건처리능력은 이에 따라가지 못하고 있기 때문이기도 하다. 15

5. 불기소처분의 불복방법

피의자가 공소제기되면 장차 공판과정에서 기소된 사실에 대해 다툴 수 있다. 그러나 불기소처분이 있으면 더 이상 사건이 심리될 수 없으므로, 별도의 불복절차를 인정해야 할 필요가 있다. 이러한 방법으로는 검찰청법의 항고·재항고(검찰청법 제10조)와 재정신청(형사소송법 제260조 이하)이 있다. 16

(1) 항고·재항고

항고와 재항고는 검사의 불기소처분에 대해 불복하려는 고소인 또는 고발인이 고등검찰청검사장 또는 검찰총장에게 불복하는 제도이다. 검찰항고라고도 한다. 항고는 불기소처분 통지를 받은 날부터 30일 이내 고등검찰청검사장에게, 그리고 재항고는 항고기각결정의 통지를 받은 날 또는 항고 후 이에 대한 처분 없이 3개월이 경과한 날부터 30일 이내에 검찰총장에게 한다. 항고가 이유있다고 인정되면 지방검찰청 또는 지청 검사가 불기소처분을 없는 것으로 하고 다시 기소할 수 있고, 고등검찰청검사장이 소속 검사로 하여금 불기소처분을 직접 무효로 하고 기소할 수 있다. 고등검찰청 검사가 재항고가 이유 있다고 인정하는 때에는 직접 기소해야 한다. 17

---

1) 이에 대해서는 김성은, 독일의 기소유예와 법원동의제도, 161면 이하.
2) 범죄백서 2020, 245면 참조.

(2) **재정신청**

18 위 검찰항고가 받아들여지지 않은 경우에, 고등법원에 사안에 대한 재판이 형성되도록 요청할 수 있는데 이를 재정신청이라 한다. 재정신청을 하려면 원칙적으로 검찰항고를 거쳐야 한다[검찰항고전치주의]. 2007년 법개정으로 고소인의 재정신청 대상이 모든 범죄로 확대되었다. 그에 따라 그 이전까지 불기소처분에 대한 불복방법이었던 헌법소원은 더 이상 검사의 불기소처분에 대한 고소인의 불복방법이 될 수 없다. 법원의 재정결정에 대해서는 헌법소원을 청구할 수 없기 때문이다. 다만 검사가 기소유예처분을 한 때에 피의자는 재정신청을 할 수 없으므로 헌법소원을 제기할 수 있다.[1] 그러나 무혐의 불기소처분을 내려야 할 사건에 기소유예처분을 하는 것처럼 기소유예가 피의자에게 불리한 경우, 피의자가 불복할 수 있는 방법은 없다.

(3) **개 선 점**

19 검사동일체원칙 하에서 검찰 내 항고제도가 실제로 어느 정도로 소추재량권의 남용을 막을 수 있는지 의문이다. 실제로 피해자가 검찰에 항고하였을 때 다시 수사하라는 재기수사再起搜査 명령에 이른 경우는 9%에 미치지 못한다.[2] 재정신청 대상이 모든 범죄로 확대되었고, 그 결과 신청건수는 늘어나고 있으나 받아들여지는 경우가 많지 않다. 재정신청 결과 기소가 강제되어 검사가 기소하게 된 경우는 검찰항고의 인용비율보다 더 낮아서 1% 미만이다.[3] 이 정도면 유명무실한 제도라는 비판을 받아도 반박하기 어려운 수준이다. 검사가 극히 예외적인 경우에만 불기소처분을 하기 때문이라고 반론하는 것도 설득력 있어 보이지 않는다.

20 [검사동일체원칙] 검사동일체원칙은 모든 검사들은 검찰총장을 정점으로 피라미드형의 계층적 조직체를 형성하고, 일체불가분의 유기적 통일체로서 활동하도록 하는 것을 말한다. 수사와 공소의 제기 및 유지 그리고 재판 집행 등의 검찰권 행사가 통일적·효율적으로 이루어지게 하기 위한 원칙이다. 이에 따라 한 명의 검사가 업무를 담당하고 있더라도, 실제로는 엄격한 지휘감독 관계에 의해 형성되어 있는 조직체의 모습으로 활동하는 것이라고 할 수 있다. 이를 놓

---

1) "기소유예처분을 받은 피의자는 항고나 재항고를 제기할 수 있는 법률의 규정이 없고, 검사에 재기신청을 낸다든지 또는 진정서를 제출하여 검사의 직권발동을 촉구하는 등의 절차는 기소유예처분에 대한 법률이 정한 직접적인 구제절차가 아닐 뿐더러 그 밖에도 달리 다른 법률에 정한 구제절차가 없으므로 기소유예처분에 대하여 직접 헌법소원심판을 청구한 심판청구는 적법하다."(헌재결 1992.10.1. 91헌마169; 1989.10.27. 89헌마56; 2001.4.26. 2001헌마15).

2) 범죄백서 2017, 212면.

3) 범죄백서 2017, 215면.

고 '검사의 단독관청성'이라고 말한다. 곧 개개 검사가 전체 통일된 검찰조직과 다름없는 권한과 의무를 갖는다는 뜻이다. 검찰권 행사가 통일적·효율적으로 이루어져야 한다는 데 대해서는 공감할 수 있다. 그렇지만 모든 검사들을 한 유기체와 같은 통일적 계층구조에 맞추어 놓을 필요가 있는지, 그것이 검사동일체원칙을 통해 원리적으로 강제되어야 하는 것인지에 대해서는 더 논의가 필요해보인다. 검사 각자의 정의실현에 대한 의지나 창의성을 억누르고 조직 전체의 이익을 앞세울 수 있게 만드는 공식적 방편으로 이용되어 왔기 때문이다.

[73-1] 공소시효제도

1. 의 의

(1) 개 념

공소시효는 범죄가 발생한 이후 형사사법기관이 공소를 제기하지 못하거나 1
제기하지 않고 일정 시간 이상이 지난 후에는 국가의 형벌권을 소멸시키는 제도이다. 공소시효가 지난 이후에는 공소제기는 물론 수사기관의 수사도 허용되지 않는다. 공소시효는 이미 확정판결이 있은 후에 형벌권의 효력을 소멸시키는 형의 시효(형법 제77조 내지 제80조)와 구별된다. 공소시효가 완성되면 면소판결을 해야 하지만(형사소송법 제326조 3호), 형의 시효가 완성되면 형집행이 면제된다.

(2) 공소시효기간

공소시효기간은 형법상 범죄요건이 규정하고 있는 법정형을 기준으로 한다. 2
사형에 해당하는 범죄에는 25년, 무기징역 또는 무기금고에 해당하는 범죄에는 15년, 장기 10년 이상의 징역 또는 금고에 해당하는 범죄에는 10년, 장기 10년 미만의 징역 또는 금고에 해당하는 범죄에는 7년, 장기 5년 미만의 징역 또는 금고, 장기 10년 이상의 자격정지 또는 벌금에 해당하는 범죄에는 5년, 장기 5년 이상의 자격정지에 해당하는 범죄에는 3년, 장기 5년 미만의 자격정지, 구류, 과료 또는 몰수에 해당하는 범죄에는 1년이다(형소법 제249조 ①항).

사람을 살해한 범죄로서 사형에 해당하는 경우는 공소시효가 배제된다(제253 3
조의2). 헌정질서 파괴범죄의 공소시효 등에 관한 특례법에 따라 형법상 내란죄와 외환죄, 군형법상 반란죄와 이적죄(법 제2조), 집단살해죄의 방지와 처벌에 관한 협약에 규정된 집단살해에 해당하는 범죄도 마찬가지이다(법 제3조 제2호). 성폭력범죄의 처벌 등에 관한 특례법 제21조 ③항과 ④항에 따라 13세 미만 또는 정신적 장애가 있는 사람에 대한 강간, 강제추행 등의 성범죄를 한 행위에 대해서도 공소시효가 폐지되었다.

2. 공소시효의 본질

4 공소시효는 많은 사람들이 그 필요성에 대해 의문을 갖는 제도이다. '시간이 흘렀다고 해서 왜 범죄자를 처벌하면 안 되는가?'라는 질문에 대해서 답변하기 쉽지 않기 때문이다. 제도의 본질에 대한 이른바 '시효이론(Verjährungstheorie)'이 서구에서 이백 여 년 넘게 진행되고 있는 이유이기도 하다.[1] 최근에도 끔찍한 범죄가 미제사건으로 남아 공소시효완성을 앞두게 되거나, 국가기관이 개입한 범죄가 역사속으로 묻히려고 할 때마다 이 제도의 정당성 문제가 반복적으로 제기된다. 공소시효제도가 필요한 이유에 대해 그동안의 많은 답변이 있었는데, 이를 크게 실체법설과 절차법설 그리고 양자의 결합설로 나눌 수가 있다.[2]

(1) 실체법설

5 공소시효를 실체법적인 제도로 바라보는 시각은 사안이 발생하고 시간이 오래 흐름에 따라 '형벌필요성' 자체가 약화된다고 한다. 긴 시간 이후에는 형벌이 이미 불필요한 것이 되었거나 또는 형벌과 같은 효과가 이미 이루어진 것으로 본다. 그 논거로서 1) 오랜 시간 동안 범죄자가 겪은 형벌에 대한 두려움과 심리적인 고통을 감안하는 입장과, 2) 사회가 갖는 응보감정 또는 정의회복의 의지가 시간이 흘러 약화되었다는 설명, 그리고 3) 범죄자의 인격의 변화 또는 사회와의 내면적 화해로 인해 뒤늦은 처벌이 형벌목적에 반하게 된다는 입장 등이 있다.

(2) 절차법설

6 공소시효가 소송법적인 본질을 갖는다는 견해는 시간이 흘러도 처벌필요성 자체가 달라질 수는 없으며 단지 소송절차가 어려워질 뿐이라고 한다. 여기서 공소시효는 소송과정을 중단시키는 소송장애에 해당한다. 이를 돕는 논거로는 1)

---

1) 공소시효제도 자체는 로마법에 이미 실정법으로 있었다. 이하 시효이론의 역사는 홍영기, 시효이론의 역사적 전개와 그 평가, 240면 이하.

2) 이는 '어떻게 시효제도 자체가 정당화되는가?'의 문제이다. 형사소송법에 규정되어 있다고 해서 소송법적인 성격으로 보거나, 판례가 시효연장·폐지에 소급효를 인정하지 아니한다고 해서 실체법적으로 바라보는 식의 규정해석 문제가 아니다.

오랜 시간이 흐른 후에는 증거가 멸실·변경되거나 증거의 증명력이 약화되기 때문에 뒤늦게 재판을 하려 한다면 사법오류에 빠질 우려가 있다는 생각과, 2) 시간이 흐를수록 처리하지 못한 사안이 쌓여 사법의 부담이 커지기 때문에 범죄의 경중에 따라 공소시효기간을 두어 소송경제를 도모하는 것이라는 입장이 있다.

(3) 결 합 설

결합설은 공소시효를 형벌배제의 사유이자 소송장애라고 하는 견해이다. 위의 두 계통의 논거를 조합하는 방식으로서, 형벌필요성 약화와 증거가치의 변화에 따른 사법오류방지에 근거가 걸쳐 있다는 식으로 주장한다. 공소시효제도가 실체법과 절차법의 이중적 구역, 또는 구별이 의심스러운 구역 안에 놓여 있다고 하면서, 형벌권 개념이 실체법과 절차법적인 성격을 모두 갖고 있는 것이므로 그 것의 시간적인 배제 또한 이 양 법영역에 함께 놓여 있다고 보는 견해도 있다.[1] 7

(4) 비 판

1) 실체법설은 국가형벌권이 배제되어야 하는 이유를 시간의 흐름에 따른 사회적 응보감정의 약화 또는 행위자의 인격성 변화 등에 있다고 설명한다. 그러나 이러한 '존재'(Sein)의 변화가 곧 형벌권을 행사해서는 안 된다는 '당위'(Sollen)의 근거가 될 수는 없다[방법이원주의: 2/10]. 예컨대 범죄행위자가 오랜 시간 이후에 실제로 새 사람이 되었다고 할 때, 국가의 형벌부과 의무는 변화를 겪어 새로운 인성을 갖게 된 지금의 사람이 아니라, 과거에 범죄를 저질렀던 그 사람을 향하고 있어야 한다. 8

2) 절차법설 가운데 이른바 '소송경제' 논거는 아직 충분한 답을 안 한 것이다. '시간이 흘렀을 때 왜 이전에 축적된 범죄사건을 대상에서 배제하는가'라는 질문은 여전히 남아 있기 때문이며, 이에 대해 대답을 하려면 다시금 다른 논거를 이용할 수밖에 없다. 9

3) 오랜 시간이 흐른 이후의 절차가 결국 사법오류를 낳게 될 것이라는 설명은 그보다는 더 설득력이 있다. 그러나 그러한 오류가능성이 국가기관의 잘못으로부터 비롯된 것이라는 사실이 중요하다. 형사사법기관이 범죄사건을 처리해야 할 형벌의무를 제 시간 안에 온전히 이행하지 못하여 생기는 문제를, 국가 스스로 그의 형벌의무를 덜어내는 제도를 만듦으로써 피해가려 하는 것은 허용될 수 없 10

1) 홍영기, 앞의 글, 260면 이하 참조.

다[자기유익화금지의 원칙].

11 4) 결합설이 두 시각의 이러한 단점을 모두 갖고 있다는 점은 두 말할 나위가 없다.

12 그동안 모든 시효이론은 '오랜 시간이 흐른 이후에 왜 형벌권을 행사하면 안 되는지'를 물었기에 좌절을 겪을 수밖에 없었다. 오히려 거꾸로 물어보는 것이 의미 있을 것으로 생각한다. '그렇다면 국가형벌권은 영원히 지속될 수 있으며, 그래야 한단 말인가?'

(5) 결론: 국가형벌권의 시간적 한계

13 발생된 모든 범죄가 실제로 처벌될 수 없다는 것은 상식에 속한다. 숨은 범죄에 대한 설명에서 보았듯이 사법기관은 극히 일부의 범죄만 처리할 수 있을 뿐이다[16/2]. 역사적으로 보아도 국가기관이 처리한 범죄는 매우 보잘 것 없었다. 특정된 시·공간 안에서 형벌권이 지극히 예외적으로만 실현될 수 있다는 것이 정확한 표현이다. 국가기관의 재량에 따라 범죄를 선별하고 있기 때문이 아니라, 국가기관 스스로 극복할 수 없는 역량의 한계가 있기 때문이다. 바로 그 이유에서 시효에 따라 국가권력이 실제로 제한되고 있지만 그 한계지움이 곧 시민의 자유보장으로 연결되고 있지 않은 것이다[25/11 이하].[1]

14 국가형벌권에 시간적 한계가 있는 것은 이처럼 너무도 당연한 진리이기에, 그 이유를 구체적으로 낱낱이 나열하려는 시효이론의 시도는 언제나 불완전할 뿐이다. 마치 사람이 죽는 이유에 대해서 '암에 걸려서', '심근경색으로', '사고로 인해' 등을 나열하려는 것처럼 쓸모 없는 시도이다.[2] 어떤 명제가 뚜렷한 진리인데, 덜 분명한 논거를 들어 그 이유를 대는 작업은 논리적으로 한계가 있는 것이기도 하다[petitio principii: 선결문제 요구의 오류]. 시효의 근거를 구체화하려 하면 할수록 '어떠한 존재든 시간의 한계 안에서만 머물 수 있다'는 절대진리로부터 더욱 멀어져간다.

15 더 나아가, 시간적으로 한계를 확정해두어야만 하는 '당위'도 있다. 형법상 공소시효제도는 형벌권의 행사가능성을 시간적으로 명확히 제한함으로써, 권한이

---

1) 국가권력과 시민자유의 대립을 바탕으로 하는 서구식 자유주의적 법치국가이념으로 설명될 수 없다. 이는 국가권력이 '비어 있는 곳'을 생각할 수 없었던 서양식 사고방식의 결과이기 때문이다(홍영기, 국가권력의 한계, 어디에서 비롯되는가, 200면 이하).

2) 존재하는 것을 존재하지 않게 만드는 근거는 일일이 나열할 수도 없고 근거들 간의 우열도 큰 의미가 없다. 이러한 소극적 요건의 특징은 홍영기, 위법성조각사유의 경합, 297면 이하.

미치지 못하는 범주를 특정한다. 이와 같은 형벌권의 시간·공간적 제한은 반드시 필요하다. 시간적 제한이 없이 '국가형벌권은 영원히 존속한다'고 하거나, 공간적 제한 없이 '우리나라 형벌권이 전세계에 미친다'고 선언하는 것은, 효력의 범위를 확대하려는 의욕처럼 보이지만 실제로는 형벌권을 실현가능한 권능이 아닌 하나의 허황된 관념에 그치게 만든다. 제한을 통해서 테두리를 짓는 것은 대상을 분명히 인식하고 사용할 수 있게 만드는 꼭 필요한 전제라는 뜻이다[30/16].[1] 요컨대 공소시효는 형벌권에 구체적인 시간적 한계를 설정함으로써 국가형벌권의 효력범주를 명확하게 하고, 비로소 형벌권을 국가가 운영할 수 있는 구체적인 도구로 생각될 수 있게 하는 필수적인 장치이다.[2]

[74] 형사절차에서 협상의 문제

1. 도 입 론

(1) 의 의

우리나라에서도 형사절차에서 수사기관과 피의자 간의 협상방식을 도입하자 1
는 논의가 지난 십 수 년 간 활발히 진행되었다. 이는 같은 기간 동안 형사법분야에서 가장 많은 학위논문을 양산한 테마일 것이다. 형사절차에서 협상에는 여러 종류가 있으나, 대개 수사에 협조한 피의자에게 소추를 면제하거나 형벌을 감면하는 것을 핵심내용으로 하고 있다.

2005년 대검찰청은 법원의 공판중심주의에 대응하여 유죄협상제도를 도입할 2
방침이라고 밝히고 이를 위해 연구팀을 만들었으며, 2010년 12월 법무부는 사법협조자형벌감면 및 소추면제를 위한 형법과 형사소송법 개정법률안을 공고하였다. 또한 2011년에는 내부증언자 불기소처분제 등을 내용으로 하는 형사소송법 개정안을 내놓기도 했다.

(2) 찬 성 론

협상제도를 도입해야 한다는 가장 결정적 논거는 형사사법절차, 특히 수사절 3

1) 이러한 부정의 원리(negatives Prinzip)에 대해서는 홍영기, 형벌을 통한 규범신뢰의 강화, 323면 이하.
2) 홍영기, 형사법상 시효의 정당화 근거, 형사법연구 23, 209면 이하. 이러한 저자의 견해를 분석·동조한 문헌은 Asholt, Verjährung im Strafrecht, 158면 이하.

차의 효율성을 높이기 위한 수단으로 이용할 수 있다는 것이다. 행위자의 범죄를 낱낱이 드러내기 어려운 범죄유형이나, 물증을 확보하는 것이 어려운 경우, 여러 행위자가 참여했던 사안 등에 특히 효율적으로 협상제도를 이용할 수 있다고 한다. 덜 중요한 피의자를 회유하여 더 죄가 무거운 피의자를 수사할 수 있도록 하는 것이 '선택과 집중'의 방식이라고도 말한다. 법정형이 높은 우리나라에서 이를 이용하여 수사에 도움을 받고 피의자 측에서는 중한 형벌을 피할 수 있게 하는 보장제도라고 주장하기도 한다. 공익을 위하여 진실을 폭로하는 범죄관련자에게는 공익에 기여한 만큼의 보상을 해주는 것이 옳다고 보는 견해도 있다.1)

(3) 반 대 론

4 이에 반대하는 견해는 형사절차에서 협상이 정의관념에 부합할 수 없는 제도라고 한다. 국가형벌권의 행사와 형벌의무의 이행이 수사기관과 사인 간의 타협으로 포기되거나 왜곡될 수는 없다는 것이다. 이를 통해 검사재량이 확대될 뿐만 아니라, 법원의 재판과 양형의 기능을 일정부분 검사가 미리 담당하게 된다면 법원의 독립과 삼권분립에도 반한다고 한다. 실정법적으로 협상은 피의자에게 정신적 압박을 가하는 방식으로서 자백배제법칙(형사소송법 제309조)에 반하며, 협상대상인 피의자를 죄가 있는 것으로 생각하고 타협하는 것이기에 무죄추정원칙에도 반한다고 보고 있다.2)

2. 외국의 협상제도

(1) 미국의 플리바게닝

5 협상제도 가운데 가장 잘 알려진 미국의 플리바게닝(Plea Bargaining)은 검사가 수사에 협조한 피의자에게 공소제기를 하지 않거나 낮게 구형하는 것을 약속하여, 증거를 얻어내거나 공범을 찾는 데 도움을 받는 방식을 말한다. 미국 건국 직후인 1804년 이후부터 유지되어오고 있으며, 1920년대에 이미 유죄판결된 사건의 90%가 플리바게닝을 거친 것이었다고 한다. 지금도 이 비율은 그대로 유지되고 있으며, 기소중지 사건의 경우에는 95% 이상이 플리바게닝을 통해 절차를 종

---

1) 조준현, 형사소송에 있어서 기소협상제도의 가능성과 한계, 307면. 원칙적으로 찬성하는 윤종행, 우리나라에서 유죄협상제도의 현실적 도입방안, 323면 이하; 조국, 유죄답변협상 도입의 필요성과 실현방안, 249면.

2) 박노섭, 유죄협상제도 도입 가능성에 대한 연구, 133면; 류전철, 형사소송에서 유죄협상제도(Plea Bargaining)의 도입 가능성, 218면 이하.

료한 것으로 조사된다. 미국 연방대법원은 이익의 상호성을 강조하면서 플리바게닝을 지지하고 있다. 미국의 플리바게닝을 소개하는 문헌은 우리나라에 매우 많이 발표되어 있다.

(2) 프랑스의 형량조절협상

프랑스의 형량조절협상(le plaider coupable)은 경미범죄 사안에서 피의자가 6
혐의를 인정하는 때에는 처리를 간이화하는 절차를 말한다. 많은 범죄처리에 지나치게 시간이 오래 걸리는 문제를 해결하고자 미국의 플리바게닝을 참조하여 2004년 법개정을 통해 도입하였다. 검사가 주형으로서 법정형이 벌금형 또는 5년 이하의 징역형에 해당하는 경한 죄에 대해 피의자가 혐의사실을 인정하면 직권 또는 이해관계자나 변호인의 청구에 따라 유죄를 인정한 경우의 특례절차를 진행할 수 있도록 한다. 검사가 형벌을 제안하고 변호인의 조력 하에 피의자가 제안된 형을 수용함으로써 이 절차를 진행하게 된다.[1]

(3) 독일의 합의

독일에서는 오랜 기간 협상 방식에 대한 찬반이 계속되어 왔다.[2] 대법원형 7
사부는 입법기관에게 계속 이 제도에 대한 요건을 규정해줄 것을 요청해왔고, 2009년 5월 의회 승인을 통해 형사절차에서 합의규정에 대한 법률이 발효되어 합의(Verständigung)가 제도화되었다. 이는 1877년 현행법체계가 자리잡은 이래 가장 과감한 법변경이었다는 평가를 받을 정도이다.[3] 이 제도는 합의에 적합한 일부 사안에 대해 법원이 소송참여자와 함께 절차의 계속과 진행에 대해 협상할 수 있도록 한 것이다. 합의법의 정부안을 보면, 기존 형사사법의 전통에서 볼 때 전혀 새로운 제도여서는 안 되며, 절차처리의 특수한 방식일 뿐 법원의 역할은 특히 실체적 진실에 부합하는 증거를 조사하는 데 머물러 있어야 한다는 점을 분명히 하고 있다.[4] 그리고 최근 독일연방헌법재판소도 합의가 결코 형량을 놓고 벌이는 거래(deal)가 되어서는 안 되고, 독일의 형사사법은 어떤 경우에도 이 제도 때문에 법치국가원칙을 훼손하지 않는다는 점을 분명히 강조하였다.[5]

---

1) 박정훈, 형사절차상 협상에 관한 연구, 54면 이하.
2) 융은 협상이 확산되는 경향을 탈정부화와 더불어 형법의 사법화경향의 특징이라고 한다(Jung, Zur Privatisierung des Strafrechts, 69면 이하).
3) Satzger/Schluckebier/Widmaier, SSW, § 257c, Rn. 1.
4) BTDrucks 16/12310, 8면.
5) BVerfG, 2 BvR 2628/10 vom 19. 3. 2013.

3. 한 계

8 독일에서 합의에 대한 입법안을 법원이 제시한 데 반해, 우리나라에서는 검사 측(법무부)이 제도 도입을 주장하는 것이 특징이다. 검사가 이 입법을 제안할 때, 피해자의 최후진술권을 보장하는 법률을 함께 내놓았다는 점도 이채롭다. 검사와 피의자가 벌이는 협상은 피해자 측에서 보면 가증스러운 일일 것이기 때문에 두 법률은 서로 상반되는 내용으로 비칠 수 있기 때문이다. 그러나 두 법률이 모두 '수사와 공판에서 검찰활동의 효율성'을 높이려는 목적을 갖는다는 점에서 검사의 속내를 넉넉히 이해할 수 있다.

9 이를 놓고 수사기관과 피의자, 때로는 법원 모두 이익을 얻을 수 있는 제도라는 정도의 인식에 그쳐서는 안 된다. 범죄피해자는 검사와 피의자의 타협을 달가워할 수 없으며, 그것을 관찰하는 일반 시민들의 정의감정도 심하게 침해될 것임은 분명하다. 우리나라에서 사안의 적극적 증명책임이 검사에게 있다는 것은 예외가 없는 원칙이다. 즉 수사활동을 통해 정보를 확보해야 하는 의무는 예외 없이 검사에게 있다. 국가가 형벌'의무'를 부담하고 있기 때문이다. 사법협조자에게 유리한 형을 빌미로 협상기회를 주는 것은 이와 같은 국가의 의무를 부분적으로나마 협상대상인 피의자에게 떠넘기려는 의도를 갖고 있다. 검사는 증거수집이 어려운 사안에서 실체적 진실발견을 위해 필요한 제도라고 강조한다. 그러나 증거수집의 어려움을 피의자 등의 도움으로 덜고자 하는 것을 정당화할 수 있는 이념이 없을 뿐만 아니라, 미국의 플리바게닝 절차에서 협상만을 위해 거짓을 말하여 오히려 실체적 진실발견을 방해하고 진실이 왜곡되는 경우도 얼마든지 있다는 것은 잘 알려진 사실이다.

10 형사절차는 민사절차와 달리 타협이나 협상이라는 속성과 매우 거리가 멀다. 그것은 국가 공형벌제도가 확립된 근대 이후 일관된 특징이었다. 법치국가원칙이 이로부터 가능해지는 것이며, 광범위한 형법과 형사소송법의 규정들이 바로 이 바탕 위에 뿌리내리고 있다. 단순하게 몇 가지 조문을 변경하는 것을 통해 협상제도를 도입하려는 시도는, 형사법질서 전체에 대한 허약한 이해를 바탕으로 하는 것으로 생각하지 않을 수 없다.

11 연혁적·법이론적으로 고찰할 때 대륙법계와 영미법계 절차는 서로 다른 최종이념 위에 형성되어 왔다. 대륙법계 형사절차가 의무론적·투입중심적 사고에서

궁극적으로 “정의의 실현”을 추구하는 것으로 본다면, 영미식 절차는 공리주의적·결과지향적 목표로서 “분쟁의 해결”을 강하게 지향하고 있다.1) 서로 대비되는 장·단점을 갖는 이유이기도 하다. 이와 같이 구별되는 다른 이념 가운데에서 한국의 고유한 사고방식이 어떤 목표를 지향해왔으며 지향하고 있는지 비교적 분명하게 말할 수 있다. 우리는 전통적으로 추상적 가치인 세상의 이치와 정의원리를 밝히는 것을 매우 중요하게 생각해왔다. 학자들의 관심이 너무 심할 정도로 근본원리의 탐구에 경도되어 왔기에 조선말기 ‘실사구시’학파가 이를 교정하기 위해 목소리를 높여야 했다. 원리와 원칙을 경시하지 않는 이와 같은 정서적 토양 위에서, 대부분의 시민들은 수사효율성이라는 미명하에 수사기관과 개인 사이 타협이나 합의에 의해 범죄자의 형벌이 낮아지게 만드는 것에 대해 본능적 거부감을 갖고 있다. 물론 이러한 법감정만이 중요한 것은 아니다. 그러나 만약 진지한 논의 없이 수사효율성을 이유로 협상이 제도화된다면 이밖에도 심각한 법철학·법이론적인 여러 문제를 야기하게 될 것임은 분명해 보인다.2)

[희생양 반론] 협상제도는 수사기관, 피의자, 법원 모두에게 이로운 것이며, 증 12
거가 드러나고 공범이 발각되는 등으로써 사안이 잘 해결되면 결국 시민들에게도 이익을 준다고 주장할 수 있다. 그러나 이러한 생각은 국가의 의무를 진지하게 생각하기보다는, 단지 잠시 눈에 띄는 이익만을 중요하게 생각하는 왜곡된 공리주의 방식이다. 다음 ‘희생양 반론’은 이러한 낮은 차원의 공리주의를 비판하기 위해 지어낸 이야기이다. 한 마을에서 일어난 엽기적 연쇄살인에 대해 사람들이 불안을 느끼자, 시장은 노숙자 가운데 적당한 한 사람을 불러다가 살인범으로 포장하고 사람들 앞에서 그를 체포하여 처벌한 것으로 꾸몄다. 그로 인해 모든 시민이 안심하게 되었고, 시장의 권위도 유지되었으며, 노숙자는 시장에게 돈을 넉넉히 받아 다른 나라로 가서 살게 되었다. 이 조치는 모두의 행복을 증진시켰지만 과연 도덕적인 것이라고 말할 수 있는가?3)

---

1) 영어권 철학이 ‘도덕적 백치’라는 인상을 갖고 있다는 자조는 Scruton, 현대 철학 강의, 415면.

2) 현재 협상에 상응하는 절차상의 특징을 찾아볼 수 없는 것도 아니다. 공식적·비공식적 통로를 이용하여 광의의 협상이 이용되고 있다고 해야 한다. 이에 대해서는 윤동호, 형사절차와 협상, 89면 이하.

3) Lehrer/Cornman/Papas, 철학의 문제와 논증, 537면의 예. 물론 거짓을 통해 만족감을 누리는 것이 공리주의가 추구하는 행복은 아니므로 이 예시가 공리주의 자체에 대한 반론으로 중요한 의미가 있는 것은 아니다. 밀은 다음과 같이 말한다. “당장 유용한 무엇인가를 얻기 위해 거짓말하는 것이 때로 편리할 수도 있다… 그러나 진리를 배신하는 것은 무엇이든 사람들의 주장에 대한 믿음을 약화시킨다. 이런 믿음이야말로 현재의 모든 사회적 이익을 지탱해주는 중요한 원군이다”(Mill, 공리주의, 50면).

제 3 절 형사재판의 문제

[75] 양 형 론

1. 양형의 의의와 문제점

(1) 양형의 의의

1 양형은 유죄가 인정된 피고인에게 구체적 형벌의 종류와 범위를 정하는 것을 말한다[형의 양정]. 법관이 형벌의 종류와 정도를 정하는 일은 개별 행위자의 책임에 엄격히 상응하게 하는 작업이다. 그 이외에도 행위자와 그의 행위 그리고 그 행위로써 초래된 사회적 갈등상황을 토대로 형벌부과에 기준이 되는 여러 사정들을 구성하여 판단한다. 여기서 '구성'한다는 것은 그와 같은 양형사안이 존재적인 것이 아니라, 갈등상황을 만드는 여러 가지 요소에 대한 가치평가적인 취사선택 과정을 통해 생산되는 해석학적 구성물이라는 점을 의미한다.

2 양형은 3단계 과정을 거쳐 이루어진다. 1) 법관은 먼저 피고인에게 적용된 구성요건의 형벌범위, 즉 **법정형**을 확인해야 한다. 2) 이 법정형을 토대로 법률상 가중·감경을 하고, 정상에 참작할 만한 사유가 있으면 작량감경을 한다. 작량감경이 끝나고 난 뒤에 정해지는 형벌범위를 흔히 **처단형**이라고 한다. 3) 마지막으로 **선고형**을 결정한다. 선고형은 처단형을 토대로 형법 제51조의 양형사유를 고려하여 내려진다. 형면제를 할 경우에는 처단형과 선고형이 동시에 정해진다.

(2) 양형의 중요성

3 유무죄 판단은 재판의 일부에 불과하다. 양형은 유무죄 판단 가운데에서 고려된 정보와 그렇지 못한 것을 총체적으로 살펴서 형의 양을 정하는 작업이다. 여기서는 형법적인 가벌성 정도뿐만 아니라 범죄학적 사유 및 형사정책적인 고려가 모두 동원되므로, 총체적 형사법의 모든 체계는 근본적으로 양형사유에 관한 전체목록이라고 말할 수 있다.

4 피고인에게 양형은 결정적인 중요성을 갖는다. 피고인은 어느 법조문에 적용을 받아 어떤 도그마틱 요건이 전제되어 재판이 이루어졌는지 큰 관심이 없다. 알려고 하더라도 제대로 파악하기 어려운 것이기도 하다. 더욱이 무죄판결율이 낮

은 우리나라에서는 유무죄판단보다 무슨 형벌을 어느 정도로 받을 것인가가 피고인의 모든 관심사항이라고 해도 과언이 아니다.

법관에게도 양형심사는 큰 부담이 된다. 유무죄의 판단과 죄책의 종류는 불법행위의 검토를 통해 자신의 지식을 동원하여 비교적 안전하게 평가할 수 있다. 그러나 형의 종류와 양을 결정하는 것은 피고인 및 피해자의 현재와 장래의 삶에 막대한 영향을 미치면서도, 광범위한 정보를 다루는 법관 자신의 지혜와 판단력을 최대한 발휘해야 하는 과정이다. 각종 특별법이 일반법 위에 '옥상옥'을 이루고 있는 지금 상황에서 그리고 결과중심적 사고가 비이성적인 형사정책을 종용할수록, 양형과정에서 법관의 합리적인 사고에 더 기대하게 된다. 5

(3) 현실적 문제점

양형과정에 대한 뿌리 깊은 불신은 우선 유사한 사안에 대한 양형결과가 서로 큰 차이를 보일 때 생겨난다. 양형이유가 구체적으로 명시되지 않으므로 그 차이의 근거를 알 길이 없다.[1] 간략하게 밝힌다고 하더라도 대개는 '피고인에게 뉘우침이 없다', '피해자와 합의가 없다'는 정도에 그친다. 짧으면 6월 길면 2년씩 오르내리는 단위의 비정밀성도 양형이 비합리적으로 이루어진다는 인상을 준다.[2] 수형자의 입장에서는 하루도 견디기 힘든 시설 안의 생활을 이처럼 긴 기간을 단위로 하여 붙이고 빼고 있는 것을 놓고 합리적 계산과정이라고 볼 사람은 드물다. 6

도그마틱에 따르면 법관의 양형평가는 법정형－처단형－선고형의 순서에 따른다고 한다. 그러나 작량감경이라는 비정형적 기준이 개입되어 있어 이 순서는 명확하게 유지되지 않는다. 대체로 법관은 실제로 피고인에게 선고할 적당한 형량을 직관적으로 먼저 정한다. 그 후 형량이 법정형에 대해 법률상 가중·감경한 형벌범위 안에 들어오지 않을 경우 그것을 자기가 정한 선고형에 맞추는 수단으로 작량감경제도를 활용한다. 그러므로 실제로 양형은 선고형－작량감경－처단형의 순서로 만들어진다고 할 수 있다.[3] 작량감경사유로 형법 제51조 양형사유를 들고 있는 것이 바로 이 점을 이야기한다. 동일한 양형사유가 한 번은 작량감경자 7

---

1) 사법연수원생을 상대로 한 동일한 사안에 대한 양형테스트 결과, 기소유예에서 징역 10년까지 차이를 보였다. 강력범죄에나 내리는 중형과 비범죄화가 동시에 보이는 것이다. 현직법관의 경우도 같은 사안을 주었을 때, 징역 3년에서 징역 1년 6월 집행유예 2년(작량감경의 최하형)까지 다양한 결과를 보였다(오영근/최석윤, 양형의 합리화에 대한 연구, 8면). 자세한 설문조사의 분석결과는 임영철, 법관의 양형의식, 67면 이하.

2) 이병기, 강력범죄의 양형, 101면 이하 참조.

3) 배종대, 형법총론, 181/5.

료로, 다른 한 번은 선고형을 정하는 자료로 사용하는 것은 비합리적인 방법이다. 작량감경제도는 형벌기준의 불명확성을 은폐하는 역할을 하고 있다.

8 형법 제51조의 양형기준이 이미 판단 여지를 광범위하게 허용하고 있다. 제한된 범위에서 실무상 비공식프로그램으로 통제되고 있을 뿐이다. 예컨대 변호인은 너무 일찍 무죄를 위한 변론 등 범죄혐의에 대한 다툼을 포기하고 검찰로부터 기소유예(형소법 제247조)의 시혜를 받아내는 일에 몰두한다. 공판절차에서도 공소사실을 전문적 지식·능력으로써 다투기보다는 법원으로부터 작량감경(형법 제53조) 또는 집행유예(제62조)의 은전을 받기 위한 활동에 치우치게 된다.

2. 양형의 기준

(1) 행위자의 책임

9 우리 형법은 독일과 달리 양형이 책임정도를 근거로 한다는 명문규정이 없다. 그러나 양형이 책임한계를 벗어날 수 없다는 사실은 분명하다. 책임과 예방 그리고 형벌의 관계에 대한 여러 구별되는 생각이 있지만, 형벌이 책임의 한계를 넘을 수 없다는 데 대해서는 유력한 반론이 없다. 즉 책임에는 범죄에 대해 행위자가 관여한 주관적 표상의 여러 단계가 형사제재와 비례관계를 이루어야 한다는 요청이 담겨 있다. 내적 관여의 정도가 다른 행위는 형벌에서도 달리 취급되어야 한다. 범죄행위와 형벌의 비례성을 결정하는 인자로는 이외에도 법익침해의 등급, 법익침해의 강도, 범행의 양태, 피해자에 대한 관계 등이 있으며, 형법은 이에 대한 다양한 기준을 담고 있다. 이 모든 것이 곧 양형책임의 내용이 된다. 그렇다면 범죄성립요건인 범죄체계상의 책임과 양형책임은 구별해야 할 필요가 없다. 범죄체계상의 책임을 오로지 형이상학적으로 파악하는 경우에만 양자에 대한 구별논의가 복잡해진다.

(2) 형벌목적

10 개별 피고인에게 형벌을 부과할 때 합리성은 형벌목적을 기준으로 분명해진다. 형벌이론에서 보았듯이 형벌은 무엇보다도 불법과 책임의 정당한 응보에 기여하는 장치여야 하며, 이 점은 바로 위에서 언급한 책임연관성으로 구체화된다 [응보].

11 형사재판에서 합리적인 양형을 위해 가장 중요하게 여기는 사고는 형벌의

종류와 정도가 예방기능을 반영할 수 있는가 하는 점이다. 우선 행위자가 사회에 복귀하는 데 도움이 되는 방향으로 형의 양정이 이루어져야 한다. 재사회화에 전혀 도움이 되지 않을 뿐더러 오히려 사회복귀를 어렵게 만드는 수준의 형벌을 부과해서는 안 된다[재사회화]. 개선이 어려운 중범죄 행위자를 단시간에 석방함으로써 시민을 재범위험에 그대로 노출시키는 양형도 정당화되기 어렵다[보안]. 일반예방목적 또한 양형평가의 잣대이다. 형벌은 범죄행위로부터 이어지는 결과로서, 이를 통해 일반인들에게 부정적 본보기를 보여야 한다. 지나치게 낮은 양형은 범죄를 예방하는 데 오히려 역기능을 가져온다[소극적 일반예방]. 동시에 일반인의 규범의식을 강화시킴으로써 행위자의 주변사람들이 요구하는 정의의 요청을 충족시켜 줄 수 있는 방향으로 양정되어야 한다[적극적 일반예방과 법질서보호].

(3) 형벌목적의 충돌문제

위 형벌목적이 서로 충돌되는 경우가 있다. 예를 들어 책임정도는 낮으나 특 12
별예방을 위해 긴 기간의 자유형이 필요한 때이다. 이러한 상황에서 어느 한 형벌목적이 언제나 우선순위를 갖는 것처럼 판단할 수는 없으며, 전체 형벌목적을 최대로 실현할 수 있도록 형량하는 방법을 찾아내야 한다.[1] 그러나 특히 책임응보와 다른 형벌목적이 충돌할 경우에 책임비례내용이 양형의 분명한 상한선이 된다. 책임원칙은 형벌을 지배하는 가장 상위의 규범원칙이며, 이 한에서 정당한 응보목적이 다른 형벌과제에 앞선다.

반대로 예방목적을 고려하여 책임비난을 조정해야 하는 때도 있다. 예를 들 13
어 광범위하게 일어나는 사소한 위반행위의 경우(예컨대 소액탈세, 가벼운 교통질서 위반, 소액의 점유이탈물횡령 등)에도 행위자는 그의 행위가 법질서에 위배된다는 것을 알고 있기 때문에 책임감경사유는 고려되지 않는다. 그러나 정당한 응보만을 목적으로 형량을 정하는 것은 행위자의 재사회화에 걸림돌이 될 우려가 크다. 이때에는 형벌의 합리성을 위해 책임비난을 줄이는 것이 바람직하다. 단기자유형 대신 벌금형을 선택하거나 또는 각종 유예제도를 활용할 수 있다.[2] 물론 이 경우

---

1) Lackner/Kühl, StGB, § 46 Rn. 3 이하.

2) 이러한 방법은 실무에서도 광범위하게 활용되고 있다. Sch/Sch/Stree, StGB, Vorb. 18a vor § 38; Roxin, Zur Problematik des Schuldstrafrechts, 657면; Frisch, Gegenwärtiger Stand und Zukunftsperspektiven der Strafzumessungsdogmatik, 367면 이하.

에 정당한 응보목적이 배제되는 것은 아니며, 선고 자체에 표현되거나 보호관찰, 사회봉사·수강명령 등 부가형으로 전환되어 표현되기도 한다.

14 책임원칙에 따라 행위자가 저지른 죄만큼 처벌해야 하므로, 이는 형벌 상한을 제한할 뿐만 아니라 형벌의 하한도 결정한다. 즉 죄 있는 자를 처벌하지 않거나 무거운 죄를 저지른 자를 지나치게 가볍게 처벌해도 책임원칙에 반한다. 따라서 형벌이 행위자의 재사회화 또는 일반인의 규범의식 강화와 무관한 책임비난을 완전히 배제할 수는 없다.[1)]

15 지금까지 나열한 양형의 중요한 기준들이 어떤 작용을 통해 결론을 도출하는가에 대해 견해가 일치되어 있지 않다. 다음과 같이 구별되는 양형이론이 있다.

3. 양형이론

(1) 범주이론

16 범주이론(Spielraumtheorie) 내지 책임범위이론(Schuldrahmentheorie)은 독일판례가 바라보는 양형원리이다. 이 견해는 어떤 형벌이 책임에 상당한가를 정확히 결정할 수는 없는 것으로 본다. 그리하여 주어질 수 있는 형벌에는 일정한 범위가 있고, 이 범위는 상한과 하한 모두 책임에 상응할 수 있는 한계영역 안에 있다고 한다. 법관은 양형심사에서 이 범위를 벗어날 수 없고, 그의 재량은 이 범주 안에서만 통용될 뿐이다.[2)] 책임에 상응하는 형벌범주를 존중하면서 형벌의 예방목적을 고려하여 최종적으로 구체적인 하나의 형량을 결정하게 된다.

17 범주이론은 법관에게 일정한 형벌목적을 고려할 수 있는 일정한 재량범위를 인정하는 장점을 가지고 있다. 책임의 양이 선험적으로 분명하더라도 이를 법관이 정확하게 인식하는 것은 불가능하기 때문이다. 일반예방·특별예방목적의 경중도 오차 없이 분명히 드러나는 것은 아니다. 이 점에서 범주이론은 현실적인 설득력을 갖고 있다.

(2) 유일점 형벌이론

18 범주이론과 상반되는 유일점 형벌이론(Punktstrafentheorie)은 책임은 언제나 하나의 고정된 크기를 가지므로 정당한 형벌의 종류와 정도는 유일할 수밖에 없

---

1) BGH 29, 319; Bruns, Strafzumessung, 91, 95면 이하; Dreher/Tröndle, StGB, § 46 Rn. 12; Hirsch, LK, § 46 Rn. 14 등 참조.

2) BGH 7, 28 (32).

다는 주장이다.[1] 양형과정에서 바로 그 유일한 정답을 찾아내지 못하는 것은 인간의 인식능력의 한계로 인한 것일 뿐이다. 형벌을 확정하는 데 이와 같은 정확한 책임의 양 이외의 다른 어떤 관점도 기준이 되어서는 안 된다고 한다. 이 이론은 책임에 대한 보수적 입장을 대변한다.

유일점 형벌이론은 형이상학적 응보사상을 비롯한 절대적 형벌이론을 기초로 한 것으로, 형벌목적의 모순관계를 해결할 수 있는 기준을 제시할 수 없다는 비판을 받는다. 양형에서 중요한 기준이 되어야 하는 예방목적을 어느 정도 고려할 것인가에 대해서도 무관심하다고 한다.[2] 물론 유일점 형벌이론을 반드시 책임정도에만 형벌의 양이 국한되어야 한다는 주장으로 보지 않고, 예방적 필요를 감안하더라도 정확한 형벌의 정도를 찾아낼 수 있어야 한다는 견해로 이해한다면 형이상학적 기준만 따르고 있다는 비판은 큰 의미가 없다. 그리고 이 입장을 취하면서도 인식론적으로 책임비난과 예방요청에 정확히 상응하는 유일점을 실제 절차 안에서 발견할 수 없다는 사실을 부정하지 않는다면, 유일점 형벌이론과 범주이론의 실질적 차이는 두드러지지 않는다. 19

(3) 단계이론

단계이론(Stufentheorie)[3]은 양형절차를 나누어서 그 단계에 맞는 형벌목적의 의미·가치를 고려하여 형을 양정한다는 이론이다. 형의 정도는 책임에 따르는 것이지만 형벌의 종류는 예방목적에 따라서 결정하는 것이라고 한다.[4] 이 이론도 절대적 형벌이론의 입장에 놓여 있다. 죄의 유무를 결정하는 판결선고의 첫 단계는 형의 종류를 결정하는 상황이 아니며, 피고인에게 죄가 있는지 여부, 어느 정도의 형벌을 받아야 하는지 평가하는 순간이다. 즉 피고인에게 형벌을 부과해야 하는 이유로서 형벌근거를 생각하는 이 단계에서 법관은 예방목적을 고려하는 것이 아니라고 한다.[5] 20

(4) 특별예방형 위가이론

응보형이론을 배제하고 책임을 상한선, 법질서방위의 적극적 일반예방목적을 21

1) Arth. Kaufmann, Das Schuldprinzip, 261면.
2) Schaffstein, Spielraum – Theorie, Schuldbegriff und Strafzumessung nach den Strafrechtsreformgesetzen, 104면.
3) 다른 말로는 위가이론(位價說, Stellenwerttheorie)이라고도 한다.
4) Horn, SK, § 46 Rn. 33.
5) Horn, SK, § 46 Rn. 34.

하한선으로 하여 그 범위 안에서 특별예방목적의 우위를 주장하는 특별예방형 위가이론도 있다. 이 이론은 이른바 예방적(변증론적) 합일설의 입장에 있는 **록신**(C. Roxin)이 주장하고 있다.[1] 이는 법관의 양형범주 안에서 예방목적이 형벌의 근거로 작용하고 책임은 형벌상한선을 정해준다는 절충적 입장에 해당한다. 즉 책임은 적극적 일반예방과 더불어 형벌정도의 상하한의 범위만을 표현하고, 그 안에 머무는 형벌의 의의는 특별예방이라고 보는 것이다[17/38].

4. 양형의 조건

22 형법 제51조는 양형에서 참작해야 할 조건으로, 1) 범인의 연령·성행·지능 및 환경, 2) 피해자에 대한 관계, 3) 범행의 동기·수단과 결과, 4) 범행 후의 정황 등을 규정하고 있다. 형법 제51조는 충분한 양형조건을 규정하고 있다고 보기 어렵다. 이것은 양형조건의 예시규정이다.

(1) 행위시의 양형조건

23 1) 범인의 연령·성행·지능·환경 등은 특별예방의 필요성을 판단하는 중요한 자료이다. 그러나 책임을 가중하는 요소로 작용할 때에는 엄격한 법치국가적 제한이 필요하다. 이 밖에도 가족관계, 경제적 상황, 교육정도, 직업,[2] 출신배경, 성장배경 등도 참작사유가 된다.

24 2) 피고인과 피해자의 관계도 고려해야 한다. 서로 친족관계, 고용관계 또는 이와 유사한 관계 등 신뢰관계를 이용하여 죄를 범한 경우에는 형의 가중요소가 될 수 있다. 피해자에 대한 보호의무를 침해하여 범죄를 저지른 경우도 마찬가지다. 그러나 피해자가 범행결과에 대해 보이지 않는 공동작용이 있는 경우에는 피해자에 대한 관계가 행위자에게 유리한 양형사유가 되기도 한다.[3]

25 3) 범행의 동기·수단·결과는 범죄위험성과 행위책임을 판단하는 중요한 요

---

1) Roxin, AT I, 3/37 이하.

2) 독일에서는 피고인의 직업·지위와 범죄행위 간에 어떤 유형을 만들어, 형벌의 가중을 합리적으로 설명하려는 시도가 있다. 예를 들면 '직업상 의무와 행위 사이에 내적 관련성이 있는 경우'에 형벌을 가중하는 견해가 곧 그것이다(Bruns, Strafzumessung, 194면). 이에 대해서는 더욱 구체적 기준으로 '행위자에 의해 침해된 법익에 대해 행위자의 보증인적 의무가 존재하는 경우'에 형벌을 가중해야 한다는 반대견해도 있다(Frisch, Gegenwärtiger Stand und Zukunftsperspektiven der Strafzumessungsdogmatik, 764면).

3) 피해자의 공동책임을 더욱 확대하는 견해도 있다. 예컨대 공동야기의 상대방이 피해자인 경우뿐만 아니라 제3자인 경우 그리고 국가기관인 경우에도 형벌경감사유로 보는 견해가 그것인데, 그 이유는 이와 같은 사정은 행위자의 가벌성에는 영향이 없지만 행위자의 책임정도를 감소시키며, 어쩌면 행위자에 의해 야기된 불법의 정도조차 감소시키기 때문이라고 한다(Bruns, 앞의 책, 166면).

소이다.[1] 특히 행위 전후의 행위자의 심리상태는 책임판단에 중요하게 작용한다. 그러나 구성요건표지에 속하는 특별한 범행동기나 수단은 원칙적으로 다시 양형의 참작사유가 될 수 없다[이중평가금지]. 예를 들면 영아살해죄(제251조)의 '특별히 참작할 만한 동기'나 미성년자간음죄(제302조)의 '미성년자·심신미약자에 대한 위계' 등이 여기에 속한다.

범행의 수단과 결과는 행위불법과 결과불법에 속하는 객관적 불법요소이다. 26
책임은 불법의 결과를 놓고 개별행위자를 탓할 수 있게 하는 주관적 귀속개념이다. 책임이 양형의 기준이기에, 곧 불법의 존재와 양에 따라 양형이 이루어지는 것은 당연하다.

(2) 행위 후 양형조건

이는 범죄행위 후 행위자가 보여준 여러 행동을 포함한 일반적 사정을 가리 27
킨다. 형사절차 중의 태도도 이에 포함된다. 예를 들면 피해회복 또는 그것을 위한 노력, 피해자에 대한 사죄, 합의여부 또는 합의를 위한 노력, 범행 후의 일탈, 의도적인 소송지연, 형사절차에서 저지른 추가적 위법 등이다. 이것은 예방적 필요성을 가늠할 수 있는 간접적 자료의 의미도 가지고 있다.

(3) 방어권행사와 양형

그러나 피고인이 절차 안에서 방어권을 행사한 것은 양형에서 불리한 조건으 28
로 이용될 수 없다. 방어권은 헌법과 형사소송법이 보장하는 피고인의 고유한 권리이기 때문이다. 진술거부권을 행사한 경우 양형에서 이를 불리한 평가이유로 볼 수 있다는 견해가 있다.[2] 판례는 피고인이 범죄사실을 부인하고 있는 것을 반성하거나 후회하고 있지 않는 것으로 보아 가중적 양형조건으로 보는 것은 위법하다고 하면서도, 피고인의 진술거부가 객관적이고 명백한 증거가 있음에도 진실발견을 적극적으로 숨기거나 법원을 오도하려는 시도에 해당하는 경우에는 양형조건으로 참작될 수 있다고 한다.[3]

그렇지만 이러한 태도는 불합리하다. 진술거부권을 행사한 결과 양형에서 불 29

---

1) 이에 대한 비판적 고찰로는 박상민, 범행 동기에 따른 가중처벌의 문제점, 133면 이하.
2) 김재환, 형사소송법, 489면; 노명선/이완규, 형사소송법, 173면; 이재상/조균석, 형사소송법, 10/41; 이창현, 형사소송법, 116면; 정영석/이형국, 형사소송법, 81면; 임동규, 형사소송법, 400면; 정웅석/최창호, 형사소송법, 116면. 반대하는 견해는 손동권/신이철, 형사소송법, 86면; 신양균, 형사소송법, 585면; 차용석/최용성, 형사소송법, 110면.
3) 대판 2001.3.9. 2001도192.

이익을 당할 수 있다고 한다면, 피고인은 이 권리를 이용할지 결정하기 어렵다. 자기에게 불리한 진술을 하면 유죄증거로 쓰일 수 있고, 이를 숨기면 양형에서 불리하게 고려될 수 있기 때문이다. 진술거부권의 존재와 진술거부권의 고지를 일종의 함정처럼 느낄 수 있다. 헌법에 명시된 기본권을 행사하였다고 하여, 국가기관이 당사자에게 불이익한 처분을 해서는 안 된다. 수범자가 규범을 이용하였다고 해서, 규범을 만들고 운영하는 국가기관이 그에 대해 불이익한 조치를 해서는 안 되는 것이다[규칙이용보장의 원칙].[1] 이와 같은 주의는 진술거부권 뿐만 아니라 변호인의 조력을 받을 권리, 이익사실을 진술할 권리, 증인에게 반대신문을 할 권리 등 적법절차원칙으로서 보장된 권리를 행사한 모든 피고인에게 마찬가지로 엄격히 유지되어야 한다.

30 **[규칙이용보장의 원칙]** 규칙이용보장의 원칙은 "수범자가 규칙을 이용한 경우라면, 규칙을 만들거나 운영하는 주체가 규칙에 의해서는 물론 규칙 외적으로도 이를 비난할 수 없다"는 것을 말한다. 이는 법효력론의 당연한 귀결이지만, 현실에서 간과되는 경우가 많이 있기에 특별히 강조하고자 한다. 예를 들어보자. 2004년 10월 잉글랜드 축구대표팀 주장 데이빗 베컴(D. Beckham)은 웨일스팀을 상대로 2006년 독일월드컵의 예선경기를 하던 중 부상을 입었다. 부상사실을 안 베컴은 후반 38분에 상대방에게 태클을 걸어 일부러 옐로우카드를 받았는데, 이전 경기에서 한 차례 옐로우카드를 받았던 베컴은 경고누적으로 바로 이어지는 아제르바이잔과의 경기에 나설 수 없게 되었다. 옐로우카드 두 장이 누적되면 다음 한 게임에 출전하지 못하게 하는 것은 피파(FIFA, 국제축구연맹)의 규정이다. 베컴은 부상 때문에 어차피 출전하기 힘들었던 아제르바이잔전에 나서지 않으면서 경고누적을 없애게 됐다. 문제는 베컴이 얼마 후 인터뷰에서 이 사실을 털어놓으면서 시작되었다. 일부러 파울을 한 것에 대해서 베컴에 대한 축구팬들의 크고 작은 비판이 있었다. 그런데 블래터 피파 회장까지 나서서 베컴을 비난하면서 잉글랜드 축구협회(FA)에 베컴에 대해 징계하라고 요청하였다. 이 사안에서 피파의 규칙을 '이용'한 베컴을 축구팬들이 비난할 수는 있다. 그러나 규칙이용보장의 원칙에 따를 때, 규칙을 만들고 운영하는 피파 자신이 베컴의 행위를 비난할 수는 없다. 규칙의 이용 또는 악용[2] 가능성이 있고 그것이 문제된다면 그 규칙을 개정하는 등의 조치를 취하는 것이 규칙운영자의 바른 태도이다.

---

1) 이 원칙에 대해서는 홍영기, Nemo tenetur-원칙, 326면 이하.

2) 규칙의 '이용'과 '악용'은 법적 형식으로 구별되는 것이 아니므로 여기서 중요한 구별이 될 수 없다.

(4) 양형사유의 증명

가벌성 유무 또는 불법의 양에 대한 사실이 엄격한 증명의 대상인 데 반해, 양형사유는 일반적으로 자유로운 증명으로 입증해도 된다고 한다. 즉 반드시 증거능력 있는 증거에 의해 증명되어야 하는 것이 아니고 법에 정한 절차에 따라 입증활동이 이루어질 필요도 없다는 것이다. 그러나 가벌성 정도에 대한 판단조건과 양형사유가 명확히 구별되는 것은 아니다. 피고인 입장에서는 양형이 가벌성의 유무 못지않게, 아니 대부분은 더욱 중요한 것이라는 점은 이미 언급하였다. 형의 경중을 가늠하는 조건 가운데 불법의 양과 정확히 구별되지 않는 영역에 있으면서도 피고인에게 불리하게 작용하는 양형사유는 엄격한 증명을 통해 법치국가적 통제를 강화해야 할 필요가 있다.[1] 31

5. 공판절차이분론

양형의 합리화방안으로서 공판절차이분론은 소송절차를 범죄사실의 인정과 정인 유무죄판단절차와 양형절차로 나누자는 주장을 말한다. 영미의 형사소송에서 예를 찾은 것으로서, 배심원재판에 의해 유죄평결이 있은 후 직업법관에 의한 형의 종류와 양을 정하는 선고가 이루어지도록 하는 것이 요지이다. 32

(1) 찬 성 론

공판절차이분론의 도입은 다음과 같은 논거로 주장된다.[2] 33

1) 두 절차를 나눔으로써 사실인정절차, 즉 유무죄판단을 공소사실만 대상으로 하여 객관적으로 해낼 수 있다고 한다. 사실인정과 양형이 한꺼번에 이루어지는 지금의 공판절차에서 법관은 피고인의 전과, 경력, 생활환경 등과 같은 사실인정과 관련이 없는 자료를 같이 검토하여 피고인에게 불리한 선입견을 가질 수 있다. 이는 유죄의 심증을 갖고 재판을 진행하게 하므로 무죄추정원칙을 유지하지 못하게 하는 이유가 된다. 34

2) 유무죄판단으로부터 구별하여 양형을 합리화할 수 있다. 형의 종류와 양을 합리적으로 결정하기 위해서는 피고인의 인성이나 환경에 대한 여러 정보, 피고인에게 미치는 형벌효과에 대한 분석과 예측이 필요하다. 하지만 현재 재판실무는 이러한 여러 정보를 심사할 여유가 없다. 공판절차를 둘로 나누면 양형을 담 35

---

1) 배종대/홍영기, 형사소송법, 46/7.

2) 자세히는 김병수, 유무죄판단과 양형심리의 분리를 통한 공정한 국민참여재판의 실현, 110면 이하 참조.

당하는 법관은 공판절차 밖에서 양형자료만을 전문적으로 조사하는 판결전 조사제도도 활용할 수 있다.

36 3) 공개된 법정에서 사실인정절차와 양형절차가 함께 행해지는 지금 공판과정에서는 양형자료를 조사할 때 피고인의 사적 특징이나 사생활에 관한 자료가 공개되기 때문에 피고인의 인격권과 프라이버시권에 대한 침해가 있을 수 있다. 피고인이 무죄판결을 받더라도 침해된 권리를 회복할 수 없다. 공판과정에서 유무죄심리만 하게 하면 피고인의 개인적 속성으로서 양형인자들을 조사할 필요가 없기에 이 단점이 줄어든다.

37 4) 형벌의 정도를 가리는 데 신경 쓰지 않고 무죄를 받아내기 위해서 방어권을 더 확실히 행사할 수 있게 되는 것도 장점이다. 사실인정절차와 양형절차가 분리되지 않은 상황에서 변호인이 적극적인 무죄변론을 하려 하면, 유죄로 판단될 경우 양형에서 불이익을 감수해야 한다. 이른바 '괘씸죄'라는 것 때문이다. 무죄입증의 확신이 없이는 무죄변론을 하기 어렵고 관대한 처벌(선처)을 구하는 변론을 하는 데 그치는 이유이다. 공판절차가 나뉘면 사실인정절차에서 부담 없이 무죄변론을 하고, 유죄가 인정될 경우에도 양형절차에서 양형사유를 다시 다툴 수 있게 된다.

38 5) 무죄가 선고된 피고인에 대해서는 양형자료를 검토해야 할 필요가 없으므로 소송경제에 보탬이 되는 장점도 있다.

(2) 반 대 론

39 절차이분론에 대해서는 다음과 같은 현실적 문제가 지적된다.

40 1) 책임유무와 정도가 행위자의 인격적 특성과 엄격하게 분리하여 판단될 수 있는지 문제된다. 즉 범죄사실과 양형사실을 구별하는 것은 실제로 불가능하다는 것이다. 공소사실 이외의 사실이지만 공소사실을 확인하는 데 필요한 정보가 공판과정에서 조사되는 것은 불가피한 일이기도 하다.

41 2) 양형자료를 조사하는 전문조사관이 확보되지 않은 상황에서 소송절차를 나누어 진행하면 소송지연의 원인이 될 수 있다고 한다. 독자적 양형심리가 지나치게 길어질 수 있기 때문이다. 절차를 둘로 나누어 운영하면 비용이 많이 들 수도 있다.

42 3) 현행법상 간이공판절차를 활용하면 절차이분의 목적을 달성할 수 있다는

주장도 있다. 간이공판절차는 자백 등 요건을 갖추는 때에 유무죄 평가에 많은 시간을 할애하지 않고 양형만을 판단하는 것이기 때문이다.

(3) 전 망

절차를 나누는 데 비용이 많이 들거나 양형절차가 지연되는 것이 결정적으로 중요한 문제는 아니다. 효율적으로 진행될 수 있도록 개선할 여지는 남아 있다. 양형의 중요성을 생각할 때, 소송경제적 차원의 단점은 개별 피고인에게 형벌을 적절히 개별화해야 한다는 과제보다 중요한 내용은 아니다. 범죄사실과 양형사실의 구별이 분명하지 않은 경우가 있을 수 있다. 그러나 유무죄를 가릴 때 가벌성의 유무와 정도에 관련된 행위측면의 책임을 평가하고, 양형을 고려할 때 다시금 피고인의 개별적 책임평가가 이루어진다 하더라도 잘못된 것은 아니다. 책임을 반복하여 평가함으로써 형을 가중하는 조건이 되게 하지 않도록 주의하는 것이 중요하다. 43

지금은 과거보다 공판절차가 개선되어 양자의 입장을 모두 고려한 '절차이분적 운영'에 점차 가까워지고 있는 것으로 생각된다. 즉 현재 사법체계의 인적·물적 조건은 그대로 두고, 양형절차를 과거에 비해 개별화·과학화하는 쪽으로 개선해 가고 있다. 이러한 방식이 공판절차를 나누는 제도의 장점을 충분히 수용할 수 있을지 여부에 대해서는 변화하는 상황을 지켜보아야 알 수 있다. 44

6. 판결전 조사제도

양형의 합리화방법으로서 판결전 조사제도란 유죄가 인정된 자에게 적합한 처우를 찾아낼 수 있도록, 판결을 내리기 전에 피고인의 인격·소질·환경에 대한 과학적 조사를 하여 이를 양형 기초로 사용하는 제도를 말한다. 광의로는 기소 여부를 결정하기 위한 기소전 조사도 여기에 포함된다. 유무죄판결과 양형판단이 한꺼번에 이루어지는 절차보다는 공판절차가 나뉘어 있는 체계에서 활용되기 유리하다. 45

(1) 찬 성 론

판결전 조사제도는 개별 피고인들에게 양형을 합리화할 수 있을 뿐만 아니라 교정과정의 개별화에도 기여할 수 있다. 형집행 이후 보호관찰을 활성화하는 데 도움을 줄 수 있다는 장점도 있다. 조사결과에 따라서 보안처분이 필요한지 여부를 판단할 수 있기 때문이다. 변호인에게 변론준비를 위해 필요한 시간이 부족하고 동원할 수 있는 물적·인적 능력이 검찰 측에 비해 부족한 경우가 많기 때문에, 판결전 조사 46

를 통해 피고인에게 도움을 줄 수 있는 정보를 얻게 된다는 점도 언급된다.

(2) 반 대 론

47 판결전 양형을 위한 조사과정에 피고인에게 반론기회를 주지 않는다면 고전적 직권주의의 부활에 그칠 것이라는 비판이 있다. 양형사유는 피고인의 성향과 환경을 포함한 여러 정보를 다루게 되는 한편, 피고인 입장에서는 유무죄판단보다 더 중요한 의미가 있다. 정밀하고 과학적인 조사가 필요하다는 이유로 이 과정에 피고인참여를 배제한다면 일방적으로 피고인에게 불리한 절차로 이용될 수 있다는 것이다. 조사과정에 피고인이 참여하게 한다고 해도 이 문제가 해결되는 것은 아니다. 자신이 죄를 저지르지 않았다는 사실을 피고인이 주장하는 것은 상대적으로 쉬운 일이다. 반면에 자신의 성향과 환경을 과학적으로 조사하는 과정에서 재범위험성이 없다는 반론을 제기하기는 매우 어렵다.

(3) 전 망

48 판결전 조사제도는 미국에서 프로베이션(probation)제도와 함께 널리 채택되고 있다. 이는 선고를 유보한 상태에서 피고인에 대한 조사를 하여 이를 바탕으로 형량을 결정하는 것이다. 대륙법계에서는 공판절차를 나누지 않는 한 양형절차가 유무죄의 판단과 구별되지 않고 한꺼번에 이루어지기 때문에 이 제도를 전면적으로 도입하는 것은 어렵다. 유죄를 전제로 양형자료를 수집하기 위한 것이기 때문에 예외적으로 자백사건이나 피고인이 동의한 경우에 실시할 수 있을 것이다. 우리나라에서는 보호관찰에서만 이 제도를 규정하고 있다. 법원은 보호관찰을 명하기 위해 필요한 경우에 그 법원의 소재지 또는 피고인의 주소지를 관할하는 보호관찰소의 장에게 범행의 동기·직업·생활환경·교우관계·가족상황·피해회복 여부 등 피고인에 관해 필요한 사항의 조사를 요구할 수 있도록 되어 있다(보호관찰 등에 관한 법률 제19조).

49 판결전 조사제도가 판결전 수사와 변호활동에 대한 불신에서 비롯된 것을 감안한다면 현행제도를 변경하지 않고 원하는 효과를 얻을 수 있도록 하는 것이 더 현실적인 방법이다. 무엇보다도 수사를 비롯한 증거수집의 합리화로 피의자·피고인에 대한 실질적이고 구체적인 조사가 이루어질 수 있도록 하는 것이 중요하다.

7. 양형위원회

50 양형위원회는 사실인정절차에 의해 유죄가 인정된 자에 대한 양형을 법관 이

외의 전문가인 범죄학자·형사정책가·교정전문가 등으로 구성된 위원회에 맡김으로써 양형합리화를 도모하는 제도이다. 우리나라에서는 2007년부터 대법원 산하에 양형위원회를 운영하고 있다. 현행 양형위원회는 위원회 회의를 통해 양형기준을 설정·변경하고 관련된 양형정책을 연구, 심의하는 의결기관이다. 위원회가 설정하는 양형기준은 법관의 양형에서 참고해야 하는 표준으로 이용된다. 위원회가 연구하는 양형정책 또한 양형의 주요 지도원리로 제공된다.[1)]

양형위원회는 양형기준을 설정할 때 1) 죄질 및 주관적 구성요건과 피고인의 책임정도를 반영할 것, 2) 일반예방 및 재범방지와 사회복귀를 고려할 것, 3) 같거나 유사한 범죄에 대해 고려해야 할 양형요소에 차이가 없는 한 다르게 양형하지 말 것, 4) 피고인의 국적·종교 및 양심·사회적 신분 등을 이유로 차별하지 않을 것의 네 가지 원칙을 준수하도록 한다(법원조직법 제81조의6 제②항). 51

과학적이고 합리적인 양형을 할 수 있게 하고, 양형에서 교정까지 통일적인 사법절차를 행할 수 있게 하기 위해서는 양형전문가를 엄격하게 선발하는 한편 전문적인 사전교육이 이루어질 수 있도록 해야 한다. 그렇지 않으면 법관 이외의 사람들이 책임원칙과 관련이 없는 요소들을 평가에 자의적으로 고려한다는 비판을 받게 될 것이다. 이러한 지적을 피하기 위해 양형위원회가 양형에 직접 영향을 미치지 않고 조언 정도를 하는 데 그친다면 현행법이 규정하고 있는 감정인 등과 크게 다를 바 없다고 볼 수도 있다. 52

8. 양형기준표

개별피고인의 재범가능성, 형벌에 대한 적응능력, 교정방안 등을 과학적으로 분석하고 이것을 참고로 양형이 이루어지도록 하는 것을 양형지침이라고 한다. 이를 통해 적응예측표가 작성된다.[2)] 우리나라 양형지침으로는 양형위원회가 작성한 양형기준표가 있다. 양형기준표는 양형을 위한 각 요소들을 객관적으로 반영할 수 있도록 돕고, 통계연구를 양형에 이용할 수 있도록 하는 장점을 갖고 있다. 개별적인 양형의 차이를 명확하게 구분짓고 양형의 과학화에 기여할 수 있다. 또한 판결에 대한 예측을 가능하게 하여 교정을 준비하는 데 이용할 수 있다는 것도 양형기준표를 사용하는 이점이다. 53

1) 자세히는 양형위원회 홈페이지(sc.scourt.go.kr) 참조.
2) 제도에 대해서는 김영환, 자유주의적 법치국가, 329면 이하.

54 물론 피고인 개인의 특성과 환경을 모두 객관적 지표로 만들어 이를 기술적으로 처리하는 데는 한계가 있다. 어느 정도로 그 기준에 법관의 판단을 구속할 수 있는지도 명확하지 않다. 또한 양형기준표의 내용은 행위자의 과거를 바탕으로 한 것이기 때문에, 주로 미래의 교정가능성과 관련되는 양형지침으로 삼는 데 궁극적인 한계가 있다는 지적도 있다. 그러나 명확한 기준이 전혀 없이 법관의 역량과 지혜에 양형이 좌우되었던 방식에 비할 때 더 진보된 형태임은 분명하다.

▌살인죄의 양형인자[1]▐

<table>
<tr><th colspan="3">구 분</th><th>감경요소</th><th>가중요소</th></tr>
<tr><td rowspan="3">특별
양형
인자</td><td rowspan="2">행위</td><td>공통</td><td>• 범행가담에 특히 참작할 사유가 있는 경우
• 과잉방위
• 미필적 살인의 고의
• 피해자 유발(강함)</td><td>• 계획적 살인범행
• 범행에 취약한 피해자
• 사체손괴
• 잔혹한 범행수법
• 존속인 피해자
• 비난할 만한 목적에 의한 약취·유인인 경우(4유형)
• 강도강간범인 경우(4유형)
• 피지휘자에 대한 교사</td></tr>
<tr><td>미수</td><td>• 경미한 상해(상해 없음 포함)</td><td>• 중한 상해</td></tr>
<tr><td colspan="2">행위자/
기타</td><td>• 농아자
• 심신미약(본인 책임 없음)
• 자수
• 처벌불원(피해회복을 위한 진지한 노력 포함)</td><td>• 반성 없음(범행의 단순부인은 제외)
• 특강(누범)</td></tr>
<tr><td rowspan="2">일반
양형
인자</td><td colspan="2">행위</td><td>• 소극 가담
• 피해자 유발(보통)</td><td>• 사체유기</td></tr>
<tr><td colspan="2">행위자/
기타</td><td>• 범행 후 구호후송
• 상당금액 공탁
• 심신미약(본인 책임 있음. 4유형의 강간살인/유사강간살인/강제추행살인, 약취·유인 미성년자 살해, 인질살해에는 적용하지 아니함)
• 진지한 반성</td><td>• 특강(누범)에 해당하지 않는 이종누범, 누범에 해당하지 않는 동종 및 폭력 실형전과(집행종료 후 10년 미만)</td></tr>
</table>

1) 양형위원회 홈페이지 참조.

▮살인죄의 형량[1]▮

유 형	구 분	감 경	기 본	가 중
1	참작동기살인	3년~5년	4년~6년	5년~8년
2	보통동기살인	7년~12년	10년~16년	15년 이상, 무기 이상
3	비난동기살인	10년~16년	15년~20년	18년 이상, 무기 이상
4	중대범죄 결합 살인	17년~22년	20년 이상, 무기	25년 이상, 무기 이상
5	극단적 인명경시살인	20년~25년	23년 이상, 무기	무기 이상

9. 기타 양형합리화 방법

합리적 양형을 위해서는 우선 검사가 구형을 정형적으로 해야 한다. 현실에 55
서는 판사의 선고형이 낮아질 것을 예상하여 검사가 일단 최대한 높게 구형하는 태도가 흔히 관찰된다. 최종형량에 대한 실마리를 검사가 미리 제공한다는 인식을 가지고 이와 같은 구형방식을 자제해야 한다. 검사 스스로 먼저 양형기준을 고려하여 형의 종류와 정도를 법원에 구한다면 법원의 양형판단에 우회적으로 도움을 줄 수 있다.

피고인의 실질적 방어권을 보장해주고, 그 방어권이 피고인의 무죄를 변론 56
하는 데 이용되더라도 그것이 양형에서 불리한 조건으로 이용될 수 없도록 해야 한다. 이 점은 무죄추정원칙이 유지되는지 판단할 수 있는 보기이다. 현실에서는 죄가 없는 피고인이더라도 그가 무죄를 적극 주장했다가는 자칫 양형에서 불이익을 받을 것이 염려되기 때문에, 피고인의 변호인조차 그에게 무죄주장을 하지 말라고 권고하는 일이 매우 흔하다. 양형에서 유리하게 평가받기 위해 고소인과 합의를 하라고 종용하기도 한다. 처음부터 무죄추정이 깨어진 상태에서, 법적 관건을 놓고 방어활동을 하기보다 막연한 호소를 통해 선처를 구하는 식의 변론만 반복되고 있는 상황이 합리적 양형으로부터 멀어지게 만드는 가장 주된 원인이다.

판결서에 양형이유를 명시하도록 하는 것도 양형합리화에 기여한다. 현행법 57
은 형을 선고할 때 판결이유에 범죄사실, 증거요지 그리고 적용법령만 명시하도록 규정하고(형사소송법 제323조 ①항), 양형이유에 대해서는 언급이 없다. 단순한

1) 양형위원회 홈페이지 참조.

양형사유인 정상情狀에 대한 사실은 명시할 필요가 없다고 하면서, 사형을 선고하거나 이례적인 양형을 해야 하는 때에만 판단근거를 밝혀야 하는 것으로 생각되고 있다.[1] 판결서에 원칙적으로 양형이유를 명시하도록 하면 양형과정의 투명성이 확보되고 법원 스스로 양형을 자율적으로 통제할 수 있으며 양형부당을 이유로 한 상소(형사소송법 제361조의5 15호)도 줄일 수 있을 것이다.

58 **[형사사법에서 보편과 특수]** '보편', '일반', '추상'은 '특수', '개별', '구체'의 반대되는 개념이다. 입법, 사법, 행형 전과정에서 보편과 특수의 대립이 언제나 개입된다.[2] 1) 예를 들어 '나쁜 짓은 처벌된다'는 규범이 있다면 이는 극도로 일반적인 내용을 지시하고 있다. 반면에 '돈을 갚을 의도가 없으면서 고등학교 단짝이었던 동창을 찾아가 어머님이 위독하다는 이유를 대어 200만원을 빌린 뒤에 10년이 되어도 갚지 않은 사람은 징역 6월에 처한다'는 법률이 존재한다면 이는 매우 구체적이면서도 특수하다. 극단적인 이 두 형태는 모두 실정성이 없으므로 법률이라고 볼 수 없다. 법률은 모든 개별 사안 가운데 유사한 것을 빗대어보았을 때 보편타당한 일관된 결론이 도출될 수준으로 적절하게만 복잡해야 한다. 물론 입법과정에서 이와 같은 '적절한 유형화 수준'을 정하는 것은 매우 어려운 과제이다. 공통적인 범죄행위의 유형은 비슷하더라도 여러 나라의 입법형태가 서로 다른 이유이기도 하다. 2) 법률에 비할 때 재판으로서 사법은 한결 구체적이다. 어느 정도 추상적인 법률을 토대로 하지만 개별사안으로부터 구성된 공소사실을 소송물로 하여 그 법률에 상응시키는 작업이기 때문이다. 이때 유무죄의 판단보다 양형평가는 피고인의 개별적인 사정을 더욱 면밀히 반영하도록 되어 있다. 3) 형사사법의 전 과정 가운데 개별적인 사람과 상황을 고려하는 가장 특수한 영역은 행형이다. 이는 수형자의 구체적이고 특수한 상황을 낱낱이 고려하여 특별예방 목적을 달성하는 데 가장 적합한 방식을 이용하기 때문이다. 개별 수형자의 과거행태와 범죄행위는 물론, 미래의 각기 다른 삶의 가능성까지도 충분히 고려하는 것이 필요하다. 이렇게 본다면 입법의 추상성은 사법절차가 보완하고, 사법의 보편성은 행형의 구체성을 통해 완성되는 것이라고 할 수 있다.

1) 배종대/홍영기, 형사소송법, 65/6.
2) Seelmann, 법철학, 311면 이하 참조.

[76] 선고유예와 집행유예

1. 선고유예제도

선고유예는 비교적 가벼운 범죄를 범한 자에 대해 일정기간 형의 선고를 미루고, 그 유예기간 동안 위법행위가 없으면 면소된 것으로 간주하는 제도를 말한다(형법 제59조). 영미법계에서는 유죄판결 자체를 유예하는 것으로 되어 있지만, 우리나라는 유죄판결은 내리고 형의 선고만 유예하는 방식을 채택하고 있다.[1) 1

이 제도는 비교적 가벼운 범죄에 대한 유죄선고를 유보함으로써 유죄판결을 받을 피고인이 권리제한 없이 사회생활을 할 수 있도록 해준다는 점에 의의가 있다. 경미사건의 초범의 경우에는 나이·직업·범행동기 등을 참작하여 선고유예를 내림으로써 재산형이나 자유형의 폐단을 방지할 수 있는 장점도 있다. 이 제도의 효과를 극대화하기 위해 형선고를 유예할 때 재범방지를 위하여 지도나 보호가 필요하다고 판단되면 1년 이내의 보호관찰을 명할 수 있다(형법 제59조의2 ①항). 그러나 실제로 선고유예는 자주 활용되지 못하고 있다. 제1심 형사공판사건 가운데 약 0.8~1.7%만이 선고유예를 받은 것으로 조사된다(2011~2019년 통계).[2)] 2

2. 집행유예제도

(1) 의 의

집행유예는 일단 유죄를 인정하여 형을 선고하되 일정한 요건 아래 일정기간 동안 그 형의 집행을 미루고, 취소나 실효 없이 유예기간을 경과하면 형집행뿐만 아니라 형선고효력까지 상실시키는 제도이다. 집행유예제도는 수형자가 형집행으로 인해 받을 수 있는 사회복귀의 어려움을 없애는 데 목적이 있다. 그 방법은 일정기간 동안 형집행이 연기되고 있다는 것을 알려서 범죄인에게 심리적인 압박을 가하는 동시에, 일정기간 후에는 선고효력이 없어진다는 희망을 갖게 하여 개선을 유도할 수 있게 하는 것이다. 이처럼 집행유예는 넓은 의미로 형벌기능을 담당하며 단기자유형에 대한 대체수단으로 이용되고 있다. 3

---

1) 우리나라는 대륙법계(독일)의 입법례에 의한 것이다. 선고유예제도 없이 집행유예와 보호관찰을 결합하여 실시하는 유럽국가도 많이 있다.
2) 범죄백서 2020, 309면.

(2) 현황과 문제점

4 최근(2011～2019년) 유기징역선고를 받은 자 가운데에서 제1심에서 집행유예를 선고받은 사람의 비율은 매년 약 60% 정도이다. 대체로 도로교통법, 교통사고처리특례법, 과실치사상죄 등에서 높은 비율을 차지한다.[1)] 통계에서 알 수 있듯이 실무에서 실제로 가장 많이 선고하는 유형은 바로 집행유예이다. 이것이 형벌기능을 독자적으로 담당하면서 기타 다른 어떤 형벌의 종류보다 중요한 수단이 되고 있다는 것을 보여준다.

5 집행유예가 유죄판결을 받는 피고인에게 법관이 베푸는 은혜의 수단처럼 생각될 수 있고 또한 그렇게 이용되어오기도 했다. 그 이유는 집행유예를 부과할 수 있는 예측의 근거사유가 바로 제51조 다양한 양형사유와 자의성이 농후한 '정상참작'이라는 두 일반적 요건에 있기 때문이다(제62조 참조). 양형사유에 대한 법치국가적 통제는 매우 어려운 일이다. 정상참작은 법관의 자의적 판단에 열어놓은 문이다.

(3) 양형위원회의 기준

6 이러한 비판에 따라 최근 양형위원회는 양형인자와 마찬가지로 집행유예기준도 실질적으로 세분해두었다. 즉 집행유예를 선고하기 위해 필요한 참작사유를 1) 집행유예를 긍정적으로 고려하게 하는 긍정적 요소와, 반대로 집행유예를 부정적으로 고려하게 하는 부정적 요소로 구분한 다음, 2) 긍정적 요소와 부정적 요소 안에서 집행유예결정에 대한 영향력정도에 따라 주요참작사유와 일반참작사유로 구분하고, 3) 다시 주요참작사유 또는 일반참작사유 안에서 재범의 위험성 등 관련 요소와 기타 요소로 구분하고 있다.[2)] 이를 활용하여 실형 권고, 집행유예 권고, 선택 가능의 세 가지 판단이 가능하도록 한다.

7 집행유예여부 결정은 형종 및 형량 기준에 따라 정해진 선고형이 '3년 이하의 징역 또는 금고'인 경우에 검토된다. 법관은 먼저 집행유예 참작사유의 존재여부를 확정한 다음, 평가원칙을 통해 권고되는 실형 또는 집행유예를 선택하거나 평가원칙에서 어느 쪽도 권고하지 않는 경우에는 집행유예 참작사유를 종합적으로 비교·평가하여 집행유예 여부를 판단한다.

---

1) 범죄백서 2020, 314면 이하, 658면 이하.
2) 양형위원회 홈페이지 참조.

3. 유예제도의 형벌작용

기소유예, 선고유예, 집행유예 등 각종 유예제도들은 현실적으로 형사사법절 8
차의 진행을 일정기간 유보하는 기능을 넘어 하나의 형벌처럼 작용하고 있다. 최근 입법례나 입법론도 이를 형벌의 일종으로 적극 활용하도록 바뀌어 가고 있는 상황이다. 단기자유형의 단점을 극복하고 행위자에게 경고를 하는 것으로써 형벌을 대신할 필요성이 있다는 점에서 유예제도의 활용을 권장하는 것으로 보인다.

그러나 형사사법절차를 연기하는 각종 유예제도가 형벌의 일종으로 자리잡 9
는 것이 과연 형법이론적으로 정당화될 수 있는가에 대해서는 비판적인 물음이 있다. 유예제도에서 관찰되는 선언적 기능과 잠재적 기능의 괴리를 문제삼지 않을 수 없다. 짧은 자유형의 단점은 이미 널리 알려진 사실이며, 법정형의 인플레이션 때문에 실질적인 불법정도에 비해 지나치게 높은 형벌을 줄 수밖에 없는 상황에서 법관의 재량을 이용해야 할 필요성도 인정된다. 그렇다고 유예제도가 이런 문제를 극복할 수 있는 근본적 수단이 될 수는 없다. 법정형을 합리적으로 조정하는 한편, 단기자유형을 대신할 다른 형벌수단을 찾는 것이 정석이다. 유예제도는 말뜻 그대로 형의 집행을 유예하는 제도로 남아 있어야 그 본래 역할을 담당할 수 있다.

[77] 국민참여재판

1. 국민참여재판의 도입론

2008년부터 우리나라에서도 '일반국민의 형사재판 참여제도[배심제]'가 시작 1
되었다. 이에 대한 기대는 한마디로 '사법의 민주화'에 있다. 배심제를 도입한 취지에는 일반시민이 배심원이 되어 재판과정에 동참하고 전문법조인이 그들의 의견을 참고하게 함으로써 절차적 민주성을 확보해야 한다는 과제가 분명히 드러난다.[1] 그리고 여기에는 시민들이 참여하는 민주절차의 확대가 재판의 합리성을 높이며, 법치주의를 확고하게 하여 사법선진화를 앞당길 것이라는 낙관적 인식도 깔려 있는 것으로 보인다.

---

1) 형사재판참여법 제1조; 대판 2010.3.25. 2009도14065.

2 그러나 문제는, 법치주의이념이 언제나 민주주의의 확대로부터 도움을 얻는 것이 아닐 뿐만 아니라, 오히려 많은 경우에 서로 대립되고 충돌되는 가치라는 점에 있다[27/6]. 더 많은 사람이 의사결정에 참여해야 한다는 것과, 합리적 법해석에 부합하는 결론을 도출해야 한다는 것은 서로 다른 영역에 놓인 요청이다.[1] 그리고 우리 형사사법시스템은 영미법체계에 비할 때, 참여자들의 대화와 타협이라는 수단보다 엄격하고 전문적 법률적용을 더 신뢰해왔다. 곧 민주적 결정보다 실정법에 따른 사법판단을 더 중요한 가치로 삼아온 것이라고 할 수 있다. 배심제 도입 여부를 고려하던 과거에, 법치국가성이 후퇴할 수 있다는 염려가 반론의 핵심에 있었던 이유이다. 그러나 이제는 배심제를 도입하고도 어느 정도 시간이 흘렀기 때문에, 원칙에 대한 논쟁으로부터 민주주의 가치와 법치국가 목표가 최대한 조화되도록 제도를 구체적으로 정비하는 방향으로 대화주제가 옮겨가고 있다.

3 [미국의 배심재판] 미국 대배심(grand jury)의 경우, 직업법관 없이 일반시민들 가운데 임의로 선정된 배심원이 재판과정에 참가하여 검사 논고를 듣고 해당 사건이 정식 심리를 받을 가치가 있는지 판단한다. 예비심문의 경우 검사와 피고인이 모두 참가한다. 이때 공소사실의 인부절차(arraignment)를 진행하는데, 이는 피고인이 검사의 공소사실을 인정(plead guilty)하는지 부인(plead innocent)하는지 밝히는 과정이다. 수사에 이어 이때에도 플리바게닝을 통해 유죄를 인정하는 대가로, 공소사실을 조정하거나 선고형량을 낮출 수 있다. 이때 플리바게닝을 하지 않는 경우에는 배심재판으로서 공판절차(trial)가 진행된다. 공판절차의 배심은 소배심(petit jury)으로서 12명의 배심원으로 구성된다. 배심원선정이 중요하다고 생각되기 때문에, 인종, 성별 등 요소들을 고려하여 기피신청 및 심사가 사전에 이루어진다. 배심원이 구성되면 검사와 피고인간 신청된 증거를 조사하고 진술을 주고받는다. 모든 연방 사건과 대부분의 주 사건에 대해 배심원단은 만장일치로 유무죄를 평결한다. 만약 무죄평결이 내려지면 소송은 종결되고, 유죄평결이 나온 경우에만 판사 또는 배심원의 장이 형량을 결정하여 선고한다. 배심원이 형량의 상한을 정하면 판사는 그보다 더 높게 선고할 수 없다.

2. 문 제 점

(1) 현 황

4 처음 기대와 달리 배심재판이 그다지 활발하게 이용되지 않는 것으로 드러나

1) Pense, Das spanische Schwurgericht, 20면 이하; Schreiber, Gesetz und Richter, 219면.

고 있다. 최근 몇 년간의 통계를 보면 해마다 약 200여 건 정도만 국민참여재판을 통해 진행되었다.[1] 이러한 상황은 특히 피고인 스스로 배심재판을 받을 실익이 없다는 인식을 하고 있는 데 이유가 있다. 최근 여러 범죄들에 대한 많은 대중들의 여론을 떠올려본다면, 배심재판을 받는 것이 직업법관만에 의해 재판받는 것에 비해 결코 유리하지 않다고 생각하고 있다. 실제 78.6%의 피고인들이 배심원이 가질 수 있는 범죄에 대한 선입견으로 국민참여재판을 꺼려한다고 답하기도 하였다.[2] 그렇다고 해서 검사들이 배심재판을 선호하는 것은 더욱 아니다. 배심재판의 무죄판결율은 일반재판보다 훨씬 높다. 평균 10% 안팎의 전부무죄판결율을 보이며, 2014년에는 34%의 일부무죄판결율을 기록하기도 했다.[3] 이처럼 검사와 피고인 양측 모두 배심재판에 대해 그다지 높은 신뢰를 보이지 않고 있으며, 그 필연적인 결과, 배심재판의 선고에 대해 94.2%의 유례가 없는 높은 항소율을 기록하고 있다.[4]

(2) 이 유

평소 일상에서 접할 수 있는 구체적 주요사건들이 일반인들에게 꾸준히 강렬 5
한 인상을 새겨 넣고 있는 반면, 무죄추정원칙이나 책임원칙, 비례성원칙 또는 적법절차원칙 등 피고인들을 위한 보장원리는 많은 사람들에게 생소하다. 이러한 중요한 법원리를 알지 못한 채, 자극적 범죄보도 및 범죄인에 대한 왜곡된 사회인식에 노출된 배심원이 법정에서 피고인과 변호인에 비해 우세해 보이는 검사를 대하게 되고 피해자의 증언을 접하며, 마지막으로 피고인신문과정을 목도하게 되면 중립적 판단을 할 가능성은 매우 낮아진다.[5]

그렇다면 높은 무죄율은 어떻게 설명되는가? 위와 같은 상황에서 사안에 대 6
한 객관적 판단을 어느 정도 포기한 피고인과 변호인은 범죄가 일어나게 된 심리적 동기와 피고인의 개인사정을 상세하게 언급하여 인정에 호소하는 방식을 택하게 된다. 배심원 스스로 갖고 있었던 정의를 향한 굳은 의지가 공판정에서 이미 흔들렸을 가능성도 있다. 언론보도에서 접하던 범죄인의 이미지와 달리 실제로

1) 범죄백서 2020, 322면 이하; 김용효, 국민참여재판제도의 효과적 정착을 위한 입법적 제언, 155면.
2) 이천현, 국민의 사법참여와 형사재판의 개선방향, 324면.
3) 범죄백서 2017, 346면.
4) 형사정책연구원, 형사정책과 사법개혁에 관한 조사연구 및 평가(II), 343면 이하.
5) 미국에서도 배심원들이 법률지식이나 경험부족 등의 이유에서 검사의 고무인(rubber stamp)의 역할만 하게 된다는 비판이 있다(표성수, 영미 형사사법의 구조, 296면). 배심제에서 무죄추정원칙의 확립방안으로는 지유미, 무죄추정원칙의 관점에서 국민참여 재판제도의 개선방안에 관한 연구, 44면 이하.

재판과정에서 대하는 피고인은 자신의 친척, 이웃과 전혀 다르지 않은 일상인이라는 것을 알게 된 것은 사뭇 낯선 경험일 것이다.

3. 전 망

7 배심제 채택 여부는 각국의 역사적 배경과 관련된 것일 뿐, 배심제 자체가 특별히 선진적인 사법제도라고 볼 것은 아니다.[1] 제도도입의 상징성은 어느 정도 공감을 얻었다. 사법에 대한 불신이 다소나마 해소되었고, 절차를 전문가들의 전유물이 아니라 일반인들도 접근할 수 있는 대상으로 여기게 되었다. 그러나 이와 같은 민주적 사법이라는 상징성이 자칫 사법활동을 형식적으로만 정당화하여, 사법에 대해 행해지던 비판을 약화시키는 수단, 또는 여론을 사법기관에 우호적으로 이끌어가기 위한 방편으로 쓰일 수도 있다. 사실관계 판단이 어려운 경우, 직업법관이 배심원 평결을 힘입어 자신에게 주어진 책무를 가볍게 하는 방편으로 이용하는 것도 사법의 민주화이념과 거리가 먼 결과이다.

8 배심원의 견해에 법관을 기속시키는 쪽으로 개정해야 한다는 주장[2]을 받아들이기에는 아직 시기가 이르다고 생각한다. 민주주의와 법치주의가 조화를 이루는 가운데, 우리나라 법체계에 어울리는 제도로 정착시키고 장점을 최대화 할 수 있게끔 하기 위해서는 지금과 같은 절충형태로 운영하면서 시행착오를 줄여나가는 것이 중요하다. 범죄에 대해 막연히 적대적인 인상을 갖는 시민의 판단이 그대로 판결에 반영되게끔 함으로써 처벌효율성에만 기여하게 되거나, 피고인에 대한 온정에 호소함으로써 무죄의견을 받아내는 쉬운 수단으로 이용될 수 있음에 여전히 주의해야 한다. 배심원들을 적절히 설득하기 위해 뛰어난 언변이나 호감을 사는 외모 등에 신경 쓰는 것이, 마치 법률가들의 새로운 절차기법처럼 여겨지는 지금의 모습도 결코 발전적 형사사법으로 보이지는 않는다.

---

1) 배종대, 세계화와 한국형법의 정체성, 377면 이하. 실제로 배심제의 기원이라고 할 수 있는 영국에서는 오히려 배심재판의 비중이 계속 축소되어, 이제 형사재판의 1%만 담당한다고 하고(김대성, 국민의 형사재판 참여, 112면), 19세기에 배심제를 도입한 스페인도 이제 배심법정을 축소, 폐지하고 있다(Pense, Das spanische Schwurgericht, 199면 이하).

2) 김대성, 앞의 논문, 431면; 김잔디, 국민참여재판에서 배심원의 권한과 의무, 87면; 김용효, 국민참여재판제도의 효과적 정착을 위한 입법적 제언, 162면; 김재중, 배심원평결의 실효성 확보방안, 193면; 이금옥, 국민참여재판의 시행상의 문제점과 개선방안, 147면; 이은모, 현행 국민참여재판제도의 내용과 문제점, 421면; 홍승희, 국민참여재판법 개정안의 개선방안, 293면 이하; 황일호, 국민참여재판의 배심원에 대한 실증적 연구, 534면.

제3장 형벌과 보안처분

제1절 현행 형벌제도의 문제

앞서 형벌의 개념과 의의를 설명하였고, 실질적 형벌개념을 통해 형식적 형벌개념을 비판적으로 설명하였다. 여기서는 현행 형벌제도 가운데 특히 논의대상이 되는 몇 가지 제도의 의의와 문제점을 살펴본다. 1

[78] 사 형

1. 사형제도의 의의

사형은 수형자의 생명을 빼앗는 형벌이다. 생명형이라고도 하고, 형벌 중에서 가장 무거운 형벌이기 때문에 극형으로 불리기도 한다. 사형의 본질에 대해, 1) **복수설**은 사형을 원시사회부터 있었던, 범죄에 대한 당연한 응징으로 이해한다. 즉 복수는 '공격에 대한 공격'으로서 살인행위에 대한 동해同害보복으로, 또는 침해로 인한 손해보다 더 많은 손해를 가하고자 하는 인간본성에 합당한 것이라고 한다[응보]. 2) **위하설**은 사형이 흉악한 범죄를 예방하고 진압하는 데 효과가 있다는 생각이다[일반예방]. 3) **영구말살설**은 흉악범의 생명을 영구히 말살하여 사회에 더 이상 존재하지 못하게 하는 데 사형의 본질이 있다고 한다[보안].[1] 사형의 본질에 대한 이와 같은 설명은 사형제도의 정당성에 관한 것도 아니고, 사형제도의 기원을 말해주는 것도 아니다. 사형제도를 바라보는 시각이 다르다는 정도의 의미를 가질 뿐이다. 1

1) 손해목, 사형제도론, 26면.

2. 역 사

(1) 초기의 사형제도

2 사형제도는 인류문화의 역사만큼 오래되었다. 1) 현존하는 가장 오래된 성문법인 함무라비법전은 바빌론 제1왕조의 왕 함무라비(기원 전 1729~1686)가 제정한 것으로서 형법뿐만 아니라 고용, 임대차, 소비대차 등과 같은 계약법도 포함하고 있다. 제196조 "자유인의 눈을 상하게 한 자는 그의 눈을 상하게 한다", 제197조 "자유인의 뼈를 상하게 한 자는 그의 뼈를 상하게 한다", 제200조 "자유인의 이를 상하게 한 자는 그의 이를 상하게 한다" 등의 여러 규정에서 탈리오(Talio)[동해보복원칙]가 반영되어 있다. 형법영역에는 응보와 위하관념에 따라, 37개조에 걸쳐 사형이 규정되어 있다. 예를 들면 제1조는 타인을 살인죄로 고소하고 그것을 입증하지 못한 자, 제2조는 타인을 마술사로 고발하고 그것을 입증하지 못한 자, 제3조는 중대한 사건에 대해 위증한 자 그리고 제7조는 증인이나 계약 없이 자유인의 아들이나 노예로부터 금·은·노예 혹은 소·말을 사거나 관리를 위해 수임하는 행위 등을 한 자를 사형에 처하도록 하였다.[1]

3 2) 구약성경도 고대의 법과 형벌을 비교적 자세히 보여준다. 그 시대 율법은 많은 경우에 사형을 부과함으로써 범죄를 응징하였다(레위기 20장). 그 근거로 탈리오원칙도 적혀 있다.[2] 주목할 것은 이 당시에도 사형을 제한할 수 있는 다양한 절차가 있었다는 점이다. 먼저 사형을 부과하기 위해서는 두 명 이상의 증인이 있어야 한다고 명시하였다(신명기 19장 16~21절, 17장 6절). 피해자를 비롯한 증인이 사형집행에 참여하며(신명기 17장 76절), 사형범죄에 대해 위증한 자는 사형에 처해지도록 하였다(신명기 19장 18~19절). 또한 과실치사를 저지른 행위자가 복수로 죽음을 당하지 않도록 그가 몸을 피할 수 있는 도피성을 마련해두기도 하였다(출애굽기 21장 13절, 민수기 35장 11~15절, 신명기 19장 3~5절).

(2) 중세시대

4 중세시대까지 많은 사형이 행해졌고, 그 방법도 매우 잔인했다. 중세 말의

1) 윤일구, 함무라비 법전, 106면 이하.

2) "다른 해가 있으면 갚되 생명은 생명으로, 눈은 눈으로, 이는 이로, 손은 손으로, 발은 발로, 데운 것은 데움으로, 상하게 한 것은 상함으로, 때린 것은 때림으로 갚을지니라"(출애굽기 21장 23~25절, 레위기 24장 17절), "네 눈이 긍휼히 보지 말라. 생명은 생명으로, 눈은 눈으로, 이는 이로, 손은 손으로, 발은 발로니라"(신명기 19장 21절) 등의 표현에서 당시의 법이 탈리오 원칙에 근거하고 있음을 알 수 있다.

예를 보면, 1501～1525년간 영국에서 1,159명이 처형되어 일주일에 한 사람 꼴로 사형이 집행되었다고 한다. 헨리 8세 치하(1509～1547)에서는 약 72,000명이 사형에 처해졌으며, 엘리자베스 1세 치하(1558～1603)에서는 89,000명이 사형에 처해졌다고 한다. 그 방법도 다양하여 화형, 질식사, 수장水葬, 독살, 거열형車裂刑, 박살형搏殺刑 등이 있었고, 말별로 사람을 죽이는 방법도 있었다.[1] 집행도 공개적으로 이루어지는 경우가 많았으며, 신분에 따라서 다른 사형방법이 적용되기도 하였다. 사형이 빈번하게 행해진 이유는 14～16세기 절대왕권을 유지하기 위해 왕권을 강화시킬 필요성이 커졌고, 몰락해가는 봉건세력이 마지막으로 저항하는 한 방편으로 형벌을 이용했기 때문이다.

[근대시대의 체형으로서 사형] 푸코의 유명한 『감시와 처벌』 맨 처음에는 5
1757년 3월 2일 다미엥에 대한 다음과 같은 판결이 소개되어 있다. "손에 2파운드 무게의 뜨거운 밀랍으로 만든 횃불을 들고, 속옷 차림으로 파리의 노트르담 대성당의 정문 앞에 사형수 호송차로 실려 와, 공개적으로 사죄를 할 것... 다음으로 위의 호송차로 그레브 광장에 옮겨간 다음 그 곳에 설치될 처형대 위에서 가슴, 팔, 넓적다리, 장딴지를 뜨겁게 달군 쇠집게로 고문을 가하고, 그 오른손은 국왕을 살해하려 했을 때의 단도를 잡게 한 채, 유황불로 태워야 한다. 계속해서 쇠집게로 지진 곳에 불로 녹인 납, 펄펄 끓는 기름, 지글지글 끓는 송진, 밀랍과 유황의 용해물을 붓고, 몸은 네 마리의 말이 잡아 끌어 사지를 절단하게 한 뒤, 손발과 몸은 불태워 없애고 그 재는 바람에 날려버린다."[2]

(3) 근대 이후

위의 예에서 보듯이 근대에도 사형은 가장 중요한 형벌로 유지되었다. 이 가 6
운데 베까리아(C. Beccaria)를 비롯한 계몽사상가들 중 사형을 폐지할 것을 주장하는 학자들이 일부 눈에 띈다. 그들은 사회계약설에 따라 시민들이 권리를 보호받기 위해 국가에게 형벌권을 양도하였지만, 그 자신의 존재자체를 없앨 권리까지 양도된 것으로 볼 수는 없다고 하였다.[3] 이후 인도주의의 확대로 사형폐지론이 늘어났고, 사형을 존치하더라도 잔혹한 방법은 피해야 한다는 의견도 확산되었다. 수형자에 대한 효율적 감시·통제가 가능하였으므로 자유형만으로도 보안기능을 충분히 감당할 수 있게 된 것도 사형제한의 이유였으며, 노동력의 가치가 높아지

1) 오영근, 사형존폐의 역사적 고찰, 37면 이하.
2) Foucault, 감시와 처벌, 23면.
3) 사회계약설의 사형존폐의견에 대해서는 Radbruch, 법철학, 227면 이하.

면서 수형자의 생명을 박탈하기보다 유용한 근로자원으로 활용하기 위한 의도도 있었다. 교육형의 발달로 사회복귀가 가능한 범죄자가 증가한 것도 사형폐지 근거가 되었다.

(4) 우리나라의 사형제도

7 우리나라의 가장 오래된 형률인 기자箕子 8조금법八條禁法에 보면 "사람을 살해한 자는 죽음으로 갚고, 사람에게 상해를 입힌 자는 곡물로써 갚고, 도둑질한 자는 그 집의 노비가 된다(相殺者 以死償, 相傷者 以穀償, 相盜者 沒爲其家奴婢)"는 표현이 나온다. 고조선시대부터 동해보복사상에 의해 사형이 행해졌음을 알 수 있다. 삼국시대에는 형벌권이 국가에 귀속되면서 개인적 보복으로 사형을 시킬 수 없게 되었다. 조선시대에는 다양하고 잔혹한 사형집행방법이 있었으나,[1] 그 집행을 제한하기 위한 제도도 시대에 따라 적절히 고안되었다. 합리적인 형사정책에 많은 관심이 있었던 세종도 그의 정의에 대한 신념에 따라 사형을 자주 집행한 기록을 남기고 있다.[2] 1894년 갑오개혁을 통해 칙령 제30호가 발효되어 참형과 능지처참형이 폐지되었다. 이후 일반사형은 교수형으로, 군법상 사형은 총살형으로 정해졌다. 1997년 12월 30일 이후 지금까지 20년 넘는 기간 동안 사형을 집행한 사례는 없다. 즉 우리나라는 현재 실질적 사형폐지국(10년 이상 사형을 집행하지 않은 국가)이다.

3. 사형의 집행방법

8 사형제도를 두고 있는 국가에서도 되도록 그 잔학성을 줄이는 방향으로 방식을 바꾸고 있다. 중세에 일반인에 대한 범죄억제효과를 극대화하기 위해 사형집행을 공개하던 것과 달리 현대에는 이란, 쿠웨이트, 이라크, 사우디아라비아, 시리아, 아랍에미레이트연방, 예멘, 아랍공화국 등 종교적 전통을 이유로 한 중동지역 국가들을 제외하고는 공개처형을 하는 나라는 거의 없다. 현재 사형을 집행하는 방법은 각국마다 다양하지만 대체로 총살, 전기살, 가스살, 참살, 교살 등이 이용된다.

---

1) 특히 역적에 대해서는 두부를 참하는 이외에 양손과 양다리를 절단하는 오살五殺을 행했고, 모반대역죄를 범한 자에 대해서는 참살하고 그 잔해를 각지에 분산시키는 능지처참형이 실시되었다. 이 경우 연좌법에 의해서 삼족을 말살하였으며, 범인을 은닉한 자도 참형에 처했다(강구진, 사형폐지이론과 실제, 45면).

2) 배종대, 세종의 형법사상, 특히 239면 이하.

(1) 교 살

교살은 끈을 이용하여 수형자의 목을 묶은 후 수형자의 중량을 이용하여 질식시켜 사망에 이르게 하는 것으로서 흔히 교수형으로 불린다. 사형을 존치하고 있는 나라 중 현재 50개국 이상이 이 방법을 이용하고 있다. 우리나라를 포함하여 미국의 6개주, 일본, 싱가포르, 아랍공화국, 이란, 가나, 인도네시아, 파키스탄, 이집트 등이다. 우리나라의 경우 처형 이전에 두건을 사형수의 얼굴에 씌우고 처형대에 앉게 한 다음 끈을 목에 걸고 바닥을 여는 손잡이를 젖혀 5~6m 깊이의 지하공간에 떨어뜨려 매달리게 한다. 집행 후에는 지하실 바닥에 떨어뜨리고 죽음을 확인한다. 9

(2) 총 살

총살은 수형자를 총으로 사살하는 집행방법으로서 주로 군인의 전통적 사형 집행으로 사용되고 있다. 총살로 사형을 집행하는 국가는 태국, 인도네시아, 캄보디아, 중앙아프리카공화국, 러시아, 세르비아, 모로코, 엘살바도르, 과테말라, 칠레, 에콰도르, 알제리 등이다. 우리나라도 군형법 제3조에 군인에 대해서는 총살로써 집행하도록 규정되어 있다. 10

(3) 참 살

참살은 대상자의 머리를 절단하여 사형에 처하는 방법을 말한다. 허리를 절단하는 방식은 요참이라고 불렸다. 우리나라에서는 과거에 칼을 사용하였고, 일부 서양에서는 도끼를 사용하여 참형이 행해졌다. 지금도 사우디아라비아와 카타르가 이 방법을 규정하고 있다. 근래까지 쓰인 가장 유명한 것은 프랑스에서 사용하였던 단두대인 기요틴(Guillotin)이다. 프랑스 제헌의회 의원이었던 기요틴이 수형자가 가장 적은 고통을 받고 죽을 수 있도록 고안한 것이다. 1792년 4월에 처음 쓰였다는 기록이 있고 프랑스혁명 당시 루이 16세, 마리 앙트와네트 등을 처형할 때도 이 방법이 이용되었다. 기요틴은 프랑스가 1981년 사형제도를 폐지할 때까지 쓰였다. 11

(4) 전 기 살

전기살은 사형 대상자의 몸에 전류를 통하게 함으로써 그의 생명을 빼앗는 것을 말한다. 다른 사형집행방법에 비해 고통이 덜하고 또한 순간적으로 집행이 12

끝난다는 이점이 있다고 하나, 사체를 부검한 의사들에 따르면 신체가 심하게 파손되어 무엇보다 잔인한 살인방법이라고 한다. 집행방법은 특별히 만든 집행실 한가운데에 의자를 놓아 사형수를 앉히고, 그의 손과 발, 몸을 혁대로 묶고 머리에 전기모자를 쓰게 한 후 얼굴을 천으로 가리고 사형수의 다리부분부터 2,000~3,000볼트의 고압전류를 흐르게 하여 감전시켜 살해한다. 최초의 전기살집행은 1889년 미국 뉴욕 주의 법률에 의해 시행되었으며 그 뒤로 1896년 오하이오 주, 1898년에 매사추세츠 주, 1906년에 뉴조지아 주, 1908년에 버지니아 주 등 일부 주에 채택되었다.

(5) 가스, 독극물 등

13 가스살은 사형수를 밀폐된 가스실에 감금하고 그 안에 가스를 통하게 함으로써 질식사시키는 사형방법을 말한다. 가스살은 1921년 미국의 네바다 주에서 처음으로 사용되었고, 수형자의 고통이 비교적 적다는 이유로 이후에 이 방법을 채용하는 주가 늘었다. 미국의 텍사스 주 등에서는 1977년 9월부터 독극물을 주사하여 처형하는 방식을 이용하고 있다. 주사방법은 이외에도 과테말라, 대만, 베트남 등에서 쓰인다. 태국은 스스로 독극물을 마시도록 하고 있다. 서남아시아 부근의 국가에서는 특정한 성범죄에 대해 돌을 던져 살해하는 투석형을 법으로 정하고 있다.

14 [미성년자에 대한 사형집행] 국제인권법에 의하면 18세 이하의 미성년자에 대해서는 사형선고를 내릴 수 없도록 되어 있다. 시민적·정치적 권리에 관한 국제협약, 미주인권협약, 어린이권리를 위한 유엔헌장 등에도 이를 명시하고 있다. 또한 100개국 이상 나라에서 미성년자에 대한 사형선고를 법으로 금지하고 있다. 그러나 아직도 몇몇 국가에서는 미성년자에 대한 사형선고와 집행이 사라지지 않고 있다. 국제사면위원회(Amnesty)에 따르면 1990년 이후 미국, 중국, 콩고, 이란, 나이지리아, 파키스탄, 사우디아라비아, 수단, 예멘 등 9개국이 18세 이하의 미성년자에게 사형집행을 하였고, 특히 미국 경우는 1990년부터 이에 해당하는 경우가 모두 19건이 있었다. 2005년에 비로소 미국 연방대법원은 미성년자에 대한 사형선고가 위헌임을 선언하였고, 이란도 2012년 형법을 개정하여 미성년자에 대한 사형을 폐지하였다.

4. 사형존폐론

(1) 각국의 사형폐지 현황

2015년 기준으로 국제사면위원회가 제공하는 자료에 의하면 전 세계 198개 15
국 가운데 3분의 2에 해당되는 140개국이 법률상·사실상 사형을 폐지하고 있으며, 존치국은 58개국에 지나지 않는다. 1) 법률상 모든 범죄에 대해 사형을 폐지한 절대적 폐지국은 독일, 프랑스, 이탈리아, 스위스, 스페인, 터키 등 106개국으로서 과반에 해당한다. 2) 전시범죄, 군범죄를 제외한 일반범죄에 사형을 폐지한 상대적 폐지국은 브라질, 엘살바도르, 이스라엘, 차드, 칠레, 페루 등 6개국이다. 3) 그리고 지난 10년 이상 사형집행이 없었던 사실상 폐지국은 한국, 알제리, 카메룬, 케냐, 라오스, 스리랑카, 러시아연방 등 51개국이다. 이에 반해 4) 사형존치국은 미국, 중국, 일본, 북한, 싱가포르, 대만, 태국 등 32개국이다. 사형폐지국가는 계속 늘어나는 추세이다. 2017년에 사형을 집행한 국가는 전 세계적으로 23개국으로서 이는 전체 국가의 12%에 지나지 않는다.[1)]

(2) 사형폐지론

베까리아가 사형은 사회계약의 본래 뜻에 반하는 것이므로 폐지되어야 한다 16
고 주장한 이래, 지금까지 사형폐지를 위한 노력은 끊이지 않고 있다. 사형폐지론의 근거를 요약하면 다음과 같다.

1) 국가는 사람의 생명을 박탈할 권리를 가질 수 없다. 실정법적으로는 헌법 17
제10조 인간존엄에 반한다. 어떤 경우에도 인간은 다른 사람의 생명을 침해할 권리를 부여받을 수 없다. 그것이 국가라고 해도 마찬가지이다.

2) 사형은 국가가 사람을 죽임으로써 인간생명의 절대적 존엄성을 부정하는 18
시범을 보이는 것이다. 즉 국가가 '죽어 마땅한 사람이 있다'는 것을 선언하고 집행함으로서, 이를 보는 국민들에게도 생명존엄에 예외가 있다는 생각을 갖게 만든다.

3) 사형집행 후 잘못된 재판이었던 것으로 드러났을 때 이를 회복할 방법이 19
없다.

4) 사형의 위하력은 과장된 것이다. 많은 경우 살인범은 격정적·병적 상태에 20
서 범죄를 저지르며, 그렇지 않은 계획적 살인범이라고 하더라도 자신의 범행이

1) 자료는 국제사면위원회(www.amnesty.or.kr).

발각되지 않으리라고 확신을 갖고 범행하는 것이 일반적이다. 사형의 일반예방효과가 입증된 예는 없다.

21 5) 사형제도의 집행은 공무원인 사형집행관의 인간존엄을 침해한다.

22 6) 범행한 자만을 사형에 처하는 것은 범죄에 대한 사회적 책임을 은폐시키는 것이다. 범죄피해자에게도 단순한 응보감정의 충족 이외에 아무런 실질적 도움을 주지 못한다.

23 7) 사형은 인간의 개선가능성을 전혀 인정하지 않는 것으로서 개선·교육의 형벌이념과 부합하지 않는다.

24 8) 사형은 다른 자유형이나 벌금형처럼 정도차이를 나타낼 수 없다. 따라서 죄에 대한 형벌의 비례성을 유지하기 어렵다.

25 [사형의 일반예방효과] 셀린(T. Sellin)과 에어리히(I. Ehrlich)가 사형의 일반예방효과를 연구한 내용이 있다. 셀린은 사형의 범죄억제효과가 장기징역보다 크다고 말할 수 없으며, 실제로 사형제도의 존재 여부는 살인범죄발생율에 아무런 영향을 미치지 않는다고 하였다. 한편 에어리히는 1933~1969년에 걸쳐 한 건의 사형집행은 7~8건의 살인을 감소시켰다고 분석하였다.[1] 최근 조사에서는 사형제도가 범죄예방에 미치는 효과가 거의 없는 것으로 드러나고 있다. 캐나다에서는 사형을 폐지하기 이전인 1975년에 인구 십만 명당 3.09건의 살인사건이 발생하여 최고치를 기록하였으나, 1980년에는 2.41건으로 떨어졌고 사형을 폐지한 지 17년이 지난 1993년에는 그 비율이 2.19건으로서 오히려 감소하는 추세를 보이고 있다. 1988년 유엔조사에서는 "사형제도의 사용을 줄인 국가에서 범죄발생률의 심각한 변화나 갑작스런 증가와 같은 충분히 설득력 있는 연역적 증거는 전혀 나타나지 않았다"고 단언하고 있다. 한편 미국 현실에서 일부 견해는 사형제도가 있음으로써 경찰이 현장에서 살해당할 위험이 더욱 높아진다는 지적을 하기도 한다.[2]

(3) 사형존치론

26 계몽시대 철학자 가운데 **로크**, **루소**, **칸트** 등이나 이탈리아학파의 **롬브로조**, **페리** 등은 사형제도 필요성을 긍정하였다. 그러나 사형폐지론이 본격적으로 진행되기 이전의 생각을 사형존치론으로 분류하는 것은 부적절하다. 현재 우리나라의 학계에서 사형존치론은 폐지론에 비해 목소리가 높은 편이 아니다.[3] 다음과 같은

---

1) Baldus/Cole, A Comparison of the Work of Thorsten Sellin and Issac Ehrlich on Deterrent Effect of Capital Punishment, 170면 이하.

2) Siegel, 범죄학, 125면.

3) 2009년 사형집행을 재개하겠다는 정부방침에 반대하여 전국 132명 형법교수들의 공동성명서가 발표되기도 했다.

근거를 내세운다.

1) 사형은 정의에 대한 응보적 요구에서 정당하다. 악에 대한 악의 반동으로 써 정의는 실현된다. 다른 사람의 생명을 빼앗은 사람의 경우에 그의 생명존엄은 예외적으로 제한될 수 있다. 27

2) 사형은 강력한 일반예방효과를 가지기 때문에 일반인의 범죄를 억제한다. 다른 사람의 생명에 대한 침해를 예방하기 위해서는 사형의 위협이 필요하다. 28

3) 극악한 인물을 사회로부터 완전히 격리할 수 있는 방법이 필요하다. 29

4) 사형은 피해자 또는 일반인의 감정을 정화시켜 줄 수 있다. 피해자가 보상 등 다른 어떤 조치보다 사형을 원하는 경우가 적지 않다.[1] 여론조사 결과 또한 사형존치 편이 우월하다. 30

5) 사형선고에서 오판의 우려는 지나친 염려이다. 지금까지 사형을 집행한 예에서 오판이 있었던 경우는 정치적 목적을 위한 사례 등 극히 드문 예에 속한다. 31

6) 사형은 국가의 행형비용을 절감시킨다. 32

[사형에 대한 판례의 태도] 사형에 관한 우리나라의 법원과 헌법재판소의 입장을 보면 다음과 같다. "인도적 또는 종교적 견지에서는 존귀한 생명을 빼앗아가는 사형제도는 모름지기 피해야 할 일이겠지만 한편으로는 범죄로 인해 침해되는 또 다른 귀중한 생명을 외면할 수 없고, 사회공공의 안녕과 질서를 위하여 국가의 형사정책상 사형제도를 존치하는 것도 정당하게 공인할 수밖에 없는 것이므로 형법 제338조가 그 법정형으로 사형을 규정하였다 하더라도 이를 헌법에 위반되는 조문이라 할 수 없다."[2] "헌법 제12조 ①항에 의하면 형사처벌에 관한 규정이 법률에 위임되어 있을 뿐 그 처벌종류를 제한하지 않고 있으며, 현재 우리나라의 실정과 국민의 도덕적 감정 등을 고려하여 국가의 형사정책으로 질서유지와 공공복리를 위하여 형법 등에 사형이라는 처벌의 종류를 규정하였다 하여 이것이 헌법에 위반된다고 할 수 없다."[3] "범행의 동기, 태양, 죄질, 살해의 수단, 방법의 집요성, 잔악성, 결과의 중요성, 피해자의 수, 피해감정, 범인의 연령, 전과, 범행 후의 정황, 범인의 환경, 교육정도 등 제반사정을 참작하여 죄책이 심히 중대하고 죄형의 균형이나 범죄의 일반적 예방의 견지에서도 극형이 불가피하다고 인정되는 경우에 사형의 선택도 허용된다고 보아야 할 것이다."[4] 33

1) 그러나 사형을 피해자가 진지하게 원한다거나, 사형폐지에 대해서 피해자가 불만을 갖는다는 데에 대한 반대논거가 더 많이 있다. 이에 대해서는 Schöch, 피해자학의 관점에서 본 사형, 153면 이하.

2) 대판 1987.9.8. 87도1458.

3) 대판 1991.2.26. 90도2906.

4) 대판 1992.8.14. 92도1086.

(4) 사형폐지의 근거

34 사형의 절차상 문제를 우선 이야기해볼 수 있다. 1) 가장 흔히 문제되는 것은 사형선고에 이르게 한 재판이 잘못된 것일 때 되돌이킬 방법이 없다는 것이다. 그런 경우가 극히 드물다는 반론에 대해, 만분의 일이라도 확률이 있다면 그것은 잘못된 제도라고 대응한다. 중요한 문제제기인 것은 분명하다. 그러나 어떤 피고인이 사람을 잔인하게 살해한 것이 경험과학적으로 확실하다면 그에게 사형을 집행해도 되는 것인지가 궁극적인 질문이기 때문에, 오판 문제는 그렇게까지 결정적인 것은 아니라고 생각한다. 2) 사형집행관의 인간존엄도 가볍게 여길 수 없는 문제이다. 우리나라가 실질적 사형폐지국가가 된 데에는 사형을 집행할 공무원을 임명할 수 없어서였다는 이야기도 있다. 교수대의 바닥을 떨구는 장치를 여러 명이 함께 작동하게 하여, 그 가운데 누구의 동작에 의해 사형이 집행되었는지 모르게 하는 방식을 이용하는 예도 있었지만 역시 본질적인 해결이 되지는 못한다. 과거 행형공무원에게 사형집행을 시키는 것 자체가 문제였다. 이 문제만 놓고 본다면, 사형을 구형한 검사는 법적으로 형집행의 주체이기도 하므로 검사가 직접 장치를 작동하는 것이 행형공무원에게 이를 하도록 만드는 것에 비해 이론적으로 정당하다. 검사와 판사는 사형구형 및 선고에 큰 부담과 책임을 져야 하는 것이지만, 행형공무원에게는 어떠한 죄책감도 느끼게 만들서는 안 되는 일이다. 3) 행형비용의 문제제기, 즉 교도소에서 종신형을 살게 하는 것에는 수형자를 먹이고 입히고 재우는 비용이 들기 때문에 차라리 사형을 집행해야 한다는 수준의 주장을 지금 이 시대까지 진지하게 이야기하는 학자는 없다.

35 이보다 중요한 것은 사형의 형벌이론적인 의의이다. 우선 상대적 형벌이론을 검토할 때, 1) 일반예방적 측면에서 사형제도가 중범죄를 예방하는 효과가 거의 없다는 점이 증명되었다고 한다면 사형제도가 정당화될 수 있는 길은 없다. 2) 특별예방적 보안목적은 중요하다. 그런데 가석방 없는 종신형과 같은 제도를 통해 사형의 보안목적을 대신할 수 있다. 3) 사형이 개선의 목적과 관련이 없음은 설명할 필요가 없을 것이다.

36 사형존폐론의 가장 핵심 관건은 무엇보다 응보에 있다. 사람에 따라서는 '타인의 목숨을 쉽게 빼앗은 자는 그의 목숨도 내주어야 한다'고 말할 수도 있다. 그러나 살인자가 피해자를 죽인 것과 국가가 살인자를 사형에 처하는 것은 '죽인다'는 형식만 같을 뿐, 전혀 동질의 것이 아니다. 전자는 살인자가 즉흥적으로, 또는

그의 씻을 수 없는 악한 성품으로 죄를 저지르는 것으로서 억제되어야 마땅한 범죄라는 데 이견이 없다. 그런데 후자인 사형은 국가가 사람을 죽이는 것을 '제도로 만든' 결과에 해당한다. 마땅히 이성적이어야 할 주체인 국가가 특정한 사람의 목숨을 끊는 것을 법과 제도로서 유지하고 그것을 집행하고 있는 형태인 것이다. 얼마든지 다른 제도로 바꿀 수 있는데도 사회적 합의와 냉철한 정책적 판단으로서 그렇게 하고 있다고 말한다. 한 사람의 악한 성품이 살인으로 표출되는 것보다 이처럼 우리 사회의 합의를 거친 제도로써 사람을 죽이는 것이 결코 덜 불행한 일이 아닐 뿐만 아니라, 오히려 더 광범위하고도 확고한 야만성을 드러내는 것이라고 할 수 있다.

국가는 가장 이성적인 사람들이 지혜를 축적하여 유지해온 사회제도일 것으 37
로 대부분 사람들이 믿고 있다. 사형제도를 존치하는 것은 바로 그런 속성을 가진 국가가 '어떤 사람이든 그의 생명은 소중하다'라는 가치 대신 '예외적으로 죽어 마땅한 사람'이 있음을 선언하는 것이다. 국가가 이를 제도화하고 있음으로부터, 이제 시민들은 경우에 따라 죽여야 하는 사람도 얼마든지 있을 수 있다는 인식을 갖게 된다. 국가가 사람을 죽이는 시범을 보이는 것으로부터, 급기야 죽여 마땅한 사람을 스스로 가려내는 일도 할 수 있다고 믿게 된다면, 그것이 바로 살인을 범하는 동기가 되는 것이다. 마음에 들지 않은 학생에게 교사가 나서 체벌을 한다면, 이를 보아온 어린 학생들이 주변 친구들을 별 거리낌 없이 폭행하게 되는 것과 똑같은 상황이다. 바로 이러한 의미에서, 국가가 사형을 제도로서 유지하고 있는지 여부는 중요한 의미가 있다. 실질적으로 사형을 집행하지 않음으로써 사형폐지의 목적이 달성된 것은 아니다. 사형제도 자체를 완전히 폐지하여 인간생명의 존엄성을 선언적으로 확인하는 데에 사형폐지론의 궁극적인 목적이 있다.

(5) 사형의 대체수단

사형폐지를 진지하게 주장하는 많은 사람들은 그 대체수단으로서 무기징역 38
형을 이용하면 된다고 말한다. 끔찍한 범죄를 여러 차례 저지른 사람으로서 그러한 행동습성이 남아 있는 수형자도 있을 수 있으므로 가석방 없는 종신형, 즉 절대적 무기징역형의 도입을 주장하는 경우도 있다. 미국과 영국에서는 이 제도를 운영 중이다. 독일은 처음에 사형을 폐지하면서 가석방 없는 종신형으로 이를 대체하였다. 그러나 독일연방헌법재판소는 가석방의 가능성을 완전히 배제하는 것이 인간성품이 달라질 수 없다는 믿음에 근거하는 이상, 인간의 존엄에 반한다고 하여 1978년 가석방 없는 절대적 무기징역형을 폐지하였다. 독일은 무기징역형의 경우에도 15년을 경과하면 가석방심사의 대상이 되는 것으로 규정하고 있다. 종종 가석방 없는 종신형의 도입을 반대하면서 그것이 비인간적인 것으로서 독일에서 위헌결정을 받았다는 사실을 언급하는 '사형존치론자'도 있다. 그러나 독일 논의는 이미 사형을 폐지한 이후 더 진일보한 인권관념을 반영한 결과이므로 그러한 근거제시는 합리적이지 않다.

39 '출소하지 못하고 죽을 때까지 갇혀 사느니 사형을 통해 죽는 게 낫기 때문에' 절대적 무기형을 도입하는 것보다 사형을 존치하는 게 인간적이라는 주장도 있다.[1] 그러나 그것은 근거 없이 느낌에 의존하는 공론空論에 속한다. 실제 선고를 앞두고 있는 피고인으로서 잔인한 종신형을 받는 대신 덜 끔찍한 사형을 집행해달라고 말할 사람은 없을 것이다. 이때 종신형을 택하는 피고인에게 '네가 더 불행한 일을 자초하는 것이고, 너 자신을 위해서 죽이는 것이다'라며 그의 뜻을 저버리고 사형을 집행하는 것이 옳다고 볼 수도 없다.

40 가석방 없는 종신형 자체가 정당한 것인지에 대한 더 나아간 논의는 우리사회에서 아직 진행되기에 이른 것으로 보인다. '인간의 심성이 과연 바뀔 수 있는 것인가'에 대한 답을 찾는 것도 쉽지 않은 일이다. 그런 논의에 앞서, 지금 사형제도가 폐지되지 않고 있는 우리나라 상황에서는 가석방 없는 종신형이 사형에 대한 대체수단이 될 수 있을 것으로 생각한다. 사형을 선고받을 정도의 심각한 중범죄를 저지른 자로서 그와 같은 잔인한 습성을 도저히 바꾸기 어려운 것으로 평가받은 때 사회로부터 격리시키는 대안으로 활용할 수 있다.

41 [인간생명의 존엄성] 지금까지도 사형을 집행하고 있는 나라는 예외 없이 전쟁이나 그와 비슷한 학살을 자주 겪고 있거나, 사건·사고로 죽어가는 사람들을 쉽게 관찰할 수 있는 국가들이다. 미국, 중국, 서남아시아의 예를 보면 알 수 있다. 즉 사람이 죽는 것을 흔하게 관찰하고 있기 때문에 사형제도를 대수롭지 않게 생각할 수 있다. 여기서 보듯이 사형에 대한 생각은 각자가 인간생명의 존엄함에 대해 어느 정도 공감하느냐에 따라 크게 달라진다. 사형제도 만큼은 아니지만, 생명존엄에 대한 심사숙고가 필요한 주제로서 안락사(존엄사) 문제, 낙태문제, 사람의 시기始期와 종기終期의 문제, 뇌사자 장기이식의 문제 등이 오랜 기간 논란의 중심에 있다. 대화참여자마다 생각이 다를 수밖에 없는 이유

1) 손동권, 사형폐지론에 대한 비판적 검토, 285면 이하.

는 생명의 소중함에 대한 민감성이 각기 다르기 때문이다. 이것은 각자의 궁극적 가치관이나 신념, 철학, 때로는 종교와도 관련되어 있기에 서로 입장을 이해하는 것이 쉽지 않다. 그리고 제3자가 쉽게 옳고그름을 결정할 수 없기 때문에 학술적 논증거리가 되기도 어렵다. 그 민감성이 각자 '생명'의 반대개념인 '죽음'에 대해 얼마나 다르게 성찰해왔는가와 관련되므로 더욱 그렇다.

[79] 자 유 형

1. 자유형의 의의와 역사

(1) 의 의

자유형은 수형자의 신체자유를 박탈하는 형벌을 말한다. 자유형을 인간의 자 1
유를 구속하는 것으로 본다면 그 외연은 매우 넓어진다. 예를 들어 벌금형도 재물처분의 자유를 침해한 것이고, 사회봉사명령도 시간사용의 자유를 제한한다. 자유형에서 의미하는 자유는 이 가운데 장소이동의 자유를 비롯한 신체의 자유만을 뜻한다.

자유형은 근대형벌체계의 핵심적 위치를 차지하고 있다. 일반적으로 형벌의 2
집행을 의미하는 '행형行刑'은 좁은 의미로 자유형의 집행을 뜻한다. 자유형의 집행목적은 보안과 더불어 교화·개선을 통한 수형자의 재사회화이다(행형법 제1조). 즉 수형자를 집행기간 동안 격리수용함으로써 재범하지 못하게 하는 한편, 그를 사회에 적응할 수 있도록 교육시키고 치료 등 조치를 통해 사회에 복귀할 수 있도록 하는 것이 자유형의 목적이다. 그 밖에도 수형자의 명예를 실추시키는 작용, 노역을 통해 국가재정에 보탬이 되는 등의 기능이 있지만, 이는 자유형부과에 따른 부수적 결과일 뿐이지 자유형 자체의 목적은 아니다.[1]

(2) 역 사

자유형의 기원은 고대의 노예형이나 노역형에서 비롯된 것으로 추정된다. 그 3
러나 이때에는 노예나 노역을 당하는 사람의 노동력확보가 목적이었으며, 자유박탈에 형벌의 의미가 부여된 것은 아니었다. 이후에도 중세까지는 수사절차나 재판절차의 확보 또는 다른 형벌의 집행에 앞서 일시적 감금수단이 이용되었을 뿐 형벌의 한 종류로 인식되지는 않았다.[2] 자유형이 형벌로 자리잡게 된 것은 중세

1) 재사회화 행형목적에 대한 자세한 설명은 박달현, 형법상 보충성원칙에 관한 연구, 207면 이하.

2) 우리나라 경우에도 옥에 가두는 것은 다른 형의 집행을 위한 절차에 지나지 않았다. 신체자유를 박탈한다는 의미에서

말에서 근대 초기에 이르면서부터이다. 처음에는 범죄인을 처벌하는 방식으로 사용되지 않고 부랑자나 전염병자, 정신이상자를 가두어두는 구빈원救貧院의 형태로 시작되었다가 이후에 3~4명의 범죄자를 수용하는 곳으로 사용되었다.

4 형벌을 부과하는 감옥과 수용소·병원을 구별하기 시작한 것은 18세기에 이르러서이다. 이때 감옥은 수형자 개선과 무관하게 그를 단순히 일정한 공간에 가두는 데 목적이 있었다. 특히 당시 사회의 '비정상인'에 대한 극도의 혐오 때문에 유럽에서 100명 가운데 한 명 이상이 정신병원이나 감옥에 수용되었다고 한다.1) 수형자에게 노동을 시키는 작용은 16세기 말에 시작되었다. 이것도 수형자의 재사회화를 위한 것이 아니라 단지 국가의 필요에 의해 노동력을 이용한 것이었다.

5 교육·개선이라는 자유형의 현대적 특징은 18세기까지 전통적 가치로 인정되던 응보사상이 퇴조하고 인도주의가 성장한 것과 동시에 시작되었다. 18세기 말에 일어난 대대적 감옥개량운동도 여기에 영향을 받았다. 19세기 초에는 공개사형이 폐지되고 신체에 직접 고통을 가하는 체벌이 점점 사라지면서 형벌의 간소화시대에 접어들게 되었다. 이러한 신체형의 퇴보는 1830년에서 1848년까지 급속하게 진행되었으며, 19세기 말에는 개선목적이 더욱 강조되는 한편 보안처분성격이 함께 강화되었다. 현재는 단기자유형의 폐지 또는 자유형의 전면적 폐지, 부정기형제도의 도입 등이 논의되고 있다.

6 [구금주의와 유형주의] 자유형의 집행방법은 크게 구금주의와 유형流刑주의로 나뉜다. 구금주의는 수형자를 일정한 장소에 감금하는 것으로서 현행법이 규정하고 있는 일반적 의미의 자유형 집행방식이다. 이에 반해 유형주의는 국가가 강제로 수형자를 국내나 국외의 먼 곳에 보내 그 곳에서 일정기간 또는 무기한 지내게 하는 것을 말한다. 과거 우리나라의 유배 또는 귀양, 서양의 식민지 이송, 러시아의 시베리아 유형 등이 그 예시이다. 유형은 범죄자를 사회에서 격리시킨다는 점에서 보안기능을 할 수 있으며, 국가의 교정시설관리비용을 절약할 수 있는 장점도 있다. 하지만 근대 이후 식민지가 없어지고 각 지역이 균등하게 발전하면서 자취를 감추었다.

7 역사 안에서 잔혹했던 신체형에 대한 대안으로서 감옥이 출현하고 주된 형벌

자유형은 조선시대의 유형流刑, 도형徒刑 정도를 들 수 있다.

1) 푸코(M. Foucault)는 그의 책『광기의 역사』에서 당대의 정상성과 비정상성에 대한 이데올로기가 지식과 정보를 가진 계층의 헤게모니 유지에 기여하였다는 사실을 설명하고 있다. 이러한 조직적 감금의 역사는 지난 세기 초반 유럽의 우생학에 의해 이어져왔으며 과거 우리나라 정부의 부랑자 소탕정책에도 그대로 사용되었다. 이에 대해서는 이소영, "건전사회"와 그 적들, 24면 이하.

로 자리잡게 된 데에 대해, 인도주의 사고의 결과로 보는 것이 일반적이다. 하지만 **푸코**(M. Foucault)는 권력이 민중을 통제하는 방법이 신체에 고통을 주는 것에서부터 감시·통제 그리고 노동력착취로 바뀐 것에 지나지 않는다고 한다.[1] **보들리야르**(J. Baudrillard)는 사회전체가 신체의 자유를 구속하는 감옥임을 은폐하기 위한 방편으로 시뮬라크르인 상징적 감옥을 두고 있다고 말하기도 하였다.[2]

(3) 현 행 법

1) **징역**은 수형자를 교도소 안에 가두어 정역定役에 복무하게 하는 형벌이다. 8
자유형 가운데 가장 무거운 형벌이며 유기와 무기의 두 가지로 나뉜다. 무기는 기한이 없으므로 종신형과 유사하나 20년이 경과한 후에는 가석방이 가능하다(형법 제72조 ①항)는 점에서 재사회화기능의 예외에 놓인 것은 아니다. 유기는 1월 이상 30년 이하로 선고한다. 가중할 때는 50년까지 선고할 수 있다(형법 제42조). 영미법계에서는 병과주의를 채택하여 죄수罪數가 여럿인 경우에 단순히 형기를 합산한다. 수백 년의 징역형이 있을 수 있는 이유이다. 우리나라를 비롯한 대륙법계에서는 가중주의를 취하여 기준이 되는 형량에 더하여 가중시키는 방식을 사용한다.

2) **금고**는 수형자를 교도소 안에 가두어 자유를 박탈하는 것을 내용으로 하 9
지만, 정역을 시키지 않는 형벌이다. 과실범이나 정치범 등 수형자의 명예를 존중해야 할 필요가 있을 때 부과하는 형벌로 시작되었기에 명예구금(custodia honesta)으로 부르기도 한다. 그러나 정역을 시키는 것을 수형자 명예를 존중하지 않는 것으로 보는 것은 노동을 천시하는 전근대적인 생각이다. 금고에서도 본인이 원하면 작업을 시킬 수 있다(형의 집행 및 수용자의 처우에 관한 법률 제67조).

3) **구류**는 수형자를 교도소 안에 가두는 자유형의 일종으로서 유치기간이 1 10
일 이상 30일 미만이다. 정역이 없는 것도 징역과 다르다. 구류는 형법에서는 예외적인 경우(예컨대 공연음란, 폭행죄, 과실치상, 협박죄)에만 적용되고 주로 경범죄처벌법이나 기타 특별법에 규정되어 있다.

---

1) Foucault, 감시와 처벌, 119면 이하.
2) Baudrillard, 시뮬라시옹, 40면.

2. 자유형제도의 문제점

11 '자유를 박탈하는 것이 어떻게 형벌이 될 수 있는가' 하는 것은 자유형이 성립된 초기에 있었던 질문이다. 단지 사람을 가두어두는 것만으로 범죄에 대한 응보가 될 수 없을 뿐만 아니라 위하효과도 없는 것으로 보는 사람들이 많았다. 공간을 제공하고 숙식을 해결해주는 것은 오히려 일부 수형자에게 혜택이 될 수도 있었기 때문이다. 그러나 형벌의 해악성은 일부 개별 수형자들이 어떻게 받아들이는지 무관하게 사람들이 겪고 싶어 하지 않는 보편적 속성을 의미하므로[16/9] 지금은 일정장소에 신체를 가두는 데 형벌작용이 있다는 사실에 의미 있는 반론이 제기되지는 않는다.

12 근래에는 재사회화 행형목적이 자유형을 통해서 달성될 수 없다는 비판이 많다. 자유형은 수형자를 사회로부터 격리시키는 것을 형벌내용으로 하기 때문에 외부 사회에 대한 적응능력을 형성할 수 없다는 것이다. 자유형이 재사회화기능을 다하지 못할 뿐만 아니라 오히려 교도소가 범죄를 교육하고 학습하는 장소가 되고 있다는 말도 틀린 이야기가 아니다. 특히 가벼운 범죄로 인한 6개월 이하의 단기자유형은 수형자로 하여금 교도소에서 더 심각한 범죄를 학습하게 하는 기회를 제공한다는 점에서 문제되고 있다. 그러면서도 수형자를 재사회화하기에는 충분한 기간도 아니다.[1]

13 자유형이 수형자의 가족에게 간접적 형벌이 된다는 문제점도 있다. 가족구성원 가운데 한 명의 구금은 가족을 이루는 기본조건을 쉽게 파괴할 것이기 때문이다. 이것은 수형자의 책임과 무관한 가족이 간접적으로 형벌을 받는 결과가 된다. 물론 이는 자유형뿐만 아니라 다른 모든 형벌에 수반되는 부수효과로 볼 수도 있고, 가족의 유무 또는 그 수에 따라서 형벌의 간접효과가 달리 나타날 수 있기에 객관화될 수 없는 단점이다.

3. 자유형의 단일화 문제

14 현행법상 징역, 금고, 구류의 3종류로 되어 있는 자유형을 한 가지로 통일하자는 의견이 있다. 모든 자유형의 목적은 교육·개선에 있으므로 형벌의 내용에 따른 구별이 의미가 없다는 인식 때문이다. 제2차 대전 이후 영국, 독일, 오스트

1) 배종대, 한국 형사제재의 주요 쟁점, 6면 이하; Hassemer, Einführung in die Grundlagen des Strafrechts, 290면. 이미 롬브로조도 이를 지적한 바 있다(Lombroso, 범죄인의 탄생, 172면).

리아, 스웨덴, 스위스, 헝가리, 불가리아, 체코슬로바키아 등 여러 국가에서 그동안 나뉘었던 자유형 유형들을 하나로 합쳤다. 우리나라에서도 자유형을 단일화하려는 시도가 있었으나 아직 형법개정에 반영되지는 않고 있다.

교정정책의 일관성을 유지해야 한다는 의미에서 자유형의 단일화는 필요하 15
다. 정치범·과실범을 비파렴치범이라고 하여 금고에 처하는 것은 수형자의 교화·개선 면에서 의미가 없고, 징역과 구금의 구별기준인 '파렴치성'은 모호하고 주관적 개념이기 때문에 형의 종류를 나누는 기준으로서 적합하지 않다. 또한 금고형에서 노동의 교정효과를 무시할 필요도 없다.[1] 실제 금고형의 행형실무에서도 수형자 대부분이 작업에 종사하므로 이러한 자유형 분류는 사실상 의미가 없다. 지금 시대의 자유형에서 노동을 함께 하도록 하는 것은 노동강제가 고통을 주는 해악이기 때문이 아니라, 일을 하도록 하는 것 자체에 교정·개선기능이 있고, 석방 후에 사회에 정착할 준비가 되기 때문이다. 기술을 배워 이후에 이용할 수 있고 적게나마 임금을 모을 수도 있다. 자유형의 본래 목적이 재사회화에 있는 이상 일정한 노동부과는 자유형의 종류와 상관없이 진행되는 것이 바람직하다.[2]

4. 부정기형 문제

(1) 의 의

부정기형은 자유형을 선고할 때 기한을 확정하지 않는 것을 말한다. 이 경우 16
형기는 나중에 교정기관에서 형을 집행하는 단계에서 결정된다. 부정기형의 종류로는 절대적 부정기형과 상대적 부정기형이 있다. 절대적 부정기형은 형의 기간에 대한 아무런 언급이 없는 경우이고, 상대적 부정기형은 기간에 장기와 단기의 형식으로 일정한 범위를 두어 형벌을 선고하는 경우를 말한다.

부정기형의 필요성은 19세기 전반 형벌목적을 범인의 개선·교육으로 여기기 17
시작할 때부터 주장되었다. 형벌정도를 책임에 상응하는 것으로 보지 않고 예방척도에 따르는 것으로 생각했기 때문에, 개선에 필요한 기간은 판결을 선고할 때는 알 수 없으며 형을 집행하는 단계에 가서야 비로소 정할 수 있다는 생각에서였다. 19세기 후반에 들어와서 미국의 **드와이트**(T. Dwight), **와인즈**(E. C. Wines),

1) UN의 수형자처우를 위한 최저기준 제71조도 "모든 수형자는 의무관에 의해 결정된 신체적·정신적 특성에 따라 작업에 종사해야 한다"고 규정하고 있다.
2) 자세히는 배종대, 한국 형사제재의 주요 쟁점, 8면 이하.

브록웨이(Z. R. Brockway) 등이 아메리카감옥협회를 조직하여 부정기형운동을 벌였으며, 1877년 뉴욕주의 엘마이라감옥이 이 제도를 실시하였다.[1] 그 후 미국의 여러 주에서 많이 채용하였지만, 최근에는 이를 폐지한 주가 많다. 현재는 소년범을 제외하고는 거의 채택하지 않는 것이 일반적이다. 우리나라는 소년범에 한하여 상대적 부정기형을 규정하고 있다(소년법 제60조).

(2) 찬 성 론

18 부정기형을 채택해야 한다는 입장에서는 다음과 같은 이유를 든다. 1) 부정기형은 개선목적 달성에 반드시 필요하다. 수형자가 개선될 때까지 형집행을 계속함으로써 개선되지 않은 자가 사회로 복귀하지 못하도록 하고, 개선의지나 행형성적에 따라서 형이 감경될 수 있다는 생각을 갖게 하여 수형자의 재사회화를 도울 수 있다. 2) 양형판단을 짧은 시간에 이루어지도록 함으로써 소송경제에 기여한다. 수형자를 면밀히 관찰하고 범죄성을 구체적으로 평가하여 형량을 정하는 것은 행형단계에서 가능한 일이다. 3) 형기가 정해지지 않았다는 사실이 높은 위험성의 잠재적 범죄자에게 위하력을 발휘할 수 있다.

(3) 반 대 론

19 부정기형을 반대하는 입장은 다음과 같은 논거를 들고 있다. 1) 부정기형은 책임정도에 따라 양형이 이루어져야 한다는 책임원칙과 그 바탕이 되는 법치국가 원칙에 반한다. 2) 재판을 통한 사법의 핵심은 양형에서 드러나는 것이므로, 교정기관이 이를 담당하게 하는 것은 재판의 독립성과 권력분립에 반한다. 3) 부정기형의 개선효과가 입증되지 않았다. 형기가 정해지지 않은 것이 수형자의 개선의욕을 높이는 쪽으로 작용하는 것만은 아니다. 오히려 행형성적 등을 높이기 위해 영악한 행동을 하는 수형자가 짧은 자유형을 받을 수 있다. 4) 교정시설 내에서 양형절차를 신뢰할 수 없다. 불합리한 양형이 교도소 안에서 진행되는 경우에, 다른 외부 기관에 의해 제어될 수도 없다. 5) 수형자간에 서로 불신하는 분위기가 생긴다. 수형자 및 그 가족에게도 석방시기가 불확실한 것은 도움이 되지 않는다.

(4) 평 가

20 부정기형제도는 형벌정도를 정하는 권한을 법관인 사법기관으로부터 행형담

1) Barnes, The Progress of American Penology as Exemplified by the Experience of the State of Pennsylvania 1830 – 1920, 170면 이하.

당자인 행정기관으로 옮겨놓는다. 간단한 설득을 통해 허용될 수 있는 제도가 아니라, 권력분립의 예외를 인정하는 것과 관련되는 중요한 테마이다. 형벌의 많고 적음은 행위시의 책임을 기준으로 해야 하는 것이 원칙이고, 행형단계에서 수형자의 현재상태에 따라 형의 정도를 조정하는 것은 이 원칙을 보완하는 수준에서만 허용된다. 형벌 자체가 행위 당시 행위자의 불법 때문에 주어지는 반작용이며, 지금 수형자가 어떤 태도를 취하고 있는지에 따라 처분되는 것이 아니기 때문이다. 행형방식의 재사회화목적이 이와 같은 형벌의 본질을 넘어설 수는 없다.

5. 자유형의 미래

(1) 대체수단

자유형의 가장 큰 문제는 자유를 박탈하여 사회로부터 격리시키는 방식으로 21
재사회화를 하겠다는 목적에서 이미 드러난다. 근대 이후 형벌의 대표적 유형으로 자리잡은 자유형에 대해 새로운 대안이 필요하다는 주장이 힘을 얻는 이유이다. 보안과 일반예방, 응보를 형벌의 취지에 맞게 달성하면서도 사회 안에 수형자를 머물게 하는 방식에 대한 연구가 이어지고 있다.

벌금형을 활용하는 방법은 대표적인 자유형의 대체수단이다. 현재 형사절차 22
에서는 벌금형의 비중이 자유형을 넘어서고 있다. 특히 단기자유형을 대체하는 수단으로 벌금형이 이용된다. 그러나 이를 위해서는 아래에서 살펴볼 벌금형 문제[80/5]가 동시에 해결되어야만 한다.

각종 유예제도를 활용하는 것도 현대 형사사법의 특징이다. 유예제도는 수형 23
자의 정서에 충격을 주면서도 동시에 재사회화가능성을 높일 수 있는 이점이 있다. 그러나 수형자 자신과 일반시민들이 대부분 선고유예, 집행유예를 받은 피고인은 '실형을 살지 않은 것'으로 생각한다는 것이 문제이다. 응보나 일반예방효과를 거두는 데 한계가 있다는 뜻이다.

(2) 구금의 완화: 다이버전

자유형제도를 유지하면서 신체구금을 완화하는 다양한 방법이 논의되고 있 24
다.[1] 예를 들면 주말구금, 휴일구금, 단속구금, 반구금제도, 귀휴제도 등을 적극적으로 활용하는 것이다. 이외에도 무구금노역제도, 선행보증, 가택구금, 거주제

1) 이론적 근거에 대해서는 정승환, 폐지주의의 형사정책적 의미, 168면 이하.

한 등을 수반하는 독자적 보호관찰이 논의된다. 기술적 방법을 이용한 자유형도 장차 더 활용될 것이다. 예를 들어 수형자에게 발전된 형태의 위치추적장치를 부착하고 시설에 가두지 않는 방식 등이다.1)

25 이와 같은 일련의 시도를 포괄하는 상위개념으로 '전환조치', 즉 다이버전(Diversion)이라는 개념을 쓰는 경우가 많다. 이는 형식적인 사법·행형방식 대신 국가기관 외부의 사회적 프로그램에 기대하는 것을 광범위하게 일컫는 말이다. 다이버전은 1960년대 이후 미국에서 범죄증가에 따른 사법기관의 부담과 교도소의 과밀수용문제를 해결하기 위해 논의되기 시작하였고, 낙인효과에 의한 2차 범죄를 방지하며 형사사법에 효율성을 극대화할 수 있는 대안으로 생각되고 있다. 비범죄화를 의미하는 형사절차 이전의 다이버전보다 자유형의 대안으로서 훈방, 기소유예, 집행유예, 보호관찰부 가석방 등이나 교정기관이 시행하는 구금완화조치로서 다이버전이 더 보편적으로 이용되는 개념이다.

26 [중간처우의 집] 중간처우의 집은 가석방 등으로 출소를 앞둔 수형자들이 교도소 밖의 생활을 미리 경험하여 사회복귀를 실질적으로 준비할 수 있게 하는 중간단계 수용시설이다. 교정시설과 사회를 연결하는 완충지대 역할을 한다. 중간처우의 집에 수용된 수형자들은 주중에는 교도소 외곽 건물에 입주한 기업에 출퇴근하면서 기술을 배우고, 주말에는 사회봉사활동 또는 사회복귀프로그램에 참여하거나 귀휴를 받아 집에 다녀올 수도 있다. 중간처우의 집에는 보안시설이 없어 비교적 자유로운 생활이 가능하다. 대화실, TV, 컴퓨터, 전화기 등 편의시설도 이용할 수 있도록 하고 있다. 교도관이 관리하기는 하지만 사고방지와 수형자의 생활교육을 담당하는, 기숙사 사감 정도의 역할을 한다. 안양교도소에 '소망의 집'이 사회복귀를 지원하는 교정시설로 자리를 잡았으며, 그로부터 서울, 대구, 대전, 광주에도 추가로 중간처우의 집이 운영되고 있다.

[80] 재 산 형

1. 재산형의 의의

1 재산형은 유죄판결을 받은 자에게 일정한 재산을 박탈하는 것을 내용으로 하는 형벌이다. 현행 형법은 벌금, 과료, 몰수 등 3종의 재산형을 규정하고 있다. 벌금형은 역사적으로 가장 오래된 형벌 가운데 하나이다. 형벌제도가 시작될 때부

1) 이에 대해서는 김일수, 전환기의 형사정책, 221면 이하.

터 응보[Talio]관념에 따라 재물죄의 대가이자 속죄하는 의미에서 범죄자의 재산을 몰수하는 것으로부터 벌금형은 시작되었다.

처음부터 공형벌公刑罰의 성격을 띠는 것은 아니었고 배상금(Wergeld)이나 속죄금(Buße)의 의미를 가지고 있었다. 유대 법률에서 재산죄를 저지른 경우에는 손해액의 2배 내지 5배의 속죄금 그리고 신체상해의 경우에는 탈리오원칙을 고려하여 속죄금이 부과되었다. 그리스법에서 속죄금은 벌금으로 국고에 귀속되었고 배상금은 피해자에게 지불되었다. 재산죄의 경우 벌금형은 'duplum'(2배의 형) 혹은 'quadruplum'(4배의 형)으로 수배의 액수로 부과되었다. 게르만 부족법에서도 피해자에게 지불한 속죄금 일부가 평화금이라는 명분으로 공공단체에 납부되었다. 이와 같은 속죄금의 법적 성질에 대해서는 민사책임과 형사책임이 나누어지지 않았던 시대에 손해배상과 형벌의 이중적 성격을 가진 것으로 보는 것이 일반적 견해이다. 당시 재산죄의 피해자가 소를 제기하는 것은 곧 범죄자 처벌을 원하는 것이자 돈을 돌려받기 위한 것이었다는 점에서도 알 수 있다[민사와 형사의 미분화]. 2

12세기경부터 점차 국가가 배상금지급을 강제하면서 금액일부를 국가에 납입하게 하는 평화금(Friedensgeld)제도를 이용하였으며, 이것이 공형벌로서 재산형의 시작이었다. 초기에는 한편으로 피해자에 대해 손해배상청구권이 민법상의 권리로 인정되었고, 다른 한편으로는 공공단체의 평화금 징수권리가 국가의 벌금형제도로 인정되었다.[1] 그 후 국가형벌권이 확립되면서 피해자에 대한 민사상 손해배상과 구별되는, 오늘날 의미의 벌금형제도가 만들어졌다. 계몽시대에 벌금형은 경미범죄에 대한 형벌로 과해졌으나 19세기에 들어서면서 일반범죄에도 부과되는 형벌로 자리잡게 되었고, 최근에는 자유형과 병과되거나 또는 선택적으로 부과하기도 한다. 3

재산형은 현재 가장 많이 적용되는 형벌이다.[2] 재산형이 활성화된 이유는, 수형자를 감금하지 않아 권리침해가 비교적 덜 하며, 다른 수형자로부터 범죄를 학습하지 않도록 할 뿐만 아니라 사회복귀가 쉽고, 집행에 큰 비용이 들지 않으면서도 국고수입을 증대시킬 수 있기 때문이다. 4

---

1) Meder, Rechtsgeschichte, 122면.

2) 예년과 달리 2019년에는 제1심 공판사건 종국처리인원 235,887명 가운데 벌금형이 59,780명으로 25.3%, 정기형 62,403명으로 26.5%에 달했다(범죄백서 2020, 307면).

2. 현 행 법

5 1) **벌금형**은 일정금액의 벌금을 국고에 납부하는 것을 내용으로 하는 형벌로서 광의의 재산형 가운데 가장 중요한 자리를 차지한다. 입법례로는 단일의 금전형으로 벌금을 규정하는 방식(스위스, 독일, 오스트리아, 네덜란드 등)과, 벌금과 과료의 두 종류를 규정하는 방식(일본, 이탈리아, 터키 등)이 있다. 우리나라는 벌금과 과료를 합해서 '벌금형'이라는 말을 쓰고 있다. 실정법상 벌금액은 5만 원 이상으로 하며 상한에는 제한이 없다. 감경하는 경우에는 5만원 미만으로 할 수 있다(형법 제45조). 벌금은 개별행위자의 죄책을 묻는 방식이므로 일신전속적 부담이다. 즉 제3자가 대신 납부할 수 없고, 국가에 대해 갖고 있는 채권과 상계할 수 없으며, 벌금의 상속, 벌금에 대한 공동연대책임도 인정되지 않는다. 유죄판결을 받은 자가 벌금을 납입하지 않으면, 환형처분換刑處分으로 일정기간 노역장에 유치할 수 있다(형법 제69, 70조). 이를 대체자유형이라고도 하며, 법관재량으로 벌금형을 자유형으로 바꾸어 부과한다.

6 2) **과료**도 재산형의 한 종류이지만 경미범죄에 부과되고 금액도 벌금보다 적다. 과료를 납입하지 않은 자에 대해서도 환형처분이 가능하다(형법 제69조).

7 3) **몰수**는 범죄를 반복하거나 범죄로 이득을 얻는 행위를 방지하기 위해 범행과 관련된 재산을 박탈하는 재산형이다.[1] 원칙적으로 다른 형에 덧붙여 과하는 부가형이다. 행위자에게 유죄판결을 하지 않을 때에도 몰수요건이 있는 때에는 몰수만 선고할 수 있다(형법 제49조 단서). 형법 제41조에 몰수를 형벌의 일종으로 규정하고 있으므로 형식적 형벌에 속하지만 그 실질적 내용은 대물적 보안처분에 가깝다. 범죄방지를 위한 조치의 성격이 강하기 때문이다. 다른 보안처분과 마찬가지로 실질적 형벌개념에 상응하므로 넓은 의미의 형벌인 것은 물론이다.

8 4) **추징**은 분실하였거나 타인에게 양도하여 대상물을 몰수하기 불가능한 경우 몰수에 대신하여 그 가액의 납부를 명령하는 사법처분이다. 몰수의 취지를 관철하기 위한 일종의 형벌이며 부가형의 성격을 가지고 있다.

---

1) 예전에는 범죄와 관련되지 않은 일반재산의 몰수가 중요한 의미를 가지고 있었으나 오늘날에는 일부국가를 제외하고는 재산몰수형은 자취를 감췄다. 국제법상 몰수는 관행상 적국재산의 소유권을 정당한 보상 없이 박탈하는 것을 의미하는 것으로 국내법상의 그것과 구별된다.

3. 재산형제도의 문제점과 개선방향

(1) 재산형의 문제점

1) 재산형의 가장 큰 문제점은 책임의 많고 적음이 아니라 수형자 개인의 재산상태에 따라 불이익정도가 달라진다는 데 있다. 가난한 자에게는 무거운 부담이 되지만, 재산이 많은 사람에게는 형벌효과가 거의 없을 수도 있다. 이와 같은 문제점을 해소하기 위해 재산에 따라 벌금액수를 달리해야 한다는 주장도 있다.[1] 그러나 이 또한 적절한 해결방법이 아니다. 재산이 많은 사람이 적은 사람에 비해 많은 벌금을 내어야 할 합리적인 이유가 없다. 책임원칙과 평등원칙에 반하기 때문이다. 양형절차가 각 개별 피고인에 대한 재산정도의 조사로 변질하는 것도 바람직하지 않다. 9

2) 벌금형은 징역형에 비해 사회통념상 현저하게 가벼운 형벌이라는 느낌을 주어 응보와 예방의 역할을 할 수 없을 것으로 생각되기도 한다. 특히 재산이 많은 사람에 대한 예방효과가 떨어지는 것은 분명하다.[2] 최근에는 행정벌인 과태료나 과징금 및 민사상 (징벌적) 손해배상이 높은 액수로 책정되고 있기 때문에, 형벌과 이러한 조치를 엄격히 구별하지 않는 사람들이 보기에 벌금형은 형벌의 이름을 달고는 있지만 한층 더 가볍게 여겨질 수도 있다. 피해자가 보기에도 자유형을 피한 범죄행위자가, 자신이 아닌 국가에 돈을 냄으로써 문제가 처리된다는 사실을 받아들이기는 쉽지 않다. 상습적 범죄인들은 벌금을 일종의 세금으로 생각하여 형벌을 경시할 수도 있다. 기업이 범죄로 선고받는 벌금형은 회계상 비용으로 계산되는 수준이므로 기업범죄를 예방하기도 어렵다. 10

3) 자유형과 마찬가지로 재산형도 간접형벌의 문제가 있다. 한 사람이 벌금에 처해지면 나머지 가족에게도 금전적 손실을 초래하여 생계에 영향을 미칠 수 있다. 다른 한편 다른 사람에게 벌금에 쓰일 돈을 빌리거나 가져올 수 있는 사람이라면 그는 실제로 아무런 형벌을 받지 않는 셈이다. 11

(2) 일수벌금제도

일수벌금제도日收罰金制度(Tagessatzsystem)는 범행의 경중에 따라 일수를 먼저 정하고 일수정액은 피고인의 하루 수익 정도의 경제사정을 고려하여 별도로 12

---

1) 실제로 재산에 따라 벌금에 차등을 두는 국가도 있다. 2002년 핀란드 노키아의 부회장은 오토바이 과속의 벌금으로서 한화로 따져 약 1억5천2백만 원을 냈다(한겨레신문 2018년 4월 20일자).

2) 자유형과 벌금형의 형벌정도의 비교는 정승환, 형벌의 불균형과 일수벌금제의 도입, 314면 이하.

정하는 벌금형제도를 말한다. 한꺼번에 전체벌금액을 정하여 부과하는 현행 총액벌금제도(Gesamtsummensystem)와 구별되는 개념이다. 이 제도는 행위자의 경제상태 내지 지불능력을 고려하여 벌금형을 개별화함으로써 그 효과를 극대화하기 위한 목적을 가지고 있다. 1921년 핀란드 형법에서 처음 시작되었고 뒤이어 독일과 오스트리아 형법에 입법되었다.

13 **[독일의 일수벌금제]** 독일형법 제40조(일수벌금형)는 다음과 같이 규정하고 있다. ① 벌금형은 일수로 산정하여 선고한다. 벌금형은 최소 5일로 하고, 법률에 다른 규정이 없는 경우에는 최고 360일로 한다. ② 벌금형의 일수정액은 행위자의 개인적·경제적 사정을 고려하여 법원이 정한다. 이 경우 특별한 사정이 없는 한 행위자가 일일 평균적으로 벌거나 벌 수 있는 순수입을 기준으로 한다. 일일 벌금정액은 최소 1유로, 최고 5,000유로 사이에서 결정된다. ③ 일수를 산정하기 위하여 행위자의 수입, 재산 기타 기초사실 등이 조사될 수 있다. ④ 벌금형의 일수와 일수정액은 판결로 고지된다.

14 일수벌금제도의 정책적 의미는 범행 자체에 대한 평가를 분명히 하면서 행위자가 받는 고통의 내용에 대해 실질적 평등을 기한다는 점에 있다. 즉 일수는 일반적 양형규정에 따라 행위자의 불법과 책임을 표시하여 전통적인 방식으로 계산하는 한편, 일수정액은 피고인의 경제사정을 고려하여 결정함으로써 합리적이고 정당한 벌금형을 정할 수 있는 장점이 있다. 그러나 전체 벌금액수가 책임정도에 따라 결정되어야 한다는 원칙의 예외를 만들게 되고, 범죄자의 경제상태를 실제로 조사한다는 것이 쉬운 일은 아니어서 자의적 계산이 가능하다는 문제가 있다. 양형과정이 범죄인의 경제적인 능력을 조사하는 데 치우칠 가능성이 높다는 점도 지적된다.[1)]

(3) 벌금의 연납, 분납, 유예

15 벌금의 연납과 분납은 벌금의 일시납부가 곤란한 경우에 나누어 내거나 연기 후에 내는 제도를 말한다. 유럽의 여러 국가들이 시행하고 있으며,[2)] 우리나라도 벌금, 과료, 추징을 비롯해 과태료, 소송비용 등의 연납 및 분납 그리고 납부대행

---

1) 일수벌금제에 대한 설명과 비평은 배종대, 한국 형사제재의 주요 쟁점, 10면 이하; 강동범, 재산형의 문제와 개선방향, 88면 이하; 이주희, 일수벌금제도: 단기자유형의 대체수단, 698면 이하. 일수벌금제도에 관한 비교법적 연구는 정봉휘, 일수벌금제도의 비교고찰, 198면 이하; 송광섭, 현행 형벌제도의 문제점과 그 개선방안, 24면; 정승환, 형벌의 불균형과 일수벌금제의 도입, 316면 이하.

2) 독일형법 제42조 "형의 선고를 받은 자의 일신상 또는 경제상의 형편에 비추어 그에게 벌금의 즉시 납부를 기대할 수 없는 때에는 법원은 그에게 납부의 유예기간을 인정하거나 벌금을 일정한 분납액으로 납부할 것을 허용할 수 있다."

기관을 통한 납부(신용카드 납부) 등이 가능하도록 최근 형사소송법을 일부 개정하였다(형사소송법 제477조 ⑥항 참조). 이 제도의 장점은 양정된 벌금을 일시에 납부하기 어려운 경우에 합리적으로 벌금을 징수할 수 있다는 데 있다. 그러나 이 제도는 분납을 하는 경우에는 수형자가 일정한 정도의 세금을 내는 것과 같이 느낄 수 있으므로 벌금형의 형벌기능이 상실될 우려가 있다는 것과, 집행기관의 부담이 늘어난다는 점 그리고 도중에 무산자가 되는 수형자가 지급불능상태에 빠지는 경우를 배제할 수 없다는 점 등이 거론된다.

벌금의 연납·분납과 유사한 것으로 기간벌금형제도(Laufzeitgeldstrafe)가 있 16
다. 이것은 벌금액을 한꺼번에 내는 것을 허용하지 않고 장기간에 걸쳐 피고인의 수입으로부터 일정액수를 공제하여 그의 생활수준을 일정기간 제한하는 것으로 독일의 **바우만**(J. Baumann)이 주장한 개념이다.[1]

자유형에서는 집행유예를 인정하는 반면, 벌금형에서 인정하지 않는 것은 합 17
리적이지 않다는 지적도 있었다. 벌금 납부능력이 부족한 사람이 벌금을 납부하지 못할 경우 노역장에 유치될 것이므로, 벌금형을 받을 만한 사람이 오히려 징역형의 집행유예 판결을 선호하는 사례도 잦았다. 최근 이에 대한 형법개정도 이루어져, 500만 원 이하의 벌금형의 경우에 집행유예 선고가 가능하게 되었다(형법 제62조).

(4) 벌금의 현실화

1995년 형법개정을 통해 벌금형 액수를 상당히 현실화하였으나 특별형법 등 18
에는 아직도 수정되지 않은 규정이 많이 남아 있다. 특히 급격한 경제환경의 변화로 다양한 경제범죄가 발생하고 있으며 그 범죄기대수익이 높아져가고 있는 데 비해, 화이트칼라범죄의 벌금이 현실화되고 있지 않다. 반면에 경미범죄의 벌금은 과중하게 부과되지 않도록 해야 하기 때문에 벌금액수를 전면적으로 상향조정하는 것보다 죄종과 죄질에 따른 합리적 계산으로 벌금을 세분화하는 것이 바람직하다.

(5) 대체자유형, 자유형과의 병과

환형처분은 벌금형의 전체체계와 목적을 대체자유형에 의해 왜곡한다. 단기 19
자유형의 문제를 그대로 가질 뿐만 아니라 악용될 수도 있다. 벌금형의 목적에 따

1) Baumann, Von der Möglichkeiten einer Laufzeitgeldstrafe, 773면 이하.

라 형벌을 부과하였으나 이를 납부할 수 없는 극빈자나, 납부를 거부하고 몸으로 때우고자 하는 사람에게는 자유형의 단점이 남게 될 뿐이다. 과거에는 재벌임원 등이 엄청난 액수의 벌금을 내지 않고 환형처분을 받게 되어 하루 노역금으로 계산할 때 일당 수억 원이 넘는 것에 대한 비판도 있었다. 최근 형법 제70조를 개정하여 선고하는 벌금이 1억 원 이상 5억 원 미만인 경우에는 300일 이상, 5억 원 50억 원 미만인 경우에는 500일 이상, 50억 원인 경우에는 1,000일 이상의 유치기간을 정하여야 하는 것으로 바꾸었지만, 이러한 노역임금의 불균형 문제가 근본적으로 해결된 것은 아니다. 이 문제에 대비하여 독일형법은 제43조에서 "징수할 수 없는 벌금은 자유형으로 대체된다. 1일의 자유형은 1일의 일수벌금에 상당한다. 대체자유형의 최저한도는 1일이다"라고 규정하고 있다. 즉 대체자유형은 일수벌금제도와 결합될 때 비로소 불법과 상응하는 형벌의미를 실현할 수 있다.

20 징역과 벌금을 병과하는 현행법 태도에 대해서도 같은 비판이 가능하다. 헌법재판소는 자유형에 대해서 벌금을 같이 부과하도록 한 규정들이 법관의 양형재량, 평등원칙, 과잉금지원칙, 이중처벌금지원칙 등을 침해하지 않는 것으로 판단하고 있다.[1] 그러나 상호 목적이 다른 형벌유형을 단순히 병과하는 것은 양자의 형사정책적 의미를 희석시키는 것이며 각 제도의 단점도 그대로 이어받게 된다.[2]

(6) 범죄수익금박탈제도

21 범죄수익금박탈제도는 '범죄행위로 인해 생겼거나 이로 인하여 취득한 물건'에 한정하여 몰수할 수 있게 한 현행제도의 대상을 넘어, 위법행위로부터 얻게 된 일체의 수익을 박탈하는 제도이다. 최근 조직범죄, 기업범죄, 마약범죄와 같이 막대한 이권과 관련되는 범죄가 큰 사회문제가 되면서 이러한 범죄를 효과적으로 예방하기 위한 방법으로 범죄수익을 모두 박탈해야 한다는 견해가 유력하게 주장되고 있다. 조직범죄나 기업범죄는 경제적 이익이 주된 범죄동기이므로 범죄행위로 취득한 이익을 빼앗아야만 이러한 범죄를 예방할 수 있다는 것이다.

22 그렇지만 제도 도입은 쉬운 문제가 아니다. '범죄수익'의 범위가 분명하지 않은 사안이 대부분이기 때문이다. 범죄수익금박탈제도는 범죄행위와 직접 관련이 없는 수익까지 함께 징수할 수 있게 되기 때문에 책임원칙을 위배할 가능성이 높

1) 헌재결 2007.3.29. 2003헌바9 등.

2) 이에 대해서는 박달현, 형법 및 형사특별법상 '징역과 벌금의 병과'에 관한 연구, 155면 이하.

다. 가령 최근 가장 심각한 범죄인 소위 '기업배임'은 회사 경영자가 자신에게 주어진 재산관리의무를 위반하여 회사를 운영함으로써 회사에 손해나 그에 상응하는 위험을 끼치고 자신이 이득을 얻은 경우에 성립한다. 이때 그 경영자가 얻은 수익 가운데 어디까지를 배임행위로 인한 범죄수익인지 정확히 가려내는 것은 매우 어렵다. 범죄수익금박탈제도는 범죄에 대한 효율적 대응에 유리할 수 있지만, 이러한 정책적 필요가 책임원칙을 뛰어넘을 수는 없다. 지금도 일부 몰수, 추징 또는 민사상 손해배상을 통해서 이 제도의 취지를 실현할 수 있기 때문에 기존의 수단을 활용하여 같은 형사정책 효과를 얻도록 하는 것이 더 중요하다.

(7) 징벌적 손해배상

최근 여러 법에서 도입논의가 활발한 징벌적 손해배상(punitive damages) 제 23
도는 형벌이 아니라 말뜻 그대로 민사상 손해배상의 일종이다. 그러나 형벌의 성격을 일정 정도 갖고 있으므로 처벌적 손해배상이라고 부르기도 한다. 이는 행위자가 피해자에게 고의 또는 과실로 불법행위를 하여 피해를 입힌 경우에 민사절차를 통해 징벌을 가할 목적으로 부과하는 손해배상을 의미한다.

민사절차에서 실제로 입은 피해액수만을 보상하도록 하는 경우에 불법행위 24
에 대한 예방효과가 없다는 문제제기가 있었다. 그러면서도 형사절차로 불법행위를 하면 엄격한 책임원칙에 따라야 하는 한계가 있다. 즉 책임원칙 아래에서 형벌로써는 일정 액수 이상의 벌금을 부과할 수 없으며, 특히 기업범죄에서 직접적인 행위자 이외에 다른 사람이나 기업 및 단체 자체에게 형벌을 부과할 수도 없다. 이와 같은 두 법영역의 한계를 보완하는 것이 징벌적 손해배상제도이다. 이는 영미법계 국가에서 처음 시작되었다. 영국에서는 1275년 '수도자에 대해 불법으로 권리를 침해하는 자는 2배의 손해배상금을 지급하여야 한다.'는 조항으로 손해액수 이상의 배상을 결정한 최초의 법률이 제정되었고, 이후 1753년까지 2배 이상의 배상을 정하는 65개의 법률이 입법되었다. 현재 전면적인 징벌적 손해배상은 영국·미국·캐나다 등에서 시행 중이다.

징벌적 손해배상제도의 도입에 대해서는 그동안 긍정적인 검토가 진행되어 25
왔다. 그 결과 개인정보보호법이나 제조물책임법 등 일부 법률에서 징벌적 손해배상에 해당하는 규정이 최근 입법되었다. 그러나 이 제도에도 단점이 없는 것은 아니다. 형벌이라는 이름 대신 손해배상이라는 명칭을 달고 있지만 실질로는 국가의 사법기관이 돈을 내도록 명령한다는 점에서는 마찬가지인데, 고의 및 과실 책임 정도를 현저히 벗어나는 막대한 금액을 지불하도록 하는 것이 정당한지에 대해서는 문제를 제기할 여지가 있다. 종종 외국에서는 뜨거운 커피에 다리를 데었다는 이유로 패스트푸드점으로부터 수십억 원을 받도록 하는 등 피해정도에 비할 때 엄청난 손해배상을 하게 하여 화제가 되는 경우도 있다. 복권에 당첨되는 듯 한 우연한 행운을 가져다주는 것이 국가의 사법작용의 결과라는 데 대해 정당한 방식이 아니라고 생각할 사람도 많다.

26 [징벌적 손해배상의 기준] 제조물책임법은 2017년 제3조 ②항에 '제조업자가 제조물의 결함을 알면서도 그 결함에 대하여 필요한 조치를 취하지 아니한 결과로 생명 또는 신체에 중대한 손해를 입은 자가 있는 경우에는 그 자에게 발생한 손해의 3배를 넘지 아니하는 범위에서 배상책임을 진다'는 규정을 신설하였다. 법원이 배상액을 정할 때에는 1) 고의성의 정도, 2) 해당 제조물의 결함으로 인해 발생한 손해정도, 3) 해당 제조물의 공급으로 인하여 제조업자가 취득한 경제적 이익, 4) 해당 제조물의 결함으로 인하여 제조업자가 형사처벌 또는 행정처분을 받은 경우 그 제재의 정도, 5) 해당 제조물의 공급이 지속된 기간 및 공급의 규모, 6) 제조업자의 재산상태, 7) 제조업자가 피해구제를 위해 노력한 정도를 고려하도록 되어 있다. 이상의 요건에서도 징벌적 손해배상이 엄연히 손해배상으로서 민사관계에서 감안할 요인을 평가하는 것이지, 형사법적 책임정도에 종속되는 것이 아님을 알 수 있다.

[81] 명 예 형

1. 명예형의 의의와 역사

1 명예형은 범인의 명예·자격을 박탈하거나 제한하는 형벌로서 자격형이라고도 부른다. 명예형은 중세부터 19세기까지 유럽 각국에서 널리 이용되던 형벌이다. 19세기 초까지는 주로 범죄인을 일반대중에게 공개하거나, 몸이나 의복에 글씨를 새겨 범죄사실을 알리게 함으로써 수치심을 유발하는 치욕형의 형태였다. 지금은 명예감정보다는 일정한 자격을 박탈하는 자격형으로서 공직박탈, 직업금지 등으로 변모하였다. 우리나라에서도 조선시대에 관직에서 해임되거나 관직취임을 금지시키는 윤형閏刑이 있었다.

2. 현 행 법

현행 형법의 명예형에는 자격상실과 자격정지의 두 가지가 있다. **자격상실형**은 사형, 무기징역 또는 무기금고의 선고가 있으면, 1) 공무원이 되는 자격, 2) 헌법상 선거권과 피선거권, 3) 법률로 요건을 정한 공법상의 업무에 대한 자격, 4) 법인의 이사, 감사 또는 지배인 기타 법인의 업무에 관한 검사역이나 재산관리인이 되는 자격을 당연히 상실하도록 하는 것이다(형법 제43조 ①항). 2

자격정지형은 일정기간 특정 자격의 전부 또는 일부를 정지하는 것을 말한다. 범죄성질에 따라서 일정한 형의 판결에 의한 당연정지와 판결선고에 의한 선고정지가 있다. 1) **당연정지**는 유기징역 또는 유기금고의 판결을 받은 자에게 그 형의 집행이 종료되거나 면제될 때까지 위 1)~3)의 자격이 당연히 정지되는 것을 말한다(형법 제43조 ②항). 다만 일률적으로 선거권을 제한하는 것은 최소침해원칙 및 보통선거원칙, 평등원칙을 침해한다는 2014년 위헌 및 헌법불합치결정[1]에 따라 2016년 다른 법률에 특별한 규정이 있는 경우에는 형법상 당연 자격정지 규정을 적용하지 않도록 개정하였다(같은 항 단서). 2) **선고정지**는 판결선고에 의해 특정한 자격의 전부 또는 일부를 정지시키는 것이다. 자격정지기간은 1년 이상 15년 이하이다(형법 제44조 ①항). 3

3. 명예형의 문제점

명예형은 박탈대상인 명예개념이 주관적이면서 모호하다는 문제가 있다. 명예는 침해정도를 확인하기가 어렵고 개인편차도 크기 때문에 이를 박탈하는 것은 보편적 형벌이 되기 어렵다는 비판이 가능하다. 그러나 과거와는 달리 명예형이 수치심을 일으키는 형태에서 특정한 자격을 제한하거나 박탈하는 것으로 바뀌었기 때문에 이러한 반감은 많이 없어졌다. 4

행위자가 범죄를 저질렀다는 사실을 사법기관이 확인하여 형벌을 부과하는 것만으로도 이미 개인의 명예는 충분히 실추된다. 여기에 다시 자격형을 별도로 부과한다면 이중처벌의 기능을 하는 것으로 생각될 여지도 있다. 그리고 자격상실이나 자격정지는 실제로는 형법보다 헌법적 권리(선거권, 피선거권, 직업선택의 자유 등)를 박탈하는 성격을 갖고 있기 때문에 명예형의 이름을 빌어 추가적인 법 5

1) 헌재결 2014.1.28. 2012헌마409 등.

익을 박탈하는 것이라는 지적도 있다. 그러나 다른 모든 형벌도 엄밀히는 다른 법에 보장된 권리를 박탈하는 것과 관련을 맺기 때문에 명예형만의 특별한 단점은 아니다.

6 명예형은 일반예방효과가 적을 뿐만 아니라 특별예방효과 또한 거의 없어서 형벌 고유의 목적에 부합하지 않는다는 비판도 가능하다. 그러나 응보나 적극적 일반예방 등 그 밖의 형벌목적을 달성할 수 있다면 형벌기능이 없다고 볼 것은 아니다. 때로는 자격정지나 박탈로 일정한 권리나 의무를 면하게 하는 것이 오히려 이익이 될 수도 있다. 대표적 보기로 범죄로 인해 병역의무가 면제되는 경우이다. 그러나 6년 이상의 징역이나 금고의 높은 형을 선고받아야 병역의무가 면제되기 때문에 현실적으로 큰 문제가 되는 것은 아니며(병역법 제3조 ④항), 범죄행위를 저지른 자에게 병역을 면제하는 것은 그에 대한 보상이 아니라, 군대에 적합하지 않은 성행을 감안한 예방조치라고 보는 것이 타당하다.

4. 명예형의 미래

7 명예형제도에 대해 지금까지와 다른 기대를 할 수 있다. **푸코**와 **하버마스**를 포함한 사상가들이 강조한 것처럼 역사적으로 권력행사의 도구는 물리적인 힘 → 돈(자본) → 의사소통 지배력의 순서로 옮아왔다. 이에 따라 국가권력을 행사하는 방법도 신체자유에서 경제적 수단으로 그리고 의사소통을 매개로 변모되어 왔다 [14/18-2].

8 근대 이후 육체에 고통을 주는 체벌에서 자유를 박탈하는 감옥의 형태로 형벌이 바뀌었으며, 지난 세기부터는 빈도 면에서 재산형이 더 주도적인 형벌이 되었다. 이제 장래에는 의사소통권리를 제한하는 방식이 주된 형벌이 될 가능성이 높다. 이미 **푸코**는 **벤담**의 판옵티콘을 예로 하여 시선과 의사소통의 일방성을 권력적 통제수단으로 추가한 사실을 발견했는데[9/11], 앞으로는 참여와 대화의 기회를 박탈하는 것이 독립된 하나의 형벌형태로서 인정될 수 있을 것이다. 국가가 사회통제권한을 독점하는 것이 아니라, 다양한 형태의 사회체계가 이를 분할하는 이른바 '탈정부사회'가 자리잡을수록 그 구체적인 수단은 다양해질 것으로 예견된다. 이미 사회구성원들은 인터넷에서의 대화를 통해 심한 조롱과 비난을 받아 명예가 실추된 사람은 이미 그 행위에 대한 응분의 죗값을 치른 것이라는 의식을 하기도 한다. 이러한 현실적인 작용을 정형화된 형벌제도로 편입하기 위해서는

장차 많은 논의가 필요할 것이다.

[82] 가석방과 사면

1. 가 석 방

(1) 의 의

가석방은 자유형집행 중에 있는 자가 수형생활을 통해 현저히 개선되었다고 판정되는 때에 형기를 만료하기 전에 사회로 복귀하도록 하는 것을 말한다. 대체로 출소 후 의무에 대한 일정한 조건을 달아 조기에 석방하고 가석방의 취소 또는 실효가 없이 남은 기간이 지나면 형집행이 종료된 것으로 본다(형법 제72 내지 76조). 1

가석방제도는 1790년경 영국의 식민지이자 유형지였던 호주에서 필립(A. Phillip) 주지사에 의해 창안된 것으로 알려져 있다. 당시 유형지에서는 가혹한 처우로 수형자들의 폭동이 잦았는데, 이를 피하기 위해 조건부 은사의 형식으로 수형자 가운데 품행이 좋은 사람들을 가려내어 먼저 가출옥시킨 것이 시작이라고 한다. 그 후 영국은 1853년에 유형제도를 대신하여 강제노역법을 제정하고 행형성적 누진제를 가석방제도와 결합시켰다. 1862년에 독일은 작센 주에서 가석방제도를 처음 실시하였는데 누진제와 상관없이 그리고 보호관찰과 연계하지 않고 가석방을 인정하는 제도였다.[1] 이 형태가 우리나라에도 이어져 1989년 보호관찰법이 시행된 이후 1994년부터 보호관찰이 성인범죄자에게도 전면적으로 확대되면서 가석방조건으로 활용하게 되었다.[2] 2

(2) 현행제도

우리나라 형법상 가석방은 법무부장관의 행정처분에 의해 수형자를 석방하는 형태로 되어 있다. 그 법적 성질은 행정행위의 일종인 형집행작용의 하나이다. 요건을 보면 1) 징역이나 금고의 집행에서 무기에 해당하는 때에는 20년, 유기의 경우는 형기의 3분의 1을 경과하여야 가석방심사가 가능하다. 2) 행상이 양호하고 개전의 정, 즉 뉘우침이 분명해야 한다. 3) 그리고 벌금 또는 과료의 병과가 있는 때 3

1) 여러 나라의 가석방제도에 대해서는 정승환/신은영, 가석방의 사법처분화 방안 연구, 223면 이하.
2) 김일수, 전환기의 형사정책, 214면 이하.

에는 그 금액을 다 내어야 하는 것으로 되어 있다. 이때 무기형에서는 10년, 유기형에서는 남은 형기에 해당하는 기간 동안 보호관찰을 받도록 한다.

(3) 가석방제도의 문제점

4 가석방은 수형자의 개선정도를 고려하여 미리 정해진 형기를 마치지 않고도 사회에 복귀하도록 함으로써 수형자에 따른 개별처우를 실현하는 제도이다. 이를 통해 수형자의 고통을 최소화하고 재사회화도 촉진할 수 있으며, 교정시설의 과밀화를 막고 수형비용도 절약할 수 있다. 반면에 범법자에게 형벌기간을 단축시켜줌으로써 법에 대한 신뢰가 약화되고, 법원 이외의 교정시설의 평가에 의해 형기를 조정하게 되어 권력분립에 위배된다는 비판도 있다.

5 그렇지만 이와 같은 이론적 문제 때문에 수형자를 시설 내에 필요이상으로 가두어둘 근거는 없다. 재사회화 필요성이 더 이상 남아 있지 않은 사람에게는 속히 사회로 복귀하도록 길을 열어주는 것이 바람직하다. 가석방을 받기 위해서 개선된 척 꾸미는 교활한 수형자가 혜택을 볼 수 있다는 것도 이 제도의 근본문제는 아니다. 그것은 제도의 실천과정에서 있을 수 있는, 감안되는 부작용이기 때문이다. 법규정은 형기의 3분의 1을 경과하면 가석방을 신청할 수 있도록 하고 있으나, 현실에서는 극히 일부를 제외하고 형기의 70%이상을 복역한 사람만 가석방대상이 된다. 적극적인 심사를 통해 가석방제도의 의의를 충분히 살리는 방향으로 개선할 여지가 있다.

6 다만 제도를 악용하는 사람을 구체적으로 가려낼 수 있는 제도 개선은 필요하다. 단순한 점수표에 의존하는 방식을 넘어 개별 수형자에 대한 충분하고도 과학적인 재범가능성 예측이 전제가 되어야 한다.[1] 수형기관이 임의로 가석방여부를 결정할 수 없도록 하기 위해서 사법기관의 통제수단이 마련될 필요도 있다. 가석방도 재범예측에 따라 인신구금을 제한하는 점에서 선고유예, 집행유예와 유사한 기능을 하고 있는데, 가석방만 교정기관의 행정처분으로 판단되는 것은 불합리하다.[2]

---

1) 김일수, 앞의 책, 220면,

2) 정승환/신은영, 가석방의 사법처분화 방안 연구, 223면 이하.

2. 사 면

(1) 의 의

사면은 피고인, 수형자 또는 형기를 마친 자에게 형벌권 자체의 전부나 일부를 소멸시키는 은사恩赦제도로서 대통령의 특별한 권한에 의해 속한다. 사면이라는 표현은 그리스어 ἀμνηστία(amnestia), 즉 '잊음' 또는 '기억하지 아니함'이라는 어원에서 시작되었다. 잊었다고 선언하는 주체는 국가의 통치자이기에 이 제도는 통치자가 범죄자에게 은혜를 베푸는 정치적 성격을 갖는 것으로서 이어져 내려왔다.1) 사면제도는 사회평화를 유지하고 법적 수단으로 해결될 수 없는 원천적인 갈등을 종결시키는 데 의의가 있다. 7

사면의 역사는 오래되었다. 로마법시대의 사면(venia, indulgentia)은 통치자가 특정한 범인의 이익을 위해 특전을 부여하는 것으로서, 이미 로마시대의 공화정기共和政期(기원전 200~기원전 27) 법에서 형태가 드러나 있다. 이때는 확정판결 전에 피고인을 사면할 수 없었으나, 이후 원수정기元首政期(기원전 27~기원후 284)에는 황제가 종신집정관으로서 재판진행을 중지시킬 수도 있었고, 특정인에 대한 고소를 금지할 수도 있게 하는 등 은사의 권한이 크게 확대되었다. 전주정기專主政期(284~565)에 지금과 같이 일반사면과 특별사면이 분화되었다.2) 8

(2) 일반사면

사면은 특정한 죄에 대해 실시하는 '일반사면'과 특정한 사람에 대해 시행되는 '특별사면'으로 나뉜다. 일반사면(Amnestie)은 대통령령으로 사면대상이 되는 범죄종류를 지정하여 범죄인 개개인을 따지지 않고 일괄적으로 행해진다[大赦]. 미결, 기결을 묻지 않으며 검거 여부도 불문한다. 기결수에 대해서는 형선고가 효력을 상실하며 형선고를 받지 않은 사람에 대해서는 공소권을 소멸시키는 작용을 한다. 이를 위해서는 국무회의의 심의를 거쳐야 하고 반드시 국회의 동의를 받아야 한다. 9

일반사면은 공동체에 내재된 일정한 정치적·문화적·사회적 갈등상황을 통합하려는 사면권자의 의지를 드러내는 상징행위이다. 법적 관점에서는 특정 행위에 대한 제재로부터 벗어날 수 있도록 자유를 부여하는 역할을 한다.3) 일반사면 10

---

1) Simon, Verordnetes Vergessen, 21면.
2) 조규창, 로마형법, 112면 이하.
3) 변종필, 사면의 법리와 사면권행사의 법치국가적 한계, 286면.

은 관례상 주로 국가의 경사일에 실행한다. 대표적으로 생계형범죄나 도로교통법 위반 등의 형벌을 면제하거나 기록을 말소해주는 명령이 있다. 전통적 은사의 성격이 강해 특별한 형사정책적 목적과 무관하게 시행되는 것이 보통이다.

(3) 특별사면

11 특별사면(Begnadigung)은 형의 선고를 받은 특정 범인에 대해 형을 면하게 해주는 것을 말한다[特赦]. 형선고를 받기 전의 피고인에 대해서는 특별사면을 할 수 없다. 특별사면은 국무회의 의결을 거쳐 대통령이 명령하도록 되어 있으며, 국회의 동의는 필요하지 않다. 특별사면 방법으로는 '남은 형기[殘刑]에 대한 집행면제'와 '형선고 실효'가 있다. 1) **잔형집행면제**는 가석방되거나 복역 중인 피고인의 남은 형기에 대한 집행을 하지 않는 것이다. 사면과 동시에 선거권이 회복되고, 정당활동도 가능해지나 과거 형선고 자체의 효력은 존속하므로 공직을 맡을 수 있는 공무담임권과 피선거권은 제한받는다. 이를 회복하기 위해서는 추가적으로 복권復權 조치가 필요하다. 2) **형선고 실효**는 형선고 자체의 효력을 없애는 것으로, 일반적으로 집행유예로 석방되었으나 유예기간이 경과되지 않은 사람에게 부여한다. 이로부터는 공직을 맡을 수 있고 선거권과 피선거권의 제한도 받지 않는다.

12 특별사면도 많은 경우 각종 국경일이나 경축일 등에 행사된다. 이는 비공개적 성격을 띠며 개별 대상자에 대한 인도적 차원에서 행해짐으로써, 특별한 형사정책 목적에 따라 정당화된다. 자비와 화해의 통치권행사로서 개별사례의 오판을 수정하는 기능도 담당한다.[1)]

(4) 사면의 정당성

13 오래 전부터 사면의 정당성에 대해서는 많은 논란이 있었다. **헤겔**은 이를 "정신의 장엄함에 대한 최고의 승인 가운데 하나"라고 칭송한 반면, **칸트**는 "군주의 주권 가운데 가장 애매한 것"이라고 비판하였다.[2)] 사면은 예로부터 통치자가 시혜를 베푸는 방식으로 시작되어 지금까지 큰 변화 없이 유지되는 것이기에 법치국가적 정형화 내지 권력분립 사고에 묶여 있지 않은 것으로 본다. 후자의 가치들은 근대 이후 비로소 확고해진 이념인 반면, 사면제도는 이보다 앞서 존재한 것으로 생각되기 때문이다. 즉 사면이 법치국가 가치에 부합하지 않는다는 데 대해

---

1) 변종필, 앞의 논문, 287면.
2) 변종필, 앞의 논문, 288면에서 인용.

서는 다른 견해가 있지 않다. 개별 행위자에게 유리한 제도라 하여 법치국가적인 것은 아니다. 법치국가원칙은 당사자인 시민의 자유확보에만 기여하는 편향적인 것이 아니라, 법률과 법원칙에 따라서만 국가가 운영되어야 한다는 중립적 이념이라는 점은 여러 차례 서술하였다[25/13].

사면의 취지가 법치국가성에 대립되는 것만은 아니라는 시각도 있다. 과거 견해 가운데에서는 법치국가성보다 은사의 역할이 앞서 있다고 보는 입장도 있고, 은사가 법치국가성을 보완하는 것으로 이해하는 이론도 있다.[1] 그렇지만 이러한 과거의 설명이 지금 우리 사회에도 타당한 것은 아니다. 현재 우리나라에서 대통령, 즉 통치자가 입법권과 사법권에 앞서는 체계초월적 은사권을 행사할 수 있는 주체로 여겨지지는 않는다. 로마법으로부터 이어지는 군주권력에 대한 전통은 근대 이후 단절되었으며, 더 이상 통치자에게 분립된 권력을 넘나들며 시혜를 베풀 권한을 맡기고 있는 문명국가는 없다. 특정한 기회에 정책적 필요에 따라 형벌집행을 중단하게 하는 예외적 권한을 갖고 있는 것으로 여겨질 뿐이다. 14

그렇지만 사면제도에서 법이론적 정당성을 찾아볼 수 없는 것은 아니다. 사면은, 죄는 있으나 더 이상 처벌하지 말아야 할 경우가 있으며, 그 근거 또한 법률요건 이외의 여러 사정이 될 수 있다는 사실을 드러내 보이는 제도이다. 더 정확하게는, 모든 범죄를 의도대로 처벌하는 것이 불가능한 상황이 있을 수 있으며, 그렇기에 사법기관이 범법을 저지른 모든 사람을 끝까지 온전하게 처벌하는 것에 집착할 수 없다는 데 사면의 근본취지가 있다. 사면은 법치국가성을 제한하거나 보완하는 것이 아니라, 법치국가이념보다 훨씬 앞선 차원에서 범죄와 범죄자를 대하는 국가의 제한된 역량을 표현하는 것에 불과하다. 현실에서 그것이 통치자에 의해 적극적으로 행사되는 은사의 베풂으로 비쳐지는 것은 사면이 실천되는 모습의 한 단면에 지나지 않는다. 15

(5) 정당한 사면의 조건

물론 사면이 이러한 상징을 우리에게 보여준다고 해서, 그것이 법치국가성을 뛰어넘어 비정형적으로 행사될 수 있다는 뜻은 아니다. 근본적으로 법치국가와 다른 맥락에 놓인 제도이지만, 그것이 법제화되고 구체적으로 실현될 때에는 당연히 법률주의를 준수해야 한다. 분명한 근거 없이 또는 자의적이거나 정치적인 16

1) 견해대립에 대해서는 변종필, 앞의 논문, 289면 이하.

목적으로 사면이 행사될 수 없는 것은 물론, 국가의 형벌의무를 털어버리는 방편으로 이용되는 것도 정당하지 않다.[1)]

17 최악의 경우는, 국가기관이 형벌을 자의적으로 방만하게 부과하는 한편, 통치자는 은혜를 베푸는 것처럼 형벌을 배제하는 은사조치를 역시 자의적으로 시행하는 것이다. 형벌의 부과 자체가 객관적으로 실현되어야만, 은사의 역할도 도드라져 보이지 않을 수 있다. 그렇기에 법치국가적 정형화과제는 사면의 근거와 거리가 먼 것이며, 오히려 사면제한의 근거에 가깝다. 오래 전에 이 점을 이미 간파한 베까리아의 지혜는 놀랍다. "형벌이 관대하게 될수록 용서와 사면은 필요 없게 된다. 용서와 사면이 언젠가 유해한 것으로 간주될 국가는 행복하리라!"[2)]

제 2 절 보안처분론

[83] 보안처분의 의의와 역사

1. 보안처분의 개념

1 보안처분개념은 형벌개념보다도 더 불명확하고 다의적이다. 보안처분으로 불리는 것의 종류·내용이 다양하고, 이 제도가 아직 발전 중에 있기 때문이다. 보안처분이 위치하는 맥락은 비교적 분명하다. 범죄를 저지르거나 저지를 위험이 있는 자가 범죄로 나아가지 못하도록 하는 특별예방적 처분에 해당한다. 이 중에서 특히 형법상의 보안처분을 협의의 보안처분이라고 한다.

2 보안처분은 범죄를 저지른 사람이 다시 범죄를 저지르지 않도록 보안하는 기능을 담당하지만, 때로는 위법성인식 없이 범죄적인 행위를 할 수 있는 책임무능력자도 있기 때문에 그에 대해서 형벌을 대체하는 역할도 하고 있다. 즉 과거 범죄행위에 대한 응징이나 일반인의 범죄억제 차원을 넘어, 미래의 재범위험성을

1) Marxen, Rechtliche Grenzen der Amnestie, 25면 이하.
2) Beccaria, 범죄와 형벌, 106면.

예방하기 위하여 협의의 형벌을 보충해야 한다는 데 보안처분의 존재근거가 있다.[1)]

2. 보안처분의 발전

(1) 주요 사상가

1) **클라인**(E. F. Klein, 1744~1810)은 형벌과 구별되는 보안처분의 독자적 필요성을 처음 강조하였다. 보안처분은 범죄위험성이 있는 경우에 부과해야 하는 것으로서 행위자에 대한 해악을 전제로 하지 않는다고 하였다. 형벌을 받아야 할 범죄인도 개선·격리를 필요로 하는 한 형벌집행의 내용으로서 보안구금을 할 수 있다고 함으로써 이원주의의 이론적 기초를 마련하였다. 1794년 프로이센 일반란트법(ALR)에 그의 사상이 반영되었다. 그러나 19세기 들어 절대주의에 바탕을 둔 전제국가가 쇠퇴하고 시민적·자유주의적 법치국가가 형성되면서 **포이어바흐**를 중심으로 하는 죄형법정주의 및 고전주의자들의 응보형사상의 영향으로 1871년 독일제국형법에서 보안처분은 삭제되었다. 3

2) **페리**(E. Ferri)는 범죄의 사회적 원인을 중시하여 범죄에 대한 사회방위는 형벌에 의하는 것보다 사회정책을 통해 이루어져야 한다고 지적하면서 사회적 책임론을 주장하였다. 그는 형벌 이외 다른 수단으로 자유형을 대신해야 한다는 형벌대체주의를 내세웠다. 이러한 그의 사상은 1921년 페리초안에 반영되어 '형벌 대신 제재'라는 말을 모토로 하여 형벌과 보안처분의 구별을 없애고, 부정기형을 내용으로 자유형제도가 정비되었다. 4

3) **리스트**(F. v. Liszt)는 목적형사상을 통해 신파형법학의 기본사상을 선언하고, 종래의 응보형 대신 특별예방을 내용으로 하는 목적형으로 전환해야 한다고 주장하였다. 특히 여기에서 그는 개선이 불가능한 자에 대한 보안처분으로서 보호형을 부과해야 한다고 하여 형벌과 보안처분을 일원화하는 시도를 하였다. 5

4) 근대 보안처분제도는 베른대학 교수였던 **슈토스**(C. Stooß)가 1893년 스위스 형법예비초안을 작성하면서 체계화되었다. 이것은 슈토스초안으로도 불리며, 신·구 양학파의 학설을 절충하고 형벌 이외에 보안처분을 규정하여 이원주의를 채택한 특징이 있다.[2)] 6

---

1) 상세한 설명은 배종대, 형법총론, 5/3 참조.

2) 슈토스초안에 규정된 보안처분의 내용은 다음과 같다. 1) 위험성 있는 책임무능력자, 한정책임능력자에 대한 치료감호

(2) 입 법 사

7 보안처분과 유사한 형태가 처음으로 입법화된 것은 1532년 카롤리나 형법전이다. 이 법 제176조는 범죄행동이 예상되고 이에 대해 충분한 보장책을 마련할 수 없는 경우에는 부정기 보안유치에 처하도록 규정하였다. 범죄위험이 있는 자에 대해 형벌과 구별되지 않는 부정기구금인 처분을 과할 수 있도록 한 것이다.

8 현대적인 형태의 보안처분은 슈토스초안을 계기로 만들어졌다. 제2차 세계대전 이전에 이미 형사정책에 관한 각종 국제회의에서 보안처분 도입에 관한 문제가 빈번하게 등장하였다. 예를 들면 국제형사학협회의, 국제형법학회의, 형법통일에 관한 국제회의, 형법입법에 관한 국제회의, 국제형법 및 형무회의 등에서 보안처분문제가 다루어지고 채택이 권고되었다. 이러한 분위기는 제2차 세계대전 이후에도 이어졌다. 1950년 국제형법 및 형무회의는 과거 위원회에서 준비되었던 보안처분에 관한 각국 자료가 보고되었고, 1953년 제6회 국제형법학회에서는 형벌과 보안처분의 통일문제가 의제로 다루어졌으며, 1957년 제7회 대회에서는 형벌 및 보안처분의 양정에 관한 법관의 재량권통제가 의제로 채택되기도 하였다.

9 우리나라에서도 현행 형법초안을 기초하면서 법전편찬위원회에서 보안처분의 채택여부에 관하여 많은 논의가 있었지만 결국 입법되지 못하였다. 그러나 국가보안법에서는 감시·보도제도를 인정하였으며, 그 후 1957년 사회보전법(1989년 사회보호법으로 개정)의 제정으로 국가보안사범에 대한 보안처분이 부분적으로 채택되었다. 이후 일반범죄에 관한 보안처분의 필요성에 따라 1980년 사회보호법이 제정됨으로써 보안처분제도를 채택한 국가에 속하게 되었다. 1995년 개정형법은 선고유예, 집행유예, 가석방된 자에 대한 보호관찰규정을 두었다. 2005년에는 사회보호법을 폐지하고 이를 대체하는 입법으로 치료감호 등에 관한 법률을 제정함으로써 치료감호와 보호관찰은 그대로 유지되었으나, 보호감호는 '청송보호감호소'와 함께 역사 속으로 사라졌다.[1)]

처분, 2) 음주벽 범죄인은 교정소 수용, 음식점 출입금지, 3) 노동혐오자에 대한 수용처분, 4) 누범자에 대한 교정 및 감치처분, 5) 가석방자에 대한 보호감호처분, 6) 권리남용자에 대한 권리박탈처분, 7) 위험물 소각, 8) 예시처분(위법성이 전제되지 않고 과하는 처분)….

1) 과거의 문제제기로는 배종대, 현행 사회보호법의 위헌성에 관한 고찰, 19면 이하; 같은 저자, 사회안전법 및 보안관찰법에 관한 비판적 고찰, 43면 이하; 김선복, 사회보호법상 보호감호의 문제점, 783면 이하.

3. 형벌과 보안처분의 관계

(1) 이원주의

10 이원주의는 형벌본질이 주로 응보에 있다는 점을 전제로 하여 형벌과 보안처분은 그 기능이 다르다는 점을 강조한다. 형벌은 범죄행위에 대한 해악부과로서 규범적 비난이고 그 본질이 응보에 있음에 반하여, 보안처분은 사회방위와 대상자의 교정·교육을 목적으로 하는 점에서 차이가 있다는 것이다. 이에 따르면 양 제도의 지향점도 다르다. 형벌은 범죄라는 과거사실을 대상으로 하는 회고적, 과거지향적 성격을 갖는 데 비하여, 보안처분은 장래에 예상되는 범죄의 예방을 목적으로 하는 전망적, 미래지향적 성격을 갖는다. 여기서 형벌은 과거의 범죄에 대한 형사처분이지만 보안처분은 장래의 위험에 대한 행정처분, 경찰작용적인 성격이 강한 것으로 생각된다.

(2) 일원주의

11 일반적으로 일원주의는 형벌본질을 사회방위 또는 범죄인의 교화·개선에 있다고 보는 입장에서 주장된다. 이에 따르면 형벌과 보안처분은 모두 같은 목적을 갖는 제도로 이해된다. 일원주의를 취할 때 실무에서는 형벌이나 보안처분 가운데 어느 하나만 선택적으로 선고하여 집행하면 된다.

12 이 입장은 형벌을 범죄에 대한 해악으로 보는 응보론의 부당성을 강조하면서 형벌도 수형자의 사회복귀에 중점을 두어야 한다는 생각을 갖고 있다. 또는 보안처분에도 윤리적 비난이 포함되어 있으나 반사회적인 행위자의 성격을 고려한 것을 내용으로 하는 점에 차이가 있을 뿐이라고 보기도 한다.

(3) 대체주의

13 대체주의는 현대적 형사정책의 관점에서 형벌과 보안처분을 일원화하여 범죄에 대해 효과적으로 대처하기 위한 시도이다. 위 이원론과 일원론을 절충한 것이라고 할 수 있는데, 형벌은 책임정도에 따라 선고되지만 집행단계에서는 그것을 보안처분으로 대체하거나, 일정한 상황 아래에서 보안처분집행이 종료된 후에 형벌을 집행할 수 있도록 하는 것을 말한다. 슈토스초안 이후 스위스에서는 이를 채택하였고, 독일도 1969년 제2차 형법개정을 통해 이원주의에서 대체주의로 바꾸었다.

14 대체주의는 형벌응보를 기초로 한 책임상한선을 인정하는 한편, 그 범위 안에서 일반예방·특별예방목적을 달성하고자 한다. 형벌과 보안처분을 구별되는 것

으로 보지만, 양자 모두 범죄자의 사회복귀라는 동일한 목적을 추구하므로 집행에서 대체가 가능하다는 사고에 따르고 있다. 양자의 집행순서에 관해서는 보안처분이 행위자의 구체적 처벌필요성에 적합하므로, 사회복귀를 위해서는 보안처분을 먼저 집행하는 것이 목적에 부합한다고 한다.

15 대체주의는 형벌과 보안처분의 관계를 이론적 측면보다는 기능적·형사정책적 고려를 토대로 결합시키고자 한다. 그러나 그에 따라 두 가지 방향의 단점, 즉 엄격한 책임원칙에 어긋난다는 것, 양자의 적용범위가 불분명한 점, 정의관념에 반하는 점 등의 단점도 그대로 유지된다.

(4) 평 가

16 형벌을 보안처분과 같은 성격으로 보는 것이 아니라, 반대로 보안처분을 형벌의 일종으로 인식하는 방식 또한 넓은 의미의 일원주의이다. 앞서 실질적 형벌개념을 논할 때, 형벌을 1) 과거 범죄행위에 대해, 2) 국가가 부과하는, 3) 해악으로서 반작용이라고 하였다[16/5]. 현행 보안처분이 이 세 가지 요건을 충족하는 한, 그것도 넓은 의미의 형벌에 속한다. 실정법이 따로 규정하고 있다고 해서, 본질적으로 명확히 구별되지 않는 실질의 속하는 형벌과 보안처분을 완전히 별개로 취급할 수는 없다.

17 이 점은 일반시민, 특히 수형자의 시각에서 볼 때 더욱 그렇다. 일반인에게 양자의 이론상 차이는 인식되지 않는다. 둘 다 국가가 일정한 기간 동안 자유침해 등 불이익을 가한다는 점에서 동일하다. 수형자는 자신이 지금 형벌을 받는 것인지, 보안처분을 당하는 것인지 관심이 없다. 현실에서 자신의 자유가 박탈된다는 점에서 마찬가지이다. 이러한 상황에서 형벌은 과거, 보안처분은 미래에 지향되어 있다는 설명은 단지 학자들의 관심사항에 불과하다고 여길 것이다.[1]

18 현행법상 보안처분은 형벌의 부차적 수단으로 되어 있다. 그렇지만 실질적으로 넓은 의미의 형벌에 해당하는 제도라고 본다면, 형벌을 지배하는 근본원리 안에 머물러 있어야 한다. 책임원칙 안에 깃들어 있는 비례성사고에 따라, 발생한 불법행위에 엄격하게 비례하는 수단으로 부과되어야 한다. 보안처분이 형벌과 다르기 때문에 죄형법정주의와 무관한 것으로 단순하게 생각해서도 안 된다. 예를 들어 일반인과 수형자가 형벌의 일종이라고 생각하고 있는 성범죄자 위치추

1) 배종대, 사회안전법 및 보안관찰법에 관한 비판적 고찰, 46면.

적장치, 신상공개 등을 형벌이 아닌 보안처분이라고 이론적으로 논증하여, 소급적으로 적용하거나 기간 제한 없이 처분하는 것은 법치국가원칙에 반한다.[1] 또한 보안처분이 집행된 경우에도 그 자유박탈기간을 형기에 산입하거나 형벌집행을 면제하는 조치가 필요한 것은 물론이다.

4. 보안처분의 원칙

(1) 보안처분의 일반요건

19 보안처분을 부과하기 위해서는 원인되는 범죄행위가 있어야 하고, 이 행위로부터 예상되는 장래의 중대한 범죄행위에 대한 위험이 있어야 한다. 위험성예측은 중요한 요건이지만 불확실한 결과를 보여줄 수밖에 없다. 이 불확실성은 보안처분의 법치국가적 장치에 의해 상쇄되어야 한다. 즉 이를 위해 보안처분법률이 정형화되어 있어야 한다. 사소한 권리침해 내용이라도 법률에 규정되지 않은 보안처분을 부과하는 것은 허용되지 않는다. 또한 규범원칙에 의한 정형화의 보완이 필요하다. 예를 들면 (좁은 의미의) 형벌이 책임원칙의 제한을 받는 것과 마찬가지로, 보안처분은 비례성원칙의 일반적 제한을 받아야 한다.

20 보안처분은 특별예방목적의 작용이지만 보안목적을 적극적으로 실현하고자 할 필요는 없다. 적극적인 국가의 조치는 여전히 개별 범죄인의 효과적 재사회화를 실현할 수 있는 구체적인 내용으로 채워져야 한다. 소극적인 보안효과는 적극적인 개선노력으로부터 부수적으로 실현되는 것에 불과하다.

(2) 보안처분에서 비례성원칙

21 개별 보안처분이 정당성을 갖기 위해서는 보안처분목적에 따라 주어지는 수단을 법치국가적으로 제한할 수 있는 정형화원칙이 있어야 한다. 여기서 보안처분의 법치국가적 정형화원칙은 비례성원칙이 수행한다. 즉 보안처분의 입법내용이 비례성원칙에 합치해야 하고, 보안처분법을 해석·적용하는 내용도 비례성원칙에 어긋나지 않아야 한다. 앞의 것은 입법을 구속하는 헌법의 비례성원칙, 뒤의 것은 형법의 비례성원칙의 결과이다. 비례성원칙은 '목적과 수단의 비례사고'이다. 여러 차례 설명하였듯이[32/2], 일정한 목적실현을 위해 투입한 국가수단은 그 목

---

1) 대결 2008.7.24. 2008어4. 이에 대한 평석으로는 정승환, 보안처분과 소급효금지원칙, 대한변협신문 496호, 2014년 5월 24일 자.

적달성에 적합하고 필요하며 그리고 균형을 이루어야 한다는 것을 내용으로 한다.

22 예방하고자 하는 장래의 범죄행위 위험은 중대한 범죄가 발생할 높은 가능성과 개연성을 의미한다. 위험성이 증명되지 않으면 보안처분은 정당성을 가질 수 없다. 그리고 원인행위가 되는 과거의 범죄도 경미한 것이어서는 안 된다. 장래의 범죄행위에 대한 위험성은 과거의 원인행위를 토대로 예측되는 것이기 때문이다. 일정한 보안처분[수단]을 실행하기 위해서는, 한편으로 과거의 원인행위[목적1]와, 다른 한편 개연성이 있는 장래의 중대한 범죄행위[목적2]를 당사자의 희생한계의 관점에서 비교하여 양자가 비례·균형관계를 이룰 수 있는지 심사해야 한다. 만일 양자 사이 비례성이 없다고 판단되면 그 수단을 투입할 수 없다. 이 경우 예측에 필요한 정보를 바탕으로 한 범죄위험성 판단은 국가의 엄밀한 분석에 의한 것이어야 하며, 그 예측범주 밖에서 우연히 발생하는 사안에 대한 부담은 국가의 몫으로 남는다. 즉 보안처분을 부담하는 대상자가 과거범죄의 수준을 현저히 뛰어넘는 범죄를 저지를 것에 미리 대비한다는 취지로 장래 범죄예측을 넘어서는 정도의 보안처분을 부과해서는 안 된다.

[84] 보안처분의 종류와 집행

1. 자유박탈 보안처분

(1) 치료감호

1 치료감호는 심신장애자와 마약류·알코올중독자 가운데 범죄위험이 있는 사람을 시설에 수용하여 치료하도록 하는 처분이다(치료감호법 제16조). 치료감호의 대상은 1) 형법 제10조에 따라 면책되거나[심신상실자] 책임이 감경되는[심신미약자] 자로서, 금고 이상의 형에 해당되는 죄를 범한 때, 2) 마약 등 향정신성의약품, 그 밖에 중독성이 있어 해를 일으키는 물질이나 알코올을 취하는 습성이 있는 자, 또는 그에 중독된 자가 금고 이상의 형에 해당하는 죄를 범한 때, 3) 소아성기호증, 성적 가학증 등 변태성욕적인 정신적 문제가 있는 사람으로서, 금고 이상의 형에 해당하는 성범죄를 범하였고 재범위험이 있는 자이다(제2조 ①항). 치료감호기간은 15년을 초과할 수 없다. 과거 사회보호법에 의한 치료감호는 완치 판정을 받을 때까지 계속 대상자를 가둘 수 있었으나 이를 개선하였다.

(2) 보호감호

과거에 예방처분 또는 예방구금으로 불리던 보호감호처분은 자유형집행이 끝났지만 아직 수형자가 충분히 개선되지 않아 다시 범죄를 반복할 가능성이 있는 때에 특별한 시설(보안감호소나 교정시설 안의 특별한 시설)에 수용하는 처분이다. 입법례에 따라 다르기는 하지만 대개 사상범·상습범·누범위험성이 있는 강력범 등을 대상으로 한다. 우리나라에서 이중·과잉처벌과 인권침해의 대표적인 제도로서 비판을 받아온 이 제도는 사회보호법이 2005년 폐지됨에 따라 함께 없어졌다. 최근 검찰이 보호감호와 유사한 형태의 보호수용제 도입 방침을 밝혀 보호감호의 부활이 다시 논의되기도 하였다. 2

2. 자유제한 보안처분으로서 보호관찰

(1) 보호관찰의 의의

보호관찰제도는 범죄자에 대한 사회내 처우의 일종이다. 유죄가 인정된 수형자를 구금시설 안에 수용하는 대신, 일정기간 범행하지 않는 것을 조건으로 형의 선고 또는 집행을 유예하거나 가석방하여 시설 밖에서 자유로운 활동을 할 수 있도록 허용하면서 보호관찰관의 개별적 지도·감독을 받게 하는 제도이다. 3

각종 유예기간중 또는 가석방 후 남은 형기중에 보호관찰을 하는 것은 한편으로 자유형을 대체하거나 보완하는 다이버전의 일종으로 생각될 수도 있다. 그러나 선고유예나 집행유예의 본래 취지가 형벌기능에 있는 것이 아니라 조속한 사회복귀에 있고, 가석방도 시설 밖에서 자유형을 계속 이어가는 제도로 볼 수 없기 때문에, 그 기간에 병행되는 보호관찰은 형벌의 성격보다는 대상자의 갱생노력이나 재범방지노력을 돕는 사회국가적 제도의 성격을 갖는 것으로 이해된다. 실질적 형벌개념으로 설명하면, 보호관찰은 과거 범죄를 저지른 사람에 대해 국가가 부과하는 것이지만 대상자의 입장에서 개선을 돕는 것이지, 결코 그에게 해악을 끼치는 방식이어서는 안 된다. 4

보호관찰제도는 시설 안에 수용하는 조치의 비효율성·비인도성·낙인효과를 극복하고 범죄인이 사회에 수월하게 복귀하는 데에 도움이 된다. 개인의 자유는 최대한 보장하면서 범죄위험요소는 줄일 수 있다. 교도소에서 시행이 불가능한 다양한 프로그램을 시도할 수 있는 것도 큰 장점이다. 그 밖에도 범죄자의 가족 5

등 관련자에 대한 간접피해를 줄이고 국가의 재정부담을 줄이는 데에도 도움이 된다.

6 반면에 범죄원인이 되는 개인의 주변환경을 변화시키지 못하는 한 재사회화에 한계가 있을 것이므로, 시설 내에 수용하는 것이 효율적일 것이라는 지적도 있었다. 그러나 범죄자 주변환경이 바뀔 수 있는지 여부는 사법판단의 대상이 아니며, 재사회화가 어려운 환경이 지속된다면 이를 같이 개선하도록 하는 조치가 필요한 것이지 이를 이유로 대상자를 구금할 것은 아니다. 보호관찰도 강제성이 있기 때문에 낙인을 찍는 효과가 있다는 지적도 있으나, 이것 역시 교정시설에 수용하는 것보다는 훨씬 가볍다.

(2) 보호관찰의 역사

7 보호관찰(probation)이라는 용어를 처음으로 사용한 사람은 미국의 민간자원봉사자인 어거스터스(J. Augustus)였다. 보스턴의 제화공이었던 그는 1841년 금주운동에 참여하여 알코올중독자에 대한 자원봉사활동을 시작한 것을 계기로 1859년까지 18년 동안 다양한 범죄경력의 사람들에 대한 봉사활동에 주력하였다. 그리고 그가 사망한 지 20년 후인 1878년 매사추세츠 주는 'probation'이라는 용어를 공식적으로 사용하는 보호관찰법을 제정하게 된다. 어거스터스가 자신의 계승자라고 언급한 스피어(M. Spear)는 4년간 그와 함께 일하면서 활동영역을 보호관찰 이외의 분야까지 확대하는 데 기여하였다.[1] 대륙법계의 조건부판결은 1888년 벨기에와 1891년 프랑스에서 처음으로 도입되어 집행유예제도로 확립되었다. 여기서 보호관찰은 영미법계와 달리 선고유예 또는 집행유예나 가석방제도와 반드시 결합되는 것은 아니다. 자유를 제한하는 보안처분으로서 상습범 기타 법률이 정한 특수한 범죄자, 장기간 형집행이 종료되어 석방된 자에게도 적용된다는 점에 특징이 있다.

8 우리나라 보호관찰의 기원은 1943년 조선사법보호사법령·동위원회령, 사법보호관찰규칙 등에 의한 사법보호활동에서 비롯된 것으로 보는 것이 일반적이다. 1961년에는 종래의 사법보호 대신 갱생보호법을 제정하여 그 대상자를 확대한 보호관찰을 실시하였다. 그러나 강제성이 없다는 점에서 오늘날의 보호관찰과 다르다. 지금과 같은 형태의 보호관찰은 1958년 소년법을 제정하면서 함께 규정되었

---

1) 오영근, 보호관찰제도의 활성화 방안, 203면; 김준호/이동원, 한국의 청소년 비행척도 개발에 관한 연구, 56면.

으나 세부사항 미비로 실효를 거두지 못하였다. 1981년에 법무부훈령 제88호로써 소년선도지침을 마련하여 실시하였고, 1988년에는 보호관찰법을 제정하여 제도를 본격적으로 실시하게 되었다. 1995년 보호관찰법과 갱생보호법을 통합하여 보호관찰 등에 관한 법률을 제정하였다. 그리고 1996년에는 이 법률을 전면 개정하여 모든 종류의 보호관찰과 사회봉사·수강명령 그리고 갱생보호를 규정하는 통일적 절차법이 되었다.

(3) 현행법상 보호관찰제도

현행법상 보호관찰에는 형법상 성인범죄자에 대한 보호관찰, 보안처분의 일 9
종으로서 치료감호법이 규정하는 보호관찰, 소년법상 보호처분의 일종인 보호관찰처분의 세 가지 종류가 있다. '보호관찰 등에 관한 법률'이 이 모두를 규정하고 있다.

1) 형법상 성인범죄자에 대해, 선고유예를 하면서 보호관찰을 하는 때에 보 10
호관찰기간은 1년이고, 집행유예를 하면서 보호관찰을 하는 때에 기간은 집행유예기간이다. 가석방자에 대해서는 원칙적으로 반드시 보호관찰을 해야 한다. 그 기간은 가석방기간과 같다.

2) 치료감호법의 보호관찰은 치료감호가 가종료되었거나 치료감호시설 외에 11
서의 치료가 필요한 때에 법정대리인 등에게 위탁된 피치료감호자를 대상으로 한다. 기간은 원칙적으로 3년이다.

3) 소년법상 보호처분의 하나로 규정되어 있는 보호관찰에는 보호관찰관의 12
단기보호관찰을 받게 하는 것과, 보호관찰관의 장기보호관찰을 받게 하는 것의 두 가지 종류가 있다. 전자의 단기 보호관찰기간은 1년이고, 후자의 장기 보호관찰기간은 원칙적으로 2년이다.

(4) 보호관찰내용

보호관찰 대상자가 보호관찰관의 지도·감독을 받으며 준수사항을 지켜서 재 13
범을 저지르지 않도록 하는 것이 중요하다. 이때 준수사항의 예로는 주거지에 계속 머물고 생업에 종사하는 것, 범죄로 이어지기 쉬운 나쁜 습관을 버리고 선행을 하며 범죄를 저지를 염려가 있는 사람들과 어울리지 않는 것, 보호관찰관의 지도·감독에 따르고 방문하면 응대하는 것, 주거를 이전하거나 1개월 이상 국내외 여행을 할 때에는 미리 보호관찰관에게 신고하는 것 등이다.

14 [보호관찰 준수사항의 보기] 서울고법 형사 3부는 술에 취해 남의 집에 들어가 성폭행을 기도한 피고인에게 징역 3년, 집행유예 5년, 보호관찰처분 2년을 선고하면서 다음 준수사항을 명령하였다. 1) 술집이나 유흥업소처럼 재범기회나 충동이 생길 만한 곳에 가지 말라. 2) 밤늦게 길거리를 배회하거나 유흥업소에 가지 말라. 3) 음란·폭력내용이 담긴 영화·비디오·사진·서적을 가까이 하지 말라. 4) 화투·포커 같은 도박을 하지 말라. 5) 과음하지 말라. 6) 마약·본드 등 중독물질을 흡입·사용하지 말라. 7) 가족부양 등 가정생활에 책임을 다하라 등 7가지였다.

3. 기타 자유제한 보안처분

(1) 사회봉사명령

15 사회봉사명령은 유죄로 인정된 범죄자에게 소년법상 보호처분이나 형법상 집행유예에 수반된 조건으로, 집행유예기간 내에 일정시간 지정된 장소에서 무보수로 노동에 종사하도록 하는 사회내 처우이다. 이 제도도 보호관찰과 마찬가지로 1995년 법개정으로 도입되었다. 사회봉사명령의 구체적 내용은 대상자의 주거지역이나 직업·나이 등을 고려하여 정한다. 1) 공원이나 하천 등의 풀 뽑기나 쓰레기수거 같은 자연보호활동, 2) 양로원·고아원·장애인시설 등 복지시설이나 단체에서 봉사, 3) 고속도로·국도 주변의 청소나 도서관 장서정리 등 공공시설의 활동, 4) 응급실 인력보조나 자원재생공사의 재활용사업, 소외계층에 대한 기초생활지원 등 대민지원 봉사활동 등이 있다.

(2) 수강명령

16 수강명령은 경미한 비행을 저지른 자를 구금시설에 가두지 않고, 사회생활을 하면서 일정 시간 지정된 장소에서 교육을 받게 하여 교화·개선을 돕는 방법이다. 수강해야 하는 프로그램으로서 약물·흡연·성교육 강의, 중독치료강의, 민요·사물놀이·등산 등 레크리에이션, 심리검사·심성훈련·면담·자아개발훈련·생활예절 등이 있다.

(3) 위치추적 전자장치

17 위치추적 전자장치는 범죄자의 재범방지를 위해 그의 행적을 추적하여 위치를 확인하도록 돕는 전자장치를 신체에 부착하게 하는 조치이다. 2007년 4월 '특정 성폭력범죄자에 대한 위치추적 전자장치 부착에 관한 법률'이 제정되었고, 몇 차례 개정을 거치면서 적용범위가 넓어져서 현재는 성폭력범죄에만 국한하지 않

고 미성년자 대상 유괴범죄와 살인범죄 및 강도범죄 등에도 적용된다.[1] 법원은 검사의 청구가 이유 있다고 인정되면 부착기간을 정하여 판결로 부착명령을 선고한다. 법원이 정할 수 있는 부착기간은 해당 범죄의 법정형에 따라 1년에서 30년까지 달라진다. 부착명령을 선고받은 사람은 부착기간 동안 보호관찰 등에 관한 법률에 따른 보호관찰 대상이 된다.

(4) 신상공개

신상공개는 특히 성범죄자의 개인정보(사진, 이름, 키, 몸무게, 주거지, 죄명 등) 18
를 웹사이트 및 우편물 등을 통해 일반인에게 알리고 열람할 수 있도록 하는 제도를 말한다. 아동성범죄자를 공개하는 미국의 메건법(Megan's Law)을 모범으로 한 것으로서, 청소년의 성보호에 관한 법률 제20조 ②항 제1호를 입법하여 2001년부터 실시되었다. 그 이후 공개대상이 점차 확대되어 지금은 실형선고 이상을 받은 모든 성범죄자가 신상공개 대상이다. 이 제도는 1) 형벌집행이 완료된 자에게도 부과하여 이중처벌금지의 원칙에 반하고, 2) 판결 당시 신상공개명령을 받지 않은 채 처벌이 종료된 사람에게 나중에 강화된 신상공개명령을 적용하도록 하는 점이 소급효금지원칙을 위반한다는 이유로 위헌청구의 대상이 되었으나, 헌법재판소는 신상공개가 형법상 처벌이 아니라 재범을 막기 위한 보안처분에 그치는 것으로 보아 위헌적 제도가 아니라고 보았다.[2]

[신상공개와 재범률] 한 기사를 인용한다. "어맨다 애건 미국 시카고대 교수 19
(경제학)는 성범죄 신상정보 공개 시점이 다른 여러 주의 성범죄율을 비교해 2011년 발표한 논문에서 재범률이 신상정보 공개 여부에 별다른 영향을 받지 않을 뿐만 아니라, 정보공개를 채택한 주의 재범률이 오히려 약간 높은 것으로 나타났다고 발표했다. 그는 특정 지역을 구와 동 단위로 세밀히 분석한 결과를 토대로, 인구 대비 성범죄자 거주 비율과 성범죄 발생 비율에는 아무런 상관관계가 없다고 하였다."[3]

(5) 치료명령

치료명령의 대상은 심신장애가 있으면서 금고 이상의 형에 해당하는 죄를 지 20
은 자, 또는 알코올을 마시는 습관이 있거나 중독된 자로서 금고 이상의 형에 해

1) 이에 따라 법률명칭의 표현도 '특정 성폭력범죄'가 아니라 '특정 범죄'로 바뀌었다.
2) 재판관 9명 가운데 5명이 위헌, 4명이 합헌의견을 내었으나 정족수인 6명에 미달되어 합헌결정이 내려졌다(2002헌가14).
3) 한겨레21, 제923호, 2012년 8월.

당하는 죄를 지은 자이다. 그 가운데 통원치료를 받을 필요가 있고 재범위험이 있는 경우 '치료명령대상자'로 지정하여, 선고유예, 또는 집행유예를 하는 경우 치료받을 것을 명령할 수 있다. 2015년 치료감호법이 치료감호 등에 관한 법률로 개정되면서, 경미범죄자도 치료를 받을 수 있도록 하기 위해 도입된 제도이다.

(6) 보안관찰

21 보안관찰은 특정 범죄를 저지른 사람에 대해 재범을 예방하고 사회복귀를 촉진하기 위해 처분하는 조치이다. 우리나라에서는 1989년부터 시행되었다. 해당 범죄는 내란·외환죄, 국가보안법상의 반국가단체구성죄, 목적수행죄, 자진지원·금품수수죄, 잠입·탈출죄, 찬양·고무죄 등으로 3년 이상의 형을 집행받은 사람이다. 보안관찰 대상자는 3개월마다 주요 활동내역, 여행지, 만난 사람, 일시, 장소 등을 관할 경찰서에 신고해야 한다. 보안관찰처분심의위원회는 2년마다 보안관찰처분 갱신 여부를 결정할 수 있도록 하고 있다.

22 이 제도에 대해서는 신체의 자유, 거주 이전의 자유, 표현의 자유 등의 기본권을 침해할 소지가 있다는 비판이 제기된다. 국가인권위원회도 1차 및 2차 국가인권정책기본계획권고안에서 보안관찰처분은 위법행위로 이미 처벌받은 사람에 대해 재범행위로 인한 처분이 아닌, 재범의 위험성이라는 내심을 추정해 불이익을 가하는 것"이라고 하면서, "재범위험에 대한 자의적 판단과 행정처분 형식의 결정으로 오용의 가능성이 크다"고 지적하였다.

4. 현행제도의 문제점

23 보안처분은 장래의 범죄예방을 위한 제도일 뿐만 아니라 책임이 감면되는 대상자에 대한 조치가 필요하고, 형벌에 비해 대상자에 대한 권리침해도 약하기에 사회에서 유용한 제도라는 점에 대해서는 다른 견해가 없다. 다만 우리나라에는 권력기관이 비인간적인 탄압수단으로 보안처분을 이용했던 과거사가 있기 때문에 첫인상이 좋지 않았고, 그 분위기가 일부 지금까지도 남아 있는 것으로 보인다.[1] 보안처분이 미래의 범죄를 예방하기 위한 제도이기는 하지만, 일반인 법익보호 목적에 따라 대상자의 권리를 제한 없이 침해하는 수단으로 이용될 수는 없다. 전체적으로는 다음과 같은 법개정이 필요하다.

---

1) 박학모, 보안처분제도의 재구성을 위한 성찰과 제언, 12면 이하.

1) 보안처분의 법치국가성을 심사할 수 있는 근거는 비례성원칙이 제공한다. 비례성원칙을 보안처분의 지도원칙으로 규정하고, 현행 특별법에 산만하게 규정되어 있는 여러 보안처분을 묶어서 하나의 보안처분법으로 형법전에 편입시키는 것이 바람직하다. 24

2) 기간이 미리 정해지지 않은 상태로 보안처분이 명령되는 경우, 법무부에 있는 각종 위원회가 집행의 계속여부에 대해 결정하도록 하고 있다. 이는 삼권분립원칙에 위배되는 것으로서, 보안처분의 부과와 집행에 관한 결정 모두 사법부의 역할에 속하도록 해야 한다.[1] 25

3) 사상범에 대한 특별한 보안처분을 둘 필요는 없다. 즉 보안관찰법은 불필요한 것으로서 폐지되는 것이 바람직하다. 사상범의 재범위험성을 예방하기 위한 지도·감독의 필요가 있을 때에는 '보호관찰 등에 관한 법률'의 보호관찰제도를 활용하면 된다. 26

4) 위치추적 전자장치의 부착이나 신상공개를 명령하는 것이 실질적인 형벌성을 갖고 있다는 데 대한 진지한 검토가 필요하다. 사법기관이 장래의 범죄예방을 위한 조치로 분류하여 죄형법정주의나 이중처벌금지 등 형법원칙의 예외에 놓아두는 데에 거리낌이 없어서는 안 된다. 27

---

1) 형사집행법원이 이를 감당해야 한다는 견해는 박학모, 앞의 논문, 28면 이하.

제 4 장　소년범죄의 대책

제 1 절　소년범죄의 의의와 특징

[85]　소년과 소년범죄

1. 소년과 소년범죄의 개념

(1) 형사정책적 의의

1　소년범죄 또는 청소년범죄는 행위주체가 소년 또는 청소년인 사안이다.[1] 주체의 성별은 불문하며 연령과 관련된 개념으로서, 법학과 사회학에서는 소년과 청소년을 구별하지 않고 같은 개념으로 쓰고 있다. 일반적으로 10세 이상 20세 미만의 연령층에 속하는 사람을 소년 내지 청소년으로 본다.

2　소년범죄도 실정법 위반뿐만 아니라 실질적으로 타인의 법익을 침해하는 행위를 포함한다. 소년비행, 소년일탈이라는 개념을 쓰는 때에도 넓은 의미의 실질적 범죄이다. 다만 형사정책의 보충적 특성으로 인해 사회학적 일탈개념에 속하는 광범위한 행위(예: 가출행위, 무단결석 등)를 모두 취급하지는 않는다. 많은 문헌에서는 소년범죄(범죄소년)보다 폭이 넓은 개념으로 소년비행(비행소년) 그리고 그보다 더 폭이 넓은 개념으로 문제소년을 사용한다.

(2) 소년의 유형

3　소년법은 '소년'을 19세 미만의 자로 규정하고 있다. 형법에 따라 14세 이상이 형사책임연령이므로 '범죄소년'이라고 말할 때에는 원칙적으로 일반 형사사건을 저지른 14세 이상 19세 미만의 소년을 뜻한다. 소년법에 따르면 형벌법령에 저촉되는 행위를 한 10세 이상 14세 미만의 소년을 '촉법소년'이라고 한다. 이와 구별되는 '우범소년'은 형법위반을 한 것이 아니라 성격이나 환경에 비추어 장래

---

1) 비행소년 또는 비행청소년의 개념은 형사법(특히 소년법), 사회학, 교육학 등에서 사용된다. 하지만 각 영역의 개념정의 내용이 각각 달라서 형사법에서는 한 번의 규범위반행위도 이에 해당되는 것으로 보지만, 사회학·교육학 등에서는 어느 정도 지속적인 비행만이 소년비행 또는 청소년비행이 된다고 본다.

형벌법령에 저촉되는 행위를 할 우려가 있는 10세 이상의 소년을 말한다.

'문제소년'은 실정법 개념이 아니다. 사회가 요구하는 규범을 내면화하지 못하였거나 적응상태가 지속되지 못하는 소년을 말한다. 적법성과 위법성 사이를 표류하면서 통제가 약한 것으로 여겨지는 기회에 부적응한 모습으로 비칠 수 있는 사소한 행위를 하는 소년이다. 이에 비할 때 '비행소년'은 경미한 비행과 더불어 사회적으로 문제가 되는 지속적인 비행이나 범죄를 하는 소년을 일컫는다. 여기서 비행은 단순한 장난이나 호기심 정도를 넘어서 생활화·조직화되어 있는 모습을 띠기도 한다. 4

2. 소년범죄의 특유성에 대한 발견

중세까지도 어린이나 청소년 교육의 사회적·도덕적 학습기능을 잘 알지 못했다. 교육은 교양을 갖춘 계층에서 모범적인 시민들이 학문과 예술활동을 이어가는 도구 정도로 생각되었다. 연령을 고려한 개별화된 교육 필요성에 대해서 크게 주목하지 않은 것은 당연한 일이었다. 어린이와 청소년은 모두 미성숙하고 어린 사람이라는 인식 이외에 특별히 취급할 대상이 아니었으며, 유아기가 지난 만 6세 이후의 아동이 '작은 성인'으로서 노동현장에 직접 투입되기도 했다. 당시에는 평균기대수명이 낮았기 때문이기도 하다. 5

근대에 접어들면서 인간의 개별적 특성에 주목하게 되면서 비로소 어린이와 청소년의 삶이 특수한 단계에 있다는 인식이 시작되었다. 19세기에 이르러 아동과 청소년을 특별히 다른 방식으로 교육해야 한다는 생각이 자리잡았고, 그에 따라 국가가 운영하는 학교들은 점차 연령별로 세분화되었다. 아동의 취학은 의무가 되었으며 아동의 노동도 제한되었다. 19세기 말 미국에서는 청소년들을 대도시의 위험환경으로부터 보호함으로써 소년범죄를 예방하는 데 관심을 갖기 시작하였다. 독일에서는 제1차 대전 시기에 소년들이 군사 목적에 동원되어 희생되기도 하였으나, 바이마르공화국 시대에 이르러 아동과 청소년이 사회적, 정치적, 학문적, 법적으로 특별히 중요한 지위를 차지하는 대상으로 인정을 받게 되었다.[1] 6

소년범죄자들이 일반 성인범죄자와 다른 취급의 대상이 된다는 인식도 그렇게 오래된 것은 아니다. 지난 세기 초에 연령 차이가 법에 반영되기 시작했고 특 7

1) Meier/Rössner/Schöch, 독일청소년형법, 41면 이하.

수한 소년제재법의 형태가 구체적인 모습을 드러내게 되었다. 소년들이 성인의 규범을 학습해나가야 하는 단계에 있는 특수한 상태라는 사실을 인정하게 되었다. 형법의 근대학파(신파)가 규범학습의 장애요소에 대한 범죄원인론 연구를 기초로 개별행위자의 처우에 관심을 기울이게 만들었다. 이러한 변화에 따라 '청소년운동'이 활발해졌고, 1890년대부터 유럽에 '소년법원운동'이 활성화되었다. 미국에서는 1899년 시카고에 최초의 소년법원이 설치되었다.

3. 소년비행의 개념정의

8 소년비행 또는 비행소년의 개념에 대해서는 비행행위를 중심으로 정의하는 입장, 비행행위자를 중심으로 정의하는 입장, 비행행위와 비행행위자를 함께 고려하는 입장이 있다.

9 1) 행위를 중심으로 소년비행을 이해하는 시각으로는 허쉬(T. Hirschi)의 통제이론이 있다. 이는 '규범을 어긴 행위'를 비행으로 정의하기 때문에, 의도된 행위나 지속적인 행위뿐만 아니라 모범적인 학생의 우발적 행위 또는 1회성 행위도 비행에 포함시킨다. 이러한 이해는 통계적으로는 의미가 있으나, 형사정책적으로 예방하고 대책을 세워야 하는 대상으로 확정하기 어렵다는 문제가 있다. 소년을 대상으로 자기보고조사(self-reported survey)를 하는 경우에는 중한 비행을 구별해내기 어렵다는 이유도 있다. 우리나라에서 대부분의 비행연구는 이 방법을 취하고 있다. 비행이 파악되는 것은 사법기관 등을 통한 규범위반 확인이 전제되기 때문이다.

10 2) 행위자 중심으로 소년비행이 정의되어야 한다는 입장으로는 낙인이론이 있다. 이에 따르면 비행소년은 일정기간 지속적으로 비행행위를 하는 것으로 관찰된 소년으로서 스스로 자신을 비행소년으로 인식하고 있다고 한다. 이러한 시각은 우발적 행위나 1회적 행위를 비행개념에서 제외한다. 그러나 비행행위자가 저지르는 것이 소년비행이라고 말하는 순환논리에 빠질 우려가 있다.

11 3) 행위와 행위자를 모두 고려하여 소년비행을 정의하는 입장이 있다. 여기서 소년비행은 지속적·반복적 위반행위이면서, 매우 경미한 폭력, 부모에 대한 반항 등과 같은 사소한 비행은 제외된다. 성인에 의해 저질러졌을 경우에 처벌받을 정도로 중한 행위가 여기에 포함된다.[1)]

---

1) 예컨대 "A라는 소년은 왜 나쁜 행동을 하였는가"라는 물음에 "A라는 아이는 나쁜 아이이기 때문에 나쁜 행동을 하였다"라는 답변만이 가능하게 된다. 다시 말해서 나쁜 아이의 나쁜 행동은 문제되지만, 좋은 아이들의 우발적 나쁜 행동

[86] 소년범죄의 원인과 현황

1. 소년범죄의 발전단계

처음부터 중대한 범죄를 저지르는 소년은 많지 않다. 평범한 소년에서 문제 소년으로 그리고 문제소년에서 비행소년으로 발전하며, 그들 가운데 일부가 중대한 실정법위반을 하여 범죄소년이 된다. 1

1) 문제소년의 가치·규범·사고방식 등은 다른 소년과 큰 차이가 없다. 사소한 동기가 원인이 되어 평범한 소년이 문제소년으로 분류되는 경우가 많다. 여기에는 가정과 학교의 영향이 크다. 비정상적 가정환경, 부모의 애정결핍, 친구관계에서 문제를 가진 소년은 갈등을 하다가 비슷한 처지의 또래들과 동질감을 느껴 어울리면서 문제행동을 유발하는 경우가 많다. 2

2) 문제소년 가운데는 일부가 비행소년이 된다. 여기서 중요한 것은 비행친구들과 접촉하는 경험이다. 소년기는 친구의 영향을 가장 크게 받게 되는데, 나름대로 대체문화를 형성하고 있는 또래집단은 소년들에게 매력적으로 보일 수 있다. 문제소년에 대한 동질의식 때문에 서로 호의적 태도를 보일 뿐만 아니라, 개별 소년도 또래집단으로부터 비행동기를 부여받는다. 소년은 비행을 한 후 친구들로부터 긍정적 평가를 받음으로써 집단에 대한 소속감과 자긍심을 갖는다. 3

[친구와 비행의 관계] 소년비행과 친구의 인과관계에 대해 다음 입장이 구별된다. 1) **비행선행론**은 조기에 가정·학교에 적응하지 못한 소년이 사소한 비행을 하다가 자신과 비슷한 처지의 친구들과 교류함으로써 비행이 심화된다는 주장이다. 2) **비행친구선행론**은 비행친구들과 교류를 통해 비행에 대한 나쁜 가치관·태도·기술 등을 습득하면서 비행에 빠지게 된다는 견해이다. 또한 비행소년집단의 특징에 대한 설명방법도 다음과 같이 나뉜다. 1) **무능력모델**은 조기에 사회에 적응하지 못한 소년은 정상적 소년들과 교류할 수 있는 능력을 갖지 못한다는 입장이다. 2) **능력모델**은 비행소년도 정상적 소년과 마찬가지로 사회적 교류능력을 가지고 있긴 하지만, 정상적 청소년보다 비행청소년들과 접촉할 수 있는 기회가 많을 뿐만 아니라 또한 그들의 비행가치를 선호하기 때문에 비행소년 상호간에 신뢰·의존관계가 형성된다는 시각이다. 이들 견해는 여러 다양한 사안들 가운데 강조하는 요인에 차이가 있을 뿐이다. 4

또는 1회적 나쁜 행동은 문제가 되지 않는다는 것이다.

5 3) 비행소년 가운데 일부는 실정법적으로 중요한 범죄를 저지르게 되며 계속 성인범죄자로 성장하는 경우가 있다. 또래집단의 대체문화 안에서 안정감을 느끼는 수준을 넘어, 불법적인 행위가 가져다주는 이익을 자발적으로 선택하는 단계이다. 특히 성인범죄자와 접촉이나 약물중독 등은 범죄소년으로 나아가게 하는 중요한 원인이 된다.

6 4) 소년비행의 발전단계에서 변화시점을 포착하는 문제가 중요하다. 이에 따라 비행발전과정의 소요시간 및 문제소년이 비행소년으로 되는 비율이 달라지기 때문이다. 패터슨(G. R. Patterson)과 그의 동료들은 초기에 비행을 시작한 소년들이 후반에 비행을 시작하는 소년에 비해 만성적 범죄자가 될 가능성이 높은 것으로 분석하였다.[1] 어릴 때부터 반사회적 환경과 밀접한 관계를 맺으면 또래집단 속에서 정상적 사회화를 경험할 기회가 상대적으로 적기 때문이다. 상대적으로 늦게 비행을 접한 소년들은 초기 비행자들에 비해 반사회적 환경으로부터 벗어날 기회가 넓어진다.

2. 소년범죄의 특수성

(1) 정상성과 편재성

7 평범한 소년들도 범죄를 저지를 수 있다는 정상성과 어느 소년 및 집단을 불문하고 보편적으로 범죄가 발견된다는 편재성이 소년범죄의 특징이다.[2] 많은 연구는 소년 발달과정에서 누구든 한두 번 이상은 일탈행위를 하게 마련이라는 사실을 보여준다. 요금을 내지 않고 대중교통을 이용한다거나, 시험 볼 때 부정행위를 하는 것, 이웃집이나 상점에서 소액의 물건을 훔치는 것, 저작물을 대가 없이 다운로드 받는 것, 음주·흡연을 하는 것, 음란물을 소지 또는 배포하는 것, 사실 또는 허위사실을 적시하여 명예훼손을 하는 것 등의 행위는 어느 소년이나 쉽게 저지를 수 있다. 그러나 이에 비할 때 소년범죄로 분류되고 적발되는 사안은 극히 드물기 때문에, 소년범죄는 숨은 범죄의 비율이 높은 유형으로 생각된다. 또한 규범위반의 강도가 세어질수록 발생빈도는 현저히 줄어드는 경향을 보인다.[3]

---

1) 김준호/노성호, 청소년비행의 발전단계에 대한 고찰, 140면.
2) Meier/Rössner/Schöch, 독일청소년형법, 66면 이하.
3) Meier/Rössner/Schöch, 앞의 책, 67면.

(2) 일 과 성

소년이 일탈행위를 하는 것은 보편적일 뿐만 아니라 그것이 일시적인 행동양상이라는 것도 중요하다. 즉 소년들의 비행행위는 오랜 기간 계속되지 않는다. 나이가 들수록 사회에 적응하기 위해 노력하게 되고 그에 따라 대부분 중대한 성인범죄로 이어지지 않으며 범죄경력으로 귀결되지 않는다. 비행을 저지르는 소년이 성인에 비할 때 더 용이하게 재사회화된다는 데에도 이유가 있지만, 재사회화가 굳이 필요 없을 정도로 도덕적인 소년도 순간의 유혹에 빠져 일탈을 저지르는 경우가 많기 때문이다. 8

소년이 누범과 재범을 저지르는 경우에는 범죄경력으로 발전할 위험이 커진다. 그러나 이 경우 성인범죄자처럼 형벌로 대응하고 그에 따라 폐쇄된 교정시설에 두는 것은 비행발달을 고착화할 우려가 있다. 반복적으로 범죄를 저질러온 소년도 연령이 높아지면서 범죄경력이 중단될 가능성은 여전히 높아, 일탈경력이 30세를 넘어 지속되는 경우는 그렇게 많지 않다는 보고가 있다.[1] 9

(3) 기 타

'책임의 분산' 개념을 통해 이야기했듯이[51/14] 소년범죄의 많은 경우는 여러 명이 저지르는 것이며, 이때 개별소년들의 범죄 성격은 물론 그 총합보다 훨씬 무거운 중범죄를 저지르기도 한다. 같이 모여 행동하기에 집단소속감에 따라, 또는 다소 흥분상태로 절도나 강도, 약물범죄, 성범죄 등을 행한다. 10

소년범죄는 많은 경우에 행위자와 피해자가 교차하여 드러나는 특징도 있다. 예를 들어 범죄를 저질렀다고 진술하는 소년은 대부분 그와 비슷한 상황에서 피해자가 되었던 경험이 있는 것으로 나타난다. 11

3. 소년범죄의 통계

범죄통계는 정확한 것이 아니므로 소년범죄 비율이 늘었다고 해서 소년범죄 자체가 실제로 늘어났다고 볼 수는 없다. 과거부터 있었던 범죄에 대해 사회의 관심이 점차 증폭된 것으로 분석할 수도 있다. 10대 후반에 범죄율이 가장 높다거나 소년범죄 증가율이 성인범죄의 증가율을 넘는다는 주장이 잘못된 것이라는 보고도 있다.[2] 아래 표에서 최근 10년간의 변화를 보더라도 마찬가지이다. 12

---

1) Meier/Rössner/Schöch, 앞의 책, 68면.

2) 정은경, 한국의 연령의 따른 범죄율에 대하여, 277면 이하. 소년범죄의 양적 증가율을 1966년을 기준으로 장기 분석한

▌소년범죄 인원, 소년범죄발생비 및 소년비 현황▐ (2010~2019년)

「1. 대검찰청, 『범죄분석』 각년도
2. ( ) 안은 2010년을 기준으로 한 지수
3. 2018년부터 소년범죄 집계시 14세 미만 소년을 제외함
4. 범죄발생비는 해당 인구 10만 명당 범죄자수
5. 소년비는 {소년범/(소년범+성인범)}×100」

구분 / 연도	소년범죄	소년범죄발생비	성인범죄발생비	소년비
2010	101,596	1,654.3(−)	4,462.4(−)	5.4
2011	100,032	1,660.2(100.4)	4,374.3(98.0)	5.3
2012	104,808	1,796.8(108.6)	4,387.3(98.3)	5.5
2013	88,762	1,581.1(95.6)	4,520.3(101.3)	4.5
2014	77,594	1,440.4(87.1)	4,338.3(97.2)	4.2
2015	71,035	1,411.8(85.3)	4,482.4(100.4)	3.8
2016	76,000	1,547.9(93.6)	4,373.5(98.0)	3.9
2017	72,759	1,559.7(94.3)	4,089.8(91.7)	4.0
2018	66,142	2,486.0(150.3)	3,808.2(85.3)	3.9
2019	66,247	2,696.1(163.0)	3,821.9(85.6)	3.8

13 위의 표는 최근 10년 동안 전체 소년범 인원, 소년범죄발생비 및 전체 범죄자 중 소년범죄자가 차지하는 비율을 나타낸다. 소년범은 2010년 101,596명이었다가 감소하는 경향을 드러내면서 2019년에는 66,247명을 기록하였는데 그동안 34.8% 줄어든 수치이다. 소년연령의 인구 자체가 감소하는 데다가, 지금 대부분 가정의 자녀 수가 한 두 명에 지나지 않기에 부모의 자녀에 대한 관심이 그만큼 집중되기 때문인 것으로 보인다. 소년인구 10만 명당 범죄자수를 나타내는 소년범죄발생비를 살펴보면, 2010년 소년인구 10만 명당 1,654명에서 증감을 반복하다가 2018년과 2019년에 갑자기 증가한 것으로 드러난다. 그러나 이는 2017년까지 10세 이상 19세 미만 소년 전체가 분석대상이었지만, 2018년부터는 14세 미만의 촉법소년이 경찰에서 법원으로 바로 송치되기에 범죄발생통계를 집계하는 경

보고서(김성언/노성호, 청소년범죄 추세분석: 1966 – 1998, 38면)에 의하면, 1998년 성인범죄자의 수는 약 179만 명으로 1966년의 약 6.2배이며, 소년범죄자의 수는 약 15만 명으로 1966년의 약 3.9배에 달한다. 또한 소년범죄자에 대한 소년범죄자의 비를 보면, 1966년에는 0.13이었으나, 1998년에는 0.08로 감소하였다. 이 점은 지난 30년간 성인범죄의 증가폭이 소년범죄의 증가폭보다 훨씬 컸음을 의미한다.

찰 및 검찰의 통계에서 누락되었기 때문이다. 같은 시기 성인범죄발생비는 2010년 4,462.4명에서 증감을 반복하며 감소하여 2019년에는 3,821.9명을 기록하였다. 전체 형법위반 범죄 중 소년범죄가 차지하는 비중은 2010년 8.3%에서 2019년 5.6%로 10년 간 2.7% 감소되었다.[1]

제 2 절 소년범죄를 다루는 제도들

[87] 소년법의 의의와 이념

1. 소년법의 개념과 이념

형식적 의미의 '소년법'은 1958년부터 시행되었다. 반사회성이 있는 소년의 환경조정과 품행교정을 위해 필요한 조치를 하고, 소년이 건전하게 성장하도록 돕는 것을 목적으로 한다(법 제1조). 넓은 의미의 소년법에는 이외에도 소년심판규칙, 아동복지법, 청소년보호법, 청소년기본법, 교육기본법, 보호소년 등의 처우에 관한 법률, 보호관찰 등에 관한 법률, 아동·청소년의 성보호에 관한 법률 등과 형법, 형사소송법, 법원조직법 등에 있는 소년관련규정이 포함된다.[2] 1

국가마다 소년법을 특별히 제정하여 이용하는 궁극적인 목적은 일치되어 있지 않다. 개략적으로 말해서 형평법의 국친사상에 기초한 영미형이념과 교육사상에 기초한 형사정책적 유형인 대륙형이념으로 구별된다. 소년사법의 역사가 소년을 보호객체로 보아 사회국가적 후견을 강조하는 '복지모델'(Wohlfahrtsmodell)과, 사법절차에서 소년을 성인과 동일한 주체로 인정하여 법치국가적인 적법절차원칙을 강조하는 '사법모델'(Justizmodell)[3]간의 경연장이 된 것도 이러한 구별을 바탕으 2

1) 범죄백서 2020, 541면 이하.

2) 양문승, 현행 소년법의 문제점 및 개선방안, 279면 이하 참조.

3) Justizmodell, 즉 영미의 'Justice model'을 '정의모델'로 옮겨 쓰고 있기도 하다. 그러나 소년에 대해서도 적법절차원칙에 따른 권리를 인정해주는 동시에 책임을 넘어서는 처분을 법치국가원칙을 통해 제한하자는 취지를 이 모델이 담고 있기에 '사법모델'로 새기는 것이 이해에 도움이 된다.

로 한다.[1)]

2. 국친사상

(1) 국친사상의 의미와 기원

3 국가가 소년을 처벌하기보다 다른 처우를 통해 비행원인이 되는 환경과 성행을 개선하고 법을 지키는 사람으로 살아가는 데 필요한 교육과 복지를 적극적으로 제공해야 한다는 소년법이념을 소년보호주의라고 한다. 그리고 그 바탕에는 국가가 비행소년의 부모의 역할을 부모를 대신하여(in loco parens) 수행해야 한다는 국친사상(parens patriae; father of the country)이 놓여 있다. 국친사상에 따르면 소년사법의 기능은 부모가 소년을 보호하지 않는 때에 보호를 대신 행하는 것이며, 국가를 대리하는 소년법원이 소년의 부모가 베풀지 않는 정도까지 부모의 책임을 인수하는 것이다. 이에 따라 비행을 질병으로 파악하여 원인을 치료하는 것이 소년사법의 임무여야 한다는 의료모델이 소년보호의 수단으로 등장하였다.

4 13세기 영국의 형평법사상에 근원을 두고 있는 국친개념은 원래 소수자나 어린이와 같은 법적 무능력상태에 있는 사람들의 후견인으로 행위하는 왕에 의한 국왕대권 개념으로부터 비롯된다. 국왕대권은 후견이 필요한 사람들과 그들의 재산을 돌보아줄 책임을 포함하는 것이었다. 국친개념은 왕권의 한 부분으로 행동하는 형평법원의 보호적 관할권(protective Jurisdiction)의 이론적 기초가 되었다. 사실상 이 관념은 봉건제도로서 왕권을 유지하고 가족에 대한 통제구조를 유지하기 위해 사용되었다. 비행소년들을 특별히 다루게 됨에 따라 국친사상은 소년의 이익을 위해 행동하는 법원 및 국가의 책임을 말하는 것으로 발전되었다. 대륙법의 국가이념 가운데 '사회국가적 과제'가 국친사상 및 소년보호이념을 근거짓는 관념에 상응한다.[2)]

(2) 국친사상의 문제점

5 국친사상에 기초한 보호와 후견에는 한계가 불분명하다는 지적이 이어져왔다. 국가의 보호와 부모의 친권에 의한 보호는 다른 것인데도, 국가가 부모처럼 소년보호에 나설 경우 후견이라는 명목으로 대상자의 기본권을 침해할 수 있기

1) 복지모델과 사법모델의 간략한 내용은 Schüler-Springorum, Hundert Jahre Jugendgerichtsbarkeit, 821면 이하.
2) Rendleman, Parens Patriae, 74면 이하.

때문이다. 시민을 적극적으로 보호한다는 명목으로 국가권력을 행사하는 시도가 곧 사회통제를 과도하게 추구하여 오히려 시민자유를 억압했던 역사는 반복되어 왔다. 실제 1880년대 미국에서는 영국에서 이식된 구빈법(poor laws)과 도제제도(apprenticeship)를 수용하여 소년보호를 시작하면서 이전까지 비공식적으로 처리되었던 비행소년에 대한 국가통제의 여지를 확대하였고, 소년에 대한 형벌적 처우도 강화되었다. 국친사상을 상징적으로 내세우면서 소년보호와 거리가 먼 다른 수단과 목적을 추구할 위험도 있다.1)

소년법이 국친사상에 기초한 제도적 보호와 배려를 실현하고자 하면, 형사 6
제재의 성격을 배제하거나 최소화할 수 있는 방안을 먼저 확보해야 한다. 다이버전 등 사회 내 처우의 다양화, 광범위한 비범죄화, 교육제도의 개선 등이 필요하다.2)

3. 교육형주의

(1) 교육형주의의 의미와 기원

영국과 미국의 소년법이 국친사상을 바탕으로 형성되었음에 반해, 독일, 프 7
랑스, 오스트리아 등 유럽대륙은 소년에 대한 '법치국가적 과제'가 그대로 유지되고 있다. 그 핵심은 근대 범죄학에 영향을 받은 교육형주의이다. 비행소년과 소년범죄자는 성인범죄자와 달리 개선가능성이 높기 때문에, 교육목적에 따른 개별적 처우로 사회복귀를 도와야 한다는 생각이다. 보호사건에 대한 특별한 심판절차, 형벌을 대신하는 보호처분, 광범위한 비형벌화나 완화된 형벌을 그 수단으로 하고 있다. **리스트**(F. v. Liszt)는 성인과 구별되는 소년의 가치와 그 독자적 특성을 강조함으로써 당시의 소년법원운동을 주도하였다. 그는 "아동의 정신적·육체적·윤리적 교육은 부모의 주관적 사권私權이 아니라 법적으로 규정된 부모의 윤리적 의무이며, 부모가 이 의무를 감당할 능력이 없는 경우 국가는 교육의무를 대리할 권한을 가진다"는 점을 분명히 하였다.3)

[교육형 사상] 1891년 할레에서 열린 국제형사학협회(IKV) 독일지부의 제2차 8
회의의 발표자였던 **아펠리우스**(H. Appelius)는 『소년범죄자와 일탈아동들의 처

1) 법의 상징성에 대해서는 Hassemer Symbolisches Strafrecht und Rechtsgüterschutz, 553면 이하.
2) 국친사상의 위험성에 관련된 논의는 정희철, 소년형법과 교육사상, 53면 이하.
3) Liszt, Strafrecht und Jugendkriminalität, 38면 이하.

우』라는 저서에서 형법의 제한적 투입과 교육사상의 우위를 다음과 같이 제시하였다.[1] "교육을 통해서만 인간은 실존주체인 그 자신이 된다. 아동은 허용된 것과 금지된 것을 구별하는 법을 차차 배워나가야 한다. 이를 위해 실제로 중요한 개념은 정신적·윤리적 성숙을 위한 면밀한 교육을 통해 전달되어야 한다. 이 점을 그르쳤을 때 소년범죄가 발생하는 것이다. 처벌을 통해서는 이 문제를 해결하기 어렵다. 행위형법에서 벗어나 행위자형법으로 나아가는 추상성으로도, 공판정에서 공개주의의 배제를 요구하는 구체성으로도 충분치 않다. 법 이외의 처분이나 형벌을 대체하는 교육처분을 부과하는 것이 중요하다. 국가의 감독을 통한 교육을 중요시해야 하며, 형집행 배제나 석방된 후의 후견과 같은 형벌 관련된 제도가 중요한 것이 아니다. 그 자체로 소년의 성격적 결함을 바로잡을 수 있는 형벌 이외의 반작용을 선택해야 한다."

9 교육형주의를 반영하고 있는 대표적인 예는 독일 소년법원법(Jugendgerichtsgesetz)이다. 소년형법(Jugendstrafrecht)으로 불리기도 하는 독일 소년법원법은 책임형법인 성인형법과 엄격히 구별되는 교육형법이다.[2] 이와 같은 법목적은 선구적인 것이었으며, 1980년대 초반까지는 오히려 소년형법이 성인형법의 재사회화과제의 모범이 된 것으로 여겨졌다.[3] 소년형법에 따르면 형벌은 예외적으로 범죄행위를 통해 드러난 범죄성향이 재판 때까지도 이어져 교육처분이나 훈육처분만으로 불충분한 경우, 또는 불법책임의 정도가 중하여 소년형벌이 최후수단으로 필요한 경우에 부과된다.[4] 이 경우의 형벌도 특별예방과 교육사상을 지향하는 형사제재 성격을 그대로 유지해야 한다.[5]

(2) 교육형주의의 문제점

10 독일의 경우 1923년 제국소년법, 1943년 소년법원법, 1953년 소년법원법을 제정하면서 교육형주의가 소년형벌의 제한정책으로 구체화되었다. 그러나 여전히 강제적인 교육처분도 실질적으로 형벌이기에 자제되어야 한다거나, 소년 개인에 대한 교육 필요성이 크지만 형식적으로는 여전히 형벌적인 조치가 필요하다는 비판 목소리도 높다.[6] 이러한 상반된 평가는 불가피한 것이기도 하다. 이미 형벌을

1) Appelius, Die Behandlung jugendlicher Verbrecher und verwahrloster Kinder, 16면 이하, 91면 이하; Schlüchter, Plädoyer für den Erziehungsgedanken, 8면 이하.
2) 자세히는 Eisenberg, Jugendgerichtsgesetz, 2/7 이하.
3) Albrecht, Jugendstrafrecht, 67면; Resch, Alternativen zur Jugendstrafe in der Praxis, 37면; Schlüchter, Plädoyer für den Erziehungsgedanken, 1면; Ostendorf, Jugendgerichtsgesetz, §§ 1−2 Rn. 4.
4) Eisenberg, Jugendgerichtsgesetz, 5/4 이하, 17/1 이하.
5) Albrecht, Jugendstrafrecht, 247면.
6) Ostendorf, Jugendgerichtsgesetz, §§ 1−2 Rn. 4.

'통해' 교육이 실행되어야 하는지, 아니면 형벌 '대신' 교육이 실행되어야 하는지를 둘러싼 논쟁이 오래 지속되었다.[1] 이는 응보형주의를 바탕으로 정당한 형벌과 속죄를 통해 비로소 교육목적도 달성된다는 고전학파의 입장과, 형벌형식을 배제한 특별한 조치들을 통해서 비로소 교육이념이 실현될 수 있다는 근대학파 사이의 견해대립으로부터 연장된 것이다.[2] 후자만 소년의 인도적 처우를 중시하는 것은 아니다. 전통적인 구파 입장도 소년들에 대한 과중한 책임을 묻는 것이 아니며, 예방적 관심에서 비롯된 교육처분의 확장가능성을 제한하려는 생각이기도 하기 때문에, 어느 한편만 소년에게 유리한 것이라고 볼 수는 없다.[3]

[88] 소년보호의 원칙

우리나라 소년보호이념은 범죄가 발생하기 전에 범죄를 예방하고, 범죄인의 사회적응을 용이하게 할 수 있도록 하는 교육에 중점을 두고 있다. 우리나라 소년법이념이 국친사상과 교육형주의 가운데 어떤 경향에 가까운지는 분명하지 않다. 한 세기 동안 지속된 소년사법의 변천과정에서 국친사상과 교육형주의가 혼합된 형태의 발전을 이루었다고 할 수 있다. 지금 두 이념이 완전히 구별되는 것도 아니다. 국친사상 역시 교육이념을 중요하게 생각하며, 교육형주의 역시 소년에 대한 후견·보호를 중요한 내용으로 포함하고 있다.[4] 1

앞서 법치국가적 국가과제가 원칙이며, 사회국가적 과제는 보완적 이념으로 작용해야 한다고 하였다[27/11]. 그러나 소년정책의 객체인 소년은 법치국가적 형사사법의 대상이기에 앞서 사회국가적인 보호대상이 된다는 점이 중요하다. 성인범죄의 대책과 달리 개별사안에서 적극적 소년보호정책이 우선하는 것이며, 법치국가적 정형화에 따라 그에 대한 한계표지가 형성된다. 구체적으로 현행법의 소년보호는 다음 원칙에 따른다. 2

---

1) 이 점은 정희철, 소년형법과 교육사상, 98면 이하 참고.
2) 이러한 상황에 대해서는 Schaffstein/Beulke, Jugendstrafrecht, 35면 이하; Kaiser/Schöch, Kriminologie, Jugendstrafrecht, Strafvollzug, § 15 Rn. 7 이하; 소년법원운동의 역사는 Kubink/Michael, Strafen und ihre Alternativen im zeitlichen Wandel, 131면 이하, 188면 이하, 353면 이하 참고.
3) Ostendorf, Jugendgerichtsgesetz, § 17 Rn 10 이하.
4) 이 경향에 관해서는 Kaiser, Internationale Tendenzen der Jugendkriminalität und des Jugendkriminalrechts, 5면 이하, 28면 이하.

1. 인격주의

3 인격주의는 소년보호를 위해 개별소년의 행위원인에 놓인 개성과 환경을 중시해야 한다는 것이다. 소년보호절차는 사법기능과 교육기능을 동시에 수행해야 하기 때문에 객관적으로 드러난 비행사실만 인식하는 데 그쳐서는 안 된다. 반드시 행위자인 소년의 인격을 존중하면서, 그와 관련된 개인적 특성을 낱낱이 고려할 수 있어야 한다. 소년법 제1조 "반사회성 있는 소년에 대해 … 성행의 교정에 관한 보호처분을 행하고 … 건전한 육성을 기함을 목적으로 한다"는 규정과 소년에 대한 사법개별화를 선언하고 있는 같은 법 제4조 ①항은 인격주의를 구체화한 것으로 볼 수 있다.

2. 예방주의

4 예방주의는 행위에 대한 응징으로서 처벌이 아니라 범법행위를 저지른 소년이 더 이상 규범을 위반하지 않도록 하고, 장차 죄를 범할 우려가 있는 우범소년이 범죄에 빠지지 않도록 하는 데 소년법의 목적을 두어야 한다는 뜻이다. 소년법 제4조 ①항 제3호는 범죄를 저지르지 않았더라도 집단으로 몰려다니며 주위 사람들에게 불안감을 조성하는 성향이 있거나, 정당한 이유 없이 가출하거나, 술을 마시고 소란을 피우거나 유해환경에 접하는 습관이 있는 소년, 성격이나 환경에 비추어 장래 형벌법령에 저촉되는 행위를 할 우려가 있는 우범소년을 규정하고 있다. 이러한 우범소년에 대한 법의 태도는 형벌권을 확장하고 있는 것이 아니라, 소년법이 예측을 토대로 한 범죄예방의 수단임을 뜻하는 것이다.

3. 개별주의

5 개별주의는 소년사법과 소년보호조치를 취할 때 언제나 개개 소년을 단위로 한 독자적 사건으로 취급해야 한다는 뜻이다. 각 소년은 서로 다른 개성을 가지고 있으며, 다른 환경 속에서 범죄를 저지른다, 그렇기에 '범죄현상'을 줄인다는 취지로 일반화·보편화된 대상으로 취급하면 안 된다. 소년사건을 조사할 때부터 해당 소년 특유의 성격과 환경을 최대한 면밀히 조사해야 한다. 사법이나 보호절차에서는 개별성향에 따라 구별되는 보호와 처우를 통해 장차 사회에 적응시킬 수 있는 최선의 방법을 찾아주어야 한다. 전문지식을 활용하여 소년과 보호자 또는 참

고인의 품행·경력·가정상황 그 밖의 환경 등을 밝히는 조사에 힘쓰도록 규정한 것(소년법 제9조)도 개별주의를 구체화한 것이다.

4. 과학주의

예방주의와 개별주의를 추구하기 위해서는 반드시 각 소년의 성향 및 범죄환경에 대한 연구와, 소년범죄자에게 어떤 종류의 형벌을 어느 정도 부과하는 것이 적당한가에 대한 과학적인 분석·검토가 필요하다. 이를 바탕으로 소년을 교육하고 보호하는 데 적합한 대책을 전문가의 의견을 들어 결정해야 한다. 범죄환경에 대한 연구를 위해 의학·심리학·교육학·사회학 기타 전문지식을 활용할 것을 규정한 소년법 제9조도 과학주의를 표현하고 있다. 소년법은 여기에 그치지 않고 "소년부는 조사 또는 심리를 함에 있어서 정신과의사·심리학자·사회사업가·교육자 기타 전문가의 진단 및 소년분류심사원의 분류심사결과와 의견을 참작하여야 한다"는 규정(제12조)을 두고 있다. 6

5. 교육주의

교육주의를 관철할 목적으로 소년법은 반사회성이 있는 소년의 건전한 육성을 위한 환경조성과 성행의 교정에 필요한 보호처분을 행하고, 형사처분을 할 때 특별한 조치를 취해야 한다는 것을 제1조에 명시하고 있다. 소년범죄자에 대해서는 처벌이 주된 대응수단이 되어서는 안 된다. 교육과 치료를 통한 개선이 우선적으로 고려되어야 하며, 그것이 불가능하거나 비례적이지 않은 것으로 증명된 때에 한해서 처벌방식을 이용해야 한다. 7

6. 협력주의

협력주의는 효율적으로 소년을 보호하기 위해 국가는 물론 가족과 학교를 비롯한 민간이 협력해야 한다는 것이다. 사법기관은 소년정책에 따라 각종 보호조치를 강제할 수 있는 권한을 행사할 수 있다. 반면에 소년의 보호자를 포함한 사인은 소년의 개별적인 성격과 환경을 더 잘 알 수 있으므로 개별 인격을 존중하는 가운데 구체적인 조치를 행사하도록 도울 수 있다. 양자의 장점을 서로 보완시킬 수 있는 협력관계를 유지하는 것이 중요하다. 8

7. 밀행주의

9 소년을 사회생활에 적응시키기 위해서 당사자를 다른 사람들에게 노출시키지 않아야 한다. 만일 개별 소년의 비행과 신상이 노출되면 사회로부터 범죄자로서 낙인찍히게 되며, 이는 소년의 개선에 큰 장애가 된다. 비행사실이 알려지면 소년 스스로 희망을 포기함으로써 성인범죄자가 될 가능성이 커진다. 밀행주의는 소년의 인권보장을 위해서 뿐만 아니라 재범방지를 위해서 필수적인 이념이다. 이에 따라 소년법 제68조 ①항도 조사 또는 심리 중에 있는 보호사건 또는 형사사건에 대해 성명, 연령, 직업, 용모 등에 의해 그 자가 당해 본인으로 미루어 짐작할 수 있는 정도의 사실이나 사진을 신문 기타 출판물에 게재 또는 방송할 수 없다고 규정하고 있다.

제 3 절 소년범죄의 처리방법

[89] 소년사건 처리절차 개요

1. 보호사건과 형사사건

1 '소년보호사건'과 '소년형사사건'은 이원적 구조를 형성한다. 소년보호사건은 가정법원 소년부나 지방법원 소년부에서, 소년형사사건은 일반형사사건과 동일하게 처리한다. 이에 관련된 부수기관으로는 소년분류심사원, 소년원,[1] 소년교도소, 청소년비행예방센터가 있다. 소년분류심사원은 소년부로부터 위탁된 소년(위탁소년) 등을 수용하여 분류심사를 하기 위하여 설치된 기관이다.

2 형사사법기관과 소년 관련기관들이 연계된 소년심판절차를 도표로 나타내면 다음과 같다.[2]

---

1) 소년원은 전국에 10개소(서울, 부산, 대구, 광주, 전주, 대전, 청주, 안양, 춘천, 제주)가 설치되어 있고, 명칭은 기능별로 학교명을 쓰고 있다. 이 가운데 대전소년원은 의료재활처우 소년원으로 지정되어 있다.

2) 법원실무제요(소년), 5면.

▌소년심판절차▌

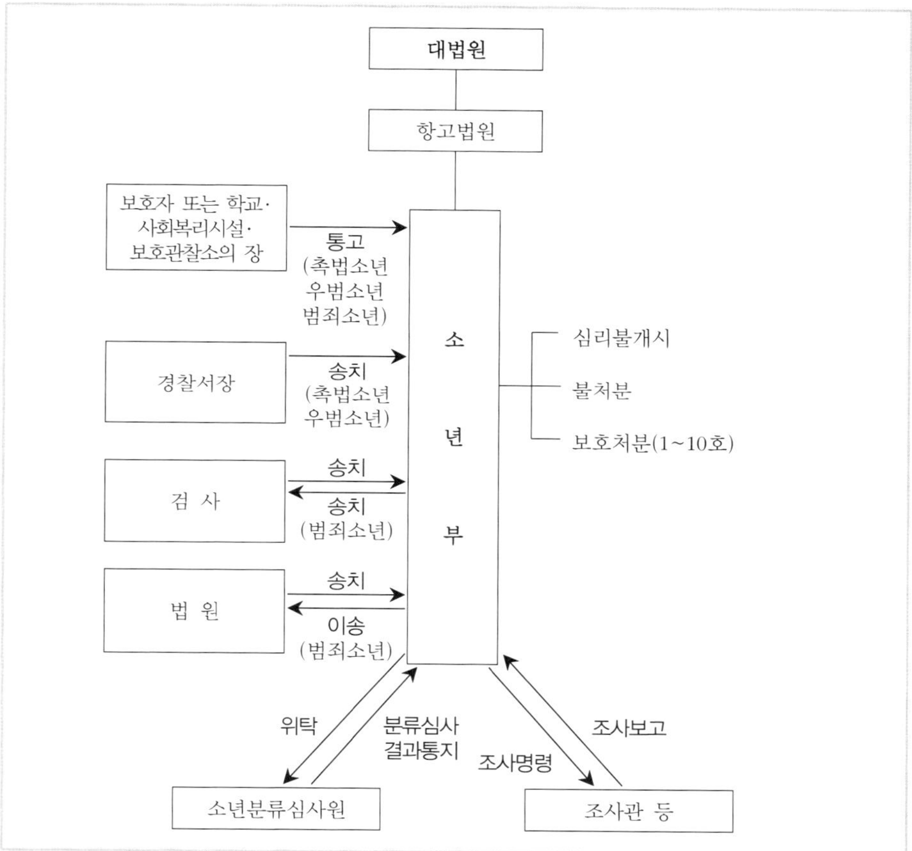

2. 교육기관과 사법기관

위의 기관 가운데 특히 소년원은 국가가 소년들의 보호자가 되어 인성교육 등 생활지도와 특성화교육, 초·중등교육 및 직업능력개발훈련, 의료처우 등을 실시하기 위해 설치한 교육기관이다. 형사처분을 집행하는 소년교도소와 성격이 다르다. 소년원과 소년교도소의 차이점은 아래와 같다.1) 3

1) 법원실무제요(소년), 71면.

▌소년원과 소년교도소의 비교▐

구 분	소 년 원	소년교도소
적용법률	소년법, 보호소년 등의 처우에 관한 법률	형법, 형사소송법, 형의 집행 및 수용자의 처우에 관한 법률
처 분 청	가정법원 또는 지방법원 소년부	형사법원
처분종류	보호처분(1~10호 처분)	생명형, 자유형, 재산형, 명예형
시 설	10개 소년원(2개 여자소년원)	1개 소년교도소(여자소년은 청주여자교도소에 수용)
수용대상	범죄소년, 촉법소년, 우범소년	범죄소년
수용기간	2년을 초과하지 못함	선고에 의한 자유형 집행기간
사회복귀	• 퇴원: 교정목적을 달하였다고 인정할 때 • 임시퇴원: 교정성적이 양호하고 보호관찰의 필요성이 있다고 인정될 때	• 석방: 형기종료 시 • 가석방: 행상이 양호하여 개전의 정이 현저한 때
신분제한	장래 신상에 어떠한 영향도 미치지 않음(소년법 제32조)	• 법에서 정한 복권기한이 지나야 허용 • 범죄수사, 누범 여부, 자격제한 등을 위해 형이 확정되면 수형인명부에 기재·관리(전과기록)

[90] 소년보호처분

1. 보호처분의 의의

1 보호처분의 대상은 죄를 범한 소년이나 형벌법령에 저촉되는 행위를 한 10세 이상 14세 미만의 소년 또는 집단적으로 몰려다니며 주위 사람들에게 불안감을 조성하는 습관이 있거나, 정당한 이유 없이 가출하는 소년, 또는 술을 마시고 소란을 피우거나 유해환경에 접하는 성향이 있고 장래 형벌법령에 저촉되는 행위를 할 우려가 있는 10세 이상의 소년이다. 보호처분은 이들 소년의 환경조정 또는 성행교정에 필요한 처분을 말한다. 보호처분은 비행에 대한 책임을 묻는 수단이 아니라 소년의 범죄가능성을 미리 예측하고 차단하기 위한 예방수단이다. 성인범죄자에 대한 조치와 구별되는 소년정책의 특징은 이 보호처분에서 분명히 드러난다.

2. 보호처분절차

(1) 송 치

보호조치 대상이 되는 소년은 관할소년부에 송치되어 심리를 받는다. 여기서 보호소년이 범죄소년인가, 우범소년인가, 촉법소년인가에 따른 차이가 있다. 범죄소년의 경우에는 검사와 법원이 사건을 가정법원 또는 지방법원의 소년부에 송치할 수도 있다. 검사는 소년에 대한 피의사건을 수사한 결과 보호처분에 해당하는 사유가 있다고 인정한 때에 사건을 관할소년부에 송치한다. 검사는 자신의 판단에 따라 소년과 관련된 피의사건에 대해 불기소처분을 하거나, 소년보호사건 또는 형사사건으로 처리할 수 있는 권한을 갖고 있다[검사선의주의先義主義 또는 검사선심주의先審主義]. 법원은 소년에 대한 피고사건을 심리한 결과 보호처분에 해당할 사유가 있다고 인정한 때에는 사건을 관할소년부에 송치하여야 한다. 2

(2) 소년분류심사

개별주의에 따라 소년에 대한 조치는 해당 소년에 대한 분류심사를 필요로 한다. 검사 또는 법원소년부는 소년에게 적합한 처분을 결정하기 위하여 전문조사기관인 소년보호기관에 조사를 의뢰하고, 조사를 담당한 소년보호기관에서 소년의 특성을 개별적·과학적으로 분석하도록 하여야 한다. 이를 소년분류심사라고 한다. 여기에는 의학·심리학·교육학·사회학 기타 전문지식인이 참여하며 보호자 또는 참고인의 도움을 받아 소년의 성행·경력·가정상황 및 그 밖의 환경 등을 밝히는 작업을 하게 된다. 소년부는 이러한 전문가의 진단 및 소년분류심사원의 분류심사 결과와 의견, 보호관찰소의 조사결과와 의견 등을 고려해야 한다. 3

소년분류심사원은 소년을 수용하여 소년을 분류심사하고, 그 결과를 소년법원에 보내 재판자료로 사용하게 하는 기관이다. 과학적 분류심사를 위해 여러 영역의 전문지식을 활용할 수 있으며, 면접, 심리검사, 정신의학적 진단, 행동관찰, 생활사 및 환경자료 분석 등의 조사방법을 이용한다. 4

수용분류심사란 소년의 신체·소질·환경·학력 및 이들의 상호관계를 밝혀 소년의 개선조치를 마련하기 위한 절차이다. 여기서도 전문적 지식과 기술을 활용한다. 분류심사는 사용하는 조사방법에 따라 일반분류심사와 특수분류심사로 구분된다. **일반분류심사**는 위탁된 보호소년 중 비행내용이 비교적 가벼운 소년을 대상으로 면접, 의학적 진찰, 표준화검사, 자기기록(글쓰기) 및 행동관찰 등을 활 5

용한다. **특수분류심사**는 일반분류심사 결과 비행내용이 중대한 경우에 소년에 대해 개별적 검사나 정신의학적 진단, 자료조회 및 현지조사 등을 실시하여 진단하는 방법이다.

(3) 화해권고제도

6 소년부판사는 소년에게 피해를 변상하고 피해자와 화해할 것을 권고할 수 있다. 소년법에 화해권고제도를 도입한 이유는 피해자보호라는 측면도 있지만, 피해자와 화해하고 조정하는 과정 중에 소년이 개선되는 효과도 있기 때문이다. 화해권고제도를 회복적 사법(restorative justice)의 한 방법으로 보는 입장이 있다. 반면에 법원의 심판단계에서 화해권고만을 인정하고 있고, 피해자와의 대화가 소년에게 강제되는 측면이 있다는 점에서 진정한 의미의 회복적 사법이 아니라는 반론도 있다.[1)] 견해차이는 회복적 사법을 당사자의 자발적 참여에 의한 비정형적 회복절차로 보는지, 아니면 회복지향의 형사사법절차로 보는지에 따라 다르다. 현행 화해권고제도는 피해의 회복과 자율적 참여의 절차가 보장되어 있다는 점에서 넓은 의미의 회복적 사법 프로그램으로 볼 수 있을 것이다.

(4) 결 정

7 소년부는 조사·심리 결과 금고 이상의 형에 해당하는 범죄사실이 발견되고 형사처분필요성이 인정된 때에는 사건을 관할지방법원에 대응한 검찰청의 검사에게 송치하여야 한다. 보호소년을 이송받은 검사가 그 피의사건을 조사한 결과, 벌금 이하의 형에 해당하는 범죄 또는 형사처분의 사유가 있다고 인정한 때에는 해당 사건을 다시 관할소년부에 송치한다. 사건을 다시 송치받은 소년부가 심리결과 금고 이상의 형사처분을 할 필요가 있다고 인정한 때에는 검찰청검사에게 송치할 수 있다[역송逆送]. 소년보호사건을 조사·심리한 소년부판사가 위와 같이 이송 또는 송검할 필요가 없다고 결정한 때에는 보호사건처분 여부에 대한 결정을 해야 한다. 심리결과 보호처분이 필요한 것으로 인정되면 보호처분결정을 내려야 하고, 보호처분을 할 수 없거나 할 필요가 없다고 인정되는 때에는 불처분결정을 내린다.

---

1) 회복적 사법 및 화해권고제도에 관해 상세한 것은 선의종, 소년법상 화해권고제도의 실질적 운영방안, 641면 이하; 정희철, 소년법상 화해권고제도의 운영방안과 문제점, 94면 이하.

3. 보호처분의 내용

소년부판사는 보호소년에 대한 분류심사결과와 의견을 참작한 심리에 따라 보호처분필요성이 인정된 때에는 보호처분을 한다. 소년법 제32조 ①항에 규정된 보호처분의 종류는 보호자 또는 보호자를 대신하여 소년을 보호할 수 있는 자에게 감호 위탁, 수강명령, 사회봉사명령, 보호관찰, 아동복지시설이나 그 밖의 소년보호시설에 감호위탁, 병원, 요양소 또는 소년의료보호시설에 위탁, 소년원송치 등이다. 보호소년이 일단 위와 같은 보호처분을 받게 되면, 그 사건에 대해서 다시 공소를 제기할 수 없고 소년부에 다시 송치할 수도 없다[일사부재리]. 8

[91] 소년형사처분

1. 소년형사사건의 심리와 절차

현행법은 보호처분 이외에 형사처분을 규정하고 있다. 형사처분은 형법에 위 1
반되는 행위를 한 14세 이상 19세 미만의 소년에게 부과되는 처분이다. 소년법에 특별한 규정이 없는 경우에는 일반 형사사건과 마찬가지로 진행한다. 그러나 소년을 대상으로 하기 때문에 특별규정으로 그 내용과 절차에 예외를 인정하고 있다. 소년이 사회적으로 완전히 성숙한 사람이 아니어서 범죄유혹에 빠지기 쉽지만, 또한 그만큼 쉽게 개선될 수 있다는 점을 고려한 것이다.

검사는 소년에 대한 피의사건을 수사한 결과 보호처분에 해당하는 사유가 있 2
다고 인정할 때에는 사건을 관할 소년부에 송치하여야 한다. 소년부는 송치된 사건을 조사심리한 결과 금고 이상의 형사처분을 할 필요가 있다고 인정할 때에는 해당 검찰청 검사에게 송치할 수 있고, 검사에게 송치한 사건은 다시 소년부에 송치할 수 없다.

검사는 소년에 대해 선도조건부 기소유예를 할 수 있다. 이는 예방기능을 강 3
화하고, 단기자유형의 폐해를 줄이면서, 소년에 대한 낙인효과를 없애 효과적으로 사회에 복귀할 수 있도록 하는 것이다. 그러나 법관에 의한 사법심사 없이 행정처분의 형태로 사실상 보호처분을 과할 수 있게 한 것은 비판의 여지가 있다.

2. 소년형사사법의 특칙

(1) 형사절차상 특칙

4 형사절차 면에서 소년형사사건과 성인형사사건은 크게 다르지 않다. 다만 소년법의 특성상 세부적으로 몇 가지 절차적 특칙이 있다. '소년형사사건의 심리는 친절하고 온화하게 하여야 한다'는 규정과, '심리를 할 때 소년의 심신상태·성행·경력·가정상황, 그 밖의 환경 등에 대해 정확한 사실을 규명하는 데 특별히 유의해야 한다'는 선언적 규정도 있다. 소년에 대한 구속영장은 부득이한 경우가 아니면 발부할 수 없고, 예외적으로 구속될 때에도 원칙적으로 다른 피의자·피고인과 분리 수용한다. 소년형사사건은 필요적 변론사건이므로 반드시 변호인의 도움을 받도록 해야 한다. 소년에 대한 형사사건이 다른 피의사건과 관련된 경우에는 그것과 분리하여 심리하는 것이 원칙이다.

(2) 재판상 특칙

5 18세 미만인 소년에 대해 사형이나 무기징역이 필요하더라도 15년 유기징역으로 해야 한다. 다만 특정강력범죄의 처벌에 관한 특례법에는 20년 유기징역으로 할 수 있는 예외가 있다. 성인범죄자에 대해 사형을 폐지할지 여부가 논란이 되고 있고, 실제로 성인범죄자에게도 무기징역 선고는 극히 예외적인 상황이므로 이 특칙의 현실적인 의미는 크지 않다.[1)]

6 소년에 대해서는 상대적 부정기형을 선고할 수 있다. 법정형으로 장기 2년 이상 유기형에 해당하는 죄를 범한 경우에는 그 형의 범위에서 장기와 단기를 정하여 선고하는 방법이다. 소년수형자의 개선 정도에 따라 형기를 조정하여 개선을 극대화하기 위한 방식이다. 18세 미만인 소년에게는 환형처분換刑處分을 선고하지 못한다. 경제적 능력이 없는 소년범죄자에 대해 벌금 또는 과료를 선고하는 것 자체가 곧 노역장유치의 선고와 같은 의미를 가질 것이기 때문이다. 부모 등 다른 사람이 대신 벌금을 납부하도록 하면 형벌의 일신전속적 본질에 어긋난다. 장차 소년범에 대한 벌금형은 폐지하는 것이 바람직하다.[2)]

(3) 행형상 특칙

7 소년은 특별히 설치된 소년교도소 또는 일반교도소 안에 분리된 장소에서 형

1) 배종대, 형법의 목적과 소년형벌의 효율성검토, 24면.
2) 자세한 것은 배종대, 앞의 논문, 28면.

을 집행한다. 소년이 형집행 중에 23세가 되면 일반교도소로 옮길 수 있다. 소년범의 가석방조건은 성인범죄자에 비해 완화된다. 소년수형자의 경우 무기형은 5년, 15년의 유기형은 3년, 부정기형은 단기의 3분의 1이 경과하면 가석방의 대상이 될 수 있다. 성인범죄자는 가석방처분이 취소 또는 실효되지 않고 가석방기간이 경과함으로써 형의 집행이 종료된 것으로 간주되지만, 소년범죄자는 가석방처분이 취소되지 않고 가석방 전의 형벌집행기간과 동일한 기간이 경과함으로써 형의 집행이 종료된 것으로 본다.

【주요 참고문헌】

[국내문헌]

강구진, 사형폐지이론과 실제, 고시계. 1980. 4.

강동범, 재산형의 문제와 개선방향 - 벌금형을 중심으로 -, 형사정책 5, 1990

강소영, 가족폭력노출경험이 소년비행에 미치는 영향: 방임의 매개효과를 중심으로, 한국범죄심리연구 8-1, 2012

경찰백서 2013, 2014, 2015, 2016, 2017

경찰청, 경찰범죄통계 2015, 2016, 2017

곽한영, 국민참여재판, 어떻게 가르칠 것인가, 법교육연구 3-2, 2008

구길모, 형법의 적용범위에 관한 고찰 - 해외원정도박에 대한 속인주의 적용 논의를 중심으로 -, 안암법학 49, 2016

김기두, 한국소년범죄연구, 1967

김대성, 국민의 형사재판 참여, 법학연구(충북대 법학연구소) 19-1, 2008

김대성, 영국에서의 형사배심재판사건의 축소화, 형사정책연구 18-4, 2007

김병수, 형법상 정당한 사유로서 양심에 근거한 병역거부와 대체복무제도의 방향, 비교형사법연구 20, 2018

김병수, 유무죄판단과 양형심리의 분리를 통한 공정한 국민참여재판의 실현, 형사법연구 27-1, 2015

김선복, 사회보호법상 보호감호의 문제점, 비교형사법연구 5(2-1), 2003

김성돈, 형사법상 회복적 사법의 가능성과 과제, 21세기 형사사법개혁의 방향과 대국민 법률서비스 개선방안 II, 2004

김성언/노성호, 청소년범죄 추세분석: 1966-1998, 1999

김성은, 독일의 기소유예와 법원동의제도, 안암법학 29, 2009

김성진, 미국의 범죄피해자 보호대책에 관한 고찰, 법과정책연구 5, 2005

김성진, 미국에서의 아동성범죄에 대한 형사법적 대응: 아동음란물의 규제입법 및 인터넷상 함정수사를 중심으로, 중앙법학 15-1, 2013

김성진, 전자장치부착제도의 법적 문제점, 중앙법학 13-4, 2011

김성진, 회복적 사법에서 형사조정의 의미, 중앙법학 11-3, 2009

김성진, 피해자학과 범죄피해자 보증대책, 중앙법학 8-4, 2006

김영환, 자유주의적 법치국가. 한국에서의 법철학과 형법, 2018

김용효, 국민참여재판제도의 효과적 정착을 위한 입법적 제언, 원광법학 30-2, 2014

김용효, 아동 청소년의 폭력범죄 현황 및 개선방안, 동북아법연구 6-2, 2012

김일수, 국가형벌권의 정당화문제, 법치국가와 형법(김일수/배종대 편), 1998

김일수, 법조윤리교육의 철학적 기초, 고려법학 53, 2009

김일수, 전환기의 형사정책. 패러독스의 미학, 2012

김일수, 체계적 범죄론에 관한 방법론적 일고찰, 고려대학교 법학논집 21, 1983

김일수, 한국형법 I, 1996

김일수/배종대/이상돈, 정보화사회에 대비한 형사법적 대응, 비교형사법연구 3-2, 2001

김잔디, 국민참여재판에서 배심원의 권한과 의무, 법교육연구 3-2, 2008

김재중, 배심원평결의 실효성 확보방안, 한양법학 20-3, 2009

김종구, 의무적 양형제도에 관한 고찰, 형사정책 20-2, 2008
김준호/노성호, 청소년비행의 발전단계에 대한 고찰, 형사정책연구 2-3, 1991
김준호/이동원, 한국의 청소년 비행척도 개발에 관한 연구, 1995
김창군, 비범죄화의 실현방안, 형사정책 8, 1996
김택민, 중국고대형법, 2002
김현철/박경철/박진영/홍영기, 형벌규정에 대한 위헌결정의 시적 효력에 관한 연구, 헌법재판연구 24, 2013
김형준/김숙희, 국민참여재판제도의 운영상 문제점과 개선방향, 법학논문집(중앙대 법학연구소) 33-1, 2009
노명선/이완규, 형사소송법, 2017
노 자, 道德經 (노태준 역해, 도덕경, 1998)
도중진/박광섭, 형사사법절차에의 범죄피해자 참여제도 실효화방안, 피해자학연구 21-2, 2013
류전철, 형사소송에서 유죄협상제도(Plea Bargaining)의 도입 가능성, 비교형사법연구 7-1, 2005
박강우, 사회변화와 형사입법의 정당화조건: 형법의 기능화의 문제와 형법각칙과 형사특별법의 개정방향, 형사법연구 24-3, 2012
박강우, 푸코의 형벌론과 형사정책적 함의, 형사정책연구 20-1, 2009
박노섭, 유죄협상제도 도입 가능성에 대한 연구, 형사법연구 20-1, 2008
박달현, 법질서의 통일성과 형법의 독자성에 관한 연구, 비교형사법연구 19-1, 2017
박달현, 수형자 또는 수용자의 신죄에 대한 형의 선고와 집행, 비교형사법연구 18-4, 2016
박달현, 보충성원칙, 법치국가와 형법(김일수/배종대 편), 1998
박달현, 보충성의 원칙과 친고죄의 본질, 비교형사법연구 3-1, 2001
박달현, 형법 및 형사특별법상 '징역과 벌금의 병과'에 관한 연구, 형사정책 25-1, 2013
박달현, 형법상 보충성원칙에 관한 연구, 고려대학교 박사학위논문, 1997
박미숙, 국민사법참여재판제도의 의의와 과제, 형사정책연구소식 108, 2008
박상기, 독일형법사, 1993
박상민, 범행 동기에 따른 가중처벌의 문제점 - 혐오범죄를 예로 하여 -, 형사정책 29-3, 2017
박세일, 법경제학, 1994
박용규, 한국신문 범죄보도의 역사적 변천에 관한 연구, 한국언론학보 45-2, 2001
박은정, 현대의 사회문제와 법철학, 1994
박정훈, 형사절차상 협상에 관한 연구, 고려대학교 박사학위논문, 2012
박학모, 보안처분제도의 재구성을 위한 성찰과 제언, 보호관찰 14-1, 2014
박형민 외, 코로나19 대유행 이후 범죄 양상의 변화, 한국형사정책연구원 연구총서, 2021
배종대, '특별'형법을 '보통'형법으로 만들기, 형사정책 18-1, 2006
배종대, 교과서 범죄에 대하여, 고시연구 153, 1986
배종대, 낙태에 대한 형법정책, 고려법학 50, 2008
배종대, 다시 한번 국가보안법을 말한다, 법과사회 4, 1991
배종대, 마약범죄와 인간의 존엄, 안암법학 4, 1996
배종대, 모자 보건법의 근본 문제와 인간의 존엄성, 사목(천주교중앙협의회) 181, 1994
배종대, 범죄정상이론, 고려대학교 법학논집 35, 1999
배종대, 법이론이란 무엇인가?, 고려대학교 법학논집 25, 1987
배종대, 법인의 범죄능력, 고시연구 210, 1991

배종대, 보안처분과 비례성원칙, 법치국가와 형법(김일수/배종대 편), 1998
배종대, 사회안전법 및 보안관찰법에 관한 비판적 고찰, 법과사회 창간호, 1989
배종대, 세계화와 한국형법의 정체성, 저스티스 92, 2006
배종대, 세종의 형법사상, 고려법학 59, 2010
배종대, 우리 법학의 나아갈 길 - 형법학을 중심으로 -, 법과사회 창간호, 1989
배종대, 정치형법의 이론, 고려대학교 법학논집 제26집, 1991
배종대, 한국 형사제재의 주요 쟁점, 비교형사법연구 6-2, 2004
배종대, 현행 보안처분법의 문제점과 개선점, 형사정책 3, 1988
배종대, 현행 사회보호법의 위헌성에 관한 고찰, 인권과정의 152, 1991
배종대, 형벌과 보안처분에 있어서 재사회화목적의 문제점, 고시연구 1985. 11.
배종대, 형벌의 의미, 고시연구 200, 1990
배종대, 형법, 형벌, 양형 - 성매매특별법의 경우 -, 형사정책연구 17-4, 2006
배종대, 형법각론, 2018
배종대, 형법개정의 기본방향, 형사법연구 22, 2004
배종대, 형법의 목적과 소년형벌의 효율성검토, 청소년범죄연구 4, 1986
배종대, 형법총론, 2017
배종대, 형사실체법 개정의 기본방향: 인간상을 중심으로, 형사법개정연구자료집(법무부), 2008
배종대/정승환, 행형학, 2002
배종대/조성용, 시위형법의 형사정책: 선진 각국의 시위관련법을 중심으로, 고려법학 37, 2001
배종대/홍영기, 형사소송법, 2018
백형구, 범죄피해자의 보호, 범죄피해자와 인권(한국법학원 법률학 심포지엄 자료), 1994
범죄백서 2014, 2015, 2016, 2017
법무부/국정홍보처, 국민 법의식 실태 조사연구, 2007
법원행정처, 국민참여재판의 이해, 2008
변종필, 사면의 법리와 사면권행사의 법치국가적 한계, 형사법연구 12, 1999
변종필, 형사소송에서 진실개념, 고려대학교 박사학위논문, 1996
사법연감 2014, 2015, 2016, 2017
서보학, 집행유예제도: 일반론적 비판과 대안, 형사정책 13-1, 2001
선의종, 소년법상 화해권고제도의 실질적 운영방안, 가사재판연구 II, 서울가정법원, 2011
손동권, 사형폐지론에 대한 비판적 검토, 김일수교수화갑기념논문집, 2006
손동권/신이철, 형사소송법, 2016
손장원 외 편저, 미드의 사회심리학, 1994
손해목, 사형제도론, 고시연구, 1983. 11/12.
송광섭, 범죄학과 형사정책, 1999
송광섭, 현행 형벌제도의 문제점과 그 개선방안, 차용석화갑논문집 상, 1994
송재룡, '차별적 과시 문화'의 폭력성: 부르디외의 사회이론에 기대어, 사회이론 2012-12, 63면 이하
승재현, 공인탐정 또는 민간조사제도의 실행방안 연구, 2017
신동일, 간통죄, 안암법학 9, 1999
신의기/박경래/정영오/박현호/홍경구/김걸, 범죄예방을 위한 환경설계(CPTED)의 제도화 방안, 2008
신진규, 범죄학 겸 형사정책, 1995
신한미, 소년보호재판의 새로운 시도, 아세아여성법학 14, 2011

신혜수, 가정폭력의 실태 및 방지법제정의 필요성, 시민과 변호사, 1996.7.
심영희, 비판범죄론, 1990
심재우 편역, 책임형법론 – 형법상의 책임원칙에 관한 논쟁 –, 1995
심재우, T. Hobbes의 죄형법정주의사상과 목적형사상, 고려대학교 법률행정논집 17, 1979
심희기, 시민의 관점에서 본 국민참여재판의 현황과 전망, 한국사회학회 사회학대회논문집(한국사회학회) 2009–2
안경환/한인섭, 배심제와 시민의 사법참여, 2005
안나현, 중형주의적 형벌정책에 관한 비판적 연구, 법학논총(조선대학교) 23–1, 2016
양문승, 현행 소년법의 문제점 및 개선방안, 경찰학논총 13–1, 2018
양문승, 경찰의 과학치안활동 현황 및 전망, 한국경찰연구 16, 2017
양문승, 방범용 cctv의 통합형 표준가이드라인의 중요도 및 우선순위 분석에 관한 연구, 경찰학논총 11–3, 2016
양문승, 다문화가정 범죄지표 개발에 관한 연구, 한국공안행정학회보 20–3, 2011
양삼승, 미국 형사사법의 실태, 대한변협신문 제404호, 2012. 6. 25.
오선주, 소년심판과 소년보호, 청주대학교 법학논집 7, 1993
오영근, 보호관찰제도의 활성화 방안, 형사정책 1, 1986
오영근, 사형존폐의 역사적 고찰, 사형제도의 이론과 실제(국제사면위원회 한국연락위원회 편), 1989
오오사와 히데유키 외 편 (김혁/장응혁/서정범 역), 사회안전과 법, 2016
원형식/김진모, 형사법에 있어서 원상회복, 비교형사법연구 6–1, 2004
윤동호, 형사절차와 협상, 2003
윤영철, 법치국가에서의 안전지향형법에 대한 비판적 고찰, 원광법학 34–1, 2018
윤영철, 형법의 목적으로서 자유보장원칙에 관한 고찰, 아주법학 8–4, 2015
윤영철, 한국형법의 최근 형법강화입법경향에 대한 비판적 고찰, 법학논총(조선대학교) 21–3, 2014
윤영철, 형사법의 지도이념으로서의 '사회적 관용', 법학논총, 2011
윤일구, 고대법의 기원 함무라비 법전, 2015
윤재왕, 형벌과 도덕 – 칸트와 예방이론 –, 안암법학 40, 2013
윤종행, 우리나라에서 유죄협상제도의 현실적 도입방안, 법학연구(전북대학교) 51, 2017
윤지영/이천현/최민영/윤재왕/전지연, 법과학을 적용한 형사사법의 선진화 방안 (IV), 2013
이근우, 검경수사지휘 논의에서 잊힌 문제 – 특별사법경찰관리에 대한 수사지휘, 형사정책 30, 2018
이근우, 다중인명피해범죄에 대한 법무부 안에 대한 비판적 검토, 가천법학 2016–12
이근우, 법률의 품격 – 경범죄처벌법에 대한 비판적 제언 –, 비교형사법연구 15–2, 2013
이근우, 우리나라 범죄보도의 문제점, 가천법학 5–3, 2012
이금옥, 국민참여재판의 시행상의 문제점과 개선방안, 공법학연구 9–4, 2010
이기헌/최석윤, 양형에서 피해자의 의미, 형사정책연구 7–2, 1996
이덕인, 시민 참여에 의한 검찰 공소권한의 통제, 동북아법연구(전북대학교) 6–3, 2013
이무선, 강력범죄피의자의 얼굴(신상)공개의 정당성 여부, 법학연구(한국법학회) 39, 2010
이병기 외, 소년범의 재범예측에 관한 연구, 한국형사정책연구원 1994
이병기, 강력범죄의 양형, 형사정책연구 5–4, 1994
이병기/노성호, 소년범 재범예측에 관한 연구, 1993
이상돈, 기초법학, 2008
이상돈, 법의 깊이, 2018

이상돈, 법익보호원칙: 근대형법의 신화인가 이성인가?, 형사정책연구 5-1, 1994
이상돈, 죄형법정주의의 현대적 의의, 법치국가와 형법(김일수/배종대 편), 1998
이상돈, 형사소송원론. 형사소송의 근대성과 대화이론, 1998
이상현, 범죄심리학, 2004
이성용 외, 비교경찰론, 2015
이소영, "건전사회"와 그 적들: 1960-80년대 부랑인단속의 생명정치, 법과사회 51, 2016
이원상, 인공지능 대응에 있어 형사법 이론의 한계, 형사법의 신동향 59, 2018
이원상, 수사절차에서 1차 수사종결권에 대한 고찰, 형사정책 30, 2018
이원상, 스위스 형사사법개혁 취지를 통해 살펴본 한국의 검찰개혁, 비교형사법연구 19, 2017
이원상, 4차 산업혁명에 있어 형법의 도전과제, 법학논총(조선대학교) 24-1, 2017
이원상, 수사절차에서 통신자료 활용에 따른 쟁점 고찰, 한국형사소송법학회 학술대회 논문집, 2015
이원상, 정보통신 관련 특별법에 대한 형사법적 고찰, 형사법의 신동향 49, 2015
이원상/이성식, 클라우드 컴퓨팅 환경에서의 사이버범죄와 대응방안 연구, 2012
이윤호, 형사정책, 1996
이은모, 현행 국민참여재판제도의 내용과 문제점, 법학논총(한양대학교) 26-1, 2009
이재상/조균석, 형사소송법, 2017
이주희, 「특정경제범죄가중처벌등에관한법률」에 관한 소고 - 존치의 타당성과 개선방안을 중심으로 -, 법과정책연구 15, 2015
이주희, 도시범죄의 발생현황 및 예방대책에 관한 소고 - 청주시의 5대 범죄를 중심으로 -, 한양법학 29-1, 2018
이주희, 일수벌금제도: 단기자유형의 대체수단, 한양법학 21, 2007
이준일, 헌법학강의, 2008
이진로, 한국 언론의 범죄 보도에 관한 연구, 한국언론학회, 2004
이찬엽, 공소권행사의 한계에 관한 소고, 홍익법학 11-1, 2010
이천현, 국민의 사법참여와 형사재판의 개선방향, 한국공안행정학회보 28, 2007
이황우, 경찰의 범죄예방활동, 형사정책연구 5-3, 1994
이황우/이상현 외, 형사정책, 1997
이훈구, 사회심리학, 1995
임석순, 피싱(phishing)에 대한 형법적 이해와 새로운 구성요건창설의 필요성, 안암법학 48, 2015
임석순, 형법상 인공지능의 책임귀속, 형사정책연구 27-4, 2016
임영철, 법관의 양형의식, 형사정책연구 20, 1994
임 웅, 정치형법의 비범죄화, 김종원화갑논문집, 1991
임준태, 경찰순찰활동의 범죄 억제적 효과 연구, 한국공안행정학회보 14, 2002
장국화 편 (윤진기 외 역), 중국법률사상사, 2003
장응혁, 형사절차상 피해자 진술 - 형사소송법 제294조의2와 일본형사소송법 제292조의2에 대한 비교를 중심으로 -, 경찰법연구 8-2, 2010
전현욱, 법익론의 한계와 비례성 원칙, 형사법연구 23-2, 2011
정봉휘, 일수벌금제도의 비교고찰, 형사법연구 4, 1991
정승환, '안전사회'와 수사절차, 형사정책연구 24-2, 2013
정승환, 공판중심주의의 이념과 공판절차의 현실, 고려법학 57, 2010
정승환, 보안처분과 소급효금지원칙(판례평석), 대한법률신문 496호, 2014. 5. 24.

정승환, 서구 행형의 역사와 한국의 행형, 형사정책연구 13-1, 2002
정승환, 폐지주의의 형사정책적 의미, 고려법학 55, 2009
정승환, 현행 형법에서 법정형의 정비방안, 형사법연구 23-4, 2011
정승환, 형벌의 불균형과 일수벌금제의 도입, 형사법의 신동향 37, 2012
정승환, 형사소추기관의 구조개혁과 수사기관의 일원화, 형사정책 24-2, 2012
정승환/신은영, 가석방의 사법처분화 방안 연구, 형사정책 23-2, 2011
정영석/신양균, 형사정책, 1997
정웅석, 배심원 선정절차에 관한 연구, 비교형사법연구 9-2, 2007
정웅석/최창호, 형사소송법, 2017
정은경, 한국의 연령의 따른 범죄율에 대하여, 형사정책연구 23-3, 2012
정희철, 선별적 형사소추와 법치국가형법, 고려대 석사학위논문, 1991
정희철, 소년법상 화해권고제도의 운영방안과 문제점, 소년보호연구 17, 2011
정희철, 소년형법과 교육사상, 고려대학교 박사학위논문, 2004
조 국, 유죄답변협상 도입의 필요성과 실현방안 -'자백감면절차' 신설을 위한 제언-, 저스티스 90, 2006
조규창, 로마형법, 1998
조성용, 미결구금일수 일부산입 위헌결정에 대한 평석, 형사정책연구 20-4, 2009
조성용, '성매매알선 등 행위의 처벌에 관한 법률'에 관한 헌법재판소 결정에 대한 비판적 검토, 형사정책연구 28-1, 2017
조준현, 형사소송에 있어서 기소협상제도의 가능성과 한계, 저스티스 140, 2014
지유미, 무죄추정원칙의 관점에서 국민참여 재판제도의 개선방안에 관한 연구 - 미국 배심재판에서 무죄추정원칙 실현기제와의 비교를 중심으로 -, 법학연구(충남대학교) 28-3, 2017
최석윤, 검사의 소송법상 지위와 검찰권의 독립, 법치국가와 형법(김일수/배종대 편), 1998
최석윤, 미국의 범죄피해자 보호·원조제도, 형사정책연구 9-3, 1998
최석윤, 보호관찰제도의 정비방안에 관한 일고찰, 형사정책연구 16-2, 2005
최석윤, 양형의 형벌이론적 기초와 합리화 방안, 고려대학교 박사학위논문, 1997
최종고, 법사상사, 1992
팽원순, 언론이 재판관은 아니다, 저널리즘비평 1-1, 1990
표성수, 영미 형사사법의 구조, 2004
하태훈, 매스컴을 이용한 피의자 공개수배의 형사소송법적 문제점과 개선방향, 안암법학 11, 2000
한병철, 피로사회, 2012
한상훈, 국민참여재판제도의 정착방안, 저스티스 106, 2008
한상훈, 미국배심제에서 배심원선정절차, 저스티스 94, 2006
허경미, 현대사회와 범죄학, 2013
홍승희, 국민참여재판법 개정안의 개선방안, 형사정책연구 99, 2014
홍영기, Nemo tenetur-원칙, 고려법학 66, 2012
홍영기, 과거사에 대한 법적 처리의 정당성과 가능한 대안, 법철학연구 10-2, 2007
홍영기, 국가권력의 한계, 어디에서 비롯되는가, 법철학연구 8-1, 2005
홍영기, 기능주의적 범죄이론 비판 - 개인의 권리보호를 위한 형사정책적 변론 -, 고려대학교 석사학위논문, 1996
홍영기, 기업 내 배임죄에서 의무위배 요건에 대한 독일판례 분석 - 특히 브레머불칸 사례를 중심으로 -, 안암법학 52, 2017
홍영기, 법개념요소의 법 비판 작용 - 법이념 간 우위관계 적용에 대한 비판 -, 법철학연구 8-2, 2005

홍영기, 법률해석의 허용과 한계, 법학연구(가톨릭대학교), 2008
홍영기, 법학논문작성법. 법학의 연구방법과 학문적인 글쓰기, 2016
홍영기, 시효이론의 역사적 전개와 그 평가, 법사학연구 37
홍영기, 알 권리와 모를 권리, 법의 딜레마(윤진수 외 편) 2020
홍영기, 일사부재리의 효력범위 - 즉결심판을 예로 하여 -, 저스티스 123, 2011
홍영기, 죄형법정주의의 근본적 의미, 형사법연구 24, 2005
홍영기, 형벌을 통한 규범신뢰의 강화 - 미완의 구상, 하쎄머의 적극적 일반예방 -, 고려법학 77, 2015
홍영기, 형법이 보호하는 명예 - 사실적시 명예훼손죄 비범죄화 논의와 관련하여 - , 헌법재판연구 7-2, 2020
홍영기, 형사소송법, 그 독자적 법 목적에 대한 이해, 저스티스 100, 2007
홍영오 외, 강력범죄의 재범률 및 재범예측에 대한 연구, 2012
황일호, 국민참여재판의 배심원에 대한 실증적 연구, 한양법학 21-1, 2010
황지태, 범죄피해율과 공식범죄발생률간의 비교분석 2008년도 주요범죄 암수추정, 형사정책연구, 2010

[외국문헌]

Abele/Stein, Alltagswissen, öffentliche Meinung über Kriminalität und soziale Kontrolle, KrimJ 1978
Akers/Sellers/Jennings, Criminological Theories, 7th. ed. (민수홍 외 역, 범죄학이론, 2017)
Albrecht, P.-A., Das Strafrecht im Zugriff populistischer Politik, StV 1995
Albrecht. P.-A., Jugendstrafrecht, 3. Aufl., 2000
Albrecht. P.-A., Kriminologie, 4. Aufl., 2010
Alexander, J., Twenty Lectures – Sociological Theory since World War II. (이윤희 역, 현대사회이론의 흐름, 1993)
Alexy, R., Begriff und Geltung des Rechts (이준일 역, 법의 개념과 효력, 2000)
Alternativ Kommentar zum Strafgesetzbuch I, Neuwied 1990
Ambos, K., Zum heutigen Verständnis von Akkusationsprinzip und -verfahren aus historischer Sicht, Jura 2008
Amelung, K., Rechtsgüterschutz und Schutz der Gesellschaft, 1972
Amelung, K., Rechtsgutsverletzung und Sozialschädlichkeit, in: Jung/Müller-Dietz/ Neumann (Hrsg.), Recht und Moral, Baden-Baden 1991
Ancel, M., La défense sociale nouvelle (이수성 외 역, 신사회방위론, 1985)
Aristoteles, Nikomachische Ethik, Buch V, Reclam판 2010
Asholt, M., Verjährung im Strafrecht, 2016
Austrian Academy of Sciences, Österreichisches Biographisches Lexikon 1815-1950, Bd. 2.
Bae, J.-D., Der Grundsatz der Verhältnismäßigkeit im Maßregelrecht des StGB, 1985
Baldus/Cole, "A Comparison of the Work of Thorsten Sellin and Issac Ehrlich on Deterrent Effect of Capital Punishment", Yale Law Journal, Vol. 85, 1975
Barry, J. V., Pioneers in Criminology XII-Alexander Maconochie (1787-1860), Journal of Criminal Law and Criminology Volume 47, Issue 2 Article 1 1956
Baudrillard, J., Simulacres et Simulation (하태환 역, 시뮬라시옹, 2001)
Baumann, J., Von der Möglichkeiten einer Laufzeitgeldstrafe, JZ 1963
Baumann/Kerner/Mischkowitz/Hergenhahn, Nationale Implementation der neuen internationalen

statistischen Straftatenklassifikation, wistra 2016

Baurmann, M., Vorüberlegungen zu einer empirischen Theorie der positiven Generalprävention, GA 1994

Beattie, J., Other Cultures: Aims Methods and Achievements in Social Anthropology (이재석 역, 사회인류학, 1995)

Beccaria, C., Über Verbrechen und Strafen, übersetzt und herausgegeben von Wilhelm Alff, 1988

Beccaria, C., Dei Delitti e delle Pene (이수성/한인섭 역, 범죄와 형벌, 길안사 1995)

Becker, H., Outsiders: Studies in the Sociology of Deviance, 1963

Bentham, J., An Introduction to the Principles of Morals and Legislation (강준호 역, 도덕과 입법의 원칙에 대한 서론, 2013)

Bentham, J., Panopticon (신건수 역, 파놉티콘, 2007)

Bernard/Snipes/Gerould, Vold`s Theoretical Criminology (이순래 외 역, Vold의 이론범죄학, 2012)

Bernfeld, S., Über die allgemeinste Wirkung der Strafe, in: ders., Antiautoritäre Erziehung und Psychoanalyse, 1969

Binding, K., Das Problem der Strafe in der heutigen Wissenschaft, GrünhutsZ IV, 1877

Blum, A.-M., Strafbefreiungsgründe und ihre kriminalpolitischen Begründungen-Kriminalpolitische Begründungen bei den Strafbefreiungsgründen im Strafrecht, Nebenstrafrecht und Straf-prozeßrecht einschließlich der Straffreiheitsgesetze der Bundesrepublik Deutschland seit 1949. Eine kriminalpolitische Bestandsaufnahme in kritischer Absicht, 1996

Bock. M., Kriminologie. Für Studium und Praxis, 4. Aufl., 2013

Böhm/Feuerhelm, Jugendstrafrecht, 4. Aufl., 2004.

Boldt/Stolleis, Geschichte der Polizei in Deutschland, in: Lisken/Denninger (Hrsg.), Handbuch des Polizeirechts, 4. Aufl. München 2007

Bonger, W. A., Criminality and Economic Conditions. 1916

Boyd, N., The Beast Within: Why Men Are Violent, 2000

Brown/Esbensen/Geis, Criminology, 8th. ed. (황의갑 외 역, 범죄학, 2015)

Bruns, H.-J., Strafzumessung, 1985

Burgess, E., Factors determining success or failure on parole, 1928

Burgess, E., The Growth of the City. in: Park/Burgess/McKenzie, The City, University of Chicago Press, 1967

Burgess/Akers, A Differential Association - Reinforcement Theory of Criminal Behavior. in: Social Problems 44, 1966

Bursik/Webb, Community Change and Patterns of Delinquency. in: American Journal of Sociology 88, 1982

Canguilhem, G., Le nomal et le pathologique (여인석 역, 정상적인 것과 병리적인 것, 1996)

Chambliss, W., A sociological analysis of the law of vagrancy, social problems 12, 1964

Christiansen, K. O., Threshold of Tolerance in Various Population Groups. Illustrated by Results from the Danish Criminological Twin Study, in de Reuck/Porter eds., The Mentally Abnormal Offender, 1968

Cloward/Ohlin, Delinquency and Opportunity: A Thoery of Delinquent Gangs, 1960

Cohen, S., Delinquent Boys: The Culture of the Gang, 1955

Colvin u. a., Crime Crime and Coercion: A Test of Core Theoretical Propositions, Journal of Research in Crime and Delinquency 41-3, 2004

Cooley, C. H., Human Nature and the Social Order, 1st ed., 1982

Coser, L., Social Conflict and the Theory of Social Change, in: The British Journal of Sociology 9 (박영신 편저, 사회갈등과 사회변동, 갈등의 사회학, 1980)

Coser, L., The Functions of Social Conflict (박재환 역, 갈등의 사회적 기능, 1980)

Council of Europe, Report of Decriminalisation, Strasbourg 1980

Crowe, R. R., An Adoption Study of Antisocial Personality. in: Archieves of General Psychiatry 31, 1974

Dalgard/Kringlen, A Norwegian Twin Study of Criminality, BritJCrim 16, 1976

Darwin, C., Descent of Man, 1871

Deiters, M., Legalitätsprinzip und Normgeltung, 2006

Descartes, R., Meditationen 28, 20. hrsg. v. Wohlers, 2009

Descartes, R., Discours de la méthode (최명관 역, 방법서설·성찰 데까르뜨연구, 1983)

Dietl/Lorenz, Wörterbuch für Recht, Wirtschaft und Politik, 6. Aufl., 2016

Diez Ripollès, J., L., Symbolisches Strafrecht und die Wirkung der Strafe, ZStW 2001

Dölling, D., Generalprävention durch Strafrecht: Realität oder Illusion?, ZStW 1990

Donnelly/Quetelet, Social Physics and the Average Men of Science, 1796－1874, 2015

Dörner, K., "Staatlicher Gewaltverzicht mindert Bürger－Gewalt", in: Verdeckte Gewalt, 1990

Dreher/Tröndle, StGB Kommentar, 51. Aufl.. 2002

Driendle, J., Zur Notwendigkeit und Möglichkeit einer Strafgesetzgebungswissenschaft in der Gegenwart, 1983

Dugdale, R. L., The Jukes: A Study in Crime, Pauperism, Disease and Heredity, 4th ed. 1910

Durkheim, E., De la division du travail social (임희섭 역, 사회분업론, 1990)

Durkheim, E., Le suicide (김충선 역, 자살론, 1994)

Durkheim, E., Les Règles de la méthode sociologique (Hrsg. v. R. König, Regeln der soziologischen Methode, 6. Aufl., 1980)

Durkheim, E., On Morality and Society (Edited by R. Bellah), 1973

Durkheim, E., Sociologie et Philosophie (Hrsg. v. E. Moldenhauser, Soziologie und Philosophie, 1976)

Ebert, U., Völkerstrafrecht und Gesetzlichkeitsprinzip, FS－Müller－Dietz, 2001

Edelhertz, H., The Nature, Impact and Prosecution of White－Collar－Crime, 1970

Eisenberg, U., Kriminologie, 6. Aufl., 2005

Eisenberg, U., Jugendgerichtsgesetz. Kommentar, 20. Aufl., 2018

Eisenberg/Kölbel, Kriminologie, 7. Aufl., 2017

Engisch, K., Einführung in das juristische Denken, 10. Aufl., 2005

Engisch, K., Logische Überlegungen zur Verbrechensdefinition, in: FS－Welzel, 1974

Eser, A., Resozialisierung in Krise?, in: Baumann (Hrsg.), Einheit und Vielfalt des Strafrechts, FS－K. Peters 70. GT, 1974

Evans u. a., Religion, social bonds, and delinquency, Department of Criminal Justice Sciences, Illinois State University, 1995

Feuerbach, P. J. A. R. v., Aktenmäßige Darstellung merkwürdiger Verbrechen, 1827/29

Feuerbach, P. J. A. R. v., Revision der Grundsätze und Grundbegriffe des posotiven peinlichen Rechts, I, 1800

Feuerbach, P. J. A. R. v., Lehrbuch des gemeinen in Deutschland gültigen peinlichen Rechts, 13. Aufl., C. J. A. Mittermaier (Hrsg.), 1840

Feuerbach/Mittermaier, Lehrbuch des gemeinen in Deutschland gültigen peinlichen Rechts, 1840

Filser, F., Einführung in die Kriminalsoziologie, 1983

Forschungsgruppe Kommunale Kriminalprävention in Baden–Wüttemberg, Untersuchung zur Kom–munalen Kriminalprävention, 1999

Foucault, M., Histoire de la folie à l'âge classique (김부용 역, 광기의 역사, 1991)

Foucault, M., Surveiller et punir (오생근 역, 감시와 처벌 - 감옥의 역사, 1994)

Frederick, J. T., Mastering voir dire and jury selection: gaining an edge in questioning and selecting your jury, 2nd ed. (이은로 역, 배심원 선정, 2008)

Freud, S., Vorlesungen zur Einführung in die Psychoanalyse (이명성 역, 정신분석 입문, 1987)

Frisch, W., Gegenwärtiger Stand und Zukunftsperspektiven der Strafzumessungsdogmatik, ZStW 1987

Fukuyama, F. Y., The end of the History and the last Man (이상훈 역, 역사의 종말, 2007)

Gephart, W., Strafe und Verbrechen. Die Theorie Emile Durkheims, 1990

Giddens, A. Sociology (김미숙 외 6인 역, 현대사회학, 1994)

Gigue, A., Droit, Justice, État (민혜숙 역, 법, 정의, 국가, 2003)

Glaser, D., Criminality Theories and Behavioral Images. in: American Journal of Sociology 61, 1956

Glueck/Glueck, Unravelling Juvenile Delinquency, 1950

Göppinger, H., Kriminologie, 5. Aufl., 1997; 6. Aufl., 2008

Gottfredson/Hirschi, A General Theory of Crime. Stanford Univ. Press, 1990

Grünwald, G., Bedeutung und Begründung des Satzes „nulla poena sine lege“, ZStW 1964

Gundling, L. C., Der enge Rahmen des Neutralitätsgebotes, Zeitschrift für Landesverfassungsrecht und Landesverwaltungsrecht, 2017

Gundling, L., Der enge Rahmen des Neutralitätsgebotes: Zur aktuellen Rechtsprechung des Thüringer Verfassungsgerichtshofes zur Äußerungsbefugnis von öffentlichen Amtsträgern, ZLVR 1/2017

Günther, K., Der strafrechtliche Schuldbegriff als Gegenstand einer Politik der Erinnerung in der Demokratie, in: Smith/Margalit (Hrsg.), Amnesite oder die Politik der Erinnerung in der Demokratie, 1997

Günther, K., Diskurstheorie und Recht (이상돈 외 역, 대화이론과 법, 2003)

Habermas, J., Faktizität und Geltung. Beiträge zur Diskurstheorie des Rechts und des demokratischen Rechtsstaats, 1992

Habermas, J., Wahrheitstheorien, in: Vorstudien und Ergänzungen zur Theorie des kommunikativen Handelns, 1984

Habermas, J., Zur Logik der Sozialwissenschaften Materialien (박성수 역, 사회과학의 논리, 1986)

Harris, M. B., Mediators between Frustration and Aggression in a Field Experiment, Journal of Experimental Social Psychology 10, 1974

Harry, E. B., The Progress of American Penology as Exemplified by the Experience of the State of Pennsylvania, 1830–1920, Journal of the American Institute of Criminal Law and Criminology, Vol. 13, No. 2, 1922

Hart, H. L. A., Law, Liberty and Morality (김영란 역, 법, 자유, 도덕, 1996)

Hart, H. L. A., Positivism and the Separation of Law and Morals, Harvard Law Review, Vol. 71, No. 4, 1958 (이동민 역, 법실증주의와 법과 도덕 분리론, 공익과 인권 5–1, 2008)

Hassemer, W., Strafrecht im Wandel, JRP 2007

Hassemer, W., Absehbare Entwickelungen in Strafrechtsdogmatik und Kriminalpolitik, in: Prittwitz/Manoledakis (Hrsg.), Strafrechtsprobleme an der Jahrtausendwende, 2000

Hassemer, W., Darf der strafende Staat Verurteilte bessern wollen? Resozialisierung im Rahmen positiver Generalprävention, in: Prittwitz, u. a. (Hrsg.), FS－Lüderssen zum 70. GT, 2002

Hassemer, W., Einführung in die Grundlagen des Strafrechts, 2. Aufl., 1990

Hassemer, W., Einige Bemerkungen über „positive Generalprävention", in: FS－Buchala, 1994

Hassemer, W., Generalprävention und Strafzumessung, in: Hassemer/Lüderssen/Naucke (Hrsg.), Hauptprobleme der Generalprävention, 1979

Hassemer, W., Grundlinien einer personalen Rechtsgutslehre, in: ders., Strafen im Rechtsstaat 2000

Hassemer, W., Grundlinien einer personalen Rechtsgutslehre, in: FS－Arth. Kaufmann 65. GT, 1989 (배종대 역, 인격적 법익론의 개요, 배종대/이상돈 편역, 형법정책, 1998)

Hassemer, W., Juristische Hermeneutik, ARSP 1986

Hassemer, W., Kennzeichen und Krisen des modernen Strafrechts, ZRP 1992

Hassemer, W., Prävention im Strafrecht, JuS 1987 (박달현 역, 형법에서 예방, 배종대/이상돈 편역, 형법정책, 1998)

Hassemer, W., Strafen im Rechtsstaat, 2000

Hassemer, W., Strafziele im sozialwissenschaftlich orientierten Strafrecht, in: Fortschritte im Strafrecht durch die Sozialwissenschaften?, 1983

Hassemer, W., Symbolisches Strafrecht und Rechtsgüterschutz, NStZ 1989, 553면 이하.

Hassemer, W., Theorie und Soziologie des Verbrechens. Ansätze zu einer praxisorientierten Rechtsgutslehre, 1973

Hassemer, W., Über die Berücksichtigung von Folgen bei der Auslegung der Strafgesetze, in: Gegenrade, Mahrenholz－Festschrift, 1994

Hassemer, W., Variationen der positiven Generalprävention, in: Schünemann/Hirsch/Jareborg (Hrsg.), Positive Generalprävention, 1998

Hassemer, W., Warum Strafe sein muss. Ein Plädoyer, 2009 (배종대/윤재왕 역, 범죄와 형벌, 2011)

Hassemer, W., Warum und zu welchem Ende strafen wir? ZRP 1997 (최석윤 역, 우리는 왜, 어떠한 목적을 위해 처벌하는가, 배종대/이상돈 편역, 형법정책, 1998)

Hassemer/Reemtsma, Verbrechensopfer. Gesetz und Gerechtigkeit, 2002

Hefendehl, R., Mit langem Atem: Der Begriff des Rechtsguts. Oder: Was seit dem Erscheinen des Sammelbandes über die Rechtsgutstheorie geschah, GA 2007

Hegel, G. W. F., Grundlinien der Philosophie des Rechts oder Naurrecht und Staatswissenschaft im Grundrisse, (임석진 역, 법철학, 지식산업사 1989)

Hellmer, J., Jugendkriminalität, 1978

Hentig, H, v., The Criminal and his Victim, Studies in the Sociobiology of Crime, 1948 (Reprint 1967)

Hermann, D., Die Kompatibilität zwischen normativen Straftheorien und Kriminalitätstheorien, GA 1992

Herzog, F., Prävention des Unrechts oder Manifestation des Rechts, 1987

Hilgendorf, E., Argumentation in der Jurisprudenz, 1991

Hirschi, T., Causes of Delinquency, Berkeley, CA: University of California Press, 1969

Hirst, P. Q., Marx and Engels on Law, Crime and Morality. In: Taylor/Walton/Young eds., Critical Criminology, 1975

Hirtenlehner, H., Kriminalitätsangst - klar abgrenzbare Furcht vor Straftaten oder Projektionsfläche sozialer Unsicherheitslagen, JRP 2009

Hobbes, T., Leviathan (진석용 역, 리바이어던 1, 2008)

Hoerster, N., Was ist Recht? (윤재왕 역, 법이란 무엇인가?, 2009)

Hoffmann-Riem, W., Kriminalpolitik ist Gesellschaftspolitik, 2000

Hong, Y. G., Zeitablauf als Grenze des staatlichen Strafanspruchs. Eine Studie zu den rechtsphilosophischen Grundlagen der Verjährung unter besonderer Berücksichtigung der Problematik der Unverjährbarkeit, 2005

Hörnle, T, Straftheorien, 2011

Howard, J. The State of the Prisons in England and Wales, 1777

Hügli/Lübke, Philosophielexikon. Personen und Begriffe der abendländischen Philosophie von der Antike bis zur Gegenwart, 4. Aufl., 2001

Hugo A., Die Behandlung jugendlicher Verbrecher und verwahrloster Kinder, 1892

Humboldt, W. v., Ideen zu einem Versuch, die Grenze der Wirksamkeit des Staats zu bestimmen, 1967

Hume, D., A Treatise of Human Nature (이준호 역, 인간 본성에 관한 논고, 2005; 김성숙 역, 인간이란 무엇인가, 2016)

Hunnicutt/Broidy, Liberation and Economic Marginalization: A Reformulation and Test of (Formerly?) Competing Models, Journal of Research in Crime and Delinquency, 41-2, 2004

Hutchings/Mednick, Criminality in Adoptees and Their Adoptive and Biological Parents: A Pilot Study. in: Mednick/Christiansen eds., Biosocial Bases of Criminal Behavior, 1977

Jacobs/Brunton/Melville, Agressive Behavior, Mental Subnormality and the XYY Male, 1965

Jacobs/Strong, A case of human intersexuality having a possible XXY sex-determining mechanism, Nature 183, 1959

Jäger, H., Makrokriminlaität, 1989

Jakobs, G., Das Schuldprinzip, Gekürzte Fassung von: Das Schuldprinzip, Rheinisch-Westfälische Akademie der Wissenschaften, Vorträge Geisteswissenschaften, Heft G 319, Opladen 1992

Jakobs, G., Das Strafrecht zwischen Funktionalismus und „alteuropäischem" Prinzipendenken, ZStW 1995

Jakobs, G., Strafrecht. Allgemeiner Teil, 2. Aufl., 1993

Jeffery, C. R., Crime Prevention through Environmental Design, 1971

Jellinek, G., Die soziale Bedeutung von Recht, Unrecht und Strafe, 1908

Jescheck/Weigend, Strafrecht Allgemeiner Teil, 5. Aufl. 1986

Jimenez, A., Nullum crimen, nulla poena sine lege, ZStW 1951

Jung, H. Kriminalsoziologie, 2. Aufl., 2007

Jung, H., Zur Privatisierung des Strafrechts, in Jung/Müller-Dietz/Neumann (Hrsg.), Perspektiven der Strafrechtsentwicklung, 1996

Kaiser, G., Internationale Tendenzen der Jugendkriminalität und des Jugend kriminalrechts, in: D. Dölling (Hrsg.), Das Jugendstrafrecht an der Wende zum 21. Jahrhundert, 2001

Kaiser, G., Strategien und Prozesse strafrechtlicher Sozialkontrolle, 1972

Kaiser, G., Kriminologie, 3. Aufl., 1996

Kaiser/Kerner/Sack/Schellhoss(Hrsg.), Kleines Kriminologisches Wörterbuch, 3. Aufl., 1993

Kaiser/Schöch, Kriminologie, Jugendstrafrecht, Strafvollzug, 7. Aufl., 2010

Kant, I., Die Metaphysik der Sitten, Werkausgabe in 12 Bänden des Suhrkamps, Hrsg. von W. Weischedel, 1997

Kant, I., Grundlegung zur Metaphysik der Sitten, 2. Aufl., 1786

Kant, I., Kritik der praktischen Vernunft, Akademieausgabe, 1963

Kargl, W., Instrumentalität und Symbolik der positiven Generalprävention. Kriminalsoziologische

Bibliographie, 1990

Kaufmann, Arth., Rechtsfreier Raum und eigenverantwortliche Entscheidung, in: FS－Maurach 1972

Kaufmann, Arth., Rechtsphilosophie (김영환 역, 법철학, 2006)

Kaufmann, Arth. Die Radbruchsche Formel von gesetzlichen Unrecht und vom übergesetzlichen Recht in der Diskussion um das im Namen der DDR begangene Unrecht, NJW 1995

Kaufmann, Arth., Bemerkungen zur positiven Begründung und zur Falsifikation des Rechts, in: Prittwitz, u. a. (Hrsg.), FS－Lüderssen zum 70. GT, 2002

Kaufmann, Arth., Die Rechtsidee － Gerechtigkeit als Gleichheit, in: ders., Grundprobleme der Rechtsphilosophie, 1994

Kaufmann, Arth., Das Schuldprinzip, 2. Aufl, 1976

Kaufmann, Arth., Die Lehre vom negativen Utilitarismus, Ein Programm, ARSP 1994

Kaufmann, Arth., Rechtsphilsophie, 1997

Kaufmann, Arth., Naturrecht und Geschichtlichkeit, 1957

Kaufmann, Arth., Unzeitgemäße Betrachtungen zum Schuldgrundsatz im Strafrecht, Jura 1986

Kaufmann, H., Strafanspruch Strafklagrecht, 1968

Kaufmann/Hassemer, Grundprobleme der zeitgenössischen Rechtsphilosophie und Rechtstheorie (심헌섭 역, 현대법철학의 근본문제, 1980)

Kaufmann/Hassemer/Neumann (Hrsg.), Einführung in Rechtsphilosophie und Rechtstheorie der Gegenwart, 7. Aufl., 2002.

Kelsen, H., Reine Rechtslehre (변종필/최희수 역, 순수법학, 1999)

Kelsen, H., Was ist Gerechtigkeit?, 2. Aufl., 1975, Reclam 2000

Kerscher, I., Sozialwissenschaftliche Kriminalitätstheorie, 3. Aufl., 1981

Kindhäuser, U., Strafprozessrecht, 2006

Knauer, F., Bestrafung durch die Medien, GA 2009

Koch, H., Jenseits der Strafe, Überlegungen zur Kriminalitätsbewältigung, 1988

Koch, A., u. a. (Hrsg.), Feuerbachs Bayerisches Strafgesetzbuch. Die Geburt liberalen, modernen und rationalen Strafrechts, 2014

Kohlberg, L., The Psychology of Moral Development (김민남 외 역, 도덕발달의 심리학, 2001)

Köhler, M., Der Begriff der Strafe, 1986

Köhler, M., Strafrecht, Allgemeiner Teil, 1996

Koselleck, R., u. a., Geschichtliche Grundbegriffe, 1992

Krauß, D., Schuld im Strafrecht, 1992

Krauß, D., Täter und Opfer im Rechtsstaat, in: FS－Lüderssen 2001

Kretschmer E., Körperbau und Charakter. Untersuchungen zum Konstitutionsproblem und zur Lehre von den Temperamenten, 1921

Kreuzer, A., Das Verbrechen und wir. Essays zur Einführung in Kriminologie und Kriminalpolitik, 2014

Kriele, M., Recht und praktische Vernunft (홍성방 역, 법과 실천이성, 1992)

Kubink/Michael, Strafen und ihre Alternativen im zeitlichen Wandel, 2002

Küchenhoff, G., Neugestaltung der Gesellschaft im Recht, 1977

Kunz, K.－L., Prävention und gerechte Zurechnung － Überlegungen zur normativen Kontrolle utilitaristischer Strafbegründung, ZStW 1986

Kunz, K.－L., Kriminologie. Eine Grundlegung(각주에서 '1판'으로 표시), 1994

Kunz, K.－L., Kriminologie, 6. Aufl., 2011

Kunz/Singelnstein, Kriminologie, 7. Aufl., 2016

Kurper, A. et al (Hrsg.), The Social Science Encyclopedia, 1985

Lackner/Kühl, Strafrgesetzbuch mit Erläuterungen, 27. Aufl., 2010

Lamnek, S., Kriminalitätsberichterstattung in den Massenmedien, MschrKrim 1990

Lamnek, S., Neue Theorien abweichendes Verhaltens, 1994

Lampe, E.－J., Strafphilosophie, 1999

Lange, J., Verbrechen ist Schicksal. Studien an kriminellen Zwillingen, 1929

Lilly/Cullen/Ball, Criminological Theory (이순래 외 역, 범죄학 이론, 2017)

Liska, A. E., Perspectives on Deviance (장상희 외 역, 일탈의 사회학, 1986)

Liszt, F. v., Der Zweckgedanke im Strafrecht (심재우 역, 형법에 있어서의 목적사상, 고려대 법률행정논집 15집, 1977)

Liszt, F. v., Der Zweckgedanke im Strafrecht in: Strafrechtliche Aufsätze und Vortäge, Bd. I (심재우/윤재왕 역, 마르부르크 강령, 2012)

Liszt, F. v., Strafrecht und Jugendkriminalität, in: B. Simonsohn (Hrsg.), Jugendkriminalität, Strafjustiz und Sozialpädagogik, 6. Aufl., 1981

Liszt, F. v., Ueber den Einfluss der soziologischen und anthropologischen Forschungen auf die Grundbegriffe des Strafrechts, in: H. Rüping (Hrsg.), Franz von Liszt, Aufsätze und kleinere Monographien, Strafrechtliche Aufsätze und Vorträge Bd. II (홍영기 역, 형법의 기본개념에 미치는 사회학적, 인류학적 연구의 영향에 대해, 형사법연구 21－1, 2009)

Llompart, v. J., Gerechtigkeit als geschichtliches Rechtsprinzip, ARSP 1981

Locke, J., The Second Treatises of Government (조현수 편저, 통치론, 2006)

Lombroso, C., Criminal Man (이경재 역, 범죄인의 탄생, 2010)

Lorenz, K., Das sogenannte Böse. Zur Naturgeschichte der Aggression, 1963

Lüdemann, K., Kriminalitätsfurcht im urbanen Raum, Kölner Zeitschrift für Soziologie und Sozialpsychologie 2006

Lüderssen, K. Das Strafrecht zwischen Funktionalismus und „alteuropäischem" Prinzipendenken, ZStW 1995

Lüderssen, K. Erfahrung als Rechtsquelle, 1972

Lüderssen, K., Kriminologie, 1. Aufl., 1984

Lüderssen/Sack (Hrsg.), Abweichendes Verhalten I, Die selektiven Normen der Gesellschaft, 1975

Lüderssen/Sack (Hrsg.), Abweichendes Verhalten IV. Kriminalpolitik und Strafrecht, 1980

Luhmann, N. Gerechtigkeit in den Rechtssystemen der modernen Gesellschaft, Rechtstheorie 1973

Luhmann, N., Die soziologische Beobachtung des Rechts, in: Weber/Wenz (Hrsg.), Würzburger Vorträge zur Rechtsphilosophie, Rechtstheorie und Rechtssoziologie, 1986

Luhmann, N., Legitimation durch Verfahren, 1969

Luhmann, N., Rechtssoziologie, 3. Aufl., 1987

Lynch/Michalowski/Groves, The New Primer in Radical Criminology: Critical Perspectives on Crime, Power and Identity (이경재 역, 자본주의 사회의 범죄와 형벌. 급진범죄학의 분석, 2004)

Maeck, M., Opfer und Strafzumessung, 1983

Maihofer, W., Menschenbild und Strafrechtsreform, in: Gesellschaftliche Wirklichkeit im 20. Jahrhundert und Strafrechtsreform, 1964

Maihofer, W., Naturrecht als Existenzrecht (윤재왕 역, 실존법으로서의 자연법, 2011)

Maihofer, W., Recht und Sein (심재우 역, 법과 존재, 1996)

Maihofer, W., Rechtsstaat und Menschliche Würde (심재우 역, 법치국가와 인간의 존엄, 1994)
Mangakis, G.－A., Über die Wirksamkeit des Satzes „nulla poena sine lege“, ZStW 1969
Marx, K., Kritik des Gothaer Programms (이수흔 역, 고타강령초안비판), 김세균(감수), 칼 맑스 프리드리히 엥겔스 저작선집 4권, 1995
Marx, M., Zur Definition des Begriffs Rechtsgut, 1972
Marxen, K., Rechtliche Grenzen der Amnestie, 1984
Marx－Engels－Werke, XIX, 1875－1883, 9. Aufl., 1987
Meder, S., Rechtsgeschichte, 3. Aufl., 2008
Meier/Rössner/Schöch, Jugendstrafrecht (김성은 외 역, 독일청소년형법, 2014)
Mendelsohn, B., Une nouvelle branche de la science bio－psycho－social, la Viktimologie, RICPTS 10, 1956
Mergen, A., Kriminologie, 1978
Merton, R. Social Structure and Anomie, in: Traub/Little (Hrsg.), Theories of Deviance, 1968
Mill, J. S., On Liberty (이주명 역, 자유에 대하여, 2008)
Mill, J. S., Utilitarianism (서병훈 역, 공리주의, 2007)
Miller, W., Lower－Class Culture as a Generating Milieu of Gang Delinquency. In: Journal of Social Issues, 14/3, 1958
Moser, T., Jugendkriminalität und Gesellschaftsstruktur, 1970
Müller, I., Furchtbare Juristen, 1987
Müller, J. C., Die Legitimation des Rechts durch die Erfindung des symbolischen Rechtes, KrimJ 1993
Müller-Dietz, H., Die soziale Wahrnemung von Kriminalität, NStZ 1993
Müller-Dietz, H., Grundfragen des strafrechtlichen Sanktionssystems, 1979
Müller-Dietz, H., Strafe und Staat, 1973
Munro, V. T., Image of Crime and Criminals, 1999
Myerson, A., Certain Medical and Legal Phases of Eugenic Sterilization, Yale Law Journal 52－3, 1943
Naucke, W., Die robuste Tradition des Sicherheitsstrafrechts, Kritische Vierteljahreszeitschrift für Gesetzgebung und Rechtspflege, Bd. 93 Nr. 2 (정희철 역, 안전형법의 확고한 전통, 사회과학논총(대구가톨릭대학교) 16, 2017)
Naucke, W., Die strafjuristische Priviligierung staatsverstärkter Kriminalität, 1996
Naucke, W., Generalprävention und Grundrechte der Person, in: Hassemer/Lüderssen/Naucke (Hrsg.), Hauptprobleme der Generalprävention, 1979
Naucke, W., Gesetzlichkeit und Kriminalpolitik, 같은 제목의 그의 논문집 1989
Naucke, W., Tendenzen in der Strafrechtsentwicklung, 1975
Naucke, W., Über deklaratiorische, scheinbare und wirkliche Entkriminalisierung, GA 1984
Neubacher, F., Kriminologie, 3. Aufl., 2017
Neumann, U., Hat die Strafrechtsdogmatik eine Zukunft?, in: Prittwitz/Manoledakis (Hrsg.), Strafrechtsprobleme an der Jahrtausendwende, 2000
Neumann, U., Juristische Argumentationslehre (윤재왕 역, 법과 논증이론, 2009)
Neumann, U., Materiale und prozedurale Gerechtigkeit im Strafverfahren, ZStW 1989
Neumann, U., Normative Kritik der Theorie der positiven Generalprävention － 10 Thesen －, in: Schünemann/Hirsch/Jareborg (Hrsg.), Positive Generalprävention, 1998
Neumann, U., Vom normativen zum funktionalen Strafrechtsverständnis, in: Jung/Müller-Dietz/

Neumann (Hrsg.), Perspektiven der Strafrechtsentwicklung, 1996
Neumann/Schroth, Neuere Theorien von Kriminalität und Strafe (배종대 역, 형사정책의 새로운 이론, 1994)
Newman, G., The Punichment Response (이경재 역, 서양형벌사, 1997)
Nietzsche, F. W., Jenseits Von Gut und Böse, 1885(1984)
Noack, M., Methodische Probleme bei der Messung von Kriminalitätsfurcht und Viktimisierungserfahrungen, 2015
Nye, R. A., Crime, Madness and Politics in modern France, 1984
Nye, R. A., Family Relationships and Delinquent Behavior, 1958
Oba, S., Unverbesserliche Verbrecher und ihre Behandlung, 1908
Opp, K.－D., Abweichendes Verhalten und Gesellschaftsstruktur, 1974
Ostendorf, H., Jugendgerichtsgesetz, Kommentar, 8. Aufl., 2009
Park, R. E., Human Ecology, in: American Journal of Sociology 42, 1936
Parsons, T., The Social System, London 1951
Parsons, T., Revisiting the Classics, in: The Future of the Sociological Classics, London 1981
Pelfrey, W. V., The Evolution of Criminology (이경재 역, 범죄학 입문, 1996)
Pense, T., Das spanische Schwurgericht－Die Jury im Spannungsfeld von Rechtsstaat und Demokratie, 2005
Pieper, A., Gut und Böse (이재황 역, 선과 악, 2002)
Plack, A., Plädoyer für die Abschaffung des Strafrechts, 1974
Platon, Protagoras, in: Hrsg. von G. Eigler, Werke in acht Bänden, Bd. 1, 1977
Pöggeler, O., Hermeneutische Philosophie (박순영 역, 해석학의 철학, 1993)
Popitz, H., Die normative Konstruktion von Gesellschaft, 1980
Popitz, H., Über die Präventivwirkung des Nichtswissens, 1968
Popper, K. R., All life is Problem Solving (허형은 역, 삶은 문제해결의 연속이다, 2006)
Popper, K. R., Confectures and Refutations (이한구 역, 추측과 논박 I, 2001)
Popper, K. R., Die offene Gesellschaft und ihre Feinde, 2 Bde., 1945
Popper, K. R., Logik der Forschung, 4. Aufl., 1971.
Popper, K. R.. Objektive Erkenntnis. Ein evolutionärer Entwurf, 1973
Praechter, K. (Hrsg.), Friedrich Ueberwegs Grundriß der Geschichte der Philosophie, 1. Teil. Die Philosophie des Altertums, 14. Aufl., 1958
Prätor, S., Ziele und Methoden der Dunkelfeldforschung. Ein Überblick mit Schwerpunkt auf Dunkelfeldbefragung im Bereich der Jugenddelinquenz, in: Eifler/Pollich, Empirische Forschung über Kriminalität. Methodologische und methodische Grundlagen, 2015
Prittwitz, C., Strafrecht und Risiko. Untersuchungen zur Krise von Strafrecht und Kriminalpolitik in der Risikogesellschaft, 1992
Putnam, H., The Collapse of the Fact/Value Dichtonomy and Other Essays (노양진, 사실과 가치의 이분법을 넘어서, 2010)
Quinney, R., Crime control in capitalist society, in: Critical Criminology 1973
Quinney, R., The Social Reality of Crime, 1970
Radbruch, G., Gesetzliches Unrecht und übergesetzliches Recht, SJZ 1946
Radbruch, G., Rechtsphilosophie (Hrsg. v. Wolf/Schneider), 8. Aufl., 1973 (윤재왕 역, 법철학, 2021)
Radbruch, G., Rechtsphilosophie, in; Gustav Radbruch Gesamtausgabe, 1987

Radbruch, G., Vorschule der Rechtsphilosophie, 2. Aufl., 1959

Rafter, N., Hooton and the biological tradition in American crimonologiy, Criminology 45, 2004

Raiser, T., Rechtssoziologie, 1987

Rawls, J., Eine Theorie der Gerechtigkeit, 1979

Rawls, J., Justice as Fairness (황경식 외 역, 공정으로서의 정의, 1988)

Reckless, W. C., A New Theory of Delinquency and Crime. in: Federal Provation 25, 1961

Reese-Schäfer, W., Karl-Otto Apel, Zur Einführung (권용혁 역, 칼-오토 아펠과 현대철학, 1997)

Reiss, A. J., Delinquency as the failure of personal and social controls. in: American Sociological Review 16, 1951

Rendleman, D., Parens Patriae. From Chancery to the Juvenile Court, in: Faust/Brantingham (Ed.), Juvenile Justice Philosophy. Reading, Cases and Comments, 1974

Renzikowski, J., „Fair trial" im Strafprozeß, in: Dieter Döling (Hrsg.), Jus humanum. Grundlagen des Rechts und Strafrechts. FS-Lampe zum 70. Geburtstag (임철희/이석배 역, "공정한 절차"와 형사소송, 형사법연구 26-3, 2014)

Resch, W. J., Alternativen zur Jugendstrafe in der Praxis: ein Vergleich der bundesdeutschen Brücke-Projekte mit den niederländischen HALT-Projekten und „alternativen Sanktionen", 1992

Ripollés, J. L. D., Symbolisches Strafrecht und die Wirkungen der Strafe, ZStW 2001

Ritter u. a. (Hrsg.), Historisches Wörterbuch der Philosophie, Bd. 11, 2001

Rosling, H., Factfulness (이창신 역, 팩트풀니스, 2019)

Rottleuthner, H., Einführung in die Rechtssoziologie, 1987

Roxin, C., Sinn und Grenzen staatlicher Strafe, JuS 1966

Roxin, C., Zur jüngsten Diskussion über Schuld, Prävention und Verantworlichkeit im Strafrecht, in: Arth. Kaufmann, u. a. (Hrsg.), FS-Bockelmann 70. GT, 1979

Roxin, C., Strafrecht. Allgemeiner Teil I, 4. Aufl., 2005

Roxin, C., Zur Problematik des Schuldstrafrechts, ZStW 1984

Rüping, H., Grundriß der Strafrechtsgeschichte, 3. Aufl., 1998

Sack, F., Die selektiven Normen der Gesellschaft, in: Lüderssen/Sack, Abweichendes Verhalten I, 1974

Sack, F., Sozio-politischer Wandel, Kriminalität und eine sprachlose Kriminologie, KritV 1994

Saliger, F., Radbruchsche Formel und Rechtsstaat, 1995 (윤재왕 역, 라드브루흐 공식과 법치국가, 2011)

Sampson, R. J., The Community. in: Wilson/Petersilia eds., Crime, San Francisco 1995

Sampson/Laub, Crime and deviance over the life course: The salience of adult social bonds, American Sociological Review 44, 1990

Satzger/Schluckebier/Widmaier, StGB Kommentar, 3. Aufl., 2017

Saussure, F., Cours de linguistique générale (최승언 역, 일반언어학 강의, 민음사 1990)

Sax, W., Grundsätze der Strafrechtspflege, Bitterman u. a. (Hrsg.), Die Grundrechte, 3. Bd., 1958

Schaffstein, F., Spielraum-Theorie, Schuldbegriff und Strafzumessung nach den Strafrechtsreformgesetzen, FS-Gallas, 1973

Schaffstein/Beulke, Jugendstrafrecht, 14. Aufl., 2002

Scherr/Herrmann, Sicherheit in der Krise. Von der wohlfahrtsstaatlichen Sozialpolitik. Sozial Extra, 2009

Schlüchter, E., Plädoyer für den Erziehungsgedanken, 1994

Schmelzeisen, G. K., Recht und Rechtsdenken, Eine Einführung in die Grundlagen und Grundformen des Rechts, 1968

Schmidhäuser, E., Vom Sinn der Strafe, 1963

Schmidt, E., Lehrkommentar zur Strafprozessordnung I, 2. Aufl., 1952

Schmitz, H. G., Zur Legitimität der Kriminalstrafe－Philosophische Eröterungen, 2001

Schneider, H., Gesetzgebung: ein Lehr－ und Handbuch, 2002

Schneider, H., Kann die Einübung in Normanerkennung die Strafrechtsdogmatik leiten? Eine Kritik des strafrechtlichen Funktionalismus, 2004

Schöch, H., 피해자학의 관점에서 본 사형 (박학모 역), 형사법의 신동향 3, 2006

Schöneborn, C., Grenzen einer generalpräventiven Rekonstruktion des strafrechtlichen Schuldprinzips, ZStW 1980

Schönke/Schröder, Strafgesetzbuch, Kommentar, 28. Aufl., 2010

Schopenhauer, A., Über die Grundlage der Moral (김미영 역, 도덕의 기초에 관하여, 2016)

Schreiber, H.－L., Gesetz und Richter, 1976

Schroth, U., Philosophische Hermeneutik und interpretationsmethodische Fragestellungen, in: Hassemer (Hrsg.), Dimensionen der Hermeneutik, 1984

Schüler-Springorum, H., Hundert Jahre Jugendgerichtsbarkeit, in: FS－Müller-Dietz zum 70. Geburtstag, 2001

Schüler-Springorum, H., Jugend und Kriminalität, 1983

Schulsinger, F., Psychopathy: Heredity and Environment. in: International Journal of Mental Health, 1972

Schumann, K. F., Positive Generalprävention. Ergebnisse und Chancen der Forschung, 1989

Schünemann, B., Aporien der Straftheorie in Philosophie und Literatur, in: Prittwitz, u. a. (Hrsg.), FS－Lüderssen zum 70. GT, 2002

Schwendinger, H. & J., Defenders of order or guardians of human rights?, in: Critical Criminology, 1975

Schwind, H.－D., Kriminologie, 17. Aufl., 2007

Scruton, R., Modern Philosophy (주대중 역, 현대 철학 강의, 2017)

Sebald, A. E., Der Kriminalbiologe Franz Exner (1881－1947): Gratwanderung eines Wissenschafters durch die Zeit des Nationalsozialismus, 2008

Seelmann, K., Rechtsphilosophie (윤재왕 역, 법철학, 2010)

Seelmann, K., Solidaritätspflichten im Strafrecht?, in: Jung/Müller-Dietz/Neumann (Hrsg.), Recht und Moral, 1991

Seher, G., Prinzipiengestützte Strafnormlegitimation und der Rechtsgutsbegriff, in: Roland Hefendehl, Andrew von Hirsch, Wolfgang Wohlers (Hrsg.), Die Rechtsgutstheorie: Legitimationsbasis des Strafrechts oder dogmatisches Glasperlenspiel?, 2003 (이현준/홍영기 역, 원칙에 의한 형벌규범의 정당화 그리고 법익개념, 형사법연구 30－1, 2018)

Sellin, T., Culture, conflict and crime, New York Social Science Research Council, 1938

Sen, A., The Idea of Justice (이규원 역, 정의의 아이디어, 2019)

Seubert, W., Zur symbolischen und politischen Funktion des Drogenkonsums, 2005

Shaw/McKay, Juvernile Delinquency and Urban Areas, University of Chicago Press, 1942

Siegel, L. J., Criminology. Theories, Patterns and Typologies (이민식 외 역, 범죄학: 이론과 유형, 2012)

Simmel, G., "Der Streit" in: ders., Soziologie (정헌주 역, 짐멜의 갈등론, 2017)

Simon, D., Verordnetes Vergessen, in: Smith/Margalit (Hrsg.), Amnestie oder die Politik der Erinnerung in der Demokratie, 1997

Simonsohn, B. (Hrsg.), Jugendkriminalität, Strafjustiz und Sozialpädagogik, 6. Aufl., 1981

Singelnstein/Stolle, Die Sicherheitsgesellschaft. Soziale Kontrolle 1m 21. Jahrhundert (윤재왕 역, 안전사회 － 21세기의 사회통제, 2012)

Slater, L., Opening Skinner's Box (조증열 역, 스키너의 심리상자 열기, 2005)

Sonnen, B.−R., Kriminalität und Strafgewalt − Einführung in Strafrecht und Kriminologie, Stuttgart 1978

Soulliere, D. M., Prime − Time Criminal Justice, 2001

Spendel, G., Gegen den „Verteidigunswillen" als Notwehrerfordernis, FS−Bockelmann, 1979

Spendel, G., Jurist in einer Zeitenwende: Gustav Radbruch zum 100. Geburtstag, 1979

Stammler, R., Rechtsphilosophie, 1928

Stammler, R., Wirtschaft und Recht nach der materialistischen Geschichtsauffassung, 5. Aufl., 1896

Stark, R., Residential Succession and Delinquency. in: Criminology 15, 1978

Statistisches Bundesamt, Zahlen und Fakten über die Bundesrepublik Deutschland II, 2006

Stefanie, E., Kriminalsoziologie, 2002

Steinert, H., Über symbolisches und instrumentelles Strafrecht, in: Frehsee/Löschper/Smaus (Hrsg.), Konstruktion der Wirklichkeit durch Kriminalität und Strafe, 1997

Stratenwerth, G., Was leistet die Lehre von den Strafzwecken? Schriftenreihe der Juristischen Gesellschaft zu Berlin Heft 139, 1995

Stratenwerth, G., Zukunftssicherung mit den Mitteln des Strafrechts? ZStW 1993

Stratenwerth, G., Zum Begriff des „Rechtsguts", FS−Lenckner 1998

Sutherland, E. H., Criminology, 4th ed., 1947

Sutherland, E. H., White Collar Crime, 1949

Sutherland/Cressey, Criminology, 10th ed., 1978

Sykes/Matza, Techniques of Neutralization. in: American Sociological Review 22, 1957

Sztompka, P., System and Function (조재순 외 역, 체계와 기능, 1995)

Tannenbaum, F., Crime and the Community, New York: Columbia Univ. Press, 1938

Tarde, G., Les lois de l'imitation (이상률 역, 모방의 법칙, 2012)

Tayler/Walton/Young, The New Criminology, 1973

Tayler/Walton/Young, Critical Criminology, 1978

Thompson, K., Emile Durkheim, 1982

Thrasher, F., The Gang. A Study of 1,313 Gangs in Chicago, 1963

Traub/Little (Hrsg.), Theories of Deviance, 5th ed., 1999

Turk, A. T., Criminality and Legal Order, 1969

Turner, J., Giddens's Analysis of Funtionalism − A Critique, in: Anthony Giddens − Consensus and Controversy, 1990

Turner, J., The Structure of Sociological Theory (김진균 외 역, 사회학이론의 구조, 1989)

Vidmar N., World Jury System (김상준 외 역, 세계의 배심제도, 2007)

Vold, G., Theoretical Criminology, 1979

Vold/Bernard/Snipes, Theoretical Criminology (이순래 외 역, 범죄학이론, 2000)

Vormbaum, T., Einführung in die moderne Strafrechtsgeschichte, 2009

Voß, M., Symbolische Gesetzgebung, 1989

Wadle, E., Die Entstehung der öffentlichen Strafe − Klassische Vorstellungen und neue Frage, in: Jung/Müller−Dietz/Neumann (Hrsg.), Perspektiven der Strafrechtsentwicklung, 1996

Wesche, S., Gegenseitigkeit und Recht, 2001

Weiland, K., Von Recht und Pflicht zur Anklageerhebung, NStZ 1991

Welzel, H., Das Deutsche Strafrecht. Eine systematische Darstellung, 11. Aufl., 1969

Werle, G., Menschenrechtsschutz durch Völkerstrafrecetht, ZStW 1997

Wesel, U., Geschichte des Rechts, 2. Aufl., 2000

Williams/McShane, Criminological Theory (박승위 역, 사회문제론, 1994)

Wilson, E. O., Sociobiology. The New Synthesis, Cambridge, Mass. 1975

Windzio/Kleimann, Die kriminelle Gesellschaft als mediale Konstruktion?, Soziale Welt 57, 2006,

Wohlers, W., Deliktstypen des Präventionsstrafrechts: zur Dogmatik moderner Gefährdungsdelikte, 2000

Wohlers, W., Die Materialisierung von Rechtsgut und Deliktsstruktur, GA 2002

Wolff, W. A., Das neuere Verständnis von Generalprävention und seine Tauglichkeit für eine Antwort auf Kriminalität, ZStW 1985

Würtenberger, T., Aufgaben und Wege der deutschen Strafrechtsgeschichte, DR 1942

Zillmann, D., Excitation transfer in communication－mediated aggressive behavior, Journal of Experimental Social Psychology 7－44, 1971

Zipf, H., Kriminalpolitik, (김영환 외 역, 형사정책, 1993)

Zippelius, R., Allgemeine Staatslehre, 1994

Zippelius, R., Geschichte der Staatsideen, 10. Aufl., 2003

【사항색인】

[ㅊ]

[기타]

[공저자 약력]

배 종 대
고려대학교 법과대학 졸업
독일 Frankfurt a. M. 대학 법학박사(Dr. jur.)
고려대학교 법학전문대학원 명예교수

Der Grundsatz der Verhältnismaßigkeit im Maßregelrecht des StGB(1985)
형법각론(제13판, 2022)
형사소송법(제3판, 공저, 2022)
형법총론(제16판, 2022)

홍 영 기
고려대학교 법과대학 졸업
독일 베를린 대학(Humboldt Univ. zu Berlin) 법학박사(Dr. jur.)
(현재) 고려대학교 법학전문대학원 교수

Zeitablauf als Grenze des staatlichen Strafanspruchs(2005)
형사소송법(제3판, 공저, 2022)
법학논문작성법(제3판, 2020)

제 2 판 **형사정책**

2019년 2월 25일 제 1 판 발행
2022년 2월 25일 제 2 판 발행

저 자 배종대 · 홍영기
발행인 임 권 규
발행처 **홍 문 사**

05855 서울시 송파구 송파대로 167 테라타워 B동 802호
등록 1993. 6. 24. 제1-1543호
TEL. 712-5311(代) FAX. 716-5311

값 40,000원

ISBN 978-89-7770-714-6 93360